Direito Empresarial
Facilitado

O GEN | Grupo Editorial Nacional – maior plataforma editorial brasileira no segmento científico, técnico e profissional – publica conteúdos nas áreas de concursos, ciências jurídicas, humanas, exatas, da saúde e sociais aplicadas, além de prover serviços direcionados à educação continuada.

As editoras que integram o GEN, das mais respeitadas no mercado editorial, construíram catálogos inigualáveis, com obras decisivas para a formação acadêmica e o aperfeiçoamento de várias gerações de profissionais e estudantes, tendo se tornado sinônimo de qualidade e seriedade.

A missão do GEN e dos núcleos de conteúdo que o compõem é prover a melhor informação científica e distribuí-la de maneira flexível e conveniente, a preços justos, gerando benefícios e servindo a autores, docentes, livreiros, funcionários, colaboradores e acionistas.

Nosso comportamento ético incondicional e nossa responsabilidade social e ambiental são reforçados pela natureza educacional de nossa atividade e dão sustentabilidade ao crescimento contínuo e à rentabilidade do grupo.

Giovani Magalhães

Direito Empresarial
Facilitado

2ª edição
Revista, atualizada e ampliada

- O autor deste livro e a editora empenharam seus melhores esforços para assegurar que as informações e os procedimentos apresentados no texto estejam em acordo com os padrões aceitos à época da publicação, e todos os dados foram atualizados pelo autor até a data de fechamento do livro. Entretanto, tendo em conta a evolução das ciências, as atualizações legislativas, as mudanças regulamentares governamentais e o constante fluxo de novas informações sobre os temas que constam do livro, recomendamos enfaticamente que os leitores consultem sempre outras fontes fidedignas, de modo a se certificarem de que as informações contidas no texto estão corretas e de que não houve alterações nas recomendações ou na legislação regulamentadora.

- Fechamento desta edição: *12.01.2022*

- O Autor e a editora se empenharam para citar adequadamente e dar o devido crédito a todos os detentores de direitos autorais de qualquer material utilizado neste livro, dispondo-se a possíveis acertos posteriores caso, inadvertida e involuntariamente, a identificação de algum deles tenha sido omitida.

- **Atendimento ao cliente:** (11) 5080-0751 | faleconosco@grupogen.com.br

- Direitos exclusivos para a língua portuguesa
  Copyright © 2022 by
  Editora Forense Ltda.
  Uma editora integrante do GEN | Grupo Editorial Nacional
  Travessa do Ouvidor, 11 – Térreo e 6º andar
  Rio de Janeiro – RJ – 20040-040
  www.grupogen.com.br

- Reservados todos os direitos. É proibida a duplicação ou reprodução deste volume, no todo ou em parte, em quaisquer formas ou por quaisquer meios (eletrônico, mecânico, gravação, fotocópia, distribuição pela Internet ou outros), sem permissão, por escrito, da Editora Forense Ltda.

- Capa: Anderson Pereira

- **CIP – BRASIL. CATALOGAÇÃO NA PUBLICAÇÃO.**
  SINDICATO NACIONAL DOS EDITORES DE LIVROS, RJ.

M166d
2. ed.

Magalhães, Giovani
Direito empresarial facilitado / Giovani Magalhães. – 2. ed. – Rio de Janeiro: Método, 2022.
680 p.; 23 cm.

Inclui bibliografia
ISBN 978-65-5964-397-4

1. Direito empresarial – Brasil – Problemas, questões, exercícios. 2. Serviço público – Brasil – Concursos. I. Título.

22-75543   CDU: 347.7(81)

Meri Gleice Rodrigues de Souza – Bibliotecária – CRB-7/6439

*À Cláudia Magalhães e ao Giovani Neto,
pela paciência e entendimento
em relação às minhas ausências,
para que este projeto fosse finalizado.*

PREFÁCIOS

Conheci o professor Giovani Magalhães pela internet, há muitos anos, quando nós dois ainda estávamos iniciando nossas carreiras acadêmicas: ele em Fortaleza-CE, e eu em Recife-PE.

O professor Giovani era o administrador de uma comunidade virtual chamada Direito Empresarial, hospedada na extinta rede social Orkut. Desde que passei a fazer parte da comunidade e a interagir no seu fórum de discussões, pude perceber a vocação dele para o ofício de professor, bem como a sua dedicação em estudar profundamente a matéria.

Giovani respondia pacientemente a todos que postavam perguntas com dúvidas, e já naquela época era possível perceber, nas suas manifestações, que se tratava de alguém muito estudioso e conhecedor do assunto.

O tempo passou, o Orkut acabou, mas o nosso contato, a nossa amizade e a minha admiração pelo professor Giovani só aumentaram, principalmente por causa da nossa afinidade ideológica: somos liberais e sempre fizemos questão de nos manifestarmos, em nossas aulas, palestras e escritos, em defesa do liberalismo.

Também seguimos caminhos semelhantes: ambos nos tornamos professores de direito empresarial em cursos preparatórios para concursos e universidades, nestas lecionando tanto nos programas de graduação quanto nos programas de pós-graduação. Nessa jornada acadêmica, tive o prazer de lecionar na pós-graduação em Direito Empresarial da Unifor, em curso à época coordenado pelo querido amigo Giovani, que me fez esse gentil e honroso convite.

Ao longo desses anos, o professor Giovani tornou-se uma referência no ensino do direito empresarial, ajudando inúmeras pessoas a obter a tão sonhada aprovação no temido Exame da Ordem dos Advogados do Brasil. Em suas aulas, ele sempre aliou o seu vasto conhecimento e a sua notável didática ao seu conhecido carisma: aprender direito empresarial, talvez a matéria mais odiada pelos estudantes de graduação em Direito, tornou-se algo fácil e prazeroso quando é o professor Giovani que está ensinando.

Agora, esse aprendizado do direito empresarial tende a se tornar mais fácil e mais prazeroso ainda com a publicação desta obra. Trazendo para o livro o método de sucesso que usa em suas aulas, o professor Giovani nos brinda com um trabalho excelente, que explica os diversos assuntos do direito empresarial com clareza e simplicidade, mas sem deixar de ser suficientemente profundo na abordagem.

Enfim, é com muita alegria que apresento aos leitores essa admirável obra, parabenizando o amigo Giovani e a editora pela sua publicação.

Brasília, 23 de janeiro de 2020.

André Luiz Santa Cruz Ramos
Professor de Direito Empresarial e Econômico (IESB/DF),
Procurador Federal (AGU/DF) e Diretor do DREI.

Direito empresarial não é fácil" é a primeira coisa que os alunos gostam de dizer logo no início das aulas. Como somos sinceros, nós, professores da disciplina, concordamos: "realmente, não é fácil". Mas há os *mágicos* da disciplina e, com certeza, o professor Giovani Magalhães é um deles. Essa pequena e quase exclusiva "turma de mágicos" consegue que seus alunos não só mudem a opinião, como também, apaixonem-se pela matéria de empresarial.

Conheço o professor Giovani o tempo suficiente para afirmar o que disse nas linhas anteriores, tanto da sala de aula, como na carreira autoral. E digo mais: o "01", como gostam de referir seus alunos, é "caveira" desde as noções introdutórias ao Direito Empresarial, passando pelo direito societário e sociedades em espécie, além de títulos de crédito, bem como o direito concursal, propriedade industrial, até contratos empresariais. Um professor completíssimo! E estes são os temas do seu mais recente livro, *Direito Empresarial Facilitado*, pela prestigiosa Editora Método.

Um professor de Empresarial que tem um livro com "facilitado" na capa só pode ser "caveira" mesmo, e o amigo Giovani tem toda a competência do mundo para tornar o aprendizado o mais fácil possível, seja para graduação, seja para prova da OAB ou concursos públicos. Sua extensa experiência em sala de aula pode ser vista nas páginas deste facilitado, o que abrirá uma oportunidade única para quem não foi seu aluno nos cursos presenciais e à distância. Aos seus alunos, brindará com uma obra excepcional, a qual tenho certeza que a leitura será lembrada pela voz do mestre.

Por fim, mas não menos importante, é um privilégio meu escrever sobre um colega e amigo que admiro. O meu discurso poderia ser bem maior, porém, o que importa agora, é abrir as cortinas para o show que irá começar. Uma ótima leitura!

Marcelo Hugo da Rocha
Professor da disciplina, escritor de mais de 70 publicações
e advogado nas horas vagas.

O meio acadêmico costuma mostrar certo preconceito com obras didáticas facilitadas ou esquematizadas, como se tivessem como objetivo apenas a aprovação em disciplinas de graduação ou mesmo concursos públicos, sem dar à matéria a densidade científica esperada.

Na verdade, ao contrário de desencorajar sua leitura, deve-se reconhecer a grande contribuição dessas obras em despertar o gosto de estudantes pela matéria de que tratam, especialmente naqueles que têm um primeiro contato com os temas.

É particularmente difícil para o aluno de graduação ter interesse imediato por assuntos quando apresentados já de maneira muito densa ou descontextualizada da realidade.

Não é diferente com o Direito Comercial. A matéria, normalmente considerada árida pelos estudantes mais jovens, necessita de uma apresentação dinâmica para conquistar a "afeição" dos alunos. É óbvia, para aqueles que ensinam ou trabalham com sociedades, contratos ou instrumentos de crédito a sua importância no dia a dia, mas a depender da forma como se apresenta, pode parecer algo distante e abstrato para o estudante, e, portanto, fora de seu alcance ou interesse.

A isso se deve a importância desta obra de Giovani, que, desde o seu mestrado na Universidade de Fortaleza, sob minha orientação, já apresentava um grande talento para cativar alunos com uma didática divertida, mas sem perder o apreço à técnica jurídica.

Essa sua característica transpõe-se perfeitamente para essa obra, que procura chamar a atenção do aluno para pontos importantes da matéria por meio de recursos gráficos, como quadros, tabelas e grifos, seguindo a atual tendência de leituras que facilitam ao leitor o acesso aos temas que realmente lhe interessam. Da mesma forma, aborda aspectos bem mais modernos do Direito Comercial que normalmente não são vistos em manuais.

O livro se propõe a trazer as diversas disciplinas do Direito Comercial de maneira não segmentada. Como inovação para a matéria, a obra apresenta o estudo de Direito Comercial sob uma perspectiva mais sistêmica, sem uma separação tão clara entre as matérias uma vez que, na prática, os fenômenos jurídicos apresentam-se de maneira dinâmica e interligada, e não compartimentalizada como normalmente se apresentam em livros didáticos.

Mesmo se tratando de uma obra com características de manual, o autor não descuidou em apresentar farta referência bibliográfica para o aprofundamento de diversos pontos, e ainda jurisprudência atualizada sobre as matérias, fazendo, assim, a necessária ligação entre teoria e prática.

Portanto, fico feliz em poder ver nascer esta obra sobre o Direito Comercial, criada por quem, com anos de experiência em salas de aula de turmas de graduação e pós-graduação, pôde perceber as necessidades dos estudantes. Da mesma forma, jovens comercialistas como o Giovani trazem novamente o brilho de uma área que, durante tantos anos, foi injustamente colocada em lugar de pouco destaque.

Nunca é demais lembrar que o Direito Comercial deve ser voltado à regulação eficiente da atividade econômica e do mercado, e disso depende, em grande conta, o desenvolvimento econômico da sociedade.

Prof. Dra. Uinie Caminha
Professora Titular do Programa de Pós-Graduação *Stricto Sensu*
em Direito da Universidade de Fortaleza e
Membro da Comissão de Juristas responsável
pela Elaboração do Projeto de Novo Código Comercial.

AGRADECIMENTOS

Este livro jamais seria escrito se não existisse a Camila Amadi e a sua ousadia de me confiar o volume de Direito Empresarial da Coleção Facilitado, pela Editora Método...

Este livro jamais seria escrito se não existisse a Thalita Ramalho, querida editora, e a sua incomparável disponibilidade para a pronta edição desta obra...

Este livro jamais seria escrito se não existisse o Robson Gomes, representante local do Grupo Gen, e o seu incentivo constante na apresentação do projeto desta obra...

Este livro jamais seria escrito se não existissem os meus vários alunos simpatizantes da disciplina que a todo curso e a todo semestre pediam por esta obra. Este livro jamais teria sido escrito se não existissem os meus vários alunos não afeitos á disciplina que a todo curso e a todo semestre suplicavam por uma obra que facilitasse o seu entendimento...

Este livro jamais seria escrito se não existissem os vários professores de Direito Empresarial deste País, dentre eles Gladston Mamede, Haroldo Verçosa, Fabio Ulhoa Coelho, Manoel Justino Bezerra Filho, Alfredo de Assis Gonçalves Neto, Sérgio Campinho, Marlon Tomazette, Alessandro Sanchez, Eliane Octaviano Martins, Marcelo Cometti, Maurício Menezes, Carlos Alberto Mendes Forte, Carolina Romero, Julio Ponte, José Orlando, Wolney Oliveira, Leonardo Leal, Eugênio Vasques, Armindo Castro Jr., Scilio Faver, Herbert Durães, Livia Ximenes, Mariana Zonari, Nardejane Cardoso e, especialmente, André Luiz Santa Cruz Ramos, Marcelo Hugo da Rocha, Uinie Caminha que gentilmente prefaciaram esta obra...

Este livro jamais seria escrito se não existisse o Giovani Neto para renovar as minhas energias na elaboração desta obra, com os seus infindáveis beijos e abraços reconfortantes (Papai te ama, filho!)...

Este livro jamais seria escrito se não existisse a Cláudia Magalhães e os seus carinho, companheirismo e dedicação, por me acompanhar em cada "madrugadão" para cumprir o cronograma de elaboração desta obra em tão exíguo prazo (Te amo, meu xuxu!)...

Este livro jamais seria escrito se não existisse você, prezado leitor, seja você um apreciador desta matéria, seja você alguém que se encontra nela perdido e que busca um porto seguro para superar a dificuldade inicial e partir rumo ao conhecimento da matéria...

Este livro jamais seria escrito se não existissem o "Seu Giovani Magalhães" e a "Dona Freda Barreto", meus pais, por todo o apoio sempre dado na busca dos meus objetivos, desde a Graduação em Direito...

...os meus sinceros agradecimentos e o meu muito obrigado por tudo!

APRESENTAÇÃO

No dia 8 de dezembro de 2019, fizemos uma reunião, eu e Camila Amadi, acerca da possibilidade de ser escrito este volume de Direito Empresarial para a Coleção Facilitado publicada pela Editora Método. Entretanto, esse livro começou a ser escrito a partir da primeira entrada em uma sala de aula como professor dessa disciplina. E já se vão 15 anos de sala de aula, entre Graduação e Pós-Graduação em Direito, além de preparatórios para OAB e Concursos Públicos, tanto em 1ª quanto em 2ª fases.

Este livro foi elaborado e escrito visando atender tanto à Graduação, como ainda ao Concurso Público ou Exame de Ordem, e, também, aos que militam com a prática do Direito Empresarial. Nesta obra, é percorrido todo o conteúdo programático da Graduação, além de incursionar pelos editais das mais famosas bancas examinadoras (Cespe/Cebraspe, FCC, dentre outras) para os Concursos de Carreiras Jurídicas e Fiscais, bem como pelos editais dos Exames de Ordem, atualmente elaborados pela FGV.

A disciplina de Direito Empresarial não precisa ser estudada de maneira enfadonha. Não se trata de uma disciplina que pode se reputar como "simples" e o seu estudo, para ter alto rendimento, não precisa ser "difícil". Ao contrário, até. Apesar de a disciplina ser um tanto quanto "complexa", porque foge do trivial e tem uma ideologia diferente daquilo que se costuma verificar nas disciplinas jurídicas, é inteiramente viável estudar de "modo facilitado" e obter alto rendimento na absorção e compreensão da matéria.

E para fazer entender e compreender o Direito Empresarial, no jeito fácil, porém, em alto nível, propõe-se nesta obra, uma nova forma apresentação do conteúdo; foge-se da apresentação convencional que, como de costume, segue o sumário da legislação. Como o leitor perceberá, a abordagem deste Direito Empresarial Facilitado é realizada de maneira sistêmica.

Por exemplo, não se estudará os 9 tipos societários previstos na lei brasileira, em separado. Vale dizer, os capítulos atinentes ao Direito Societário não se desenvolvem por tipo legal. A releitura é feita de maneira temática: noções gerais, funções societárias, deliberações sociais, procedimentos dissolutórios, direito patrimonial societário, relações societárias, microempresa e empresa de pequeno porte. Essa mesma métrica também ocorre nos demais ramos do Direito Empresarial.

Adotou-se, na escrita deste livro, o método indutivo, conforme proposto pela doutrina, como o método aplicável ao Direito Empresarial. Para todos os institutos jurídicos, é realizado um estudo comparativo-classificatório. O objetivo é o de o estudante, além de compreender o conteúdo previsto, ter o cabedal necessário para, percebendo semelhanças e diferenças, poder indicar quando determinado instituto é mais eficiente do que outro.

Visando facilitar a compreensão da matéria, sempre em alto nível, o texto está recheado de esquemas, tabelas, cronogramas, além de recursos gráficos exclusivos, chamando atenção tanto para aquilo que é novo, no conteúdo, quanto para aquilo que tem sido considerado importante, pelas bancas examinadoras em geral.

Este livro, também, não se esgota, nestas páginas. Com efeito, há um vasto material suplementar para ser baixado, visando o aprofundamento dos estudos. Destacam-se o banco de questões, selecionadas em conformidade com a ordem dos capítulos previstas no livro e dividas por banca examinadora; os esquemas de aula, que servem para auxiliar tanto o aluno que se prepara para uma prova ou concurso, quanto o professor da disciplina que necessita de uma base inicial para preparar suas aulas.

Além de facilitado, este livro está inteiramente atualizado. Para os temas em que não se encontrava um fundamento legal mais direto, foi realizada pesquisa bibliográfica profunda, passando pelos autores clássicos e chegando até os autores modernos da disciplina. Naquilo que a doutrina não era tão precisa, lançou-se mão de estudo jurisprudencial dos tribunais superiores e, para temas pontuais, que se relevaram necessários, também de jurisprudência dos tribunais de justiça, bem como de Enunciados das Jornadas de Direito Comercial, promovidas pelo Conselho da Justiça Federal.

Do ponto de vista legal, esta obra está de acordo com as atualizações trazidas, entre outras, pelas legislações a seguir:

- Medida Provisória nº 931/20 – Votação à distância;
- Lei nº 13.966/19 – Nova Lei de Franquias;

- Lei nº 13.874/19 – Lei de Liberdade Econômica;
- Lei nº 13.833/19 – Lei de Alteração do Registro de Empresas;
- Lei nº 13.792/19 – Lei de Alteração de Quóruns na Sociedade Limitada;
- Lei nº 13.775/18 – Lei da Duplicata Virtual;
- Lei Complementar nº 167/19 – a Empresa Simples de Crédito e o Inova Simples;
- Lei Complementar nº 169/19 – a Sociedade de Garantia Solidária e a Sociedade de Contragarantia.

Trata-se de um livro que não é isento, apesar de direcionar o que deve ser considerado como correto para provas objetivas de Exames da OAB e Concursos. Em todos os pontos polêmicos, há manifestação pessoal deste autor, algumas vezes em conformidade com a doutrina dominante e outras tantas concordando com a minoritária. Não se negam, nas páginas seguintes, a vertente econômica do modelo de economia capitalista de mercado e tão pouco a vertente política do modelo de estado mínimo liberal às quais se filia este autor.

Portanto, é um livro que pretende marcar-se no tempo, ao propor uma estrutura diferente para o exame do conteúdo porque Direito Empresarial pode até não ser "simples", mas também não precisa ser "difícil".

Fortaleza, 7 de maio de 2020.

O Autor

NOTA À 2ª EDIÇÃO

Eis que vai sair mais uma edição do *Direito Empresarial Facilitado*!

Esse é um momento de tamanha e indescritível felicidade. De modo que só me resta agradecer a cada um dos alunos, amigos, colegas professores, que, a seu modo, legitimaram a presente obra. Enobrece a alma saber da existência de universitários, oabeiros e concurseiros que acolheram o *Direito Empresarial Facilitado* como bússola para o estudo inicial desta disciplina, ou mesmo para aquelas últimas leituras, de revisão, em reta final.

Desmistificar e democratizar o acesso ao conhecimento jurídico-científico do Direito Empresarial: esse é o espírito e a missão deste livro. E é bastante honroso perceber que essa missão vem sendo cumprida.

Nesta edição, algumas partes foram revistas e reescritas para facilitar, ainda mais, a compreensão e a absorção dos conhecimentos aqui apresentados pelo leitor, independente de seu objetivo com a leitura das próximas páginas: iniciar a atuação na advocacia empresarial, ou se preparar para uma prova, seja a da faculdade, seja a do Exame da Ordem ou concurso público. Para tanto, novos gráficos foram inseridos, assim como atualizados tantos outros.

Do ponto de vista normativo, esta 2.ª Edição encontra-se atualizada pelos seguintes instrumentos normativos:

- Lei nº 13.986/20 – Crédito para o Agronegócio
- Lei nº 14.030/20 – Votação à Distância e Assembleia Digital
- Lei nº 14.112/20 – Reforma da Lei de Falências e Recuperação de Empresas

- Lei nº 14.193/21 – Sociedade Anônima do Futebol
- Lei nº 14.195/21 – Melhoria do Ambiente de Negócios
- Lei nº 14.206/21 – Documento Eletrônico de Transporte
- Medida Provisória nº 1.085/21 – Alterações no Código Civil
- Lei Complementar nº 182/21 – Marco Legal das *Startups*
- IN DREI nº 81/20 – Diretrizes Gerais do Registro Público de Empresas

Apesar das atualizações, o livro continua mantendo uma de suas principais características. Não se trata de uma publicação isenta. Onde se mostrou viável, apresentei meu posicionamento pessoal para levar a você, que ler este livro, à reflexão, sem me esquecer de mencionar qual deve ser o seu posicionamento em provas, notadamente em se tratando do Exame da Ordem ou concurso público.

Desejo que esta 2.ª Edição seja tão feliz quanto foi a edição inaugural, e que esta obra continue facilitando a vida do leitor em matéria de Direito Empresarial, auxiliando na obtenção de resultados de alto rendimento seja nos preparativos para a realização de provas, seja no planejamento para o ingresso na advocacia e consultoria empresarial.

Fortaleza, 11 de janeiro de 2022.

O Autor

SUMÁRIO

CAPÍTULO 1 – NOÇÕES PROPEDÊUTICAS DE DIREITO EMPRESARIAL....   1
1.   A evolução histórico-doutrinária 1
     1.1   Teoria subjetiva: a teoria clássica... 3
     1.2   Teoria objetiva: a teoria dos atos de comércio..................... 5
     1.3   Teoria subjetiva moderna: a teoria da empresa................... 9
         1.3.1   Os perfis da empresa – a teoria de Alberto Asquini..... 10
         1.3.2   Análise crítica dos perfis da empresa................... 14
         1.3.3   A compreensão jurídica da empresa 18
     1.4   Teoria dos mercados: uma teoria em fase embrionária 23
         1.4.1   O conceito jurídico de mercado 24
         1.4.2   A teoria poliédrica do mercado 27
         1.4.3   Classificações do mercado 28
         1.4.4   Estruturas de mercado 30
         1.4.5   Falhas de mercado 32
         1.4.6   A Lei de Liberdade Econômica............................ 37
2.   Da autonomia do direito empresarial 39
     2.1   A dicotomia do direito privado... 39
     2.2   O debate: Cesare Vivante e Alfredo Rocco 40
     2.3   Tentativas de unificação no Direito brasileiro..................... 43
     2.4   Fontes do direito empresarial 46
     2.5   Características do direito empresarial................................... 48

2.6	Princípios do direito empresarial		49
	2.6.1	Direito público × direito privado	50
	2.6.2	Princípio da preservação da empresa e a sua "função social"	51
	2.6.3	Princípios constitucionais econômicos	52
3.	Metodologia do direito empresarial		55
4.	Relações do direito empresarial com outros ramos e áreas afins		57

CAPÍTULO 2 – INTRODUÇÃO AO DIREITO EMPRESARIAL 60

1.	O Empresário		60
	1.1.	Sua definição jurídica	61
	1.2.	Os excluídos da compreensão jurídica de empresário e o elemento de empresa	62
	1.3.	Sociedade empresária × sociedade simples	64
2.	Da Capacidade		66
	2.1	Capacidade para ser empresário individual	66
	2.2	Capacidade para ser sócio de sociedade empresária	68
3.	O Estabelecimento Empresarial		70
	3.1	Considerações gerais	71
	3.2	O contrato de trespasse	74
	3.3	Da proteção ao ponto empresarial	77
	3.4	A locação em *shopping center*	79
	3.5	A locação *built to suit*	80
4.	A Empresa Individual de Responsabilidade Limitada		81
	4.1	A EIRELI foi revogada? (ou será que não?!)	83
5.	O registro empresarial e o regime jurídico empresarial		84
	5.1	O registro empresarial	85
		5.1.1 As espécies de registro	86
		5.1.2 Prazo de registro	89
	5.2	Demais obrigações do regime jurídico empresarial	90
		5.2.1 Obrigações relativas à escrituração empresarial	91
		5.2.1.1 Livros empresariais	93
		5.2.1.2 Valor probante dos livros empresariais	94
		5.2.1.3 Exibição dos livros empresariais	95
		5.2.2 Obrigações relativas às demonstrações contábeis ou financeiras	98
	5.3	O pequeno empresário e o microempreendedor individual – MEI	99
	5.4	A sociedade de grande porte	100

6.	Nome empresarial		100
	6.1	Das espécies de nome empresarial	102
	6.2	Da formação do nome empresarial	103
	6.3	Os demais elementos de identificação do empresário	104
		6.3.1 A marca	105
		6.3.2 O título de estabelecimento	107
		6.3.3 O nome de domínio	108
		6.3.4 A solução de conflitos entre os elementos de identificação do empresário	108
7.	Os prepostos: auxiliares ou colaboradores do empresário		113
	7.1	Considerações gerais	114
	7.2	Prepostos especiais: o gerente e o contabilista	115
	7.3	Do tradutor e do intérprete público	117

CAPÍTULO 3 – DIREITO SOCIETÁRIO: NOÇÕES GERAIS ... 120

1.	Elementos da Sociedade		121
	1.1	Elementos gerais	122
	1.2	Elementos específicos	123
2.	A Tipicidade Societária – seus fatores determinantes		126
	2.1	Quanto à personalidade jurídica	129
		2.1.1 Início e fim da personalidade jurídica	131
		2.1.2 Consequências da personificação	131
		2.1.3 Da constituição societária	135
	2.2	Quanto ao ato constitutivo	137
		2.2.1 Contrato social × estatuto social	139
		2.2.2 Acordos de acionistas e pactos separados	141
	2.3	Quanto à divisão do capital social	143
		2.3.1 Regime jurídico das quotas	145
		2.3.2 Classificação das ações	146
	2.4	Quanto à responsabilidade patrimonial dos sócios	149
		2.4.1 Os tipos societários previstos na legislação brasileira	151
		2.4.2 A desconsideração da personalidade jurídica	153
	2.5	Quanto à estrutura econômica	157
3.	A regência supletiva societária		161

CAPÍTULO 4 – DAS FUNÇÕES SOCIETÁRIAS ... 164

1.	Sócio		165

		1.1	Deveres	166
		1.2	Direitos	169
			1.2.1 Direitos pessoais	169
			1.2.2 Direitos patrimoniais	171
		1.3	Responsabilidades	172
			1.3.1 Responsabilidade negocial	173
			1.3.2 Responsabilidade por ato ilícito	174
		1.4	Da saída de sócios: a classificação quanto ao vínculo societário	176
		1.5	Espécies de sócios	177
		1.6	Das relações dos sócios com terceiros	178
	2.	Administradores		179
		2.1	Quem pode ser	180
		2.2	Nomeação e destituição	181
		2.3	Vacância dos cargos	182
		2.4	Atribuições	183
		2.5	Deveres	185
		2.6	Responsabilidades	187
		2.7	A administração da sociedade	191
			2.7.1 Na sociedade limitada	191
			2.7.2 Na sociedade por ações	193
			2.7.3 Na sociedade cooperativa	196
	3.	Do conselho fiscal		197
		3.1	Onde tem	197
		3.2	Requisitos	197
		3.3	Deveres e responsabilidades	199
		3.4	Competência	199
		3.5	Número de membros	200
		3.6	Constituição e funcionamento	201

CAPÍTULO 5 – DELIBERAÇÕES SOCIAIS **203**

1.	Modos de deliberação			205
	1.1	Na sociedade limitada		205
	1.2	Na sociedade anônima		207
	1.3	Na sociedade cooperativa		207
2.	Legitimidade para convocação			207
	2.1	Na sociedade limitada		207

	2.2	Na sociedade anônima	208
	2.3	Na sociedade cooperativa	209
3.	Formalidade para convocação	210
	3.1	Na sociedade limitada	210
	3.2	Na sociedade anônima	211
	3.3	Na sociedade cooperativa	212
4.	O exercício do direito de voto	213
5.	A representação dos sócios em assembleia	217
	5.1	Na sociedade limitada	218
	5.2	Na sociedade anônima	219
	5.3	Na sociedade cooperativa	220
	5.4	O voto a distância	220
6.	Modalidades de assembleia	222
	6.1	Na sociedade limitada	222
	6.2	Na sociedade anônima	223
	6.3	Na sociedade cooperativa	224
	6.4	Novidades trazidas pela Lei nº 14.030/20 e pela IN DREI nº 81/20	225
7.	Anulação das deliberações sociais	226

CAPÍTULO 6 – PROCESSOS DISSOLUTÓRIOS 229

1.	Modalidades	229
	1.1	Resolução da sociedade	230
	1.2	Dissolução da sociedade	230
2.	Da resolução da sociedade em relação a um sócio	230
	2.1	Da morte do sócio	230
	2.2	Do direito de recesso (ou do direito de retirada)	231
	2.3	Da exclusão do sócio	234
		2.3.1 Por remissão	234
		2.3.2 A exclusão de pleno direito	235
		2.3.3 Por vontade da sociedade	236
	2.4	O procedimento de apuração de haveres	238
3.	Da dissolução de sociedades	239
	3.1	Causas de dissolução da sociedade	239
	3.2	Formas de liquidação	242
	3.3	Extinção da pessoa jurídica	244

CAPÍTULO 7 – DIREITO PATRIMONIAL SOCIETÁRIO: O CAPITAL SOCIAL E OS VALORES MOBILIÁRIOS 245

1. Considerações gerais 245
2. Princípios 248
   - 2.1 Determinação 249
   - 2.2 Efetividade 249
   - 2.3 Variação condicionada: a classificação quanto à forma do capital 251
3. Modificação do capital social 256
   - 3.1 Do aumento do capital social 256
   - 3.2 Da redução do capital social 258
     - 3.2.1 Na sociedade limitada 260
     - 3.2.2 Na sociedade anônima 260
4. Valores mobiliários 261
   - 4.1 Partes beneficiárias 263
   - 4.2 Debêntures 264
   - 4.3 Bônus de subscrição 267
   - 4.4 Outros valores mobiliários 268
   - 4.5 Considerações gerais sobre o mercado de valores mobiliários 273
     - 4.5.1 Companhia aberta e companhia fechada 274

CAPÍTULO 8 – RELAÇÕES SOCIETÁRIAS 277

1. Ligações societárias 277
   - 1.1 Subsidiária integral 278
   - 1.2 Controle 278
   - 1.3 Coligação ou filiação 279
   - 1.4 *Holding* 280
   - 1.5 Simples participação 280
   - 1.6 Participação recíproca 281
   - 1.7 Relações jurídicas societárias 281
     - 1.7.1 Consórcio societário 281
     - 1.7.2 Grupo econômico 282
     - 1.7.3 Sociedade de propósito específico 283
     - 1.7.4 Sociedade em conta de participação 284
     - 1.7.5 *Joint venture* 285
2. Reorganizações societárias 286

2.1	Transformação	288
2.2	Fusão	293
2.3	Incorporação	294
2.4	Cisão	295
2.5	Direito de retirada	297
2.6	Direito dos credores	298

CAPÍTULO 9 – MICROEMPRESA E EMPRESA DE PEQUENO PORTE..... 299

1.	Considerações gerais	300
1.1	Enquadramento jurídico	301
1.2	Exclusões	302
1.3	Nome empresarial	303
1.4	Atos societários: publicação dispensada	304
2.	Tratamento diferenciado	304
2.1	Tratamento tributário	305
2.2	Licitações públicas	305
2.3	Fiscalização orientadora	306
2.4	Acesso à justiça	308
3.	O pequeno empresário e o microempreendedor individual (MEI)	308
4.	As *startups* e o Inova Simples	309
5.	A empresa simples de crédito (ESC)	314
6.	Da sociedade de garantia solidária (SGS) e da sociedade de contragarantia	315

CAPÍTULO 10 – TÍTULOS DE CRÉDITO: NOÇÕES GERAIS..... 317

1.	Conceito e elementos dos títulos de crédito	318
2.	Elementos essenciais (princípios ou atributos)	319
2.1	Cartularidade (ou incorporação)	319
2.2	Literalidade	320
2.3	Autonomia	321
2.4	Abstração	322
3.	Elementos não essenciais (características)	323
3.1	Abstração ou causalidade	323
3.2	Independência ou dependência	323
3.3	*Pro solvendo* ou *pro soluto*	324
3.4	*Querablé* ou *portablé*	324

4. Natureza jurídica: oponibilidade ou inoponibilidade das exceções pessoais.. 325
5. Os títulos de crédito e o Código Civil.. 327
   5.1 Conflito aparente de normas: o art. 903, do Código Civil. 328
   5.2 Funções do Código Civil para os títulos de crédito........... 329

CAPÍTULO 11 – TÍTULOS DE CRÉDITO: OBRIGAÇÕES CAMBIÁRIAS .. 336

1. Aceite.. 337
   1.1 Sua compreensão jurídica.. 337
   1.2 Puro e simples... 338
   1.3 Recusa do aceite... 339
   1.4 Aceite parcial... 339
   1.5 Cláusula "sem aceite"... 341
   1.6 Documento apartado.. 342
2. Endosso.. 343
   2.1 Sua compreensão jurídica.. 343
   2.2 Tipos de endosso... 345
   2.3 Modalidades de endosso.. 345
   2.4 Cláusula "não à ordem"... 349
   2.5 Cláusulas "sem garantia" e "proibitiva de novo endosso"... 350
   2.6 Cláusula cassatória.. 351
   2.7 Endosso tardio ou póstumo... 351
3. Aval... 353
   3.1 Sua compreensão jurídica.. 353
   3.2 Aval parcial.. 354
   3.3 Aval × fiança... 355
   3.4 Aval antecipado... 356
   3.5 Modalidades de aval... 357
   3.6 Aval póstumo... 358
4. Vencimento.. 358
   4.1 Extraordinário (por antecipação).. 359
   4.2 Ordinário (no título)... 360
5. A sistemática dos prazos de prescrição.. 363
   5.1 Peculiaridades para o cheque.. 365
   5.2 Ação cambial... 366
   5.3 Ação monitória.. 367
6. Protesto.. 369

	6.1	Conceito	369
	6.2	Lugar do protesto	369
	6.3	Prazo do protesto	370
	6.4	Tipos de protesto	371
	6.5	Desistência, sustação e suscitação de dúvida	372
	6.6	Cancelamento	373

CAPÍTULO 12 – TÍTULOS DE CRÉDITO: A TIPICIDADE CAMBIÁRIA EM ESPÉCIE 376

1.	Letra de câmbio			376
	1.1	Conceito		377
	1.2	Figuras intervenientes		378
	1.3	Requisitos		378
2.	Nota promissória			382
	2.1	Conceito		383
	2.2	Figuras intervenientes		383
	2.3	Norma de aplicação		384
	2.4	Vinculação a contrato		384
3.	Cheque			385
	3.1	Referência legal		385
	3.2	Conceito		386
	3.3	O cheque pré-datado		386
	3.4	Modalidades de cheque		389
		3.4.1	Cheque ao portador	389
		3.4.2	Cheque visado	390
		3.4.3	Cheque cruzado	390
		3.4.4	Cheque para creditar em conta	391
		3.4.5	Cheque marcado	392
		3.4.6	Cheque administrativo	392
	3.5	Impedimentos para pagamento do cheque		393
		3.5.1	Insuficiência de fundos disponíveis	393
		3.5.2	Contraordem ou sustação	394
		3.5.3	Irregularidade na cadeia de endosso	394
4.	Duplicata			395
	4.1	Fatura		396
	4.2	Boleto bancário × duplicata		397
	4.3	Pagamentos parcelados		399

	4.4	A operacionalização da duplicata	399
	4.5	Do pagamento e da cobrança da duplicata	400
	4.6	Duplicata virtual ou eletrônica	401
5.	Conhecimento de depósito e *warrant*		404
6.	Cédulas e notas de crédito		408
	6.1	Financiamento da atividade econômica	408
	6.2	Cédula de crédito bancário	410

CAPÍTULO 13 – A EMPRESA EM CRISE: INTRODUÇÃO AO DIREITO CONCURSAL ... 412

1.	Tipos de crise		415
	1.1	Crise econômica	415
	1.2	Crise financeira	416
	1.3	Crise patrimonial	416
2.	Causas da crise		417
	2.1	Causas internas	418
	2.2	Causas externas	419
	2.3	Causas acidentais	420
3.	Falência × insolvência		420
	3.1	Estágios de desenvolvimento da atividade empresária	421
	3.2	Processos concursais	422
	3.3	A unificação concursal: o art. 1.052, do CPC	423
4.	A insolvência jurídica empresarial		424
	4.1	Impontualidade injustificada	424
	4.2	Execução frustrada	427
	4.3	Atos de falência	428
5.	Destinatários da Lei nº 11.101/05		429
	5.1	Da compreensão jurídica de empresário	429
	5.2	Situações peculiares	430
		5.2.1 "Não empresários" sujeitos à falência	430
		5.2.2 Excluídos do regime falencial	432

CAPÍTULO 14 – DIREITO CONCURSAL: A FALÊNCIA ... 437

1.	Falência		437
	1.1	Princípios informadores da Lei nº 11.101/05	439
	1.2	Finalidades	441
	1.3	Pressupostos da falência	443

		1.3.1	Pressuposto material-subjetivo	444
		1.3.2	Pressuposto material-objetivo	445
		1.3.3	Pressuposto formal	445
	1.4	Competência		445
2.	O processo de falência: suas fases			451
	2.1	A fase pré-falimentar		451
	2.2	A fase falimentar		454
	2.3	A fase pós-falimentar		457
3.	Quadro geral de credores			458
	3.1	Créditos extraconcursais		459
	3.2	Créditos concursais		459
	3.3	A ordem de pagamentos no processo de falência		461
	3.4	Considerações finais sobre o quadro geral de credores		464
4.	A ação de restituição			468
	4.1	Fundamentos		468
	4.2	Considerações sobre o processamento		470
	4.3	Embargos de terceiro		471
5.	A ação revocatória			471
	5.1	Atos ineficazes ou fraudulentos		472
		5.1.1	Atos de ineficácia objetiva	473
		5.1.2	A ineficácia subjetiva	474
		5.1.3	A ineficácia na legislação extravagante	474
	5.2	Considerações sobre o processamento		475
	5.3	O sequestro dos bens fraudulentamente desviados		475

CAPÍTULO 15 – DIREITO CONCURSAL: INSTITUTOS JURÍDICOS COMUNS E EFEITOS DA DECRETAÇÃO DA FALÊNCIA **477**

1.	Órgãos jurisdicionais			478
	1.1	Administrador judicial		478
	1.2	Assembleia de credores		482
	1.3	Comitê de credores		485
2.	O procedimento de verificação e de habilitação de créditos			485
	2.1	Fase administrativa		486
	2.2	Fase judicial		488
	2.3	O incidente de classificação do crédito público		491
	2.4	Tipos de credores		491
3.	Efeitos da sentença declaratória de falência			494
	3.1	Sobre a pessoa do devedor		494

3.2	Sobre as obrigações do devedor		495
3.3	Sobre os contratos do devedor		497
	3.3.1	Regras gerais de cumprimento dos contratos	498
	3.3.2	Cumprimento dos contratos em espécie e processo de falência	499
3.4	A extensão dos efeitos da falência		500

CAPÍTULO 16 – DIREITO CONCURSAL: A RECUPERAÇÃO DE EMPRESAS.. 501

1.	Requisitos para a recuperação de empresas		503
2.	Modalidades de recuperação de empresas		504
	2.1	A recuperação judicial geral (ou ordinária)	504
	2.2	A recuperação judicial especial	505
		2.2.1 A recuperação judicial do produtor rural	505
	2.3	A recuperação extrajudicial de homologação facultativa	506
	2.4	A recuperação extrajudicial de homologação obrigatória	506
	2.5	Os acordos privados	506
3.	Créditos alcançados pela recuperação de empresas		506
4.	A linha processual da recuperação judicial		509
	4.1	Fase postulatória	513
	4.2	Fase deliberatória	514
	4.3	Fase executória	518
5.	O procedimento de homologação da recuperação extrajudicial		520
6.	Temas especiais de recuperação judicial		521
	6.1	O período de *stay*	521
	6.2	O *cramdown*	523
	6.3	A convolação da recuperação judicial em falência	524
	6.4	O plano de recuperação judicial	525
	6.5	O plano de recuperação judicial especial	526
	6.6	O afastamento do devedor na recuperação judicial	527
	6.7	Os créditos posteriores ao pedido de recuperação judicial	528
	6.8	A trava bancária	529
	6.9	Das conciliações e das mediações antecedentes ou incidentais aos processos de recuperação judicial	530
	6.10	*DIP Finance* (financiamento do devedor ou do grupo devedor durante a recuperação judicial)	531
	6.11	Consolidação processual e substancial	532

CAPÍTULO 17 – PROPRIEDADE INDUSTRIAL: PATENTE DE INVENÇÃO OU DE MODELO DE UTILIDADE 534

1. A propriedade intelectual: propriedade industrial x propriedade autoral 534
2. Titularidade da patente 538
3. Requisitos para a patente 540
   - 3.1 Patente de invenção 540
   - 3.2 Patente de modelo de utilidade 543
   - 3.3 Exclusões, proibições e impedimentos 543
   - 3.4 A proteção aos programas de computador 544
4. Da proteção conferida 545
5. Vigência da patente 547
6. Das licenças 547
   - 6.1 Licença voluntária 549
   - 6.2 Licença compulsória 550
7. Procedimento para a obtenção da patente 551

CAPÍTULO 18 – PROPRIEDADE INDUSTRIAL: REGISTRO DE DESENHO INDUSTRIAL E DE MARCA 554

1. Desenho industrial 554
   - 1.1 Requisitos 555
   - 1.2 Procedimento para o registro de desenho industrial 556
   - 1.3 Vigência 557
   - 1.4 Aplicação subsidiária (ou semelhante) à patente 557
2. Marcas 558
   - 2.1 Requisitos 559
   - 2.2 Espécies de marca 561
   - 2.3 Tipos de marca 562
   - 2.4 Direitos sobre a marca 563
     - 2.4.1 Aquisição 563
     - 2.4.2 Da proteção conferida 564
     - 2.4.3 Vigência 565
   - 2.5 Procedimento para o registro de marca 565
   - 2.6 Da cessão e da licença 567
3. Da extinção da propriedade industrial 568
4. Das nulidades da propriedade industrial 570
   - 4.1 Para patentes 570
   - 4.2 Para marcas 571
   - 4.3 Da adjudicação da propriedade industrial 572

CAPÍTULO 19 – CONTRATOS EMPRESARIAIS 574

1. A compra e venda... 576
   - 1.1 Considerações gerais 577
   - 1.2 Elementos da compra e venda mercantil..................... 578
   - 1.3 Classificação quanto ao cumprimento do contrato 581
   - 1.4 Cláusulas especiais.. 584
   - 1.5 O contrato estimatório...................................... 587
   - 1.6 Da troca ou permuta... 587
2. Os contratos de colaboração 588
   - 2.1 O mandato... 590
   - 2.2 A comissão... 591
   - 2.3 A representação comercial autônoma......................... 592
   - 2.4 A agência e a distribuição.................................. 596
   - 2.5 A concessão mercantil 596
3. O contrato de corretagem.. 598
4. O sistema de franquia empresarial..................................... 599
5. Contratos bancários.. 602
   - 5.1 Compreensão jurídica..................................... 603
   - 5.2 Operações bancárias: típicas e atípicas..................... 604
   - 5.3 Operações bancárias ativas................................. 605
     - 5.3.1 Mútuo bancário 606
       - 5.3.1.1 O regime de juros aplicável aos contratos de mútuo.................................. 607
       - 5.3.1.2 A antecipação do pagamento do mútuo com redução proporcional de juros..... 608
       - 5.3.1.3 Contrato de abertura de crédito 609
     - 5.3.2 Desconto bancário 616
   - 5.4 Operações bancárias passivas............................... 618
     - 5.4.1 Depósito bancário 618
     - 5.4.2 Fundos de investimento 621
     - 5.4.3 Crédito documentário 624
   - 5.5 Vendor × compror finance 626
6. Contratos bancários impróprios 627
   - 6.1 O arrendamento mercantil (leasing) 627
   - 6.2 A alienação fiduciária em garantia 630
   - 6.3 O contrato de faturização (factoring) 633
7. Arbitragem 634
8. Contrato de transporte... 636

BIBLIOGRAFIA.. 639

1

NOÇÕES PROPEDÊUTICAS DE DIREITO EMPRESARIAL

Neste capítulo, serão apresentadas as bases jurídicas a partir das quais se assenta o Direito Empresarial, entendido enquanto o ramo do direito que regulamenta, no plano privado, o exercício da atividade econômica. Para tanto, percorrer-se-á a evolução histórico-doutrinária do Direito Empresarial, em todas as suas fases, evidenciando a autonomia do direito empresarial, o seu âmbito atual, as suas relações com outros ramos do direito e áreas fins e a metodologia que deve ser aplicada.

1. A EVOLUÇÃO HISTÓRICO-DOUTRINÁRIA

No decorrer de sua **evolução histórica**, o atualmente denominado Direito Empresarial teve **três teorias** que lhe deram fundamento, estando **em formação uma quarta tese** doutrinária. *A cada teoria, uma nova denominação passou a ser utilizada, tendo em vista o âmbito em relação ao qual era dado destaque.* É importante ressaltar que nem sempre a modificação do nome de uma disciplina indica alteração de sua perspectiva. Registre-se que William Shakespeare[1] já falava: "o que chamamos de rosa, com outro nome, exalaria o mesmo perfume tão agradável". Deste modo, é relevante ressaltar os **períodos históricos** pelos quais passou o Direito Empresarial, a fim de se verificar até que ponto, e em que medida, modificou-se o âmbito deste direito, preocupado com relações econômicas privadas.

---

[1] SHAKESPEARE, William. *Romeu e Julieta, obra completa I*. Trad. Oscar Mendes. Rio de Janeiro: Aguilar, 1969. p. 289-352.

A **doutrina de direito empresarial**, a partir de **Tullio Ascarelli**[2], ensina que o Direito Comercial, quanto ao seu contexto histórico, passou por **quatro períodos**. Atente-se, contudo, conforme demonstram, dentre outros, Haroldo Malheiros Duclerc Verçosa[3], Marlon Tomazette[4] e Rubens Requião[5], que *antes do início do primeiro período indicado pelo jurista italiano já havia normas relativas à matéria de comércio, porém, nada que se pudesse vir a considerar como um sistema de direito* enquanto tal.

É oportuno esclarecer que Direito Empresarial sempre existiu, existe e sempre existirá com o **objetivo de proteger uma determinada classe específica**, pessoas que se dediquem a uma determinada profissão que é a do empresário, antigamente denominado comerciante ou mercador. A partir do momento em que o homem passa a conviver em sociedade, tem-se o advento de determinadas normas, leis que vem regulamentar assuntos relativos ao comércio, à economia. No entanto, **nem sempre se teve um direito autônomo e específico a tratar das questões de índole econômica no plano privado** (enquanto um sistema autônomo que tivesse um objeto próprio de estudo, de análise). Rubens Requião[6], ao retratar a *fase pré-histórica* do Direito Empresarial, ensina:

> É compreensível que nas civilizações antigas, entre as regras rudimentares do direito imperante, surgissem algumas para regular certas atividades econômicas. Os historiadores encontram normas desta natureza no Código de Manu, na Índia; as pesquisas arqueológicas, que revelaram a Babilônia aos nossos olhos, acresceram à coleção do Museu do Louvre a pedra em que foi esculpido há cerca de dois mil anos a.C. o Código do Rei Hammurabi, tido como a primeira codificação de leis comerciais. São conhecidas diversas regras jurídicas, regulando instituições de direito comercial marítimo, que os romanos acolheram dos fenícios, denominadas *Lex Rhodia de Iactu* (alijamento), ou institutos como o *foenus nauticum* (câmbio marítimo).

---

[2] ASCARELLI, Tullio. O desenvolvimento histórico do direito comercial e o significado da unificação do direito privado. *Revista de Direito Mercantil*, São Paulo, v. 37, n. 114, p. 237-252, 1999.

[3] VERÇOSA, Haroldo Malheiros Duclerc. *Direito comercial: teoria geral*. 4 ed. São Paulo: Editora Revista dos Tribunais, 2014.

[4] TOMAZETTE, Marlon. *Curso de direito empresarial: teoria geral e direito societário – volume 1*. 9 ed. São Paulo: Saraiva Educação, 2018.

[5] REQUIÃO, Rubens. *Curso de direito comercial*. 27 ed. São Paulo: Saraiva, 2007. v. 1.

[6] REQUIÃO, Rubens. *Curso de direito comercial*. 27 ed. São Paulo: Saraiva, 2007. v. 1, p. 8.

Tais normas, entretanto, **não chegaram a constituir um sistema jurídico**. Tratavam-se, somente, de normas esparsas a regulamentar determinados aspectos do tráfico mercantil. Em verdade, nem mesmo à época do Império Romano, houve um sistema jurídico autônomo, um "Direito Empresarial", enquanto um direito especial, apartado do direito comum, o *jus civile*.

1.1 Teoria subjetiva: a teoria clássica

O primeiro período do Direito Empresarial se inicia com **a retomada do comércio, na Baixa Idade Média, nas civilizações comunais italianas**, datando do *início do século XII e indo até a segunda metade do século XVI*, quando se conclui o processo de formação das monarquias nacionais. Esse é o período de **surgimento do Direito Comercial**, então denominado **Direito Mercantil**. Em tal período, percebe-se que os comerciantes, tendo em vista a sua insatisfação para com o direito comum, passam a se **organizar em corporações de ofício** e a lhes aplicar um direito de **origem consuetudinária, corporativa**. Neste período, de nada adiantava a pessoa ter um elevado tirocínio comercial; havia a necessidade de se registrar perante uma corporação de ofício, na condição de aprendiz, para, então, ir galgando espaço até se chegar à ocasião de mestre, podendo, daí em diante, produzir por si. Para ter acesso ao Direito Empresarial, então, havia a **necessidade de matrícula** em uma corporação de ofício. Sobre tal período, enfatiza Tullio Ascarelli[7]:

> O direito comercial distingue-se, então, do direito comum no que diz respeito às suas fontes, porque estas residem acima de tudo na autonomia corporativa e nos costumes dos comerciantes, direito esse outrossim não apenas a estes aplicável, mas por eles elaborado, com uma jurisdição especial que é a das corporações e das feiras, com autonomia corporativa comparável às das classes sociais e fruto da autonomia de que estas gozavam no direito material.

O segundo período do Direito Empresarial, então chamado de Direito Mercantil se inicia quando **formadas as primeiras monarquias nacionais**, nos fins do século XVI e indo até meados do século XVIII. Neste período, percebe-se que *o Direito Comercial, de origem marcadamente costumeira, passa a fazer parte do direito estatal*. Túlio Ascarelli[8], inclusive, registra que a "autoridade régia ao

---

[7] ASCARELLI, Tullio. O desenvolvimento histórico do direito comercial e o significado da unificação do direito privado. *Revista de Direito Mercantil*, São Paulo, v. 37, n. 114, p. 237-252, 1999.

[8] ASCARELLI, Tullio. O desenvolvimento histórico do direito comercial e o significado da unificação do direito privado. *Revista de Direito Mercantil*, São Paulo, v. 37, n. 114, p. 237-252, 1999.

mesmo tempo em que enciumada com a autonomia das corporações, porque financiada pelos mercadores, Sua Alteza se viu obrigada a positivar aquilo que até então não passava de regulamentos de uma corporação". Tal período tem **vigência até o advento da Revolução Francesa**, de 1789, e a publicação do Código de Comércio Napoleônico, de 1808. No que diz respeito ao aludido segundo período, ressalta Tullio Ascarelli[9]:

> No continente europeu, o direito comercial continua a contrapor-se ao civil, continua a ser aplicado por jurisdições especiais compostas por comerciantes (revelando-se nessa composição dos órgãos judiciários a coligação com o período anterior); mas o Código napoleônico [...] assinala o final do que denominamos o segundo período da histórica do direito comercial.

Nestes dois primeiros períodos, percebe-se que *o direito das relações econômicas no plano privado era tido como o direito do comerciante ou do mercador*, entendido este como aquele que estivesse *matriculado em uma corporação de ofício*. Tais períodos formam, juntos, o que se pode denominar de **teoria subjetiva do Direito Empresarial**, denominado Direito Mercantil.

O Direito Empresarial, enquanto Direito Mercantil, surgiu em razão de **duas finalidades**. A primeira é a de **assegurar privilégios à classe dos mercadores**, então chamado de *classe burguesa*. Daí a doutrina ressaltar que o direito empresarial quando surgiu, era um direito de índole classista, de índole corporativa, porque o surgimento das corporações de ofício se deu para proteger os membros vinculados àquela corporação. A segunda é a de **assegurar o oligopólio no exercício da profissão mercantil**. Nesta época, como se viu, havia a *necessidade de matrícula* para que determinada pessoa viesse a ser considerada mercador daquele ofício e pudesse ter aplicado a seu favor o direito empresarial. Daí Fran Martins[10] dizer que **o direito empresarial surge como direito do empresário, como direito do comerciante, entendendo-se este como qualquer pessoa registrada, vinculada a uma corporação de ofício**.

Por final, é oportuno esclarecer que **o direito empresarial brasileiro não reconheceu a fase da teoria subjetiva**. Com efeito, nesta época, o Brasil estava historicamente na condição de colônia de Portugal. Em razão deste fato, aplicava-se, aqui, a legislação comercial portuguesa.

---

[9] ASCARELLI, Tullio. O desenvolvimento histórico do direito comercial e o significado da unificação do direito privado. *Revista de Direito Mercantil*, São Paulo, v. 37, n. 114, p. 237-252, 1999.

[10] MARTINS, Fran. *Curso de direito comercial*. 34 ed. Rio de Janeiro: Forense, 2011.

1.2 Teoria objetiva: a teoria dos atos de comércio

O **terceiro período** do Direito Empresarial é marcado pela sua **objetivação**. Aos fins do século XVIII, deu-se a **Revolução Francesa** que, com o seu ideário de igualdade, propugnou pela abolição de quaisquer privilégios de classe então existentes. Frise-se que, até tal época, **o Direito Mercantil era um direito de origem classista**, marca do corporativismo, o que, por suposto, contraria o primado da igualdade, basilar da Revolução. O povo francês que tanto lutou pelo princípio da igualdade jamais admitiria a manutenção de um ramo do direito que existia para garantir privilégios a uma classe.

É neste contexto que surge o **Código Comercial Francês, de 1808**, adotando a **Teoria dos Atos de Comércio** como ideia fundamental para regular relações econômicas. **O direito brasileiro agasalhou tal teoria** quando da promulgação do **Código Comercial Brasileiro, de 1850**. O Direito Mercantil, modificando sua denominação para **Direito Comercial** passaria a ser *aplicado àquele que registrado ou não praticasse atos que o legislador entendesse relevantes para a Economia*.

Este terceiro período marca a **segunda fase na evolução do Direito Empresarial**. *De um direito classista, aplicável ao comerciante*, definido enquanto tal como alguém matriculado em uma corporação de ofício, *chega-se ao direito dos atos de comércio*, definidos como aqueles em que o legislador reputa como de interesse ao Direito Comercial. Trata-se, portanto, de uma **fase eminentemente objetiva**, caindo, por assim dizer, a necessidade de matrícula para qualificar alguém enquanto mercador. Sobre a passagem da fase subjetiva para a fase objetiva, Paula Andrea Forgioni[11] faz as seguintes ponderações:

> Esse perfil subjetivo mantém-se durante o mercantilismo; entretanto, mais adiante no tempo, a ascensão do liberalismo exigiu a conquista dos mercados e, portanto, a libertação das amarras das corporações. Com sua supressão e a promulgação do Código Comercial francês, a competência especial firma-se na prática de determinados *atos*: os *atos de comércio*. "Comerciante não é mais aquele que é inscrito na *matricula mercatorum*, mas aquele que pratica, por profissão habitual, atos de comércio". Estavam sujeitos às leis e à jurisdição especial os que praticassem esses atos com *habitualidade* e os que com eles entabulassem contratos.

Apesar da evolução apresentada, a Teoria dos Atos de Comércio trouxe dentro de si aquilo que motivaria o seu descrédito. É que *qualquer teoria que*

---

[11] FORGIONI, Paula Andrea. *A evolução do direito comercial brasileiro: da mercancia ao mercado.* São Paulo: Revista dos Tribunais, 2009.

se preze deve, pelo menos, ter muito bem definido o seu conceito fundamental. O entendimento anterior tinha uma definição bastante precisa. Vale dizer, como visto, *para a fase subjetiva, comerciante seria aquele que se encontrasse matriculado em uma corporação de ofício.*

Já, no que tange à *fase objetiva*, não se definiu o conceito fundamental. Com efeito, tinha-se o presente silogismo: *comerciante era aquele que praticava atos de comércio; atos de comércio são atos praticados pelo comerciante.* Logo, precisava-se de uma definição de ato de comércio para se conseguir bem definir a matéria inerente ao Direito Comercial. Alfredo Rocco[12] propõe, inclusive, que o conceito jurídico de **ato de comércio seria um conceito de direito positivo**, vale dizer, é ato de comércio aquilo que o legislador indique enquanto tal. Resulta óbvio que uma teoria cujo conceito fundamental se trata de um elenco de atos indicados pelo legislador, a seu bel prazer, não poderia prosperar.

Fazendo um estudo de direito comparado, Rubens Requião[13] aponta os **dois sistemas legislativos** utilizados para regulamentar os atos de comércio: o **sistema descritivo** e o **sistema enumerativo**, este último se dividindo em: **taxativo e exemplificativo**. Entende-se por **sistema legislativo descritivo** aquele pelo qual *o legislador, querendo conceituar, acaba por descrever o que são os atos de comércio*. Neste sistema, não havia uma lista de atos de comércio; os Códigos Comerciais nos países que adotavam esse sistema (Portugal, Espanha e Argentina, por exemplo) não traziam uma lista, traziam verdadeiramente um conceito jurídico. Em razão disto, havia dispositivos do tipo: "Consideram-se atos de comércio todos os atos regulados nesse Código".

Evidentemente, o sistema regra geral utilizado, inclusive no Brasil, foi o sistema enumerativo. Entende-se por **sistema legislativo enumerativo** aquele pelo qual *o legislador entabula uma lista dos atos que são relevantes para a economia do país, enumerando-os um a um*. Utilizava-se o **sistema taxativo**, quando *somente a lei poderia, de maneira exclusiva, definir quais eram os atos de comércio*, não podendo ser utilizadas outras fontes do direito para atualizar ou aumentar esse rol legal. Já o **sistema exemplificativo** era utilizado quando essa lista que o legislador elaborava poderia ser aumentada, completada ou atualizada por *outras fontes do direito*, estando, por exemplo, definidas em usos e costumes, em analogia, princípios gerais do direito.

Dos sistemas enumerativos, **o direito brasileiro se filiou ao sistema enumerativo exemplificativo**. Com efeito, verificadas as críticas apresentadas à teoria dos atos de comércio, na Europa, o legislador brasileiro houve por bem fugir à concepção em questão para adotar o conceito de **mercancia** como elemento

---

[12] ROCCO, Alfredo. *Princípios de direito comercial.* São Paulo: Saraiva, 1934.

[13] REQUIÃO, Rubens. *Curso de direito comercial.* 27 ed. São Paulo: Saraiva, 2007. v. 1.

central para este direito regulador da economia, no plano privado. É o que se tinha no art. 4º, do Código Comercial Brasileiro, de 1850: "Ninguém é reputado comerciante para efeito de gozar da proteção que este Código liberaliza em favor do comércio, sem que se tenha matriculado em algum dos Tribunais do Comércio do Império, e faça da mercancia profissão habitual".

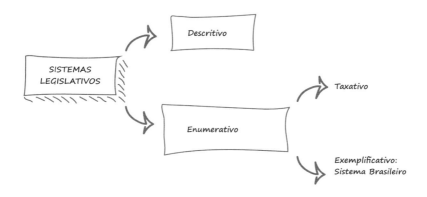

Porém, aquilo que para o Código Comercial Brasileiro era conhecido por *mercancia*, chamava-se de **atos de comércio**, do ponto de vista teórico. Tanto é verdade que o Regulamento nº 737/1850, no seu art. 19, com o objetivo de definir as atividades sujeitas à jurisdição comercial, prescrevia como mercancia (a atividade profissional do mercador):

a) a compra e venda ou troca de efeitos móveis ou semoventes, para os vender por grosso ou a retalho, na mesma espécies ou manufaturados, ou para alugar o seu uso;

b) as operações de câmbio, banco e corretagem;

c) as empresas de fábrica, de comissões, de depósito, de expedição, consignação e transporte de mercadorias, de espetáculos públicos;

d) os seguros, fretamentos, riscos e quaisquer contratos relativos ao comércio marítimo; e

e) a armação e expedição de navios.

Estes seriam os denominados **atos de comércio subjetivos ou relativos**, porque só seriam considerados "de comércio" se fossem praticados **pelo comerciante no exercício de sua profissão**. A relatividade ou o subjetivismo de tais atos de comércio reside no fato de que a mesma prática não seria de matéria comercial – consistindo em objeto de estudo para o Direito Civil – se não estivesse envolvido um comerciante, atuando profissionalmente.

No exame do Direito Comercial Brasileiro, falava-se, ainda, nos **atos de comércio objetivos ou absolutos**, que eram considerados "de comércio" em si,

por força de lei, independente da pessoa que os praticasse, estando previstos no art. 20, do mesmo Regulamento nº 737/1850:

a) as questões entre particulares sobre títulos da dívida pública e outros quaisquer papéis de crédito do Governo;

b) as questões de companhias e sociedades, qualquer que seja a sua natureza e objeto;

c) as questões que derivarem de contratos de locação compreendidos na disposição do Título X, parte I, do Código[14], com exceção somente das que forem relativas à locação de prédios rústicos e urbanos; e

d) as questões relativas a letras de câmbio, e de terra, seguros, riscos e fretamentos.

Há, por final, os **atos de comércio por conexão ou dependentes**. Trata-se de atos que, *a priori*, não interessariam ao Direito Comercial, haja vista não se tratar nem do exercício da profissão mercantil, tão pouco de imposição legal como pertinente à matéria de comércio. Porém, eram **praticados com o objetivo de facilitar o exercício da profissão mercantil** e, *por esta relação, de dependência ou de conexão, com a atividade comercial, passava a interessar ao Direito Comercial*. Imagine-se, por exemplo, determinada concessionária de veículos automotores adquirindo mesas e cadeiras. Perceba que tal modalidade de negócio jurídico não faz parte do objeto de sua atividade e tão pouco lhe é imposta por lei. Entretanto, se tais mesas e cadeiras forem compradas para melhor aparelhar o seu estabelecimento, em razão desta relação, a referida aquisição receberá o interesse do Direito Comercial.

Firme na tese de Alfredo Rocco segundo a qual a compreensão jurídica de ato de comércio seria um conceito de direito positivo, coube a ninguém menos do que José Xavier Carvalho de Mendonça[15] sistematizar o direito positivo vigente à época, conforme a classificação apresentada.

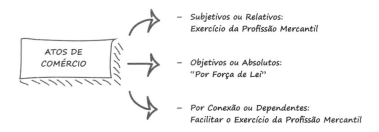

---

[14] O Título X, da Parte I, do Código Comercial Brasileiro, de 1850, tratava da locação mercantil, atualmente prevista pelo Código Civil, como locação de coisas, a partir do seu art. 565.

[15] CARVALHO DE MENDONÇA, José Xavier. *Tratado de direito comercial brasileiro*. 5 ed. Rio de Janeiro: Freitas Bastos, 1953. v. 1.

1.3 Teoria subjetiva moderna: a teoria da empresa

Com o advento do século XX, constatou-se que a atual face do princípio da igualdade impõe tratar os iguais igualmente e os desiguais desigualmente, na medida de sua desigualdade. Cria-se, assim, o ambiente propício a que este direito que regula as relações econômicas no plano privado venha a evoluir novamente. Passa-se, assim, para a **terceira fase do Direito Comercial**, agora denominado Direito Empresarial. Rubens Requião[16] e Vinicius José Marques Gontijo[17] denominam-na de conceito ou **teoria subjetiva moderna**, porque *o direito empresarial voltaria a proteger os interesses de uma classe: os empresários*. Haroldo Malheiros Duclerc Verçosa[18], por sua vez, ressalta que tal fase seria caracterizada por um **período subjetivo, em termos**, deixando entrever *o Direito Empresarial enquanto o direito das empresas*; porém, por se tratar de uma instituição que não se adequa às categorias jurídicas clássicas, *tal direito vem a tutelar o seu sujeito, aquele que a exerce, assumindo os riscos do empreendimento: o empresário*.

Tal fase se inicia com a promulgação do **Código Civil Italiano, de 1942**, que, na tentativa de **unificar o direito privado**, positiva a teoria da empresa como a base informadora deste direito que cuida de relações econômicas. *O direito brasileiro evolui no decorrer dos tempos da teoria dos atos de comércio para a teoria da empresa, vindo a positivá-la com o Código Civil de 2002, em moldes semelhantes ao ocorrido na Itália*. Veja-se, a propósito, a estrutura dada ao Direito Empresarial nacional pelo Código Civil vigente. O livro II, da parte especial do Código Civil, chama-se *Do Direito de Empresa*. **O Direito Empresarial é, assim, o direito das empresas.**

Coube ao jurista italiano **Alberto Asquini** estabelecer as bases para aquilo que se pode chamar de **a teoria jurídica da empresa**. Com efeito, caindo por terra a teoria dos atos de comércio, os estudiosos passaram a procurar outro elemento que servisse como o elemento central para o Direito Empresarial – então denominado Direito Comercial. Ao se depararem com a figura da empresa, ficaram perplexos. É que **empresa**, na ciência econômica, tem **vários significados**, tratando-se, portanto, de um **conceito plural**. Os juristas, porém, trabalham comumente com conceitos únicos, visando assegurar certeza e segurança ao ordenamento jurídico.

---

[16] REQUIÃO, Rubens. *Curso de direito comercial*. 27 ed. São Paulo: Saraiva, 2007. v. 1.

[17] GONTIJO, Vinicius José Marques. O empresário no Código Civil brasileiro. *Revista de Direito Mercantil*, São Paulo, v. 43, n. 135, p. 76-88, 2004.

[18] VERÇOSA, Haroldo Malheiros Duclerc. *Direito comercial: teoria geral*. 4 ed. São Paulo: Editora Revista dos Tribunais, 2014.

1.3.1 Os perfis da empresa – a teoria de Alberto Asquini

Note-se, aliás, o que é comum na formação de normas jurídicas para o Direito Empresarial. Primeiramente, observam-se os fenômenos econômicos para, a partir daí, tentar traduzi-los juridicamente a partir de presunções legais. Coube a Alberto Asquini[19] aclarar os contornos iniciais da teoria jurídica da empresa, defendendo:

> **O conceito de empresa é o conceito de um fenômeno econômico poliédrico**, o qual tem sob o aspecto jurídico, não um, mas diversos perfis em relação aos diversos elementos que o integram. As definições jurídicas de empresa podem, portanto, ser diversas, segundo o diferente perfil, pelo qual o fenômeno econômico é encarado.

É de se analisar, pois, os diversos perfis de Asquini para, assim, verificar a existência de um **conceito jurídico próprio** e unitário de empresa. Não se pode deixar de lembrar a advertência feita pelo jurista italiano a respeito da tradução de termos econômicos para noções jurídicas, revelando que a empresa entrou para o Código Italiano com um determinado significado econômico, o que, de maneira alguma, poderá significar que a noção econômica de empresa poderá ser utilizável como noção jurídica. Aduz ainda:

> Mas, defronte ao direito o fenômeno econômico de empresa se apresenta como um fenômeno possuidor de diversos aspectos, em relação aos diversos elementos que para ele concorrem, o intérprete não deve agir com o preconceito de que o fenômeno econômico da empresa deva, forçosamente, entrar num esquema jurídico unitário. Ao contrário, é necessário adequar as noções jurídicas de empresa aos diversos aspectos do fenômeno econômico[20].

São quatro os **perfis de empresa** evidenciados por Alberto Asquini:

a) o *perfil subjetivo*;
b) o *perfil objetivo*;
c) o *perfil funcional*; e
d) o *perfil corporativo*.

---

[19] ASQUINI, Alberto. Perfis da empresa. *Revista de Direito Mercantil*, São Paulo, v. 35, n. 104, p. 109-126, 1996.

[20] ASQUINI, Alberto. Perfis da empresa. *Revista de Direito Mercantil*, São Paulo, v. 35, n. 104, p. 109-126, 1996.

Pelo **perfil subjetivo**, ter-se-ia **a empresa como empresário**, vale dizer, *a noção de empresa se equipararia à noção do sujeito de direito, da pessoa, física ou jurídica, que viesse a exercer a empresa*. O **conceito de empresário**, aliás, definido no Código Italiano, foi praticamente importado para o Código Civil Brasileiro e que nada mais é do que aquele que **profissionalmente exerce atividade econômica organizada para a produção ou circulação de bens ou de prestação de serviços**[21], visando a atender uma necessidade de mercado. O jurista italiano justifica tal metonímia ressaltando que **o empresário não somente está na empresa, em sentido econômico, como dela é a cabeça e a alma**. Muito embora seja algo utilizável, inclusive, pela linguagem jurídica, tal equiparação, tal traslado deveria ser evitado.

O **perfil objetivo**, também conhecido como **perfil patrimonial**, é aquele pelo qual *a empresa deve ser encarada como o patrimônio especial* em razão do qual o empresário atua, inclusive, *distinto do restante do patrimônio do empresário*, quando se esteja diante do empresário individual. Assevera Alberto Asquini[22]:

> [...] o fenômeno econômico da empresa, projetado sobre o terreno patrimonial, dá lugar a um patrimônio especial distinto, por seu escopo, do restante patrimonial do empresário (exceto se o empresário é uma pessoa jurídica, constituída para o exercício de determinada atividade empresarial, caso em que o patrimônio integral da pessoa serve àquele escopo). É notório que não faltam doutrinas tendentes à personificação do tal patrimônio especial tendentes a nele identificar "a empresa" como sujeito de direito (pessoa jurídica) distinto do empresário. Mas esta tendência não foi acolhida no nosso, nem em outros ordenamentos jurídicos.

Em arremate, conclui Alberto Asquini a respeito do que enfim se deveria ter por empresa no que tange ao seu perfil objetivo: "A este patrimônio é dado o nome de estabelecimento concebido como *universistas iurum*. Na realidade o estabelecimento, neste sentido, quer dizer patrimônio aziendal". Portanto, **o perfil objetivo é o complexo de bens e/ou relações jurídicas de que o empresário titulariza no exercício da atividade econômica a que ele se dedica**.

Além dos perfis subjetivo e objetivo, outro perfil trazido à lume é o **perfil funcional**. Por tal perfil, entende-se **a empresa enquanto a atividade exercida pelo empresário**. Cabível destacar que é pelo tipo de atividade que se vai con-

---

[21] Nos termos do art. 966, do Código Civil.
[22] ASQUINI, Alberto. Perfis da empresa. *Revista de Direito Mercantil*, São Paulo, v. 35, n. 104, p. 109-126, 1996.

siderar alguém empresário ou não, de modo que, por essa perspectiva, a empresa seria, nas palavras de Alberto Asquini[23], "aquela força em movimento [...] dirigida para um determinado escopo produtivo". Conquanto não se tenha um vocábulo simples para enquadrar o conceito de atividade empresarial, ele aduz a dificuldade de resistir ao uso do vocábulo empresa, em tal sentido, advertindo, contudo, que não se trata ou não se pode dar a tal uso caráter monopolístico ou de conceito unitário. Assevera, contudo, o jurista que tal perfil, tal ideia de empresa, tem enorme relevância para a teoria jurídica, afirmando:

> De qualquer forma, deixando de lado a questão das palavras, não há dúvida de que o conceito de atividade empresarial tem uma notável relevância na teoria jurídica da empresa; antes de mais nada porque para se chegar à noção de empresário é necessário partir do conceito de atividade empresarial; segundo lugar porque da diversa natureza da atividade empresarial – agrícola ou comercial – depende a qualificação do empresário como empresário agrícola ou comercial; em terceiro lugar, para a aplicação das normas particulares relativas às relações da empresa[24].

Percebe-se, portanto, que **a atividade empresarial passa a ser relevante para o novo Direito Comercial**, tanto que diversos juristas se ocupam na tentativa de entender e clarear aspectos desse perfil. Tullio Ascarelli[25], aliás, trata sobre esse perfil, indicando, como já se mostrou, que é pela atividade que se vai considerar alguém empresário ou não:

> O que qualifica o empresário – conceito central na sistemática da legislação italiana – é, em minha opinião, uma atividade econômica (assim como uma atividade econômica qualificava o comerciante)
> [...]
> É pois a natureza (e o exercício) da atividade que qualifica o empresário (e não, ao contrário, a qualificação do sujeito que determina a atividade) e nessa prioridade da atividade exercida para a qualificação do sujeito pode-se notar a persistência de um elemento objetivo, como

---

[23] ASQUINI, Alberto. Perfis da empresa. *Revista de Direito Mercantil*, São Paulo, v. 35, n. 104, p. 109-126, 1996.

[24] ASQUINI, Alberto. Perfis da empresa. *Revista de Direito Mercantil*, São Paulo, v. 35, n. 104, p. 109-126, 1996.

[25] ASCARELLI, Tullio. O empresário. *Revista de Direito Mercantil*, São Paulo, v. 36, n. 109, p. 182-189, 1998.

critério de aplicabilidade da especial disciplina ditada para a atividade e para quem a exerce.

Por fim, tem-se **o perfil corporativo**, pelo qual se analisa **a empresa como instituição**. Enquanto os outros perfis consideram a figura da empresa do ponto de vista individualista do empresário, sendo certo afirmar que tais perfis já foram apreendidos no cenário jurídico, **o perfil corporativo trata a empresa como sendo uma corporação, uma organização de pessoas, do empresário e de seus demais colaboradores**. No dizer de Asquini[26]:

> O empresário e os seus colaboradores dirigentes, funcionários, operários, não são de fato, simplesmente, uma pluralidade de pessoas ligadas entre si por uma soma de relações individuais de trabalho, com fim individual; mas formam um núcleo social organizado, em função de um fim econômico comum, no qual se fundem os fins individuais do empresário e dos singulares colaboradores: a obtenção do melhor resultado econômico na produção. A organização se realiza através da hierarquia das relações entre o empresário dotado de um poder de mando – e os colaboradores, sujeitos à obrigação de fidelidade no interesse comum.

Para Asquini, portanto, os perfis por ele delineados nada mais são do que âmbitos de visão, do ponto de vista jurídico, do **fenômeno econômico poliédrico** denominado empresa.

Para facilitar

A teoria jurídica da empresa, segundo Alberto Asquini:

Teoria jurídica da empresa, segundo Alberto Asquini			
Perfis da Empresa	Subjetivo	A empresa como empresário	Art. 966, CC
	Objetivo	A empresa como estabelecimento	Art. 1.142, CC
	Funcional	A empresa como atividade econômica	Art. 966, CC
	Corporativo	A empresa como organização	Art. 2º, CLT

---

[26] ASQUINI, Alberto. Perfis da empresa. *Revista de Direito Mercantil*, São Paulo, v. 35, n. 104, p. 109-126, 1996.

1.3.2 Análise crítica dos perfis da empresa

A doutrina, em geral[27], após apresentar a Teoria de Asquini, faz uma **crítica** a tal teoria, entendendo que **os quatro perfis de Asquini devem ser reduzidos a três**, mostrando diversos institutos jurídicos já consagrados, podendo perder de vista o perfil corporativo, na exata medida de que tal perfil apenas refletiria o ideário político da Itália, à época. É de se lembrar que o Código Italiano é de 1942, época de em que vigia o **regime fascista**, com uma clara *diretriz de ordem econômica*: **as atividades econômicas devem ser desenvolvidas em prol da manutenção ou do sustento do Estado.**

Assim, *rechaçado o perfil corporativo, ter-se-ia o* **perfil subjetivo** *que, na realidade, define o* **empresário;** *o* **perfil objetivo** *que seria o* **estabelecimento;** *e o* **perfil funcional** *que seria a* **empresa**, *entendendo-se por empresa a atividade econômica organizada de produção ou circulação de bem ou de prestação de serviços*. A esse respeito, esclarece Marlon Tomazette[28]:

> Esse modo de entender a empresa já está superado, porquanto não representa o estudo teórico da empresa em si, mas apenas demonstra a imprecisão terminológica do Código Italiano, que confunde a noção de empresa com outras noções. Todavia, com exceção do perfil corporativo que reflete a influência de uma ideologia política, os demais perfis demonstram três realidades intimamente ligadas, e muito importantes na teoria da empresa, a saber, a empresa, o empresário e o estabelecimento.

Na mesma toada expõe Rubens Requião[29], citando Ferrara:

> Na realidade, o problema foi analisado deste modo por Asquini, que fez uma cuidadosa investigação sobre o assunto, chegando ao resultado de que a palavra empresa tem no Código diferentes significados, usada em acepções diversas: umas vezes para indicar o sujeito que exercita a atividade organizada; outras, o conjunto de bens organizados; outras, ainda, o exercício da atividade organizada e, finalmente, a organização de pessoas que exercitam em colaboração a atividade econômica.

---

[27] Veja-se a propósito: TOMAZETTE, Marlon. *Direito societário*. São Paulo: Juarez de Oliveira, 2003; REQUIÃO, Rubens. *Curso de direito comercial*. 27 ed. São Paulo: Saraiva, 2007. v. 1; MARTINS, Fran. *Curso de direito comercial*. 31 ed. Rio de Janeiro: Forense, 2007; e HENTZ, Luiz Antônio Soares. *Direito de empresa no Código Civil de 2002*. 2 ed. São Paulo: Juarez de Oliveira, 2003.

[28] TOMAZETTE, Marlon. *Direito societário*. São Paulo: Juarez de Oliveira, 2003.

[29] REQUIÃO, Rubens. *Curso de direito comercial*. 27 ed. São Paulo: Saraiva, 2007. v. 1.

Todavia, como observamos em outro lugar, nenhuma norma se pode encontrar, com segurança, em que a palavra empresa possa ser utilizada no último sentido, de organização do pessoal, porque, na realidade, os quatro sentidos do termo – os quatro perfis de que falou Asquini – se reduzem a três. Pode-se observar, porém, que, fora dos casos em que a palavra se empresa em sentido impróprio e figurado de empresário ou de estabelecimento, e que deve o intérprete retificar, a única significação que resta é a da atividade econômica organizada.

Referido entendimento soa de **modo quase unânime na doutrina**. Tanto que autores como Marlon Tomazette[30] demonstram a evolução do novo Direito Comercial, na medida em que se coloca a **atividade empresarial como a figura central desse "novo direito"**, pelo que a Teoria da Empresa acaba por se alicerçar em um tripé, cujos vértices distinguem-se pelos verbos aplicados a cada qual, em que **empresa se exercita, empresário se é e estabelecimento se tem**.

Tal concepção, contudo, deve ser revista, não podendo mais prevalecer. A bem da precisão, se, à época de Alberto Asquini, tais conceitos eram intimamente ligados, de tal sorte que, inclusive, o próprio jurista equiparou os conceitos, atualmente, a tese não se mantém. Inexiste essa íntima ligação entre tais conceitos, havendo apenas uma correlação, entre eles.

Resulta claro que se **o essencial para qualificar alguém como empresário é a atividade exercida**, inexistindo a possibilidade de exercê-la sem antes o empreendedor se organizar, não se pode deixar de notar a *existência, no plano concreto, de empresário sem estabelecimento, ou vice-versa*. Há possibilidade, inclusive, de ocorrer o **afastamento do empresário originário**, vale dizer, daquele que iniciou o empreendimento.

Isso é de mais fácil percepção no âmbito do direito falimentar. Com o advento do **princípio da preservação da empresa**, *as atividades econômicas relevantes e eficientes que demonstrarem viabilidade econômica devem ser preservadas, e o Estado deve ser garantidor de tal conservação*. Para a efetivação de tal princípio, é cabível, inclusive, o afastamento do empresário falido de suas atividades, entregando-se estas a terceiros, bem como a transferência do "perfil objetivo" para a continuidade por outrem da exploração da atividade econômica originariamente empreendida pelo falido, tendo em vista a função social da empresa, enquanto geradora de postos de trabalho, fonte de arrecadação de tributos e produtora de utilidades para a satisfação do mercado.

O **contraponto maior**, contudo, da concepção ora apresentada para a teoria da empresa, refere-se ao **perfil corporativo**. Com efeito, diferentemente do que

---

[30] TOMAZETTE, Marlon. *Direito societário*. São Paulo: Juarez de Oliveira, 2003.

se costuma ver a título de exposição da teoria jurídica da empresa e dos Perfis de Asquini, deve-se dar relevância ao perfil corporativo. **Se, pelos outros perfis, analisam-se os institutos que compõem a base da teoria da empresa, do ponto de vista individualista e estático, vale dizer, o empresário, o estabelecimento e a atividade, é pelo perfil corporativo que se tem a empresa do ponto de vista dinâmico.** Por tal perfil, como se viu, *tem-se como empresa as relações existentes entre o empresário e seus colaboradores, organizadas por aquele*. Na verdade, todos os perfis expõem realidades e institutos relevantes para a teoria da empresa.

Como o **perfil subjetivo define o empresário**, o **perfil objetivo define o patrimônio** e o **perfil funcional define a atividade econômica** (que os doutrinadores são seduzidos a entender como o conceito jurídico de empresa, o que, na visão do próprio Asquini, é inexato, e com ele se deve concordar). **É pelo perfil corporativo que se vai definir a organização**, vale dizer, a forma como o empresário irá estruturar o desenvolvimento da sua atividade, cabendo ressaltar que a atividade empresarial, além de econômica, deve ser organizada, como se vê no art. 966 do Código Civil Brasileiro[31], cuja redação é, por tudo, semelhante ao que se tem no art. 2.082 do Código Civil Italiano.

Perceba-se que **nem toda atividade econômica poderá ser considerada empresarial**, apesar de que é condição essencial da atividade empresarial ser econômica. *Pode-se definir atividade econômica como aquela pela qual, ao ser exercida, cria uma utilizada para atender a necessidade de terceira pessoa, visando obter um retorno financeiro.* Veja que **não importa a que título se percebe tal retorno** (lucro, tributo, tarifa, salário, honorários etc.). Desse modo, é tanto econômica a atividade do advogado, por exemplo, como a mera atividade mercantil de compra e venda. Porém, o advogado não pode ser considerado empresário, diferentemente com o que acontecer com o mercador. Na medida em que ambos são profissionais, é a organização, essencial ao comerciante e acessória ao jurista, que vai dar o condão empresarial à atividade econômica.

Retomando o raciocínio exposto anteriormente, discorda-se aqui da doutrina dominante, na conceituação de empresa. A doutrina majoritária, como visto, reduz os quatro perfis de Alberto Asquini, considerando apenas três como de relevância e de importância, que seriam os perfis subjetivo, objetivo e funcional. Com os perfis subjetivo e objetivo, restam definidos, respectivamente, o empresário e o estabelecimento. **O perfil funcional é tido pelos juristas como o conceito próprio de empresa**. Por ele, **a empresa seria a atividade econômica realizada pelo empresário, no estabelecimento**, descartando-se o perfil corporativo ou institucional. O aludido perfil só existiu por razões políticas existentes à época de discussão e aprovação do Código Civil Italiano.

---

[31] Art. 966. Considera-se empresário quem exerce profissionalmente atividade econômica organizada para a produção ou a circulação de bens ou de serviços.

Acontece que **é justamente o perfil corporativo que os economistas se utilizam para definir a empresa**, desde que se retire do referido perfil qualquer traço ou conotação meramente política. O **perfil corporativo de Asquini tem praticamente a mesma definição da firma dos economistas**, vale dizer, a relação existente entre o empresário e seus diversos colaboradores, visando tal relação a um fim comum, equivale, em outros termos, dizer que **a firma é uma coordenação de contratos, um feixe de contratos organizados e coordenados pelo empresário**[32].

Paula Andrea Forgioni[33], após ressaltar que *com a derrocada do regime fascista houve, doutrinariamente, um movimento visando a neutralizar o conceito de empresa*, ensina:

> Vimos que, nos anos 1950 e 1960, a doutrina italiana esforçou-se para içar a empresa do contexto fascista que lhe deu origem; a partir dos anos 1960, com a ligação entre empresa e liberdades econômicas, esse passado vai sendo definitivamente sepultado. Os princípios da livre-iniciativa e da livre concorrência concretizam-se na *disciplina da atividade da empresa, marcando seu perfil*. Por causa dos tratados europeus que visam à integração econômica, *a empresa passa de instrumento intervencionista à peça-chave da economia de mercado*.

Não se pode deixar de notar que se com o perfil subjetivo se define o empresário, com o perfil objetivo se define o estabelecimento, e com o perfil funcional se define a atividade econômica, é com o perfil corporativo que se vai definir a organização. **Empresário, estabelecimento, atividade econômica e organização são quatro realidades distintas ocorrendo no âmbito da empresa.** Empresa, portanto, não é somente a atividade econômica, mas sim **a atividade econômica organizada pelo empresário, exercida num estabelecimento, visando a atender ou a suprir um interesse de mercado**.

Particularmente, *não há maiores motivos para não se utilizar, em Direito, conceitos criados pela Economia, podendo-se, pois, utilizar juridicamente tais conceitos, na exata forma que os são, economicamente falando.* Não há, então, necessidade maior de se ter para um mesmo instituto conceitos diferentes elaborados pela ciência jurídica e pela ciência econômica. Ambas as ciências podem utilizar-se da mesma definição para entender qualquer instituto. O que se deve fazer,

---

[32] COASE, Ronald Harry. *A firma, o mercado e o Direito*. 2 ed. São Paulo: Forense Universitária, 2017.

[33] FORGIONI, Paula Andrea. *A evolução do direito comercial brasileiro: da mercancia ao mercado*. São Paulo: Revista dos Tribunais, 2009.

contudo, é analisar sob que aspecto, ou seja, em que categoria jurídica restará classificado o conceito econômico em foco.

Para concluir, na medida em que os operadores do Direito não estão acostumados a pensar os institutos jurídicos em conceitos plúrimos, mas sim mediante conceitos jurídicos unitários, apenas, para fins didáticos, há **possibilidade de se reclassificar os perfis de Asquini**, tendo em vista o que se apresenta em qualquer ramo do direito. Advirta-se que *os ramos jurídicos se sustentam mediante um tripé: sujeito, objeto e ação*. Desse modo, a estrutura lógica do atual Direito Empresarial é a seguinte:

Atual Direito Empresarial		
Sujeito	Perfil subjetivo	Empresário
Objeto	Perfil objetivo	Estabelecimento
Ação	Perfil funcional + corporativo	Empresa: atividade econômica organizada

1.3.3 A compreensão jurídica da empresa

Como já se viu, se para a fase subjetiva, o elemento central do Direito Empresarial, então denominado Direito Mercantil, era o burguês, o mercador, o comerciante (hoje, o empresário), e, para fase objetiva, quando passou a se denominar Direito Comercial, tal elemento passou a ser os atos de comércio, **é na fase subjetiva moderna que este direito passa se chamar Direito Empresarial**, sendo entendido como o direito das empresas.

Compreender juridicamente a empresa é fundamental para que se possa, de um ponto de vista da lógica, absorver a essência do Direito Empresarial. Pode-se dizer que **empresa** é uma **atividade** dotada de **economicidade**, exercida com **profissionalidade** e **organização**, segundo um **interesse especulativo** e **dirigida a mercados**.

São, portanto, seis as características necessárias para a compreensão jurídica da empresa. Estudá-las é fundamental para entender o principal conceito do Direito Empresarial atual. Vale dizer: é justamente a partir da compreensão jurídica da empresa que se assenta este ramo jurídico, disciplinador das relações econômicas, sob a ótica privada.

a) Atividade

A **atividade é uma sequência de atos coordenada por alguém, o seu titular**. Diferente do que ocorria na fase objetiva, em que se falava apenas em ato (o ato de comércio), agora, no âmbito da teoria da empresa, é vislumbrada a atividade como um todo. Ou seja, *se antes o que interessava era somente a compra* *e venda mercantil*, agora, tem-se como relevante a *circulação de bens* (agregando outros atos à compra e venda, como por exemplo, o seguro e o transporte).

Para Tullio Ascarelli[34], *"atividade não significa ato, mas uma série de atos coordenáveis entre si, em função de uma finalidade comum"*, devendo referida atividade ser analisada, inclusive, como um objeto distinto dos atos que a formam, ou seja, "independentemente dos atos singulares", cabendo verificar ademais que "enquanto o ato é considerado em relação aos seus destinatários, a atividade, como tal, não tem destinatário".

b) Economicidade

Não basta só ser uma atividade; é necessário que ela seja dotada de economicidade. Não custa perceber: há atividades dotadas de economicidade e atividades não dotadas de economicidade. Toda vez que for dotada de economicidade, a atividade será considerada econômica. **A atividade será econômica sempre que criar uma utilidade para atender à necessidade de terceiros, visando dela obter o máximo retorno financeiro possível.**

É, pois, o *binômio utilidade-necessidade* que define a atividade econômica. A atividade empresarial, enquanto espécie do gênero atividade econômica, é essencialmente criadora de riqueza. Frise-se por oportuno: *o empresário não produz para ele; produz para o mercado, visando atender necessidades de terceiros, cujas necessidades já existam ou tenham sido provocados por ele.*

Por fim, é imprescindível perceber que **as atividades econômicas são exercidas em prol da busca por um retorno financeiro**. Não interessa a que título. Seja o lucro, seja o salário, ou os honorários, enfim, toda vez que se atender à necessidade de alguém, visando uma recompensa financeira, tal atendimento deverá ser considerado uma atividade dotada de economicidade, ou seja, uma atividade econômica.

Nesse particular, **a atividade laboral deve ser considerada econômica**. Qual a utilidade? A disponibilidade da força de trabalho do empregado. Quem é o terceiro? O empregador. Qual o retorno financeiro? Salário. **A atividade do Estado também é, de certo modo, econômica**. Qual a utilidade? A prestação de serviços públicos. Quem é o terceiro? Os cidadãos, os contribuintes. Qual o retorno financeiro? Tributação, tarifas e preços públicos.

E quanto à atividade empresarial? Certamente, é outro exemplo – o principal deles, por isso todo um ramo jurídico para estudá-la – de atividade econômica. Qual a utilidade? A produção e/ou a circulação de bens e/ou de serviços. Quem é o terceiro? O consumidor. Qual o retorno financeiro? Os lucros.

---

[34] ASCARELLI, Tullio. O empresário. *Revista de Direito Mercantil*, São Paulo, v. 36, n. 109, p. 182-189, 1998.

c) Profissionalidade

A empresa é uma atividade dotada de economicidade e exercida com profissionalidade. Isso porque *quem quer que se envolva empresarialmente será considerado um profissional*. Profissional tanto no sentido de saber o que está fazendo ou de assumir o risco por não saber, quanto no sentido inverso ao de amador ou de filantropo, aquele que faz de graça, por amor ou por solidariedade. O profissional faz por dinheiro.

O Direito Empresarial tem um conceito específico de profissional, que não se confunde, portanto, com nenhuma outra noção de profissional existente nos outros ramos jurídicos. Aqui, **profissional é toda pessoa, física ou jurídica que, com habitualidade e em nome próprio, exerce uma atividade, buscando dela retirar as condições necessárias para se estabelecer e/ou se desenvolver**[35].

De início perceba-se que a noção de profissional para o Direito Empresarial é completamente diferente da noção utilizada pelo Direito do Trabalho ou pelo Direito Administrativo. Com efeito, *diferente dos outros ramos jurídicos que só reconhecem a possibilidade de a pessoa natural ser profissional, no Direito Empresarial, tanto a pessoa natural quanto a pessoa jurídica podem ser profissionais*. E mais, por regra, o profissional será uma pessoa jurídica[36].

Duas características são necessárias para atribuir a condição de empresário. A primeira delas é a **habitualidade**. Com efeito, **as atividades esporádicas, isoladas, eventuais não terão caráter empresarial, justamente por faltar a habitualidade**. Torna-se, assim, necessária uma rotina. *Não é imprescindível que a atividade ocorra todos os dias, mas é* **preciso uma constância**.

Não basta, porém, ser habitual; é preciso que seja **em nome próprio**. Vale dizer, *é preciso que o objeto transacionado saia do patrimônio de quem está vendendo e entre no patrimônio de quem está comprando*. É por isso, que **quem é empresário é a sociedade e não o sócio**. É ela, e não ele, quem estará registrada perante a Junta Comercial; que terá seu patrimônio modificado ou afetado em razão dá realização de um negócio jurídico.

d) Organização

Além de ser exercida com profissionalidade, a empresa é uma atividade que necessita de organização. Ou seja, **a empresa é uma atividade dotada de economicidade e exercida com profissionalidade e organização**.

---

[35] GONTIJO, Vinicius José Marques. O empresário no Código Civil brasileiro. *Revista de Direito Mercantil*, São Paulo, v. 43, n. 135, p. 76-88, 2004.

[36] São profissionais para o Direito Empresarial: o empresário individual (pessoa natural), as sociedades empresárias (pessoa jurídica) e a empresa individual de responsabilidade limitada (pessoa jurídica).

Neste particular, é importante frisar que **não se pode confundir atividade econômica ou com atividade empresária**, ou seja, com a empresa. Com efeito, a atividade econômica pode, ou não, ter caráter empresarial. Frise-se, por oportuno: em essência, em larga medida, é o fato de ser exercida visando a obtenção de um retorno financeiro que vai caracterizar uma atividade econômica.

Não custa nada lembrar que **existem atividades econômicas que prescindem de organização para serem disponibilizadas no mercado**. Veja, por exemplo, *a atividade do advogado*. Tanto aquele em início de carreira, que atende seus clientes nas salas em que a OAB mantém nos fóruns, quanto o advogado dono do mega escritório, que contrata outros advogados, estagiários e demais auxiliares, no âmbito da lei brasileira, estarão exercendo a advocacia.

Muda o perfil do cliente, muda a complexidade das causas em que atuam, mas, apesar dos pesares, estarão, da mesma forma, exercendo a advocacia. Porém, **a advocacia não tem, e não pode ter, caráter empresarial**[37]. Trata-se, portanto, de *atividade que está excluída da compreensão jurídica da empresa*. De acordo com o que estabelece o Código Civil, inclusive, **a advocacia deve ser vista como uma atividade intelectual, de natureza científica**[38] (atividade que precisa de uma formação superior para ser exercida, como é o caso dos profissionais liberais, em geral).

Por sua vez, **a atividade empresarial é necessariamente uma atividade organizada**[39]. Pode ser tanto a organização mais simplória ou rústica, quanto a organização mais complexa ou tecnológica. *A atividade intelectual prescinde de organização, cabendo notar, inclusive, que os intelectuais, muitas vezes, em razão do mercado, organizam-se*, seja para atender mais consumidores, seja para cobrar mais caro, é fato: **a atividade intelectual é uma atividade econômica "não organizada"**. Já *a atividade empresarial só existirá se houver organização, sendo certo notar que é a organização que vai atribuir o caráter empresarial à atividade econômica*[40].

---

[37] Nos termos do art. 16, da Lei nº 8.906/94: "Art. 16. Não são admitidas a registro nem podem funcionar todas as espécies de sociedades de advogados que apresentem forma ou características de sociedade empresária, que adotem denominação de fantasia, que realizem atividades estranhas à advocacia, que incluam como sócio ou titular de sociedade unipessoal de advocacia pessoa não inscrita como advogado ou totalmente proibida de advogar".

[38] Nos termos do art. 966, parágrafo único, do Código Civil.

[39] Nos termos do art. 966, *caput*, do Código Civil.

[40] Insista-se, por oportuno: existem atividades econômicas que não terão caráter empresarial por mais organizadas que estejam. Trata-se das atividades intelectuais, de natureza científica, literária ou artística, previstas no art. 966, parágrafo único, do Código Civil, que serão mais profundamente examinadas no próximo capítulo.

e) Interesse especulativo

Frise-se, por oportuno, que **o interesse atual dos empresários, na condução dos seus negócios, não é igual ao interesse dos comerciantes de outrora**. Com efeito, o comerciante atuava no seu comércio com interesse lucrativo, com intuito de lucro.

Não que a consecução de lucro fosse necessária – senão, não existiria o Direito Falimentar –, mas **o comerciante atuava buscando o lucro**, ou seja, a ideia era a de inserir num segmento de mercado em que conseguisse comprar do seu fornecedor um produto por determinado preço e vendê-lo ao consumidor por um preço superior ao de compra. Se ele vai conseguir ou não, efetivamente, tal intento, é algo a ser verificado em um momento posterior.

De outro lado, **o interesse dos empresários vai além da mera busca pelo lucro**. O que o empresário almeja é a **maximização dos lucros**, sendo certa a sua pretensão de definir o preço de compra, perante o seu fornecedor, bem como o preço de venda, perante o seu consumidor. Desse modo, não há só o interesse lucrativo, mas sim o interesse de maximizar os lucros, ou seja, **o interesse de dominar mercados**.

E, para tanto, o empresário atua de maneira jamais pensada pelo comerciante; ele especula. Com efeito, nesta especulação, **o empresário topa algo jamais aceito, mesmo intuitivamente, pelo comerciante, qual seja, a atuação com prejuízo**, vendendo abaixo do denominado preço de mercado. Em tese, *se o empresário tem fôlego financeiro para tanto, ele atuará vendendo abaixo do valor de mercado*[41], *no afã de tentar retirar concorrentes do mercado*, visando, como se disse, dominar aquele ramo da atividade econômica a que se dedica.

f) Dirigida a mercados

O empresário não produz para ele mesmo. Portanto, a preocupação inicial do empresário não é produzir algo com qualidade. Até porque, **quanto maior a qualidade, maiores serão os custos** e, dessa forma, a tendência é que menores serão os lucros extraídos da atividade. Assim, é preciso deixar claro: **o empresário visa obter o maior retorno financeiro possível da sua atividade**.

Assim, **o empresário existe para servir ao mercado, para atender aos interesses de mercado, que já existam ou que ele, empresário, venha a provocar**. Cabem, portanto, aos consumidores determinar a qualidade daquilo que pretendem consumir, guiando a atuação e o comportamento do empresariado. É por isso que se diz que o consumidor tem sempre a razão. Advirta-se, contudo: ter sempre a razão não significa dizer que tem sempre o direito.

---

[41] Tal prática é denominada *dumping*.

Por ser dirigida a mercado, **não se pode confundir a empresa com as atividades pessoais, de mero deleite do empresário**. Mire-se, por exemplo, na construção de uma piscina. Uma situação de mero deleite, é o empresário construir uma piscina, em sua residência, para seu uso e gozo próprio, tornando mais atrativo aquele churrasco de domingo.

Outro fato é a construção de uma piscina, nas mesmas proporções, para, a partir dela, ser instituído um clube de natação. Neste último exemplo, a piscina foi realizada para atender ao interesse alheio – daqueles que pretendem aprender a nadar ou, mesmo, participar de competições.

Portanto, na medida em que o Direito Empresarial é o direito das empresas, torna-se necessário o entendimento do conceito de empresa aqui apresentado. Tratando-se da sua noção preliminar, fundamental, não há como estudar os diversos institutos previstos por esse ramo do direito, sem capturar a noção aqui exposta, *devendo ver, na figura da empresa, uma atividade dotada de economicidade, exercida com profissionalidade e organização, em razão de um interesse especulativo e dirigida a mercados.*

1.4 Teoria dos mercados: uma teoria em fase embrionária

Modernamente, **com o advento da globalização e o fim da Guerra Fria**, a partir da década de 80, do século passado, o contexto fático-econômico em que se encontra envolto **o Direito Empresarial se modifica**. Tornados os principais institutos do Direito Empresarial, a empresa, o empresário e o estabelecimento, *percebeu-se que o seu estudo era feito de maneira estática, sem se preocupar com a interação havida entre empresários, com a concorrência empresarial inerente a atuação de tais agentes.*

O máximo a que se chegou foi a do **estudo da empresa como forma de organização que visa reduzir custos de transação**. Em vista do que ora se apresenta, **a mais recente doutrina propugna pelo aparecimento de um novo período do Direito Empresarial**, fase marcada por ser *essencialmente dinâmica*, em vista de **ter como foco central a atuação dos empresários, exercendo as respectivas empresas no mercado**. É o que se depreende na mais recente doutrina, como se vê em Paula Andrea Forgioni[42]:

> Temos um *novo período de evolução do direito comercial*, em que se supera a visão estática de empresa para encará-la, também em sua *dinâmica*. De um direito medieval de classe, ligado à pessoa do mer-

---

[42] FORGIONI, Paula Andrea. *A evolução do direito comercial brasileiro: da mercancia ao mercado*. São Paulo: Revista dos Tribunais, 2009.

cador, passamos ao critério objetivo e liberal dos atos de comércio e, finalmente, à atividade de empresa. Urge estudá-la a partir do pressuposto de que sua atividade somente encontra função econômica, razão de ser, no mercado.

Na mesma linha, caminha Rachel Sztajn[43]:

> Mercados e organizações, creio, são o cerne do moderno Direito Comercial. Portanto, os princípios norteadores do Direito Comercial, mesmo com a unificação do direito privado, não afastam a antiga concepção sobre ser ele direito especial em relação ao direito comum, direito civil, agora, entretanto, não mais relacionado aos atos de comércio, de criação francesa, mas como direito dos mercados e das empresas. Não um direito classista ou corporativista, mas um direito de caráter econômico que replica a microeconomia.

Assim, percebe-se que *a fase atual do Direito Empresarial tem por foco, não mais, apenas, a figura da empresa, mas sim o binômio "atividades empresárias-mercado"*. É neste prisma que se passa a cogitar da chamada **ordem jurídica do mercado**, já que, a partir de então, estuda-se a empresa em um contexto dinâmico, considerando-se o mercado, colocando-o como foco central desta disciplina jurídica. Seria o caso, novamente, de se perquirir acerca da **necessidade de modificação da nomenclatura deste ramo do direito**.

Manter o nome Direito Empresarial, em vista de que continua a empresa como elemento importante para a definição do âmbito da disciplina, modificando-se, apenas, o cerne de análise, ou retomar a nomenclatura clássica Direito Mercantil ou Direito dos Mercados, em razão do caráter dinâmico do novo enfoque. *Mantém-se, contudo, a nomenclatura Direito Empresarial, pelo fato de ser aquela mais consagrada pela atual doutrina brasileira.*

1.4.1 O conceito jurídico de mercado

A expressão *mercado* tem vários significados. Com efeito, fala-se em mercado, por exemplo, enquanto bolsa de valores ou enquanto o local onde D. Maria faz feira; às vezes, trata-se o mercado enquanto pessoa, sendo certo que já se disse que o mercado tem seus candidatos à presidência. Pode-se falar, porém, em um **conceito jurídico de mercado**: *mercado é o ambiente artificial, físico ou*

---

[43] SZTAJN, Rachel. *Teoria jurídica da empresa: atividades empresárias e mercados*. São Paulo: Atlas, 2004.

virtual, em que vendedores e compradores se encontram com o objetivo de realizar transações econômicas.

A partir de um determinado momento da evolução humana, as pessoas começaram a se especializar, produzindo mais do que elas necessitavam para a sobrevivência, para a sua própria manutenção. A partir dessa chamada **produção do excedente**, com o ser humano passa a viver em sociedade, acontece o óbvio: eu passo a me interessar pelo que outras pessoas passam a produzir em excesso, e vice-versa. A partir daí, realizam-se **transações econômicas**. Nesse sentido, é inegável, **o mercado é, em essência, um fato social**.

O mercado é um *ambiente artificial* porque **limitado pela ordem jurídica**. Com efeito, o art. 1º, da Constituição Federal, determina que a República Federativa do Brasil se constitui em *Estado Democrático de Direito*. Isto significa dizer que, **para a ordem jurídica brasileira, não interessa a vontade do Executivo, do Legislativo ou do Judiciário, mas sim a vontade da lei**. Hoje nada há que possa funcionar que não esteja segundo o império do direito. Esse fato social é todo contornado pela lei que vai dizer a sua possibilidade – até onde é possível ter mercado, até que tipo de bem é possível ser levado ao conceito de mercadoria e poder ser plenamente negociado. Quem vai estipular estas balizas, **quem vai determinar o tamanho do mercado é o Direito**, por isso o ambiente artificial. Vale ressaltar que este ambiente pode ser físico ou não. *Chama-se de mercado virtual aqueles mercados em que não ocorre o encontro físico entre consumidores-vendedores.*

Em essência, é como se deve entender a **figura jurídica do mercado**: *toda essa gama de relações que há entre vendedores, de um lado, e compradores, de outro, no intuito de fazerem entre si negócios jurídicos autorizados pelo Direito*. **O Direito Empresarial está cada vez mais atrelado à economia em razão dessa nova versão**, porque agora não se olha mais a empresa em si, ou enquanto instrumento para efetivação de políticas públicas, enxergando-se a atividade de vários empresários atuando ao mesmo tempo. **O elemento central deixa de ser a empresa e passa a ser o mercado ou as empresas no mercado**.

A premissa hermenêutica atual é a de que **as atividades empresariais, que se revelarem eficientes e cumprirem os pressupostos de sua função social, devem ser preservadas para o bem e o bom funcionamento do mercado, cabendo ao Estado envidar todos os esforços necessários para a sua conservação**. Na mesma ótica, *para o bem e o bom funcionamento do mercado, as empresas que se mostrarem ineficientes, não revelando viabilidade econômica ou mesmo cumprindo os pressupostos de sua função social, deverão ter suas atividades encerradas.* Trata-se da máxima *in dubio pro mercatorum*, ou seja, na dúvida, decide-se a favor do mercado.

Portanto, tem-se mercado, e sempre se terá, quando se estiver diante de relações jurídicas que acontecem e que o direito autoriza porque o mercado é um ambiente artificial em que o direito há de definir, especialmente, nos tempos atuais em que se vive num Estado de Direito. **Cabe ao Direito balizar, portanto, estabelecer limites a este fato social que é o mercado.**

Para se falar em mercado, há a **necessidade do exame da lei**, já que o ordenamento jurídico determina que fato pode ser considerado um **ato de mercado**, um ato econômico válido. No entanto, *é possível a existência de lei proibindo determinado tipo de ato*. Se, de um lado, fala-se no empresário, na empresa, no mercado e na sociedade empresária, do outro lado, fala-se no criminoso, no crime, na atividade criminosa e na quadrilha. **Para ser mercado tem que ter lei permitindo, caso contrário, será chamado de tráfico.**

Instituição sempre relegada ao campo de estudo dos economistas, apenas recentemente o *mercado* passa a fazer parte da pauta de debates jurídicos. Porém, registre-se que se trata de **assunto praticamente inexplorado pela doutrina brasileira**. É que, do mesmo modo que ocorrera, nos primeiros momentos após o advento do Código Civil italiano com a sua teoria da empresa, atualmente os juristas se encontram perplexos, diante do que se poderia entender por e qual seria a função econômico-social do mercado. Para Paula Andrea Forgioni[44], mercado é palavra:

> Empregada para referir desde o local onde a dona de casa faz suas compras semanalmente até a ótima forma de alocação de recursos em determinada sociedade, assume diante dos nossos olhos o papel de solução para todos os males ("deixemos por conta do mercado!") e de grande responsável pelas mazelas humanas ("é culpa do mercado!").
>
> Referimo-nos ao mercado como sujeito. Apresenta-se anônimo e independente da "vontade" de alguém, mas assume marcante personalidade, a ponto de ser referido não apenas como pessoa, mas, às vezes, como deus, cuja vontade é impossível contrariar. Alguns o veem no preâmbulo de nossa Constituição, outros restam embevecidos com a "mágica do mercado". Ele acorda "nervoso" ou "tranquilo", "reage bem" à declaração do presidente, comemora a eleição de "seu" candidato (o mercado tem seus candidatos!). Existe entre nós como um "grande irmão", que tudo sabe e a tudo reage.

---

[44] FORGIONI, Paula Andrea. *A evolução do direito comercial brasileiro: da mercancia ao mercado.* São Paulo: Revista dos Tribunais, 2009.

1.4.2 A teoria poliédrica do mercado

Sabe-se, com Natalino Irti[45], que **o mercado se trata de um *lócus artificialis*, derivado de uma escolha do direito, dependente de decisões políticas que se mostram mutáveis, a partir das circunstâncias históricas que lhes dão ensejo.** À semelhança do que Alberto Asquini propôs para a empresa, Paula Andrea Forgioni[46] propõe a **teoria poliédrica do mercado**. O mercado é um fenômeno que só pode ser compreendido quando encarado a partir de um dos seus perfis, guardando entre si uma interrelação.

São quatro os **perfis do mercado**:
a) *perfil econômico*;
b) *perfil político*;
c) *perfil social*; e
d) *perfil jurídico*.

Pelo **perfil econômico**, compreende-se o mercado como *o local onde os agentes econômicos se encontram para realizarem trocas*, vale dizer, **é a união havida entre oferta e procura de determinado bem**. Segundo o **perfil político**, o mercado deve ser compreendido como *um dos mecanismos dispostos (e não o único, já que se pode fazê-lo também via intervenção do estado) a realizar alocação de recursos pela sociedade*, ou seja, **é partir do funcionamento do mercado que os bens são distribuídos por e entre os agentes econômicos**. Pelo **perfil social**, apresenta-se *o mercado concebido dentro de determinadas fronteiras*, sendo certo afirmar que **é o perfil social que prescreve a formatação do mercado**, definindo aquilo que pode ser negociado, por quem, em que termos, e até onde. Por fim, o **perfil jurídico** de mercado se traduz pelo *conjunto de regras e princípios* que **regula o comportamento dos agentes econômicos**.

Paula Andrea Forgioni[47] apresenta as seguintes características da ordem jurídica do mercado:

[i] *normalidade*: porque os comportamentos se dão conforme regras, conforme normas (daí serem "normais");

---

[45] IRTI, Natalino. A ordem jurídica do mercado. *Revista de Direito Mercantil*, São Paulo, v. 46, n. 145, p. 44-49, 2007.

[46] FORGIONI, Paula Andrea. *A evolução do direito comercial brasileiro: da mercancia ao mercado*. São Paulo: Revista dos Tribunais, 2009.

[47] FORGIONI, Paula Andrea. *A evolução do direito comercial brasileiro: da mercancia ao mercado*. São Paulo: Revista dos Tribunais, 2009.

[ii] *uniformidade*: os comportamentos são adequados a um esquema, formatado pela norma, que tende a produzir "notas de anônima repetitividade"; e

[iii] *regularidade*: o ato é reconduzido a um tipo normativo, perdendo o caráter de fortuito e arbitrário (sendo, pois, previsível).

Haroldo Malheiros Duclerc Verçosa[48], ao estabelecer a *estabilidade* e a *segurança jurídica* como **requisitos indispensáveis ao funcionamento do mercado**, faz a seguinte consideração:

> A presença de riscos significativos prejudica ou, até mesmo, impede a realização de operações. No primeiro caso podem aumentar de forma significativa os custos de transação, penalizando-se os operadores do mercado. No segundo caso tais custos tornam-se tão elevados que negócios não serão realizados.

1.4.3 Classificações do mercado

Há algumas classificações jurídicas, acerca do mercado, importantes de serem destacadas. A primeira delas é a classificação **quanto ao objeto transacionado**. No mercado, o vendedor se encontra com o consumidor para realizar a transação econômica, ou seja, sempre para ter mercado, deve haver alguém querendo vender alguma coisa e outra pessoa com o interesse de comprar aquela coisa, o objeto de venda. É a partir deste objeto que se separa os vários segmentos de mercado que há.

É por esta classificação que se fala, por exemplo, no mercado de veículo automotor porque o objeto transacionado é o carro, ou no mercado de cosméticos, confecções, imobiliário, de capitais, por exemplo. Os vários objetos que são possíveis de serem transacionados no mercado vão demarcar exatamente os vários segmentos de mercado, aquilo que em linguagem comum se chama de ramos da atividade econômica. **Esta classificação não tem subdivisão porque quanto mais o Direito autoriza determinado ato ser de mercado, tornando lícita uma relação econômica e, portanto, viável, passa a existir um novo segmento de mercado**. Bebida alcoólica, por exemplo, até a década de 20, era ilícita; não ocorria mercado, mas sim tráfico. Sempre que lei regulamenta um determinado mercado, transações segundo um determinado objeto, passa a existir um segmento de mercado para aquilo.

---

[48] VERÇOSA, Haroldo Malheiros Duclerc. *Direito comercial: teoria geral.* 4 ed. São Paulo: Editora Revista dos Tribunais, 2014.

Outra classificação importante é **quanto à regulação do mercado**. De início, é oportuno destacar que há **diferença entre regulação e regulamentação**. Quando se fala em *regulamentação*, fala-se no **reconhecimento pelo Estado de que aquele ato é lícito**, possível, houve a sua positivação, ou seja, tornou-se lei, em homenagem ao Estado Democrático de Direito. É nesse contexto, por exemplo, que em julho de 2011 foi regulamentada a Empresa Individual de Responsabilidade Limitada, ou simplesmente EIRELI, objeto de estudo mais à frente. **Quanto à regulamentação, é impossível classificar**, sendo todo mercado é regulamentado, é artificial, criado, definido pelo direito. O mercado não regulamentado, como já se disse, é chamado de tráfico.

Porém, depois de regulamentado, é possível que o mercado se submeta à *regulação*. É possível e pode ser que *os empresários passem a praticar determinados atos naquele segmento de mercado, que, por mais que sejam lícitos, seria melhor que não fossem praticados*. O empresário, por ter um interesse especulativo, pode praticar atos que venham a prejudicar o próprio andamento, a própria existência daquele seguimento de mercado e, é neste patamar, que se passa a falar na **necessidade de regulação**, que significa a existência, de algum modo, de um **controle formal** no que diz respeito às **condutas dos agentes econômicos**, ou seja, *é lícito realizar, mas há determinadas condutas que não é interessante de serem praticadas*. Quando existe um desenho daquilo que é ético e do que é antiético, pode-se dizer que aquele mercado passou a receber regulação.

Neste contexto, à primeira vista, classifica-se o mercado em:

a) *não regulado*; e

b) *regulado*.

Não regulado é o tipo de mercado em que **não há controle formal** de tais condutas. É regulamentado, mas não há um controle formal determinando que atos são, ou não, viáveis de serem praticados naquele segmento de mercado. **Regulado**, por sua vez, é o tipo de mercado em que **existe um controle formal** dos agentes econômicos de determinado mercado.

O mercado será regulado por:

a) autorregulação; ou

b) heterorregulação.

Autorregulado é o mercado em que **os próprios agentes de mercado** estabelecem o mencionado controle formal. *Heterorregulado*, entretanto, é o mercado em que há um elemento estranho, **uma terceira pessoa**, que não é agente daquele ramo de mercado, estabelecendo o controle formal. Esta terceira pessoa é o Estado que fará tal controle direta ou indiretamente, neste último caso, via **agências reguladoras**.

Por final, outra classificação de mercado relevante é a classificação **quanto à negociação**. Trata-se de uma *classificação que surge no âmbito do mercado de valores mobiliários, no mercado de ações*⁴⁹, passando a ser tratada enquanto **classificação geral**, a partir da adoção da ordem jurídica dos mercados, como fundamento para o Direito Empresarial.

Quanto à negociação, fala-se em:
a) *mercado primário*; e
b) *mercado secundário*.

No **mercado primário** acontece a **aquisição originária** daquele determinado bem que foi disponibilizado no mercado. No **mercado secundário** ocorrem as **aquisições subsequentes** se aquele bem tiver interesse econômico; se para aquele bem tiver alguém que ainda queira comprá-lo mesmo após a aquisição original.

1.4.4 Estruturas de mercado

A depender das interações ocorrentes entre os agentes econômicos, pode-se falar em várias **estruturas de mercado** distintas. É função do direito, portanto, compreender tais estruturas de mercado, com o objetivo de ser pensada *a regulação mais eficiente para o bem e para o bom funcionamento do mercado*.

Sendo assim, as estruturas de mercado são:
a) *monopólio*;
b) *oligopólio*;
c) *concorrência perfeita*;
d) *oligopsônio*; e
e) *monopsônio*.

Monopólio é a estrutura de mercado em que, de um lado, há **um só vendedor** e, do outro, **vários compradores**, sendo certo que **quem determina o preço de mercado é o vendedor**. Algumas pessoas entendem que o monopólio em si é algo ruim, porém se trata de um entendimento que não se sustenta. Com efeito, *o problema não é o monopólio em si, mas sim, a partir dele, o agente econômico extrapolar o interesse especulativo, agindo com oportunismo*. Tanto é verdade que, mesmo a Constituição Federal, estabelece, no seu art. 177, uma série de monopólios de titularidade da União. Vê-se, portanto, que não há problemas

---

⁴⁹ Apresentada, em detalhes, no seu original, no Capítulo 7 deste livro.

em existir monopólio de titularidade da iniciativa privada. O que não pode é haver o abuso de tal posição por parte do monopolista, daí a necessidade de o direito, como dito anteriormente, estabelecer o controle formal.

Oligopólio é a estrutura de mercado em que, de um lado, **há poucos vendedores** e, do outro, **vários compradores**, sendo certo que **quem determina o preço de mercado são os vendedores**. O oligopólio, em si, não é algo ruim. O problema, em verdade, surge quando aqueles que detêm o poder de mercado passam a agir de maneira oportunista, abusando da sua posição do mercado. Cabe, portanto, ao direito regular, de maneira eficiente, segmentos de mercado que tenham tal estrutura com o objetivo de **evitar a formação de cartéis** (os *oligopólios ilícitos*).

Concorrência perfeita é a estrutura de mercado em que, de um lado, **há vários vendedores** e, do outro, **vários compradores**, sendo certo que **nem vendedores e nem compradores determinam o preço de mercado**. Frise-se: a concorrência perfeita é um modelo teórico. Portanto, não existe na realidade. Trata-se, apenas, de um *perfil teórico para servir de base para o estudo das estruturas de mercado*. O segmento mais aproximado da concorrência perfeita é o do **mercado de ações**, implementado através das bolsas de valores. Com efeito, há várias pessoas vendendo e comprando ações, porém, a cotação, vale dizer, o preço de negociação das ações é cotado, de modo que não oscilará mesmo que determinados agentes não compareçam ao mercado.

Oligopsônio é a estrutura de mercado em que, de um lado, **há vários vendedores** e, do outro, **poucos compradores**, sendo certo **que quem determina o preço de mercado são os compradores**. Percebe-se que o *oligopsônio é o oligopólio de sinal trocado*. Por final, **monopsônio** é a estrutura de mercado em que, de um lado, **há vários vendedores** e, do outro, **um só comprador**, sendo certo **que quem determina o preço de mercado é o comprador** (um monopólio de sinal trocado, portanto).

1.4.5 Falhas de mercado

Justamente por considerar o mercado enquanto um local artificial é que não se pode prescindir do direito para conformá-lo aos perfis, características e requisitos anteriormente mencionados. Ao direito cabe a **dupla tarefa**, portanto, de **evitar que crises econômicas ocorram e conter as que ocorrem eventualmente**, em razão das denominadas *falhas de mercado*. Cabe por tanto ao Estado, por intermédio de normas jurídicas, intervir no mercado, de modo a **coibir a ocorrência das tais falhas** ou de, pelo menos, **minorar os seus efeitos** sobre a sociedade como um todo. A respeito das falhas de mercado, leciona Rachel Sztajn[50]:

> Algumas das denominadas falhas de mercado têm origem nessas práticas que impediam e atomizavam a oferta e, portanto, se afastavam da concorrência perfeita. Falhas de mercado e condutas abusivas são danosas por comprometerem a concorrência e devem ser coibidas.

São consideradas **falhas de mercado**:
a) *Externalidades*;
b) *Concentração do poder econômico*;
c) *Bens públicos e sua compreensão econômica*;
d) *Rigidez dos fatores de produção*; e
e) *Informações assimétricas*.

a) Externalidades

As **externalidades** podem ser conceituadas como **qualquer efeito, de índole positiva ou negativa**, que um agente econômico poderá *produzir sobre a atividade econômica, a renda ou o bem-estar de outrem*, sem haver a **correspondente compensação**, seja dos prejuízos que causar, seja dos benefícios que trouxer.

Externalidades são efeitos ou consequências ocorridos **fora do mercado**, externos ou paralelos a ele, que **dificultam o cálculo econômico**, na medida em que impactam na esfera jurídica de pessoas distintas do responsável pela sua condução.

As externalidades podem ser:
a) **Externalidades positivas** – benefícios sociais;
b) **Externalidades negativas** – custos sociais.

A **equação entre os benefícios e os custos** sociais relacionados à atividade econômica **nem sempre** estará em **equilíbrio**, haja vista o **desnível** existente

---

[50] SZTAJN, Rachel. *Teoria jurídica da empresa: atividades empresárias e mercados*. São Paulo: Atlas, 2004.

entre custos e benefícios para cada agente. *De um mesmo ato, a depender do ponto de vista, poderá decorrer tanto externalidade positiva quanto negativa.* Sobre essa questão, exemplifica Fábio Ulhoa Coelho[51]:

> Nenhum pedestre morador de uma metrópole, por exemplo, é compensado por respirar o ar contaminado pelos poluentes produzidos por veículos das empresas de transporte coletivo, mas também não é obrigado a remunerar o aumento de espaço livre nas calçadas propiciado pelo serviço dessas mesmas empresas. Tanto a poluição do ar, quanto o aumento do espaço livre nas calçadas são, para o pedestre, externalidades da prestação de serviços de transporte coletivo, não ressarcidas de parte a parte.

A **classificação das externalidades** acima apresentada diz respeito aos efeitos provocados na *esfera jurídica dos terceiros* **não causadores do fato externo**. Fala-se em **externalidade positiva** quando dela redundar um **benefício**. Por sua vez, fala-se em **externalidade negativa** quando dela redundar um **custo**. São, portanto, **consequências** que surgem a partir de relações jurídicas havidas entre **terceiras pessoas**.

De início, é importante observar que **a externalidade tem relação com o problema do** *free rider* (também conhecido como *carona*) – aquele que se beneficia da externalidade, **sem assumir o custo ou pagar o preço** para acesso a tal "benefício", colocando-se, portanto, em *posição de vantagem frente aos demais operadores de mercado*. A esse respeito, Fábio Nusdeo[52] exemplifica, por analogia:

> Numa imagem muito simples, e imperfeita, o mercado pode ser assimilado a uma barreira de pedágio das estradas. Para passar por ela, é preciso pagar o preço. No entanto, se a barreira não for bem construída e instalada, poderão alguns carros se valer de um atalho e elidi-la, safando-se sem o correspondente custo. (...) Mas, além disso, os responsáveis pela estrada estarão recebendo uma informação incorreta sobre o exato número de seus usuários.

As **externalidades precisam ser internalizadas**, justamente, para se evitar o *free rider* e que o mercado venha a falhar, entrando em crise. É preciso, contudo, esclarecer: *externalidade não se trata de ação delituosa ou ilegal por parte dos*

---

[51] COELHO, Fábio Ulhoa. *Curso de direito comercial, volume 1: direito de empresa*. 20 ed. São Paulo: Editora Revista dos Tribunais, 2016. p. 50.

[52] NUSDEO, Fábio. *Curso de economia: introdução ao direito econômico*. 5 ed. São Paulo: Editora Revista dos Tribunais, 2008. p. 153.

causadores dos custos ou benefícios. Elas são praticadas pelos agentes de mercado **seguindo as regras do jogo**.

Teoricamente, não deveria haver diferença entre o tratamento jurídico da externalidade positiva e negativa. Porém, o **Direito** tem intervindo precipuamente no plano das **externalidades negativas**. Afinal de contas, elas trazem um ônus a uma terceira pessoa que a ela *a priori* não caberia (não fazia parte do negócio). A **intervenção do Direito no mercado** tem o objetivo de **eliminar ou corrigir** essa consequência negativa. Isso de *"quem causou a externalidade negativa deve assumir o custo"* é o que justifica, do ponto de vista econômico, por exemplo, o Direito Ambiental, com o seu *princípio do poluidor-pagador*.

b) Concentração do poder econômico

A concentração do poder econômico também pode trazer prejuízos ao mercado. **O monopólio em si não é ruim; ruim é o monopólio "do mal"**, cujo agente monopolista atua sem respeitar os limites constitucionais econômicos, e é por isso que *o Direito deve intervir sempre diante de situações que gerem ou possam gerar a chamada concentração de poder econômico*.

A falha de mercado, em si, não é a concentração do poder econômico. Já se viu que há segmentos de mercado que só funcionam à base do monopólio ou do oligopólio, sob pena de não se tornar interessante para o investidor. A falha de mercado reside na *utilização indevida da concentração do poder econômico*, ou seja, no **abuso do poder econômico** que vise à **dominação dos mercados**, à **eliminação da concorrência** e ao **aumento arbitrário dos lucros**[53].

Em razão desta falha de mercado, surgiu o *Direito Antitruste*, que vai cuidar fundamentalmente de **concorrência empresarial**, de **concentração de mercados** – *o Direito não deve proibir a concentração de poder econômico, mas que se utilizem dela de má-fé*. Desde que o titular do poder econômico não crie **barreiras de entrada**, é perfeitamente possível se chegar à concentração do poder econômico, por conta da **eficiência de mercado do empresário**.

c) Bens públicos e sua compreensão jurídica

A definição de bens públicos que interessa para a apreensão da ordem jurídica do mercado *não é aquela patrocinada pelo Direito Civil e Administrativo*. Com efeito, em tais direitos, a definição de bens públicos ou privados decorre da legitimidade sobre a propriedade dos mesmos. Dessa forma, **bens públicos** seriam **pertencentes ao Estado**[54], às pessoas de direito público interno[55], e **bens privados, os demais**.

---

[53] Nos termos do art. 173, § 4º, da Constituição Federal.

[54] Nos termos do art. 98, do Código Civil.

[55] Previstas no art. 41, do Código Civil.

Do ponto de vista econômico, a classificação de bens, enquanto públicos ou privados, tem relação com a **utilidade** dos aludidos bens. No modo facilitado, tem-se o seguinte:

Bens públicos (public goods)	Bens privados (private goods)
Não excludente	Excludente
Não rival	Rival

Com efeito, a **não excludência** se refere ao fato de poder se utilizar de um bem público e **isso não impedir que terceiras pessoas também se utilizem**. O fato de eu fazer uso de um bem público não impede que você, leitor, ou *qualquer outra pessoa venha a fazer uso deste mesmo bem, no mesmo momento*. Já, a **não rivalidade** se refere ao fato de que **não se pode se apoderar de um determinado bem** para evitar que outros se apropriem, ou seja, é a impossibilidade de apropriação do bem – *não tem como se tornar proprietário sozinho de um bem público*.

Exemplos de bens públicos, nesta concepção, seriam a iluminação decorrente da energia elétrica e a segurança pública. Com efeito, é possível duas pessoas ou mais fazerem uso, ao mesmo tempo, da iluminação proveniente de uma mesma lâmpada ou serem atendidos, por exemplo, pelo corpo de bombeiros ou pelo mesmo departamento de polícia para ocorrências distintas.

Contudo, conforme já se viu, ao Estado cabe a competência de definir o que são bens públicos e ele faz isso mediante a legislação, por exemplo. O problema é que os *public goods* devem ser bem definidos, com cautela (mas nem sempre o Estado assim atua), para que não se tenha uma crise de mercado. **Muitas vezes, na prática, o Estado acaba definindo *private goods* como bens públicos**, por exemplo, ao determinar que os bens públicos não sofrem usucapião[56] e não podem ser penhorados por suas dívidas[57].

d) Rigidez dos fatores de produção

Os mercados, em teoria, funcionam a partir de uma presunção básica: os **fatores de produção** são dotados de **razoável mobilidade**, visando reação aos sinais indicativos, via sistema de preços. A premissa é a de que serão promovidos, *em curto espaço de tempo*, os deslocamentos necessários com o objetivo de se **reverterem algumas situações indesejáveis**, como a super ou a sub produção. Sobre o que se cogita, explica Fábio Nusdeo[58]:

---

[56] De acordo com o art. 102, do Código Civil.

[57] Nos termos do art. 832, em interpretação conjugada com o art. 910, do Código de Processo Civil.

[58] NUSDEO, Fábio. *Curso de economia: introdução ao direito econômico*. 5 ed. São Paulo: Editora Revista dos Tribunais, 2008. p. 140.

A essa capacidade de autocorreção do mercado chamou-se automatismo. E o nome é bom, porque os empresários-produtores eram vistos como autômatos, para, guiados pelo seu hedonismo, poderem responder rápida e fielmente às decisões soberanas do consumidor-rei, via impulsos do sistema de preços. Tal agilidade, entretanto, na prática não ocorre. Existe, isto sim, uma rigidez mais ou menos pronunciada em quase todos os fatores, impedindo-lhes esses deslocamentos céleres automáticos e oportunos. Rigidez de toda ordem: física, operacional, institucional, psicológica.

A rigidez dos fatos de produção, em si, **não é o problema**. O ponto alto se refere, na verdade, a se tentar dar mobilidade aos fatores de produção e, para tanto, o Estado acaba praticando uma **ação antirrecessiva ou anticíclica**, vindo a **intervir na Economia**, quando tal intervenção ou é **desnecessária** ou é **ineficiente**.

e) Informações assimétricas

Refere-se ao **nível de informações** que as pessoas têm relativas a uma possível relação jurídica. **No mercado, é comum existir assimetria de informação.** Caracteriza-se como **informação assimétrica** aquela em que **uma das partes vai saber mais** sobre aquele determinado bem, aquela determinada relação jurídica do que a outra.

Uma vez mais, **as informações assimétricas, em si, não representam um problema**. A **falha de mercado**, ora cogitada, ocorre quando aquele que tem um **maior número de informações** sobre o objeto transacionado passa a **atuar indevidamente**, visando a titularizar algum ganho, ainda que oculto, naquela operação.

Por isso é que se fala: **no Direito Empresarial, os contratos são incompletos em virtude da assimetria informacional existente entre os contratantes**. Não se trata de qualquer desnível informacional entre os agentes, mas sim que tal diferença de informações sobre o objeto seja considerável juridicamente.

Nesse contexto, é preciso que o Estado interfira para que aquela pessoa tenha mais informações, que compreenda mais aquela relação jurídica não venha só por isso querer **se beneficiar ou prejudicar a outra parte**. Então, para suprir essa falta de informação e proteger os hipossuficientes, surge o Direito do Consumidor.

Fábio Nusdeo[59] aponta os **custos de transação como uma espécie de falha de mercado**. Para a **doutrina dominante**[60], custos de transação representam a **outra forma de se falar sobre falhas de mercado**.

---

[59] NUSDEO, Fábio. *Curso de economia: introdução ao direito econômico.* 5 ed. São Paulo: Editora Revista dos Tribunais, 2008. p. 164.

[60] Veja por exemplo em: COELHO, Fábio Ulhoa. *Curso de direito comercial, volume 1: direito de empresa.* 20 ed. São Paulo: Editora Revista dos Tribunais, 2016. p. 53; VERÇOSA, Haroldo Malheiros Duclerc. *Direito comercial: teoria geral.* 4 ed. São Paulo: Editora Revista dos Tribunais, 2014. p. 181.

Existem *três custos de transação*:
a) custo de **obter a informação**;
b) custo de **redigir contratos** a partir da informação obtida;
c) custo de **implementar contratos**.

Seja como for, pode-se entender como **sinônimas** as expressões *"falhas de mercado"* e *"custos de transação"*. A fundo mesmo, a diferença está na ideologia que sustenta o discurso. Quem tem uma **vertente mais socializante**, interventora, entenderá que **as crises de mercado são cíclicas em razão de suas falhas** e por isso que cabe ao Direito intervir na Economia. Quem tem uma **vertente mais liberal**, entenderá que para se entrar em um **determinado mercado**, em maior ou menor grau, o **agente econômico incidirá em custos, não necessariamente financeiros**, para o exercício da sua atividade.

1.4.6 A Lei de Liberdade Econômica

Por final, deve-se perceber que a **teoria jurídica dos mercados** passa a ser apreciada **no Brasil**, com o advento da **Lei nº 13.874/19** – a Lei de Liberdade Econômica. Referida legislação institui a **Declaração dos Direitos de Liberdade Econômica**[61], estabelecendo normas de **proteção à livre-iniciativa** e ao **livre exercício de atividade econômica**[62].

Trata-se de norma que deve ser utilizada como **vetor hermenêutico para o Direito Empresarial**[63]. Um dos alcances que se espera com a mencionada legislação é que **os agentes econômicos assumam a responsabilidade pelos riscos** decorrentes de sua atuação, que deve ocorrer de maneira desembaraçada. Bem por isso, existem **princípios**[64] que norteiam a **aplicação da lei**:

a) a liberdade como uma garantia no exercício de atividades econômicas;
b) a boa-fé do particular perante o poder público;
c) a intervenção subsidiária e excepcional do Estado sobre o exercício de atividades econômicas; e
d) o reconhecimento da vulnerabilidade do particular perante o Estado.

Em vista de se assegurar as **garantias de livre-iniciativa**, exige-se da Administração Pública em geral, evitar o **abuso do poder regulatório**[65]. Note ser

---

[61] Prevista no art. 3º, da Lei nº 13.874/19.
[62] Nos termos do art. 1º, da Lei nº 13.874/19.
[63] De acordo com o art. 1º, §§ 1º e 2º, da Lei nº 13.874/19.
[64] Previstos no art. 2º, da Lei nº 13.874/19.
[65] Nos termos do art. 4º, da Lei nº 13.874/19.

garantia da livre-iniciativa o *não aumentar "custos de transação" sem demonstração de benefícios*[66], acentuando-se o **teor liberal-mercadológico da legislação** ora examinada.

Neste contexto, é importante destacar que a Lei nº 14.195/21 traz inovação pertinente a exigir da administração pública na aplicação da ordenação pública sobre as atividades econômicas privadas[67]:

a) dispensar tratamento justo, previsível e isonômico entre os agentes econômicos;

b) proceder à lavratura de autos de infração ou aplicar sanções com base em termos subjetivos ou abstratos, somente quando estes forem propriamente regulamentados por meio de critérios claros, objetivos e previsíveis;

c) observar o critério da dupla visita para lavratura de autos de infração decorrentes do exercício de atividade considerada de baixo ou médio risco.

É preciso, ainda, conforme a Lei de Liberdade Econômica, a **realização prévia de análise de impacto regulatório**, sempre que vier a ser editada ou alterada normas, oriundas da Administração Pública Federal, de interesse geral de agentes econômicos ou de usuários dos serviços prestados[68]. Por tudo, nota-se a Lei nº 13.874/19 como um pontapé que a ordem jurídica brasileira realiza, visando aplacar no país, **a nova feição do Direito Empresarial**.

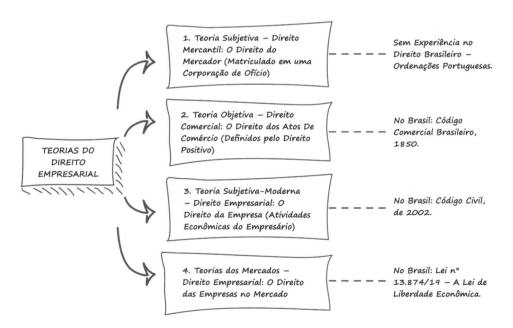

---

[66] Nos termos do art. 4º, V, da Lei nº 13.874/19.

[67] É o que se extrai do art. 4º-A, da Lei nº 13.874/19.

[68] Nos termos do art. 5º, da Lei nº 13.874/19.

2. DA AUTONOMIA DO DIREITO EMPRESARIAL

Se para os outros ramos do direito, o **debate acerca da autonomia** se limita a ser uma questão meramente teórica, desprovida de qualquer sentido **pragmático, para o Direito Empresarial** o contexto muda. Com efeito, em 1917, no Brasil, existiam dois Códigos: o Comercial, de 1850, regulamentando as questões profissionais e econômicas, e o Civil, de 1916, tratando de assuntos pessoais e familiares, tudo a partir da ótica do direito privado.

Ocorre que, com o advento do Código Civil atual, de 2002 com vigência a partir de 2003, foi **revogada a "Primeira Parte" do Código Comercial** Brasileiro[69] que trazia a "parte geral" do hoje denominado Direito Empresarial. Atualmente, portanto, há um único Código – o Civil, de 2002 – tratando das compreensões mais genéricas do direito privado como um todo, trazendo o livro "*Do Direito das Empresas*", na sua parte especial.

Deste fato, decorrem as seguintes perguntas:

Qual o *nomem juris* desta disciplina?

Deve ser Direito Comercial, como tradicionalmente se chamava?

Deve ser Direito das Empresas ou Direito Empresarial, em razão da inovação trazida pelo Código Civil? ou

Deve ser considerado Direito Civil, consistindo-se em uma de suas partes, à imagem e semelhança do Direito das Coisas e do Direito de Família, por exemplo?

Tal celeuma poderá, ainda, ter novos capítulos. É que tramita, em estágio de certo modo avançado, à época de escrita desta obra, Projeto de Lei visando instituir um novo Código Comercial para o Brasil[70]. Em verdade, de acordo com o PLS nº 487/13, será realizada uma reforma ou alteração ao Código Comercial, o que na prática fará surgir um novo Código.

2.1 A dicotomia do direito privado

Para se entender toda a discussão inerente à autonomia do Direito Empresarial, faz-se mister inicialmente rememorar a **dicotomia do direito privado**, vale dizer, a sua *divisão clássica*. Com efeito, o direito privado se divide em:

---

[69] Nos termos do art. 2.045, do Código Civil.

[70] Trata-se do PLS (Projeto de Lei do Senado) nº 487/13.

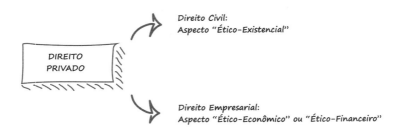

Como se percebe, o **Direito Civil** tem a sua preocupação direcionada ao **aspecto ético-existencial** de cada um de nós. Afinal de contas, o Código Civil inicia dizendo a partir de quando o ser humano adquire personalidade. Ele começa a sua vida jurídica absolutamente incapaz e, a partir de experiências de vida, levando, ainda, em conta o critério cronológico, ele passa a ser relativamente incapaz e, finalmente, plenamente capaz.

Para quê? Para assumir "obrigações" através de "contratos" com o objetivo de adquirir "coisas" visando constituir "família" e, ao falecer, ver seu patrimônio entregue a seus herdeiros ou legatários por "sucessões". Como se vê, o Código Civil conta a história jurídica de vida de todos nós, desde antes do nascimento[71] até depois da morte[72], do ponto de vista pessoal.

Por sua vez, o **Direito Empresarial** entrega sua atenção ao **aspecto ético-econômico ou ético-financeiro** de cada um de nós. Ainda que se esteja no início dos estudos acerca deste ramo jurídico, é perceptível, desde já, o seu norte. Com efeito, independentemente da área ou do capítulo de Direito Empresarial do seu interesse, o foco é um só: dinheiro! Como ganhar? Como não perder? Como não tomarem de você. A história contada por este ramo jurídico é a de todos e cada um de nós, do ponto de vista profissional.

2.2 O debate: Cesare Vivante e Alfredo Rocco

O ponto alto da discussão sobre a **autonomia do Direito Empresarial** foi o **célebre debate** ocorrido na Itália entre *Cesare Vivante e Alfredo Rocco*. Vivante, do auto de uma aula magna, na Universidade de Bolonha, em 1892, escandaliza o mundo jurídico ocidental, ao defender ele, um professor de Direito Comercial, o fim da autonomia. Até então, eram os civilistas em geral que defendiam essa ideia.

---

[71] O art. 2º, do Código Civil, assegura os direitos do nascituro.

[72] Em razão do Direito das Sucessões.

Em síntese apertada **Cesare Vivante**[73] atacou a divisão do direito privado, afirmando a **desnecessidade de autonomia** para o direito comercial, a partir dos **seguintes argumentos**:

a) a classe de comerciantes era infinitamente menor do que a dos cidadãos em geral;

b) a fronteira entre o Direito Civil e o Direito Comercial apresentava-se incerta;

c) as deficiências científicas do Direito Comercial;

d) a autonomia só se justificaria se o interesse maior da comunidade fosse a prosperidade dos comerciantes;

e) as exigências do comércio se fizeram sentir na maioria das relações econômico-privadas – a uniformidade das obrigações; e

f) a existência de Tribunais de Comércio julgando as mesmas questões que apareciam nos tribunais comuns, com jurisprudência bem divergente, o que provocaria certeza e insegurança jurídica.

Acerca do que se cogita, é válida a observação de Haroldo Malheiros Duclerc Verçosa[74]:

> Antes de descermos à análise desse palpitante assunto, deve ser destacado não se tratar de uma discussão meramente acadêmica, mas voltada para efeitos de enorme amplitude na prática jurídica. Na dependência de uma ou outra conclusão a ser tirada de tal estudo é que se saberá o rumo correto a ser tomado em diversas esferas da atividade empresarial na solução de conflitos, como também na pavimentação adequada do caminho a ser adotado quanto aos contratos empresariais, entre outros aspectos.

Apesar do escândalo, dada a genialidade de Vivante, muitos autores, estudiosos e professores se mostraram adeptos do fim da autonomia do direito mercantil. Outra parcela da comunidade jurídica, igualmente considerável revelou-se contrária ao fim da referida autonomia, criticando a tese de Vivante. A **principal crítica** foi feita através de Alfredo Rocco, na sua obra *Princípios de Direito Comercial*.

Cassio Machado Cavalli[75] apresenta, em síntese, a contestação à tese de Vivante feita por Rocco:

> Em outras palavras, Alfredo Rocco sustentava que a autonomia do direito comercial, base da dicotomia do direito privado, poderia ser investigada

---

[73] VIVANTE, Cesare. *Trattato di diritto commerciale*. 5 ed. Milano: Casa Editrice Dottore Francesco Vallardi, 1922. v. 1.

[74] VERÇOSA, Haroldo Malheiros Duclerc. *Direito comercial: teoria geral*. 4 ed. São Paulo: Editora Revista dos Tribunais, 2014. p. 82.

[75] CAVALLI, Cássio Machado. *Direito comercial: passado, presente e futuro*. Rio de Janeiro: Elsevier/FGV, 2012. p. 85.

a partir de uma dupla perspectiva: a de **forma** e a do **conteúdo**. Neste sentido, a perspectiva formal diria respeito à estrutura e à natureza "das normas jurídicas que o compõem". Pela perspectiva do conteúdo, posteriormente denominada de autonomia substancial pela doutrina, dir-se-ia respeito às "relações sociais que ele regula". (...) Dessa maneira, passou-se a afirmar que o tema dos dois ramos do direito privado em único código "não oferece mais do que um interesse secundário", pois a unificação dos códigos "não tem maior importância no plano legislativo...

Vivante, melindrado com a contestação apresentada por Alfredo Rocco, veio à réplica. Colocou-se a debater todos os pontos levantados por Rocco a favor da autonomia do Direito Comercial. Conseguiu rebater todas as objeções, menos uma: "**a diferença no estado de espírito do comerciante**".

O tal "estado de espírito do comerciante" retratado por Rocco é atualmente conhecido como a **ética empresarial**. De fato, os empresários – portadores da ética empresarial – têm uma ética que lhes é própria, **inconfundível com a ética das pessoas civis**, dos cidadãos em geral – portadores da ética civil. Enquanto estes têm uma ética mais socializante, pautada pela alteridade, pela preocupação com o outro – são interesses peculiares, dentre outros, no Direito Civil: o bem estar do menor, a política de boa vizinhança e a função social da propriedade –, a ética empresarial é regulada pelo individualismo ou egoísmo – sem nenhuma consideração ao aspecto pejorativo que a expressão tem nos dias atuais –, pela preocupação com "o próprio umbigo", sendo a ética do "farinha pouca, meu pirão primeiro"[76].

Dessa forma, capturado pelo argumento invencível de Rocco, **Cesare Vivante** se retrata, em 1919, ao ser nomeado presidente de uma comissão criada para reformar o Código Comercial Italiano. Em sua **retratação**, em síntese, apresentou os seguintes argumentos[77]:

a) a fusão dos dois códigos – Civil e Comercial – em um único, caso tivesse ocorrido a contar de sua aula magna, teria causado prejuízo ao progresso do Direito Comercial;

b) a diferença de método no processo legislativo – o Direito Civil seria caracterizado pelo método dedutivo ("do geral para o especial"), enquanto o Direito Comercial trabalharia pelo método indutivo[78] ("do especial para o geral");

c) a índole cosmopolita do comércio e, consequentemente, do Direito Comercial, tendendo a ser um direito global, em detrimento do Direito Civil e sua origem estatal, local;

---

[76] Ditado popular transformado em música por Bezerra da Silva, em 1984.

[77] VERÇOSA, Haroldo Malheiros Duclerc. *Direito comercial: teoria geral*. 4 ed. São Paulo: Editora Revista dos Tribunais, 2014.

[78] Como recurso mnemônico, pode-se dizer que o método INdutivo é o INverso do método dedutivo.

d) a disciplina especial dos títulos de crédito, dos negócios à distância e dos negócios em massa que, apesar de atualmente praticados por não comerciantes, apresentam problemas que o Direito Civil não se revela apto para solucionar.

Apesar da retratação, na própria Itália, alguns anos após, ocorreu a unificação formal do Direito Privado, com o Código Civil Italiano, de 1942. **Neste mesmo caminho seguiu o Brasil**, como adiante se verá.

2.3 Tentativas de unificação no Direito brasileiro

Pode-se destacar **três grandes tentativas** de se implementar a **unificação do direito privado no Brasil**. O Código Civil foi a quarta tentativa, completando a missão com sucesso.

I. Teixeira de Freitas, 1859

Apesar de a doutrina em geral festejar o debate Cesare Vivante x Alfredo Rocco, é preciso destacar que, segundo os historiadores do direito comercial, **a primeira tese de unificação do direito privado levantada é brasileira**: da lavra de Teixeira de Freitas. Na elaboração da sua *Consolidação das Leis Civis*, em 1859, concebia um Código Civil contendo uma parte geral, devendo ser contempladas, também e necessariamente, as normas comerciais.

Não se pode, de maneira alguma, por razões óbvias, defender que o italiano de Bolonha plagiou o baiano. Longe disso! Em verdade, ambos se depararam com um mesmo objeto de estudo e chegaram às mesmas conclusões com alguns anos (ou décadas, precisamente falando), de diferença. *Nota-se até uma certa influência do pensamento de Teixeira de Freitas no Código Civil Italiano, de 1942.*

II. Inglez de Souza, 1912

O professor Inglez de Souza, em 1912, convidado pelo governo de Hermes da Fonseca, publicou um Projeto de Código Comercial, visando adequar as normas atinentes ao comércio às exigências dos novos tempos. Porém, Inglez de Souza era **seguidor das ideias de Cesare Vivante**.

Nesse ínterim, ao apresentar o referido projeto, ele o fez com várias emendas aditivas, que o transformaria em um Código único, de direito privado. Entretanto, seu projeto **não foi levado a termo**, tendo sido esquecido em definitivo com o advento do Código Civil, de 1916, da autoria intelectual de Clóvis Bevilácqua.

III. O Código de Obrigações, de 1941

Em 1941, foi contratada uma **junta de notáveis juristas** como Orozimbo Nonato, Philadelpho Azevedo e Hahnelmann Guimarães, para realizar as transformações necessárias visando a *modernização da ordem jurídica brasileira*.

Propuseram **a divisão do direito privado em três Códigos**. Haveria um **Código Comercial**, para as matérias atinentes à economia, em **Código Civil**, para as matérias relacionadas à propriedade e aos interesses pessoais, e um **Código de Obrigações**, *unificando as obrigações e contratos civis e comerciais, sob uma única regência*.

Rubens Requião noticia que a proposta do Código de Obrigações deixaria o direito privado brasileiro semelhante ao suíço[79]. Entretanto, a ideia do Código de Obrigações não foi levada adiante. Tivesse sido levado a efeito, ter-se-ia unificado formalmente as obrigações – passo importante a ser dado em direito ao "fim da autonomia" do Direito das Obrigações.

IV. O Código Civil, de 2002

"Água mole em pedra dura, tanto bate até que fura"[80]. De tanto se tentar, na órbita jurídica brasileira, chegou-se ao *"fim formal"* da **dicotomia do direito privado**, do ponto de vista do direito positivo.

Com efeito, o **Código Civil**, de 2002, trouxe **duas grandes inovações** para o direito privado:

a) a *unificação formal*[81] *do direito das obrigações* – a partir de agora, não se faz mais a diferença entre obrigações e contratos civis ou comerciais;

b) a *teoria da empresa* – uma nova visão para justificar a existência de um direito regulamentador da economia sob a ótica privada.

João Eunápio Borges[82] apresenta um **tripé** a partir do qual pode ser analisada a **autonomia de um ramo da ciência jurídica**:

a) *Autonomia legislativa*;

b) *Autonomia formal*; e

c) *Autonomia substancial ou jurídica*.

Pela **autonomia legislativa**, destaca-se a **independência do ramo jurídico quanto à fonte legislativa** de seus preceitos. Foi a autonomia legislativa que deu ensejo ao surgimento do Direito Comercial, vindo a ser **mitigada a partir da formação dos modernos Estados Nacionais**, quando *positivaram o direito mercantil*.

---

[79] REQUIÃO, Rubens. *Curso de direito comercial*. 27 ed. São Paulo: Saraiva, 2007. v. 1.

[80] Outro ditado popular, oriundo do poema "A água mole cava a pedra dura", de Ovídio.

[81] A unificação material do direito das obrigações só ocorreria, em tese, com a unificação do direito concursal, com a possibilidade de declaração de falência, como regra geral, também ao "não empresário".

[82] BORGES, João Eunápio. *Curso de direito comercial terrestre*. 2 ed. Rio de Janeiro: Forense, 1964.

Pela **autonomia formal**, destaca-se a existência de **fontes diversas de normas**. Por tal critério, há, por exemplo, *uma fonte de normas para o Direito Civil e outra fonte, específica, para o Direito Comercial*. O direito brasileiro teve **autonomia formal de 1850 até o início de vigência do Código Civil, de 2002**. Hoje, este Código serve de fonte única para o direito privado. A este respeito, veja o entendimento do Enunciado nº 75, da I Jornada de Direito Civil, promovida pelo Conselho da Justiça Federal:

> A disciplina de matéria mercantil no novo CC não afeta a autonomia do direito comercial (Enunciado nº 75, da I Jornada de Direito Civil).

Por final, pela **autonomia substancial ou jurídica**, tem-se que o ramo jurídico é composto de regras, características, princípios e métodos próprios. Perceba, porém, que ter regras, características, princípios e métodos próprios não é a causa da autonomia jurídica, mas sim sua **consequência**. Vale dizer *não é porque um ramo jurídico tem regras, características, princípios e métodos próprios que ele é considerado autônomo*; ao contrário. Porque o ramo jurídico é considerado autônomo, que ele vai ter regras, características, princípios e métodos próprios.

A **causa da autonomia** residente justamente no **espírito ético do sujeito** envolvido. Nestes termos, o Direito Tributário é autônomo por conta da ética da Fazenda Pública; o Direito do Consumidor é autônomo por conta da ética consumerista; o Direito do Trabalho é autônomo por conta da ética do empregado. Dessa forma, o Direito Empresarial é autônomo por conta da ética do empresário.

Fábio Ulhoa Coelho[83] constata que *a autonomia jurídica do Direito Empresarial tem assento constitucional*:

> No Brasil, a autonomia do direito comercial vem referida na Constituição Federal, que, ao listas as matérias de competência legislativa privativa da União, menciona "direito civil" em separado de "comercial" (CF, art. 22, I). Note-se que não compromete a autonomia do direito comercial a opção do legislador brasileiro de 2002, no sentido de tratar a matéria correspondente ao objeto desta disciplina no Código Civil (Livro II da Parte Especial), já que a autonomia didática e profissional não é minimamente determinada pela legislativa. Também não compromete a autonomia da disciplina a adoção, no direito privado brasileiro, da teoria da empresa. Como visto, a bipartição dos regimes jurídicos dis-

---

[83] COELHO, Fábio Ulhoa. *Curso de direito comercial, volume 1: direito de empresa*. 20 ed. São Paulo: Editora Revista dos Tribunais, 2016. p. 46.

ciplinadores de atividades econômicas não deixa de existir, quando se adota o critério da empresarialidade para circunscrever os contornos do âmbito de incidência do direito comercial.

Portanto, a conclusão a que se deve chegar é que, **apesar de regulamentados no mesmo Código, o Direito Empresarial permanece como um ramo juridicamente autônomo em face do Direito Civil.** Em vista disso, o Direito Empresarial tem **regras, características, princípios e métodos próprios.**

2.4 Fontes do direito empresarial

O estudo das **fontes do direito empresarial** está intimamente ligado à questão das regras. Com efeito, diante de uma **controvérsia jurídica**, é necessário fazer a busca pela **norma correta a ser aplicável** para a sua solução. É por isso que se revela necessário o estudo das **fontes do direito** – *os diversos fatos que inspiram e os diversos modos pelos quais se estabelecem as normas jurídicas.*

Inicialmente, classificam-se as **fontes do direito** em:
a) **Fonte material** – elementos "*pré-norma*";
b) **Fonte formal** – normas jurídicas.

Por **fonte material**, entende-se os **atos ou fatos jurídicos** que ocorre em uma determinada comunidade e que **inspiram a criação de normas jurídicas**. Insistindo na temática da autonomia, percebe-se que *o Direito Empresarial já é autônomo em face do Direito Civil, nas fontes materiais,* vale dizer, nos elementos pré-norma. **O elemento pré-norma do Direito Empresarial é genuinamente econômico, financeiro.** Diferente do Direito Civil, cujo elemento pré-norma é psicológico, moral, religioso.

Por sua vez, as **fontes formais** são as **normas jurídicas** chanceladas pelo Estado inspiradas pelos elementos "pré-norma", pelas fontes materiais. O trabalho do jurista se reflete justamente em cima destas fontes.

As **fontes formais** são classificadas em:
a) *Primária* – a Lei Empresarial;
b) *Secundárias* – a Lei Civil, os Usos e Costumes Comerciais, a Analogia e os Princípios Gerais de Direito, respectivamente.

A importância da presente classificação reside na circunstância de que, ao se deparar com um problema jurídico, **deve-se inicialmente buscar a sua solução na fonte primária.** Apenas se esta for **omissa, lacunosa ou inexistente** é que se buscará a solução da controvérsia em alguma das **fontes secundárias**.

Por Lei Empresarial, deve-se dar a maior abrangência possível à sua definição. Lei enquanto **comando abstrato normativo** decorrente do Estado. Empresarial enquanto elemento "pré-norma" atinente a este ramo jurídico.

Dessa forma, são considerados, por exemplo, como Lei Empresarial:

a) a **Constituição Federal** quando, no seu art. 170, dispõe sobre os *princípios gerais da atividade econômica*;

b) a **Lei Complementar nº 123/06**, quando regulamenta o regime jurídico aplicável a quem esteja enquadrado como *ME/EPP*;

c) a **Lei nº 11.101/05**, que regulamenta a *falência*, a *recuperação judicial* e a *recuperação extrajudicial* do empresário; e, por final,

d) a **Instrução Normativa DREI nº 38/17**, que institui os *manuais de registro* do empresário individual, da LTDA, da EIRELI, da sociedade cooperativa e da S/A.

A Lei Civil é a **primeira das fontes secundárias**[84]. Por Lei Civil, pode-se entender tudo aquilo que não for considerado Lei Empresarial. Sua definição, portanto, será feita por exclusão. Trata-se, assim, da **legislação interna brasileira**. Muitas vezes, a Lei Empresarial se remete à Lei Civil[85].

Os usos e costumes comerciais são as **práticas reiteradas e uniformes de empresários** de determinada localidade ou de determinado segmento de mercado. Podem ser classificados como: **usos de fato** ou **usos de direito** (denominados **costumes comerciais**). Os *usos de fato* são práticas que ocorrem, mas que ainda **não foram reconhecidas** juridicamente. Por essa razão, não podem ser impostas, servindo, na prática, apenas, como **bússola ou norte hermenêutico**.

Os *usos de direito* são as práticas reiteradas e uniformes que já foram objeto de análise, sendo **utilizados para a solução de controvérsias empresariais,** recebendo, assim, **chancela estatal**. Por terem sido reconhecidos, *passaram de usos de fato a usos de direito* e, portanto, tornando-se **imperativa** a sua observância, obrigatório o seu uso[86].

O uso não é lei, mas é norma. Sendo fonte secundária, mesmo reconhecido/registrado em uma junta comercial, os usos e costumes não podem ser *contra legem* – o uso não revoga a lei, no Brasil. Podem, no entanto, existir para suprir a lacuna legal (*praeter legem*) ou para facilitar a aplicação da lei (*secundum*

---

[84] Rubens Requião exclui a Lei Civil das fontes do Direito Empresarial. Com o devido respeito, a tese fazia sentido à época da teoria dos atos de comércio. Com o advento da teoria da empresa, tal exclusão não mais se sustenta.

[85] Veja, por exemplo, o art. 1.011, § 2º, do Código Civil.

[86] Estão registradas perante a junta comercial, a partir de procedimento de assentamento a ser apresentado no capítulo seguinte deste livro.

legem). **Costume não é lei e, portanto, também não a revoga**, sendo norma jurídica positivada, reconhecida mediante registro.

Analogia significa *a utilização de uma norma aplicável a uma situação semelhante à outra, ainda carente de regulamentação*. Há uma certa **polêmica na doutrina** sobre a analogia enquanto categoria de fonte do direito. Caio Mário da Silva Pereira[87] a entende como fonte do direito empresarial. Por sua vez, Marlon Tomazette[88] não a considera como uma fonte do direito. Trata-se, no plano do Direito Empresarial, do **direito comparado**.

Por final, o último passo na busca da norma a ser aplicável para solucionar uma determinada controvérsia jurídica é a utilização dos **princípios gerais de direito**. Destaque-se, ainda, a existência de uma discussão sobre se a **doutrina e a jurisprudência** são fontes formais do direito. A grande maioria entende que não, que são apenas **elementos de integração e interpretação do direito empresarial**, pois afirmam que não se cria direito por elas – direitos são interpretados através delas.

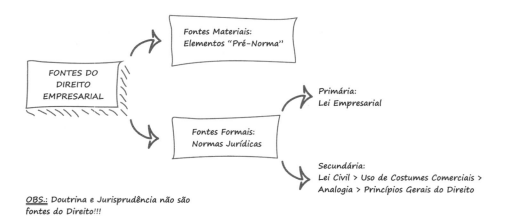

2.5 Características do direito empresarial

Os autores costumam mostrar, sem muita sistematização, as **características peculiares do Direito Empresarial**, ou seja, aquelas que servem para distingui--lo do Direito Civil. Para fins didáticos, adotar-se-á a classificação de Rubens

---

[87] PEREIRA, Caio Mário da Silva. *Instituições de direito civil*. 19 ed. Rio de Janeiro: Forense, 2000. v. 1. p. 47.

[88] TOMAZETTE, Marlon. *Curso de direito empresarial: teoria geral e direito societário – volume 1*. 9 ed. São Paulo: Saraiva Educação, 2018. p. 49.

Requião[89]: *o cosmopolitismo, o individualismo, o informalismo, o fragmentarismo e a onerosidade.*

O **cosmopolitismo** se refere à tendência do Direito Empresarial em ser um ramo cosmopolita, vale dizer, trata-se de um ramo jurídico tendente a ser **regulamentado de maneira global**. Dessa forma, o cosmopolitismo está ligado à tendência universal inerente ao Direito Empresarial, em detrimento do Direito Civil que é de índole estatal, sem harmonização internacional; cada estado tem seu modo de regular, é regulado territorialmente pelo Estado.

O **individualismo** tem nítida relação com o *espírito ético-empresarial*. Com efeito, o empresário só se preocupa com ele próprio durante a busca pelo lucro (apenas se importa com o lucro). Tal característica vem sofrendo mitigação, em vista de que não existe mais uma verdadeira autonomia da vontade, pelo fato de, às vezes, ser necessária uma certa interferência do Estado nessas relações individuais.

O Direito Empresarial é informal por adotar como característica o **informalismo**. *Não confundir com informalidade*. Informalidade significa agir contrário à lei. **Informalismo significa a ausência de forma ou de solenidade desnecessária para a sua aplicação**. O direito empresarial é, em regra, informal, porque ele regula **relações em massa, atividades prestadas em série**. Apesar do seu informalismo, *deve garantir certeza e segurança jurídica*, que se dá através do seu rigor formal inicial (tem que obedecer a certos requisitos). O Direito Civil, por regra, é estritamente formal, compondo-se de atos extremamente solenes (antes, durante e depois).

Pelo **fragmentarismo**, vê-se no Direito Empresarial um ramo jurídico fragmentado ou fragmentário. O **direito empresarial é extremamente lacunoso**, é um dos ramos que mais se usa analogia. Regula matérias distintas e sem um liame de correlação entre si, daí decorre a fragmentalidade. Não há um todo harmônico, como tem no direito civil, que dá para se fazer uma interconexão.

Por final, **a onerosidade é característica essencial do Direito Empresarial**, que não tolera atos gratuitos, afinal tudo tem um ônus, o seu preço. Pode-se falar que é imoral um empresário fazer alguma gratuitamente. De modo que, se no futuro vier a ser declarada a falência, as relações serão desfeitas, porque o intuito maior é o lucro (ex.: doação é revogada[90]).

2.6 Princípios do direito empresarial

Inicialmente, deve-se destacar o óbvio. Não se pretende definir toda a carga principiológica relacionada ao Direito Empresarial em um único tópico de um

---

[89] REQUIÃO, Rubens. *Curso de direito comercial*. 23 ed. São Paulo: Saraiva, 1998. v. 1.

[90] Nos termos do art. 129, IV, da Lei nº 11.101/05.

capítulo introdutório. Longe disso, o propósito é, apenas, o de se estabelecer uma noção básica mais geral e à medida em que o conteúdo avançar serão apresentados outros princípios que se fizerem necessários para a compreensão do conteúdo.

2.6.1 Direito público × direito privado

Tradicionalmente, os vários ramos jurídicos são classificados em duas espécies: **Direito Público** e **Direito Privado**. Tal classificação depende dos **interesses postos em disputa** em uma relação jurídica. Se houver **interesse público envolvido**, a relação será de *direito público*. Entretanto, se houver, **apenas, interesses particulares**, a relação será de *direito privado*.

O *Direito Público* é informado pelos seguintes **princípios**:
a) **Princípio da supremacia do interesse público**;
b) **Princípio da indisponibilidade do interesse público**.

Pelo *princípio da supremacia*, tem-se que **o interesse público é supremo**, superior e que prefere ou *prepondera sobre qualquer outro interesse*, por mais nobre que seja. Assim, entre o interesse do criminoso – em prevalecer em liberdade ou o do contribuinte – em ver seu patrimônio não alcançado pelo Fisco, e o interesse do Estado na diminuição de criminalidade e sensação de segurança, e na arrecadação de tributos para a promoção do bem-estar de todos, estes últimos devem prevalecer.

Já, pelo *princípio da indisponibilidade*, tem-se que a **coisa pública**, ressalvada legislação expressa em sentido contrário, **não pode ser negociada**, consistindo-se, como diriam os civilistas, em *bens fora do comércio*[91]. Não é dado, portanto, negociar com o interesse público, que está, por assim dizer, indisponível. Dessa forma, nos exemplos acima, o criminoso não pode transacionar o tipo ou a quantidade de pena a ele aplicável, e tão pouco poderá o contribuinte negociar a alíquota que incidirá sobre o seu patrimônio.

Por sua vez, o *Direito Privado* é baseado nos **princípios** a seguir:
a) **Princípio da isonomia**;
b) **Princípio da autonomia da vontade**.

Enquanto no Direito Público existe um interesse que prevalece *a priori* – o interesse público – e que, por isso, é supremo, no **Direito Privado**, as relações jurídicas são travadas em razão de **interesses meramente privados**, colocados em

---

[91] Expressão consagrada pelo Código Civil, de 1916, para designar os bens insuscetíveis de apropriação e legalmente inalienáveis.

um mesmo nível de importância, de sorte que **não há como se estabelecer em um *a priori* qual deles prevalece**. Com efeito, entre empresário e cliente, entre patrão e empregado, entre fornecedor e consumidor, nem sempre os interesses dos últimos preponderarão sobre os primeiros. Este é o *princípio da isonomia*, nas relações privadas – o reverso do princípio da supremacia do interesse público.

Por sua vez, pela *autonomia da vontade*, tem-se que cabem às partes decidirem se, o que, por quanto, com quem e até quando vão negociar. **O interesse privado é sempre negociável, consistindo em bens "dentro do comércio"**. Dessa forma, *em vista de ser nitidamente um ramo de direito privado, o Direito Empresarial é informado, em sua inteireza, pelos princípios da isonomia e da autonomia da vontade*.

2.6.2 Princípio da preservação da empresa e a sua "função social"

Ainda no plano principiológico, deve-se tecer algumas considerações sobre **o princípio da preservação da empresa e a sua "função social"**. Nesse ínterim, cabe notar a diferença existente entre o "*comércio*" e a "*empresa*", enquanto realidades econômicas distintas. Naquilo que se tinha por comércio, existia apenas um único interessa que o fazia movimentar: o interesse na busca pelo lucro, a qualquer preço, a qualquer custo.

Com o passar do tempo, tal realidade econômica foi se tornando cada vez mais complexa, transformando-se o "comércio" na "empresa". Diante disso, **passaram a gravitar sobre essa realidade econômica interesses outros que não somente o do empreendedor**. Com isso, há uma metamorfose, de comércio para empresa, em razão de todos os outros interesses que além da busca pelo lucro, passam a ser relevantes.

Por essas e por outras, é que se fala no **princípio da preservação da empresa e de sua função social**, *critério balizador para a aplicação de tal princípio*. Paula Andrea Forgioni[92], após ressaltar que com a derrocada do regime fascista houve, doutrinariamente, um movimento visando a **neutralizar o conceito de empresa**, ensina:

> Vimos que, nos anos 1950 e 1960, a doutrina italiana esforçou-se para içar a empresa do contexto fascista que lhe deu origem; a partir dos anos 1960, com a ligação entre empresa e liberdades econômicas, esse passado vai sendo definitivamente sepultado. Os princípios da livre--iniciativa e da livre concorrência concretizam-se na *disciplina da ativi-*

---

[92] FORGIONI, Paula Andrea. *A evolução do direito comercial brasileiro: da mercancia ao mercado.* São Paulo: Editora Revista dos Tribunais, 2009. p. 82-83.

dade da empresa, marcando seu perfil. Por causa dos tratados europeus que visam à integração econômica, *a empresa passa de instrumento intervencionista à peça-chave da economia de mercado*.

Bem por isso, passa-se a defender a preservação de atividades empresárias, na medida em que elas se demonstrem **economicamente viáveis**, atendendo-se aos ditames de sua *função social*. O **conteúdo material da função social da empresa** é, como se vê em Milton Friedman[93], é a obtenção do **máximo de lucros possível**, desde que atendidas às prescrições do ordenamento jurídico e respeitadas as regras do jogo.

Tão importante é a empresa para o sistema jurídico atual que *para a sua conservação é possível, inclusive, o afastamento do empresário* e/ou *de estabelecimentos*, realidades jurídicas importantes para o Direito Empresarial que guardam entre si apenas uma correlação. Vinicius José Marques Gontijo[94], a propósito, destaca a importância que a empresa tem para a sociedade como um todo:

> A empresa, objeto sob o qual o empresário exerce o seu direito, hoje, é um bem que urge ser tutelado como atividade geradora de riquezas, na medida em que, a partir dela, se implementam empregos e auxilia a diminuição da criminalidade; melhora-se tecnologicamente o País; recolhe-se os tributos e auxilia o Estado etc.

Devido a essa gama de interesses que gravitam sobre esta realidade econômica, objeto de estudo desta disciplina, ora individuais, ora coletivos, ora públicos, a empresa precisa ser preservada, conservada, mantida, e o Estado deve envidar todos os esforços necessários para a consecução desse objetivo.

2.6.3 Princípios constitucionais econômicos

O art. 170, da Constituição Federal, estabelece os **princípios gerais da atividade econômica**. Trata-se, em verdade, de assunto interdisciplinar, mais e melhor explorado no plano do Direito Econômico. Insista-se, porém, no seguinte: estes **princípios constitucionais econômicos** vão formar *a moldura dentro da qual será desenhada a legislação empresarial*. Dessa forma, é crucial uma passagem, ainda que a voo de pássaro, nestes princípios. Legislação **violadora de tais normas** padecerá do vício de **inconstitucionalidade**, sendo considerada um **ato nulo**.

---

[93] FRIEDMAN, Milton. *Capitalismo e liberdade*. 3 ed. São Paulo: Nova Cultural, 1988.

[94] GONTIJO, Vinicius José Marques. O empresário no Código Civil brasileiro. *Revista de direito mercantil*, São Paulo, v. 43, n. 145, p. 44-49, 2007.

Mais ligados ao Direito Empresarial, têm-se os seguintes **princípios constitucionais econômicos**:
a) *Soberania nacional*;
b) *Livre-iniciativa*;
c) *Livre concorrência*;
d) *Liberdade de contratar*;
e) *Valor social do trabalho*;
f) *Direito de propriedade*; e
g) *Proteção ao consumidor*.

Quando o Poder Constituinte Originário define a **soberania nacional como um princípio constitucional econômico**, o objetivo é o de **delimitar os destinatários** da Ordem Econômica prevista na Constituição Federal de 1988, ou seja, estabelecer quem se enquadra como **iniciativa privada**. *Regra geral*, neste país, a iniciativa privada será entregue a quem for **brasileiro, nato ou naturalizado**. *Excepcionalmente*, o estrangeiro poderá exercer atividade econômica no Brasil. Para tanto, necessitará de **autorização do Poder Executivo Federal**, manifestada através de *visto temporário*[95], em se tratando de **estrangeiro pessoa natural**, ou de *decreto do Poder Executivo*[96], se for **pessoa jurídica**.

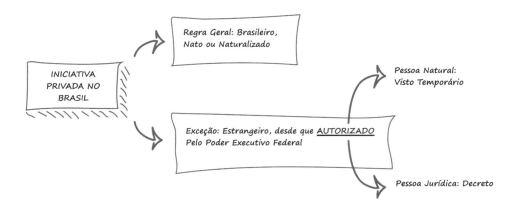

Definidos os **destinatários da ordem econômica**, ou seja, aqueles que podem compor a chamada *iniciativa privada*, tem-se a aplicação do **princípio da livre-iniciativa**. Por tal princípio, *é entregue à iniciativa privada a liberdade de escolha referente ao segmento de mercado que pretende atuar*. A ordem econômica constitucional guarda assim **feição de economia capitalista** e não de economia centralizada – onde o Estado define o ramo de atividade

---

[95] Nos termos do art. 42, do Decreto nº 9.199/17, bem como do art. 14, § 4º, da Lei nº 13.445/17.

[96] De acordo com o art. 1.135, parágrafo único, do Código Civil.

econômica para o agente. Tal liberdade, porém, *não é absoluta*, encontrado na legalidade a sua principal barreira, haja vista **a livre-iniciativa ser exercida nos termos da lei**[97].

À medida em que se adota *a livre-iniciativa como fundamento e princípio da ordem econômica*, ter-se-á que adotar, por consequência, também, o **princípio da livre concorrência**[98]. Com efeito, se eu componho a iniciativa privada e se sou eu quem escolhe o ramo da atividade econômica que eu atuarei, nada obsta que eu escolha o mesmo segmento de mercado do meu vizinho. Pode-se, portanto, livremente exercer o direito de concorrência. Porém, *a livre concorrência também não é absoluta, sendo temperada pela lealdade*. **A concorrência, apesar de livre, deve ser também leal; por isso, o direito não tolera o desvio ilícito de clientela e reprime os atos de concorrência desleal.**

Consequência lógica da relação entre o *princípio da livre-iniciativa* e o *princípio da livre concorrência* é o da **liberdade de contratar**. É também uma decorrência do *princípio da autonomia da vontade*. Trata-se da faculdade atribuída aos agentes econômicos de escolher *se contrata ou não, com quem contrata, por qual valor, por quanto tempo* etc., englobando também a **liberdade contratual** – a liberdade de definir o *conteúdo do contrato*.

Por sua vez, o **valor social do trabalho**, além de princípio constitucional econômico, é, *ao lado da livre-iniciativa, fundamento da ordem econômica brasileira*. Ao contrário do que se apresenta no Direito do Trabalho, é um princípio econômico e, portanto, muito mais empresarial do que trabalhista. Guardando **relação com a onerosidade** enquanto característica essencial para o Direito Empresarial, significa: *"a cada trabalho realizado deverá ser assegurada a competente remuneração"*. É isso o que justifica se anular um contrato de trabalho com um menor e, ainda assim, ser obrigado a pagá-lo pelos dias trabalhados.

Deve-se assegurar o **direito de propriedade**[99], em razão, não de uma eventual e suposta "função social" que a propriedade possa vir a ter, mas sim de sua **função econômica, de sua utilidade**, qual seja *servir de objeto para uma relação de mercado*, visando a **circulação de riqueza**, a partir de uma *visão mais dinâmica* do que a concepção civilista sobre esta temática. **Simplesmente, se não for garantido o direito de propriedade, não haverá relação de mercado, com o que o Direito Empresarial perderá a sua fonte e o seu objeto de estudos.**

---

[97] De acordo com o art. 170, parágrafo único, da Constituição Federal.
[98] Nos termos do art. 170, IV, da Constituição Federal.
[99] Nos termos do art. 170, II, da Constituição Federal.

Por final, a **proteção ao consumidor**[100] também foi alçada à *condição de princípio constitucional econômico*. Na medida em que o **consumidor "tem sempre a razão"** e existe **informações assimétricas relevantes** entre ele o seu fornecedor, é preciso que haja a sua tutela jurídica. Porém, a proteção jurídica do consumidor **deveria** se dar no **limite da assimetria de informações**, *igualando--o ao fornecedor*, para que, a partir daí, esta relação jurídica fosse pautada pela lógica do princípio da isonomia e do *pacta sunt servanda*. Entretanto, **não é isso o que ocorre atualmente no Brasil**, onde se vê uma proteção desmedida do consumidor, desequilibrando para o outro lado uma relação de mercado, cujo desequilíbrio não é bom nem para o fornecedor, nem para o consumidor que acaba pagando, em território nacional, os preços mais caros do planeta.

3. METODOLOGIA DO DIREITO EMPRESARIAL

Ainda pondo em destaque a temática a questão da autonomia do Direito Empresarial frente aos outros ramos jurídicos, em especial ao Direito Civil, não se pode deixar de notar a peculiaridade em relação à **metodologia** que deve ser empregada para o estudo e desenvolvimento do direito empresarial. Com efeito, diferentemente dos demais ramos do direito em que se emprega uma abordagem meramente dogmática – a necessidade de comandos normativos como premissas inquestionáveis, "pura" – sem maiores preocupações com outra ciência social, e de método dedutivo – indo do geral para o específico, no **Direito Empresarial** há de se fazer uma **abordagem pragmático-empírica**, fazendo uma *interrelação com a Economia*, e de **método indutivo**.

A partir da presente concepção, surge a necessidade de ir além do mero estudo normativo-dogmático das normas jurídicas de direito empresarial. Assim, urge o quanto antes **modificar-se a metodologia de estudo do direito empresarial**, aproximando-o da ciência econômica. Nesse contexto é que se prega a

---

[100] De acordo com o art. 170, V, da Constituição Federal.

utilização do *Law and Economics* (ou da **Análise Econômica do Direito**), como ferramental de abordagem do direito empresarial.

O *Law and Economics* é um movimento doutrinário, uma nova escola filosófica, com **origem na Universidade de Chicago**, que prega que o *direito deve ser entendido como um* **sistema de incentivos**, *positivos ou negativos, a* **modelar a conduta dos agentes**. Busca-se, assim, analisar os efeitos econômicos das normas jurídicas, aproximando a ciência jurídica da econômica, fazendo-se um diálogo.

A discussão sobre a Análise Econômica do Direito em si é algo que escapa ao objeto do presente trabalho. Necessário se faz, porém, tecer algumas considerações sobre o mencionado método. Ao contrário do que possa parecer, **Direito e Economia têm entre si nítida relação**. A negativa de tal concepção acontece na medida em que os operadores do direito têm, via de regra, uma concepção simplista do que se deve entender enquanto Economia.

A **Ciência Econômica**, *em sua feição moderna*, passa a ser encarada como **um método para compreender o comportamento humano**, tendo em vista que os agentes econômicos têm **objetivos e desejos ilimitados** e que os seus recursos para o atendimento daqueles objetivos e desejos são **escassos**. Nessa linha, a Economia vai buscar aferir de que modo os indivíduos deverão utilizar seus recursos finitos para satisfazer ao máximo possível as suas necessidades.

Compreendida a Economia deste modo, verifica-se que os economistas têm uma atividade semelhante à desenvolvida pelos juristas. Os operadores do Direito, como se sabe, vivem discutindo sobre o "ser" e o "dever ser", pensando em mecanismos por meio dos quais o "ser" se transforme em "dever ser", ou seja, que aquele mundo ideal venha a ser verificado no mundo real. *A economia atualmente é a tentativa de estabelecer um instrumento teórico empírico que permita aos estudiosos compreender o comportamento humano e prevê-lo.*

É nesse contexto que se percebe a necessidade da existência de um diálogo entre ambas as ciências sociais mencionadas anteriormente. Para Rachel Sztajn[101]:

> Estabelecer vínculos mais estreitos entre direito e economia oferece, aos juristas, perspectivas novas de enfrentamento de questões relevantes no âmbito do Direito Comercial. Tomando como ponto inicial a disciplina dos mercados e das empresas, passando por contratos empresariais, o esquema de análise terá como centro institutos jurídicos em que o conteúdo patrimonial é intenso. Igualmente, em primeiro tempo não se

---

[101] SZTAJN, Rachel. *Teoria jurídica da empresa: atividades empresárias e mercados*. São Paulo: Atlas, 2004. p. 28.

discutirão aspectos éticos ou valorativos da atividade, considerando que a produção e a circulação de riqueza têm como perspectiva a criação de mais riquezas, não sua distribuição.

Partir daqueles institutos, encarando-os de óptica outra que a jurídica, permite ao estudioso, sem abandonar os princípios informadores e regentes de sua disciplina, alargar horizontes. Para tanto é importante que o jurista não se assuste pela aparente simplicidade probatória de que se servem os economistas e que advém do uso da matemática de forma constante. É preciso encontrar o fio condutor do raciocínio econômico e manter a ligação dos fatos tal como encontrados no mundo, em sua concretude, como direito como ciência do dever-ser. Ver o direito comercial como o direito dos mercados e atividades econômicas organizadas aparece como a nova forma de investigação desse ramo do direito privado e, ainda que mercados e empresas, nessa perspectiva multidisciplinar, sejam estruturas pouco exploradas, sua importância é largamente reconhecida.

Sem dúvida que a economia ajuda a pensar em tais questões. A economia pode ajudar a entender o motivo por que se criam as empresas, qual a função dessas empresas, para que servem os contratos ou porque que em alguns momentos se define direitos de propriedade como inalienáveis e em algumas situações se aceitam violações ao direito de propriedade para se compor tais violações financeiramente. É uma **visão interdisciplinar** importante. Tal visão, frise-se, pode ocorrer em todos os ramos da ciência jurídica; no direito empresarial, porém, ela é imprescindível.

4. RELAÇÕES DO DIREITO EMPRESARIAL COM OUTROS RAMOS E ÁREAS AFINS

Sabe-se que a divisão do Direitos nos vários ramos jurídicos ocorre, apenas, para fins didáticos. Desta forma, é natural a existência de pontos de contato ou mesmo de interseções ou relações do Direito Empresarial com os outros ramos jurídicos. Notadamente, é perceptível também a interdisciplinaridade no Direito Empresarial, no que diz respeito à sua relação com áreas afins.

Com o **Direito Constitucional**, percebe-se a relação no âmbito da definição da competência legislativa – cabe à União legislar sobre a matéria[102]. Vê-se, outrossim, a definição da *affectio societatis*[103] como direito fundamental. Além

---

[102] Art. 22, I, da Constituição Federal.

[103] Art. 5º, XX, da Constituição Federal.

disso, existem uma série de princípios econômicos[104] que servem de moldura para a confecção da legislação empresarial.

Nota-se também uma ligação direta com o **Direito Tributário**. Com efeito, é no Direito Empresarial que se estudará conceitos como "mercadorias", "produtos industrializados", "operações financeiras", dentre outros, utilizados para a definição de incidências tributárias. De outro modo, seja no plano da responsabilidade tributária[105], seja no plano dos privilégios e garantias do crédito tributário[106], verifica-se uma convergência entre o Direito Tributário e o Direito Empresarial – notadamente nos planos societário e falimentar.

Com o **Processo Civil**, também, se mantém boas relações. É neste Código que se encontram regulamentados, por exemplo, o procedimento para o incidente de desconsideração da personalidade jurídica[107] e a ação de dissolução parcial de sociedade[108]. Boa parte das ações judiciais envolvendo a temática empresarial tramitam sobre a forma do procedimento comum, do CPC.

Com o **Direito Civil**, também, ocorrem grandes ligações. Veja, por exemplo, que o mandato, contrato típico civilista, é utilizado como regra supletiva para as relações de administração societária[109]. Com o **Direito do Trabalho**, vê-se as relações com o Direito Empresarial no tratamento jurídico dos prepostos[110]. Temas como a terceirização e a pejotização, por exemplo, têm o interesse em comum dos direitos empresarial e trabalhista.

A intervenção do Estado na economia determina, através dos estudos da "teoria da regulação", percebe-se a estreita relação entre o Direito Empresarial e o **Direito Administrativo**. Dessa relação, decorre o **Direito Econômico** estudando o Estado como agente ativo e tutor da atividade econômica privada[111].

Guarda nítida relação com o **Direito do Consumidor**, na medida em que o empresário atua na condição de fornecedor de bens e de serviços. Com o **Direito Penal**, guarda enorme relação, na medida em que são criados tipos penais para a criminalização de condutas para determinados segmentos da

---

[104] Art. 170, da Constituição Federal.

[105] Art. 133, do CTN, por exemplo.

[106] Art. 187, do CTN, por exemplo.

[107] Art. 133 e seguintes, do CPC.

[108] Art. 599 e seguintes, do CPC.

[109] Art. 1.011, § 2º, do CC.

[110] Art. 1.169 e seguintes, do CC.

[111] VERÇOSA, Haroldo Malheiros Duclerc. *Direito comercial: teoria geral*. 4 ed. São Paulo: Editora Revista dos Tribunais, 2014. p. 72.

atividade empresarial, além de o Direito Empresarial estabelecer o conceito de determinados elementos do tipo.

É nítida, como já foi visto, a ocorrência de uma aproximação entre o Direito Empresarial e a **Ciência Econômica**. Temas como concorrência desleal, abuso do poder econômico, dominação de mercados, execução das políticas monetária e cambial são trabalhados nas duas áreas. É por isso que o advogado precisa entender de economia e o economista precisa entender de lei[112].

Com as **Ciências Contábeis**, há intensa relação. A proteção deferida aos empresários decorre da regularidade perante a Junta Comercial. A adoção dos livros empresariais e a obrigação de realizar periodicamente demonstrações financeiras são temas em que se nota o trabalho conjunto dessas duas áreas de conhecimento.

Tomado em consideração, somente, os exemplos aqui apresentados, uma conclusão será inevitável: o **empresarialista**[113] deve ter uma **visão abrangente** do Direito, bem como das áreas afins. Somente dessa forma é que adquirirá a *expertise* para, dentre várias possíveis medidas, **orientar e tomar posição** em relação àquela que seja **mais eficiente**, proporcionando o **melhor proveito ou retorno** no plano do exercício da atividade empresarial.

---

[112] PINHEIRO, Armando Castelar; SADDI, Jairo. *Direito, economia e mercados*. São Paulo: Editora Campus, 2005.

[113] Profissional do Direito que se especializa para atuar na área de Direito Empresarial.

2

INTRODUÇÃO AO DIREITO EMPRESARIAL

O Direito Empresarial é, talvez, o ramo do Direito mais vida real que se estuda. Porém, ele tem uma dificuldade inicial que não ocorre com os demais ramos, qual seja, a sua linguagem, refinada e técnica. Isso porque a linguagem técnico-jurídica do Direito Empresarial é muito distante da linguagem comum do Direito, o que traz a necessidade de um capítulo introdutório para repassarmos as principais noções acerca do Direito Empresarial.

Tal dificuldade não é tão acentuada nos demais ramos jurídicos. Com efeito, a noção jurídica de casamento, prevista no Código Civil, não é muito diferente da sua noção comum; vale dizer, casamento é o que está na lei e fora dela, na vida real, muda muito pouco. Na mesma toada, pode-se dizer que homicídio é o que está no Código Penal e, fora dele, muda muito pouco. Porém, no âmbito do Direito Empresarial já se nota a diferença a partir da noção jurídica de empresário.

1. O EMPRESÁRIO

Quem nunca imaginou ou ouviu falar em pessoas como um Eike Batista, um Abílio Diniz ou um Antônio Ermírio de Morais como exemplos de "empresários"? É importante notar que, juridicamente, nenhum deles pode ser considerado empresário. Perceba-se, portanto, a partir desta singela indagação, a necessidade de se compreender os institutos jurídicos do Direito Empresarial. Frise-se, por oportuno: tanto no concurso público, quanto na atuação profissional, trabalha-se a linguagem técnico-jurídica e não a linguagem comum. Daí a primeira questão importante a se analisar é exatamente quem pode ser juridicamente considerado empresário.

1.1 Sua definição jurídica

O Código Civil, em seu art. 966, *caput*, definiu, do ponto de vista jurídico, o que se deve entender enquanto **empresário**, prevendo: "considera-se empresário quem exerce profissionalmente atividade econômica organizada para a produção ou a circulação de bens ou de serviços". Dentro deste contexto, é válido considerar que o **conceito jurídico de empresário** lhe atribui quatro características essenciais: a) o *profissionalismo*; b) o *exercício de uma atividade econômica*; c) a *organização necessária para o desenvolvimento da atividade*; e d) a *produção ou a circulação de bens ou serviços*.

a) *O Profissionalismo*: Para o Direito Empresarial, **profissional** é a pessoa, natural ou jurídica, que exerce com habitualidade, em nome próprio, uma atividade, extraindo dela as condições necessárias para se estabelecer e se desenvolver[1]. No Direito Empresarial, só há duas espécies de empresário: i) Empresário pessoa natural – *Empresário individual*; ii) Empresário pessoa jurídica – *Sociedade empresária e EIRELI* (Lei nº 12.441/11)[2]. O empresário individual, apesar de ter CNPJ, é pessoa natural, nos termos do art. 44 do Código Civil[3]. Sócio e administradores, por sua vez, também não podem ser considerados empresários; o sócio é um investidor, um empreendedor e o administrador, um mandatário[4].

b) *O Exercício de uma atividade econômica:* A **atividade**, juridicamente, é uma sequência de atos coordenada por alguém, pelo seu titular. No caso do direito empresarial, o titular é o empresário. A atividade será considerada **econômica** sempre que criar uma **utilidade** para atender a uma **necessidade de terceiros**, sendo realizada com o objetivo de conseguir o **maior retorno financeiro** possível. Tal *retorno financeiro* é conhecido como *animus lucrandi*: o essencial é a intenção de obter lucro e não sua efetiva obtenção. Do contrário, o Direito Falimentar não poderia ser tido como um dos capítulos do Direito Empresarial, haja vista que é inerente à crise empresarial a inadimplência, muitas vezes decorrentes da ausência de lucro ou retorno financeiro à atividade.

---

[1] GONTIJO, Vinicius José Marques. O empresário no Código Civil brasileiro. *Revista de Direito Mercantil*, São Paulo, v. 43, n. 135, p. 76-88, 2004.

[2] Particularmente, concordo com a opinião doutrinária de que a Lei nº 14.195/21 não revogou o art. 980-A do Código Civil, não tendo sido expurgada a Eireli do ordenamento jurídico brasileiro. Mais adiante, no tópico específico, serão apresentadas essas ideias, inclusive, o modo como você deverá se posicionar em quaisquer provas ou concursos, cujas questões tratem do tema.

[3] O art. 44 do Código Civil apresenta um rol taxativo das pessoas jurídicas de direito privado reconhecidas no Brasil, a saber: I – as associações; II – as sociedades; III – as fundações; IV – as organizações religiosas; V – os partidos políticos; e VI – as empresas individuais de responsabilidade limitada.

[4] MAGALHÃES, Giovani. In: ROCHA, Marcelo Hugo da (coord.). *Manual de dicas: defensoria pública estadual e federal*. São Paulo: Saraiva, 2013. p. 149.

Não se pode confundir atividade econômica com atividade empresária. No Direito Empresarial, há duas espécies de atividade econômica: i) a *empresa*, enquanto atividade econômica organizada de produção ou circulação de bens ou de serviços – art. 966, *caput*; e ii) a *atividade intelectual*, de natureza científica, literária ou artística em que, ainda exercida em concurso com colaboradores ou auxiliares, não pode ser considerada empresarial – art. 966, parágrafo único. No máximo, pode-se, portanto, entender que **a atividade econômica é gênero do qual a atividade empresária é uma de suas espécies.**

c) *A organização necessária para o desenvolvimento da atividade:* A **organização** é a característica que vai servir para distinguir a atividade econômica empresarial da atividade econômica intelectual. Empresa, do ponto de vista jurídico, é concebida enquanto uma atividade econômica dotada necessariamente de organização. Assim, é preciso um critério jurídico para distinguir a atividade econômica dos empresários da atividade econômica dos advogados (Sim! Os advogados exercem atividade econômica, de caráter não empresarial). Tal critério é a organização, posto que a atividade econômica intelectual, como adiante se verá, prescinde de organização.

A doutrina atualmente majoritária[5] no Brasil é a que entende como o objeto da organização **não só o trabalho alheio**, mas os **fatores de produção como um todo**. Vale dizer, para ser empresário, antes do exercício da atividade econômica, faz-se necessária a organização de **capital e/ou trabalho próprios e/ou alheios**.

d) *A produção ou a circulação de bens ou serviços:* Ressalte-se, por final, que a atividade empresarial cria riquezas (produção ou circulação de bens ou de serviços) para atender a um interesse de mercado, já existente ou provocado pelo empresário. São as tais utilidades criadas pelo empresário: (i) a produção de bens; (ii) a circulação de bens; ou (iii) a prestação de serviços.

Assim, desde que uma pessoa, natural ou jurídica, agregue em si as quatro características estudadas, poder-se-á entender tal pessoa como uma espécie ou exemplo de empresário.

1.2 Os excluídos da compreensão jurídica de empresário e o elemento de empresa

É oportuno salientar que existem profissionais que exercem atividades econômicas, muitas vezes, de maneira organizada, mas que escapam do conceito

---

[5] REQUIÃO, Rubens. *Curso de direito comercial.* 31 ed. São Paulo: Saraiva, 2012, v. 1.

jurídico de empresário. São sujeitos que exercem atividades econômicas, porém, o direito brasileiro os exclui da concepção de empresário. É o que se tem no parágrafo único, do art. 966, do Código Civil: "não se considera empresário quem exerce profissão intelectual, de natureza científica, literária ou artística, ainda com o concurso de auxiliares ou colaboradores, salvo se o exercício da profissão constituir elemento de empresa".

As atividades econômicas em que predominam o aspecto intelectual do exercente, em detrimento da organização eventualmente estruturadas para o seu exercício, não terão caráter empresarial. Tais **atividades intelectuais** podem ser: i) *científicas* – os profissionais liberais, que necessitam de uma formação superior para exercer o seu ofício (médicos, engenheiros, advogados...); ii) *literárias* – autores, escritores etc.; ou iii) *artísticas* – grupos de danças, grupos de teatro, bandas musicais, cantores, cantoras etc.

Tais profissionais não podem ser considerados empresários, nem mesmo caso tenham contratado empregados, em conformidade com o art. 966, parágrafo único, do Código Civil, que derruba por terra, o entendimento de que a organização seria somente a exploração da mais valia, do trabalho alheio – tese minoritária atualmente.

Porém, o dispositivo acima citado menciona o denominado *elemento de empresa*. Destaque-se: estar-se-á diante de um empresário toda vez que a atividade intelectual for utilizada como elemento de empresa. Falar-se-á em **elemento de empresa** toda vez que uma atividade intelectual vier a ser conjugada com outra atividade, intelectual ou não, e, de tal conjugação, resultar a criação de uma atividade nova. A atividade nova será considerada empresária e o seu titular, o empresário, que se utilizou de uma atividade intelectual como elemento de empresa.

Para se definir, portanto, **o caráter de uma atividade como sendo empresária**, ou não, faz-se necessário indagar se **o que é oferecido no mercado é uma atividade intelectual ou uma atividade nova**, a partir daquela. Com efeito, se a atividade intelectual for a *atividade-fim*, não há, na hipótese, atividade de empresa (universidade não pode ser considerada empresa porque ensino, pesquisa e extensão – eminentes atividades intelectuais – é o que aparece na sua atividade-fim); porém, se a atividade intelectual passar à mera condição de *atividade-meio*, vale dizer, atividade de suporte, para, a partir dela, ser realizada uma nova atividade, neste caso a atividade intelectual estará sendo utilizada como elemento de empresa, sendo a nova atividade considerada empresária (laboratório farmacêutico que necessita de vários intelectuais exercendo atividade de suporte, pesquisando cura para determinadas enfermidades, para poder produzir remédios – mercadoria – a partir de tais pesquisas).

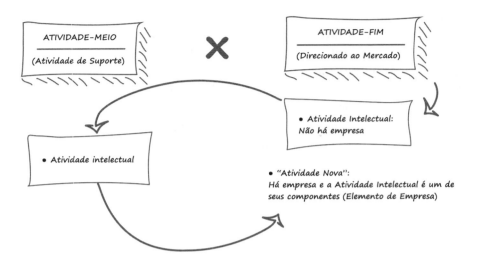

Por tal motivo, enquanto o médico, a banda de música e o escritor **não podem ser considerados empresários**, haja vista o exercício de atividade intelectual, o hospital, a produtora de eventos e a editora devem ser considerados empresários, por utilizarem atividades intelectuais como elemento de empresa. Vale dizer, por colocarem atividades intelectuais na *atividade-meio*, como área de suporte, para a criação de uma nova atividade, é que devem – o hospital, a produtora de eventos e a editora – ser considerados empresários.

1.3 Sociedade empresária × sociedade simples

Uma questão fundamental e digna de nota, e que percorre todo o direito empresarial, refere-se justamente à classificação da sociedade quanto à sua natureza jurídica. Regra geral, tal diferença se baseia no objeto social, cláusula necessariamente prevista no ato constitutivo da sociedade. Deste modo, será empresária a sociedade cujo objeto social seja a prática de uma atividade econômica organizada, exercida em caráter profissional, para a produção ou circulação de bens ou de serviços; e simples a sociedade cujo objeto social seja a prática de uma atividade intelectual, de natureza literária ou artística, ainda que com o concurso de colaboradores ou auxiliares.

Existem, porém, duas exceções para a presente classificação. A primeira delas se refere à lei. Tendo em vista o fato de a República Federativa do Brasil se constituir em um estado democrático de direito (art. 1º, CF), a lei, por vezes, altera a natureza jurídica de determinados fenômenos. Dentro deste contexto, é válido considerar: i) a sociedade anônima sempre será considerada empresária; e ii) a sociedade cooperativa nunca será considerada empresária. Tudo em conformidade com o parágrafo único do art. 982 do Código Civil.

A outra exceção se relaciona ao registro. Com efeito, já vai longe o tempo em que o registro era necessário para considerar alguém empresário. Frise-se, por oportuno, aliás que a cooperativa nunca foi, por força de lei, considerada sociedade comercial (hoje empresária), mas sempre foi registrada perante a Junta Comercial. O registro, regra geral, tem o efeito de conferir regularidade ao exercício da atividade econômica. Daí se falar em: empresário regular – registrado na Junta Comercial, e empresário irregular – sem registro na Junta Comercial (porém, é empresário, antes de ser considerado irregular). Entretanto, para os rurais, a natureza empresarial é consagrada pelo registro. Ou seja, para que os rurais sejam considerados empresário, é imperioso o seu registro perante a Junta Comercial, nos termos do art. 971 (para o empresário individual) e do art. 984 (para a sociedade empresária), do Código Civil.

Para facilitar

No modo facilitado, tem-se, portanto, o seguinte:

	Sociedade Empresária	Sociedade Simples
Regra Geral:		
Objeto Social (art. 982, *caput*)	Art. 966, *caput*	Art. 966, p. único
Exceções:		
1. A Lei (art. 982, p. único)	S/A, sempre	Cooperativa, sempre
2. O Registro (art. 984)	Rural, facultativo	Rural, facultativo

Tal classificação é relevante sob dois aspectos, como adiante se estudará, quais sejam a definição do órgão competente para o registro da sociedade e do regime jurídico a ser aplicado diante de uma crise econômica. Em nível de regra geral, pode-se dizer que, enquanto a sociedade empresária se registra perante a Junta Comercial e, em momento de crise econômica, poderá vir a falir, promovendo-se algum mecanismo de recuperação para evitar a falência, a sociedade simples se registra no Cartório de Pessoas Jurídicas, não se submetendo à falência, nem necessitando, portanto, de recuperação de empresas.

Existem, porém, algumas exceções dignas de nota: (i) a **sociedade cooperativa** – apesar de ser considerada sociedade simples, "por força de lei", a sua lei de regência – a Lei nº 5.764/71 – estabelece que ela se registra na Junta Comercial, porém, não se sujeita à falência; (ii) a **sociedade anônima** – é considerada sociedade empresária, "por força de lei", independentemente de seu objeto social, ainda que se trate de atos de filantropia, por exemplo, ainda assim, estará legalmente sujeita à falência; (iii) a **sociedade rural** – vai se qualificar como simples ou empresária, a depender de onde for formalizada (é importante notar que o rural não tem obrigação de se registrar perante a Junta Comercial; deve ele formalizar o seu sítio, a sua fazenda. Porém, se quiser ser tratado como empresário, o registro na Junta será necessário); (iv) a **sociedade uniprofissional** – das quais se destaca a *sociedade de advogados* para o exercício da advocacia – é espécie de sociedade simples que, entretanto, registra-se perante o órgão de classe (no caso dos advogados, perante o Conselho Seccional da OAB, onde o escritório tiver a sua sede); e (v) o **clube de futebol** – apesar de o clube de futebol ter natureza de associação civil[6], a Lei da Sociedade Anônima do Futebol – a Lei nº 14.193/21 – incluiu o parágrafo único ao art. 971, do Código Civil, e estabeleceu a possibilidade da associação que desenvolva atividade futebolística em caráter habitual e profissional vir a se registrar na Junta Comercial, caso em que, com a inscrição, será considerada empresária, para todos os efeitos.

Frise-se, por oportuno: regra geral, as associações devem se inscrever perante o Registro Civil de Pessoas Jurídicas. Porém, se o objeto da associação for o desenvolvimento de atividade futebolística em caráter habitual e profissional, vale dizer, caso se trate de um clube de futebol, será possível a sua inscrição perante o Registro Público de Empresas Mercantis, e passará a ser considerada empresária.

2. DA CAPACIDADE

O Código Civil, entre os arts. 972 a 980, estabelece normas a respeito da capacidade para se envolver empresarialmente. De maneira geral, é válido considerar que se adquire a capacidade para os atos da vida empresarial, no mesmo instante em que se adquire capacidade para os atos da vida civil. Assim, a partir do advento da capacidade civil plena, ao completar 18 anos de idade ou, antes, pela emancipação, adquire-se, também, a denominada *capacidade empresarial plena*.

A **capacidade empresarial** deve ser analisada sobre dupla perspectiva. Tal circunstância resulta do fato de que há duas hipóteses a partir das quais alguém pode se envolver empresarialmente: como *empresário individual* ou como *sócio de sociedade empresária*.

2.1 Capacidade para ser empresário individual

Como já se disse, a capacidade empresarial plena se adquire no momento em que se dá a capacidade civil plena, vale dizer, aos 18 anos completos, ou antes, pela emancipação[7]. No que tange a **capacidade do empresário individual**,

---

[6] De acordo com o art. 1º, § 1º, I, da Lei nº 14.193/21.

[7] Os casos de emancipação (cessação dos efeitos da incapacidade civil) estão previstos no art. 5º, parágrafo único, do Código Civil. Trata-se de um rol de natureza taxativa.

merecem destaque três situações excepcionais: i) a *continuidade do exercício da empresa por incapaz*; ii) os *impedimentos para o exercício da empresa*; e iii) a *situação patrimonial do empresário casado*.

Nos termos do art. 974, do Código Civil, poderá o **incapaz**, por meio de representante ou devidamente assistido, continuar a empresa antes exercida por ele enquanto capaz, por seus pais ou pelo autor de herança. Para tanto, precederá autorização judicial, após exame das circunstâncias e dos riscos da empresa, bem como da conveniência em continuá-la podendo a autorização ser revogada pelo juiz, ouvidos os pais, tutores ou representantes legais do menor ou do interdito, sem prejuízo dos direitos adquiridos por terceiros.

Por final, nunca é demais lembrar que não ficam sujeitos ao resultado da empresa os bens que o incapaz já possuía, ao tempo da sucessão ou da interdição, desde que estranhos ao acervo daquela, devendo tais fatos constar do alvará que conceder a autorização. Neste caso, o incapaz necessitará de representante ou assistente.

Existe uma série de pessoas que, em razão de circunstâncias específicas estarão impedidas legalmente de exercer atividade empresária. Trata-se dos chamados **proibidos de empresariar**. Os exemplos mais festejados pela doutrina são:

a) os *condenados a certos crimes previstos na lei* – art. 1.011, § 1º, CC;

b) os *servidores públicos* – art. 117, X, Lei nº 8.112/90;

c) os *magistrados* – art. 36, I, Lei Complementar nº 35/79;

d) os *membros do Ministério Público* – art. 44, III, Lei nº 8.625/93;

e) os *militares* – art. 29, Lei nº 6.880/80, e art. 204, Decreto-Lei nº 1.001/69;

f) *o falido* – art. 102, Lei nº 11.101/05; e

g) *o estrangeiro* – art. 109, I, Lei nº 13.445/17.

Mire-se no exemplo do servidor público civil que, descumprido tal proibição, prática atos de empresa, estará passível de sofrer sanções administrativas, dentre as quais, inclusive, a perda do cargo público. Já no caso do servidor público militar, a situação piora um pouco, pois, com efeito, é crime, previsto no Código Penal Militar, o fato de um oficial militar da ativa se envolver empresarialmente, na condição de empresário individual (além de consistir, também, em infração ética para qualquer militar da ativa).

Para o Direito Empresarial, não interessa as eventuais sanções trazidas pelos direitos administrativo ou penal. Nos termos do art. 973, do Código Civil, a pessoa legalmente impedida de exercer atividade própria de empresário, se a exercer, responderá pelas obrigações contraídas. Deste modo, por exemplo, ainda que impedido do exercício de atividade empresária, acaso um servidor público a pratique, poderá ter contra si uma sentença declaratória de falência.

Não se pode deixar de notar que falar em **incapacidade para empresariar** não é o mesmo que se falar de **proibição para empresariar**. Nos termos do art. 972, do Código Civil, "Podem exercer a atividade de empresário os que estiverem em pleno gozo da capacidade civil e não forem legalmente impedidos". Com efeito, falta ao incapaz um requisito (a capacidade civil plena) para poder validamente exercer a atividade empresarial; já o proibido tem capacidade civil plena para o exercício de atividade econômica, inclusive, mas a lei veda referida atuação empresarial.

Por final, é imperioso entender a previsão normativa do art. 978 do Código Civil. Com efeito, referida norma estabelece uma exceção à regra prevista no Direito de Família, segundo a qual o cônjuge, regra geral, necessita da outorga conjugal para alienar bens imóveis ou gravá-los de ônus reais[8]. Apesar disto, "o **empresário casado** pode, sem necessidade de outorga conjugal, qualquer que seja o regime de bens, alienar os imóveis que integrem o patrimônio da empresa ou gravá-los de ônus real". Note-se que tal norma é direcionada ao empresário individual, haja vista a impossibilidade de a sociedade empresária e da EIRELI[9] contraírem matrimônio.

2.2 Capacidade para ser sócio de sociedade empresária

Do ponto de vista da **capacidade para ser sócio de sociedade empresária**, tem-se que, nos mesmos moldes do que ocorre com a capacidade para ser empresário, a capacidade civil plena é requisito inafastável para a validade da constituição societária[10]. Assim, ou diante de um dos casos de emancipação, ou com o advento da maioridade, pode-se, de maneira válida e regular se tornar sócio em sociedades empresárias. Porém, não se pode deixar de notar que a lei regulamenta três situações especiais: i) os *sócios incapazes*; ii) os *sócios impedidos*; e iii) os *sócios casados*.

Apesar de a capacidade civil plena ser a regra geral para se determinar a capacidade empresarial, frise-se, por oportuno, que é possível a participação de

---

[8] Nos termos do art. 1.647, I, do Código Civil.

[9] Adotando-se o entendimento de que o referido instituto jurídico ainda permanece em vigor na lei brasileira, a compreensão mais correta, na visão deste autor, como se verá adiante.

[10] O art. 104, I, do Código Civil, determina que a validade do negócio jurídico requer agente capaz.

sócios incapazes em sociedades empresárias. Para tanto, basta que se atendam aos requisitos previstos no art. 974, § 3º, do Código Civil[11]:

i) o sócio incapaz não pode exercer a administração da sociedade;
ii) o capital social deve ser totalmente integralizado; e
iii) o sócio relativamente incapaz deve ser assistido e o absolutamente incapaz deve ser representado por seus representantes legais.

Quanto à necessidade de o capital social estar totalmente integralizado, é válido considerar que tal requisito **não é aplicável para as sociedades anônimas**. Com efeito, nas sociedades contratuais que tenham sócios com responsabilidade limitada, é a integralização do capital social que verdadeiramente dará ensejo à proteção do patrimônio pessoal do sócio (casos dos quotistas na sociedade limitada e do comanditário na sociedade em comandita simples). Na sociedade anônima, a responsabilidade do acionista se limitada pelo pagamento do preço de emissão das ações subscritas ou adquiridas[12]. Desse modo, não há necessidade de o capital estar totalmente integralizado na sociedade anônima para que nela existam sócios incapazes; bastaria a realização do preço de emissão das ações subscritas ou adquiridas.

Já para os **proibidos**, tem-se que não há qualquer óbice em se tornarem sócios em sociedades empresárias. Efetivamente, a proibição, conforme visto anteriormente, tem, linhas gerais, relação com o cargo ou a função exercida pelo impedido. O exercício do cargo ou da função se releva incompatível com o envolvimento direto do sujeito em atividades empresárias. Porém, nada impede que sejam sócios, desde que, cumulativamente: i) não possa exercer a administração da sociedade; e ii) tenha responsabilidade patrimonial limitada.

Por final, vale a pena considerar a questão acerca da **sociedade entre cônjuges**. Com efeito, é possível aos cônjuges contraírem sociedade entre si. Sabe-se que para a constituição de uma sociedade é necessária que exista um liame, o mais das vezes de caráter subjetivo, a unir os sócios, uma fidúcia, enfim, é importante que haja um certo grau de confiança entre sócios. Daí resulta a possibilidade de constituição de sociedades entre cônjuges.

Porém, o art. 977, do Código Civil, estabelece uma **restrição à constituição de sociedade entre cônjuges**. Com efeito, três são os *pressupostos* para tal restrição:

---

[11] Frise-se, por oportuno: enquanto o art. 974, *caput*, e seus §§ 1º e 2º, está direcionado ao empresário individual, o § 3º é dirigido ao sócio de sociedade empresária.

[12] Nos termos do art. 1.088, do Código Civil.

i) *a sociedade deve ser contratual* (o art. 977, do Código Civil, não se aplica às sociedades anônimas, em comandita por ações, ou cooperativas, em vista de se tratarem de sociedades estatutárias[13]);

ii) *a sociedade deve ter ambos os cônjuges no quadro social – seja apenas eles, ou com mais alguém* (não há problema se um cônjuge estiver numa sociedade e o outro cônjuge, em outra sociedade); e

iii) *os regimes vedados para a constituição de sociedade entre cônjuges são o da comunhão universal e o da separação obrigatória* (não há problema, portanto, de cônjuges casados na comunhão parcial se tornarem sócios entre si em sociedade limitada, mas nestes regimes só será possível entre eles a constituição de sociedade estatutária).

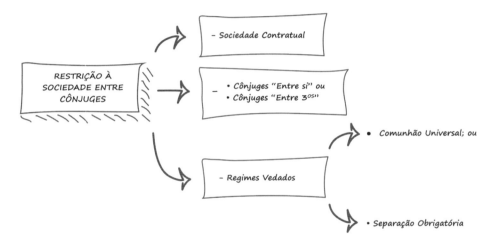

3. O ESTABELECIMENTO EMPRESARIAL

O estabelecimento empresarial se encontra regulamentado no Código Civil, entre os arts. 1.142 e 1.149. É de se verificar a importância do estabelecimento, na medida em que, sendo o empresário aquela pessoa que profissionalmente exerce uma atividade econômica organizada, cabe a ele, antes de exercer sua atividade, vir a se organizar para tanto. De início, cabe ressaltar que se trata de conceito jurídico prescrito pelo legislador. Com efeito, o estabelecimento é o

---

[13] Tal entendimento foi juridicamente consagrado pela III Jornada de Direito Comercial, promovida pelo Conselho da Justiça Federal, através do enunciado nº 94: "A vedação da sociedade entre cônjuges contida no art. 977 do Código Civil não se aplica às sociedades anônimas, em comandita por ações e cooperativa".

"complexo de bens organizado, para exercício da empresa, por empresário ou sociedade empresária"[14].

Desse modo, percebe-se que, para o Direito Empresarial, **não se trata apenas do ponto empresarial**[15], ou seja, do local onde o empresário se encontra para desenvolver a sua atividade, mas sim de todos os bens a ele disponibilizados e organizados em local certo, ou seja, no ponto empresarial. Vale dizer, o ponto é apenas um dos elementos componentes do estabelecimento empresarial e, por isso, recebe proteção específica, conforme se verá a seguir.

No que se refere à natureza jurídica, importa destacar que **o estabelecimento não é nem pessoa jurídica e nem patrimônio de afetação**. O art. 44 do Código Civil, como visto, define taxativamente quem pode ser considerado pessoa jurídica de direito privado, em termos de direito brasileiro. Para o estabelecimento constituir-se como pessoa jurídica, haveria menção a ele em tal dispositivo – a confusão se faz, na medida em que o Direito Tributário, para alguns tributos, considera cada estabelecimento como uma pessoa jurídica autônoma a fim de facilitar a fiscalização e arrecadação tributárias.

Por sua vez, o patrimônio de afetação pode ser entendido como a possibilidade de um determinado sujeito vir a se utilizar de parcela de seu patrimônio para finalidade específica prevista em lei. Nesse patamar, é de se notar que o patrimônio de afetação implica em limitação de responsabilidade, vale dizer, pelos débitos relacionados ao patrimônio de afetação, apenas os bens deste servirão de garantia, eximindo-se os bens do patrimônio geral, e vice-versa. Atualmente, a única possibilidade de patrimônio de afetação ocorre em sede de incorporações imobiliárias[16].

3.1 Considerações gerais

Do conceito legal anteriormente, referido, percebe-se que o estabelecimento é, em essência, um **conjunto de bens**, corpóreos ou incorpóreos, ou seja, uma universalidade. De modo específico, pode-se dizer que o estabelecimento é uma **universalidade de fato** haja vista constituir-se de uma pluralidade de bens singulares que, pertencendo a determinada pessoa, tem destinação unitária (art. 90, CC). Desse modo, é tanto possível cada bem singular componente do estabelecimento ser objeto de negócio jurídico próprio, quanto pode o estabelecimento ser objeto unitário de direitos e negócios jurídicos, translativos ou constitutivos, que sejam compatíveis com a sua natureza, nos termos do que dispõe o art. 1.143, do Código Civil.

---

[14] Nos termos do art. 1.142, do Código Civil.

[15] A presente distinção foi consagrada com a MP nº 1.085/21, ao inserir parágrafos no art. 1.142, do Código Civil.

[16] Nos termos da Lei nº 10.931/04.

É de se notar, diante do disposto do art. 1.142, do Código Civil que o estabelecimento será todo complexo de bens organizado pelo empresário para o exercício de sua empresa. Deste modo, é natural que todo empresário tenha pelo menos um estabelecimento, a sua sede, que deve, inclusive, ser indicada para fins de registro empresarial[17], adiante estudado. Porém, a partir de determinado estágio de sua atividade, o empresário se vê no seguinte dilema: constituir uma nova empresa ou instituir um novo estabelecimento?

A pergunta tem sua razão de ser, na medida em que, tal decisão deverá ser tomada quando o estabelecimento inicialmente constituído chegar a seu ápice, ou seja, quando o estabelecimento não suporta mais a expansão da atividade empresarial. É neste momento que o empresário poderá pensar na instituição de um estabelecimento secundário. A doutrina[18] classifica os estabelecimentos secundários, a depender do nível de autonomia gerencial, em: a) *filial*; b) *sucursal*. É oportuno ressaltar que, **em se tratando de filial**, não existe qualquer autonomia atribuída ao gerente que, sempre, atuará a partir de ordens expedidas pela administração da empresa, situada na sede o estabelecimento principal. Porém, **em se tratando de sucursal**, há alguma autonomia dada ao gerente do estabelecimento secundário, que poderá tomar determinadas decisões em detrimento da espera de ordens da administração da empresa.

Seja como for, **não há inconveniente jurídico**, na prática, **confundir filial e sucursal**, haja vista serem exemplos ou **espécies de estabelecimento secundário**, submetidas, portanto, ao mesmo regime jurídico para a sua instituição. Com efeito, o art. 969, do Código Civil regulamenta o modo de se instituir estabelecimento secundário, havendo uma distinção entre o estabelecimento constituído no mesmo estado ou em outro estado. Tal diferença se refere ao fato de que a Junta Comercial tem competência territorial nos limites do estado.

No mesmo estado, a constituição de estabelecimento secundário se limita à averbação do mesmo na Junta Comercial. Vale dizer, deve-se promover uma alteração no ato constitutivo do empresário, ou seja, um aditivo, para formalizar a referida constituição. Caso o estabelecimento secundário venha a ser instituído no âmbito de **competência de outra Junta Comercial**, além do aditivo na Junta Comercial de origem (a Junta Comercial da sede), deverá haver a inscrição do estabelecimento secundário na Junta Comercial de destino.

Visando regulamentar o art. 969, do Código Civil, o DREI, atualmente por meio da IN nº 81/20, estabeleceu que a abertura, alteração, transferência e extinção da filial em outra unidade da federação deve ser promovida exclusivamente na Junta Comercial da sede. De outra sorte, "após o deferimento do

---

[17] Nos termos do art. 968, IV, do Código Civil.
[18] REQUIÃO, Rubens. *Curso de direito comercial*. 31 ed. São Paulo: Saraiva, 2012. v. 1.

ato, os dados relativos à sede e filial serão encaminhados eletronicamente para a Junta Comercial da outra Unidade da Federação". Por final, "cabe à Junta Comercial de onde estiver localizada a respectiva filial apenas a recepção dos dados e o seu armazenamento".

Apesar de ser composto somente por bens, existem determinados elementos que são estudados, sempre, quando do estudo do estabelecimento: **o aviamento e a clientela**. Faz-se necessário compreendê-los para que se possa verificar, então, qual a essência destes elementos. Vale dizer: devem ser considerados componentes do estabelecimento ou atributos da empresa?

Tem-se por *clientela* o **conjunto de pessoas** que se relaciona com o empresário a partir de seu estabelecimento com o fim de consumir os bens e serviços por ele realizados. A doutrina[19] classifica a cliente em: **cliente** e **freguês**, a partir da fidelização que eventualmente pode vir a existir com o empresário. *Cliente* é aquele que tem uma relação subjetiva com o empresário, guardando uma **relação de fidelidade**. *Freguês é o "cliente ocasional"*, ou seja, é aquele que só consome de determinado empresário, em razão da proximidade ou da localização deste.

O **aviamento**, por sua vez, é o **potencial de lucratividade** de determinada atividade econômica. É sabido que o intuito que movem os exercentes de atividades econômicas é o chamado *animus lucrandi*, ou seja, a busca por um retorno positivo. Vale dizer, o que faz de uma atividade econômica não o lucro objetivamente considerado, vale dizer, a obtenção do lucro, mas sim o lucro subjetivamente considerado, ou seja, a intenção de obtê-lo. O aviamento visa medir o potencial de lucratividade, sendo no plano contábil ou econômico, um sobrevalor, um *plus* em cima do somatório do valor de cada bem componente do estabelecimento. A quantia paga a título de aviamento, inclusive, deve figurar entre os valores do ativo para efeito de sua amortização anual[20].

O aviamento pode ser subjetivo ou objetivo. *O aviamento se diz subjetivo* quando decorrente de **circunstâncias pessoais do empresário**, ou, por exemplo, de **algum dos sócios**, no caso de sociedade empresária. Em tal hipótese, o negócio só se demonstra economicamente viável em razão de tal sujeito. *O aviamento se diz objetivo* quando decorrente da **organização empresarial inerente ao estabelecimento**, constituído para fazer com que as pessoas venham a consumir.

Compreendidos, portanto, **o aviamento e a clientela**, faz-se necessário entender qual a sua **natureza jurídica**, ou seja, o que significam na sua essência. Fran

---

[19] REQUIÃO, Rubens. *Curso de direito comercial*. 31 ed. São Paulo: Saraiva, 2012. v. 1.

[20] Nos termos do art. 1.187, parágrafo único, III, do Código Civil.

Martins[21] entende que o aviamento e a clientela seriam **elementos componentes do estabelecimento**. Prevalece, neste aspecto, porém, o entendimento de Rubens Requião[22], segundo o qual representam, na verdade, **atributos da empresa**. Com efeito, quanto maior a clientela, maior tenderá a ser o aviamento; e quanto maior aviamento, maior tenderá ser a qualidade e a eficiência da atividade empresária.

3.2 O contrato de trespasse

Define-se como **contrato de trespasse** aquele cujo objeto é a **alienação**, em qualquer de suas modalidades – *compra e venda, usufruto ou arrendamento* –, de estabelecimento empresarial. Para a realização de um contrato de trespasse de maneira regular, há **requisitos de validade e de eficácia**. O trespasse será considerado válido a partir do momento em que for averbado à margem de inscrição do empresário e de publicado na imprensa oficial (regra geral, a imprensa oficial do Estado; para o DF, é a imprensa oficial da União)[23]. O trespasse será considerado eficaz sempre que ao empresário alienante restar bens suficientes para pagar o seu passivo, ou, alternativamente, quando o empresário alienante vir a notificar, por qualquer meio, os demais credores e, no prazo de trinta dias, receber destes o consentimento, tácito ou expresso, ou pagá-los[24].

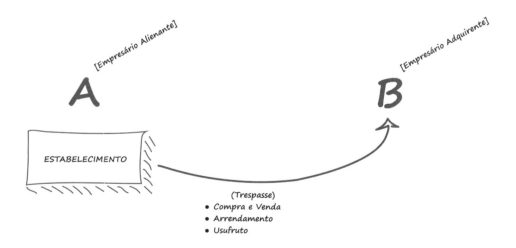

---

[21] MARTINS, Fran. *Curso de direito comercial: empresa, empresário e sociedades – volume 1*. 42 ed. São Paulo: Forense, 2019.

[22] REQUIÃO, Rubens. *Curso de direito comercial*. 31 ed. São Paulo: Saraiva, 2012. v. 1.

[23] Nos termos do art. 1.144 do Código Civil.

[24] Nos termos do art. 1.145 do Código Civil.

Atendidos tais requisitos, **o trespasse implica os seguintes efeitos**: i) a *sucessão empresarial*; ii) a *proibição de concorrência*; iii) a *sub-rogação contratual* e iv) a *cessão de créditos*. Não se pode, por oportuno, deixar de ressaltar que o trespasse irregular é tanto considerado um ato de falência[25], ensejando a decretação da falência do alienante, quanto um ato ineficaz[26], a ser atacado mediante a ação revocatória, assuntos a serem estudados posteriormente.

A **sucessão empresarial** é o fenômeno pelo qual os débitos contraídos por um determinado empresário e vinculados ao estabelecimento trespassado passam a ser de responsabilidade de outrem. Em face do trespasse, o empresário que contrai o débito é chamado de empresário alienante, e o empresário que se responsabiliza por tais débitos, de empresário adquirente. Encontra-se regulamentada no art. 1.146, do Código Civil.

Existem, entretanto, algumas condições para a sucessão empresarial. A primeira é a de que os *débitos necessitam estar regularmente contabilizados*, ou seja, precisam ter sido escriturados pelo empresário alienante ou mesmo terem sido expressamente previstos no contrato de trespasse, em vista de que o empresário adquirente necessita conhecer dos débitos que, mesmo não contraídos por ele, haverá de pagar. Não estando regulamente contabilizados, não haverá sucessão empresarial, continuando o débito a ser de responsabilidade do empresário alienante.

A segunda condição é a do *momento da sucessão empresarial*, vale dizer, a partir de quando o débito deixa de ser do empresário alienante, passando à responsabilidade do empresário adquirente. Assim, para os débitos vencidos, a sucessão ocorre no momento da publicação do trespasse; para os débitos vincendos, a sucessão só ocorrerá após o vencimento, em vista de que até tal data, o débito em questão poderia ser pago pelo empresário alienante, não cabendo falar, pois, sucessão empresarial nesse caso.

Cabe ainda ressaltar que, visando garantir proteção ao credor de boa-fé, o legislador estabelece *responsabilidade solidária entre os empresários alienante e adquirente*, pelo prazo de 1 ano, a partir da sucessão empresarial. Deste modo, para os débitos vencidos, o prazo de 1 ano de responsabilidade solidária é contado da data da publicação do trespasse; para os débitos vincendos, o prazo de 1 ano de responsabilidade solidária é contado do vencimento do crédito.

Por fim, impende registrar que existem débitos que recebem tratamento jurídico específico. Trata-se dos casos do crédito trabalhista e do crédito tribu-

---

[25] Nos termos do art. 94, III, "c", da Lei nº 11.101/05.

[26] Nos termos do art. 129, VI, da Lei nº 11.101/05.

tário, previstos respectivamente nos arts. 10[27] e 448[28], da CLT, e 133[29], do CTN. Assim, *os créditos trabalhista e tributário recebem regulação própria, não se lhes aplicando art. 1.146, do Código Civil*. No caso dos créditos trabalhistas, como se vê, em vez de sucessão empresarial, ocorrerá responsabilidade solidária entre alienante e adquirente. Já em face dos créditos tributários, a sucessão empresarial fica a depender de o alienante não continuar, nem vir a retomar uma atividade econômica no prazo de seis meses.

A **proibição de concorrência** é também conhecida por *cláusula de não restabelecimento*. Trata-se de inovação trazida pelo legislador do Código Civil de 2002. Antes do atual Código Civil, mencionada cláusula, para surtir efeitos, deveria ser expressa, ou seja, para que o empresário alienante fosse proibido de concorrer com o empresário adquirente após o advento do trespasse, estando, portanto, impedido de se restabelecer, deveria haver previsão expressa neste sentido no contrato de trespasse. Agora, **com o Código Civil de 2002, a lógica se inverte, passando a cláusula de não restabelecimento a ser implícita**. A motivação para tanto é que para o Direito Empresarial a concorrência, a par de livre, deve ser, também, leal. Por isso, o direito não tolera os atos de concorrência desleal e reprime o desvio ilícito de clientela.

Para se analisar a concorrência, a doutrina[30] indica três planos: i) o *plano material*, ii) o *plano geográfico ou territorial* e iii) o *plano temporal*. O plano material se refere à atividade. Em tal plano, tem-se que dois ou mais empresários só poderão considerados concorrentes se exercerem a mesma atividade econômica. O plano geográfico ou territorial se refere ao âmbito em que é exercida tal atividade. Assim, falar-se-á em concorrência sempre os empresários atuarem em um mesmo âmbito, perante o mesmo mercado consumidor. O plano temporal, por fim, tem como referência a época em que exercida tal atividade. Aqui, seriam concorrentes empresários que atuassem em uma mesma época.

---

[27] "Qualquer alteração na estrutura jurídica da empresa não afetará os direitos adquiridos por seus empregados".

[28] "A mudança na propriedade ou na estrutura jurídica da empresa não afetará os contratos de trabalho dos respectivos empregados".

[29] "A pessoa natural ou jurídica de direito privado que adquirir de outra, por qualquer título, fundo de comércio ou estabelecimento comercial, industrial ou profissional, e continuar a respectiva exploração, sob a mesma ou outra razão social ou sob firma ou nome individual, responde pelos tributos, relativos ao fundo ou estabelecimento adquirido, devidos até à data do ato: I – integralmente, se o alienante cessar a exploração do comércio, indústria ou atividade; II – subsidiariamente com o alienante, se este prosseguir na exploração ou iniciar dentro de seis meses a contar da data da alienação, nova atividade no mesmo ou em outro ramo de comércio, indústria ou profissão".

[30] REQUIÃO, Rubens. *Curso de direito comercial*. 31 ed. São Paulo: Saraiva, 2012. v. 1.

Para configurar, portanto, dois ou mais empresários concorrentes, faz-se mister conjugar cumulativamente todos os planos mencionados.

Realizado o trespasse, caso mencionado contrato seja **silente**, o empresário alienante não poderá concorrer com o empresário adquirente pelo **prazo de 5 anos**[31]. Veja-se, primeiramente, que *o impedimento é de concorrer*. Deste modo, nada obsta que o alienante venha a exercer outra atividade, ou até mesmo atividade idêntica, perante outro público consumidor, em outra parte do território nacional. Ademais, é preciso esclarecer, também, que *o prazo de não concorrência pode ser ampliado ou reduzido pelo contrato de trespasse*. Porém, há de ter **prazo certo e definido no contrato**, afigurando-se inconstitucional, por violação ao princípio da livre iniciativa, a estipulação de não concorrência por prazo indeterminado. Por fim, vale registrar que, em caso de usufruto ou de arrendamento, a proibição de concorrência persiste durante o tempo de contrato.

Além da sucessão empresarial e da cláusula de não restabelecimento, o trespasse gera também efeitos em face dos **contratos** e dos **créditos** vinculados ao estabelecimento a ser trespassado. Com efeito, "salvo disposição em contrário, a transferência importa a sub-rogação do adquirente nos contratos estipulados para exploração do estabelecimento, se não tiverem caráter pessoal, podendo os terceiros rescindir o contrato em noventa dias a contar da publicação da transferência, se ocorrer justa causa, ressalvada, neste caso, a responsabilidade do alienante"[32]. Nos mesmos moldes, "a cessão dos créditos referentes ao estabelecimento transferido produzirá efeito em relação aos respectivos devedores, desde o momento da publicação da transferência, mas o devedor ficará exonerado se de boa-fé pagar ao cedente"[33].

3.3 Da proteção ao ponto empresarial

Ponto empresarial é o endereço, o local onde será instalado o estabelecimento de uma atividade empresarial. Pode ser em propriedade do empresário (proteção comum dos direitos reais, do direito civil) ou via contrato de locação (proteção do direito empresarial; surge o direito de inerência ao ponto). **Direito de inerência ao ponto** é o direito que o empresário locatário tem de permanecer no imóvel locado ainda que em arrepio à vontade do locador, que só poderá retomá-lo nas hipóteses legalmente previstas.

Os requisitos para adquirir o direito de inerência ao ponto são cumulativos:

---

[31] Nos termos do art. 1.147, do Código Civil.

[32] Nos termos do art. 1.148, do Código Civil.

[33] Nos termos do art. 1.149, do Código Civil.

a) **Formal (art. 51, I):** há de ser **contrato de locação expresso**, explícito; se houver necessidade de **renovações devem também ser escritas**. Aqueles contratos com prazo determinado que preveem prorrogação tácita violam, ferindo de morte, o direito de inerência ao ponto. No caso de uma sequência de contratos, o prazo de renovação vai ser o prazo do último contrato firmado.
b) **Temporal (art. 51, II):** prazo do contrato; prazo para poder ter direito de inerência ao ponto. Este prazo deve ser no **mínimo de 5 anos, ininterruptos**, somados nos contratos expressos. A jurisprudência do STJ, no entanto, mitiga a ininterruptibilidade do prazo, estabelecendo que pequenos lapsos temporais entre os contratos ou entre um contrato e sua renovação não terão o condão de violar a inerência ao ponto, de acordo com a teoria da *"accessio temporis"*.
c) **Material (art. 51, III):** nos **últimos 3 anos**, deve ser exercida a **mesma atividade econômica**. Não está proibida a mudança de ramo de atuação por parte do locatário. A exigência legal, na verdade, é que, trocado de segmento de mercado, o locatário tenha, pelo menos, 3 anos de atividade quando for alegar a inerência ao ponto.

É cabível ressaltar que o direito de inerência ao ponto é garantido mediante ação renovatória de aluguel, que deve ser promovida, diante do que prescreve o § 5º, do art. 51 da Lei nº 8.245/91, durante o penúltimo semestre do último ano de contrato utilizado para a prova dos requisitos anteriormente mencionados. Trata-se de **prazo de natureza decadencial**, ou seja, perdendo o prazo definido na lei, o locatário não conseguirá realizar a renovação compulsória da locação e, para continuar com o direito de inerência ao ponto, necessitará fazer uma renovação ou prorrogação expressa do seu contrato.

Existem, porém, argumentos *numerus clausus* que o locador, em contestação, pode trazer para evitar a renovação compulsória do aluguel (o direito de inerência ao ponto é materializado pela ação renovatória de aluguel. Trata-se das hipóteses de exceção de retomada.

As hipóteses de exceção de retomada são:
i) *Reformas no imóvel por exigência do poder público;*
ii) *Reformas que valorizem o imóvel, de interesse do locador;*
iii) *Insuficiência da proposta nova de aluguel, na renovatória;*
iv) *Melhor proposta de terceiros;*
v) *Transferência de estabelecimento de parente ou de sociedade, há mais de um ano;*
vi) *Uso próprio do locador.*

Na hipótese do item v) acima, não se pode retomar o imóvel visando entregar para alguém iniciar um empreendimento. O estabelecimento deve estar funcionando em outro local há pelo menos um ano. Já, nas hipóteses dos itens v) e vi), regra geral, só pode haver retomada para se exercer atividade econômica, a não ser que aquele imóvel só possa exercer um tipo de atividade. A consequência da exceção de retomada é a indenização a favor do empresário pela perda do ponto, cujos pressupostos e cabimentos se encontram previstos no § 3º do art. 52, da Lei nº 8.245/91[34].

A regra, portanto, é a de que se a *ação renovatória de aluguel* for julgada **improcedente**, sendo acolhido, como argumento, algum dos casos de exceção de retomada, *caberá indenização* pela perda do ponto. Entretanto, em duas situações, não caberá a mencionada indenização.

A primeira delas é a do fundamento da exceção de retomada ser a **melhor proposta de terceiros**. Com efeito, se, em contestação, apresenta-se a melhor proposta de terceiros, como argumento em favor do locador-proprietário, caberia ao empresário-locatário, em réplica, exercer o direito de preempção, ou seja, o direito de preferência de continuar a explorar economicamente o imóvel, cobrindo a referida proposta. Se o locatário não age desta forma, isto implica dizer que ele abriu mão do direito que tinha e, ao abrir mão de tal direito, não há mais por que se falar em indenização.

A segunda situação em que não caberá indenização em face da exceção de retomada está baseada na boa-fé, ou seja, na **sinceridade do pedido de retomada**. Desse modo, se o locador ou o Poder Público, no prazo de três meses, derem o destino alegado ou iniciarem as obras determinadas ou que declarou pretender realizar, também, não caberá se falar em indenização pela perda do ponto empresarial.

3.4 A locação em *shopping center*

Entre o lojista e o empreendedor do *shopping center*, é travada uma relação de locação empresarial com alguns contornos especiais. Com efeito, nas locações de espaço em *shopping centers*, o locador não poderá recusar a renovação do contrato com fundamento no fato de o imóvel vier a ser utilizado por ele próprio ou para transferência de fundo de comércio existente há mais de um

---

[34] "O locatário terá direito a indenização para ressarcimento dos prejuízos e dos lucros cessantes que tiver que arcar com mudança, perda do lugar e desvalorização do fundo de comércio, se a renovação não ocorrer em razão de proposta de terceiro, em melhores condições, ou se o locador, no prazo de três meses da entrega do imóvel, não der o destino alegado ou não iniciar as obras determinadas pelo Poder Público ou que declarou pretender realizar."

ano, sendo detentor da maioria do capital o locador, seu cônjuge, ascendente ou descendente.

Nas relações entre lojistas e empreendedores de *shopping center*, prevalecerão as condições livremente pactuadas nos contratos de locação respectivos e as disposições procedimentais previstas na Lei nº 8.245/91.

 É importante destacar, entretanto, que o empreendedor não poderá cobrar do locatário em *shopping center*:

i) obras de reformas ou acréscimos que interessem à estrutura integral do imóvel;

ii) pintura das fachadas, empenas, poços de aeração e iluminação, bem como das esquadrias externas;

iii) indenizações trabalhistas e previdenciárias pela dispensa de empregados, ocorridas em data anterior ao início da locação;

iv) as despesas com obras ou substituições de equipamentos, que impliquem modificar o projeto ou o memorial descritivo da data do habite-se; e

v) obras de paisagismo nas partes de uso comum.

Destaque-se, por final, nos termos do art. 54, § 2º, da Lei nº 8.245/91: "As despesas cobradas do locatário devem ser previstas em orçamento, salvo casos de urgência ou força maior, devidamente demonstradas, podendo o locatário, a cada sessenta dias, por si ou entidade de classe exigir a comprovação das mesmas".

3.5 A locação *built to suit*

Instituída no Brasil, por meio da Lei nº 12.744/12, que inseriu a denominada locação *built to suit*, vale dizer, a locação cujo imóvel seja "construído para servir" ou "construído para ajustar", de acordo com as necessidades do locatário. É uma modalidade de negócio que proporciona às empresas, em geral, uma redução de custos logísticos, além da otimização das operações, sem mobilizar capital próprio, e com eficiência tributária.

A locação *built to suit* consiste em uma relação de locação empresarial em que o locador deverá promover a prévia aquisição, construção ou substancial reforma de um imóvel especificado pelo futuro locatário que firmará, necessariamente, um contrato de locação por prazo determinado[35]. Frise-se, por oportuno: não cabe o contrato *built to suit* em locações residenciais!

Atendidas tais condições, será aplicável o brocardo jurídico *pacta sunt servanda*, de modo que prevalecerá, nessa relação, as condições livremente pactuadas. Em razão disso, é possível haver a renúncia ao direito de revisão dos

---

[35] De acordo com o art. 54-A, da Lei nº 8.245/91.

aluguéis (frise-se: não é obrigatório renunciar tal direito, portanto)[36]. De outro lado, se houver a denúncia antecipada da locação pelo locatário, haverá multa a ser paga por ele, cujo valor não poderá exceder à soma dos valores dos aluguéis a receber, até o termo final[37].

4. A EMPRESA INDIVIDUAL DE RESPONSABILIDADE LIMITADA

De acordo com as novidades trazidas pela Lei nº 12.441/2011, surgiu a Empresa Individual de Responsabilidade Limitada (EIRELI), constituída por uma única pessoa, titular da totalidade do capital social, devidamente integralizado e não inferior a 100 (cem) vezes o maior salário-mínimo vigente no País. Não se pode deixar de notar que, diferentemente do que ocorre com as sociedades, no caso da EIRELI, fazia-se necessária a integralização do capital social, no momento da constituição.

A constituição da EIRELI podia ocorrer de maneira originária ou derivada. Falava-se em **constituição originária** quando já, desde o início, houvesse a sua constituição. Haveria **constituição derivada** toda vez que a EIRELI surgia de transformação, em razão de ocorrer a concentração de todas as quotas sociais nas mãos de um único sócio.

O regime jurídico da empresa individual de responsabilidade limitada, inclusive com a regulamentação trazida através da IN DREI nº 81/20, determinava que o seu **titular poderia ser tanto pessoa física quanto pessoa jurídica, nacional ou estrangeira**, encerrando controvérsia jurídica relevante. Cabe notar que se o titular fosse pessoa natural, só poderia constituir uma única EIRELI, restrição inaplicável ao titular pessoa jurídica.

É o que restou definido pela III Jornada de Direito Comercial, estabelecida pelo Conselho da Justiça Federal, ao firmar o enunciado nº 92:

> A Empresa Individual de Responsabilidade Limitada (EIRELI) poderá ser constituída por pessoa natural ou por pessoa jurídica, nacional ou estrangeira, sendo a limitação para figurar em uma única EIRELI apenas para pessoa natural.

Tal norma, entretanto, não impedia que o titular da EIRELI fosse ao mesmo tempo sócio em sociedade limitada ou anônima. O que não podia ocorrer é o titular constituir mais de uma EIRELI ao mesmo tempo. Vale dizer: para a

---

[36] Nos termos do art. 54-A, § 1º, da Lei nº 8.245/91.
[37] Nos termos do art. 54-A, § 2º, da Lei nº 8.245/91.

constituição de uma segunda EIRELI, era preciso que houvesse a extinção da EIRELI constituída inicialmente.

Se constituída para a prestação de serviços de qualquer natureza, se valia da remuneração decorrente da cessão de direitos patrimoniais de autor ou de imagem, nome, marca ou voz de que seja detentor o titular da pessoa jurídica. No que coubesse, aplicavam-se a esta modalidade de pessoa jurídica as regras previstas para as Sociedades Limitadas.

O art. 44 do Código Civil foi atingido pela Lei nº 12.441/11, tendo sido inserido o inciso VI com o objetivo de identificar a EIRELI enquanto modalidade de pessoa jurídica. Alguns autores entendem que o legislador teria criado uma *sociedade unipessoal limitada*. Porém, efetivamente, não se trata da possibilidade de, por exemplo, ser constituída uma sociedade limitada por apenas um sócio. Tanto que a Lei nº 13.874/19 instituiu a possibilidade de a sociedade limitada ser constituída por uma ou mais pessoas.

A propósito, é bom lembrar que a Lei de Liberdade Econômica inseriu o § 7º ao art. 980-A, do Código Civil, norma de exato teor do § 4º, previsto originalmente na Lei nº 12.441/11, vetado quando da sua entrada em vigor, determinando: "somente o patrimônio social da empresa responderá pelas dívidas da empresa individual de responsabilidade limitada, hipótese em que não se confundirá, em qualquer situação, com o patrimônio do titular que a constitui, ressalvados os casos de fraude". Apesar disso, aplicava-se à EIRELI a desconsideração da personalidade jurídica, assim como para qualquer outra pessoa jurídica de direito privado.

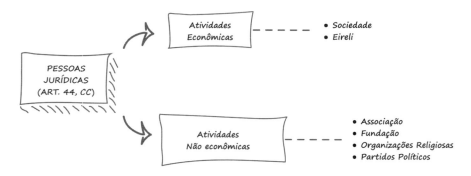

Com efeito, embora possa não ter sido a melhor escolha que o legislador brasileiro pudesse fazer, o certo é que a natureza jurídica da EIRELI era a de uma nova modalidade de pessoa jurídica. Portanto, havia duas modalidades de pessoas jurídicas que se dedicavam ao exercício de atividades econômicas: as sociedades e a EIRELI.

O art. 1.033 do Código Civil também foi atingido pela Lei nº 12.441/11. Assim, o requisito de pluralidade de sócios para um sócio remanescente ou aquele que some a totalidade das cotas, poderia requerer a transformação do registro da sociedade para Empresário Individual ou para Empresa Individual de Responsabilidade Limitada, no cartório de registros públicos de empresas mercantis. Entretanto, tal norma, prevista no inciso IV e parágrafo único do dispositivo legal mencionado, veio a ser revogada pela Lei nº 14.195/21, intitulada Lei da Melhoria do Ambiente de Negócios.

Frise-se, por oportuno, que é válido considerar que a pessoa jurídica da própria EIRELI poderia vir a se enquadrar como microempresa ou como empresa de pequeno porte desde que se adequasse aos limites de receita bruta anual estabelecidos no art. 3º, da Lei Complementar nº 123/06 e não incidisse nas proibições previstas no § 4º, do mesmo dispositivo legal, não podendo, porém, em nenhuma hipótese, ser tratada como pequeno empresário.

Por final, é imperioso notar que naquilo em que a legislação tivesse se omitido, tais lacunas seriam supridas através das normas da sociedade limitada[38]. Assim tudo aquilo que for aplicado ao sócio da sociedade limitada e à própria LTDA *mutatis mutandis* valia respectivamente para o titular da EIRELI e para própria EIRELI. Por exemplo, era possível a nomeação de terceira pessoa para administrar a EIRELI, sendo do administrador a atribuição exclusiva de assinar documentos em nome da pessoa jurídica. Além disso, a própria pessoa jurídica da EIRELI podia ser declarada falida, nos termos do art. 94, da Lei nº 11.101/05.

4.1 A EIRELI foi revogada? (ou será que não?!)

A Lei nº 14.195/21 trouxe uma série de mudanças ao ordenamento jurídico, visando proporcionar uma melhoria no ambiente de negócios. Uma das melhorias propostas seria a realização de atos de desburocratização empresarial. De todas as tentativas de "desburocratização empresarial", a única não vetada foi justamente a transformação automática das EIRELIs existentes em sociedades limitadas unipessoais (art. 41).

A transformação mencionada ocorreu "independentemente de qualquer alteração em seu ato constitutivo". Cabe ao DREI disciplinar essa operação de transformação[39]. Diante de tal fato, a doutrina se perguntava: a EIRELI foi revogada?

Existiam dois argumentos, na doutrina, a favor da revogação: (i) a transformação automática das EIRELIs existentes (se não fosse ocorrer a revogação,

---

[38] Nos termos do art. 980-A, § 6º, do Código Civil.

[39] De acordo com o art. 41, parágrafo único, da Lei nº 14.195/21.

qual seria a necessidade da transformação?); e (ii) a emissão do Ofício Circular DREI nº 3.510/21 e do Parecer PGFN nº 733/21, entendendo pela revogação tácita, em consonância com o que dispõe a Lei de Introdução de Normas do Direito Brasileiro – LINDB (Decreto-lei nº 4.657/42).

De outro lado, havia, na doutrina, três argumentos contrários à revogação: (i) o dispositivo que expressamente revogava os arts. 44, VI e 980-A, do Código Civil foi vetado (se tais normas permaneceram em vigor, como poderia ao mesmo tempo a EIRELI ter sido revogada?); (ii) de acordo com a lei do processo legislativo (a Lei Complementar nº 95/98), a revogação deve ocorrer, sempre, de maneira expressa (enquanto a LINDB é um Decreto-lei – materialmente, uma lei ordinária – a Lei do Processo Legislativo é uma lei complementar, que deve prevalecer, no conflito); e (iii) na verdade, deveria ter ocorrido o veto do art. 41, da Lei nº 14.195/21, o que, entretanto, pode-se entender, *a contrario sensu* de quem entende pela revogação, que houve um veto tácito ou implícito a tal norma (tudo bem até que a jurisprudência atual do STF não admite tal figura, mas como vira e mexe o Supremo muda de entendimento...).

Visando dirimir a presente questão, foi editada, em 27/12/2022, a Medida Provisória nº 1.085 que, dentre outras inovações, acabou por revogar o art. 980-A, bem como o inciso VI do art. 44, do Código Civil, vindo, portanto, nos termos da referida MP, a prevalecer a primeira das correntes doutrinárias descritas acima: a da revogação. Entretanto, cabe o questionamento acerca da constitucionalidade da referida Medida Provisória: é relevante e urgente revogar a EIRELI? Seja como for, acredito que este tema – a EIRELI foi revogada – só passará a ser cobrado em provas e concursos em geral (incluindo o Exame da OAB) depois que houver a conversão em lei.

5. O REGISTRO EMPRESARIAL E O REGIME JURÍDICO EMPRESARIAL

O art. 967, do Código Civil determina a obrigatoriedade de todo e qualquer empresário vir a se registrar antes do início de sua atividade. É cabível aferir primeiramente que o âmbito de registro dos empresários é a Junta Comercial, órgão do Sistema Nacional de Registro de Empresas Mercantis – SINREM. É válido, ainda, lembrar o art. 1.150, do Código Civil que prescreve a vinculação dos empresários ao Registro Público de Empresas Mercantis, via Junta Comercial, e a vinculação das sociedades simples ao Registro Público das Pessoas Jurídicas, que deve obedecer às normas daquele registro, caso se trate de sociedade simples impura.

Cabe esclarecer que o registro não tem por função qualificar alguém enquanto empresário, pois, como visto, o que faz de alguém empresário é o exercício profissional de atividade econômica organizada de produção ou circulação de bens ou serviços. A função do registro é de: i) dar condição de regularidade à atividade (empresário regular é empresário registrado; irregular é o empresário que não está registrado) e ii) constituir a pessoa jurídica, no caso das sociedades e da EIRELI.

O único empresário que necessita de registro para ser qualificado enquanto tal é o rural. Além disso, não se pode deixar de notar que não é apenas o empresário que se registra perante a Junta Comercial. Com efeito, a Junta Comercial procede ao registro de matrícula dos agentes auxiliares da empresa e ao arquivamento dos atos constitutivos de sociedade cooperativa e nenhum deles é considerado empresário. Frise-se que a sociedade cooperativa é sociedade simples, independentemente do objeto social, e que é registrada perante a Junta Comercial, mediante Lei Especial[40] que, neste particular, derroga a aplicação ao art. 1.150 do Código Civil.

Apesar de o registro empresarial ser relativamente para atividade empresária, trata-se, apenas, de uma obrigação componente do regime jurídico empresarial (talvez a mais relevante, mas, ainda, somente uma das obrigações). Além do registro, há, ainda, obrigações relativas à escrituração e às demonstrações contábeis ou financeiras. É o que se trata a seguir. Deve-se, contudo, notar que *o regime jurídico empresarial se compõe de obrigações cumulativas e sucessivas*[41]. **Cumulativas** porque todas precisam serem cumpridas; **sucessivas** porque só há possibilidade do cumprimento da obrigação subsequente depois do cumprimento da obrigação anterior.

5.1 O registro empresarial

A Lei nº 8.934/94 dispõe sobre o Registro Público de Empresas Mercantis e Atividades Afins. Referida legislação foi sensivelmente atualizada pela Lei nº 13.833/19. Atualmente, os serviços do Registro Público de Empresas Mercantis e Atividades Afins serão exercidos, em todo o território nacional, de maneira uniforme, harmônica e interdependente, pelo Sistema Nacional de Registro de Empresas Mercantis (Sinrem), composto pelos seguintes órgãos:

> I – o Departamento Nacional de Registro Empresarial e Integração (DREI), órgão central do Sinrem, com funções supervisora, orientadora, coordenadora e normativa, na área técnica; e supletiva, na área administrativa;
>
> II – as Juntas Comerciais, como órgãos locais, com funções executora e administradora dos serviços de registro[42].

---

[40] É o que se tem no art. 32, II, "a", da Lei nº 8.934/94 e no art. 18, da Lei nº 5.674/71.

[41] É o que se infere do art. 1.181, parágrafo único, do Código Civil.

[42] Nos termos do art. 3º, da Lei nº 8.934/94.

Perceba-se que, no âmbito registral, todo o procedimento é feito perante as Juntas Comerciais, cabendo ao DREI atividade meramente secundária, no âmbito de registro, porque órgão de cúpula do sistema. Haverá uma junta comercial em cada unidade federativa, com sede na capital e jurisdição na área da circunscrição territorial respectiva.

As juntas comerciais subordinam-se administrativamente ao governo da unidade federativa de sua jurisdição e, tecnicamente, ao DREI, nos termos desta lei. Antes da Lei nº 13.833/19, a Junta Comercial do Distrito Federal era subordinada administrativa e tecnicamente ao DREI. Agora, a Junta Comercial do Distrito Federal tem vinculação hierárquica semelhante às demais juntas comerciais, ou seja: subordinada administrativamente ao governo do Distrito Federal e, tecnicamente, ao DREI.

Veja que a vinculação hierárquica da Junta Comercial, portanto, é de natureza híbrida, na medida em que assuntos do plano administrativo vinculam-se ao governo do Estado (ou do DF) e os do plano técnico, ao DREI. Deve-se considerar que tal vinculação repercute, também, no âmbito judicial. Assim, em assuntos que digam respeito aos direitos administrativo e financeiro, a parte interessada deverá se socorrer da Justiça Comum; já para assuntos que envolvam o Direito Empresarial ou ao Registro de Empresa, a justiça competente será a Justiça Federal.

5.1.1 As espécies de registro

O art. 32 da Lei nº 8.934/94 define as espécies de registro passíveis de serem levadas a efeito perante a Junta Comercial. Existem três possibilidades de registro:

i) **matrícula** – destinada ao registro dos agentes auxiliares da empresa (não são empresários, registrando-se na Junta por mera tradição; art. 32, I – leiloeiros, tradutores, intérpretes, administradores de armazém-geral – realiza o depósito de mercadorias de outros empresários – e trapicheiros – faz a mesma atividade do administrador de armazém-geral, mas especificamente vinculado a produtos de importação ou exportação);

ii) **arquivamento** – destinado ao registro dos atos constitutivos e de documentos de interesse do empresário (*chega-se ao arquivamento por exclusão; tudo aquilo que não for sujeito à matrícula ou à autenticação, se registrado for, será feito mediante arquivamento*; art. 32, II – atos constitutivos e aditivos de sociedades empresárias e cooperativas, atos relativos a consórcio e a grupos de sociedade, atos de empresas estrangeiras autorizadas a funcionar no Brasil, declarações de microempresa etc.); e) de atos ou documentos que, por determinação legal, sejam atribuídos ao Registro Público de Empresas Mercantis e Atividades Afins ou daqueles que possam interessar ao empresário e às empresas mercantis;

iii) **autenticação** – destinada ao registro daquilo que for objeto de escrituração do empresário e dos agentes auxiliares.

Os arts. 87 e 88, do Decreto nº 1.800/96, que regulamenta a Lei nº 8.934/94, estabelecem o procedimento para o **assentamento dos usos ou práticas empresariais**. Tal assentamento será feito pela *Junta Comercial*, em livro próprio, **podendo agir *ex officio*, ou por solicitação da Procuradoria ou de entidade de classe interessada**.

Em todo o caso, a Procuradoria verificará a *inexistência de disposição legal* contrária ao uso ou prática empresarial a ser assentada[43]. Efetuada tal verificação, caberá ao Presidente da Junta Comercial solicitar o *pronunciamento escrito das entidades diretamente interessadas*, que se manifestarão no prazo de *noventa dias*, e publicará convite para que, no mesmo prazo, todos os interessados possam se manifestar.

Feito tal procedimento, a Junta Comercial decidirá se é verdadeiro e registrável o uso ou prática empresarial, em sessão a que compareçam, no mínimo, dois terços dos vogais[44], sendo aprovado o registro pelo voto de, no mínimo, metade mais um dos vogais presentes.

Proferida a decisão, o uso ou a prática empresarial será assentada em livro especial, com a devida justificação, efetuando-se a respectiva publicação no Diário Oficial da União ou da unidade federativa em que a Junta Comercial estiver localizada. A cada 5 anos, serão revistos e publicados, pela Junta Comercial, a coleção de usos e práticas empresariais assentados.

Partindo do pressuposto de que o arquivamento é a espécie de registro regra geral, a Lei nº 8.934/94 regulamenta o procedimento de registro. É oportuno esclarecer, de início, que a lei menciona dois "processos": o **processo decisório** e o **processo revisional**. Apesar da nomenclatura, trata-se de instâncias distintas do procedimento de registro. Assim, pode-se entender o processo decisório como a primeira instância registral e o processo revisional, como a instância recursal.

O pedido de registro pode se submeter tanto ao regime de **decisão singular** quanto ao regime de **decisão colegiada**. *O regime de decisão singular cabe ao presidente, ou a vogal ou servidor*, designados por àquele que tenha conhecimentos de Direito Empresarial e de Registro de Empresas. Por sua vez, *o regime de decisão colegiada caberá às turmas*, sendo entendidas enquanto órgãos colegiados (reunião de três vogais) inferiores (de 1ª instância). O pedido de registro, sob o regime de decisão singular deve ser examinado no prazo de dois dias úteis,

---

[43] Os costumes não podem ser *contra legem*; eles só podem ser *secundum legem* ou *praeter legem*.

[44] "O Plenário, composto de Vogais e respectivos suplentes, será constituído pelo mínimo de onze e no máximo de vinte e três Vogais". (art. 10, Lei nº 8.934/94)

sendo de cinco dias úteis o prazo para a decisão colegiada. Extrapolando tais prazos sem manifestação expressa da Junta Comercial, haverá a chamada aprovação por decurso de prazo, ou aprovação tácita.

 No processo revisional, ocorrerá, em sequência:
i) o **Pedido de Reconsideração**;
ii) o **Recurso ao Plenário**; e
iii) o **Recurso ao Departamento Nacional do Registro Empresarial e Integração**.

O *Pedido de Reconsideração* terá por objeto obter a revisão de despachos singulares ou de turmas que formulem exigências para o deferimento do arquivamento, devendo ser apresentado no prazo para cumprimento da exigência para apreciação pela autoridade recorrida; em 3 (três) dias úteis, para decisão singular, ou 5 (cinco) dias, para decisão coletiva, úteis.

Das decisões definitivas, singulares ou de turmas, cabe *Recurso ao Plenário*[45], cujo procedimento compreenderá as fases de instrução e julgamento[46]. Tal recurso deverá ser decidido, no prazo máximo de 30 (trinta) dias, a contar da data do recebimento da peça recursal, cabendo à procuradoria ser ouvida no prazo de 10 (dez) dias, quando não seja a recorrente.

Das decisões do plenário, cabe *Recurso ao Departamento Nacional do Registro Empresarial e Integração*[47]. Trata-se da última instância administrativa[48]. Da decisão deste recurso, só restará a via judicial, sendo assunto pertinente à competência da Justiça Federal. Frise-se, por oportuno, que o prazo para a interposição dos recursos (ao Plenário e ao Ministro) são de 10 (dez) dias úteis[49], contados da data de intimação da parte ou da publicação do ato no órgão oficial de publicidade da Junta.

---

[45] Nos termos do art. 45, da Lei nº 8.934/94.

[46] Nos termos do art. 66, do Decreto nº 1.800/96.

[47] Nos termos do art. 69, do Decreto nº 1.800/96, de acordo com a redação determinada, atualmente, pelo Decreto nº 8.815/16. Frise-se a evolução histórica desta competência. No âmbito da Lei nº 8.934/94, tal recurso seria direcionado ao Ministro da Indústria, do Comércio e do Turismo. O Decreto nº 3.395/00 atribuiu tal competência ao Ministro do Desenvolvimento, Indústria e do Comércio Exterior. Por sua vez, o Decreto nº 8.060/13, repassou esta competência recursal ao Ministro Chefe da Secretaria da Micro e Pequena Empresa. Em 2016, a competência em exame passa a ser do Ministro Chefe da Casa Civil Atualmente, o DREI assumiu tal competência recursal, conforme art. 44, III, da Lei nº 8.934/94, com a redação dada pela Lei nº 13.874/19. A competência recursal do DREI veio a ser regulamentada, por final, com o advento do Decreto nº 10.173/19.

[48] Nos termos do art. 47, da Lei nº 8.934/94.

[49] Nos termos do art. 50, da Lei nº 8.934/94.

A Lei nº 14.195/21 promoveu algumas novidades, entre alterações e inclusões nesse ponto da matéria. Com efeito, é importante notar que, entre outras proibições já previstas na Lei nº 8.934/94, não será possível arquivar: (i) os atos constitutivos de empresas mercantis que não designarem o respectivo capital e a declaração de seu objeto, cuja indicação no nome empresarial é facultativa; e (ii) os atos de empresas mercantis com nome idêntico a outro existente.

Em tais casos, na menor das hipóteses, deverá a Junta Comercial colocar o processo de registro em exigência[50]. Seja como for, o registro dos atos constitutivos, dos aditivos e das extinções se darão independente de prévia autorização governamental, sendo os órgãos públicos interessados informados dos respectivos registros por meio da Redesim[51].

Por fim, é importante notar que após a microfilmagem ou a utilização de meio tecnológico mais avançado para a preservação dos documentos cartularizados, será possível a eliminação de tais atos, devendo ser concedido – antes da referida eliminação – um prazo de 30 dias para os sócios, administradores e procuradores retirarem a documentação original, sem qualquer custo[52].

5.1.2 Prazo de registro

A legislação empresarial estabelece um prazo para o empresário proceder ao registro dos atos constitutivos e demais documentos sujeitos a arquivamento. Tal prazo, nos termos do art. 1.151, do Código Civil, e do art. 36, da Lei nº 8.934/94, é de 30 dias, contados da data da assinatura do documento.

Do ponto de vista de uma **análise econômica do direito**, metodologia atualmente empregada para compreender e aplicar o Direito Empresarial, o ordenamento jurídico deve ser visto como uma **estrutura de incentivos**. Assim, toda vez que o legislador almeja a prática de um determinado ato, quando tal ocorre, deve ser deferido um prêmio – incentivo positivo – e, sob a mesma ótica, quando não se deseja a prática de determinado ato e o agente descumpre tal prazo proibição, deve receber uma sanção – incentivo punitivo.

Dentro desta perspectiva, ao empresário, apresentam-se duas possibilidades: i) **o empresário cumpre o prazo**; ou ii) **o empresário descumpre o prazo**. Na primeira hipótese, o registro tem natureza declaratória, operando efeitos *ex tunc*, ou seja, os efeitos do registro retroagem à data da assinatura do documento. Descumprido o prazo pelo empresário, o registro passa a ter natureza constitutiva, operando efeitos *ex nunc*, ou seja, os efeitos do registro iniciam a partir de sua concessão.

---

[50] De acordo com a nova redação do art. 35, III e V, da Lei nº 8.934/94.

[51] Nos termos do art. 35, § 1º, da Lei nº 8.934/94.

[52] É o que se extrai do art. 57, da Lei nº 8.934/94.

Assim, imagine-se, por exemplo, a situação em que duas pessoas resolvem constituir sociedade limitada. Suponha, ainda, que após a assinatura do contrato social, ambos os sócios passem a contrair obrigações pela sociedade. Caso o contrato social seja apresentado para registro, na Junta Comercial, em até 30 dias contados da assinatura do documento, todas as obrigações contraídas, neste período, serão da pessoa jurídica, inexistindo *a priori* responsabilidade para os sócios. Porém, perdendo-se referido prazo, as obrigações contratadas até o momento em que a Junta Comercial conceder o registro de sua constituição poderão ser cobradas diretamente dos sócios.

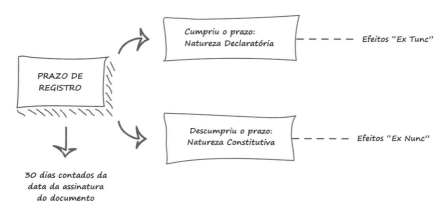

5.2 Demais obrigações do regime jurídico empresarial

Além da obrigação de se registrar antes do início da atividade, prevista no art. 967, do Código Civil, existem outras obrigações que compõem o regime jurídico empresarial.

Regra geral, pode-se considerar como obrigações que cabem aos empresários cumprir:
i) **obrigação de se registrar**;
ii) **obrigações de escrituração**; e
iii) **obrigações de demonstrações contábeis ou financeiras periódicas**.

As obrigações de escrituração e de demonstrações contábeis ou financeiras se encontram previstas no art. 1.179 do Código Civil[53]. Há, ainda, tratamen-

---

[53] "O empresário e a sociedade empresária são obrigados a seguir um sistema de contabilidade, mecanizado ou não, com base na escrituração uniforme de seus livros, em correspondência com a documentação respectiva, e a levantar anualmente o balanço patrimonial e o de resultado econômico".

to específico, no que tange ao regime jurídico empresarial, para o pequeno empresário, o microempreendedor individual e a sociedade de grande porte. É importante, deste modo, compreender o funcionamento do regime jurídico empresarial, tanto em geral, quanto o tratamento especial dado aos casos indicados. É o que se fará, na sequência.

5.2.1 Obrigações relativas à escrituração empresarial

De início, vale a pena notar que cabe ao empresário tomar nota de todas as relações jurídicas de que participe, seja na condição de credor ou de devedor, sejam elas onerosas ou gratuitas. É o que se pode denominar de obrigações de escrituração.

As obrigações de escrituração são:

i) a necessidade de seguir uma ordem uniforme de escrituração[54];

ii) autenticar perante a junta comercial, pelo menos, os livros empresariais obrigatórios[55]; e

iii) conservar escrituração no prazo de decadência ou de prescrição[56].

A importância que o direito empresarial brasileiro confere ao presente tema tem relação com as funções que a escrituração tem para o exercício da atividade empresária[57].

Qualquer escrituração tem, em essência, três funções:

i) **função gerencial**;

ii) **função documental**; e

iii) **função fiscal**.

A primeira função que a escrituração passou a ter foi a *função gerencial*. Com efeito, nos primórdios do exercício da atividade econômica, os empresários, então conhecidos como mercadores ou burgueses, sentiram ***a necessidade de escriturar suas relações jurídicas para melhor pensar e administrar a sua empresa***. É curioso perceber: esta obrigação surgiu espontaneamente entre os empresários, sendo certo que, desde logo, precisaram manter informações acerca

---

[54] Nos termos do art. 1.169, do Código Civil.

[55] Nos termos do art. 1.181, do Código Civil.

[56] Nos termos do art. 1.193, do Código Civil.

[57] Para aprofundar este assunto, ver: COELHO, Fábio Ulhoa. *Curso de direito comercial, volume 1:* direito de empresa. 17 ed. São Paulo: Saraiva, 2013; TOMAZETTE, Marlon. *Curso de direito empresarial:* teoria geral e direito societário, São Paulo: Atlas, 2008. v. 1.

de sua atividade, descrevendo, por exemplo, a quem foi concedido crédito, de quem obteve concessão de crédito, quem pratica a melhor taxa de juros etc. Da necessidade de escriturar do empresário à obrigação prevista em lei foi um passo... que demorou alguns séculos!

Com o passar dos tempos, o exercício da atividade econômica foi se tornando cada vez mais complexo. Deste modo, *a escrituração da atividade empresária que inicialmente só interessava ao empresário, passou a ser de interesse de outras pessoas, tais como investidores, credores, sócios, fornecedores, dentre outros.* Assim, o empresário passou a ter que escriturar suas obrigações de maneira a que, quando precisasse apresentá-las a terceiros, estes entendessem o objeto da escrituração. Daí falar-se na *função documental*, em vista de a escrituração servir de meio de prova perante terceiros, passando a escrituração a ser uniforme.

Por final, a escrituração passa a ter, também, *função fiscal*. A partir da formação dos estados nacionais, os tributos se tornaram o seu meio de sustentação. Para tanto, necessitava-se de algum meio de verificar o cumprimento da legislação tributária e a arrecadação dos tributos devidos. Nada melhor do que se utilizar de material expedido ou confeccionado pelo próprio contribuinte. É, neste contexto, que *a escrituração passa a ser imposta por lei, visando facilitar a atividade da fazenda pública referente à fiscalização e arrecadação tributárias.*

Compreendidas as funções da escrituração, vale a pena destacar a existência de três *sistemas legais de escrituração*[58]:

i) o **sistema francês**;

ii) o **sistema suíço**; e

iii) o **sistema germânico**.

Pelo *sistema francês* – adotado pelo direito brasileiro, a lei impõe ao empresário a **necessidade de escriturar** suas relações jurídicas, determinando, ainda, **que livros devem ser escriturados** e qual o **método de sua escrituração**. Já pelo *sistema suíço*, a lei impõe ao empresário a necessidade de escriturar suas relações jurídicas, deixando-o, porém, **livre** quanto aos **livros que devem ser escriturados** e ao **método de sua escrituração**. Por final, pelo *sistema germânico*, a lei impõe ao empresário a necessidade de escriturar suas relações jurídicas, determinando, ainda, que livros devem ser escriturados, deixando-o, porém, **livre** quanto ao **método de sua escrituração**.

---

[58] Conforme: REQUIÃO, Rubens. *Curso de direito comercial*. 31 ed. São Paulo: Saraiva, 2012. v. 1.

5.2.1.1 Livros empresariais

Por *livros empresariais*, entende-se o objeto dentro do qual o empresário realizará a sua escrituração. Trata-se de expressão técnica que será utilizada ainda que a escrituração seja realizada mediante programas de computador. A partir da eventual imposição do legislador, pode se falar em:

Livros Empresariais		
Livros obrigatórios:	A lei impõe a sua escrituração	
	Comum	Todo empresário deve escriturar
	Especiais	Apenas os empresários que se encontrem em determinadas situações devem escriturá-los, além do livro comum
Livros facultativos:	O empresário escritura quando facilitar a escrituração do livro obrigatório ou o gerenciamento da atividade	

Atualmente, o livro obrigatório comum é o *Livro Diário*[59]. Todo e qualquer empresário deve mantê-lo, independentemente do tamanho e do tipo jurídico, por força de lei. Apesar disto, atualmente, o Código Civil admite a sua substituição por fichas quando a escrituração for mecanizada ou eletrônica. No Diário serão lançadas, com individuação, clareza e caracterização do documento respectivo, dia a dia, por escrita direta ou reprodução, todas as operações relativas ao exercício da empresa[60].

Os denominados *livros obrigatórios especiais* são impostos por lei, em razão de duas situações: i) **o tipo jurídico utilizado para o exercício da empresa**; e ii) **a forma de exercer a atividade econômica**. Tais livros serão obrigatórios para os empresários que se enquadrarem em tais situações. Os dois exemplos mais cortejados pela doutrina são: i) *os livros de sociedade anônima*; e ii) *o livro de registro de duplicatas*.

No que se refere à sociedade anônima, o art. 100, da Lei nº 6.404/76, determina que, além do Livro Diário, deve manter os seguintes livros:

i) o *livro de registro de ações nominativas* – para inscrição, anotação ou averbação dos nomes dos acionistas e da situação de suas ações;

ii) o *livro de transferência de ações nominativas* – para lançamento dos termos de transferência, a serem assinados pelo cedente e cessionário;

iii) o *livro de registro de partes beneficiárias* – se tiverem sido emitidas, seguindo os mesmos moldes do livro de registro de ações, e o *livro de transferência de partes beneficiárias* – se tiverem sido emitidas, seguindo os mesmos moldes do livro de transferência de ações;

iv) o *livro de atas de assembleia geral*;

---

59 Nos termos do art. 1.180, do Código Civil.

60 Nos termos do art. 1.184, do Código Civil.

v) o *livro de presença dos acionistas*;

vi) o *livro de atas de reuniões do conselho de administração* – se houver, e o *livro de atas de reuniões da diretoria*; e

vii) o *livro de atas e pareceres do conselho fiscal*.

A Lei nº 14.195/21 determinou que a escrituração dos livros de "registro de ações nominativas", de "transferência de ações nominativas", de "registro de partes beneficiárias nominativas", de "transferência de partes beneficiárias nominativas", de "atas das assembleias gerais" e de "presença dos acionistas" pode ser substituída por registros mecanizados ou eletrônicos[61].

De outro lado, o art. 19 da Lei nº 5.474/68, determina que, caso o vendedor queira documentar o seu crédito mediante a emissão de **duplicatas**, deverá escriturar o *livro de registro de duplicatas*. Com efeito, como adiante se estudará, **não é obrigado ao vendedor emitir duplicata**; porém, caso resolva materializar seu crédito no referido título, deverá manter em sua contabilidade, além do livro diário, o livro de registro de duplicatas, devendo tais duplicatas serem escriturados cronologicamente.

É, ainda, importante ressaltar algumas considerações sobre os livros empresariais. Note-se que, além dos livros empresariais, as legislações tributária e trabalhista determinam, por vezes, a escrituração de outros livros denominados **livros fiscais**. Do ponto de vista do Direito Empresarial, impõe considerar que tais livros são **obrigatórios, porém não empresariais**. Ou seja, trata-se de **livros obrigatórios** em vista de que são impostos por lei; entretanto, **tal exigência não interessa ao âmbito de estudo do Direito Empresarial**.

Por final, vale ainda ressaltar que os **livros empresariais a serem mantidos pela microempresa** (ME) **e pela empresa de pequeno porte** (EPP). Com efeito, regra geral, ME e EPP devem manter os **mesmos livros empresariais** escriturados pelos empresários convencionais. Porém, caso façam a **opção pelo SIMPLES** – o regime simplificado de tributação previsto pela Lei Complementar nº 123/06, deverão escriturar, ainda, nos termos do art. 26, § 2º, o *livro caixa*, em que será escriturada toda a movimentação bancária e financeira.

5.2.1.2 Valor probante dos livros empresariais

Tamanha preocupação da lei empresarial brasileira sobre os livros que os empresários devem escriturar, relaciona-se ao fato de que tais livros servem de **meio de prova**, tanto **contra** quanto **a favor** dos empresários[62]. Dado o seu caráter confessional – em suma, o empresário tem obrigação de escriturar todas as suas relações jurídicas – *os livros empresariais sempre servirão de prova contra o empresário titular*.

---

[61] De acordo com o art. 100, § 3º, da Lei nº 6.404/76.

[62] Nos termos do art. 226, do Código Civil.

Para valer de **prova a favor dos empresários, a escrituração deve ser realizada sem vícios**, intrínsecos ou extrínsecos e forem **confirmados por outros subsídios**. Diz-se, portanto, que **os livros empresariais têm valor de prova relativo**. Tanto é que, quando a lei exigir escritura pública, ou requisitos especiais, não bastará prova apenas com os livros empresariais. Ademais, é também **possível provar a inexatidão ou a falsidade na escrituração empresarial**.

Requisitos de Escrituração dos Livros Empresariais			
Intrínsecos	*Conteúdo*	Art. 1.183, CC	A escrituração será feita em idioma e moeda corrente nacionais e em forma contábil, por ordem cronológica de dia, mês e ano, sem intervalos em branco, nem entrelinhas, borrões, rasuras, emendas ou transportes para as margens.
Extrínsecos	*Formalidade*	Art. 1.181, CC	Salvo disposição especial de lei, os livros obrigatórios e, se for o caso, as fichas, antes de postos em uso, devem ser autenticados no Registro Público de Empresas Mercantis.
		Art. 1.182, CC	Sem prejuízo do disposto no art. 1.174, a escrituração ficará sob a responsabilidade de contabilista legalmente habilitado, salvo se nenhum houver na localidade.

O valor probante dos livros empresariais é previsto atualmente pelo art. 226 do Código Civil. Na mesma toada, estabelecem os arts. 417[63] e 418[64], do CPC.

Para facilitar

Assim, facilitando, os livros empresariais fazem prova:

a) **contra o empresário** – sempre;

b) **a favor do empresário** – quando escriturado sem vícios e houver lastros documentais confirmando a escrituração.

5.2.1.3 Exibição dos livros empresariais

Desde os primórdios, os agentes econômicos se submetem ao *princípio do sigilo*, por meio do qual não são obrigados a abrir sua escrituração ou a divulgar

---

[63] "Os livros empresariais provam contra o seu autor, sendo lícito ao empresário, todavia, demonstrar, por todos os meios permitidos em direito, que os lançamentos não correspondem à verdade dos fatos".

[64] "Os livros empresariais que preencham os requisitos da lei provam a favor de seu autor no litígio entre empresários".

as informações relativas à sua atividade. Quanto aos empresários, o *princípio do sigilo empresarial* determina que, regra geral, **ninguém poderá obrigar ao empresário a exibir os seus livros empresariais, ainda que com o objetivo de verificar se o empresário segue as formalidades legais para a sua escrituração.** É o empresário, portanto, quem vai definir se, quando, para quem, de que modo, e até quando, apresentará sua escrituração.

Percebe-se, portanto, que, em regra, prevalece o *princípio do sigilo empresarial*[65]. Porém, a lei taxativamente prever **hipóteses de exibição dos livros empresariais.** A exibição dos livros empresariais pode ser **determinada por autoridade administrativa ou por autoridade judicial.** Tratando-se de *ordem determinada por autoridade judicial*, a exibição poderá ser **integral (total) ou parcial.**

Para facilitar

Facilitando, tem-se o seguinte:

Exibição dos livros empresariais			
1. Judicial			
	a) Total	Art. 1.191, CC (no novo CPC, art. 420)	O juiz só poderá autorizar a exibição integral dos livros e papéis de escrituração quando necessária para resolver questões relativas a sucessão, comunhão ou sociedade, administração ou gestão à conta de outrem, ou em caso de falência.
	b) Parcial	(...) § 1º, CC (no novo CPC, art. 421)	O juiz ou tribunal que conhecer de medida cautelar ou de ação pode, a requerimento ou de ofício, ordenar que os livros de qualquer das partes, ou de ambas, sejam examinados na presença do empresário ou da sociedade empresária a que pertencerem, ou de pessoas por estes nomeadas, para deles se extrair o que interessar à questão.
2. Administrativa		Art. 1.193, CC	As restrições estabelecidas neste Capítulo ao exame da escrituração, em parte ou por inteiro, não se aplicam às autoridades fazendárias, no exercício da fiscalização do pagamento de impostos, nos termos estritos das respectivas leis especiais.

---

[65] Nos termos do art. 1.190, do Código Civil.

Fala-se em *exibição judicial total* sempre que por ordem do juiz, em hipóteses *numerus clausus* previstas em lei, o empresário for obrigado a depositar os seus livros em cartório (secretaria da vara), ocorrendo o *desapossamento*[66] dos livros até a solução do litígio. Fala-se, ainda, em *exibição judicial parcial* sempre que diante de litígios envolvendo empresários, o juiz, em razão de ação judicial, determinar a apresentação dos livros em audiência, para deles somente extrair o que for necessário para a solução do litígio; extraídas as informações necessárias para o caso concreto, o empresário retorna ao estabelecimento na posse dos seus livros. Por final, fala-se em *exibição administrativa* sempre que a ordem for expedida por autoridade administrativa, cabendo considerar que só poderá ocorrer tal modalidade para finalidade fiscal-tributária.

Em se tratando de exibição judicial, é sempre possível que o empresário titular do livro venha a descumprir a ordem do juiz para apresentação dos livros empresariais. Atento a isto, o legislador determina[67] que, no **descumprimento de decisão judicial**, nos casos de **exibição integral**, é possível determinar a **apreensão judicial da escrituração**. Porém, caso se trate de **exibição parcial**, haverá **presunção de veracidade** dos atos alegados contra o empresário.

Não se pode deixar de lembrar que o Supremo Tribunal Federal mantém súmulas de jurisprudência acerca desta temática. A súmula nº 260, do STF, tratando da *exibição judicial dos livros*, prevê: "O exame de livros comerciais, em ação judicial, fica limitado às transações entre os litigantes". Assim, *não há como se pedir a exibição dos livros empresariais de quem não seja parte no processo*. Há, ainda, a súmula nº 390, mencionando: "A exibição judicial de livros comerciais pode ser requerida como medida preventiva"[68]. Dessa forma, *a exibição dos livros empresariais não precisa necessariamente ser o pedido principal*. De outro lado, a súmula nº 439, acerca da *exibição administrativa*, estatui: "Estão sujeitos à fiscalização tributária ou previdenciária quaisquer livros comerciais, limitado o exame aos pontos objeto da investigação". De onde se conclui que, *enquanto a exibição judicial poderá ser total ou parcial, a exibição administrativa será sempre parcial*.

Fábio Ulhoa Coelho[69] ensina que da **falta de escrituração** podem decorrer **consequências sancionadoras ou motivadoras**. São **sancionadoras** as conse-

---

[66] A expressão foi cunhada por Fábio Ulhoa Coelho na obra: COELHO, Fábio Ulhoa. *Curso de direito comercial*: direito de empresa. 17 ed. São Paulo: Saraiva, 2013. v. 1.

[67] Nos termos do art. 1.192, do Código Civil.

[68] Com o advento do Novo Código de Processo Civil, deve-se entender que a exibição judicial dos livros poderá ser feita em pedido de tutela provisória de urgência em caráter antecedente.

[69] COELHO, Fábio Ulhoa. *Curso de direito comercial*: direito de empresa. 17 ed. São Paulo: Saraiva, 2013. v. 1.

quências relativas à **responsabilização** ou à **punição** *lato sensu* do empresário, sendo **motivadoras** aquelas relativas à **negativa de acesso a benefício** ou direito que a lei assegura ao empresário regular.

São **consequências sancionadoras**: i) a presunção da veracidade dos atos alegados contra o empresário, em ação judicial – art. 1.192, do Código Civil; e ii) a prática do crime falimentar[70] de omissão dos documentos contábeis obrigatórios – art. 178, da Lei nº 11.101/05. São **consequências motivadoras**: i) a impossibilidade de promover ação de recuperação judicial – art. 51, §§ 1º e 2º, da Lei nº 11.101/05; e ii) a ineficácia do valor probante dos livros empresariais – art. 226, do Código Civil.

5.2.2 Obrigações relativas às demonstrações contábeis ou financeiras

A última obrigação do regime jurídico empresarial, na sua versão geral, está relacionada às **demonstrações contábeis ou financeiras** que cabe ao empresário realizar. Tendo em vista as funções da escrituração, estudadas anteriormente, e a **necessidade de divulgação de informações para terceiros** interessados, como fornecedores ou investidores, a lei determina ao empresário extrair **periodicamente** tais demonstrações.

A lei brasileira admite **dois sistemas legais** quanto às modalidades de demonstrações financeiras exigíveis. Com efeito, há, de um lado, o sistema previsto pelo Código Civil, aplicáveis aos empresários e sociedades em geral; de outro lado, tem-se o sistema previsto pela Lei nº 6.404/76, aplicável às sociedades por ações.

Para os empresários e sociedades em geral, o art. 1.179, do Código Civil, determina a realização de:

i) balanço patrimonial; e

ii) demonstração de resultados econômicos.

Para as sociedades por ações, o art. 176, da Lei nº 6.404/76, determina a realização de:

i) balanço patrimonial;

ii) demonstração de lucros e prejuízos acumulados;

iii) demonstração do resultado do exercício;

iv) demonstração dos fluxos de caixa; e

v) demonstração do valor adicionado, caso se trate de companhia aberta.

Quanto à **periodicidade** das demonstrações contábeis, a lei brasileira também prevê dois sistemas. Regra geral, a periodicidade é **anual**. Vale dizer, finalizando o exercício financeiro – período anual, não coincidente com o ano

---

[70] Não é crime falimentar, a mera ausência da escrituração. O crime falimentar é o de falir sem realizar a escrituração empresarial obrigatória.

civil –, os empresários têm até o fim do quarto mês seguinte para a realização e aprovação das demonstrações financeiras periódicas. É o que se tem nos arts. 1.179, do Código Civil, e 178, da Lei nº 6.404/76. Porém, em duas situações a periodicidade passa a ser **semestral**: i) sociedade anônima com *distribuição semestral de dividendos*, nos termos do estatuto social da companhia – art. 204, da Lei nº 6.404/76; e ii) *instituições financeiras privadas*, por força de lei – art. 31, da Lei nº 4.595/64.

Apesar de a lei determinar a necessidade de serem realizadas periodicamente demonstrações financeiras, nada impede que o empresário não as faça.

A legislação traz algumas **consequências para a falta de demonstrações contábeis** ou financeiras, das quais se destacam:

i) a impossibilidade de participar de licitações – art. 69, I, da Lei nº 14.133/21;

ii) o indeferimento do pedido de recuperação judicial – arts. 51, II, e 52, da Lei nº 11.101/05;

iii) a responsabilidade dos administradores societários pelos prejuízos advindos da falta de demonstrações financeiras – arts. 1.020 e 1.065, do Código Civil, e art. 158, da Lei nº 6.404/76.

5.3 O pequeno empresário e o microempreendedor individual – MEI

O *pequeno empresário* é um conceito jurídico. Deve receber tratamento favorecido, diferenciado e simplificado quanto à sua inscrição e aos efeitos daí recorrentes[71]. Será considerado pequeno empresário todo empresário individual – pessoa física, que esteja enquadrado na condição de microempresa e que tenha receita bruta até o montante de R$ 81.000,00 (oitenta e um mil reais) anuais[72].

Encontra-se dispensado de escriturar e realizar demonstrações periódicas[73]. Portanto, **a única obrigação do pequeno empresário é apenas a de registro**! Por ser ME, pode optar pelo regime tributário simples, então pode ter que fazer determinadas demonstrações para fins tributários. Para fins empresariais, para ser regular, basta se registrar. Entretanto, caso faça a opção pelo SIMPLES, deverá escriturar o livro caixa[74].

A Lei Complementar nº 123/06 regulamenta, ainda, no art. 18-A o *microempreendedor individual – MEI*. O MEI é o pequeno empresário que realiza a opção pelo Simples Nacional (regime de tributação simplificada, previsto na LC 123/06). É oportuno esclarecer que o **procedimento de registro do MEI**

---

[71] Nos termos do art. 970, do Código Civil.

[72] Nos termos do art. 18-A, § 1º, da Lei Complementar nº 123/06, com a redação determinada pela Lei Complementar nº 155/16.

[73] Nos termos do art. 1.179, § 2º, do Código Civil.

[74] Nos termos do art. 26, § 2º, da Lei Complementar nº 123/06.

deve ter *trâmite especial e simplificado, preferencialmente eletrônico, sendo esta alternativa opcional* para o empreendedor[75] e que, neste registro, poderá ser dispensado o uso da firma, com a assinatura autógrafa, o capital e demais informações pessoais ou remessa de documentos, pelo empreendedor[76].

5.4 A sociedade de grande porte

Apesar de o Direito denominar esse instituto jurídico de **sociedade de grande porte**, não se trata de um tipo societário novo nem, necessariamente, de sociedade. É oportuno esclarecer isto, tendo em vista que quando se fala em sociedade de grande porte, normalmente, têm-se em mira as sociedades anônimas. Podem, entretanto, enquadrar-se, neste conceito jurídico, tanto qualquer tipo societário quanto grupos econômicos.

A sociedade de grande porte precisa ter **pelo menos uma das seguintes características**:
i) **ativo anual** superior a 240 milhões; ou
ii) **receita bruta anual** superior a 300 milhões.

Estando diante de uma pessoa jurídica-sociedade, ou de um grupo societário, que atenda a um desses dois requisitos, ele vai ter essas três obrigações gerais (de registro, de escrituração e de realizar demonstrações periódicas), porém para as duas últimas obrigações, a sociedade de grande porte as realizará na forma do que prescreve a legislação das sociedades anônimas. Cria-se, ademais, outra obrigação, além das três gerais: a sociedade de grande porte precisará se submeter à auditoria independente por auditor habilitado pela CVM[77].

6. NOME EMPRESARIAL

Por **nome empresarial**, deve-se entender *a expressão a partir da qual o empresário se identifica no mercado, enquanto sujeito de direitos, com o objetivo de adquirir e exercer direitos e contrair obrigações, permitindo que se retire informações da empresa contratada*. Encontra-se regulamentado entre os arts. 1.155 a 1.168, do Código Civil. A definição acima é extraída do art. 1.155 do Código Civil que prevê: "Considera-se nome empresarial a firma ou a denominação adotada (...) para o exercício de empresa".

---

[75] Nos termos do art. 968, § 4º, do Código Civil.

[76] Nos termos do art. 968, § 5º, do Código Civil.

[77] Nos termos do art. 3º, da Lei nº 11.638/07.

De início, é oportuno salientar que a **proteção ao nome empresarial** obedece aos *princípios da anterioridade e da veracidade*[78]. Pelo **princípio da novidade**, tem-se que o nome de empresário deve distinguir-se de qualquer outro já inscrito no mesmo registro. Se o empresário tiver nome idêntico ao de outros já inscritos, deverá acrescentar designação que o distinga[79]. Por sua vez, de acordo com o **princípio da veracidade**, o nome empresarial deve ser estruturado por informações verdadeiras e autênticas, devendo ser mantida tal autenticidade durante toda a duração da atividade.

Em vista de tais princípios, o legislador passou a admitir (provavelmente aproveitando-se por analogia da experiência com o MEI, cujo nome empresarial é o nome civil do sujeito, acrescido do CPF) a utilização do CNPJ como nome empresarial, seguido da particular identificadora do tipo societário, quando exigida por lei[80]. Visando evitar conflitos, o DREI entrou em entendimento com a Receita Federal de que, para a aplicação da presente norma, deveria se considerar, apenas, a raiz do CNPJ (os oito primeiros números).

Dessa forma, pode ocorrer, de início inclusive, nomes empresariais, nestes termos: 12.345.678 LTDA, Companhia 12.345.678 ou Cooperativa 12.345.678. É cabível notar que, por exigir "partícula identificadora do tipo societário ou jurídico", tal hipótese não deve ser aplicável às sociedades em nome coletivo e em comandita simples. Apesar da literalidade da norma, ela também não deve ser aplicável ao empresário individual, justamente por não haver "partícula identificadora do tipo jurídico".

A doutrina[81] debate acerca da **natureza jurídica do nome empresarial**. A corrente que analisa o nome empresarial segundo um **critério subjetivo** entende que o nome empresarial é o nome do empresário, tratando-se de uma expressão relacionada ao direito de personalidade do empresário. Por ser vinculado à personalidade do empresário, é inalienável e irrenunciável. De outro lado, a doutrina que segue o **critério objetivo** explica o nome empresarial enquanto o nome da empresa, dotado de valor econômico, e como tal é plenamente negociável, alienável.

---

[78] Nos termos do art. 34, da Lei nº 8.934/94.

[79] Nos termos do art. 1.163, do Código Civil.

[80] De acordo com o art. 35-A, da Lei nº 8.934/94, incluído pela Lei nº 14.195/21.

[81] Para aprofundar este assunto, ver, dentre outros: COELHO, Fábio Ulhoa. *Manual de direito comercial:* direito de empresa. 24 ed. São Paulo: Saraiva, 2012; REQUIÃO, Rubens. *Curso de direito comercial.* 31 ed. São Paulo: Saraiva, 2012. v. 1.

A discussão acerca da natureza jurídica do nome empresarial tem uma importância prática, qual seja, a questão relativa à alienação do nome empresarial. Deste modo, caso se opte **pelo critério subjetivo, o nome empresarial é inalienável**; se a opção for **pelo critério objetivo, o nome empresarial será alienável**. Apesar de o art. 1.155 do Código Civil determinar que o nome empresarial é adotado para o exercício da empresa, deve-se entender que o direito brasileiro adotou, quanto à natureza jurídica do nome empresarial, o critério subjetivo, sendo certo que de acordo com o art. 1.164 do Código Civil: "**O nome empresarial não pode ser objeto de alienação**".

6.1 Das espécies de nome empresarial

Existem três espécies de nome empresarial:

a) **firma individual**;
b) **firma social**; e
c) **denominação social**.

A firma individual é espécie de nome empresarial exclusiva para o empresário individual. Já firma social e denominação social são espécies de nome empresarial a serem utilizadas por sociedades, simples ou empresárias, e pela empresa individual de responsabilidade limitada.

Em decorrência do princípio da veracidade, extrai-se algumas premissas, a partir da presunção legal de responsabilidade patrimonial (em regra, a responsabilidade será subsidiária, vale dizer, existe a possibilidade de se perder bens pessoais por débitos empresariais):

1ª Premissa:	Se você quer fugir da presunção de responsabilidade patrimonial prevista pelo legislador, faça expressa menção de sua intenção no nome empresarial (é em razão desta premissa que se tem, por exemplo, na sociedade limitada, a necessidade de se inserir a expressão "Ltda" no seu final);
2ª Premissa:	Firma – espécie de nome empresarial utilizada regra geral quando há pelo menos uma pessoa envolvida na empresa com responsabilidade ilimitada: expressão constituída a partir do nome civil, notadamente, daquele que tenha responsabilidade ilimitada, sendo facultada a inserção do objeto social (atividade econômica) no nome empresarial;
3ª Premissa:	Denominação – espécie de nome empresarial utilizada regra geral quando todos os envolvidos na empresa tenham responsabilidade limitada (vale dizer, não perdem bens pessoais por débitos empresariais): expressão constituída a partir de um nome abstrato (não é necessário o nome civil do sócio em face da responsabilidade limitada e, quando utilizado, será feito a título de homenagem), sendo necessária a inserção do objeto social no nome empresarial.

6.2 Da formação do nome empresarial

É importante destacar alguns pontos acerca da formação do nome empresarial. Com efeito, **a sociedade anônima**[82] **sempre adotará denominação social** enquanto espécie de nome empresarial (como na S/A todos os acionistas têm responsabilidade limitada, não se insere a expressão "Ltda" ao final do nome empresarial). **A sociedade cooperativa**[83]**, também, somente adotará denominação social** como nome empresarial (como na cooperativa os cooperados podem ter responsabilidade limitada ou ilimitada[84], deve-se inserir a expressão "Ltda" ao final para demonstrar a responsabilidade limitada, se for o caso).

As sociedades em comandita por ações e limitada poderão operar mediante firma ou denominação, a ser definida no ato constitutivo (o legislador, regra geral, indica o tipo de nome empresarial a ser utilizada por cada agente econômico). Para as sociedades em comandita por ações[85], deve-se utilizar as premissas anteriormente apresentadas, nos seus estritos termos, para a definição da espécie utilizada de nome empresarial (será firma, se constituída a partir do nome dos sócios, e denominação, se constituída a partir de um nome abstrato).

Para a **sociedade limitada**[86], a diferença entre firma e denominação não se dará pela ausência ou presença do nome civil de um sócio na constituição do nome empresarial. Tal diferença estará baseada na ausência ou presença da atividade, vale dizer, do objeto social. **Do ponto de vista legal**, a sociedade limitada adotará firma acaso o nome empresarial seja composto apenas pelo nome civil de sócios (sem o objeto social), adotando-se denominação quando houver a presença do objeto social na constituição do nome empresarial.

O contrato social, na sociedade limitada – e somente para ela, pode inverter a lógica legal, chamando-se de firma aquilo que deveria ser considerado

---

[82] Art. 1.160. A sociedade anônima opera sob denominação designativa do objeto social, integrada pelas expressões "sociedade anônima" ou "companhia", por extenso ou abreviadamente. Parágrafo único. Pode constar da denominação o nome do fundador, acionista, ou pessoa que haja concorrido para o bom êxito da formação da empresa.

[83] Art. 1.159. A sociedade cooperativa funciona sob denominação integrada pelo vocábulo "cooperativa".

[84] Nos termos do art. 1.095, do Código Civil.

[85] Art. 1.161. A sociedade em comandita por ações pode, em lugar de firma, adotar denominação designativa do objeto social, aditada da expressão "comandita por ações".

[86] Art. 1.158. Pode a sociedade limitada adotar firma ou denominação, integradas pela palavra final "limitada" ou a sua abreviatura. § 1º A firma será composta com o nome de um ou mais sócios, desde que pessoas físicas, de modo indicativo da relação social. § 2º A denominação deve designar o objeto da sociedade, sendo permitido nela figurar o nome de um ou mais sócios.

como denominação, e vice-versa. A importância jurídica de se adotar firma ou denominação se deve ao fato de que "*o nome de sócio que vier a falecer, for excluído ou se retirar, não pode ser conservado na firma social*"[87]. Portanto, não existe o direito de se retirar o nome do sócio falecido, excluído ou retirante da denominação social.

Assim, por exemplo, de um ponto de vista legal, o nome empresarial, Giovani Magalhães & Cláudia Cordeiro Ltda., é do tipo firma. Porém, acaso o sócio Giovani Magalhães pretenda sair da sociedade, tendo o direito de retirar o nome civil do nome empresarial da sociedade, deverá o contrato social estabelecer que a sociedade irá operar mediante denominação social.

Adotam firma: o empresário individual, a sociedade em nome coletivo e a sociedade em comandita simples. **Adotam denominação:** a sociedade simples, a sociedade anônima, a sociedade cooperativa e outras pessoas jurídicas. **Podem utilizar firma ou denominação:** a sociedade em comandita por ações e a sociedade limitada. Por último, haja vista se tratar de sociedade despersonificada, a sociedade em conta de participação **não pode ter firma ou denominação**[88].

6.3 Os demais elementos de identificação do empresário

Por **elementos de identificação**, entende-se os signos ou expressões utilizadas pelo empresário com o objetivo de se identificar no mercado. Com efeitos, pode-se falar em: i) *elemento de identificação direto*, quando serve para identificar diretamente a pessoa do empresário; e ii) *elemento de identificação indireto*, quando serve para identificar algum aspecto da atividade empresária, chegando-se, indiretamente, à pessoa do empresário. Diz-se que, enquanto o nome empresarial é considerado o elemento de identificação direto do empresário, são elementos de identificação indireto a marca, o título de estabelecimento e o nome de domínio.

Assim, tendo feito o estudo sobre o nome empresarial, faz-se mister o exame dos demais elementos de identificação do empresário. O objetivo é o de compreender as suas finalidades jurídicas, bem como o de demonstrar os principais aspectos que os diferenciam entre si. Vamos a eles:

---

[87] Art. 1.165, do Código Civil.
[88] Art. 1.162, do Código Civil.

6.3.1 A marca

O estudo acerca da marca será realizado em capítulo próprio a respeito da propriedade industrial. Neste momento, importa compreender uma noção geral a fim de se poder inferir algumas questões sobre a marca enquanto um elemento de identificação indireto do empresário. De outro lado, é oportuno constatar as **diferenças de tratamento entre o nome empresarial e a marca**, bem como a solução jurídica apresentada para os casos de colidência com o nome empresarial.

Por **marca**, deve-se entender o conjunto de letras, números, desenhos ou de um *mix* destes elementos que serve para identificar produtos ou serviços. Note-se que a marca é o elemento expressão que servirá de nome para um produto ou serviço. Trata-se de **elemento de identificação indireta**, em vista de que, por dar o nome a um produto ou a um serviço que é produzido ou realizado por alguém.

É oportuno destacar que *o direito brasileiro não admite marca olfativa, gustativa ou sonora*. Ou seja, não se pode registrar como marca o cheiro, o gosto ou o som. Deste modo, por exemplo, a Rede Globo de Televisão não poderá registrar como marca o famoso "plim-plim". Qualquer pessoa saberá que o aparelho de tevê está sintonizado na Globo, começando ou finalizando determinado intervalo comercial da programação, ao ouvir o famoso sinal sonoro. Apesar disto, em conformidade com a lei brasileira, somente se admite como marca aqueles signos que sejam visualmente perceptíveis[89].

Regra geral, a **propriedade sobre a marca** é adquirida pelo seu **registro junto** ao Instituto Nacional da Propriedade Industrial – INPI. Tal proteção é constituída em **caráter nacional**, na **classe de produto ou serviço** objeto de registro. Deste modo, é válido afirmar: i) ainda que determinado empresário, titular de marca registrada, tenha atuação limitada perante determinado município, não poderá ser deferido um novo registro da mesma expressão para o mesmo tipo de produto ou serviço; e ii) é possível que terceiro empresário venha a registrar como marca expressão já registrada por outro, desde que em outro segmento de atividade.

Não se pode deixar de notar a existência de marcas de conhecimento universal. Há determinadas marcas que têm um inegável apelo no mercado – aquelas marcas em que você menciona o nome e se desenha mentalmente o produto

---

[89] Nos termos do art. 122, da Lei nº 9.279/96.

ou o serviço – e, por isso, recebem proteção especial. Trata-se das **marcas de alto renome** e **marcas notoriamente conhecidas**.

Será considerada *marca de alto renome* aquela que, tendo registro no Brasil, receberá proteção exclusiva[90]. Apesar de, no caso concreto, encontrar-se ***registrada perante o INPI para um só tipo de produto ou serviço***, quando lhe é conferida o alto renome, passa a gozar de ***proteção em todos os ramos da atividade econômica***. Assim, ninguém mais poderá utilizar aquela expressão para fins de registro, ainda que em outro produto, a não ser que contrate com o titular da marca de alto renome, pagando-lhe *royalties*.

É importante notar, na visão do STJ, que a "Decisão administrativa do INPI de reconhecimento de alto renome a uma marca" terá, apenas efeitos *ex nunc*, não retroativos, "prospectivos", para o futuro. Por essa razão, o reconhecimento do alto renome não terá "o condão de atingir marcas já depositadas à época em que publicada a decisão administrativa do seu reconhecimento[91].

Será, de outro lado, considerada *marca notoriamente conhecida* aquela que, **apesar de não ter registro no Brasil, recebe proteção específica**[92]. Desse modo, apesar de inexistir registro no Brasil, não se pode utilizar determinada expressão para fins de registro no INPI, no segmento de atividade em que é notoriamente conhecida. Nada impede, entretanto, que tal expressão venha a ser registrada em outro segmento de mercado.

Marcas Especiais	
Marca de alto renome	Marca notoriamente conhecida
Art. 125, Lei nº 9.279/96	Art. 126, Lei nº 9.279/96
Tem registro no Brasil	Não tem registro no Brasil
Proteção em todos os ramos de atividade	Proteção em seu ramo de atividade

Em comum, a marca de alto renome e a marca notoriamente conhecida têm o fato de serem marcas já estabelecidas e com bastante penetração no mercado. ***A base jurídica para a diferença de regramento se refere ao registro no INPI – presente na marca de alto renome e ausente na marca notoriamente***

---

[90] Nos termos do art. 125, da Lei nº 9.279/96.

[91] É o que se infere do REsp 1.787.676/RJ, Rel. Min. Paulo de Tarso Sanseverino, 3ª Turma, julgado em 14/09/2021, *DJe* 21/09/2021.

[92] Nos termos do art. 126, da Lei nº 9.279/96.

conhecida. Assim, a tendência é que, quando uma marca notoriamente conhecida é registrada no INPI, ela passe a ser considerada marca de alto renome. Entretanto, o alto renome de uma marca deve ser reconhecido pelo INPI, por meio de petição específica, nos termos da Resolução nº 107, de 19 de agosto de 2013. Portanto, não há mais necessidade de vincular o reconhecimento do alto renome a uma oposição ou nulidade administrativa.

Por final, apesar de, no caso concreto, a mesma expressão ser utilizada para a formação de uma **marca** ou de um **nome empresarial**, não se pode confundir tais elementos. O nome empresarial é elemento de identificação direta. Trata-se de expressão indicativa da pessoa do empresário. De outro lado, *a marca é elemento de identificação indireta, sendo certo que se trata de expressão que serve para designar produto ou serviço*. Nomeando diretamente um produto ou serviço, chega-se indiretamente à pessoa do empresário, em vista de que este é o titular daqueles.

6.3.2 O título de estabelecimento

Outro elemento de identificação é o **título de estabelecimento**. O título de estabelecimento é conhecido como *nome fantasia*. Trata-se de elemento de identificação indireta do empresário. O nome fantasia costuma ser definido por aquele nome da fachada, é uma expressão que o empresário utiliza pelo qual ele se torna conhecido pelo mercado consumidor.

Atualmente, *não há um órgão de registro formal para a proteção do título de estabelecimento*. O nome fantasia recebe, portanto, proteção indireta. Nessa linha, o art. 124, V, da Lei nº 9.279/96 determina não ser registrável como marca a reprodução ou imitação de elemento característico ou diferenciador de título de estabelecimento de terceiros. Tal ato, inclusive, constitui-se em crime contra propriedade industrial, nos termos do art. 191, da Lei nº 9.279/96. É, ainda, crime contra a concorrência desleal a utilização indevida de título de estabelecimento alheio, nos termos do art. 195, V, da Lei nº 9.279/96.

Por não ter proteção formal, *a propriedade sobre o nome fantasia decorre da sua utilização. É titular do nome fantasia aquele que provar o seu uso mais antigo*. Tal prova pode ser feita por qualquer meio admitido em direito. Assim, é comum os empresários registrarem o seu nome fantasia enquanto uma cláusula contratual ou estatutária perante a Junta Comercial ou como marca perante o INPI.

Não pode confundir **denominação** e **título de estabelecimento**. Como se viu, denominação é uma das espécies de nome empresarial, elemento de identificação direta do empresário. Por sua vez, o título de estabelecimento serve para identificar o estabelecimento empresarial. Pode se afirmar que, enquanto perante o mercado fornecedor, o empresário se torna conhecido pelo nome empresarial, perante o mercado consumidor, o que interessa é o nome fantasia.

6.3.3 O nome de domínio

Para os empresários que atuam perante o comércio eletrônico, surge um novo elemento de identificação: o **nome de domínio**. É o que se conhece, na linguagem comum, como endereço eletrônico ou nome do *site*. É oportuno salientar que o endereço eletrônico de um site segue uma mesma métrica. Para tal análise, examine-se o site da editora:

_	Site: http://www.grupogen.com.br
http	Linguagem a partir da qual o site foi elaborado
www	O local em que se encontra o site
Grupogen	Nome propriamente dito do site
Com	O tipo de informação ou de conteúdo que se encontra no site
Br	A nacionalidade do site

Para compreender a proteção ao nome de domínio, é importante entender a sua estrutura. Fala-se, assim, em **domínio de primeiro nível** (DPN) e **domínio de segundo nível** (DSN). O domínio de primeiro nível revela o tipo de conteúdo veiculado no site e o domínio de segundo nível é a sua nomenclatura propriamente dita.

A proteção do nome de domínio é específica. Vale dizer, *protege-se o nome de domínio, a partir do domínio de primeiro nível*. Assim, a mesma expressão pode ser registrada como nome de domínio diversas vezes e por diversos empresários, desde que em DPNs diferentes. Há **proteção formal**, havendo registro do nome de domínio perante o Núcleo de Informação e Coordenação do Ponto BR.

6.3.4 A solução de conflitos entre os elementos de identificação do empresário

A rigor, ***não deveria haver conflito ou colidência entre os elementos de identificação do empresário***. Cada elemento de identificação do empresário tem uma forma de proteção específica, além de ter, como visto, funções distintas. Entretanto, não existe comunicação entre os vários órgãos destinados a registrar os elementos de identificação, daí ser natural e comum tais conflitos. Se a proteção aos elementos de identificação é importante para o empresário titular dos mesmos, é mais relevante, ainda, para o consumidor que não pode ser levado a erro, querendo consumir de determinado empresário passe, por engano, a comprar de outro.

Proteção aos elementos de identificação do empresário				
	Nome empresarial	Marca	Nome fantasia	Nome de domínio
Formal	Junta Comercial	INPI	Não tem	NIC.Br
Material	Exclusiva	Específica	Específica	Específica
Territorial	Estadual	Nacional	Nacional	Nacional
Temporal	Permanente	Temporária	Permanente	Temporária

A **proteção ao nome empresarial** é assegurada a partir do registro perante a Junta Comercial. Não é possível em uma mesma Junta Comercial ser registrada a mesma expressão como nome empresarial para diferentes empresários. Tal proteção se estende *a priori* aos limites do estado, no âmbito de circunscrição da própria Junta, podendo ser estendida a todo território nacional[93]. Não há prazo de vigência para tal proteção, inexistindo, portanto, necessidade de sua prorrogação.

A **proteção à marca** é garantida com o seu registro perante o INPI. A proteção da marca, à exceção da marca de alto renome, limita-se à classe de produto ou serviço registrada, sendo viável a existência da mesma expressão registrada como diferentes marcas, para diferentes produtos, por diferentes empresários. Tal proteção se estende ao território nacional e tem prazo de vigência de dez anos, contados da concessão do registro, podendo ser prorrogada de maneira sucessiva por períodos iguais e sucessivos[94].

A **proteção ao nome fantasia**, conhecido também por título de estabelecimento, é assegurada, como corolário dos postulados da repressão à concorrência desleal e da vedação ao desvio ilícito de clientela, a partir da sua utilização. Em vista de tal finalidade, deve ser protegida em âmbito nacional em atenção ao segmento de mercado utilizado, apesar de não haver órgão formal de registo.

A **proteção ao nome de domínio** é assegurada mediante registro no NIC. Br. Tal proteção é garantida, em âmbito nacional, em conformidade com o domínio de primeiro nível. O registro do nome de domínio deve ser renovado anualmente, do que resulta considerar a sua proteção temporária, haja vista a existência de prazo de vigência.

---

[93] Nos termos do art. 1.166, do Código Civil.

[94] Nos termos do art. 133, da Lei nº 9.279/96.

Nome empresarial x nome empresarial. Este conflito acontece quando se tem dois empresários registrados em Juntas Comerciais distintas por terem inicialmente se estabelecido em estados distintos. Eventuais casos de confronto entre nomes empresariais por semelhança poderão ser questionados pelos interessados, a qualquer tempo, por meio de recurso ao DREI[95].

Enquanto estiverem atuando nos respectivos estados, perante consumidores diversos, haverá, por assim dizer, convivência harmônica. Porém, quando um dos empresários vier a constituir estabelecimento secundário no estado em que o outro atua, surge o conflito, sendo necessária a sua solução. Assim, *ficará com o nome empresário o titular do registro mais antigo, levando em consideração a data dos registros de origem*, devendo o titular do registro mais recente ou parar sua atividade ou mudar de nome empresarial. A solução jurídica é baseada no **princípio da anterioridade**, também conhecido como *princípio da precedência de registro*.

Acerca do que se cogita, o STJ já teve oportunidade de decidir:

> EMBARGOS DE DECLARAÇÃO – OMISSÃO – CARACTERIZAÇÃO – EFEITOS MODIFICATIVOS – POSSIBILIDADE – PRIMEIROS ACLARATÓRIOS – OMISSÃO E CONTRADIÇÃO EM ARESTO DESLINDADOR DE AGRAVO REGIMENTAL NO RECURSO ESPECIAL – CONFIGURAÇÃO – SOCIEDADES COMERCIAIS – DENOMINAÇÕES SOCIAIS – EXCLUSIVIDADE – LIMITAÇÃO GEOGRÁFICA – MARCAS – PATRONÍMICO DOS FUNDADORES DE AMBAS AS LITIGANTES – PRINCÍPIO DA ESPECIFICIDADE – APLICAÇÃO – CONFUSÃO AO CONSUMIDOR AFASTADA PELAS INSTÂNCIAS ORDINÁRIAS – REEXAME DE PROVAS – VALIDADE DO REGISTRO DAS MARCAS DA EMBARGANTE – DECLARATÓRIOS ACOLHIDOS – RECURSO ESPECIAL DESPROVIDO.
>
> (...)
>
> 4. A proteção legal da denominação de sociedades empresárias, consistente na proibição de registro de nomes iguais ou análogos a outros anteriormente inscritos, restringe-se ao território do Estado em que localizada a Junta Comercial encarregada do arquivamento dos atos constitutivos da pessoa jurídica.
>
> 5. Não se há falar em extensão da proteção legal conferida às denominações de sociedades empresárias nacionais a todo o território pátrio, com fulcro na Convenção da União de Paris, porquanto, conforme interpretação sistemática, nos moldes da lei nacional, mesmo a tutela

---

[95] De acordo com o art. 35, § 2º, da Lei nº 8.934/94.

do nome comercial estrangeiro somente ocorre em âmbito nacional mediante registro complementar nas Juntas Comerciais de todos os Estados-membros.

(...)

(EDcl nos EDcl no AgRg no REsp 653.609/RJ, Rel. Ministro JORGE SCARTEZZINI, QUARTA TURMA, julgado em 19/05/2005, *DJ* 27/06/2005, p. 408).

Nome empresarial x marca ou *título de estabelecimento x título de estabelecimento*. É possível ocorrer de a mesma expressão ser utilizada como base para a formação de um nome empresarial, uma marca ou um título de estabelecimento por diversos empresários. Para tais casos, utiliza-se inicialmente o **princípio da especificidade**. Tal princípio serve de base para verificar se os empresários são ou não concorrentes. **Caso os empresários não fossem concorrentes, haveria entre eles convivência harmônica**, ou seja, cada qual continuaria a utilizar o respectivo elemento de identificação. Porém, em sendo concorrentes, a solução se basearia no **princípio da anterioridade**. Assim, *o empresário titular do registro mais antigo teria sua proteção assegurada*; já o titular do registro mais recente deveria mudar de elemento de identificação.

Acerca do que se cogita, o STJ já teve oportunidade de decidir:

RECURSO ESPECIAL. PROPRIEDADE INDUSTRIAL. NOME COMERCIAL. MARCAS MISTAS. PRINCÍPIOS DA TERRITORIALIDADE E ESPECIFICIDADE/ESPECIALIDADE. CONVENÇÃO DA UNIÃO DE PARIS – CUP.

(...)

3. A tutela ao nome comercial se circunscreve à unidade federativa de competência da junta comercial em que registrados os atos constitutivos da empresa, podendo ser estendida a todo o território nacional desde que seja feito pedido complementar de arquivamento nas demais juntas comerciais. Por sua vez, a proteção à marca obedece ao sistema atributivo, sendo adquirida pelo registro validamente expedido pelo Instituto Nacional da Propriedade Industrial – INPI, que assegura ao titular seu uso exclusivo em todo o território nacional, nos termos do art. 129, *caput*, e § 1º da Lei nº 9.279/1996. (REsp 1.190.341/RJ, Rel. Ministro LUIS FELIPE SALOMÃO, QUARTA TURMA, julgado em 05/12/2013, *DJe* 28/02/2014 e REsp 899.839/RJ, Rel. Ministro MASSAMI UYEDA, TERCEIRA TURMA, julgado em 17/08/2010, *DJe* 01/10/2010).

4. O entendimento desta Corte é no sentido de que eventual colidência entre nome empresarial e marca não é resolvido tão somente sob a ótica do princípio da anterioridade do registro, devendo ser levado em conta ainda os princípios da territorialidade, no que concerne ao âmbito geográfico de proteção, bem como o da especificidade, quanto ao tipo de produto e serviço (REsp 1.359.666/RJ, Rel. Ministra NANCY ANDRIGHI, TERCEIRA TURMA, julgado em 28/05/2013, DJe 10/06/2013).

5. No caso concreto, equivoca-se o Tribunal de origem ao afirmar que deve ser dada prioridade ao nome empresarial em detrimento da marca, se o arquivamento na junta comercial ocorreu antes do depósito desta no INPI. Para que a reprodução ou imitação de nome empresarial de terceiro constitua óbice a registro de marca, à luz do princípio da territorialidade, faz-se necessário que a proteção ao nome empresarial não goze de tutela restrita a um Estado, mas detenha a exclusividade sobre o uso em todo o território nacional. Porém, é incontroverso da moldura fática que o registro dos atos constitutivos da autora foi feito apenas na Junta Comercial de Blumenau/SC.

(...)

(REsp 1.184.867/SC, Rel. Ministro LUIS FELIPE SALOMÃO, QUARTA TURMA, julgado em 15/05/2014, DJe 06/06/2014).

Nome de domínio x outros elementos de identificação. Nesta modalidade de conflito, a questão levantada é a de se saber se será possível tomar o site quando seja titular de algum outro elemento de identificação. Se o **nome de domínio precede**, o registro do site prevalece. Se o **nome de domínio procede**, a sua proteção é precária e, neste caso, será possível a ocorrência de o site vir a ser tomado pelo titular de nome empresarial ou de marca.

Acerca do que se cogita, o STJ já teve oportunidade de decidir:

RECURSO ESPECIAL. AÇÃO DE ABSTENÇÃO DE USO. NOME EMPRESARIAL. NOME DE DOMÍNIO NA INTERNET. REGISTRO. LEGITIMIDADE. CONTESTAÇÃO. AUSÊNCIA DE MÁ-FÉ. DIVERGÊNCIA JURISPRUDENCIAL NÃO DEMONSTRADA. AUSÊNCIA DE SIMILITUDE FÁTICA.

1. A anterioridade do registro no nome empresarial no órgão competente não assegura, por si só, ao seu titular o direito de exigir a abstenção de uso do nome de domínio na rede mundial de computadores (internet) registrado por estabelecimento empresarial que também ostenta direitos acerca do mesmo signo distintivo.

2. No Brasil, o registro de nomes de domínio na internet é regido pelo princípio "First Come, First Served", segundo o qual é concedido o domínio ao primeiro requerente que satisfizer as exigências para o registro.

3. A legitimidade do registro do nome do domínio obtido pelo primeiro requerente pode ser contestada pelo titular de signo distintivo similar ou idêntico anteriormente registrado – seja nome empresarial, seja marca.

4. Tal pleito, contudo, não pode prescindir da demonstração de má-fé, a ser aferida caso a caso, podendo, se configurada, ensejar inclusive o cancelamento ou a transferência do domínio e a responsabilidade por eventuais prejuízos.

(...)

(REsp 594.404/DF, Rel. Ministro RICARDO VILLAS BÔAS CUEVA, TERCEIRA TURMA, julgado em 05/09/2013, DJe 11/09/2013).

Por final, é importante considerar que se, nos conflitos entre os elementos de identificação do empresário, estiver envolvida uma marca de alto renome ou uma marca notoriamente conhecida, a solução jurídica será outra. Com efeito, *a marca de alto renome deverá prevalecer sempre.* Já *a marca notoriamente conhecida prevalece no seu segmento de atividade.*

7. OS PREPOSTOS: AUXILIARES OU COLABORADORES DO EMPRESÁRIO

Para o exercício da atividade empresária, *é comum que os empresários venham a contratar colaboradores ou auxiliares.* Lembre-se que *não é o fato de contratar empregados que fará de alguém um empresário.* Com efeito, o art. 966, do Código Civil, em seu parágrafo único, *não considera empresário o profissional intelectual, ainda que em concurso com colaboradores ou auxiliares.*

Apesar de não ser determinante, é um aspecto importante da atividade empresária, tanto que o Código Civil regulamenta a situação destes contratados, entre os arts. 1.169 a 1.178 do Código Civil. Fala-se em **auxiliares ou colaboradores dependentes** quando entre estes e o empresário houver vínculo hierárquico (conhecido no Direito do Trabalho como subordinação). São estes colaboradores dependentes que o Código Civil trata como *prepostos*. Há, ainda, os **auxiliares ou colaboradores independentes** quando inexistir vinculação hierárquica ou subordinação entre o empresário e os seus contratados. Neste sentido, por exemplo, os agentes auxiliares da empresa, os profissionais liberais e até mesmo outros empresários poderão, no caso concreto, vir a ser contratado como auxiliar ou colaborador da empresa.

Uma questão importante a considerar é o modo como o empresário estará responsável pelos atos de seus contratados. Neste sentido pode-se falar em **colaboradores externos** ou **colaboradores internos**. Esta classificação se refere ao âmbito de atuação do colaborador. Assim, será considerado *colaborador externo* aquele que exercer o seu mister fora do estabelecimento e *colaborador interno*, o que exercer sua função dentro do estabelecimento. O empresário responde pelos atos do seu colaborador interno, independente de autorização por escrito; porém, em face do colaborador externo, o empresário só responderá se houver autorização por escrito, e nos limites dos poderes conferidos ao preposto[96].

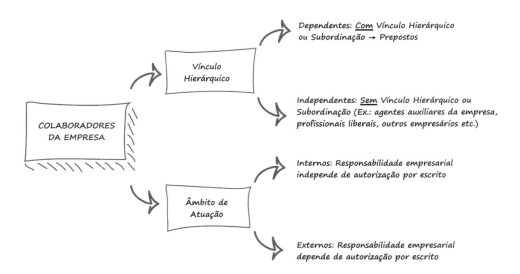

7.1 Considerações gerais

De início, é importante considerar que, nos termos do Código Civil, **todo preposto é necessariamente um empregado, mas nem todo empregado é necessariamente um preposto**. O que vai caracterizar a atuação do preposto é o fato de ele ter o poder de representação, substituindo o empresário em determinados atos, tanto na órbita interna da empresa, quanto em suas relações externas[97].

---

[96] Nos termos do art. 1.178, do Código Civil.

[97] TOMAZETTE, Marlon. *Curso de direito empresarial:* teoria geral e direito societário. São Paulo: Atlas, 2008. v. 1.

A relação jurídica havida entre o empresário e seus prepostos é baseada em três características específicas:
i) a **pessoalidade**;
ii) a **lealdade**; e
iii) a **alteridade**.

Em razão da *pessoalidade*, o preposto não pode se fazer substituir, a menos que tenha autorização por escrito, sob pena de responder pessoalmente pelos atos do substituto[98]. No que se refere à *lealdade*, o preposto não poderá negociar em nome ou por conta de terceiros, nem mesmo se envolver em atividade realizada por concorrente, sob pena de responder por perdas e danos e de perder os lucros para o empresário preponente[99]. Por final, a *alteridade* significa que o preposto age em nome do empresário, vinculando-o pelos seus atos, de tal modo que a entrega de bens, papéis e valores ao preposto será considerada perfeita, caso o preposto não manifeste oposição[100].

7.2 Prepostos especiais: o gerente e o contabilista

O Código Civil regulamenta, de maneira específica, dois prepostos especiais: o **gerente** e o **contabilista**. Nesse ínterim, é oportuno compreender o regramento jurídico de tais prepostos especiais.

O **gerente** é o *preposto permanente da empresa*, na sede desta, ou em sucursal, filial ou agência[101]. Note-se que o gerente é antes de tudo um preposto da empresa e, portanto, necessariamente um empregado. Assim, o empresário assumirá o risco de, por exemplo, responder por reclamação trabalhista, caso contrate alguém como gerente, sem estabelecer com este relação de emprego.

Ao falar em preposto permanente, admite-se a viabilidade de serem nomeados prepostos para atos específicos relativos à atividade empresarial. O gerente, assim, assume a função mais importante dentro do organograma da empresa, sendo certo que ele faz as vezes do empresário. É atribuição do gerente dirigir desde um determinado aspecto da atividade (o gerente de vendas, por exemplo), até um estabelecimento como um todo.

Exatamente em razão da função que exerce, o gerente terá o poder de praticar todos os atos necessários ao exercício dos poderes a ele outorgados, a

---

[98] Nos termos do art. 1.169, do Código Civil.
[99] Nos termos do art. 1.170, do Código Civil.
[100] Nos termos do art. 1.171, do Código Civil.
[101] Nos termos do art. 1.172, do Código Civil.

menos que a lei exija poderes especiais[102]. Caso haja a **nomeação de mais de um gerente**, salvo estipulação diversa, haverá **solidariedade** no exercício da função. É possível, entretanto, estabelecer **limites aos poderes do gerente**. Para tanto, faz-se necessário o registro de tais limites, levando-se o instrumento de preposição a arquivamento perante a Junta Comercial. Não havendo referido registro os limites ao poder do gerente só poderão ser opostos a terceiros, provando o conhecimento da pessoa que contratou com o gerente[103].

Não se pode deixar de notar que está dentro das atribuições do gerente, **a possibilidade de estar em juízo em nome do preponente**, pelas obrigações resultantes do exercício de sua função[104]. O empresário, em vista da preposição, continua sendo a parte legítima a estar em juízo pelos atos dos seus prepostos, inclusive, do gerente. Porém, o gerente, em razão de sua função, poderá substituir o empresário em questões judiciais que decorram da sua atuação.

Com o advento do Código Civil, é oportuno salientar as diferenças existentes entre o gerente e o administrador. Não se pode mais falar, por exemplo, em *sócio-gerente*. Ou se é sócio, ou se é gerente; ou se é patrão, ou se é empregado. Como adiante se estudará, atualmente fala-se em administrador, que poderá ser ou não sócio.

Para facilitar

Diferenças	Gerente	Administrador
Natureza jurídica	É preposto da empresa	É órgão da sociedade
Função	Dirigir estabelecimentos, no máximo	Dirigir a empresa
Remuneração	Salário	Pro-labore

Por sua vez, **o contabilista sempre será considerado preposto, ainda que não seja contratado como empregado, como colaborador dependente**. Com efeito, entre o profissional de contabilidade e o empresário, poderá ser estabelecida tanto relação de emprego quanto relação de prestação de serviços, na condição de profissional liberal. Seja como for, independente do vínculo jurídico o *contabilista* será considerado preposto, visando vincular o empresário a seus atos.

---

[102] Nos termos do art. 1.173, do Código Civil.

[103] Nos termos do art. 1.174, do Código Civil.

[104] Nos termos do art. 1.176, do Código Civil.

Quem escritura os livros empresariais, na prática, são os contabilistas, porém o empresário responde pela atuação destes, a menos que haja má-fé. Por atos culposos, o contabilista responde perante o empresário; por atos dolosos, o contabilista responderá perante terceiros, solidariamente com o empresário[105].

7.3 Do tradutor e do intérprete público

Os arts. 22 a 34, da Lei nº 14.195/21, deram nova regulamentação à profissão de tradutor e intérprete público. Atuam fazendo a versão do texto, falado ou escrito, em outra língua, para a língua nacional. Eles que são, ao mesmo tempo, colaboradores independentes e agentes auxiliares da empresa, passam a ser regidos pelo regime jurídico ora examinado.

São requisitos para o exercício da profissão[106]:

a) capacidade civil plena;

b) formação em qualquer curso superior completo;

c) ser brasileiro ou estrangeiro residente no país;

d) ser aprovado em concurso para aferição de aptidão – dispensado, se obtido grau de excelência em exame de proficiência, nos termos do DREI;

e) não estar enquadrado nas hipóteses de inelegibilidade;

f) registro na Junta Comercial mais atuante.

É importante notar que mesmo em se tratando de registro, apenas, na Junta Comercial do Estado onde o tradutor e o intérprete são mais atuantes, a habilitação será para todo o território nacional[107]. Assim, nada obsta, por exemplo, que um tradutor registrado na Junta Comercial do Estado do Ceará venha a realizar a atividade de tradução em São Paulo ou vice-versa. Nunca é demais lembrar também que a habilitação e o registro podem ser para um ou mais idiomas estrangeiros, ou Libras[108].

O concurso para aferição de aptidão[109] é válido por prazo indefinido. Assim, desde que não seja cassado o registro, o tradutor não precisará fazer nova prova ou concurso. Esse concurso consistirá em prova escrita e prova oral, com

---

[105] Nos termos do art. 1.177, do Código Civil.

[106] De acordo com o art. 22, da Lei nº 14.195/21.

[107] Nos termos do art. 24, da Lei nº 14.195/21.

[108] De acordo com o art. 23, da Lei nº 14.195/21.

[109] Previsto no art. 25, da Lei nº 14.195/21.

simulação de interpretação consecutiva. Trata-se de certame organizado nacionalmente e regido pelas normas do DREI, com apoio das Juntas Comerciais.

São atividades privativas do tradutor e intérprete público[110]:

a) traduzir documento a ser apresentado perante pessoa jurídica de direito público interno ou cartórios;

b) realizar traduções oficiais, quando exigido por lei;

c) interpretar e verter verbalmente perante ente público manifestação de pessoa que não domine a língua portuguesa, não havendo agente apto ou se exigido por lei;

d) transcrever, traduzir ou verter mídia eletrônica de áudio ou em vídeo, em outro idioma, certificado de ata notarial;

e) realizar exames para verificação da exatidão de tradução arguida como incompleta.

É importante notar que as atividades privativas acima descritas não impedem a designação de tradutor ou intérprete público *ad hoc* no caso de inexistência, impedimento ou indisponibilidade de tradutor e intérprete público para o idioma, nem a realização da atividade por agente público ocupante de cargo ou emprego com atribuições relacionadas ou com condições de realizar traduções e interpretações simples e correlatas[111].

Entre outras hipóteses previstas em ato do Poder Executivo Federal, além da tradução feita pelos tradutores e intérpretes públicos, terão fé pública as traduções feitas por[112]:

a) corretores de navio, em sua área de atuação;

b) manifestos e documentos que as embarcações estrangeiras apresentam para despacho aduaneiro;

c) agente público com cargo ou emprego de tradutor ou intérprete.

Esses profissionais – o tradutor e o intérprete público – poderão sofrer sanções administrativas por tradução incompleta, imprecisa, errada ou fraudulenta. As sanções podem ser de: (i) advertência; (ii) suspensão do registro por até 1 ano; e (iii) cassação de registro, vedada nova habilitação em prazo inferior a 15 anos[113].

Para aplicação da pena, a dosimetria deverá levar em consideração as punições recebidas nos últimos 10 anos, a existência ou não de má-fé e a gravidade do erro ou configuração de culpa grave. O processo administrativo segue a Lei

---

[110] De acordo com o art. 26, da Lei nº 14.195/21.

[111] Nos termos do art. 26, parágrafo único, da Lei nº 14.195/21.

[112] É o que se extrai do art. 27, da Lei nº 14.195/21.

[113] Na forma do art. 28, da Lei nº 14.195/21.

nº 9.784/99, sendo processado e julgado pela Junta Comercial, onde o tradutor ou intérprete estiver inscrito. Da decisão, cabe recurso ao DREI.

Por fim, cabe ainda mencionar que é possível a organização do tradutor e intérprete público sob a forma de sociedade unipessoal. A sua atuação poderá se dar em meio eletrônico, na forma da Lei nº 14.063/20. Para o exercício dessa profissão, o Diretor do DREI pode editar normas complementares.

3

DIREITO SOCIETÁRIO: NOÇÕES GERAIS

O **Direito Societário** é, sem dúvidas, o **principal ramo jurídico** componente do Direito Empresarial. Ocupa-se, principalmente, de regulamentar **o exercício da atividade econômica através das sociedades**, bem como as relações internas das ditas sociedades e as relações destas com terceiros, credores ou não.

 Conforme estudado no capítulo anterior, **o Direito Empresarial brasileiro admite duas espécies de empresário:**
a) o *Empresário PF* – o empresário individual; e
b) o *Empresário PJ* – as sociedades empresárias e a EIRELI.

Do **ponto de vista estatístico**, a regra é que o empresário seja PJ; não é à toa que, em média, por Junta Comercial, **o percentual de registros de Sociedades e de EIRELI orbita entre 70 a 80%**[1].

Firmada, portanto, a relevância desta parte da matéria, é preciso, então, estabelecer-se um método para a apreensão do conteúdo. De **maneira tradicional**, os livros em geral, e os professores em sala de aula, abordam o tema a partir do **exame em separado de cada um dos nove tipos societários** existentes na lei brasileira. Tal forma de abordagem, definitivamente, não funciona. É só verificar a antipatia existente entre os alunos de graduação e os concurseiros em geral. Afinal, é muito conteúdo para pouca didática na sua apresentação.

---

[1] A título de referência, pode-se facilmente encontrar estatísticas de registros de constituição empresarial nos sites das Juntas Comerciais, como se pode ver, por exemplo, na Junta Comercial do Rio de Janeiro (www.jucerja.rj.gov.br) e na Junta Comercial de Minas Gerais (www.jucemg.mg.gov.br).

É isso mesmo! Existem **nove tipos societários** previstos na **ordem jurídica brasileira**:

a) a *sociedade em comum* (arts. 986 a 990, do Código Civil);

b) a *sociedade em conta de participação* (arts. 991 a 996, do Código Civil);

c) a *sociedade simples* (arts. 997 a 1.038, do Código Civil);

d) a *sociedade em nome coletivo* (arts. 1.039 a 1.044, do Código Civil);

e) a *sociedade em comandita simples* (arts. 1.045 a 1.051, do Código Civil);

f) a *sociedade limitada* (arts. 1.052 a 1.087, do Código Civil);

g) a *sociedade anônima* (arts. 1.088 e 1.089, do Código Civil e Lei nº 6.404/76);

h) a *sociedade em comandita por ações* (arts. 1.090 a 1.092, do Código Civil e arts. 280 a 284, Lei nº 6.404/76[2]); e

i) a *sociedade cooperativa* (arts. 1.093 a 1.096, do Código Civil e Lei nº 5.764/71).

Atento à filosofia que justifica a existência da *Coleção Facilitado* e à experiência de sala de aula deste autor, propõe-se uma **nova forma de abordagem** para esta parte do conteúdo: facilitada, porém, em nível condizente com o que se exige seja para o Exame da OAB, seja para os Concursos Públicos de alto rendimento[3], seja até mesmo para a boa prática da advocacia, consultiva ou litigiosa, nesta área, sem se esquecer do estudo daquilo que é essencial na matéria para a formação do aluno, na Graduação.

Assim, **neste capítulo** será feita uma introdução, vale dizer, uma espécie de **abordagem geral sobre o Direito Societário**, utilizando-se de recursos de **analogia** e de **classificação**. A *analogia*, como se sabe, serve para você **compreender algo novo, a partir de um conhecimento anteriormente apreendido**. Por sua vez, a **classificação** serve para estabelecer uma *visão panorâmica do objeto de estudo*, a **nível comparativo**.

Afinal, com a classificação, **aproximam-se os objetos** de estudo a partir de suas **semelhanças** e, nos mesmos moldes, **afastam-se os objetos** de estudo a partir de suas **diferenças**, eventualmente existentes. Estabelecidas, desta forma, as noções gerais sobre o Direito Societário, **nos capítulos seguintes**, serão estudados, por temas, tópicos relevantes para o **aprofundamento na matéria**.

1. ELEMENTOS DA SOCIEDADE

Pode-se definir preliminarmente uma **sociedade** como sendo um *negócio jurídico entre partes, denominadas sócios, com o objetivo de exercer atividade*

---

[2] Em matéria de sociedade em comandita por ações, o Código Civil é "lei nova" e, dessa forma, prevalece sobre a Lei nº 6.404/76, que é "lei velha". As disposições da Lei nº 6.404/76, portanto, só serão utilizadas se não contrariarem ao disposto no Código Civil, ou se este for omisso quanto ao tema.

[3] Consideram-se de alto rendimento os Concursos Públicos de carreiras jurídicas em geral e os de carreiras fiscais, em nível federal ou estadual.

econômica, bem como de ***partilhar os resultados*** *decorrentes, e que **pode ou não ter personalidade jurídica***. Perceba-se, de antemão, que a **personalidade jurídica** é talvez o **elemento mais importante** de uma sociedade, porém, paradoxalmente, não passa de um **elemento acidental**. É certo, portanto, como adiante se verá, que **existem sociedades com personalidade jurídica e sociedades sem personalidade jurídica**.

Assim, é oportuno salientar os **elementos necessários** para a constituição de uma sociedade, **independentemente do tipo societário** eleito. Estes elementos podem ser considerados[4]:

a) **gerais** – aplicáveis a quaisquer negócios jurídicos; e

b) **específicos** – servem para distinguir o negócio jurídico "sociedades" dos demais negócios jurídicos previstos em lei.

1.1 Elementos gerais

São considerados **elementos gerais** aqueles que compõem **qualquer negócio jurídico**. Atualmente, a base normativa dos referidos elementos se encontra no **art. 104, do Código Civil**.

Adaptando o comando legal aos pressupostos do Direito Societário, pode-se indicar como elementos gerais:

a) o *consenso*;

b) o *objeto lícito*; e

c) a *forma*.

O **art. 104, I, do Código Civil** prevê como requisito para a validade de um negócio jurídico é a **capacidade do agente**. Sabe-se, ademais, que mesmo os **incapazes podem participar de negócios jurídicos**, desde que devidamente **assistidos ou representados**, a depender do nível da incapacidade. Porém, em se tratando de um **negócio jurídico plurilateral**, deve-se falar *não somente em capacidade*, mas sim em **consenso**. Com efeito, é preciso que haja **identidade de propósito ou comunhão de ideias entre as partes**, deste negócio jurídico denominado sociedade.

O **objeto** é outro **elemento geral** da sociedade[5]. O **objeto social** se refere à **atividade econômica** a que se dedicará a sociedade, sendo com base nele que se distinguem as sociedades em simples ou empresárias.

---

[4] A classificação apresentada é sugerida em: TOMAZETTE, Marlon. *Curso de Direito Empresarial:* teoria geral e direito societário. São Paulo: Atlas, 2008. v. 1, p. 192-202.

[5] De acordo com o art. 104, II, do Código Civil.

O objeto necessita ser:

a) **lícito** – permitido ou, pelo menos, não vedado pela lei –, mesmo porque, no ilícito, não se fala em empresário, atividade econômica ou mercado, mas sim em criminoso, crime ou tráfico;

b) **possível**, tanto do ponto de vista físico quanto do ponto de vista jurídico; e

c) **determinado**, ou seja, deve ser preciso e descrever completamente a atividade econômica a ser desempenhada pela sociedade – não existe objeto social determinável

Por final, o **art. 104, III, do Código Civil**, prevê, como requisito de validade do negócio jurídico, que **a forma deve ser a prescrita ou não defesa em lei**. Quanto às sociedades, o que se percebe é que *a forma é livre, não necessitando sequer que seja escrita*, haja vista a existência de sociedades sem personalidade jurídica. Porém, no intuito de **absorver os privilégios da legislação** societária, tais como a *personificação societária* e a *responsabilidade patrimonial limitada para os sócios*, faz-se necessária a **forma escrita**[6].

1.2 Elementos específicos

Os **elementos específicos** são extraídos a partir do conceito legal de sociedades, estabelecido pelo art. 981, do Código Civil[7]. Trata-se de elementos que servem para **identificar a sociedade e distingui-la dos demais negócios jurídicos**.

Os elementos específicos são:

a) a **contribuição para a formação do capital social**;

b) a **participação nos lucros e nas perdas**;

c) a **affectio societatis**; e

d) a **pluralidade de partes**.

O **capital social** representa **somatório das contribuições individuais** que cada sócio promete realizar para o desenvolvimento da atividade da sociedade. O **primeiro elemento específico** reside justamente na necessidade de os sócios contribuírem para a **formação do capital social**. Tal contribuição poderá ser feita *em dinheiro, créditos, bens ou serviços*. O sócio que **contribuir com créditos** responde pela **solvência do devedor** e, se **contribuir com bens**, responderá pela **evicção**[8]. Não se pode deixar de notar que, *na sociedade limitada, além da*

---

[6] REQUIÃO, Rubens. *Curso de Direito Comercial, 1º volume*. 27 ed. São Paulo: Saraiva, 2007. p. 401.

[7] Art. 981. Código Civil: Celebram contrato de sociedade as pessoas que reciprocamente se obrigam a contribuir, com bens ou serviços, para o exercício da atividade econômica e a partilha, entre si, dos resultados.

[8] Nos termos do art. 1.005, do Código Civil.

responsabilidade por evicção, todos os sócios responderão solidariamente pela exata estimação do valor do bem, por cinco anos, a contar do ingresso do bem[9].

É importante compreender a noção jurídica de **sócio de serviços**[10]. Com efeito, o sócio de serviços não é aquele que todo mundo pensa. É muito frequente a ocorrência de sociedades em que **um dos sócios entra com o capital e o outro entrará com a sua *expertise*, trabalhando** para o desenvolvimento econômico da sociedade. Apesar de, apenas, um dos sócios contribuir com recursos financeiros, é comum que, no contrato social, o capital social esteja dividindo entre ambos. Nesta hipótese, **não se trata do sócio de serviços previsto no Código Civil**, haja vista que, mesmo sem aportar capital efetivamente, haverá, mediante doação, capital em seu nome.

O **sócio de serviços**, tal qual regulamentado pelo Código Civil, é aquela pessoa que assumirá a **condição de sócio em razão do trabalho** que desempenhará na sociedade. Com efeito, serão definidas, **por cláusula contratual**, as atividades pertinentes ao sócio de serviços. Se, e somente se, e enquanto estiver cumprindo tal cláusula, o sujeito será considerado sócio de serviços, sendo **vedada a contribuição em serviços na sociedade limitada**[11] e na sociedade por ações[12].

Note-se, ainda, que todos os sócios têm o **direito de participar nos lucros** e o **dever de participar** nas perdas sociais[13]. Frise-se, por oportuno, que, *diante da sociedade limitada ou da sociedade anônima, a participação nas perdas é pré-fixada nos termos da responsabilidade patrimonial limitada*[14]. Se é que um sócio tem direito, é o direito de participar nos lucros; se é que um sócio tem dever, é o dever de participar nas perdas sociais.

A participação nos lucros e nas perdas se dará em **conformidade com o previsto no ato constitutivo** societário[15]. Compete, assim, aos sócios determinarem, no contrato social, os montantes da participação nos lucros e da partici-

---

[9] Nos termos do art. 1.055, § 1º, do Código Civil.

[10] O Código Comercial Brasileiro, de 1850, regulamentava a Sociedade de Capital e Indústria enquanto tipo específico que se caracterizava por ter o sócio de indústria – o sócio que entrava com o trabalho – como um de seus sócios. O Código Civil, de 2002, revogou a Sociedade de Capital e Indústria como tipo societário específico, porém, manteve, sem necessidade – visão deste autor, o sócio de indústria com um novo nome: o sócio de serviços.

[11] Nos termos do art. 1.055, § 2º, do Código Civil.

[12] A Lei nº 6.404/76 deve ser interpretada sob o manto da legalidade estrita.

[13] É o que se extrai da leitura do art. 1.008, do Código Civil.

[14] O assunto será melhor desenvolvido, no Capítulo 4, onde serão estudadas as funções societárias, notadamente a função de sócio, para onde se remete o leitor.

[15] De acordo com o art. 1.007, do Código Civil.

pação nas perdas. É importante destacar: **o critério da participação nos lucros não precisa ser o mesmo da participação nas perdas**! Prevalece, nesse ínterim, o famoso "*pacta sunt servanda*". Por exemplo: dois sócios constituem uma sociedade, subscrevendo 60 e 40% do capital social, respectivamente. É viável aqui a pactuação de distribuírem lucros "meio a meio" e usarem a proporção do capital social para a participação nas perdas. Porém, **em caso de omissão ou em se tratando de sociedade leonina**[16], a participação nos lucros e nas perdas ocorrerá de **acordo com o montante de subscrição** do capital.

A *affectio societatis* pode ser entendida enquanto *o intuito, a afeição, a disposição que os sócios têm de constituírem uma sociedade e de permanecerem associados*. É o liame, o vínculo jurídico que une os sócios, algumas vezes estabelecido subjetivamente; outras, objetivamente. A relevância da *affectio societatis* é tamanha que ganha **assento constitucional**, no art. 5º, XX, da Constituição Federal[17]. **Finita a *affectio societatis*, é o momento de se realizar a dissolução da sociedade**.

Por final, o **último elemento específico** é a **pluralidade de partes**, decorrentes da **natureza plurilateral do negócio jurídico societário**. A pluralidade de partes é percebida no próprio **conceito legal de sociedades**[18] ao prescrever: "celebram contrato de sociedade as pessoas...". Ora, se são "*as pessoas*", é porque *dois é o número mínimo de sócios para a constituição de uma sociedade*.

Existem, porém, **exceções** a este número mínimo de sócios, tanto **para mais**, quanto **para menos**. *Exceção para mais* é a **sociedade cooperativa**. O art. 1.094, II, do Código Civil determina que a cooperativa tenha "*sócios em número mínimo para compor a administração da sociedade*". Há divergência na doutrina acerca de qual seria esse "número mínimo"[19]. Porém, uma coisa é certa: **esse "número mínimo" é maior do que dois sócios**.

No âmbito de *exceção para menos*, pode-se falar em **sociedade unipessoal** – a sociedade que se caracteriza por ter **apenas um único sócio**. Tradicionalmente, não se pode deixar de mencionar que o direito brasileiro admite a sociedade unipessoal, na perspectiva da **sociedade subsidiária integral**, uma sociedade anônima que tem como único acionista uma **pessoa jurídica nacional**[20]. Mas é uma exceção que, como toda exceção, serve exatamente para confirmar a regra.

---

[16] Atualmente, é nula a cláusula que torna a sociedade leonina, nos termos do art. 1.008, do Código Civil.

[17] Art. 5º, XX, da CF: "ninguém pode ser compelido a se associar ou a permanecer associado".

[18] Nos termos do art. 981, do Código Civil, anteriormente transcrito.

[19] TOMAZETTE, Marlon. *Curso de direito empresarial: teoria geral e direito societário – volume 1*. 9 ed. São Paulo: Saraiva Educação, 2018.

[20] Nos termos do art. 251, da Lei nº 6.404/76.

Recentemente, **duas novas sociedades unipessoais** passaram a ser admitidas. A Lei nº 13.247/16 passou a admitir a **sociedade unipessoal de advocacia**, de modo que, do ponto de vista tributário, o advogado, atualmente, tem a opção de atuar profissionalmente como PF ou PJ. Por outro lado, a Lei nº 13.874/19, intitulada Lei de Liberdade Econômica, instituiu a **sociedade limitada unipessoal**[21], sendo certo, portanto, que, atualmente, a sociedade limitada pode ser constituída por um, dois ou mais sócios. Frise-se, por oportuno: conforme já estudado, a EIRELI não é outra forma de sociedade unipessoal, mas sim uma nova pessoa jurídica.

2. A TIPICIDADE SOCIETÁRIA – SEUS FATORES DETERMINANTES

A bem da verdade, o **princípio da tipicidade** é mais e melhor estudado em sede de Direito Penal. Com efeito, estuda-se o crime enquanto um fato típico, antijurídico e culpável. A tipicidade, no Direito Penal, revela-se diante de circunstância de que não existe crime sem prévia e expressa definição legal. Ou seja, pode-se estar diante do mais aberrativo fato social; porém, se tal fato não estiver capitulado em lei como um crime, ninguém poderá vir a ser preso, pela prática do mesmo[22].

Não se pode deixar de notar, porém, que o princípio da tipicidade tem campo de aplicação fora do Direito Penal. No **Direito Empresarial**, passa a ser conhecido enquanto **princípio da tipicidade societária**. Neste ínterim, pode-se dizer que, assim como o crime, **as sociedades representam um fato típico**, em vista de que só se pode constituir determinada espécie de sociedade se houver prévia e expressa definição legal quanto ao seu tipo[23].

Ressalte-se, a propósito, que **a tipicidade pode ser aberta ou fechada**[24]. No direito privado, fala-se em *tipicidade aberta* no **direito dos contratos**. Com efeito, no direito contratual, além dos contratos em espécie, existe a *possibilidade de constituição dos chamados contratos inominados ou atípicos, decorrentes da autonomia da vontade*. Já, **nos direitos reais**, percebe-se a ocorrência da tipicidade fechada, na medida em que se entende que *só se consideram direitos reais aqueles expressamente previstos em lei*.

---

[21] Nos termos do art. 1.052, §§ 1º e 2º, do Código Civil.

[22] JESUS, Damásio Evangelista de. *Direito Penal:* 1º volume – parte geral. 21 ed. São Paulo: Saraiva, 1998. p. 261-269.

[23] Somente a partir de 20 de setembro de 2019, com o advento da Lei nº 13.874/19, passou a ser possível a constituição da sociedade limitada unipessoal.

[24] PELA, Juliana Krueger. *As Golden Shares no Direito Brasileiro*. São Paulo: Quartier Latin, 2002. p. 106.

Aberta ou fechada, portanto, é a *possibilidade de utilização de um modelo não previsto em lei*, abrindo margem à *autonomia da vontade*. **Quando a tipicidade é aberta**, além dos tipos específicos determinados, haverá uma espécie de **teoria geral** a partir da qual aos agentes econômicos será possível criar um modelo não previsto em lei, utilizando, como base, a mencionada teoria geral. Entretanto, **quando a tipicidade é fechada**, não existe espaço para a autonomia da vontade, devendo, somente, os agentes econômicos escolherem **um dos modelos previstos em lei**.

Neste sentido, pode-se afirmar que **o princípio da tipicidade societária se baseia na tipicidade fechada**. Com efeito, deve-se escolher um dos tipos jurídicos previstos em lei para a constituição da sociedade, *não se abrindo margem à autonomia da vontade para a criação ou utilização de algum tipo societário não previsto legalmente*. Apesar disto, é curioso notar que se admite a **possibilidade de utilização de cláusulas atípicas nas sociedades previstas em lei**[25]. Desde que não seja maculada a tipicidade societária, nada obsta a utilização de determinado instituto jurídico, previsto legalmente para uma sociedade, na constituição de outro tipo.

É exatamente desta possibilidade – a utilização de cláusulas atípicas em sociedades típicas – que se percebe a evolução do Direito Societário. Com efeito, no **regramento inicial das sociedades limitadas** no Brasil (o Decreto nº 3.708/19), não havia qualquer menção à constituição do **conselho fiscal** enquanto um órgão societário. Entretanto, passou a ser discutida a possibilidade de sua utilização em sociedades limitadas mais elaboradas, com um maior número de sócios ou aporte de capitais, nos moldes do que se tinha regulamentado para as sociedades por ações.

E isto foi considerado **possível** justamente pelo fato de que *ter ou não conselho fiscal não afeta a tipicidade societária*. Com o advento do Código Civil de 2002, *o conselho fiscal passou a fazer parte do tipo legal da sociedade limitada*, como se percebe nos arts. 1.066 a 1.070, do referido Código. Atualmente, **debate semelhante** ocorre acerca da *possibilidade de se instituir, na sociedade limitada, o conselho de administração*.

Como dito, independentemente do tipo societário eleito para a constituição da sociedade, é imprescindível a atenção aos elementos anteriormente descritos. São eles, por assim dizer, os **elementos essenciais** de uma sociedade. De outro lado, há aqueles **elementos ditos acidentais**, que variam a depender do tipo societário. Tais elementos acidentais podem ser considerados os fatores determinantes da tipicidade societária.

---

[25] Para um entendimento mais profundo acerca do que se cogita: SZTAJN, Rachel. *Contrato de Sociedade e Formas Societárias*. São Paulo: Saraiva, 1989.

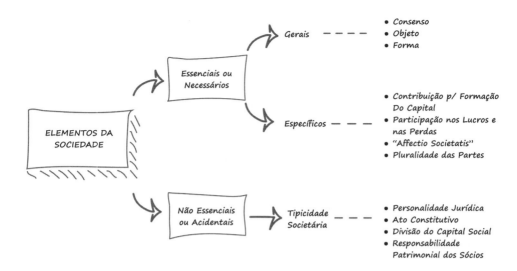

É por conta de tais critérios que o legislador estabelece os tipos jurídicos societários. Vale dizer, *os tipos societários se distinguem entre si em razão de pelo menos um dos denominados fatores determinantes*. Frise-se, por oportuno, que **de cada fator determinante decorrem características** importantes para cada um dos tipos de sociedade previstos em lei.

Sobre a tipicidade societária, ensina Gladston Mamede[26]:

> Vige no Direito brasileiro o princípio da *tipicidade societária*. Assim, só se pode criar uma sociedade, simples ou empresária, seguindo um dos tipos (formas) previstos na legislação. Não se pode inventar um tipo novo, nem se pode pretender criar uma sociedade que adote uma conformação mista: parte de um tipo societário, parte de outro tipo. Isso não significa, contudo, que as sociedades brasileiras sejam, em tudo, padronizadas. Cada tipo societário tem um conjunto mínimo de características, entre elementos obrigatórios e elementos vedados. Atendido esse padrão mínimo, há um amplo espaço para que, nos contratos sociais e nos estatutos sociais, uma *cara própria* seja dada a cada sociedade. (destaque do original)

Os **fatores determinantes da tipicidade societária** representam justamente os aspectos escolhidos pelo legislador para se distinguir, entre si, os vários tipos

---

[26] MAMEDE, Gladston; MAMEDE, Eduarda Cotta. Holding *Familiar e suas vantagens: planejamento jurídico e econômico do patrimônio e da sucessão familiar*. 3 ed. São Paulo: Atlas, 2012. p. 9.

societários. *Mutatis mutandis*, funcionam da mesma forma os elementos do tipo, no Direito Penal. Não se pode, nem por hermenêutica, alterar os elementos do tipo, sob pena de se mudar de crime cometido.

Nesta exata medida se comportam os *fatores determinantes da tipicidade societária*. Com efeito, **não se pode alterar tais fatores, sob pena de se modificar o tipo societário pretendido**. Porém, desde que se respeite aos já aludidos fatores determinantes, será, então, possível, amoldar-se a sociedade aos interesses, vontades e necessidades dos sócios.

São **fatores determinantes** da tipicidade societária:
a) a *personalidade jurídica*;
b) o *ato constitutivo*;
c) a *divisão do capital social*;
d) a *responsabilidade patrimonial dos sócios*; e
e) a *estrutura econômica da sociedade*.

Deve-se notar que **cada fator determinante** da tipicidade societária representa, *de per si*, uma **classificação doutrinária** das sociedades. É o que se estudará na sequência. É cabível informar que não se verão tais classificações de maneira estéril e despretensiosa; mas sim, verificando os **aspectos pragmáticos** que delas decorrem.

2.1 Quanto à personalidade jurídica

Antes de se analisar qualquer aspecto acerca desta classificação, é primordial entender: a) **existem sociedades que não são pessoas jurídicas**; e b) **existem pessoas jurídicas que não são sociedades**. Deste modo, compreende-se, quanto à personalidade jurídica, a existência de duas espécies de sociedade: as *sociedades despersonificadas* (são sociedades, mas não são pessoas jurídicas) e as *sociedades personificadas* (sete tipos de sociedade são, também, pessoa jurídica).

São **sociedades despersonificadas**: a) a *sociedade em comum*; e b) a *sociedade em conta de participação*. Portanto, apesar de ser um relevante aspecto de uma sociedade, a personalidade jurídica não passa de um elemento acidental, haja vista a existência de sociedades que não têm personalidade jurídica.

A **sociedade em comum** se encontra regulamentada entre os arts. 986 e 990, do Código Civil. Trata-se do nome jurídico atribuído pelo Código Civil às antigamente denominadas *sociedade de fato* (com contrato verbal ou nulo) e *sociedade irregular* (com contrato escrito, mas ainda não registrado)[27]. Nesta

---

[27] REQUIÃO, Rubens. *Curso de Direito Comercial, 1º volume*. 27 ed. São Paulo: Saraiva, 2007. p. 396.

sociedade, os bens e dívidas constituem um patrimônio especial, do qual os sócios são titulares em comum[28] – de onde resulta o nome do tipo societário –, respondendo solidária e ilimitadamente pelas obrigações sociais, excluído do benefício de ordem aquele que, investido na condição de administrador, contratar em nome da sociedade[29].

Apesar da inexistência de personalidade jurídica é possível se provar a existência de uma sociedade em comum. Com efeito, os sócios somente podem provar a existência da sociedade por escrito, mas os terceiros podem prová-la de qualquer modo[30]. É cabível, ainda, ressaltar que os bens sociais respondem pelos atos de gestão praticados por qualquer dos sócios, salvo pacto expresso limitativo de poderes, que somente terá eficácia contra o terceiro que o conheça ou deva conhecer[31].

A **sociedade em conta de participação** se encontra regulamenta entre os arts. 991 e 996, do Código Civil. Trata-se de uma sociedade que não tem personalidade jurídica, não a adquirindo nem mesmo se os seus atos constitutivos forem levados a registro[32]. Não há qualquer formalidade para constituí-la, podendo se provar sua existência por todos os meios em direito admitidos[33]. Nesta sociedade, há duas espécies de sócios: o sócio ostensivo e o sócio participante.

O **sócio participante**, como o próprio nome sugere, simplesmente participa dos resultados correspondentes, a partir da contribuição realizada, constituindo um patrimônio especial, junto da contribuição do sócio ostensivo[34]. É também conhecido como sócio oculto, porque é o sócio que não aparece nas relações jurídicas, constituindo-se, contabilmente, em um credor do sócio ostensivo[35]. O sócio participante tem perfil capitalista, não podendo tomar parte nas relações do sócio ostensivo com terceiros sob pena de responder solidariamente com este nas obrigações que intervier.

Por sua vez, o **sócio ostensivo** é o único responsável pelo exercício da atividade constitutiva do objeto social e que, portanto, responderá exclusivamente

---

[28] Nos termos do art. 988, do Código Civil.
[29] De acordo com o art. 990, do Código Civil.
[30] Nos termos do art. 987, do Código Civil.
[31] Nos termos do art. 989, do Código Civil.
[32] De acordo com o art. 993, do Código Civil.
[33] De acordo com o art. 992, do Código Civil.
[34] De acordo com o art. 994, do Código Civil.
[35] É o que se extrai do art. 994, § 2º, do Código Civil.

perante terceiros[36]. O sócio oculto ou participante tem responsabilidade exclusiva perante o sócio ostensivo, não respondendo, portanto, perante terceiros.

2.1.1 Início e fim da personalidade jurídica

A regra geral, no entanto, é a sociedade ter personalidade jurídica[37]. São **sociedades personificadas**: a) a *sociedade simples*; b) a *sociedade em nome coletivo*; c) a *sociedade em comandita simples*; d) a *sociedade limitada*; e) a *sociedade anônima*; f) a *sociedade em comandita por ações*; e g) a *sociedade cooperativa*.

Para as sociedades personificadas, a personalidade jurídica decorre do **registro** dos atos constitutivos no **órgão competente**[38]. Nos termos do art. 1.150, do Código Civil, para as sociedades empresárias o órgão de registro é a **Junta Comercial** (o Registro Público de Empresas Mercantis), e para as sociedades simples o órgão de registro é o **Cartório de Pessoas Jurídicas** (o Registro Civil de Pessoas Jurídicas). Há, porém, duas exceções: a) a *sociedade de advogados* – sociedade simples, registrada perante o Conselho Seccional da OAB onde a mesma mantiver a sua sede[39]; e b) a *sociedade cooperativa* – sociedade simples, registrada perante a Junta Comercial[40].

Por sua vez, a personalidade jurídica das sociedades se mantém até o momento em que ocorra **a baixa ou o cancelamento do registro** no órgão competente[41]. Atualmente, a baixa ou o cancelamento mencionados só podem decorrer de **processos dissolutórios**[42].

2.1.2 Consequências da personificação

A personificação é o **principal elemento** que uma sociedade pode ter. É da sua existência que decorre o maior número de características para o tipo societário. Porém, trata-se, como se viu, de um elemento **meramente acidental**, haja vista existirem as sociedades despersonificadas. Apresentada a classificação

---

[36] De acordo com o art. 991, do Código Civil.

[37] Daí a previsão do art. 44, II, do Código Civil.

[38] Nos termos do art. 45, em interpretação conjugada com o art. 985, ambos do Código Civil.

[39] Nos termos do art. 15, § 2º, da Lei nº 8.906/94.

[40] Nos termos do art. 18, § 6º, da Lei nº 5.764/71, em interpretação conjugada com o art. 32, II, "a", da Lei nº 8.934/94.

[41] Nos termos do art. 51, § 3º, do Código Civil.

[42] Serão estudados detalhadamente no Capítulo 6 desta obra.

e identificados o início e o fim da personalidade jurídica, cabe o exame das **consequências da personificação**.

São elas: (i) a *nacionalidade da sociedade*; (ii) o *nome da sociedade*; (iii) o *domicílio da sociedade*; (iv) a *capacidade da sociedade*; (v) a *existência distinta*; e (vi) a *autonomia patrimonial*. A doutrina varia na indicação da quantidade de consequências ou de atribuições da personificação societária, mas todos os estudiosos sempre tratam dos mesmos aspectos.

I. A nacionalidade da sociedade

É decorrência da personificação a sociedade adquirir uma **nacionalidade própria**. Com efeito, considera-se **sociedade nacional** aquela que se constituir de acordo com a **lei brasileira**, tendo sua **sede** em algum ponto do **território nacional**[43]. Perceba-se que a nacionalidade da sociedade **independe** da nacionalidade dos sócios, do local de origem dos recursos ou de remessa dos lucros. Da nacionalidade da sociedade decorrem características importantes quanto ao regime jurídico, a saber:

Nacionalidade da Sociedade	
Sociedade Nacional	Sociedade Estrangeira
Regra geral, não necessita de autorização do Poder Executivo Federal para funcionar (art. 170, I, CF)	Necessita de autorização do Poder Executivo Federal para funcionar, qualquer que seja o seu objeto (art. 1.134, CC)
Pode constituir sociedade subsidiária integral (art. 251, Lei 6.404/76)	Não pode constituir sociedade subsidiária integral.

Frise-se, por oportuno: **uma sociedade poderá ser nacional**, mesmo que todos os seus sócios sejam estrangeiros, a origem dos recursos para a composição do capital provenha de fora do país ou os lucros obtidos sejam remetidos ao exterior. Da mesma forma: **uma sociedade poderá ser estrangeira**, ainda que todos os seus sócios sejam brasileiros, a origem dos recursos para a composição do capital provenha do país ou os lucros obtidos sejam reinvestidos no Brasil.

Dessa lógica há uma honrosa exceção que, de tão importante, tem assento constitucional. Trata-se da **propriedade de empresa jornalística e de radiodifusão sonora de sons e imagens**. Ou seja, a mídia. Empresas de jornal, rádio e televisão são **privativas** de brasileiros natos ou naturalizados há mais de dez anos, ou de sociedades nacionais[44].

---

[43] De acordo com o art. 1.126, do Código Civil.

[44] De acordo com o art. 222, da Constituição Federal.

No caso de sociedades nacionais, faz-se mister que pelo menos 70% do capital social votante deve pertencer a brasileiro nato ou naturalizado há mais de dez anos, que exercerão a gestão da sociedade e estabelecerão o conteúdo da programação[45]. Tais pessoas, também, assumirão a responsabilidade editorial e as atividades de seleção e direção da programação veiculada[46].

II. O nome da sociedade

Com a personificação, a sociedade adquire um *nome próprio* que **não se confunde** com o *nome dos sócios*. Com efeito, estudou-se no capítulo anterior o nome empresarial, que pode ser da espécie **firma** – baseada no nome civil dos sócios, em regra –, ou **denominação** – baseada em nome abstrato, em regra.

É importante notar: mesmo em se tratando de firma social, uma coisa é nome da sociedade; outra coisa é o nome dos sócios. Através de seu próprio nome, a sociedade irá adquirir ou exercer direitos e contrair obrigações.

III. O domicílio da sociedade

A sociedade, sendo personificada, passa a ter um domicílio próprio, não se confundindo com o domicílio de seus sócios. Vale dizer, **o domicílio da sociedade não precisa ser o mesmo domicílio dos sócios**, ou seja, o domicílio dos sócios pode ser em uma cidade e o domicílio da sociedade pode ser em outra.

A relevância do domicílio da sociedade se refere a dois pontos: (i) a *competência registral*; e (ii) a *competência processual*. Do ponto de vista da **competência registral**, tem-se que a sociedade deve ser *registrada no local de sua sede*[47]. Já, no plano da **competência processual**, a sociedade deve, em regra, ser *demandada na comarca da sua sede*[48].

IV. A capacidade da sociedade

Por capacidade, entenda-se a aptidão para direitos e obrigações na forma da lei. *A sociedade tem uma capacidade civil própria que, em nada, sofre influência da eventual capacidade ou incapacidade civil dos sócios*. Vale dizer, a sociedade terá capacidade plena ainda que todos os seus sócios sejam incapazes.

A capacidade da sociedade deve ser examinada sob **dupla perspectiva**: (i) a *capacidade contratual*; e (ii) a *capacidade processual*. A **capacidade contratual** é

---

[45] Nos termos do art. 222, § 1º, da Constituição Federal.
[46] Nos termos do art. 222, § 2º, da Constituição Federal.
[47] De acordo com o art. 967, do Código Civil.
[48] De acordo com o art. 53, III, "a", do Código de Processo Civil.

a capacidade de ser parte em contratos, enquanto a **capacidade processual** é a capacidade de ser parte em processos judiciais. Ou seja, *pode a própria sociedade firmar contratos, em seu nome, assumindo a condição de autora ou ré em demandas judiciais.*

V. A existência distinta

A sociedade tem uma existência distinta da dos seus sócios. Desta forma, o que acontecer na vida pessoal dos sócios não deve ter o condão de ter repercutir na esfera jurídico-pessoal da sociedade. Assim, é a sociedade e não o sócio que: (i) é obrigada a ter registro na Junta Comercial (se for empresária); (ii) contrata ou demite funcionários; (iii) participa de licitação perante a Administração Pública; (iv) pode ser declarada falida; e (v) para evitar a falência, pode fazer uso dos mecanismos de recuperação judicial.

Com o **advento da Lei nº 11.101/05**, deu-se uma espécie de **mitigação** a esta consequência ou característica decorrente da personificação societária. É que, agora, toda vez que se estiver diante de sócios com responsabilidade subsidiária, solidária e ilimitada, a decretação de falência da sociedade acarretará, também, a falência dos sócios[49]. Porém, repise-se: trata-se de uma única exceção que só serve para confirmar a regra.

VI. A autonomia patrimonial

Se, no âmbito da existência distinta, não se pode confundir a pessoa da sociedade com a pessoa de seus sócios, a autonomia patrimonial, por suposto, refere-se ao patrimônio social. Com efeito, **a sociedade tem um patrimônio próprio, autônomo** (daí o nome da consequência ora examinada), **distinto do patrimônio de seus sócios e que, portanto, não pode ser confundido com o deles**. Aliás, é a confusão patrimonial o que, em larga medida, justifica a desconsideração da personalidade jurídica da sociedade.

Dessa forma, se você for credor da sociedade, cobre a ela e esqueça, pelo menos *a priori*, que os sócios existem. Nos mesmos moldes, em sendo credor particular do sócio, cobre a ele e esqueça, pelo menos *a priori*, que a sociedade existe. A **autonomia patrimonial**, que ganha ares de verdadeiro **princípio jurídico**, conhecido no mundo das *Ciências Contábeis* como o *princípio da entidade*, será melhor estudada mais à frente, neste mesmo Capítulo, quando da classificação quanto à responsabilidade patrimonial dos sócios.

---

[49] Nos termos do art. 81, da Lei nº 11.101/05. Tal tema será melhor abordado no Capítulo 13 desta obra, para onde se remete o leitor curioso acerca da temática.

2.1.3 Da constituição societária

A **sociedade limitada**, como de resto as sociedades em geral regulamentadas através do Código Civil, tem a sua **constituição** realizada de maneira bem **simplória**. Com efeito, basta o contrato social atender aos requisitos essenciais para a sua elaboração[50] e venha a ser assinado pelos sócios, por duas testemunhas e visado por um advogado[51], que estará passível de ser levado a registro no órgão competente a fim de constituir a personalidade jurídica societária.

A sociedade anônima tem seu **procedimento de constituição** descrito entre os arts. 80 a 99, da Lei nº 6.404/76. Trata-se de um procedimento escalonado em três fases, a saber: a) **dos requisitos preliminares**; b) **da constituição propriamente dita**; e c) **das providências complementares**.

Na fase *dos requisitos preliminares*, será demonstrado que a sociedade anônima tem plenas condições de ser constituída. São **requisitos preliminares**: a) subscrição, pelo menos por 2 (duas) pessoas, de todas as ações em que se divide o capital social fixado no estatuto[52]; b) realização, como entrada, de 10% (dez por cento), no mínimo, do preço de emissão das ações subscritas em dinheiro[53]; e c) depósito, no Banco do Brasil S/A., ou em outro estabelecimento bancário autorizado pela Comissão de Valores Mobiliários, da parte do capital realizado em dinheiro[54].

É oportuno esclarecer que a lei pode definir um valor de entrada maior, como é feito, por exemplo, no caso dos bancos[55] e das seguradoras[56], cuja entrada mínima em dinheiro é de cinquenta por cento. O depósito mencionado deverá ser feito pelo fundador, no prazo de 5 (cinco) dias contados do recebimento das quantias, em nome do subscritor e a favor da sociedade em organização, que só poderá levantá-lo após haver adquirido personalidade jurídica. Caso a companhia não se constitua dentro de 6 (seis) meses da data do depósito, o banco restituirá as quantias depositadas diretamente aos subscritores[57].

A *constituição propriamente dita* pode ocorrer de duas maneiras: a) **constituição por subscrição pública**; e b) **constituição por subscrição particular**. Na

---

[50] Previstos no art. 997, do Código Civil.

[51] De acordo com o art. 1º, § 2º, da Lei nº 8.906/94.

[52] Art. 80, I, da Lei nº 6.404/76.

[53] Art. 80, II, da Lei nº 6.404/76.

[54] Art. 80, III, da Lei nº 6.404/76.

[55] Art. 27, da Lei nº 4.595/64.

[56] Art. 49, do Decreto nº 60.459/67.

[57] Art. 81, da Lei nº 6.404/76.

subscrição pública, o fundador buscará no mercado, perante apelo ao público, os subscritores do capital social. Na *subscrição particular*, não há apelo ao público, devendo o fundador buscar os subscritores de maneira privada, pessoal.

A **constituição por subscrição pública** depende de prévio registro perante a CVM, cujo pedido deve ser instruído com: a) estudo de viabilidade econômica e financeira do empreendimento; b) projeto de estatuto social; e c) prospecto. Nesta modalidade, a subscrição deve ocorrer por intermédio de uma instituição financeira, sendo firmado, entre esta e o fundador, contrato de *underwriting*[58].

Ocorrido a subscrição integral do capital social, a *constituição por subscrição pública* ocorrerá a partir da realização de **assembleia de constituição**[59], que se instalará, em primeira convocação, mediante a presença de, no mínimo, metade do capital social[60]. Nesta assembleia, todos os acionistas terão **direito de voto**, independente da espécie de ação subscrita e, além da deliberação sobre a constituição da companhia, será promovida a avaliação dos bens indicados para integralização do capital.

Por sua vez, a **constituição por subscrição particular** independe de registro perante a CVM, podendo ocorrer mediante: a) **assembleia**; ou b) **escritura pública**[61]. *No caso de constituição mediante assembleia*, o procedimento será semelhante ao da constituição por subscrição pública. *Preferida a escritura pública*, será ela assinada por todos os subscritores, e conterá: a) a qualificação dos subscritores, nos termos do artigo 85; b) o estatuto da companhia; c) a relação das ações tomadas pelos subscritores e a importância das entradas pagas; d) a transcrição do recibo do depósito da parte do capital realizado em dinheiro; e) a transcrição do laudo de avaliação dos peritos, caso tenha havido subscrição do capital social em bens; f) a nomeação dos primeiros administradores e, quando for o caso, dos fiscais.

Como se viu, na *constituição propriamente dita*, define-se o ato constitutivo, mas ainda não restou personificada a sociedade anônima. A sua personificação ocorre com as **providências complementares**. Com efeito, definido o estatuto social, deverá ocorre o arquivamento e a publicação dos atos constitutivos para que a companhia possa funcionar[62]. No caso de *constituição por deliberação em assembleia*, os atos constitutivos deverão ser registrados perante a Junta Comer-

---

[58] Art. 82, da Lei nº 6.404/76.
[59] Art. 86, da Lei nº 6.404/76.
[60] Art. 87, da Lei nº 6.404/76.
[61] Art. 88, da Lei nº 6.404/76.
[62] Art. 94, da Lei nº 6.404/76.

cial da sede da companhia[63]. Se a companhia tiver sido *constituída por escritura pública*, bastará o arquivamento de certidão do instrumento[64].

Arquivados os documentos relativos à constituição da companhia, os seus administradores providenciarão, nos **30 (trinta) dias** subsequentes, a publicação deles, bem como a de certidão do arquivamento, em órgão oficial do local de sua sede[65]. Um exemplar do **diário oficial** deverá ser arquivado na Junta Comercial. Os primeiros administradores são **solidariamente responsáveis** perante a companhia pelos prejuízos causados pela **demora no cumprimento das formalidades** complementares à sua constituição[66].

2.2 Quanto ao ato constitutivo

Quanto ao **ato constitutivo**, fala-se em: sociedades contratuais e sociedades estatutárias. São **sociedades contratuais** aquelas que se constituem mediante um contrato social e **sociedades estatutárias**, as constituídas mediante o estatuto social. A regra geral, em razão do art. 981 do Código Civil, é a sociedade ser contratual. Há, porém, três espécies de sociedades estatutárias: a *sociedade anônima*, a *sociedade em comandita por ações* e a *sociedade cooperativa*.

Trata-se de **negócios jurídicos distintos** e, portanto, não podem ser confundidos. Assim, por exemplo, não se pode falar em contrato social na sociedade anônima e tão pouco em estatuto social na sociedade limitada. As **principais diferenças práticas**, para a sociedade, entre o contrato social e o estatuto social são:

Contrato social	Estatuto social
1. Há dois níveis de relações jurídicas: a) relação jurídica sócio-sociedade e b) relação jurídica sócio-sócio.	1. Há apenas um nível de relação jurídica: a relação sócio-sociedade.
2. Há, de algum modo, responsabilidade solidária entre os sócios.	2. Regra geral, não se fala em responsabilidade solidária entre os sócios.
3. Há possibilidade de restrição à sociedade entre cônjuges, a depender do regime de bens.	3. Não há possibilidade de restrição à sociedade entre cônjuges, a depender do regime de bens.

---

[63] Art. 95, da Lei nº 6.404/76.
[64] Art. 96, da Lei nº 6.404/76.
[65] Art. 98, da Lei nº 6.404/76.
[66] Art. 99, da Lei nº 6.404/76.

Contrato social	Estatuto social
4. Há possibilidade de constituição do Conselho Fiscal, enquanto órgão social.	4. Há obrigatoriedade de constituição do Conselho Fiscal, enquanto órgão social.
5. As deliberações sociais podem ocorrer mediante assembleia ou reunião de sócios, dispensada a convocação destes quando todos os sócios comparecerem ou se declararem, por escrito, cientes do local, data, hora e ordem do dia.	5. As deliberações sociais só poderão ocorrer mediante assembleia, sendo necessária a convocação de sócios, não havendo hipótese de dispensa de convocação.

Como se viu, algumas diferenças decorrem do fato de o tipo societário ser o de uma sociedade contratual ou o de uma sociedade estatutária. Todas elas, porém, decorrem do fato de que numa **sociedade contratual** existem dois níveis de relações jurídicas, ou seja, dois vínculos jurídicos distintos: a **relação jurídica *sócio-sócio*** e a **relação jurídica *sócio-sociedade***. Ou seja, *numa sociedade contratual, estabelecem-se tanto vínculos jurídicos dos sócios entre si, quanto destes para com a sociedade*. Já, numa **sociedade estatutária**, existe somente o **vínculo jurídico *sócio-sociedade*** e, deste modo, *não se estabelecem vínculos jurídicos dos sócios entre si em face do estatuto social*.

Disto decorre, por exemplo, a **possibilidade de restrição à sociedade entre cônjuges**, numa sociedade contratual[67]. Com efeito, ao se constituir uma sociedade mediante um contrato social é necessário verificar se os sócios são casados entre si e qual o regime de bens de casamento, não podendo ser o da comunhão universal ou o da separação obrigatória. **Tal restrição, no entanto, não será considerada para uma sociedade estatutária**, sendo possível, por exemplo, numa sociedade anônima, haver acionistas casados entre si em um dos regimes de bens acima citados[68].

Numa sociedade contratual, justamente em face da relação jurídica sócio-sócio, deve haver, de algum modo, **responsabilidade solidária entre os sócios**. Por existir entre eles um vínculo jurídico se torna possível um sócio vir a ser chamado, no caso concreto, para arcar com obrigação definida *a priori* para outro sócio. Daí decorre, por exemplo, o art. 1.052, do Código Civil[69]. Já, **numa sociedade estatutária**, dada a inocorrência da relação jurídica sócio-sócio, **regra geral, não haverá responsabilidade solidária entre os sócios**[70]. A *exceção está*

---

[67] Nos termos do art. 977, do Código Civil.

[68] MAMEDE, Gladston; MAMEDE, Eduarda Cotta. *Separação, Divórcio e Fraude na Partilha de Bens: simulações empresariais e societárias*. São Paulo: Atlas, 2010. p. 52.

[69] Art. 1.052. CC: na sociedade limitada, a responsabilidade de cada sócio é restrita ao valor de suas quotas, mas todos respondem solidariamente pela integralização do capital social.

[70] É o que se extrai do art. 1.088, do Código Civil.

na *sociedade cooperativa* em que a lei[71] estabelece a possibilidade de existência de responsabilidade solidária entre os sócios cooperados.

Outra diferença importante decorrente do ato constitutivo da sociedade está na **constituição do conselho fiscal**, órgão social responsável por fiscalizar e velar pela legalidade dos atos da administração societária. É, somente, **facultada** a constituição do conselho fiscal numa **sociedade contratual**. Assim, não pode, por exemplo, a Junta Comercial, indeferir o registro de uma sociedade limitada ao fundamento de que em seu contrato social não consta o conselho fiscal. Já em **sociedades estatutárias** o conselho fiscal é de **constituição obrigatória**. Podem até não funcionar, como nas sociedades anônimas, em que o conselho fiscal funcionará, em regra, a depender de deliberação dos acionistas em assembleia geral ordinária, mas deve constar do estatuto da companhia.

Deve-se ademais destacar a questão relativa às **deliberações sociais**. Com efeito, numa **sociedade contratual**, os próprios sócios, no contrato social, poderão definir o modo de deliberação social[72], escolhendo entre deliberação **mediante assembleia** – procedimento mais formal, mais solene, previsto em lei, ou **em reunião** – procedimento mais informal, menos solene, estabelecido pelo próprio contrato social. É preciso lembrar que *tal escolha, numa sociedade limitada, só valerá para uma sociedade com até dez sócios*; numa Ltda., com mais de dez sócios, a lei impõe a necessidade de realização de assembleia, independente do que prevê o contrato social[73]. Porém, em se tratando de **sociedade estatutária**, as deliberações sociais devem ocorrer **mediante assembleia**, não havendo possibilidade de alteração, via estatuto social, do modo de deliberação.

2.2.1 Contrato social x estatuto social

Já se tornou perceptível, portanto, que existem diferenças entre uma sociedade contratual e uma sociedade estatutária. Porém, é interessante notar em que e sob *quais aspectos se distinguem um contrato social de um estatuto social*. Há, pelo menos, dois critérios, um teórico e um pragmático, funcionando para evidenciar tal dessemelhança.

O primeiro, de ordem teórica, refere-se à **natureza do ato constitutivo**. Com efeito, *o Direito Societário brasileiro se encontra no limiar entre o contratua-*

---

[71] Nos termos do art. 1.095, do Código Civil.
[72] Nos termos do art. 1.072, do Código Civil.
[73] É o que prevê o art. 1.072, § 1º, do Código Civil.

lismo e o institucionalismo[74]. Com efeito, se a regra é o ato constitutivo societário ter natureza contratual[75], existem sociedades adotando o ato institucional enquanto ato constitutivo. Não é à toa, portanto, que **as sociedades estatutárias são, também, denominadas sociedades institucionais**.

A diferença aqui reside no fato de que, **no contrato plurilateral, as vontades individuais dos sócios estão direcionadas à constituição da sociedade**, sendo certo que, mesmo depois de constituída, consegue-se perceber as vontades individuais, que não desapareceram, dentro do contexto societário, sendo certo que *a vontade dos sócios é levada em conta, tanto no âmbito da constituição quando no da dissolução da sociedade*. De fato, ao se analisar uma sociedade contratual (regulamentada no Código Civil), percebe-se que o **consentimento unânime dos sócios** é uma das hipóteses em que a sociedade será considerada dissolvida, de pleno direito[76].

Por sua vez, no **ato institucional, as vontades individuais dos sócios se restringem à aceitação do que já se tem disciplinado**, não sendo tão determinante na vida da sociedade, sendo notada uma *prevalência do interesse social sobre o interesse individual dos sócios*, de modo que **a vontade dos sócios não teria o poder de dissolver a sociedade**. Não é sem razão que, ao se examinar o **art. 206, I, da Lei nº 6.404/76**, regulamentando as hipóteses de dissolução de pleno direito para as sociedades anônima e em comandita por ações, não consta no rol, justamente, o consentimento unânime dos sócios. Nesta mesma toada, encontra-se o **art. 63, da Lei nº 5.764/71**, para as sociedades cooperativas.

A segunda diferença, de teor mais pragmático, diz respeito à **estrutura do contrato social e do estatuto social**. Com efeito, elaborados em sua completude, o contrato social vai se diferenciar do estatuto social, além da própria nomenclatura do documento, pelo fato de que, **no estatuto social, não há menção ao quadro societário, diferente do contrato social, cujo quadro societário, pode-se entender como cláusula essencial**[77].

Se em todo e qualquer **contrato social** de sociedade limitada, por exemplo, sabe-se facilmente quem são os **sócios** e qual o **montante de sua participação**

---

[74] Citação de Calixto Salomão Filho.

[75] De acordo com Tullio Ascarelli, trata-se do denominado contrato plurilateral que se caracteriza por ser a modalidade contratual em que o número das partes poderá alterar, para mais ou para menos, sendo o mesmo contrato, antes e depois de tais alterações. Para um aprofundamento sobre o tema: ASCARELLI, Tullio. *Problemas das sociedades anônimas e direito comparado*. 2 ed. São Paulo: 1969.

[76] Nos termos do art. 1.033, II, do Código Civil.

[77] Nos termos do art. 997, IV, do Código Civil.

social, *o mesmo não se pode dizer dos estatutos sociais das sociedades anônima e cooperativa*. Com efeito, **no âmbito das S/As**, é através da escrituração dos livros de "Registro de Ações Nominativas[78]" e "Transferência de Ações Nominativas[79]" que serão identificados os acionistas. Por sua vez, **nas sociedades cooperativas**, identificam-se os cooperados através do "Livro de Matrícula"[80].

2.2.2 Acordos de acionistas e pactos separados

É sabido que o contrato social e o estatuto social são, respectivamente, o ato constitutivo das sociedades contratuais e o das sociedades estatutárias. Além de tal documentação, é possível a existência de acordos ou contratos em paralelo, denominados contratos parassociais[81]. Para as contratuais, chamam-se pactos separados; para as S/As, acordos de acionistas.

Inicialmente, cabe perceber o **vínculo de dependência**, seja do pacto separado para os contratos sociais, seja do acordo de acionistas para o estatuto social. ***Desde que se respeitando ao disposto no contrato social, os pactos separados terão eficácia***, também, perante terceiros[82] e não somente para os signatários do acordo.

Sobre tais acordos, ensina Haroldo Malheiros Duclerc Verçosa[83]:

> Os acordos em tela apresentam a natureza jurídica de contratos parassociais, ou seja, acordos paralelos aos das sociedades a que se referem, com os quais não se confundem, mas concomitantemente dependentes do contrato ou estatuto social. Estes últimos corresponderiam ao contrato social, enquanto os primeiros seriam seus acessórios.

Do ponto de vista legal, somente, há regra jurídica acerca do **acordo de acionistas** (art. 118, Lei nº 6.404/76). Trata-se de um **contrato empresarial nominado típico**.

---

[78] Art. 100, I, da Lei nº 6.404/76.

[79] Art. 100, II, da Lei nº 6.404/76.

[80] Art. 23, da Lei nº 5.764/71.

[81] VERÇOSA, Haroldo Malheiros Duclerc. *Direito Comercial*. 3 ed. São Paulo: Editora Revista dos Tribunais, 2014. v. 2, p. 157.

[82] É o que se extrai do art. 997, parágrafo único, do Código Civil.

[83] VERÇOSA, Haroldo Malheiros Duclerc. *Direito Comercial*. 3 ed. São Paulo: Editora Revista dos Tribunais, 2014. v. 2, p. 157-158.

A lei previu **três objetos** para o acordo de acionistas:

a) **aquisição de ações** (os subscritores do acordo se obrigam a entrar no mercado comprando ações da companhia, geralmente para obterem o controle da sociedade anônima);

b) **preferência na aquisição de ações** (se algum dos signatários for vender as suas ações, os demais signatários têm a preferência na aquisição, em igualdade de preços e condições de pagamento); e

c) **acordo de voto** (os signatários exercerão o direito de voto na assembleia de acionistas de maneira coincidente, estando obrigados a tanto).

Acordo de acionistas com um desses objetos e que estiver **registrado na sede** da companhia terá **dois efeitos**:

a) **vincula a companhia** (a companhia dará cumprimento ao acordo de acionistas ainda que alguém intente desonrá-lo); e

b) **comporta execução específica da obrigação** (não se resolve em perdas e danos; caso de inadimplência, os signatários terão direito à execução específica da obrigação, mediante o suprimento judicial da vontade do acionista que intente desonrá-lo).

Todas as ações do acordo de acionistas **não podem ser negociadas no mercado aberto**, pois a venda das ações não desobriga o comprador das obrigações do acordo de acionistas. **Quem está vinculado ao acordo não é o acionista, mas a ação**. Não se exime das responsabilidades civis ao fundamento de que estava vinculado ao acordo de acionistas. **Faltando à assembleia qualquer signatário do acordo de acionistas pode votar, nos termos do acordo, no nome do acionista faltoso**. O acordo de acionistas só termina encerrando o prazo de vigência (prazo máximo de 20 anos) ou pela denúncia (há vinculação ao acordo, ainda, por uma assembleia). O motivo disto é que o Estado deseja estabilidade nas relações que envolvam as companhias.

Entretanto, não custa lembrar da possibilidade de serem realizados **pactos separados em sociedades contratuais** como as sociedades limitadas, por exemplo. A esse respeito, pontua Haroldo Malheiros Duclerc Verçosa[84]:

> Nada impede que os sócios de outros tipos societários venham a celebrar acordos, entre si, para as mesmas hipóteses acima mencionadas e para outras, nos limites da licitude. No entanto, tais acordos não poderão contar com eficácia externa tal como se encontra na Lei das S/A, por faltar, justamente, previsão legal. (...)
>
> Mas não se esqueça que, na ausência de previsão legal quanto à eficácia externa, se o descumprimento em relação ao exercício do direito de voto que implica obrigação de fazer somente se resolverá em perdas e

---

[84] VERÇOSA, Haroldo Malheiros Duclerc. *Direito Comercial*. 3 ed. São Paulo: Editora Revista dos Tribunais, 2014. v. 2, p. 157.

danos, de outro lado, os acordos de bloqueio – traduzidos por meio de uma obrigação de dar – podem obter execução específica entre as partes diretas, assim tuteladas pelo Judiciário.

Ousa-se, no entanto, com o devido respeito, discordar da opinião doutrinária apresentada. Com efeito, o próprio Código Civil, no seu art. 997, parágrafo único, determina a possibilidade de os pactos separados terem **eficácia perante terceiros** desde que não sejam contrários ao contrato social. Assim, entende-se possível, também, a execução específica das obrigações assumidas no pacto.

2.3 Quanto à divisão do capital social

O capital social de uma sociedade estará dividido: em **quotas** ou em **ações**. A regra geral é a sociedade ter seu capital social dividido em quotas. Somente a sociedade anônima e a sociedade em comandita por ações terão o seu capital social dividido em ações. Torna-se relevante, assim, compreender as principais semelhanças e diferenças existentes entre as quotas e as ações.

São três as **semelhanças** existentes entre as quotas e as ações. Em primeiro lugar, representam o modo de divisão do capital social – ou capital se divide integralmente em quotas ou em ações. Ademais, asseguram ao seu titular, o status, a posição, a função de sócio – para se considerado sócio, em determinada sociedade, é necessário ser titular de, pelo menos, uma quota ou ação. Por final, têm como uma de suas características a unidade – as quotas ou ações não se misturam.

Também são três o número de **diferenças** existentes entre as quotas e as ações. Aludidas diferenças se baseiam:

a) na possibilidade de negociação no mercado de valores mobiliários (M.V.M.);

b) na forma de cessão da participação societária; e

c) na característica da indivisibilidade.

Para facilitar

Facilitando, tem-se o seguinte:

Características	Quotas	Ações
Negociação no M.V.M.	Não podem	É possível
Cessão de participação societária	Implicam a alteração do ato constitutivo	Não implicam alteração do ato constitutivo
Característica da indivisibilidade	Podem ser fracionadas ao serem transferidas	Não se fracionam

A primeira diferença existente entre uma quota e uma ação se refere à possibilidade de negociação perante o Mercado de Valores Mobiliários (MVM). Com efeito, quotas, exatamente por não constarem do rol de valores mobiliários[85], nunca poderão ser negociadas no MVM. Já as ações poderão, sendo certo que se trata de um dos principais valores mobiliários para o direito brasileiro.

Note-se o verbo "poderão"; não se trata, portanto, de uma necessidade, mas sim de uma possibilidade, daí a conhecida classificação das sociedades anônimas em: abertas ou fechadas[86]. A sociedade anônima será considerada aberta sempre que, em razão de registro perante a Comissão de Valores Mobiliários (CVM), existir a possibilidade de negociação de suas ações em bolsa ou no mercado de balcão, sendo considerada fechada sempre que, em razão da ausência de registro perante a CVM, não existir a possiblidade de negociação de suas ações em bolsa ou no mercado de balcão.

A segunda diferença baseia-se na cessão de participação societária. Por cessão de participação, tem-se o gênero do qual a cessão de quotas e a compra e venda de ações representam espécies. No que tange às quotas, a cessão de participação societária implica a alteração do ato constitutivo societário. Portanto, necessariamente, precisar-se-á de aditivos para ser implementada uma cessão de quotas, ainda que entre sócios. No concernente às ações, a cessão de participação societária independe de alteração no ato constitutivo. Em vista de se tratar de exemplo de título nominativo[87], a sua transmissão, ou seja, a transferência de sua propriedade ocorre, a partir da alteração dos registros da companhia emissora[88].

A terceira diferença surge com o advento do atual Código Civil e se relaciona com a característica da indivisibilidade. Com efeito, se, em razão da unidade, quotas ou ações não se misturam, como dito, a indivisibilidade tem conexão com o fracionamento da participação societária. Nesse ínterim, deve-se destacar que ações são indivisíveis[89], consistindo na menor unidade de divisão do capital social de uma sociedade anônima. Porém, as quotas, ressalvada previsão contratual em sentido diverso, podem ser fracionadas por ocasião da transferência[90], seja por ato *inter vivos* ou *causa mortis*.

---

[85] Nos termos do art. 2º, da Lei nº 6.385/76.

[86] Nos termos do art. 4º, da Lei nº 6.404/76.

[87] Nos termos do art. 20, da Lei nº 6.404/76.

[88] Nos termos do art. 922, do Código Civil.

[89] Nos termos do art. 28, da Lei nº 6.404/76.

[90] É o que se infere do art. 1.056, do Código Civil.

2.3.1 Regime jurídico das quotas

Sabendo-se que o capital social da sociedade limitada é dividido em quotas, não se pode deixar de compreender, em linhas gerais, o regime jurídico das quotas. O Código Civil estabelece normas específicas sobre: a) o valor das quotas; b) o fracionamento das quotas; e c) a cessão das quotas.

I. Do valor das quotas

O art. 1.055, do Código Civil, estabelece que será atribuída a cada sócio uma ou várias quotas que poderão ter valores iguais ou desiguais. Nestes termos, pode-se falar em dois **regimes de quotas**: a) *quotas únicas* – neste regime, atribui-se uma quota para cada sócio, em valor igual ao montante da subscrição; ou b) *quotas pulverizadas* – neste regime, divide-se o capital social em quotas de pequeno valor, atribuindo-se a cada sócio tantas quotas quanto seja o montante de subscrição.

Ao subscrever uma quota, o sujeito, tornando-se sócio, assume a obrigação de contribuir para a formação do capital social da sociedade. Nesta hipótese, é vedada a contribuição que consista em prestação de serviços. Na sociedade limitada, portanto, só é possível contribuir com dinheiro, créditos e bens para a formação do capital social.

Acerca da contribuição em bens, há um ponto a destacar. Com efeito, viu-se que, em qualquer sociedade, o sócio que contribui com bens responde pela evicção. Na sociedade limitada, além da evicção, todos os sócios se tornam solidariamente responsáveis pela exata estimação do valor dos bens entregues para o capital social, pelo prazo de até cinco anos da data da integralização.

II. Do fracionamento das quotas

A doutrina tradicional registra como **características da quota**: a *unidade* e a *indivisibilidade*. Pela **unidade**, tem-se que as quotas não se misturam. Assim, caso se adquira hoje uma quota de vinte reais e amanhã, na mesma sociedade, outra quota, também, de vinte reais, deve-se dizer que a pessoa é titular de duas quotas de vinte reais e não de uma quota de quarenta reais.

A **indivisibilidade da quota** está relacionada a impossibilidade de fracionamento. Vale dizer, as quotas não se fracionam. Assim, caso duas ou mais pessoas se tornem titulares de uma mesma quota, haverá um condomínio de quotas, ou seja, todos serão titulares em comum da quota. Nesta hipótese, os direitos a ela inerentes somente podem ser exercidos pelo condômino representante, ou pelo inventariante do espólio de sócio falecido, sendo certo que os condôminos de quota indivisa respondem solidariamente pelas prestações necessárias à sua integralização.

Com o advento do Código Civil atual, ocorreu, por assim dizer, uma relativização à característica da indivisibilidade da quota. Agora, em conformidade com o art. 1.056, do Código Civil, permite-se o seu fracionamento em caso de eventual transferência, seja *inter vivos*, seja *causa mortis*. O **fracionamento das quotas**, quando for o caso, segue o regramento da cessão de quotas, que se estudará na sequência.

III. Da cessão de quotas

A **cessão de quotas**, na sociedade limitada se encontra regulamentada no art. 1.057, do Código Civil. Com efeito, em vista da natureza híbrida da sociedade limitada, quanto à sua estrutura econômica – a sociedade limitada pode ser tanto sociedade de pessoas, quanto sociedade de capital, a depender do caso concreto –, *cabe ao contrato social prever a possibilidade, ou não, bem como as eventuais condições a serem atendidas para ser realizada a cessão de quotas*.

Não se pode deixar de notar que, na cessão de quotas, alguém – o cedente – está deixando de ser sócio e outrem – o cessionário – passará a ser o novo sócio. Com efeito, **o sócio que ingressa em sociedade** em funcionamento responde pelas obrigações sociais anteriores, e **o sócio que se retira** continua responder por obrigações sociais anteriores à sua saída por até dois anos, contados do aditivo que registrou a saída do sócio. Em vista disto, **entre cedente e cessionário de** uma mesma quota, haverá responsabilidade solidária.

No silêncio do contrato social, o art. 1.057, do Código Civil determina a necessidade de se examinar para quem se estará cedendo a quota objeto do contrato de cessão de participação societária. **Para quem já é sócio**, a cessão de quotas pode ocorrer independentemente da audiência dos demais sócios. **Para terceiros**, a cessão de quotas pode ocorrer desde que haja aprovação de três quartos do capital social.

Por final, é oportuno esclarecer que, entre o cedente e o cessionário, a cessão de quotas terá eficácia a partir do acordo de vontade. Porém, perante terceiros, a cessão de quotas só passará a ter eficácia, a partir da modificação do contrato social.

2.3.2 Classificação das ações

Como se viu anteriormente, as **ações** são consideradas valores mobiliários, fazendo parte do rol previsto no art. 2º, da Lei nº 6.385/76. Trata-se de valores mobiliários que asseguram aos seus titulares, denominados acionistas, o *status*, a posição, a função, os direitos de sócio, na sociedade anônima. Além disto, trata-se do modo em que se fraciona o capital social de uma sociedade anônima ou em comandita por ações.

A depender dos direitos atribuídos aos seus titulares, as ações se classificam em: a) **ordinárias**; b) **preferenciais**; c) **de fruição**; e d) *golden share*. Tradicionalmente, o **capital social** será dividido em *ações ordinárias* e *ações preferenciais*. É possível, porém, estar dividido, somente, em ações ordinárias, estabelecendo a lei o limite máximo de metade do capital social para o montante de ações preferenciais. Já as ações de fruição e *golden share* são ações especiais, emitidas a partir de contextos específicos.

As **ações ordinárias** asseguram os *direitos comuns de sócios* ao acionista. São eles: a) os **direitos essenciais**, previstos no art. 109, da Lei nº 6.404/76 – direitos que não poderão ser restringidos ou suprimidos pelo estatuto social ou pela assembleia; b) o **direito de voto** – direito pessoal de sócio, porém, não é um direito essencial e, em razão disto, poderá ser restringido ou suprimido; e c) os **direitos eventualmente assegurados pelo estatuto**.

Cada *ação ordinária* atribuirá *um voto* nas *deliberações em assembleia*, sendo possível o estatuto estabelecer um limite ao número de votos para cada acionista. Na *companhia fechada*, as **ações ordinárias** poderão ser de **diversas classes**[91], em função de: a) conversibilidade em ações preferenciais; b) exigência de nacionalidade brasileira do acionista; c) direito de voto em separado para o preenchimento de determinados cargos de órgãos administrativos; e d) atribuição de voto plural, observados os limites e condicionantes legais. A propósito, vale lembrar que, para as companhias abertas, em regra, haverá uma única classe de ações ordinárias. A exceção fica por conta da adoção do voto plural, viável, também, nas abertas. Assim, a Lei de Melhoria do Ambiente de Negócios passou a admitir a ocorrência de até duas classes de ações ordinárias, sendo uma delas a que adota voto plural[92].

As **ações preferenciais**, por sua vez, asseguram **vantagens patrimoniais** ao seu titular, podendo consistir[93]: a) em prioridade na *distribuição de dividendo*, fixo ou mínimo; b) em prioridade no *reembolso do capital*, com prêmio ou sem ele; c) na *acumulação das preferências e vantagens previstas*. Em vistas das vantagens patrimoniais atribuídas, é possível ocorrer a *restrição* ou a *supressão* de alguns dos *direitos das ações ordinárias*, inclusive, o *direito de voto*. Normalmente, **a restrição ou a supressão ocorre, na prática, em face do direito de voto**.

Torna-se viável, então, existir, no capital social da companhia: a) *ações preferenciais com* **direito de voto pleno**; b) *ações preferenciais com* **direito de voto restrito**; e c) *ações preferenciais com* **direito de voto suprimido**. Nas duas primeiras modalidades, as ações preferenciais têm direito de voto, em todas as deliberações sociais ou nas matérias em que o estatuto especificar. A última –

---

[91] Nos termos do art. 16, da Lei nº 6.404/76.

[92] De acordo com o art. 16-A, da Lei nº 6.404/76, inserido pela Lei nº 14.195/21.

[93] De acordo com o art. 17, da Lei nº 6.404/76.

ação preferencial com direito de voto suprimido – como o nome sugere, é **ação preferencial sem direito de voto**.

Apesar da nomenclatura, o titular de ação preferencial sem direito de voto poderá exercê-lo quando: a) for atribuída uma **vantagem política**; ou b) for adquirido o **direito de voto contingencial**. São consideradas **vantagens políticas**[94]: a) o direito de eleger, em separado, um ou mais membros dos órgãos de administração; e b) o estatuto pode subordinar as alterações estatutárias que especificar à aprovação, em assembleia especial, dos titulares de uma ou mais classes de ações preferenciais.

O **direito de voto contingencial**[95] é a possibilidade de o titular de ações preferenciais sem direito de voto, ou com direito de voto restrito, adquirir o direito de voto pleno. Para tanto, a preferência deverá ser na distribuição de dividendos. A condição para o exercício do direito de voto contingencial é a companhia, pelo prazo previsto no estatuto, não superior a três exercícios consecutivos, deixar de pagar os dividendos a que os acionistas fizerem jus.

As **ações de fruição** são uma espécie de "ação coringa", servindo para substituir uma ação, ordinária ou preferencial, que tenha sido amortizada. A **amortização de ações** consiste na distribuição aos acionistas, a título de antecipação e sem redução do capital social, de quantias que lhes poderiam tocar em caso de liquidação da companhia, podendo ser **total** ou **parcial** e abranger **uma** ou **mais classes** de ações[96]. Perceba-se que a amortização de ações é a antecipação de, somente, um dos direitos do acionista.

No caso de *amortização integral de ações*, poderá haver a substituição da ação original por ações de fruição. Tanto o estatuto da companhia quanto a assembleia que deliberar a amortização poderão estabelecer restrições para as ações de fruição. Em todo o caso, ocorrendo liquidação da companhia, as ações amortizadas só concorrerão ao acervo líquido depois de assegurado às ações não a amortizadas valor igual ao da amortização, corrigido monetariamente[97]. Assim, se o patrimônio da sociedade diminuir, entre a época da amortização e a da liquidação, o acionista nada perde; se o patrimônio da sociedade aumentar, o acionista participará do acervo pela diferença.

Por final, poderá, ainda, existir, no capital social da companhia, uma ação denominada *golden share*[98]. Trata-se de ação que poderá ser criada em companhias objeto de desestatização. A *golden share* será de propriedade exclusiva do ente desestatizante, não podendo, portanto, ser negociada, atribuindo-lhe os

---

[94] De acordo com o art. 18, da Lei nº 6.404/76.

[95] De acordo com o art. 111, § 1º, da Lei nº 6.404/76.

[96] De acordo com o art. 44, § 2º, da Lei nº 6.404/76.

[97] De acordo com o art. 44, § 5º, da Lei nº 6.404/76.

[98] De acordo com o art. 17, § 7º, da Lei nº 6.404/76.

poderes que o estatuto especificar, inclusive o poder de veto em deliberações na assembleia geral.

2.4 Quanto à responsabilidade patrimonial dos sócios

Do ponto de vista dos investidores, não interessa muito se a sociedade é constituída mediante um contrato social ou um estatuto social, ou se o capital social é dividido em quotas ou ações. Tais critérios apenas servem para estabelecer as regras do jogo societário. Adotando-se um critério, surgem determinados direitos; adotado outro critério, surgirão outros direitos. Entretanto, saber se poderão vir a ter, ou não, o seu patrimônio pessoal comprometido por débitos da sociedade é extremamente relevante para a definição do modelo societário a ser utilizado.

O fundamento jurídico do fator determinante da tipicidade societária ora examinado é o princípio da autonomia patrimonial. Por tal princípio, tem-se que o patrimônio da sociedade não pode ser confundido com o patrimônio pessoal de cada um dos sócios, tratando-se, portanto, de patrimônios distintos, autônomos entre si. Se você é credor de uma sociedade, a você não cabe cobrar o seu crédito em cima do patrimônio pessoal dos sócios, e vice-versa. Aliás, a confusão patrimonial é, inclusive, um dos motivos a serem alegados para a desconsideração da personalidade jurídica.

A relevância deste princípio é tamanha, para a atual feição do Direito Empresarial, que restou positivado, através da Lei nº 13.874/19 – a Lei de Liberdade Econômica, ao inserir o art. 49-A[99], no Código Civil. É perceptível, em consonância com o entendimento trazido pela lei, a intrínseca relação existente entre os princípios da autonomia patrimonial e da preservação da empresa.

A **autonomia patrimonial** pode ser: a) **absoluta, total ou perfeita**; e b) **relativa, parcial ou imperfeita**. A autonomia patrimonial se diz absoluta, total ou perfeita sempre que não houver comunicação patrimonial entre o sócio e a sociedade. Assim, a **autonomia patrimonial absoluta** determina **responsabilidade limitada** para o sócio (depois de cumprida a sua obrigação social, o sócio não poderá perder bens pessoais por débitos empresariais).

A autonomia patrimonial se diz relativa, parcial ou imperfeita sempre que houver possibilidade de comunicação patrimonial entre o sócio e a sociedade. Assim, a **autonomia patrimonial relativa** determina **responsabilidade subsidiária** para o sócio (mesmo depois de cumprida a sua obrigação social, o sócio ainda poderá perder bens pessoais por débitos empresariais).

---

[99] Art. 49-A. Código Civil: "A pessoa jurídica não se confunde com os seus sócios, associados, instituidores ou administradores. Parágrafo único. A autonomia patrimonial das pessoas jurídicas é um instrumento lícito de alocação e segregação de riscos, estabelecido pela lei com a finalidade de estimular empreendimentos, para a geração de empregos, tributo, renda e inovação em benefício de todos".

Existem dois padrões de autonomia patrimonial relativa. De modo geral, a autonomia patrimonial relativa implica responsabilidade subsidiária, solidária e ilimitada para o sócio. Porém, para a *sociedade simples pura* e para a *sociedade cooperativa "limitada"*, poderá implicar responsabilidade subsidiária, porém, limitada para o sócio. Como se viu, no plano da autonomia patrimonial absoluta, há um único padrão.

Nesse ínterim, é importante perceber a diferença entre tais padrões de autonomia patrimonial estabelecidos pelo legislador. Mire-se no seguinte exemplo: "alguém é credor de uma sociedade, na quantia de R$ 100.000,00, e não há patrimônio livre e desembaraçado, em nome da sociedade, para arcar com tal ônus". Sabendo da existência de sócio que seja titular de 20% do capital social, pergunta-se: qual o montante de responsabilidade patrimonial deste sócio?

Se a ele for atribuída responsabilidade limitada, a sua responsabilidade será por zero (daí o significado na prática da autonomia absoluta)! Agora, se lhe atribuírem responsabilidade subsidiária, solidária e ilimitada, a sua responsabilidade será por cem mil reais (não havendo neste o caso o direito de se responsabilizar de maneira proporcional à sua participação). Por final, se a sua responsabilidade fosse subsidiária, porém limitada, ele poderia juridicamente dizer que só se responsabilizaria por 20% do débito.

Depreende-se do Código de Processo Civil que o devedor responde com todos os seus bens presentes e futuros para o cumprimento de suas obrigações[100] e que ficam sujeitos à execução os bens dos sócios, nos termos da lei[101]. A pergunta que resulta é a seguinte: afora os casos de desconsideração da personalidade jurídica ou de responsabilidade civil, após o cumprimento da obrigação de contribuir para a formação do capital social, os sócios poderão vir a perder bens pessoais por débitos da empresa? Se a autonomia patrimonial for absoluta, a resposta a ser dada deve ser negativa; porém, se a autonomia patrimonial for relativa, será possível os sócios perderem bens pessoais por conta de obrigações da sociedade.

A partir dos padrões de responsabilidade que o princípio da autonomia patrimonial vem a atribuir aos sócios, as sociedades podem ser classificadas como: a) **sociedades limitadas**; b) **sociedades ilimitadas** e c) **sociedades mistas**. A sociedade será considerada limitada sempre que o tipo jurídico atribuir autonomia patrimonial absoluta para todos os sócios. A sociedade será considerada ilimitada sempre que o tipo jurídico atribuir autonomia patrimonial relativa para todos os sócios. A sociedade será considerada mista sempre o tipo jurí-

---

[100] Nos termos do art. 789, do Código de Processo Civil.

[101] Nos termos do art. 790, II, do Código de Processo Civil.

dico atribuir autonomia patrimonial absoluta para alguns sócios e autonomia patrimonial relativa para outros.

São sociedades limitadas: a sociedade limitada, a sociedade anônima e a sociedade em comandita por ações. Na sociedade em comandita por ações, a responsabilidade do acionista diretor é subsidiária não porque ele seja acionista, mas sim porque ele é, também, diretor.

São sociedades ilimitadas: a sociedade em comum, a sociedade em nome e a sociedade cooperativa. Na sociedade cooperativa, a responsabilidade pode ser limitada ou ilimitada, mas antes, porém, será subsidiária.

São sociedades mistas: a sociedade em conta de participação e a sociedade em comandita simples. Na sociedade em conta de participação, há o sócio ostensivo, com responsabilidade ilimitada, e o sócio participante, que não responde perante terceiros. Na sociedade em comandita simples, há o sócio comanditado, com responsabilidade solidária e ilimitada, e o sócio comanditário, com autonomia patrimonial absoluta.

Por final, as sociedades simples têm **perfil híbrido**. Com efeito, em vista do fato de a lei admitir que a sociedade simples venha a se constituir de acordo com um dos tipos reservados para as sociedades empresárias[102], é o contrato social, no caso concreto, que determinará o padrão de responsabilidade dos sócios. Veja-se, a propósito, o art. 1.023, do Código Civil: "se os bens da sociedade não lhe cobrirem as dívidas, respondem os sócios pelo saldo, na proporção em que participem das perdas sociais, salvo cláusula de responsabilidade solidária".

Não é que será possível modificar a responsabilidade patrimonial dos sócios, na sociedade simples, vez que se trata de um fator determinante da tipicidade societária. Na verdade, é da escolha do tipo societário para a constituição de uma sociedade voltada ao exercício de atividade econômica de caráter não empresarial que se saberá se, na sociedade simples, os sócios deverão responder ou não por obrigações da sociedade.

2.4.1 Os tipos societários previstos na legislação brasileira

Como se vê, a importância do estudo acerca da tipicidade societária tem o objetivo de se compreender noções gerais acerca do direito societário, das sociedades regulamentadas a partir do Código Civil. Não há como se alterar os fatores determinantes de cada tipo societário, sob pena de se desqualificar um tipo societário. Em vista do presente estudo, pode-se apresentar as seguintes definições para cada um dos tipos societários:

---

[102] Nos termos do art. 983, do Código Civil.

A **sociedade em comum** é a sociedade *sem personalidade jurídica*, constituída mediante um *contrato social*, cujo capital social é dividido em *quotas* e a responsabilidade dos sócios é subsidiária, solidária e ilimitada, excluído do benefício de ordem aquele sócio que, investido na condição de administrador, contratou pela sociedade.

A **sociedade em conta de participação** é a sociedade *sem personalidade jurídica*, constituída mediante um *contrato social*, cujo capital social é dividido em *quotas* e nela há duas espécies de sócios: (i) o *sócio ostensivo*, que tem responsabilidade ilimitada e (ii) o *sócio oculto ou participante*, que não responde perante terceiros, respondendo nos termos do contrato social apenas perante o sócio ostensivo.

A **sociedade simples**, sociedade *voltada ao exercício de atividades econômicas sem caráter empresarial*, é a sociedade *com personalidade jurídica*, constituída mediante um *contrato social*, cujo capital social é dividido em *quotas* e a responsabilidade dos sócios, regra geral, é *subsidiária*, porém *limitada* pelas obrigações. A sociedade simples é considerada *pura* quando constituída com as regras de seu próprio tipo ou *impura* quando constituída com as normas de algum outro tipo, vedada a utilização dos tipos relativos às sociedades por ações.

A **sociedade em nome coletivo** é a sociedade *com personalidade jurídica*, constituída mediante *um contrato social*, cujo capital social é dividido em *quotas* e a responsabilidade dos sócios, *necessariamente pessoas naturais*, é subsidiária, solidária e ilimitada pelas obrigações sociais. Sem prejuízo da responsabilidade perante terceiros, podem os sócios, no ato constitutivo, ou por convenção unânime posterior, limitar entre si a responsabilidade de cada um.

A **sociedade em comandita simples** é a sociedade *com personalidade jurídica*, constituída mediante um *contrato social*, cujo capital social é dividido em *quotas* e nela há duas espécies de sócios: (i) o *sócio comanditado, necessariamente pessoa natural*, com responsabilidade subsidiária, solidária e ilimitada; e (ii) o *sócio comanditário*, obrigados somente pelo valor de sua quota. Em tal sociedade, *o contrato social deve discriminar* os sócios comanditados e os sócios comanditários.

A **sociedade limitada** é a sociedade *com personalidade jurídica*, constituída mediante um *contrato social*, cujo capital social é dividido em *quotas* e a responsabilidade dos sócios é restrita ao valor das quotas subscritas; porém, todos os sócios respondem solidariamente pela integralização do capital social. Deste modo, em tal sociedade, **a responsabilidade limitada surgirá para todos os sócios a partir do advento da integralização do capital social**. Até este momento, é possível que os sócios *venham a perder* bem pessoais por débitos sociais, *no limite* que faltar para a **integralização do capital social**.

A **sociedade anônima** é a sociedade *com personalidade jurídica*, constituída mediante um *estatuto social*, cujo capital social é dividido em *ações* e a responsabilidade dos sócios, denominados acionistas, é limitada ao preço de emissão das ações subscritas ou adquiridas. Em tal sociedade, **a limitação de responsabilidade surgirá para cada acionista, isoladamente, no momento em que realizar o pagamento integral do preço de emissão das ações que subscrevera ou adquirira**. Não há, portanto, a necessidade de integralização do capital social da companhia para limitar a responsabilidade do acionista.

A **sociedade em comandita por ações** é a sociedade *com personalidade jurídica*, constituída mediante um *estatuto social*, cujo capital social é dividido em *ações* e nela há duas figuras jurídicas: (i) o *acionista*, cuja responsabilidade é *idêntica a do acionista da sociedade anônima*; e (ii) o *acionista diretor*, com responsabilidade subsidiária, solidária e ilimitada, não por ser acionista, mas por ter assumindo a direção (a responsabilidade é pelos atos de gestão) da referida sociedade, mantendo tal perfil de responsabilidade por até dois anos após a sua destituição ou exoneração.

A **sociedade cooperativa** é a sociedade *com personalidade jurídica*, constituída mediante um *estatuto social*, cujo capital social, se houver, será dividido em *quotas*, e a responsabilidade dos sócios cooperados será *subsidiária*, podendo responder todos, de maneira *solidária* ou de maneira *limitada*, *a depender do perfil de responsabilidade patrimonial*. Trata-se de sociedade que tem no *mutualismo*[103] da relação jurídica sócio-sociedade uma de suas características essenciais.

2.4.2 A desconsideração da personalidade jurídica

A desconsideração da personalidade jurídica, em termos, é **exceção** de tudo o que se cogita até aqui. Exatamente por, de algum modo, ocorrer o **desrespeito ao princípio da autonomia patrimonial** ou a **confusão patrimonial ser utilizada como prática de gestão** da atividade social, surge a necessidade de ocorrer a desconsideração da personalidade jurídica da sociedade; **não para extingui-la, mas sim protegê-la** da sua utilização indevida por parte de seus sócios e/ou administradores.

I. Sua compreensão jurídica

Conceitualmente falando, a desconsideração da personalidade jurídica é a retirada episódica e momentânea dos efeitos da personificação societária, em razão da utilização indevida da sociedade por parte de seus sócios e/ou administradores, com o objetivo de se esquecer da personalidade e/ou do patrimônio daquela para se alcançar a personalidade e/ou o patrimônio destes, desde que

---

[103] Fala-se em mutualismo nas cooperativas porque, diferentemente do que ocorre com os outros tipos societários, em que o "cliente" da sociedade é um terceiro (não sócio), nelas o cliente é o próprio sócio. Assim, as sociedades cooperativas atuando no mercado visando atender aos interesses, às vontades e às necessidades dos próprios cooperados e não de terceiros.

tenham se beneficiado de algum modo. É importante, porém, notar que o STJ entende que a responsabilidade decorrente da desconsideração da personalidade jurídica não pode ser objeto de sucessão, não alcançando os herdeiros do sócio, notadamente, quando ele é minoritário e sem participação na gestão[104]. De tal compreensão jurídica, decorrem algumas noções importantes.

Primeiramente, **não se pode confundir desconsideração com dissolução, despersonificação ou desconstituição da personalidade jurídica**. Com efeito, não se quer despersonificar, desconstituir ou dissolver a sociedade. Ao contrário, **busca-se a sua proteção em face de um sócio ou de um administrador que se beneficiou, direta ou indiretamente, do mau uso da personalidade jurídica**.

Tanto que só surtirá **efeitos nos limites do caso concreto** em que for declarada. Para tudo o mais, prevalecerá a personalidade jurídica da sociedade. Entretanto, no caso concreto, levanta-se o véu da personificação com todas as suas consequências, para ir ao encontro de sócios e/ou de administradores que se beneficiaram indevidamente de um ato praticado em nome da sociedade.

O direito brasileiro não admite a declaração *ex officio* da desconsideração da personalidade jurídica. É preciso que haja provocação a partir de requerimento de alguma das partes ou do MP quando couber intervir no processo. Não dá, portanto, para o juiz declarar diretamente a desconsideração da personalidade jurídica, sem que tenha havido requerimento.

Frise-se, por oportuno: **o ato de declarar a desconsideração da personalidade jurídica é de competência exclusiva do juiz**. Somente a autoridade judicial está legitimada a conhecer e declará-la. Não cabe, pois, à autoridade administrativa declarar diretamente, sem recorrer ao Judiciário, a desconsideração da personalidade jurídica.

A Lei nº 13.874/19 – intitulada Lei da Liberdade Econômica – estabeleceu nova redação ao art. 50 do Código Civil. A redação atual do citado artigo prescreve: "*Em caso de abuso da personalidade jurídica, caracterizado pelo desvio de finalidade ou pela confusão patrimonial, pode o juiz, a requerimento da parte, ou do Ministério Público quando lhe couber intervir no processo, desconsiderá-la para que os efeitos de certas e determinadas relações de obrigações sejam estendidos aos bens particulares de administradores ou de sócios da pessoa jurídica beneficiados direta ou indiretamente pelo abuso*".

II. Requisitos para a sua aplicação

O art. 50, § 1º, do CC, define o desvio de finalidade como sendo "*a utilização da pessoa jurídica com o propósito de lesar credores e para a prática de ilícitos de qualquer natureza*". Vê-se, portanto, que constitui **desvio de finali-**

---

[104] É o que se extrai do: REsp 1.861.306/SP, Rel. Min. Ricardo Villas Bôas Cueva, 3ª Turma, julgado em 02/02/2021, *DJe* 08/02/2021.

dade tanto a utilização da pessoa jurídica com o propósito de **lesar credores** quanto a utilização da pessoa jurídica para a **prática de ilícitos** de qualquer natureza. Exemplo clássico de desvio de finalidade se relaciona à situação em que o alienante do estabelecimento empresarial, visando fugir da proibição de concorrência[105], vem a constituir uma sociedade para concorrer, através dela, com o adquirente.

É cabível notar que "*não constitui desvio de finalidade a mera expansão ou a alteração da finalidade original da atividade econômica específica da pessoa jurídica*", conforme prevê o art. 50, § 5º, do CC. Dessa forma, por exemplo, não se pode alegar desvio de finalidade para efeito de desconsideração da personalidade jurídica, o fato de a sociedade empresária ser uma pizzaria e passar a atuar, também, como sushibar. Na mesma esteira, está a sociedade que deixa de ser um restaurante para atuar como loja de roupas.

Já o § 2º, do art. 50, estabelece a **confusão patrimonial** como sendo a **ausência de separação de fato entre os patrimônios** da sociedade e dos sócios ou dos administradores, constituindo-se em desrespeito ao *princípio da autonomia patrimonial*. É importante observar, segundo o estabelecido pela Lei da Liberdade Econômica que a confusão patrimonial poderá ser caracterizada por: (i) **cumprimento repetitivo** pela sociedade de obrigações do sócio ou administrador ou vice-versa; (ii) transferência de ativos e passivos **sem efetivas contraprestações**, exceto o de valor proporcionalmente insignificante; e (iii) outros atos de **descumprimento da autonomia patrimonial**.

É importante notar que a **desconsideração da personalidade jurídica** só vai fazer sentido em razão da ocorrência de **outros dois requisitos**: (i) a **personificação societária** – não cabe desconsideração da personalidade jurídica em face da sociedade em comum ou da sociedade em conta de participação, por exemplo; (ii) a **imputação do ato motivador da desconsideração à pessoa jurídica** – se, por tal ato, a responsabilidade for pessoal e/ou direta do sócio e/ou do administrador, não caberá desconsideração.

III. Modalidades de desconsideração da personalidade jurídica à luz da ordem jurídica brasileira

Os requisitos anteriormente mencionados são levados em consideração, tanto diante da **desconsideração direta** – em que se esquece da pessoa jurídica para se alcançar sócios e/ou administradores – quanto diante da **desconsideração inversa** – em que se esquece dos sócios e/ou administradores para se alcançar a pessoa jurídica (note que é o caminho inverso da mencionada "desconsideração direta", daí a nomenclatura estabelecida pela doutrina).

---

[105] Efeito do trespasse previsto no art. 1.147, do Código Civil.

Por final, para os fins que interessa a esta obra, é importante salientar que a mera existência de um grupo econômico sem a presença dos requisitos previstos no art. 50, *caput*, do CC, não autoriza a desconsideração da personalidade jurídica. É o que dispõe o § 4º, do mesmo art. 50. Trata-se da denominada **desconsideração indireta**, a hipótese de desconsideração relacionada a grupos econômicos.

Neste caso, utiliza-se da desconsideração para que uma pessoa jurídica, do mesmo grupo econômico, seja alcançada, assumindo, assim, responsabilidade por obrigação imputada à outra pessoa jurídica pertencente ao mesmo grupo. Há de se atender aos requisitos previstos no art. 50, do Código Civil, para que o juiz possa determinar a desconsideração indireta. *É da teoria da desconsideração indireta, por exemplo, que decorre a denominada extensão dos efeitos da falência*[106].

Na visão do STJ[107], classificam-se tais modalidades em: (i) **teoria maior**; e (ii) **teoria menor**. Para fins de memorização da presente nomenclatura, lembre-se que, no âmbito da *teoria maior*, há um argumento "*de maior relevância*" para justificar a desconsideração; entretanto, no âmbito da *teoria menor*, há um argumento "*de menor relevância*" fundamentando a desconsideração da personalidade jurídica.

De acordo com a **teoria maior**, a desconsideração da personalidade jurídica **só** poderá ser determinada se alegados e provados os requisitos previstos no **art. 50, do Código Civil**. Justamente por se tratar de *medida excepcional*, há de haver observância estrita dos requisitos exigidos. A depender do elemento de prova para o pedido de desconsideração, pode-se falar, ainda, em: (i) **teoria maior subjetiva** – quando fundamentada no *desvio de finalidade*; e (ii) **teoria maior objetiva** – quando fundamentada na *confusão patrimonial*. É a matriz de desconsideração para o Direito Empresarial.

---

[106] Tema a ser tratado no estudo do capítulo 16.

[107] Por todos as decisões, vale a pena conferir o REsp 1658648/SP, Rel. Ministro MOURA RIBEIRO, TERCEIRA TURMA, julgado em 07/11/2017, DJe 20/11/2017, onde se lê no Acórdão: "(...) 3. Esta Corte já consolidou o entendimento de que nas relações jurídicas de natureza civil-empresarial, adota-se a teoria maior, segundo a qual a desconsideração da personalidade jurídica é medida excepcional que permite sejam atingidos os bens das pessoas naturais (sócios ou administradores), de modo a responsabilizá-las pelos prejuízos que, em fraude ou abuso, causaram a terceiros, nos termos do art. 50 do CC. (...) 6. O art. 50 do CC, que adota a teoria maior e permite a responsabilização do administrador não sócio, não pode ser analisado em conjunto com o parágrafo 5º do art. 28 do CDC, que adota a teoria menor, pois este exclui a necessidade de preenchimento dos requisitos previstos no *caput* do art. 28 do CDC permitindo a desconsideração da personalidade jurídica, por exemplo, pelo simples inadimplemento ou pela ausência de bens suficientes para a satisfação do débito".

Por sua vez, na **teoria menor**, a desconsideração da personalidade jurídica poderá ser determinada **independente** dos requisitos apontados pelo Código Civil. A fundamentação aqui seria uma **mera inadimplência**, um **mero prejuízo**. Com efeito, pela lógica desta teoria, se a sociedade não tiver patrimônio suficiente para arcar com suas obrigações, mas o sócio tenha, a sociedade, então, estaria sendo utilizada como um escudo para justificar e fundamentar tal inadimplência.

Daí, *levantar-se o véu da pessoa jurídica*[108], para alcançar o patrimônio pessoal dos sócios. Só um detalhe que os defensores dessa teoria esquecem: como visto, inicialmente, a obrigação é da sociedade e não do sócio. Dessa forma, na teoria menor, o postulado da autonomia patrimonial está, no mínimo, mitigado. É o padrão que se costuma ver nos demais ramos do Direito, de que serve, como exemplo, o Direito do Consumidor.

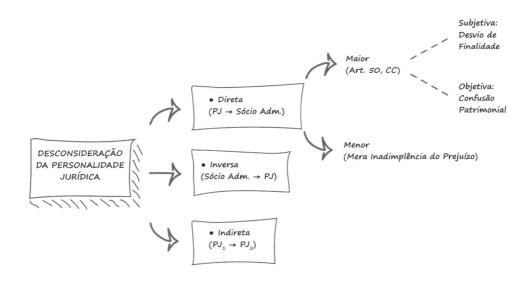

2.5 Quanto à estrutura econômica

A classificação quanto à **estrutura econômica** visa distinguir os tipos societários em razão do grau de relevância da **relação jurídica "sócio-sócio"** para o contexto societário. Outra motivação para a presente classificação, merecedora de registro, diz respeito à **natureza da *affectio societatis*** existente para a cons-

---

[108] Tradução livre de expressão conhecida do direito norte-americano (*piercing the corporate veil*).

tituição da sociedade. A verdade é que, na doutrina[109], não há consenso acerca da justificativa de importância da presente classificação.

Seja lá como for, classificam-se as sociedades, quanto à estrutura econômica em: (i) sociedades de pessoa; e (ii) sociedades de capital. Cabe considerar, a propósito desta classificação, a existência tanto de pessoa quanto de capital em qualquer tipo societário. Não é que, nas sociedades de pessoa, só haja pessoas e, só haja capital, nas sociedades de capital. Longe disso.

As sociedades de pessoa são constituídas *intuitu personae*, de maneira personalíssima, em razão da pessoa dos sócios. Nessas sociedades, as pessoas se tornam sócias por uma questão subjetiva: amizade, confiança, identidade filosófica, antropológica ou, mesmo, de amor (sociedade entre cônjuges). São circunstâncias subjetivas que criarão um liame que vai amarrar juridicamente um sócio ao outro. Vale dizer: em tais casos a *affectio societatis* terá natureza subjetiva e se notará uma certa aproximação entre a pessoa e o patrimônio da sociedade e a pessoa e o patrimônio de seus sócios.

As sociedades de capital, por sua vez, são constituídas *intuitu rei*, de maneira objetiva, "em razão da coisa", ou seja, em razão do patrimônio dos sócios. Nessas sociedades, os sócios se associam por uma questão exclusivamente econômica, não se interessando por qualquer circunstância pessoal. Aqui, não importa qualquer circunstância ou relação pessoal. Enquanto nas sociedades de pessoa, você deixaria de subscrever quotas ou ações caso estivesse como sócio um vizinho do qual não se tem afinidade, tal não aconteceria em uma sociedade de capital, haja vista a irrelevância de questões subjetivas para constituir a sociedade nestes termos. Ou seja: em tais casos a *affectio societatis* terá natureza objetiva, econômica ou patrimonial e se notará um certo distanciamento entre a pessoa e o patrimônio da sociedade e a pessoa e o patrimônio de seus sócios.

A doutrina estabelece um perfil tanto para as sociedades de pessoa quanto para as sociedades de capital. É importante, contudo, notar que não existe uma sociedade que seja, nos termos da lei, 100% de pessoas ou de capital. Ser sociedade de pessoa ou de capital, isto sim, representam os dois extremos de uma régua onde estão inseridos os tipos societários.

---

[109] Para um maior aprofundamento: TOMAZETTE, Marlon. *Curso de direito empresarial: teoria geral e direito societário – volume 1*. 9 ed. São Paulo: Saraiva Educação, 2018. p. 318-323.

Para facilitar

Facilitando a compreensão destes perfis, tem-se a seguinte tabela, com as principais características apontadas pelos estudiosos:

SOCIEDADES DE PESSOA	SOCIEDADES DE CAPITAL
Administração: somente por sócio (princípio da auto-organicidade[110])	Administração: possível por terceiro (princípio da hetero-organicidade[111])
Ao menos 1 sócio com responsabilidade subsidiária	Todos os sócios com responsabilidade limitada
Nome empresarial: firma	Nome empresarial: denominação
Não se admite participação de incapaz	Admite-se participação de incapaz
A incapacidade superveniente é motivo para a exclusão de sócio	A incapacidade superveniente não é motivo para a exclusão de sócio
Admite-se exclusão de sócio por quebra da *affectio societatis*	Não se admite exclusão de sócio por quebra da *affectio societatis*
A morte do sócio implica a resolução da sociedade (dissolução parcial)	A morte do sócio não implica a resolução da sociedade (dissolução parcial)
Não é livre o ingresso de novos sócios	É livre o ingresso de novos sócios

É, portanto, no cotejamento da maior quantidade de características de cada perfil que a doutrina vai indicar o tipo societário como sendo sociedade de pessoa ou de capital. Nesse ínterim, regra geral, à exceção das sociedades limitada, anônimas e em comandita por ações, todos os demais tipos são sociedades de pessoa. Por sua vez, as sociedades anônimas e em comandita por ações são sociedades de capital. Por final, quanto a esta classificação, a sociedade limitada adota perfil híbrido, o que significa dizer que só se define, no caso concreto, como sociedade de pessoa ou de capital.

De fato, a doutrina ensina que, apesar de existir apenas um único tipo legal, para a sociedade limitada, há, em verdade, duas espécies de LTDAs.: uma de perfil personalista; outra de perfil capitalista[112]. ***O contrato social em si nunca***

---

[110] Princípio segundo o qual o órgão social deve ser ocupado por um elemento pertencente ao quadro societário.

[111] Princípio segundo o qual o órgão social pode ser ocupado por um elemento estranho ao quadro societário.

[112] Para um maior aprofundamento: COELHO, Fabio Ulhoa. *Curso de Direito Comercial*, volume 2: *direito de empresa*. 20 ed. São Paulo: Editora Revista dos Tribunais, 2016; VERÇOSA,

será híbrido. Híbrida é a previsão legal. O contrato, no caso concreto, ou será de pessoas ou será de capital. O critério identificador reside nas cláusulas que regem a cessão de quotas. Se for livre a cessão de quotas, sem necessidade de autorização dos demais sócios e os herdeiros poderem assumir a titularidade das quotas, criou-se uma sociedade de capital. Do contrário, ter-se-á constituído uma sociedade de pessoas.

A importância da estrutura econômica da sociedade limitada é fundamental para a correta solução jurídica, muito comum no dia a dia da atividade empresária. Com efeito, admitindo-se alguém enquanto credor particular de um sócio de uma Ltda., acaso tal sócio reste inadimplente, seria possível a realização da penhora das quotas deste sócio, na ausência de outro bem passível de penhora, para a satisfação daquele credor?

A solução para esta questão passa pela definição da natureza personalista ou capitalista da sociedade limitada. O critério mais aceito diz respeito à situação de ingresso dos novos sócios. Com efeito, se for livre o ingresso de novos sócios, haverá, também, livre cessão de quotas. Livre ingresso e livre cessão, juntos, acabam por implicar a possibilidade de penhora[113]. De outra forma, se não for livre o ingresso de novos sócios, também não será livre a cessão de quotas e, desta forma, resulta impossível a penhora de quotas, sendo aplicável, em favor do credor particular de sócio, o art. 1.026, do Código Civil[114].

Ainda com relação à tal classificação, há um último ponto a considerar. Com efeito, as sociedades por ações são denominadas sociedades anônimas, na medida em que não se sabe quem são os acionistas da sociedade com o mero exame do estatuto social. Dessa forma, não há, em tese, como serem criados vínculos subjetivos entre os sócios em uma sociedade anônima. Daí a sua classificação enquanto sociedades de capital.

Apesar destas considerações, curiosamente, o STJ, por meio da 2ª seção de direito privado, através do EREsp nº 111.294/PR, entendeu ser possível a dissolução parcial de sociedade anônima, por quebra de *affectio societatis*,

---

Haroldo Malheiros Duclerc. *Direito Comercial.* 3 ed. São Paulo: Editora Revista dos Tribunais, 2014. v. 2; RAMOS, André Luiz Santa Cruz. *Direito Empresarial.* 9 ed. São Paulo: Editora Método, 2019.

[113] De acordo com o art. 835, IX, do CPC.

[114] Art. 1.026. O credor particular de sócio pode, na insuficiência de outros bens do devedor, fazer recair a execução sobre o que a este couber nos lucros da sociedade, ou na parte que lhe tocar em liquidação.

Parágrafo único. Se a sociedade não estiver dissolvida, pode o credor requerer a liquidação da quota do devedor, cujo valor, apurado na forma do art. 1.031, será depositado em dinheiro, no juízo da execução, até noventa dias após aquela liquidação.

desde que presente três requisitos: I – a sociedade anônima deve ser fechada; II – 100% das ações devem ser de titularidade de um mesmo grupo familiar; III – as ações não devem ter liquidez e dispersão no mercado. Reconhecida, portanto, *affectio societatis* subjetiva à S/A, nesse regime específico seria possível, por exemplo, a dissolução parcial da sociedade anônima, além da resolução do vínculo do acionista fora das hipóteses legais para o exercício do direito de retirada[115].

3. A REGÊNCIA SUPLETIVA SOCIETÁRIA

Os tipos societários brasileiros não representam tipos jurídicos completos. Trata-se de tipos em que, aqui e ali, apresentam lacunas que deverão ser supridas a partir de determinadas remissões. Como regra geral, tem-se que **as normas da sociedade simples funcionarão como regras subsidiárias**. Portanto, na ausência de previsão expressa no contrato social e de norma expressa no tipo societário, o tratamento jurídico deverá ser dado por alguma norma da sociedade simples. É a regra geral.

Para facilitar

Ato Constitutivo → Tipo Societário → Sociedade Simples

Dessa forma, tem-se um passo a passo para se solucionar alguma controvérsia jurídica envolvendo o Direito Societário. O primeiro passo é o exame do ato constitutivo. Havendo norma constitutiva regulamentando a temática: *pacta sunt servanda*! Segue-se o estabelecido em tal documento. Sendo silente, o segundo passo é o exame das normas legais atinentes ao tipo societário escolhido. Havendo norma legal no tipo sobre a temática: solução encontrada, controvérsia resolvida! Persistindo o vácuo normativo, tal lacuna, em regra, será suprida pela norma pertinente prevista para a Sociedade Simples.

---

[115] TOMAZETTE, Marlon. *Curso de direito empresarial: teoria geral e direito societário – volume 1*. 9 ed. São Paulo: Saraiva Educação, 2018. p. 442.

Assim, se determinado tipo for silente, a lacuna legal será preenchida por normas relativas à sociedade simples. Mire-se no exemplo da morte do sócio. Com efeito, somente o art. 1.028, do Código Civil, regulamenta tal assunto, que é norma da sociedade simples. Desse modo, a morte de um sócio, em uma sociedade em nome coletivo[116], por exemplo, será regulamentada, também, pelo referido dispositivo.

Existem alguns tratamentos específicos quanto à regência supletiva. Na **sociedade em comandita simples**[117], a regência supletiva é feita pelas normas da sociedade em nome coletivo que, por sua vez, rege-se supletivamente pelas normas da sociedade simples. Dessa forma, o tratamento jurídico a ser dado ao credor particular de sócio de uma sociedade em comandita simples, encontra-se previsto no art. 1.043 e não no tradicional art. 1.026, do Código Civil, utilizável, regra geral, para esta questão.

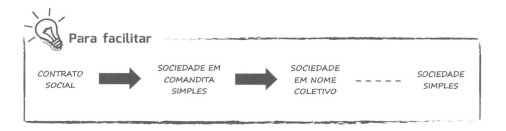

Para a **sociedade limitada**[118], a regência supletiva ganha contornos próprios. Trata-se do único caso previsto pelo legislador em que é possível os sócios alterarem a regência supletiva. Com efeito, diante das omissões estabelecidas pelo Código Civil, entre os arts. 1.052 a 1.087, a sociedade limitada se regerá pelas normas da sociedade simples (regra geral, aplica-se a "regra geral"). Porém, o contrato social poderá prever a regência supletiva da sociedade limitada pelas normas da sociedade anônima.

---

[116] Sua regência supletiva se encontra prevista no art. 1.040, do Código Civil.

[117] Sua regência supletiva se encontra prevista no art. 1.046, do Código Civil.

[118] Sua regência supletiva se encontra prevista no art. 1.053, do Código Civil.

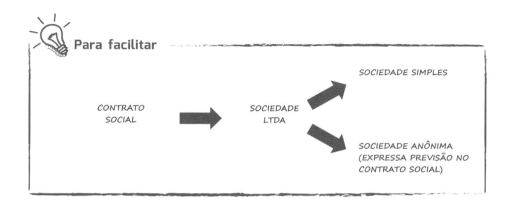

Na **sociedade em comandita por ações**[119], a regência supletiva é feita pelas normas da sociedade anônima. Assim, enquanto a sociedade em comandita simples se submete, de maneira indireta, às normas da sociedade simples, tais normas, em nenhuma hipótese, serão aplicáveis à sociedade em comandita por ações.

A **sociedade anônima**, por sua vez, não tem regência supletiva. Trata-se do único tipo societário verdadeiramente completo. Desse modo, se o estatuto não regulamentar a querela, a solução jurídica estará nas normas relativas à sociedade anônima. Frise-se, por oportuno, que o Código Civil[120] se colocou como regra supletiva para a Lei nº 6.404/76, norma que, pelo exposto, não tem aplicabilidade e eficácia.

---

[119] Sua regência supletiva se encontra prevista no art. 1.090, do Código Civil.

[120] Nos termos do art. 1.089, do Código Civil.

4

DAS FUNÇÕES SOCIETÁRIAS

Vistas as noções gerais de Direito Societário, no capítulo anterior, é chegado o momento de se examinar importantes temas específicos em matéria de sociedades. Construída a base de estudos, cabe a partir de agora os aprofundamentos necessários. E o primeiro ponto para tanto se refere às **funções societárias**, mais especificamente, as relacionadas ao Direito Empresarial, no plano societário.

É que existem, por assim dizer, *funções societárias relativas ao Direito Empresarial, mas em outras áreas, como a contratual,* além de *funções societárias decorrentes de outras áreas jurídicas. Das primeiras, cita-se, por exemplo, a função de colaborador exercida pelo representante comercial autônomo*[1], nas colaborações por aproximação ou, mesmo, a função de gerente de estabelecimentos empresariais[2]. De outras áreas jurídicas, indica-se, como meros exemplos, as funções de empregado ou de prestador de serviço autônomo, etc.

Evidentemente que **nenhuma destas funções interessam** a estudo do Direito Empresarial. Pelo menos não no presente momento. Por ora, o estudo cinge-se às denominadas *"funções de cúpula"*. Vale dizer, inseridas todas as funções possíveis e imagináveis *interna corporis* em um organograma, as funções de cúpula seriam aquelas que estariam alçadas ao topo deste organograma. São as funções de:

a) Sócio;
b) Administrador;
c) Conselheiro fiscal.

---

[1] Nos termos do art. 1º, da Lei nº 4.886/65.

[2] De acordo com o art. 1.172, do Código Civil.

Trata-se de **funções distintas** e que, portanto, cabem serem estudadas em separado. É que cada qual tem um *regime jurídico próprio*. É de fundamental importância conhecer tais regimes. Por oportuno, frise-se a advertência de **não se personalizar a função**, mas sim examiná-la em abstrato.

Porque tais **funções podem ser cumuladas**, vale dizer, é possível o sujeito ser *ao mesmo tempo sócio e administrador*, ou *sócio e conselheiro fiscal*. Daí a necessidade de não personalizar, sendo certo que é **inadmissível** o sujeito sofrer **sanção de administrador**, quando na verdade o seu ilícito decorre da função de sócio.

1. SÓCIO

Muito já se falou sobre a **figura do sócio**. Viu-se, por exemplo, que *sócio não é empresário*, mas sim um **investidor** ou **empreendedor**, ou seja, alguém que pega uma parcela do seu patrimônio, direciona para uma atividade econômica, visando obter o maior retorno financeiro possível. Ademais, foram traçadas considerações a respeito da *capacidade para ser sócio*, em especial para os **incapazes**, os **impedidos** e os **casados**.

Neste ponto, é relevante evoluir sobre dois aspectos. O primeiro deles diz respeito à **aquisição da qualidade de sócios**.

Sobre tal contexto, dois entendimentos podem ser extraídos acerca do momento a partir do qual o sujeito se qualificou como sócio:
a) Na integralização do capital;
b) Na subscrição do capital.

O entendimento segundo o qual é, **somente na integralização**, que se adquire a qualidade de sócio, deve-se ao fato de que, *enquanto não integralizado, o sócio poderá vir assumir a condição de remisso* e, desse modo, vir a **perder a quota**. E é a titularidade de uma quota, ou de uma ação, pelo menos, que assegura ao sujeito a condição de sócio.

De outro lado, o entendimento pela **subscrição** se deve ao fato de que, neste momento, *o sujeito passa a ser titular de uma quota ou uma ação*, pelo menos, **vindo a assumir todos os direitos, deveres e responsabilidades de sócio**. Ora, se você é titular de uma quota, você tem direito de sócio, deveres de sócio e responsabilidade de sócio, a conclusão não poderá ser outra: você é sócio! Parece-me o melhor entendimento. E a **integralização**? Trata-se de **um dos deveres de sócio**. *Se o sócio que não contribui para o capital social pode perder a quota*, isso significa que, até aquele momento, a **quota é dele**.

Além disso, não se pode olvidar que **ser sócio significa exercer uma função dentro da sociedade**. Torna-se importante compreender a função jurídica de sócio. A propósito, **não é função de sócio** passar procuração em nome da sociedade, representar a sociedade judicial ou extrajudicialmente, contratar ou demitir empregados, confessar a falência ou pedir a recuperação judicial da sociedade. *Os atos aqui descritos são atos executivos*, componentes da **função de administrador**.

A **função de sócio** é *eminentemente deliberativa*, pautada pelo **exercício do direito de voto**[3]. *Cabem aos sócios deliberar, discutir entre si, para aprovar a vontade social*. Eles existem para **fomentar** e para **formatar os interesses da sociedade**. Dessa forma, é *no âmbito das assembleias*, que os sócios estarão **atuando no exercício da sua função**, em estrito cumprimento. *O modo de sua atuação é através do direito de voto*. Não se pode esquecer que, **na sociedade anônima, o direito de voto não é essencial ao acionista**[4].

O regime jurídico da função de sócio é o mesmo, independentemente do tipo societário. Por esta razão, o seu estudo será feito diferente da doutrina tradicional[5], que trabalha as noções sobre os sócios, em consonância com os tipos societários. Fiel à proposta da *Coleção Facilitado* e atento à experiência didática de sala de aula, *propõe-se a abordagem sob uma nova sistemática*, que valerá, também, para as funções de administrador e de conselheiro fiscal.

Na medida em que *o regime jurídico é o mesmo*, este assunto será **estudado em bloco**, de uma vez só. Afinal de contas, do ponto de vista societário, **praticamente, não existe diferença** entre você ser sócio em uma sociedade em comum ou uma sociedade anônima de capital aberto que negocia seus títulos em bolsa de valores fora do país. As poucas e eventuais peculiaridades, se e **quando existirem, serão expressamente destacadas**.

1.1 Deveres

Com o advento da **subscrição do capital social**, adquire-se a qualidade de sócio e, em razão da função assumida, surgem **deveres** que cabem aos sócios

---

[3] Conceito que se aplica, no plano das sociedades anônimas, ao acionista empreendedor.

[4] Nos termos do art. 109, da Lei nº 6.404/76.

[5] BERTOLDI, Marcelo M.; RIBEIRO, Marcia Carla Pereira. *Curso avançado de direito comercial.* 10 ed. São Paulo: Revista dos Tribunais, 2016; COELHO, Fabio Ulhoa. *Curso de Direito Comercial, volume 2: direito de empresa.* 20 ed. São Paulo: Editora Revista dos Tribunais, 2016; RAMOS, André Luiz Santa Cruz. *Direito Empresarial.* 9 ed. São Paulo: Editora Método, 2019; REQUIÃO, Rubens. *Curso de Direito Comercial, 1º volume.* 27 ed. São Paulo: Saraiva, 2007; ROCHA, Marcelo Hugo da. *Direito empresarial sintetizado.* São Paulo: Método, 2017; SANCHEZ, Alessandro *Direito empresarial sistematizado.* São Paulo: Método, 2018; TOMAZETTE, Marlon. *Curso de direito empresarial: teoria geral e direito societário – volume 1.* 9 ed. São Paulo: Saraiva Educação, 2018.

cumprir. Na **sociedade limitada**[6], a subscrição ocorrerá quando da **assinatura do contrato social**. Por sua vez, na **sociedade anônima**, a subscrição ocorre quando da **assinatura do boletim de subscrição**[7] – momento fático a partir do qual alguém se torna acionista, no mercado primário.

O primeiro, e talvez o mais importante deles, é o **dever de contribuir para a formação do capital social**. Trata-se do **dever fundamental** de todo e qualquer sócio, sob pena de ser excluído por remissão[8]. *Cabem aos sócios integralizar as suas participações societárias*, realizando o **pagamento do valor das quotas**[9] ou do **preço de emissão**[10] **das ações** que subscreveram ou adquiriram. Poderá ser feita, em tese, *em dinheiro, crédito, bens ou serviços*.

Na **contribuição em dinheiro**, tem-se a *regra geral para os aportes de capital*. A menos que a moeda seja falsa, o que pode gerar repercussão criminal[11], *realizado o pagamento do valor das quotas ou ações*, seja em **tesouraria**, seja mediante depósito ou transferência em **conta bancária** no nome da sociedade, esta obrigação estará atendida.

Na **contribuição em crédito**, o sócio responde pela *solvência do devedor*[12]. Dessa forma, caso o sócio transfira, por qualquer modalidade, um crédito como aporte de capital para sociedade e *este crédito não venha a ser pago*, poderá a sociedade **cobrar referido valor tanto do devedor quanto do sócio**. Pouco importa se a transferência ocorreu **mediante endosso ou cessão de crédito**; é efeito da contribuição em crédito o sócio responder pela solvência do devedor. **A responsabilidade existente entre o sócio e o devedor será solidária**[13].

Na **contribuição em bens**, o sócio responde pela **evicção**[14]. É preciso definir acerca do título em que se dará a contribuição em bens. Vale dizer, será transferida a propriedade do objeto para a pessoa jurídica? Ou bem será aportado

---

[6] Bem como nas demais sociedades contratuais, regulamentadas pelo Código Civil.

[7] De acordo com o art. 85, da Lei nº 6.404/76.

[8] Nos termos dos arts. 1.004 e 1.058, do Código Civil e do art. 107, da Lei nº 6.404/76.

[9] De acordo como art. 1.052, do Código Civil.

[10] De acordo com o art. 1.088, do Código Civil.

[11] Trata-se do crime de moeda falsa, previsto no art. 289, do Código Penal.

[12] Nos termos do art. 1.005, 2ª parte, do Código Civil, e do art. 10, parágrafo único, da Lei nº 6.404/76.

[13] Nos termos do art. 264, do Código Civil.

[14] Nos termos do art. 1.005, 1ª parte, do Código Civil e do art. 10, da Lei nº 6.404/76.

a título de usufruto ou de arrendamento? No *silêncio dos atos constitutivos*, presume-se a **transferência da propriedade**[15].

Para definir o *quantum* dos bens, em se tratando de **sociedade anônima**, deverá ser contratada **empresa especializada** ou **três peritos** que elaborará *laudo fundamentado para a definição do valor* dos mesmos, em assembleia[16]. Na **sociedade limitada**, na ausência de norma regendo a formalidade da operação, haverá **responsabilidade solidária** de todos os sócios, pela *exata estimação do valor dos bens*, **por até 5 anos**[17].

Por final, pode-se falar, ainda, em **contribuição em serviços**. Neste caso, através de cláusula contratual específica, o sujeito praticaria **determinadas atividades ou prestações** para a sociedade, *sendo esse trabalho que o qualificaria enquanto sócio*. Em regra, o sócio de serviços está **proibido de se envolver em operações estranhas às da sociedade**[18]. Tal modalidade de contribuição é **vedada na sociedade limitada**[19] e *incabível na sociedade anônima*[20].

Além da integralização das quotas ou ações, os sócios, também, assumem outro dever: o **dever de lealdade ou de colaboração recíprocos**. Trata-se de um **dever abstrato** e que pode ser *cumprido no mais amplo espectro*, desde aquele sócio que participa ativamente do dia a dia da sociedade, até aquele que mal comparece à sociedade, notadamente quando não conhece o segmento de mercado. Seja como for, o descumprimento de tal dever leva à **quebra da *affectio societatis***.

Por final, há ainda o **dever de participação nas perdas**[21]. Por tal dever, *sempre que a sociedade apurar perdas*, tais prejuízos são de **responsabilidade dos sócios**. Deve-se verificar, para cada categoria de sócios, **o montante do prejuízo** a que estará submetido.

Há três **modalidades de participação das perdas**:
a) Para autonomia patrimonial relativa;
b) Para autonomia patrimonial absoluta; e
c) Para os sócios de serviços.

---

[15] De acordo com o art. 9º, da Lei nº 6.404/76.

[16] De acordo com o art. 8º, da Lei nº 6.404/76.

[17] Nos termos do art. 1.055, § 1º, do Código Civil.

[18] De acordo com o art. 1.006, do Código Civil.

[19] Nos termos do art. 1.055, § 2º, do Código Civil.

[20] De acordo com o art. 7º, da Lei nº 6.404/76.

[21] Nos termos do art. 1.008, do Código Civil.

Para os sócios com **autonomia patrimonial relativa**, a *participação nas perdas* significa que os **sócios assumirão os prejuízos** cujo patrimônio societário não seja capaz de arcar. Para os sócios com **autonomia patrimonial absoluta**, a *participação nas perdas* estará **prefixada pela responsabilidade limitada**.

Por final, apesar de a lei determinar que os *sócios de serviços somente participam dos lucros*[22], é **nula** a cláusula contratual que **exclua a participação nas perdas**[23]. Ou seja, o sócio de serviços, também, *participa nas perdas*, porém, a sua participação difere da dos sócios capitalistas. **Os sócios de serviços perdem quando não recebem pelos trabalhos prestados**, trabalhando de graça, por assim dizer.

1.2 Direitos

Os **direitos dos sócios** em geral podem ser analisados sob **dupla perspectiva**. De um lado, há os chamados **direitos pessoais**, relacionados ao *status, posição ou função de sócio*. De outro, há, ainda, os denominados **direitos patrimoniais** compreendidos como *direitos de crédito, condicionados e eventuais*[24], em face da sociedade.

1.2.1 Direitos pessoais

Direitos pessoais de sócio são aqueles que decorrem **do *status*, da função, do poder de sócio**, *dentro do contexto societário*. Trata-se de direitos assegurados aos sócios, justamente em razão de serem sócios. À medida em que o sujeito **deixar de ser sócio**, por exemplo, porque foi excluído ou exerceu o direito de retirada, daí em diante **não fará mais jus a tais direitos**.

São *direitos pessoais*:

a) o direito de deliberar;

b) o direito de votar;

c) o direito de fiscalizar os negócios sociais;

d) o direito de ser e eleger administradores;

e) o direito de preferência na subscrição; e

f) o direito de retirada.

---

[22] De acordo com o art. 1.007, do Código Civil.

[23] Nos termos do art. 1.008, do Código Civil.

[24] CARVALHO DE MENDONÇA, José Xavier. *Tratado de direito comercial brasileiro*. Atualizado por Ruymar de Lima Nucci. Campinas: Bookseller, 2001. v. 2. Tomo 2. p. 84.

No plano das **sociedades anônimas**, existem os denominados **direitos essenciais** – muitos deles são direitos pessoais, não *podendo o acionista ser privado dos mesmos nem pelo estatuto, nem pela assembleia*[25]:

a) participar dos lucros sociais;
b) participar do acervo da companhia, em caso de liquidação;
c) fiscalizar, na forma da Lei nº 6.404/76, a gestão dos negócios sociais;
d) preferência para a subscrição de ações, partes beneficiárias conversíveis em ações, debêntures conversíveis em ações e bônus de subscrição, observado o disposto nos artigos 171 e 172, da Lei nº 6.404/76; e
e) retirar-se da sociedade nos casos previstos na Lei nº 6.404/76.

O **direito de deliberar** é o direito de propor medidas visando **fomentar ou formatar a vontade social**, ou seja, é *o direito de se propor "o que fazer" em prol da sociedade*. Por sua vez, o **direito de votar** – corolário do direito de deliberar – é o direito de dizer "sim" ou "não" às propostas objeto de deliberação, ou seja, é *o direito de se aprovar "o que fazer" em prol da sociedade*. Perceba que o **direito de voto é um dos direitos pessoais de sócio, porém, não é um direito essencial do acionista**.

O **direito de fiscalizar** é quase um *direito natural dos sócios*. Repare que, em larga medida, a sociedade só existe e evolui em razão do "dinheiro dos sócios". Então, nada mais natural do que o sócio querer saber o que estão fazendo com o "seu dinheiro. Decorre do *direito de fiscalizar*, a possibilidade que os acionistas titulares de mais de cinco por cento[26] do capital social – no caso das sociedades contratuais como a LTDA, não há percentual, de modo que qualquer sócio terá legitimidade – promover a **ação de exibição dos livros empresariais**, toda vez que houver **suspeita de irregularidades** perante a administração societária.

Existe, ainda, o **direito de preferência na subscrição**. O objeto da subscrição varia a depender da sociedade. Para os tipos societários *previstos no Código Civil*, haverá **preferência na subscrição do capital social**[27]. Porém, para as *sociedades anônimas*, haverá **preferência na subscrição do capital social e de valores mobiliários** conversíveis em ações[28].

---

[25] Nos termos do art. 109, da Lei nº 6.404/76.
[26] De acordo com o art. 105, da Lei nº 6.404/76.
[27] Nos termos do art. 1.081, § 1º, do Código Civil.
[28] Nos termos do art. 171, da Lei nº 6.404/76.

Assim, diante de operações de aumento de capital, as novas quotas ou ações devem ser prioritariamente a quem é sócio. O mesmo vale para os valores mobiliários conversíveis em ações, para as companhias. **O prazo para o exercício do direito de preferência é de 30 dias**. Para as *sociedades anônimas*, o estatuto ou a assembleia geral **podem fixar prazos maiores**[29].

O *direito de retirada* é o direito de o acionista ou o quotista *se despedirem da sociedade*, **extinguindo o seu vínculo societário**, ocorrendo o *reembolso da ação* ou a *liquidação da quota*. É o mais paradoxal dos direitos que o sócio pode ter. Trata-se do **direito que o sócio tem de deixar de ser sócio**, do direito que o sócio tem de "pedir para sair" da sociedade, do **direito de devolver a sua participação social** e *receber o seu equivalente pecuniário*.

1.2.2 Direitos patrimoniais

Como já se viu, **os direitos patrimoniais são direitos de crédito, eventuais e condicionados**. Por tais direitos, *o sócio se torna credor da sociedade*. Dessa forma, mesmo que o sujeito deixe de ser sócio, o seu direito patrimonial, cujo crédito esteja constituído, restará assegurado. São **eventuais** porque a *sua existência depende da ocorrência de determinados eventos*. São **condicionais** porque a lei impõe *condições que precisam ser atendidas para se poder usufruir do direito patrimonial*.

São *direitos patrimoniais*:
a) o direito de participar nos lucros; e
b) o direito de participar no acervo social, em caso de liquidação.

O primeiro direito patrimonial a comentar é denominado **dividendos**. Trata-se do direito que os têm de **participar nos lucros da sociedade**. Vale dizer, toda vez que a sociedade apurar lucros, *os sócios têm direito que uma parte destes lucros venha ser, entre eles, dividida* (daí o nome dividendos). O **evento**, por suposto, é a *sociedade ter lucros* – se teve prejuízos, haverá o dever de participar nas perdas, anteriormente estudado. E a **condição** é a de que *não se pode distribuir lucros em prejuízo do capital*[30].

Existem **duas modalidades** de pagamento de dividendos: *em dinheiro* ou *em ações ou quotas de bonificação*. Quanto ao pagamento dos **dividendos em dinheiro**, não há o que se falar. Aprovada a distribuição, a quantia será transferida para a conta do sócio, por exemplo. Por sua vez, **ações ou quotas de bonificação** são

---

[29] De acordo com o art. 171, § 4º, da Lei nº 6.404/76.

[30] Nos termos do art. 1.059, do Código Civil, e do art. 201, da Lei nº 6.404/76.

aquelas que serão distribuídas **já integralizadas** aos sócios, quando a sociedade resolver *capitalizar os lucros*[31].

Apesar do *direito de participar nos lucros*, os acionistas podem vir a **não receber dividendos**, nem mesmo o denominado *dividendo obrigatório*[32], quando **incompatível com a situação financeira** da companhia[33]. Neste caso, o conselho fiscal deverá lavrar parecer a respeito e, **em se tratando de companhia aberta**, caberá aos administradores, *no prazo de cinco dias, encaminhar à CVM exposição justificada*.

Para facilitar

1. Na LTDA: é possível a distribuição integral em quotas de bonificação;
2. Na S/A: é impossível a distribuição integral em ações de bonificação.

Há, ainda, o **direito de participação no acervo social**. Participar no acervo significa ter participação no patrimônio da sociedade. **O evento é a liquidação** – seja da quota ou da ação, seja da sociedade como um todo. A **condição** é a de que a participação do acervo **não pode se dar em prejuízo dos credores**[34]. Assim, *é preciso que o patrimônio líquido seja positivo*, ou seja, que o valor patrimonial da sociedade seja superior ao valor do capital registrado no ato constitutivo, *para que ocorra a liquidação suscitada*.

1.3 Responsabilidades

Pode-se falar em **tríplice responsabilidade dos sócios:**
a) *Responsabilidade patrimonial*;
b) *Responsabilidade negocial*; e
c) *Responsabilidade por atos ilícitos*.

---

[31] De acordo com o art. 169, da Lei nº 6.404/76.
[32] Previsto no art. 202, da Lei nº 6.404/76.
[33] De acordo com o art. 202, § 4º, da Lei nº 6.404/76.
[34] Nos termos do art. 1.110, do Código Civil, e do art. 215, da Lei nº 6.404/76.

A **responsabilidade patrimonial decorre do princípio da tipicidade societária**, estudado anteriormente[35]. Por tal vetor, aprende-se, por exemplo, que na LTDA os sócios respondem solidariamente pela integralização do capital social[36], ou que na S/A os acionistas respondem pelo pagamento do preço de emissão da ação subscrita ou adquirida[37]. Resta, agora, o exame dos outros dois padrões de responsabilidade.

1.3.1 Responsabilidade negocial

A **responsabilidade negocial decorre do ato constitutivo societário**. Como, no Brasil, sociedade, em regra, é um contrato e o contrato é o principal exemplo de negócio jurídico, a denominada responsabilidade negocial se refere à *existência de responsabilidade para o sócio em virtude, ora do ingresso, ora da saída na sociedade*. Isso porque ninguém é obrigado a se associar ou a permanecer associado[38], a não ser por sua própria vontade.

Diante do presente contexto, surgem indagações. Como fica:
a) A responsabilidade do sócio que entra em uma sociedade, já em funcionamento; e
b) A responsabilidade do sócio que se retira da sociedade.

O **sócio que entra em uma sociedade**, já em funcionamento, *responde pelas "obrigações sociais anteriores"*[39]. De outro lado, o **sócio que se retira de uma sociedade** continua a responder *pelas "obrigações sociais anteriores", por até 2 anos da sua saída*[40]. Por *"obrigações sociais"*, deve-se entender a **responsabilidade patrimonial** dos sócios e *não necessariamente a obrigação de assumir débitos da sociedade*.

A obrigação social, numa sociedade limitada, é a integralização do capital social, pelo qual os sócios respondem solidariamente. Já, em se tratando de sociedade anônima, a obrigação social é o pagamento do preço de emissão da ação. Por sua vez, caso se esteja diante de uma sociedade em nome coletivo, por exemplo, a obrigação social, aí sim, será pagar contas da sociedade cujo patrimônio se revelou insuficiente para adimpli-las.

Portanto, diante de uma sociedade limitada, **com capital integralizado**, caso um novo sócio ingresse na pessoa jurídica que, porém, não tem patrimônio

---

[35] No Capítulo 3 – Direito Societário: noções gerais.
[36] De acordo com o art. 1.052, do Código Civil.
[37] Nos termos do art. 1.088, do Código Civil.
[38] De acordo com o art. 5º, XX, da Constituição Federal.
[39] Nos termos do art. 1.025, do Código Civil.
[40] De acordo com o art. 1.032, do Código Civil.

para arcar suas obrigações, neste caso o montante de *responsabilidade do sócio será "zero"*. Agora, se o capital social **não estiver integralizado**, o montante de responsabilidade do sócio será o *valor que faltar para a integralização*.

A mesma linha de entendimento cabe para a saída do sócio. Com efeito, protocolado na Junta Comercial o aditivo de saída em 08/12/19, numa sociedade cujo capital não foi integralizado, se até 08/12/21 a sociedade vier a ser cobrada de uma obrigação para a qual não tenha patrimônio suficiente, será, ainda, alcançável o patrimônio dos sócios no valor limite para a integralização do capital.

E se houver **cessão da participação social**? Neste caso, *cedente e cessionário responderão solidariamente*, no prazo de **2 anos**, pelas "obrigações sociais anteriores"[41]. **Passado o prazo** de responsabilidade solidária, em vista de cessão de créditos, a **responsabilidade será exclusiva do cessionário**. No *plano das sociedades anônimas*, a responsabilidade negocial em todas as suas nuances está regrada em um único dispositivo legal[42].

Na *companhia aberta*, sob pena de nulidade, as ações só poderão ser negociadas após a realização de *trinta por cento do preço de emissão*[43]. O estatuto da *companhia fechada* pode impor *limitações à circulação* das ações nominativas, contanto que regule minuciosamente tais limitações e *não impeça a negociação*, nem sujeite o acionista ao arbítrio dos órgãos de administração da companhia ou da maioria dos acionistas[44].

1.3.2 Responsabilidade por ato ilícito

Viu-se que **os sócios exercem função deliberativa, pautada pelo exercício do direito de voto**. Assim, é no conclave societário, *seja em assembleias, seja em reuniões, que os sócios atuarão no exercício da respectiva função*. Trata-se de **responsabilidade civil subjetiva dos sócios**, por necessitar haver uma ação ou uma omissão, o resultado e o nexo causal entre a ação humana e o resultado.

a) na sociedade limitada

Perante a sociedade limitada, notam-se dois **ilícitos a serem praticados pelos sócios**:
a) As deliberações infringentes; e
b) A distribuição ilícita ou fictícia de lucros.

---

[41] Nos termos do art. 1.003, parágrafo único, do Código Civil.
[42] Trata-se do art. 109, da Lei nº 6.404/76.
[43] De acordo com o art. 29, da Lei nº 6.404/76.
[44] Nos termos do art. 36, da Lei nº 6.404/76.

Deliberações infringentes são aquelas que **violam a lei ou o ato constitutivo**[45]. Neste caso, determina-se a *responsabilidade ilimitada* daqueles que **expressamente aprovaram** a referida deliberação. Com efeito, não se estabelece aqui a responsabilidade no montante do capital social porque se trata de responsabilidade civil, sendo certo o *dever de reparar os prejuízos provocados*[46].

Distribuição ilícita de lucros é aquela que se dá **em prejuízo do capital social**. *Distribuição fictícia* de lucros é aquela que **ocorre de maneira fraudulenta**. Seja como for, *os sócios serão obrigados a devolver os lucros distribuídos em prejuízo do capital*[47]. E, **se houver prejuízo**, e os sócios receberem lucros, **sabendo ilegítimos**, além da devolução, *deverão reparar os prejuízos de maneira solidária*[48].

Note-se que **a responsabilidade dos sócios depende de aprovação de algo indevido**. Vale dizer, o mero voto indevido por parte de um sócio, se não for aprovado, não enseja responsabilidade civil, nem para o sócio e nem para a sociedade. Apenas, *diante da aprovação de algo indevido, é que, os que expressamente aprovarem ou os que forem beneficiados, assumirão responsabilidade*.

b) Na sociedade anônima

Com efeito, cabe ao acionista ser leal à companhia cujo capital social integrar. Nestes termos, deve *exercer o direito a voto no interesse da companhia*[49]. O acionista responde pelos danos causados pelo exercício **direito de voto abusivo**, ainda que seu voto *não haja prevalecido*[50]. A deliberação tomada em decorrência do voto de acionista que tem *interesse conflitante* com o da companhia é **anulável**; o acionista responderá pelos danos causados e será obrigado a transferir para a companhia as vantagens que tiver auferido[51].

Considerar-se-á **abusivo** o voto exercido com o fim de **causar dano** à companhia ou a outros acionistas, ou de **obter vantagem** a que não faz jus e de que possa **resultar prejuízo** para a companhia ou para outros acionistas[52]. O acionista **não poderá votar** nas deliberações da assembleia geral relativas ao **laudo de avaliação de bens** com que concorrer para a formação do capital

---

[45] De acordo com o art. 1.080, do Código Civil.

[46] Nos termos do art. 927, do Código Civil.

[47] De acordo com o art. 1.059, do Código Civil.

[48] Nos termos do art. 1.009, do Código Civil.

[49] Nos termos do art. 115, da Lei nº 6.404/76.

[50] De acordo com o art. 115, § 3º, da Lei nº 6.404/76.

[51] Nos termos do art. 115, § 4º, da Lei nº 6.404/76.

[52] De acordo com o art. 115, 2ª parte, da Lei nº 6.404/76.

social e à **aprovação de suas contas** como administrador, nem em quaisquer outras que puderem beneficiá-lo de modo particular, ou em que tiver interesse conflitante com o da companhia[53].

No caso do *acionista controlador*, existe o **poder de controle** que, também, não poderá ser exercido de maneira abusiva, sob pena de responsabilidade[54]. Pode-se, inclusive, entender o **abuso do poder de controle** como o *direito de voto abusivo* do acionista controlador. O administrador ou fiscal que praticar ato ilegal responde solidariamente com o acionista controlador que, cumulará deveres e responsabilidades do cargo, quando venha a assumir função de administrador ou de fiscal[55].

1.4 Da saída de sócios: a classificação quanto ao vínculo societário

Perceba que, **quanto** à **saída de sócios**, existe uma classificação proposta pela doutrina[56] que visa estudar o vínculo societário, vale dizer, **a relação jurídica** *"sócio-sociedade"*. Tal classificação não diz respeito à possibilidade de os sócios venderem suas participações societárias – fato que interessa à classificação quanto à estrutura econômica, estudada anteriormente. Esta classificação, no entanto, preocupa-se com o **grau de facilidade no rompimento do vínculo societário**.

Quanto ao vínculo societário, as sociedades se classificam em:
a) de *vínculo instável*; e
b) de *vínculo estável*.

Vínculo instável vem de instabilidade que significa variação, inconstância. Ou seja, quando o vínculo é instável, isto significa que o sócio tem **o direito de vir a quebrar o vínculo societário sem ter que apresentar motivação**. E, mesmo que apresente, *tal motivação não precisa gozar de amparo legal*. Neste caso, o direito que o sócio tem de pedir para sair é denominado **direito de recesso**.

Vínculo estável decorre de estabilidade que significa invariável, constante. Desse modo, quando o vínculo é estável, para o sócio **poder quebrar o vínculo societário, será necessário que seja apresentada motivação**. Mais do que isso, faz-se mister que esta *motivação tenha amparo legal*. Inexistindo, o sócio não terá meios de romper o vínculo societário. Neste caso, o direito do sócio de pedir para sair se chama **direito de retirada**.

---

[53] Nos termos do art. 115, § 1º, da Lei nº 6.404/76.

[54] De acordo com o art. 117, da Lei nº 6.404/76.

[55] De acordo com o art. 117, § 2º, da Lei nº 6.404/76.

[56] COELHO, Fábio Ulhoa. *Curso de direito comercial, volume 2: direito de empresa*. 20 ed. São Paulo: Editora Revista dos Tribunais, 2016. p. 45-47.

Na prática, tal distinção é oriunda do **prazo de vigência da sociedade**. O *prazo indeterminado* atrai a **instabilidade do vínculo**. Por sua vez, o *prazo determinado* atrai a **estabilidade do vínculo**[57]. Fogem do presente entendimento: a sociedade anônima e a sociedade limitada. Na *sociedade anônima*, o vínculo societário será **sempre estável**, independentemente do prazo de vigência da sociedade[58]. Por final, a *sociedade limitada* adota **perfil híbrido**, na medida em que, *a depender do caso concreto*, ora os sócios pedem para sair através do direito de recesso, ora a partir do direito de retirada[59]. O tema será aprofundado no Capítulo 6 – Processos Dissolutórios.

1.5 Espécies de sócios

No plano das **sociedades regidas pelo Código Civil**, é importante a *classificação dos sócios em majoritário e minoritário*. **Majoritário** é o sócio que tem *participação no capital social superior a 50%*. **Minoritário** é o sócio que tem participações mínimas, *inferiores a 50% do capital social*. A diferença é importante, na medida em que, enquanto **o sócio majoritário só pode ser excluído na via judicial**[60], na *sociedade limitada*, **o sócio minoritário poderá ser excluído por aditivo**[61].

Na **sociedade anônima**, o *critério de maioria* é estipulado a partir da noção de **capital social votante**. É que, lembre-se: nas sociedades anônimas, existem ações que têm direito de voto – *as ações ordinárias*, e ações que podem não ter direito de voto – *as ações preferenciais*. Em diversos momentos, existe menção ao acionista minoritário. Porém, em nenhum momento, da legislação, fala-se em acionista majoritário.

Importa, porém, compreender a figura do **acionista controlador**.

Entende-se por *acionista controlador* a pessoa, natural ou jurídica, ou o grupo de pessoas vinculadas por acordo de voto, ou sob controle comum, que[62]:

a) é titular de direitos de sócio que lhe assegurem, de modo permanente, a **maioria dos votos nas deliberações** da assembleia geral e o poder de **eleger a maioria dos administradores** da companhia; e

b) usa **efetivamente seu poder** para dirigir as atividades sociais e orientar o funcionamento dos órgãos da companhia.

---

[57] De acordo com o art. 1.029, do Código Civil.

[58] Nos termos do art. 137, da Lei nº 6.404/76.

[59] De acordo com o art. 1.077, do Código Civil.

[60] Nos termos do art. 1.030, do Código Civil.

[61] De acordo com o art. 1.085, do Código Civil.

[62] Nos termos do art. 116, da Lei nº 6.404/76.

O **acionista controlador** deve usar o poder com o fim de *fazer a companhia realizar o seu objeto e cumprir sua função social*, e tem **deveres e responsabilidades** para com os *demais acionistas da empresa*, os que *nela trabalham* e para com a *comunidade* em que atua, cujos direitos e interesses deve lealmente respeitar e atender[63]. O **acionista controlador da companhia aberta** e os acionistas, ou grupo de acionistas, que elegerem membro do conselho de administração ou membro do conselho fiscal, deverão *informar imediatamente as modificações em sua posição acionária* na companhia à CVM e às entidades participantes do MVM nas quais os valores mobiliários de emissão foram admitidos à negociação, nas condições e forma determinadas pela CVM[64].

Em razão dos interesses que motivam alguém a adquirir ações de determinada companhia, a doutrina[65] registra três tipos possíveis: o *acionista empreendedor*, o *acionista rendeiro* e o *acionista especulador*. **Acionista empreendedor** é aquele preocupado com o dia a dia da atividade da companhia, que *pretende influenciar na gestão* da sociedade anônima. O **acionista rendeiro** é aquele preocupado com a *distribuição dos dividendos*, que investe em ações como mecanismo para a obtenção de renda. O **acionista especulador** é aquele que compra ação "na baixa" para vender "na alta", preocupando-se, apenas, com o valor de *cotação das ações no mercado*.

1.6 Das relações dos sócios com terceiros

Como é evidente, **os sócios mantêm relações pessoais com terceiros**, *estranhos ao ambiente societário*. Tais terceiros podem ser **credores pessoais dos sócios** ou pessoas que mantenham **relações familiares**. *Do ponto de vista dos credores*, é imprescindível notar que medida poderá ser utilizada para a **satisfação do crédito**.

A lei estabelece *algumas alternativas*:
a) a penhora de quotas ou de ações;
b) a liquidação de quotas;
c) a penhora dos dividendos.

A **penhora de quotas ou de ações**, como já se viu, será possível diante de **sociedades de capital**[66]. É o entendimento pertinente para as *sociedades anô-*

---

[63] De acordo com o art. 116, parágrafo único, da Lei nº 6.404/76.
[64] Nos termos do art. 116-A, da Lei nº 6.404/76.
[65] TOMAZETTE. Marlon. *Curso de direito empresarial: teoria geral e direito societário – volume 1*. 9 ed. São Paulo: Saraiva Educação, 2018. p. 520.
[66] Nos termos do art. 835, IX, do Código de Processo Civil.

nima, em comandita por ações e limitada com perfil capitalista. Para as demais sociedades, ditas **de pessoas**, regulamentadas pelo Código Civil, o credor, em regra, **poderá optar** entre a *liquidação das quotas* ou a *penhora dos dividendos*[67].

A **exceção** ficará por conta da **sociedade em nome coletivo** e da **sociedade em comandita simples** que se rege supletivamente pelas normas daquela sociedade[68]. Com efeito, *em tais sociedades*, o credor particular do sócio não poderá *a priori* pleitear a liquidação das quotas, devendo ser **satisfeito através da penhora dos dividendos** de titularidade do sócio devedor[69].

Excepcionalmente, será possível a **liquidação das quotas**, quando:

a) ocorrer a *prorrogação tácita* da sociedade; ou

b) ocorrendo a *prorrogação expressa*, for acolhida **oposição judicial do credor**, no prazo de *90 dias*, contado da publicação do ato de prorrogação.

Por final, se o terceiro mantiver – ou tiver mantido – **relação familiar com o sócio**, vale dizer, sendo herdeiro do cônjuge do sócio ou cônjuge que se separou judicialmente, a **solução jurídica** para respeitar a *meação do cônjuge*, ou mesmo o *direito a alimentos*, **difere** da do *credor particular do sócio*. É que aquele que mantém relação familiar com o sócio **não é efetivamente um credor**; mas sim um *detentor de direito patrimonial*. Dessa forma, *não terão direito à liquidação da quota*; somente a **penhora dos dividendos até que a sociedade seja liquidada**[70].

2. ADMINISTRADORES

Uma das funções mais importantes em uma sociedade é a função de administrador. Os **administradores** exercem função eminentemente executiva, pautada no poder gerencial. Na prática, aquilo que se conhece como os *"executivos da empresa"* são, na verdade, as pessoas alçadas à administração da sociedade. São eles que irão adquirir e exercer direitos ou contrair obrigações em nome da pessoa jurídica.

Deve-se, de início, entender que **a utilização do nome empresarial é atribuição privativa dos administradores**[71]. Não se pode confundir, por oportuno, a função de sócio com a função de administrador. A **função de sócio** é eminentemente

---

[67] De acordo com o art. 1.026, do Código Civil.

[68] Nos termos do art. 1.046, do Código Civil.

[69] De acordo com o art. 1.043, do Código Civil.

[70] Nos termos do art. 1.027, do Código Civil.

[71] De acordo com o art. 1.064, do Código Civil.

deliberativa pautada no *direito de voto*. A **função de administrador** é *executiva* pautada no *poder gerencial*. Deste modo, não é atribuição do sócio adquirir e exercer direitos ou contrair obrigações em nome da sociedade.

2.1 Quem pode ser

Primeiramente, cabe demonstrar a ocorrência de dois **princípios reguladores dos órgãos sociais**. Trata-se dos princípios da *auto-organicidade* e da *hétero-organicidade*. Pelo **princípio da auto-organicidade**, os órgãos sociais serão compostos por *elementos pertencentes* ao quadro societário. Por sua vez, o **princípio da hétero-organicidade** implica a possibilidade de indicação de *elementos estranhos* ao quadro societários para a composição de um órgão social.

ADMINISTRAÇÃO	
AUTO-ORGANICIDADE	HÉTERO-ORGANICIDADE
Administração somente por sócio	Administração facultada a não sócio
Sociedade em Comum, Sociedade em Conta de Participação, Sociedade em Nome Coletivo, Sociedade em Comandita Simples, Sociedade em Comandita por Ações, Sociedade Cooperativa.	Sociedade Simples, Sociedade Limitada, Sociedade Anônima.

Verifica-se, portanto, que, enquanto pela **auto-organicidade** a sociedade deve ser *administrada somente por sócio*, na **hétero-organicidade** a sociedade pode ser *administrada por não sócio*. Insista-se, *mesmo na hétero-organicidade, é possível ser indicado um sócio para a administração da sociedade*.

A *sociedade limitada* será administrada por **pessoa**[72]. Com efeito, toda vez que o legislador quis restringir algo, em matéria de direito societário, ele o fez expressamente. Neste sentido, note-se que, para a sociedade em nome coletivo, a lei determina que somente os sócios – necessariamente pessoas naturais – poderão exercer a administração societária. Na inexistência de restrição neste sentido, é **válido afirmar que se adota para a sociedade limitada o princípio da hétero-organicidade**.

Com efeito, a sociedade anônima, em razão de adotar, no Brasil, o *regime dual de administração* poderá funcionar com até dois órgãos administrativos – a **diretoria** e o **conselho de administração** – a serem estudados posteriormente. Em ambos os órgãos, é possível ser eleito como *administrador alguém que não seja acionista*.

---

[72] De acordo com o art. 1.060, do Código Civil.

Atualmente, tanto para ser nomeado como um dos **diretores** quanto um dos **conselheiros de administração**, basta ser *pessoa natural*[73]. O administrador *residente ou domiciliado no exterior* deve constituir **representante residente no País**, com poderes para receber citação, mediante procuração com prazo de validade, *no mínimo, até três anos após o término do prazo* de gestão do conselheiro[74].

É importante frisar que existem **impedimentos** para poder se nomeado administrador. **Não podem ser administradores**, além das **pessoas impedidas por lei especial**, os **condenados** *à pena que vede, ainda que temporariamente, o acesso a cargos públicos; ou por crime falimentar, de prevaricação, corrupção ativa ou passiva, concussão, peculato; ou contra a economia popular, contra o sistema financeiro nacional, contra as normas de defesa da concorrência, contra as relações de consumo, a fé pública ou a propriedade*, enquanto perdurarem os efeitos da condenação[75].

2.2 Nomeação e destituição

Compreendido quem pode ser administrador, a lei determina que, *na sociedade limitada*, **o administrador pode ser nomeado no contrato social ou ato separado** – ata de assembleia, por exemplo. Regra geral, os **assuntos relativos à administração da sociedade** limitada são resolvidos atendendo-se ao quórum da *maioria absoluta*[76].

Entretanto, duas situações, nesta temática, recebem tratamento especial. Com efeito, o quórum para a **nomeação de um administrador não sócio** depende da situação do capital social[77]. *Não estando integralizado*, necessita-se da *unanimidade*. *Após a integralização do capital*, passa a ser preciso a aprovação de *dois terços* para a designação de administrador não sócio.

O outro tratamento específico se refere à **destituição de sócio nomeado administrador no contrato social**. Neste caso, a destituição necessita da aprovação mínima de *maioria absoluta*[78] do capital social. O contrato social pode, porém,

---

[73] De acordo com o art. 146, da Lei nº 6.404/76, com a redação dada pela Lei nº 14.195/21.

[74] Nos termos do art. 146, § 2º, da Lei nº 6.404/76, com a redação dada pela Lei nº 14.195/21.

[75] De acordo com o art. 1.011, § 1º, do Código Civil, com o art. 147, § 1º, da Lei nº 6.404/76 e com o art. 51, da Lei nº 5.764/71.

[76] Nos termos do art. 1.076, II, do Código Civil.

[77] Art. 1.061, do Código Civil.

[78] Inicialmente, tal quórum era de 2/3. Entretanto, a Lei nº 13.792/19 alterou o quórum inicial.

definir de maneira diversa esta questão[79]. É, no entanto, **impossível reduzir tal quórum**, ou seja, o contrato social somente poderá definir um quórum maior para este assunto.

Para as sociedades anônimas, os conselheiros e diretores serão **investidos** nos seus cargos mediante assinatura de **termo de posse** no **livro de atas** do conselho de administração ou da diretoria, conforme o caso[80]. Se o termo **não for assinado** nos trinta dias seguintes à nomeação, esta tornar-se-á **sem efeito**, salvo justificação aceita pelo órgão da administração para o qual tiver sido eleito[81].

O **termo de posse** deverá conter, *sob pena de nulidade*, a indicação de pelo menos **um domicílio** no qual o administrador receberá as *citações e intimações em processos administrativos e judiciais relativos a atos de sua gestão*, as quais reputar-se-ão cumpridas mediante entrega no domicílio indicado, o qual somente poderá ser alterado mediante comunicação por escrito à companhia[82].

É importante constatar: se a administração da companhia é formada, **apenas, pela diretoria**, *a assembleia geral nomeia os diretores*[83]. Entretanto, **se existir conselho de administração**, *a assembleia geral nomeia os conselheiros*[84] e *o conselho nomeia a diretoria*. Seja como for, os membros da administração da sociedade anônima são **destituíveis a qualquer tempo**.

2.3 Vacância dos cargos

Inexiste problema quanto à **vacância dos cargos de administração**, na *sociedade limitada*. Com efeito, dada a sua **natureza contratual**, *no exato instante em que o administrador vier a ser destituído, outro poderá ser nomeado em seu lugar*. Diferente, porém, é o tratamento jurídico da vacância, perante a Lei nº 6.404/76.

No caso de **vacância** do **cargo de conselheiro**, salvo disposição em contrário do estatuto, o substituto será nomeado pelos conselheiros remanescentes e servirá até a próxima assembleia geral. Se ocorrer **vacância da maioria dos cargos**, a *assembleia geral* será convocada para proceder a nova eleição[85]. No caso de **vacância de todos os cargos do conselho de administração**, compete à *diretoria* convocar a assembleia[86].

---

[79] Art. 1.063, § 1º, do Código Civil.

[80] De acordo com o art. 149, da Lei nº 6.404/76.

[81] Nos termos do art. 149, § 1º, da Lei nº 6.404/76.

[82] De acordo com o art. 149, § 2º, da Lei nº 6.404/76.

[83] Nos termos do art. 143, da Lei nº 6.404/76.

[84] De acordo com o art. 140, da Lei nº 6.404/76.

[85] De acordo com o art. 150, da Lei nº 6.404/76.

[86] Nos termos do art. 150, § 1º, da Lei nº 6.404/76.

Ocorrendo **vacância em todos os cargos da diretoria**, caberá ao *conselho fiscal*, se em funcionamento, ou a *qualquer acionista*, convocar a assembleia geral[87]. **O substituto eleito para preencher cargo vago completará o prazo de gestão do substituído**[88]. O prazo de gestão do conselho de administração ou da diretoria *se estende até a investidura dos novos administradores eleitos*[89].

2.4 Atribuições

Aos administradores, devem ser atribuídos **todos os poderes** que se fizerem necessários para o *exercício da sua função*. É possível estabelecer **limites ao poder gerencial**. Para tanto, faz-se **necessário registro** de tal limite perante o órgão competente. **Não sendo objeto social** a oneração ou venda de bens imóveis *dependerá de deliberação social*.

O excesso por parte dos administradores somente poderia ser oposto a terceiros se ocorrer pelo menos uma das seguintes hipóteses[90]:

a) se a limitação de poderes estiver inscrita ou averbada no registro próprio da sociedade;

b) provando-se que era conhecida do terceiro;

c) tratando-se de operação evidentemente estranha aos negócios da sociedade[91].

Trata-se dos denominados atos *ultra vires societatis*. Compreendendo *a atuação do administrador da sociedade por excesso*, e sendo reconhecida judicialmente, terá por consequência **eximir a sociedade de responsabilidade**. Há, por assim dizer, *uma desvinculação da sociedade em relação aos atos praticados pelos seus gestores, com excesso de poder*.

A doutrina[92], com razão, critica a *teoria pura dos atos ultra vires*, tal qual positivada pelo Código Civil. Para ser **aplicável no seu original**, seria necessário que o **terceiro tivesse ciência**[93] da atuação do administrador de maneira

---

[87] De acordo com o art. 150, § 2º, da Lei nº 6.404/76.

[88] Nos termos do art. 150, § 3º, da Lei nº 6.404/76.

[89] De acordo com o art. 150, § 4º, da Lei nº 6.404/76.

[90] Nos termos do art. 1.015, parágrafo único, do Código Civil.

[91] A norma do art. 1.015, parágrafo único, do Código Civil veio a ser revogada, com o advento da Lei nº 14.195/21. Entretanto, por uma questão meramente didática, não foi excluída desta obra a sua redação, porque trazia a essência dos denominados atos *ultra vires societatis*.

[92] CAMPINHO, Sérgio. *O direito de empresa à luz do Código Civil*. 12 ed. Rio de Janeiro: Renovar, 2011; COELHO, Fábio Ulhoa. *Curso de direito comercial, volume 2: direito de empresa*. 20 ed. São Paulo: Editora Revista dos Tribunais, 2016; TOMAZETTE, Marlon. *Curso de direito empresarial: teoria geral e direito societário – volume 1*. 9 ed. São Paulo: Saraiva Educação, 2018.

[93] De acordo com o art. 1.015, parágrafo único, II, do Código Civil.

contrária à vontade da sociedade ou com excesso de poder. Para o STJ, "o excesso de mandato (...) poderá ser oposto ao terceiro beneficiário apenas se ficar afastada a sua boa-fé"[94]. Não foi por acaso, portanto, que ocorrera a sua revogação, conforme apontado.

Não sendo este o caso, **a sociedade deverá assumir a responsabilidade por culpa *in eligendo*** do administrador aloprado perante terceiro. Entretanto, terá **direito de regresso contra o gestor que atuou em excesso**. Dessa forma, "a regra do art. 1.015, parágrafo único, do Código Civil deve ser aplicada à luz da teoria da aparência e do primado da boa-fé objetiva, de modo a prestigiar a segurança do tráfego negocial. As sociedades que se obrigam perante terceiros de boa-fé"[95].

Seguindo o entendimento da doutrina, o STJ já decidiu sobre o tema, da seguinte forma[96]:

> DIREITO EMPRESARIAL. RESPONSABILIDADE CIVIL. SOCIEDADE ANÔNIMA. DIRETORIA. ATOS PRATICADOS COM EXCESSO DE PODER E FORA DO OBJETO SOCIAL DA COMPANHIA (ATOS *ULTRA VIRES*). RESPONSABILIDADE *INTERNA CORPORIS* DO ADMINISTRADOR. RETORNO FINANCEIRO À COMPANHIA NÃO DEMONSTRADO. ÔNUS QUE CABIA AO DIRETOR QUE EXORBITOU DE SEUS PODERES. ATOS DE MÁ GESTÃO. RESPONSABILIDADE SUBJETIVA. OBRIGAÇÃO DE MEIO. DEVER DE DILIGÊNCIA. COMPROVAÇÃO DE DOLO E CULPA. INDENIZAÇÃO DEVIDA. RESSALVAS DO RELATOR.
>
> (...)
>
> 3. Os atos praticados com excesso de poder ou desvio estatutário não guardam relação com a problemática da eficiência da gestão, mas sim com o alcance do poder de representação e, por consequência, com os limites e possibilidades de submissão da pessoa jurídica – externa e internamente. Com efeito, se no âmbito externo os vícios de representação podem não ser aptos a desobrigar a companhia para com terceiros – isso por apreço à boa-fé, aparência e tráfego empresarial –, no âmbito interno fazem romper o nexo de imputação do ato à sociedade empresarial. Internamente, a pessoa jurídica não se obriga por ele, exatamente porque manifestado por quem não detinha poderes

---

[94] AgRg no REsp 1.040.799/MG, Rel. Min. Ricardo Villas Bôas Cueva, 3ª Turma, julgado em 11/02/2014, DJe 24/02/2014.

[95] Enunciado nº 11, da I Jornada de Direito Comercial, promovida pelo CJF.

[96] REsp 1349233/SP, Rel. Min. Luis Felipe Salomão, 4ª Turma, julgado em 06/11/2014, *DJe* 05/02/2015.

para tanto. Não são imputáveis à sociedade exatamente porque o são ao administrador que exorbitou dos seus poderes.

4. Portanto, para além dos danos reflexos eventualmente experimentados pela companhia, também responde o diretor perante ela pelas próprias obrigações contraídas com excesso de poder ou fora do objeto social da sociedade.

5. Se a regra é que o administrador se obriga pessoalmente frente a companhia pelos valores despendidos com excesso de poder, quem excepciona essa regra é que deve suportar o ônus de provar o benefício, para que se possa cogitar de compensação entre a obrigação de indenizar e o suposto proveito econômico, se não for possível simplesmente desfazer o ato exorbitante. (...)

Pensando em provas objetivas, preambulares ou de 1ª fase, será necessário observar, em questões envolvendo a temática dos atos *ultra vires*, que, com a revogação do art. 1.015, parágrafo único, do Código Civil, e de acordo com os entendimentos apresentados do STJ, deve-se entender que, caso o administrador pratique o ato *ultra vires*, atualmente a sociedade não se exime mais da responsabilidade, podendo, no entanto, regressar contra o administrador faltoso.

2.5 Deveres

Os administradores em geral assumem, em razão da função, **três deveres distintos**. Tais deveres são assumidos, sob pena de responsabilidade, perante *qualquer sociedade*. Vale dizer, são deveres que cabem a todos os administradores, independentemente do tipo societário:

a) **dever de diligência**;
b) **dever de lealdade**; e
c) **dever de informar**.

O **dever de diligência**[97] – ou princípio *duty of care* – significa que o administrador da pessoa jurídica deve empregar, no exercício de suas funções, o cuidado e diligência que todo homem ativo e probo costuma empregar na administração dos seus próprios negócios. Suas atribuições devem ser exercidas para atender aos fins da sociedade, em conformidade com a função social da empresa.

---

[97] Nos termos do art. 1.011, do Código Civil, e do art. 153, da Lei nº 6.404/76.

O **dever de lealdade**[98] consiste na necessidade de o administrador agir com lealdade à companhia, mantendo reserva em razão de seus negócios. Em razão disto, é-lhe vedado:

a) usar, em benefício próprio ou de outrem, com ou sem prejuízo para a sociedade, as oportunidades comerciais de que tenha conhecimento em razão do exercício de seu cargo;

b) omitir-se no exercício ou proteção de direitos da sociedade ou, visando à obtenção de vantagens, para si ou para outrem, deixar de aproveitar oportunidades de negócio de interesse da sociedade; e

c) adquirir, para revender com lucro, bem ou direito que sabe necessário à sociedade, ou que esta tencione adquirir.

Não pode, ainda, *sem consentimento escrito dos sócios*, **aplicar créditos ou bens sociais em proveito próprio ou de terceiros**. Se o fizer, terá de *restituí-los à sociedade, ou pagar o equivalente*, com todos os lucros resultantes, e, **se houver prejuízo**, por ele também responderá. *Em regra*, também, ao administrador **é vedado fazer-se substituir** no exercício de suas funções.

Cumpre, ademais, ao **administrador de companhia aberta**, guardar *sigilo sobre qualquer informação* que ainda **não tenha sido divulgada** para conhecimento do mercado, *obtida em razão do cargo* e capaz de influir de modo ponderável na cotação de valores mobiliários, sendo-lhe **vedado valer-se da informação para obter**, para si ou para outrem, **vantagem mediante compra ou venda de valores mobiliários**[99]. Em face de violação de vedação indicada, a pessoa prejudicada tem direito de haver do infrator **indenização por perdas e danos**, a menos que ao contratar já conhecesse a informação[100].

O **dever de informar** – ou princípio *disclosure* – se refere à obrigação pelo administrador de **prestar contas** da sociedade aos interessados[101]. *Regra geral*, os interessados são os **sócios**; na *companhia aberta*, também o **mercado**. O administrador de companhia aberta deve declarar, *ao firmar o termo de posse*, o número de ações, bônus de subscrição, opções de compra de ações e debêntures conversíveis em ações, de emissão da companhia e de sociedades controladas ou do mesmo grupo, de que seja titular[102].

Os administradores da companhia aberta são obrigados a **comunicar imediatamente à bolsa de valores** e a **divulgar pela imprensa** qualquer deliberação

---

[98] Nos termos dos arts. 1.017 e 1.018, do Código Civil, e do art. 155, da Lei nº 6.404/76.

[99] Nos termos do art. 155, § 1º, da Lei nº 6.404/76.

[100] De acordo com o art. 155, § 3º, da Lei nº 6.404/76.

[101] Nos termos do art. 1.020, do Código Civil.

[102] De acordo com o art. 157, da Lei nº 6.404/76.

da assembleia geral ou dos órgãos de administração da companhia, ou **fato relevante** ocorrido nos seus negócios, que possa influir, de modo ponderável, na decisão dos investidores do mercado de **vender ou comprar valores mobiliários** emitidos pela companhia[103]. São obrigados, ainda, a **informar imediatamente**, nos termos e na forma determinados pela CVM, a esta e ao MVM onde os valores mobiliários de emissão da companhia estejam admitidos à negociação, as **modificações em suas posições acionárias** na companhia[104].

2.6 Responsabilidades

Já se disse que os administradores exercem **função executiva** pautada pelo exercício do **poder gerencial** – *o poder de gerenciar ou de administrar pessoas jurídicas*. Nesse ínterim, ressalte-se as **balizas inerentes ao poder gerencial**.

Não se tratando de um poder absoluto, o poder gerencial encontra dois limites:

a) o *limite legal (a lei)*; e

b) o *limite societário (a vontade social)*.

Agindo **dentro de tais limites**, a responsabilidade pelos atos da administração é **exclusiva da pessoa jurídica**[105]. *Vindo a exorbitar o poder gerencial*, o administrador assumirá **responsabilidade pelo excesso**. Estão ressalvados deste entendimento os **gestores** das sociedades *em comandita simples*[106] e *em comandita por ações*[107], sendo certo que assumem **responsabilidade subsidiária** pelas obrigações da sociedade contraídas em sua administração[108].

---

[103] Nos termos do art. 157, § 4º, da Lei nº 6.404/76.

[104] De acordo com o art. 157, § 6º, da Lei nº 6.404/76.

[105] Nos termos do art. 47, do Código Civil e do art. 158, da Lei nº 6.404/76.

[106] De acordo com o art. 1.046, do Código Civil.

[107] Nos termos do art. 1.091, do Código Civil.

[108] De acordo com o art. 1.091, § 3º, do Código Civil.

Desse modo, *no limite do poder gerencial*, afora as exceções apresentadas, a responsabilidade pelos atos da administração é, exclusiva, da sociedade. Diferente, entretanto, é o tratamento dado quando é praticado um *ilícito na administração societária*. Há **duas modalidades de ilícitos**:

Ato ilegal	Como o próprio nome sugere, o administrador, no exercício de sua função, infringe algum comando normativo.
Ato *ultra vires*	Caracterizado por: I – violação ao ato constitutivo e/ou à vontade social; II – excesso de poder.

No ato *ultra vires*, viola o **ato constitutivo ou a vontade social** o administrador que pratica em nome da sociedade um ato vedado no contrato social ou no estatuto. Por final, o **excesso de poder** é o exercício abusivo da função executiva atribuída ao administrador, vale dizer, ele exerce sua função, sem se ater aos eventuais requisitos ou condições estabelecidos no ato constitutivo da sociedade a qual administra[109].

Os administradores respondem **solidariamente entre si** pelos prejuízos que causarem à sociedade, e **solidariamente com a sociedade** pelos prejuízos causados a terceiros[110].

O administrador responderá pelos prejuízos que causar, *quando proceder*:

a) dentro de suas atribuições ou poderes, com culpa ou dolo; ou

b) com violação da lei ou do ato constitutivo.

O administrador **não é responsável** por atos ilícitos de outros administradores, salvo se com eles *for conivente*, se *negligenciar em descobri-los* ou se, deles tendo conhecimento, *deixar de agir* para impedir a sua prática[111]. Ou seja, o administrador societário responde tanto por ação – **ato comissivo**, quanto por omissão – **ato omissivo**. *Exime-se de responsabilidade*, no entanto, o administrador dissidente que faça consignar sua divergência ou, não sendo possível, dela dê ciência imediata e por escrito aos outros órgãos societários.

Os administradores são **solidariamente responsáveis** pelos prejuízos causados em virtude do *não cumprimento dos deveres impostos por lei para assegurar o funcionamento normal da companhia*, ainda que, pelo estatuto, tais deveres

---

[109] MAGALHÃES, Giovani; ROCHA, Marcelo Hugo da. *Passe na OAB: 2ª fase FGV: completaço: prática empresarial*. 2 ed. São Paulo: Saraiva Educação, 2018. p. 134.

[110] De acordo com o art. 1.016, do Código Civil, e do art. 158, da Lei nº 6.404/76.

[111] Nos termos do art. 158, § 1º, da Lei nº 6.404/76.

não caibam a todos eles[112]. Nas **companhias abertas**, a responsabilidade do administrador *fica restrita* aos administradores que, por disposição do estatuto, tenham **atribuição específica de dar cumprimento** àqueles deveres[113].

O administrador que, **tendo conhecimento do não cumprimento** dos deveres por qualquer administrador, inclusive anterior, **deixar de comunicar o fato** a assembleia geral, tornar-se-á por ele **solidariamente responsável**[114]. Responderá solidariamente com o administrador quem, com o fim de *obter vantagem para si ou para outrem*, concorrer para a *prática de ato com violação da lei ou do estatuto*[115].

A responsabilidade do administrador será discutida mediante **ação de responsabilidade**, *cabendo à assembleia previamente* deliberar o ajuizamento em favor da companhia, em face dos prejuízos causados ao patrimônio social[116]. **Qualquer acionista** poderá promover a ação, *se não for proposta no prazo de três meses* da deliberação da assembleia geral[117]. Se a assembleia **deliberar não promover a ação**, poderá ela ser *proposta por acionistas que representem cinco por cento, pelo menos, do capital social*[118]. O **acionista** ou o **terceiro prejudicado** poderão, também, promover ação de responsabilidade[119].

Para facilitar

1. Ação social *uti universi* – art. 159, *caput* e § 1º, da Lei nº 6.404/76;
2. Ação social *uti singuli* – art. 159, § 3º, da Lei nº 6.404/76;
3. Ação social derivada – art. 159, § 4º, da Lei nº 6.404/76; e
4. Ação individual de sócio ou terceiro prejudicado – art. 159, § 7º, da Lei nº 6.404/76.

---

[112] De acordo com o art. 158, § 2º, da Lei nº 6.404/76.

[113] Nos termos do art. 158, § 3º, da Lei nº 6.404/76.

[114] De acordo com o art. 158, § 4º, da Lei nº 6.404/76.

[115] Nos termos do art. 158, § 5º, da Lei nº 6.404/76.

[116] De acordo com o art. 159, da Lei nº 6.404/76.

[117] Nos termos do art. 159, § 3º, da Lei nº 6.404/76.

[118] De acordo com o art. 159, § 4º, da Lei nº 6.404/76.

[119] Nos termos do art. 159, § 7º, da Lei nº 6.404/76.

Muitas vezes, no entanto, será necessário, *antes do ajuizamento da ação de responsabilidade do administrador*, provimento judicial visando a *anulação de deliberação em assembleia*. Isto porque **a aprovação, sem reservas, das demonstrações financeiras e das contas** exonera de responsabilidade os membros da administração e do conselho fiscal[120], salvo erro, dolo, fraude ou simulação.

No *plano das companhias abertas*, fala-se na **tríplice responsabilidade dos administradores**:
a) Responsabilidade civil – reparação de danos pelos prejuízos causados;
b) Responsabilidade administrativa – sanções aplicáveis pela CVM; e
c) Responsabilidade criminal – prática de *insider trading*.

Mais adiante, serão examinados os **tipos penais** relacionados à prática do *insider trading*[121]. Por ora, resta conceituá-lo, em conformidade com a lei brasileira. Incide no presente delito tanto *aquele que faz a cotação flutuar artificialmente* – modalidade de **manipulação de mercado** – quanto *aquele que se utiliza de informação relevante, ainda não divulgada no mercado* – modalidade de **uso de informação privilegiada**.

Acerca da **compreensão jurídica do *insider trading***, a doutrina[122] ensina:

> De modo simples a expressão significa o uso de informação interna, ainda não divulgada, para obter vantagens. Ou melhor: a utilização em proveito próprio ou alheio de informações relevantes sobre uma companhia, por parte de uma pessoa ou pessoas que, em virtude do exercício profissional estão "inteiradas" ("por dentro") dos seus negócios, com o fito de transacionar com suas ações antes que tais informações cheguem ao mercado.

Percebe-se, assim, que os atos que dão ensejo à **responsabilidade dos administradores**, notadamente *nas companhias abertas*, decorrem da **violação de um dos deveres** a eles atribuídos por lei, notadamente o *dever de informar*. É digno de nota: **a violação dos deveres de administradores** ensejadores do *insider trading* implica *medidas de natureza administrativa, criminal e civil*[123]:

> Do ponto de vista administrativo, constitui infração grave para os efeitos do disposto no art. 11, § 3º, da Lei 6.385/76. Mas não só, a par da res-

---

[120] Nos termos do art. 1.078, § 4º, do Código Civil, e do art. 134, § 3º, da Lei nº 6.404/76.

[121] De acordo com os arts. 27-C e 27-D, da Lei nº 6.385/76.

[122] FRANCO, Vera Helena de Mello; SZTAJN, Rachel. *Direito empresarial II: sociedade anônima, mercado de valores mobiliários*. 2 ed. São Paulo: Editora Revista dos Tribunais, 2009. p. 183.

[123] FRANCO, Vera Helena de Mello; SZTAJN, Rachel. *Direito empresarial II: sociedade anônima, mercado de valores mobiliários*. 2 ed. São Paulo: Editora Revista dos Tribunais, 2009. p. 186.

ponsabilidade civil, a prática é também crime, expressamente tipificado na norma do art. 27-D da Lei 6.385/76[124], apenada com pena de 1 a 5 anos de reclusão e multa de até três vezes o montante da vantagem indevida.

A competência para a instauração do inquérito administrativo é da CVM (art. 9º, V, da Lei 6.385/76), bem como a de aplicar as sanções correspondentes, cuja descrição encontra-se na norma do art. 11 da Lei 6.385/76.

Quanto à responsabilidade civil, a competência é do ministério público (*class action*), no que diz respeito à tutela dos investidores no mercado, o que não afasta aquela individual de cada prejudicado.

2.7 A administração da sociedade

Examinados os principais aspectos do regime jurídico dos administradores societários, é importante traçar considerações finais sobre os órgãos de administração societária em si. Para tanto, serão levados em consideração os tipos societários, respectivamente, da sociedade limitada, da sociedade anônima e da sociedade cooperativa.

2.7.1 Na sociedade limitada

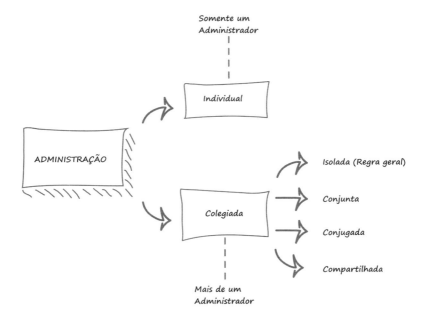

---

[124] Apesar de as autoras só mencionarem expressamente o tipo penal previsto no art. 27-D, não há óbice, de se entender o tipo penal do art. 27-C, da Lei nº 6.385/76 como outra modalidade de *insider trading*.

Pode-se inicialmente **classificar o exercício da administração societária** em:
a) *Administração isolada*;
b) *Administração conjunta*;
c) *Administração conjugada*; e
d) *Administração compartilhada*.

Tal classificação faz sentido, apenas, quando *a administração da sociedade couber a mais de uma pessoa*, constituindo-se em **administração colegiada**. Vale dizer, sempre que a administração da sociedade limitada tiver **dois ou mais cargos a serem ocupados**, é fundamental entender como se dará o exercício da administração societária. Por imperativos relacionados ao *pacta sunt servanda*, **pode o contrato social organizar o exercício do poder gerencial**, da administração societária.

Administração isolada é o modelo de gestão que se caracteriza pelo fato de que *cada administrador pode atuar separadamente*. Ou seja, há 2 ou mais administradores, e **cada um deles poderá praticar sozinho qualquer ato** inerente à gestão da sociedade. Trata-se da regra geral. *Havendo administração colegiada*, porém, sendo **silente o contrato social** quanto ao exercício da gestão, será este o modelo que deverá ser seguido[125].

A **administração conjunta** se caracteriza pelo fato de que *todos os administradores devem participar do ato de gestão* para assegurar validade, regularidade e eficácia quanto à prática[126]. Apenas, **nos casos urgentes**, em que a omissão ou retardo das providências possa ocasionar dano irreparável ou grave, poderá ser *dispensada a atuação conjugada*. Entretanto, será mister **posterior convalidação do ato** de administração.

A **administração conjugada** é uma *derivação da administração conjunta*. Imagine uma sociedade limitada, cuja diretoria é composta por 5 cargos. Na administração conjunta, como se viu, o ato de gestão deverá ser praticado e assinado por todos os administradores. **Na administração conjugada**, entretanto, *o ato poderá ser praticado e assinado por 2 administradores*, por exemplo, a depender de **expressa previsão no contrato social**.

Por final, a **administração compartilhada** se caracteriza pelo fato de a gestão vir a ser *fragmentada por áreas, competências ou atribuições*. É neste modelo que se cogitará do diretor financeiro, do diretor técnico, do direito operacional e do direito de recursos humanos, dentre outros. Trata-se de *modalidade de administração colegiada* em que **cada administrador atuará separadamente**[127], no âmbito de suas atribuições.

---

[125] Nos termos do art. 1.013, do Código Civil.

[126] De acordo com o art. 1.014, do Código Civil.

[127] Nos termos do art. 1.013, § 1º, do Código Civil.

Discute-se, ainda, acerca da *constituição do conselho de administração nas sociedades limitadas*. Vale dizer, em sociedades limitadas de grande envergadura econômica, de capital pulverizado em muitos sócios, seria ou não viável prever, no contrato social, a instituição do conselho de administração.

A **doutrina** que se debruça sobre a temática entende pela **possibilidade**[128]:

> Ao contrário das sociedades por ações, que contêm regras rígidas sobre a estrutura administrativa, a sociedade limitada é bem mais flexível neste aspecto, assim como, aliás, em diversos outros. Desta forma, apesar de, em grande parte das vezes, a sociedade limitada ser administrada por um único órgão, que se costuma denominar de diretoria, nada impede que o contrato social preveja a existência de dois órgãos administrativos com competências distintas, à semelhança das sociedades por ações. Dito de outro modo, admite-se que a sociedade limitada tenha um conselho de administração, com competência deliberativa interna. Embora o Código Civil não tenha previsto esta figura para as sociedades limitadas, a sua constituição não depende de qualquer autorização legal; decorre da própria flexibilidade inerente às sociedades limitadas e, eventualmente, da aplicação supletiva da disciplina das sociedades por ações.

Do *ponto de vista normativo*, restou acolhida a **possibilidade de constituição do conselho de administração, nas sociedades empresárias limitadas**, aplicando-se, *por analogia, as regras previstas na Lei nº 6.404/76*[129]. É preciso, entretanto, **cautela no regramento do conselho de administração** para que *não haja usurpação de competência da assembleia ou da reunião de sócios*.

2.7.2 Na sociedade por ações

A **sociedade por ações** é, dos tipos societários previstos na legislação brasileira, o único a poder adotar, de acordo com a lei, o denominado **regime dual de administração**. Com efeito, *é possível a sociedade anônima funcionar com dois órgãos de administração independentes e harmônicos entre si*. As **demais sociedades** adotam, do ponto de vista legal, o **regime uno de administração**.

São **órgãos de administração** das companhias:

a) *Diretoria*; e

b) *Conselho de administração*.

---

[128] CRUZ, Gisela Sampaio da; LGOW, Carla Wainer Chalréo. Notas sobre a administração das sociedades limitadas. In: PERES, Tatiane Bonatti. *Temas relevantes de direito empresarial*. Rio de Janeiro: Editora Lumen Juris, 2014. p. 154.

[129] De acordo com o item 4.5.3, do Capítulo 2, do Anexo IV, da Instrução Normativa DREI nº 81/20.

De um ponto de vista legal, o *regime dual de administração* é **específico para a sociedade anônima**. Não se aplica o conselho de administração, nem mesmo, para as **sociedades em comandita por ações**[130]. Entretanto, como já se disse, com o advento da Instrução Normativa DREI nº 81/20, passou a ser **possível a inserção de conselho de administração nas sociedades limitadas**.

Frise-se, por oportuno, a existência de **impedimentos específicos** para a nomeação dos *administradores na sociedade anônima*. Com efeito, **nas companhias abertas**, serão considerados inelegíveis para qualquer dos cargos as *pessoas declaradas inabilitadas por ato da CVM*[131]. O conselheiro de administração deverá ter **reputação ilibada**, *não podendo ser eleito*, ressalvado dispensa da assembleia geral, quem[132]:

a) ocupar **cargos em sociedades concorrentes**, em especial, em conselhos consultivos, de administração, ou fiscal; e

b) tiver **interesse conflitante** com a sociedade.

a) Diretoria

A **diretoria** é um dos órgãos que compõe a *administração* da sociedade anônima. Trata-se de **órgão obrigatório**, porque não se consegue registrar uma S/A perante a Junta Comercial, caso não tenha sido constituída a sua diretoria[133]. Trata-se de **órgão representativo**, em vista de que cabe à diretoria privativamente representar a companhia, judicial e extrajudicialmente, ativa e passivamente[134].

No *silêncio do estatuto* e *inexistindo deliberação do conselho de administração*, competirão a **qualquer diretor a representação** da companhia e a prática dos **atos necessários ao seu funcionamento regular**[135]. Nos limites de suas atribuições e poderes, *é lícito aos diretores constituir mandatários da companhia*, devendo ser especificados no instrumento os atos ou operações que poderão praticar e a duração do mandato, que, no caso de mandato judicial, poderá ser por prazo indeterminado[136].

---

[130] Nos termos do art. 284, da Lei nº 6.404/76.

[131] De acordo com o art. 147, § 2º, da Lei nº 6.404/76.

[132] Nos termos do art. 147, § 3º, da Lei inº 6.404/76.

[133] De acordo com o art. 138, da Lei nº 6.404/76.

[134] Nos termos do art. 138, § 1º, da Lei nº 6.404/76.

[135] De acordo com o art. 144, da Lei nº 6.404/76.

[136] Nos termos do art. 144, parágrafo único, da Lei nº 6.404/76.

A diretoria, a princípio, era um órgão necessariamente colegiado. Com o advento da Lei Complementar nº 182/21, passou a poder ser, a depender da previsão estatutária, órgão colegiado ou singular. Atualmente, a diretoria será composta por **um ou mais diretores**, *eleitos e destituíveis a qualquer tempo* pelo conselho de administração, ou, se inexistente, pela assembleia geral[137]. *Cabe ao estatuto* determinar o **número máximo de diretores**[138], que terão prazo de mandato **não superior a três anos**[139]. Os membros do *conselho de administração*, até o máximo de *um terço*, poderão ser eleitos para cargos de *diretores*[140]. O estatuto pode, ainda, estabelecer que determinadas decisões, de competência dos diretores, sejam tomadas em reunião da diretoria[141].

b) *Conselho de administração*

O **conselho de administração** compõe, com a *diretoria*, os órgãos de administração da companhia. Trata-se de **órgão deliberativo**[142] por se tratar de *órgão colegiado*, tendo, por exemplo, *poder político*[143] para fixar as orientações gerais de atuação da companhia[144]. Trata-se de **órgão facultativo**, regra geral, não sendo necessária a sua constituição no estatuto para o registro perante a Junta Comercial.

Porém, **em três situações**, será considerado *órgão obrigatório*[145]:

a) **companhia aberta**;

b) **companhia de capital autorizado**; e

c) **sociedade de economia mista**[146].

---

[137] De acordo com o art. 143, da Lei nº 6.404/76, com a redação atribuída pela Lei Complementar nº 182/21.

[138] Nos termos do art. 143, I, da Lei nº 6.404/76.

[139] Nos termos do art. 143, III, da Lei nº 6.404/76.

[140] De acordo com o art. 143, § 1º, da Lei nº 6.404/76.

[141] Nos termos do art. 143, § 2º, da Lei nº 6.404/76.

[142] De acordo com o art. 138, § 1º, da Lei nº 6.404/76.

[143] O órgão que detém o maior poder político da companhia é a assembleia geral, na medida em que é o único com a atribuição de reformar o estatuto.

[144] Nos termos do art. 142, I, da Lei nº 6.404/76.

[145] De acordo com o art. 138, § 2º, da Lei nº 6.404/76.

[146] Nos termos do art. 239, da Lei nº 6.404/76.

O conselho de administração será composto por, **no mínimo, três membros**, eleitos pela **assembleia geral** e por ela destituíveis a qualquer tempo[147], devendo o *estatuto* prever, dentre outros, o *número máximo* de conselheiros[148], o *modo de substituição*[149] e o *prazo de gestão*, não superior a três anos[150]. O estatuto poderá prever, ainda, a participação, no conselho de administração, de representantes dos empregados, escolhidos pelo voto destes, em eleição direta, organizada pela empresa, em conjunto com as entidades sindicais que os representem[151]. Nas companhias abertas, por sua vez, passou a ser obrigatória a participação de conselheiros independentes nos termos e nos prazos definidos pela CVM[152].

2.7.3 Na sociedade cooperativa

A princípio, a sociedade cooperativa será **administrada por uma diretoria ou conselho de administração**. Tais órgãos serão compostos **exclusivamente por sócios cooperados**, eleitos em assembleia geral e com *mandato de até 4 anos*. É **possível a reeleição** desde que se respeite a *taxa mínima (1/3) de renovação* do conselho de administração[153]. **O estatuto poderá criar outros órgãos necessários à administração**[154].

Na prática, *o mais comum é existir nos estatutos das cooperativas tanto a diretoria quanto o conselho de administração*, à imagem e semelhança do que ocorre com a sociedade anônima. É imprescindível notar que, **do ponto de vista legal**, trata-se inicialmente de **uma alternativa**: a cooperativa será administradora por uma diretoria ou por um conselho de administração. Será, entretanto, possível a utilização dos dois órgãos, desde que haja expressa previsão do estatuto neste sentido.

Não podem compor uma mesma diretoria ou conselho de administração, os parentes entre si até 2º grau, em linha reta ou colateral[155]. Os componentes

---

[147] De acordo com o art. 140, da Lei nº 6.404/76.

[148] Nos termos do art. 140, I, da Lei nº 6.404/76.

[149] De acordo com o art. 140, II, da Lei nº 6.404/76.

[150] Nos termos do art. 140, III, da Lei nº 6.404/76.

[151] De acordo com o art. 140, § 1º, da Lei nº 6.404/76.

[152] De acordo com o art. 140, § 2º, da Lei nº 6.404/76.

[153] Nos termos do art. 47, da Lei nº 5.764/71.

[154] De acordo com o art. 47, § 1º, da Lei nº 5.764/71.

[155] Nos termos do art. 51, parágrafo único, da Lei nº 5.764/71.

da administração, do conselho fiscal, bem como os liquidantes, são **equiparados aos administradores da sociedade anônima**, para efeito de *responsabilidade criminal*[156].

3. DO CONSELHO FISCAL

O **conselho fiscal**, como o nome sugere, é o órgão responsável pela fiscalização dos negócios sociais. Decorrente do *direito de fiscalizar* dos sócios, trata-se de um modo mais profissional para manter a administração nos limites do poder que lhe foi conferido. Cabe ao conselho fiscal **velar pela legalidade dos procedimentos**. Numa paráfrase: enquanto as reuniões e assembleias de sócios representariam o "poder legislativo societário" e a administração, o seu "poder executivo", o *conselho fiscal* seria, por assim dizer, uma espécie de "**tribunal de contas societário**".

Durante muito tempo, era órgão levado a "segundo plano" em matéria societária. Algo que só existia e funcionava em caráter meramente *pro forma*. Entretanto, com o advento da Lei nº 12.846/13, intitulada Lei Anticorrupção, dos programas de *compliance*, de integridade e de transparência, de governança corporativa etc., o conselho fiscal voltar a ter relevância.

3.1 Onde tem

A legislação brasileira prevê o conselho fiscal expressamente para **três tipos societários**:

a) Sociedade limitada[157];

b) Sociedade anônima[158]; e

c) Sociedade cooperativa[159].

Menos mal porque a lei prescreve a possibilidade do conselho fiscal nas três sociedades que ocorrem mais comumente na prática. Porém, *nada impede que um outro tipo societário venha a inserir no seu ato constitutivo*, fazendo uso de **um dos três modelos previstos** na lei.

3.2 Requisitos

Na sociedade limitada, poderá ser nomeado **conselheiro fiscal** qualquer pessoa, sócio ou não, aplicando-se para o conselho fiscal da sociedade limitada

---

[156] De acordo com o art. 53, da Lei nº 5.764/71.

[157] Nos termos dos arts. 1.066 a 1.070, do Código Civil.

[158] De acordo com os arts. 161 a 165-A, da Lei nº 6.404/76.

[159] Nos termos do art. 56, da Lei nº 5.764/71.

o *princípio da hétero-organicidade*. Para tanto, basta que o indicado tenha **capacidade civil plena** que se obtém ao completar dezoito anos de idade, ou antes, por um dos casos de emancipação.

Adota-se, também na sociedade anônima, para a constituição do conselho fiscal, o *princípio da hétero-organicidade*, podendo ser nomeado não acionistas. Somente podem ser eleitos para o conselho fiscal pessoas naturais, residentes no País, **diplomadas em curso de nível universitário**, ou que tenham exercido por *prazo mínimo de três anos*, cargo de administrador de empresa ou de conselheiro fiscal[160]. Tais condições, entretanto, **poderão ser dispensadas**, nas localidades em que não houver pessoas habilitadas, *mediante ordem judicial*[161].

Por sua vez, nas sociedades cooperativas, adota-se a *auto-organicidade*, de modo que **somente quem é cooperado** pode se candidatar a um dos cargos de conselheiro fiscal. Para tanto, em teoria – a menos que se exija capacidade técnica para se tornar sócio, basta a **capacidade civil plena** para a nomeação de conselheiro fiscal, na cooperativa.

Para facilitar

Quem pode ser nomeado conselheiros fiscais?
1. Regra geral, hétero-organicidade (exceção: cooperativa – auto-organicidade);
2. Regra geral, capacidade civil plena (exceção: S/A – capacidade técnica).

Para além dos requisitos, existem **impedimentos** à nomeação de conselheiros fiscais[162]:

a) Não pode cumular conselho fiscal com administração;
b) O impedido para administrar está impedido para ser conselheiro fiscal;
c) Condenação por crimes ligados ao patrimônio *lato sensu*;
d) Existência de interesse conflitante com o da sociedade;
e) Ocupante de cargos em sociedades concorrentes.

---

[160] De acordo com o art. 162, da Lei nº 6.404/76.

[161] Nos termos do art. 162, § 1º, da Lei nº 6.404/76.

[162] Para a sociedade limitada e a sociedade anônima.

No âmbito das *sociedades cooperativas*, porém, **será inelegível**[163]:

a) O impedido para administrar está impedido para ser conselheiro fiscal;
b) Parentes dos diretores, até 2º grau, em linha reta ou colateral;
c) Parentes entre si, até 2º grau, em linha reta ou colateral.

3.3 Deveres e responsabilidades

Os membros do conselho fiscal, ou ao menos um deles, *deverão comparecer às reuniões da assembleia geral* e responder aos *pedidos de informações* formulados pelos sócios[164]. *Os pareceres e representações* do conselho fiscal, ou de qualquer um de seus membros, poderão ser *apresentados e lidos* na assembleia geral, independentemente de publicação e *ainda que a matéria não conste da ordem do dia*[165].

Os membros do conselho fiscal têm os *mesmos deveres dos administradores*[166] e respondem pelos danos resultantes de omissão no cumprimento de seus deveres e de atos praticados com culpa ou dolo, ou com violação da lei ou do ato constitutivo[167]. Os membros do conselho fiscal deverão exercer suas funções no *exclusivo interesse da sociedade*; considerar-se-á *abusivo o exercício da função* com o fim de causar dano à sociedade, ou aos seus sócios ou administradores, ou de obter vantagem a que não faz jus e de que possa resultar prejuízo para a sociedade, seus sócios ou administradores.

O membro do conselho fiscal **não é responsável** pelos atos ilícitos de outros membros, salvo se com eles foi *conivente*, ou se *concorrer para a prática do ato*. A responsabilidade dos membros do conselho fiscal por omissão no cumprimento de seus deveres é **solidária**, mas dela se exime o membro dissidente que fizer **consignar sua divergência** em ata da reunião do órgão e a *comunicar aos órgãos da administração e à assembleia geral*.

3.4 Competência

São **atribuições mínimas**[168] do conselho fiscal que poderá atuar coletivamente enquanto órgão ou isoladamente[169]:

---

[163] De acordo com o art. 51, da Lei nº 5.764/71.

[164] Nos termos do art. 164, da Lei nº 6.404/76.

[165] De acordo com o art. 164, parágrafo único, da Lei nº 6.404/76.

[166] Nos termos do art. 165, da Lei nº 6.404/76.

[167] Nos termos do art. 1.070, do Código Civil, e do art. 165, da Lei nº 6.404/76.

[168] Fala-se em "atribuições mínimas", na medida em que o ato constitutivo poderá estipular outros assuntos para a competência do Conselho Fiscal.

[169] De acordo com o art. 1.069, do Código Civil, e do art. 163, da Lei nº 6.404/76.

a) examinar, pelo menos trimestralmente, os livros e papéis da sociedade e o estado da caixa e da carteira, devendo os administradores ou liquidantes prestar-lhes as informações solicitadas;

b) lavrar no livro de atas e pareceres do conselho fiscal o resultado dos exames descritos anteriormente;

c) exarar no mesmo livro e apresentar à assembleia anual dos sócios parecer sobre os negócios e as operações sociais do exercício em que servirem, tomando por base o balanço patrimonial e o de resultado econômico;

d) denunciar os erros, fraudes ou crimes que descobrirem, sugerindo providências úteis à sociedade;

e) convocar a assembleia dos sócios se a diretoria retardar por mais de trinta dias a sua convocação anual, ou sempre que ocorram motivos graves e urgentes; e

f) praticar, durante o período da liquidação da sociedade, os atos aqui descritos, tendo em vista as disposições especiais reguladoras da liquidação.

Em razão de tais atribuições, *os membros do conselho fiscal devem ser remunerados*. A **remuneração** dos membros do conselho fiscal será **fixada, anualmente, pela assembleia** de sócios que os eleger[170]. Para auxiliar em suas funções, os conselheiros fiscais *poderão contratar contabilista legalmente habilitado*, cuja remuneração, também, será aprovada pela assembleia de sócios[171].

3.5 Número de membros

O conselho fiscal da *sociedade limitada* deve ter **no mínimo três conselheiros**, podendo o contrato social **prever um número maior de conselheiros** sendo eleitos, sempre, titulares e os respectivos suplentes[172]. Percebe-se, assim, que o número de membros para o *conselho fiscal na sociedade limitada* é **variável**, desde um *mínimo de 3 membros*. Portanto, por exemplo, é possível um conselho fiscal composto de 6 membros, na sociedade limitada.

Na *sociedade anônima*, o **número de conselheiros** é de *no mínimo, três, e, no máximo cinco membros*[173]. Diferentemente, do que ocorre para as sociedades limitadas, **no âmbito das companhias**, *a lei já estabelece número mínimo e máximo de membros*. Assim, o conselho fiscal terá necessariamente 3, 4 ou 5 membros, nas sociedades anônimas.

Por sua vez, *nas cooperativas*, pode-se dizer que o **número de membros é invariável**. *Para a sociedade cooperativa*, **o conselho fiscal é constituído de 3 membros**, titulares e respectivos suplentes[174].

---

[170] Nos termos do art. 1.068, do Código Civil e do art. 162, § 3º, da Lei nº 6.404/76.

[171] De acordo com o art. 1.070, parágrafo único, do Código Civil.

[172] Nos termos do art. 1.066, do Código Civil.

[173] De acordo com o art. 161, § 1º, da Lei nº 6.404/76.

[174] Nos termos do art. 56, da Lei nº 5.764/71.

Para facilitar

Membros do conselho fiscal	Número mínimo	Número máximo
Sociedade limitada	03	Contrato social define
Sociedade anônima	03	05
Sociedade cooperativa	03	03

3.6 Constituição e funcionamento

O **Conselho Fiscal**, na sociedade limitada, trata-se de **órgão facultativo, de funcionamento facultativo**. Diz-se que é *órgão facultativo* na medida em que não se faz necessária a sua constituição no contrato social[175], vale dizer, a Junta Comercial não pode indeferir o registro de uma sociedade limitada ao argumento da inexistência, no contrato social, do conselho fiscal. Além disso, é *de funcionamento facultativo*, porque, ainda que previsto no contrato social, só entrará em funcionamento a partir de deliberação dos sócios. Tal deliberação deve ocorrer na assembleia anual[176].

Pode-se dizer que, na sociedade anônima, o conselho fiscal é, regra geral, **órgão obrigatório de funcionamento facultativo**. Diz-se *órgão obrigatório*, porque não se consegue registrar uma S/A caso o estatuto não preveja o conselho fiscal[177]; *de funcionamento facultativo*, porque depende da vontade dos acionistas, em sede de AGO, a eleição dos membros e o seu funcionamento[178]. Porém, para a *sociedade de economia mista*, o conselho fiscal deve ter **funcionamento permanente**[179]. Com o advento da reforma promovida pela Lei nº 14.112/20, o conselho fiscal passou a ter funcionamento obrigatório ou permanente também para as *companhias abertas durante toda a sua recuperação judicial*[180].

---

[175] De acordo com o art. 1.066, do Código Civil.

[176] Prevista no art. 1.078, do Código Civil.

[177] De acordo com o art. 161, da Lei nº 6.404/76.

[178] Nos termos do art. 161, § 2º, da Lei nº 6.404/76.

[179] De acordo com o art. 240, da Lei nº 6.404/76.

[180] Nos termos do art. 48-A, da Lei nº 11.101/05.

Por fim, na sociedade cooperativa, o conselho fiscal é **órgão obrigatório de funcionamento obrigatório**. Diz-se *órgão obrigatório*, porque não se consegue registrar uma cooperativa caso o estatuto não preveja o conselho fiscal. Além disso, é *de funcionamento obrigatório*, porque, a administração da cooperativa deve sofrer uma fiscalização assídua e minuciosa[181].

Para facilitar

Tipo societário	Constituição	Funcionamento
Sociedade limitada	*Órgão facultativo*	*Facultativo*
Sociedade anônima	*Órgão obrigatório*	*Facultativo, regra geral*
Sociedade cooperativa	*Órgão obrigatório*	*Obrigatório*

---

[181] Nos termos do art. 56, da Lei nº 6.404/76.

5

DELIBERAÇÕES SOCIAIS

As *deliberações dos sócios*, na **sociedade limitada**, encontram-se regulamentadas entre os **arts. 1.071 a 1.080-A, do Código Civil**. Já, na **sociedade anônima**, as deliberações sociais estão previstas nos **arts. 121 a 137, da Lei nº 6.404/76**. Por final, na **sociedade cooperativa**, as normas sobre deliberações sociais se encontram nos **arts. 38 a 46, da Lei nº 5.764/71**.

Alguns pontos acerca da temática merecem destaque e, por isso, serão tratados separadamente, na sequência:

a) os **modos de deliberação**;

b) a **legitimidade** para a convocação;

c) as **formalidades** para a convocação;

d) o exercício do **direito de voto**;

e) a **representação dos sócios** na assembleia; e

f) as **espécies de assembleia**.

Dependem da deliberação dos sócios, em se tratando de **sociedade limitada**, além de outras matérias indicadas na lei ou no contrato[1]:

a) a aprovação das contas da administração;

b) a designação dos administradores, quando feita em ato separado;

c) a destituição dos administradores;

d) o modo de sua remuneração, quando não estabelecido no contrato;

e) a modificação do contrato social;

---

[1] Art. 1.071, do Código Civil.

f) a incorporação, a fusão e a dissolução da sociedade, ou a cessação do estado de liquidação;
g) a nomeação e destituição dos liquidantes e o julgamento das suas contas; e
h) o pedido de recuperação judicial de empresa.

No âmbito das **sociedades anônimas**, *compete privativamente à assembleia geral*[2]:

a) reformar o estatuto social;

b) eleger ou destituir, a qualquer tempo, os administradores e fiscais da companhia, ressalvada a competência do conselho de administração;

c) tomar, anualmente, as contas dos administradores e deliberar sobre as demonstrações financeiras por eles apresentadas;

d) autorizar a emissão de debêntures, ressalvada a competência do conselho de administração;

e) suspender o exercício dos direitos do acionista;

f) deliberar sobre a avaliação de bens com que o acionista concorrer para a formação do capital social;

g) autorizar a emissão de partes beneficiárias;

h) deliberar sobre transformação, fusão, incorporação e cisão da companhia, sua dissolução e liquidação, eleger e destituir liquidantes e julgar-lhes as contas;

i) autorizar os administradores a confessar falência e pedir recuperação judicial de empresa; e

j) deliberar, quando se tratar de companhias abertas, sobre a celebração de transações com partes relacionadas, a alienação ou a contribuição para outra empresa de ativos, caso o valor da operação corresponda a mais de 50% do valor dos ativos totais da companhia constantes do último balanço.

Para as **sociedades cooperativas**, são temas a serem *deliberados em assembleia*[3]:

a) prestação de contas dos órgãos de administração acompanhada de parecer do Conselho Fiscal;

b) destinação das sobras apuradas – após a dedução das parcelas aos Fundos Obrigatórios – ou das perdas decorrentes da insuficiência das contribuições para cobertura das despesas da sociedade;

c) eleição e destituição dos componentes dos órgãos de administração, do Conselho Fiscal e de outros, quando for o caso;

d) quando previsto, a fixação dos honorários, gratificações e cédula de presença dos membros do Conselho de Administração ou da Diretoria e do Conselho Fiscal;

e) reforma do estatuto;

f) fusão, incorporação ou desmembramento;

g) mudança do objeto da sociedade;

h) dissolução voluntária da sociedade e nomeação de liquidantes; e

i) contas dos liquidantes.

---

[2] Art. 122, da Lei nº 6.404/76.

[3] Arts. 44 e 46, da Lei nº 5.764/71.

A **assembleia** é órgão de **natureza deliberativa**. É o órgão que detém o **maior poder político** na sociedade, haja vista ser o *único com competência para modificar o contrato social*[4] *ou reformar o estatuto*[5]. É a área de atuação dos sócios, o local onde fundamentalmente exercem as suas funções. A vontade social é definida e fomentada neste momento.

As assembleias, e reuniões – para as sociedades limitadas, representam o *"Poder Legislativo Societário"*. Com efeito, **é no conclave societário**[6] **que ocorre a definição da vontade social, do interesse social**. Assim, é a partir da tomada de decisão pelos sócios, definindo o que fazer, que a administração poderá vir a executar a vontade da sociedade. Daí resulta a importância do presente estudo.

1. MODOS DE DELIBERAÇÃO

Cada tipo societário tem o seu próprio padrão quanto aos modos – se é que vai existir mais de um – de deliberação social. É o que se estudará na sequência.

1.1 Na sociedade limitada

Na sociedade limitada, os sócios devem definir se as deliberações sociais serão tomadas em *reunião* ou em *assembleia*, no contrato social[7]. Estes são os **modos de deliberação** que poderão ser utilizados pelos sócios em sociedade limitada. A **assembleia** é um procedimento de deliberação social solene, mais formal previsto em lei. A **reunião**, por sua vez, trata-se de um procedimento que pode ser mais simplório porque previsto no contrato social. Vale lembrar que, *no silêncio do contrato social*, aplicam-se às reuniões as normas legais sobre assembleia[8].

Tal critério de escolha valerá, porém, para sociedades limitadas com **até dez sócios**[9]. **Quando houver mais de dez sócios**, vale dizer, onze ou mais – e durante todo o período em que a sociedade funcionar com quadro societário superior a dez membros –, ainda que o contrato social mencione que as deliberações

---

[4] Nos termos do art. 1.071, V, do Código Civil.

[5] Nos termos do art. 122, I, da Lei nº 6.404/76, para a sociedade anônima, e do art. 46, I, para a sociedade cooperativa.

[6] Expressão genérica que compreende a assembleia e a reunião enquanto espécies.

[7] Art. 1.072, do Código Civil.

[8] Art. 1.079, do Código Civil.

[9] Art. 1.072, § 1º, do Código Civil.

sociais deveriam ocorrer mediante reunião, **é imperativo que as deliberações se deem mediante assembleia**.

Frise-se, por oportuno: para as **demais sociedades contratuais**, previstas no Código Civil, em tese, também, cabe aos sócios determinarem o modo de deliberação social – se assembleia ou reunião. Entretanto, para elas, **o *pacta sunt servanda* é aplicável de maneira absoluta**. Porém, para as **sociedades limitadas**, o *pacta sunt servanda* só será aplicável se o quadro societário tiver até 10 sócios. **Com 11 ou mais sócios**, durante todo o tempo em que o quadro societário superar 10 sócios, ter-se-á o *dirigismo contratual*, haja vista **a legislação exigir, nesse caso, deliberações por assembleia**, *independente do que preveja o contrato social*.

Para facilitar

Facilitando, tem-se o seguinte:

Pergunta	Resposta
1. Uma sociedade em nome coletivo, com 12 sócios, cujo contrato social estabeleça reunião como o modo de deliberação social. Pergunta-se: qual o modo de deliberação social desta sociedade?	Reunião, na medida em que prevalece de maneira absoluta o princípio pacta sunt servanda.
2. Uma sociedade limitada, com 12 sócios, cujo contrato social estabeleça reunião como o modo de deliberação social. Pergunta-se: qual o modo de deliberação social desta sociedade?	Assembleia, porque, apesar de o contrato social ter previsto reunião, a sociedade limitada tem mais de 10 sócios.

Note-se, porém, que é possível ocorrer a **dispensa da reunião ou assembleia**. Tal dispensa varia em razão da submissão da sociedade limitada ao regime jurídico das micro e pequenas empresas previsto na Lei Complementar nº 123/06. Para haver a dispensa estudada, faz-se necessário que **os sócios decidam por escrito** a matéria que seria objeto de deliberação social.

Caso a **sociedade limitada não esteja enquadrada como ME ou EPP**, a decisão deve se dar de maneira *unânime*[10]. Caso a **sociedade limitada esteja enquadrada como ME ou EPP**, basta *maioria absoluta*[11]. Porém, em duas situações, não poderá haver a dispensa da reunião ou assembleia. A primeira está relacionada à expressa disposição contratual exigindo a reunião ou assembleia

---

[10] Art. 1.072, § 3º, do Código Civil.

[11] Art. 70, da Lei Complementar nº 123/06.

sobre determinado assunto. A segunda situação é a exclusão extrajudicial de sócios, prevista no art. 1.085, do Código Civil.

1.2 Na sociedade anônima

Para a **sociedade anônima**, as deliberações sociais devem ser tomadas **mediante assembleia**. Dada a sua *natureza institucional*, haja vista ser uma sociedade constituída mediante o *estatuto social*, **não existe autonomia** da vontade atribuída aos acionistas para, querendo, **simplificarem o modo de deliberação social**. Tão pouco existe a possibilidade de **substituição da realização de assembleia** por instrumento escrito, quando o tema estiver pacificado entre os sócios.

1.3 Na sociedade cooperativa

As deliberações sociais, na sociedade cooperativa, seguem o padrão descrito acima para a sociedade anônima, sendo tomadas, portanto, mediante assembleia. Dada a sua natureza institucional, haja vista ser uma sociedade constituída mediante o estatuto social, não existe autonomia da vontade atribuída aos cooperados para, querendo, simplificarem o modo de deliberação social. Tão pouco existe a possibilidade de substituição da realização de assembleia por instrumento escrito, quando o tema estiver pacificado entre os sócios.

2. LEGITIMIDADE PARA CONVOCAÇÃO

Compreendidos os modos de deliberação, para as sociedades limitada, anônima e cooperativa, é importante compreender quem terá *legitimidade para a convocação do conclave societário*. Frise-se, por oportuno: **a legitimidade para a convocação é concorrente e não excludente!** Tem-se tanto legitimados ordinários quanto extraordinários e o fato de ocorrer legitimidade extraordinária não exclui aquele indicado como legitimado ordinário.

2.1 Na sociedade limitada[12]

Pode-se classificar a **legitimidade para a convocação** em: ordinária e extraordinária. A **legitimidade ordinária** cabe aos *administradores*. Exatamente por serem os *"presentantes"*[13] da sociedade, o seu braço executivo, sendo a

---

[12] Nos termos dos arts. 1.072 e 1.073, do Código Civil.

[13] Expressão cunhada por Pontes de Miranda, em vista de que não se pode juridicamente considerar o administrador como o representante legal da sociedade, sendo que a sociedade não é incapaz para ter representante legal.

partir deles que a sociedade adquire ou exerce direitos e contrai obrigações, é que os administradores necessitam saber sobre a vontade social para cumprir o seu mister, qual seja a implementação dos interesses sociais, deliberados em reunião ou assembleia.

No entanto, a lei regulamenta a **legitimidade extraordinária** para a convocação de reunião ou assembleia. Trata-se de situações que têm, como plano de fundo, o retardo na convocação de assembleia ou reunião imposta por lei ou requerido pelos sócios, ou a possibilidade de algum ilícito eventual praticado na administração societária.

São **legitimados extraordinários**:
a) os *sócios*; e
b) o *conselho fiscal*.

Os **sócios** assumem a legitimidade extraordinária para a convocação em duas circunstâncias:
a) quando os administradores retardarem a convocação, por mais de sessenta dias, nos casos previstos em lei ou no contrato social; e
b) quando não atendido, no prazo de oito dias, pedido de convocação fundamentado, com indicação das matérias a serem tratadas, assinado por titulares de mais de um quinto do capital.

O **conselho fiscal**, também, em duas circunstâncias, assume a legitimidade extraordinária para convocação:
a) se a administração retardar, por mais de trinta dias a convocação da assembleia anual; e
b) sempre que ocorram motivos graves e urgentes.

Tais **motivos graves e urgentes**, certamente, estarão ligados à **administração societária**. Com efeito, não tem sentido ao conselho fiscal requerer que os administradores venham a convocar uma assembleia que tenha por objeto a deliberação acerca de alguma eventual sanção a lhes aplicar.

2.2 Na sociedade anônima

No art. 123, da Lei nº 6.404/76, determina-se a **competência para a convocação** da assembleia. A **legitimidade ordinária** cabe ao *conselho de administração*, se houver, ou aos *diretores*, observando o disposto no estatuto social. Vale dizer, se a administração da companhia for composta, **apenas, pela diretoria**, *a legitimidade será dos diretores*. Entretanto, **se houver o conselho de administração** na estrutura administrativa da S/A, *a legitimidade será do conselho* e, nesta situação, *os diretores não terão legitimidade*. A **legitimidade extraordinária** é atribuída, a depender da hipótese, aos *acionistas* ou ao *conselho fiscal*. Diga-se, de passagem, que **a legitimidade para a convocação é concorrente**.

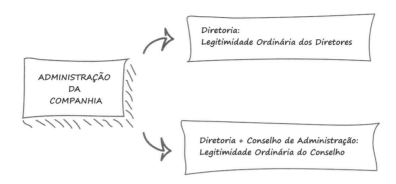

Aos *acionistas*, a **legitimidade para convocação** ocorre:

a) **para qualquer acionista**, quando os administradores retardarem, por mais de sessenta dias, a convocação nos casos previstos em lei ou no estatuto; e

b) **para acionistas que representem no mínimo cinco por centro do capital**, quando os administradores não atenderem, no prazo de oito dias, a pedido de convocação que apresentarem, devidamente fundamentado, com indicação das matérias a serem tratadas.

Ao *conselho fiscal*, a **legitimidade para convocação** ocorre se os órgãos da administração *retardarem por mais de um mês* a convocação da *assembleia geral ordinária*, e a *extraordinária*, sempre que ocorrerem *motivos graves ou urgentes*, incluindo na agenda das assembleias as matérias que considerarem necessárias.

2.3 Na sociedade cooperativa

Na sociedade cooperativa, também, vislumbra-se que a legitimidade para a convocação de assembleias[14] pode ser ordinária ou extraordinária. A **legitimidade ordinária** é entregue ao **presidente da cooperativa** ou **por qualquer dos órgãos de administração**.

De outra banda, terão **legitimidade extraordinária**:

a) o *Conselho Fiscal*; e

b) os *sócios cooperados*.

A **legitimidade extraordinária do conselho fiscal**, na sociedade cooperativa, está em consonância com o disposto para as sociedades limitada e anônima. Dessa forma, haverá legitimidade extraordinária para o conselho fiscal toda vez que **houver motivos graves e urgentes**. De outro lado, haverá **legitimidade extraordinária para os sócios** sempre que, solicitada a convocação por, pelo menos **1/5 dos cooperados**, a solicitação **não for atendida pelo presidente**.

---

[14] De acordo com o art. 38, § 2º, da Lei nº 5.764/71.

3. FORMALIDADE PARA CONVOCAÇÃO

Definidos os legitimados, cabe agora conhecer as formalidades exigidas para a convocação para as deliberações sociais.

3.1 Na sociedade limitada

A *convocação de assembleia* de sócios para a realização de deliberações sociais ocorre a partir da **publicação de anúncio de convocação**[15]. Esta publicação deve ser feita na *imprensa oficial* e em *jornal de grande circulação*. Por imprensa oficial, entenda-se a do Estado, a menos que a sede social se localize no Distrito Federal; nesta hipótese, a imprensa oficial é a da União[16].

Deverão ser feitas, no total, **seis publicações** do anúncio de convocação – sendo três na imprensa oficial e três em jornal de grande circulação –, estabelecendo-se, por força de lei, a necessidade de se respeitar um prazo mínimo entre a primeira publicação e a data da instalação da assembleia em primeira convocação, bem como um prazo mínimo entre as datas de instalação assembleia em primeira e segunda convocação. *Entre a data da primeira inserção e a da primeira convocação*, deve mediar um **prazo mínimo de oito dias**, sendo de **cinco dias o prazo mínimo** entre *a data da primeira convocação e a data da segunda convocação*.

A assembleia necessita de um **presidente** e de um **secretário** que serão escolhidos dentre os *sócios presentes*. Dos trabalhos e deliberações será lavrada, no livro de atas da assembleia, *ata assinada pelos membros da mesa e por sócios participantes da reunião*, quantos bastem à validade das deliberações, mas sem prejuízo dos que queiram assiná-la. *Cópia da ata autenticada* pelos administradores, ou pela mesa, será, *nos vinte dias subsequentes* à reunião, apresentada à *Junta Comercial* para *arquivamento* e *averbação*. Ao sócio, que a solicitar, será entregue cópia autenticada da ata[17].

Por final, é oportuno destacar que o art. 1.074, do Código Civil estabelece os **quóruns de instalação** da assembleia de sócios, tanto em primeira quanto em segunda convocação. Para se instalar em primeira convocação, faz-se necessária a presença de sócios titulares de, no mínimo, três quartos do capital social. Em segunda convocação, com a presença de qualquer número de sócios, a assembleia será instalada.

---

[15] Nos termos do art. 1.152, § 3º, do Código Civil.

[16] De acordo com o art. 1.152, § 2º, do Código Civil.

[17] Art. 1.075, § 3º, do Código Civil.

3.2 Na sociedade anônima

A convocação far-se-á mediante **anúncio** publicado por **três vezes, no mínimo**, contendo, além do local, data e hora da assembleia, a ordem do dia, e, no caso de reforma do estatuto, a indicação da matéria[18].

 A **primeira convocação** da assembleia geral deverá ser feita[19]:

a) na **companhia fechada**, com **oito dias de antecedência, no mínimo**, contado o prazo da publicação do primeiro anúncio; *não se realizando a assembleia*, será **publicado novo anúncio**, de segunda convocação, com **antecedência mínima de cinco dias**;

b) na **companhia aberta**, o prazo de antecedência da primeira convocação será de vinte e um dias e o da segunda convocação de oito dias.

Independente de tais formalidades, será considerada **regular** a assembleia geral a que **comparecerem todos os acionistas**[20]. Os *acionistas sem direito de voto* podem **comparecer à assembleia geral e discutir a matéria submetida à deliberação**[21]. Ressalvadas as exceções previstas em lei, a assembleia geral instalar-se-á, em **primeira convocação**, com a presença de acionistas que representem, **no mínimo, um quarto do total de votos conferidos pelas ações com direito a voto**; em **segunda convocação** instalar-se-á com **qualquer número**[22]. Para a instalação de *assembleia geral extraordinária*[23], em **primeira convocação**, será necessária a presença de acionistas que representem, **no mínimo, 2/3 do capital social votante, ou do total de votos, caso exista classe de ação em que se atribuiu voto plural**.

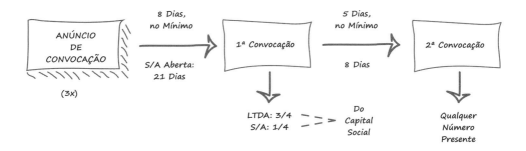

---

[18] Nos termos do art. 124, da Lei nº 6.404/76.

[19] De acordo com o art. 124, § 1º, da Lei nº 6.404/76, com a redação dada pela Lei nº 14.195/21.

[20] Nos termos do art. 124, § 4º, da Lei nº 6.404/76.

[21] De acordo com o art. 125, parágrafo único, da Lei nº 6.404/76.

[22] Nos termos do art. 125, da Lei nº 6.404/76, com a redação dada pela Lei nº 14.195/21.

[23] Conforme o art. 135, da Lei nº 6.404/76.

3.3 Na sociedade cooperativa

A convocação de assembleias, para a sociedade cooperativa, será feita através de **anúncio de convocação**, mediante **editais afixados** em locais apropriados das *dependências comumente mais frequentadas pelos cooperados*, além de **publicação em jornal** e de **comunicação aos sócios através de circulares**[24].

Vê-se, assim, a preocupação de uma **maior efetividade para os sócios tomarem conhecimento da convocação** para as cooperativas. Enquanto na LTDA. e na S/A, basta a publicação na imprensa oficial e em jornal de grande circulação, na sociedade cooperativa, será necessário, cumulativamente:

a) afixação de editais em dependências da sociedade frequentadas pelos sócios;
b) publicação em jornal do anúncio de convocação; e
c) circulares de comunicação encaminhadas aos sócios.

Diferentemente do que ocorre para as sociedades limitada e anônima, a lei prevê **primeira, segunda e terceira convocações** para a realização das assembleias gerais[25], *bastando, para tanto, previsão neste sentido no estatuto, constando, também, tal informação no edital*. Há de se respeitar uma **antecedência mínima de 10 dias** para a instalação da assembleia, em primeira convocação, sendo contado a partir do primeiro ato de convocação praticado. Entre a primeira e a segunda convocação, e entre a segunda e a terceira convocação, quando for o caso, deverá ser observado **o intervalo mínimo de 1 hora** entre a realização por uma ou por outra convocação.

Para cada **tentativa de instalação**, é exigida uma **presença mínima** de participantes. *A assembleia só se instala caso tal presença mínima ocorra*. Trata-se do quórum de instalação.

Nas assembleias gerais, o **quórum de instalação** será o seguinte:
a) **2/3** dos cooperados, em *primeira convocação*;
b) **metade mais 1** dos cooperados, em *segunda convocação*; ou
c) **mínimo de 10** cooperados, em *terceira convocação*.

O **quórum de instalação** acima previsto para a **terceira convocação**, é aplicável às *cooperativas singulares*[26] – composta por cooperados pessoa física, sendo excepcionalmente admitidas as pessoas jurídicas. Para as *federações de*

---

[24] De acordo com o art. 38, § 1º, da Lei nº 5.764/71.
[25] Nos termos do art. 40, da Lei nº 5.764/71.
[26] Prevista no art. 6º, I, da Lei nº 5.764/71.

cooperativa[27] (também denominadas cooperativas centrais) – composta por, no mínimo, 3 cooperativas simples, sendo excepcionalmente admitido pessoas físicas, e para as *confederações de cooperativa*[28] – composta por, no mínimo, 3 federações de cooperativa, a assembleia geral se instalará, em terceira convocação, com qualquer número presente.

4. O EXERCÍCIO DO DIREITO DE VOTO

O **exercício do direito de voto** em assembleia cabe aos sócios. É preciso que se diga que a doutrina[29] ensina que existem *direitos pessoais e patrimoniais dos sócios*. Os **direitos pessoais** estão relacionados ao *status*, à posição e à função de sócio. Os **direitos patrimoniais** são direitos de créditos, condicionados e eventuais, que os sócios têm em face da sociedade. **O direito de voto é um dos direitos pessoais dos sócios**.

Enquanto numa *sociedade limitada*, **todo e qualquer sócio** terá e poderá exercer o direito de voto, nas *sociedades anônimas*, os **acionistas podem ter o direito de voto restrito a determinados temas, ou mesmo suprimido**[30], haja vista o direito de voto não ser um direito essencial do acionista[31]. Por sua vez, na *sociedade cooperativa*, a princípio todo **cooperado terá direito de voto**. Porém, é **vedado o exercício do direito de voto** quando o cooperado tiver *in-*

---

[27] Prevista no art. 6º, II, da Lei nº 5.764/71.

[28] Prevista no art. 6º, III, da Lei nº 5.764/71.

[29] Para aprofundar este assunto, ver, dentre outros: TOMAZETTE. Marlon. *Curso de direito empresarial: teoria geral e direito societário, volume 1*. 9 ed. São Paulo: Saraiva Educação, 2018; REQUIÃO, Rubens. *Curso de direito comercial*. 31 ed. São Paulo: Saraiva, 2012. v. 1.

[30] Nos termos do art. 111, da Lei nº 6.404/76.

[31] De acordo com o art. 109, da Lei nº 6.404/76.

teresse particular na deliberação[32], **perdendo o direito de votar e de ser votado** o cooperado que assumir *relação empregatícia com a cooperativa*, até que sejam aprovadas as contas do exercício em que ele deixou o emprego[33].

Em princípio, o **direito de voto** deverá ser exercido **proporcionalmente** à quantidade de quotas[34] ou de ações[35]. Dessa forma, por exemplo, se o sócio A tem 10 quotas e o sócio B, 20 quotas, isto significa que o voto do sócio B vale o dobro do voto do sócio A. Entretanto, deve-se notar que, na **sociedade anônima**, admite-se o estatuto estabelecer **limitação ao número de votos** de cada acionista[36]. Por sua vez, na **sociedade cooperativa**, cada cooperado terá **direito, apenas, a um voto**, qualquer que seja o número de suas quotas-partes[37].

O Direito Empresarial brasileiro, com o advento da Lei nº 14.195/21, **passou a admitir o voto plural**[38]. *O voto plural é aquele em que, previsto no contrato social ou no estatuto social, na forma da autorização legislativa, o sócio poderia ter mais de um voto por cada quota ou ação.* Atualmente, só é possível o voto plural no plano das companhias.

É importante perceber, à luz do art. 110-A, da Lei nº 6.404/76, que poderão adotar voto plural uma ou mais classes de ações ordinárias, sendo certo que cada ação não poderá ter mais de 10 votos. Na companhia aberta, a criação da ação com voto plural precisa ocorrer antes da negociação de qualquer ação ou valor mobiliário em mercados organizados, dependendo, no mínimo, do voto de metade do total de votos pelas ações com direito a voto, bem como das ações preferenciais sem direito a voto ou com voto restrito, reunidas em assembleia especial. O estatuto, entretanto, pode prever um quórum mais qualificado.

Após sua criação e negociação em bolsa e no mercado, é vedada a alteração das características das ações com voto plural, exceto para reduzir direitos ou vantagens. A vigência inicial do voto plural é de 7 anos, prorrogável por igual prazo, desde que observados os requisitos para aprovação, excluídos da votação os titulares da classe de ação a ser prorrogada, assegurados aos dissidentes o direito de retirada.

---

[32] De acordo com o art. 21, VI, da Lei nº 5.764/71.

[33] Nos termos do art. 31, da Lei nº 5.764/71.

[34] Nos termos do art. 1.076, do Código Civil.

[35] De acordo com o art. 110, da Lei nº 6.404/76.

[36] De acordo com o art. 110, §1º, da Lei nº 6.404/76.

[37] É o que se extrai do art. 1.094, VI, do Código Civil, em interpretação conjugada com o art. 42, da Lei nº 5.764/71.

[38] De acordo com o art. 110-A, da Lei nº 6.404/76, inserido pela Lei nº 14.195/21.

Não será adotado o voto plural em deliberações sobre a remuneração dos administradores e a celebração de transações com partes relacionadas que atendam aos critérios de relevância a serem definidos pela CVM. Não se aplicam também as normas sobre voto plural perante as empresas estatais.

Guardando certa semelhança com a utilização do voto plural, no Brasil, faculta-se, numa situação específica, e **somente no plano das sociedades anônimas**, o denominado **voto múltiplo**. O *voto múltiplo* poderá ser utilizado, **somente, para a eleição dos membros do conselho de administração**. Para tanto, é preciso que acionistas titulares, de no **mínimo, 10% do capital social votante** requeiram a adoção do voto múltiplo, no prazo de até **48 horas antes** da realização da assembleia[39].

O **voto múltiplo** consiste em atribuir, **para cada ação**, tantos **votos** quantos sejam os **cargos em disputa** no conselho, sendo possível, ainda, ao acionista **votar em todos os cargos ou cumular os votos em um só dos cargos**, em um só dos candidatos[40]. Imaginando um conselho de administração com 7 membros e havendo eleição, por exemplo, para 4 cargos, cada ação terá direito a 4 votos, que poderão ser distribuídos entre os 4 candidatos ou cumulando todos os votos em um só candidato.

- Art. 110-A
- Temas em geral, com algumas exceções, sendo inaplicável nas empresas estatais
- É permitido
- Depende de previsão no Estatuto
- Cada ação, até 10 votos, por 7 anos de vigência (prazo renovável)

- Art. 141
- Tema Específico: Eleição dos Membros do Conselho de Adm.
- É admitido
- Independe de previsão no Estatuto
- tantos **votos** quantos sejam os **cargos em disputa**

A depender da matéria a ser deliberada entre os sócios, na sociedade limitada, o **quórum de aprovação** varia, podendo ser por:

a) *unanimidade*;

b) *três quartos*;

c) *dois terços do capital social*;

d) *maioria absoluta* – maioria do capital social; e

e) *maioria simples* – maioria numérica dos sócios presentes.

---

[39] De acordo com o art. 141, § 1º, da Lei nº 6.404/76.

[40] De acordo com o art. 141, da Lei nº 6.404/76.

APROVAÇÃO EM ASSEMBLEIA		
QUÓRUM	HIPÓTESES	FUND. LEGAL
Unanimidade	A designação de administrador não sócio, enquanto o capital não estiver integralizado.	Art. 1.061, CC
	A transformação de uma sociedade limitada em outro tipo societário.	Art. 1.114, CC
	A mudança de nacionalidade de uma sociedade limitada brasileira.	Art. 1.127, CC
Três quartos	A modificação do contrato social.	Art. 1.076, I, CC
	A incorporação, a fusão, e a dissolução da sociedade, ou a cessação do estado de liquidação.	Art. 1.076, I, CC
	A cessão de quotas para não sócio, na omissão do contrato social.	Art. 1.057, parágrafo único, CC
Dois terços do capital social	A designação de administrador não sócio, após a integralização do capital.	Art. 1.061, CC
Maioria absoluta	A destituição de sócio nomeado administrador no contrato social.	Art. 1.063, § 1º, CC[41]
	A designação dos administradores, quando feita em ato separado.	Art. 1.076, II, CC
	A destituição dos administradores.	Art. 1.076, II, CC
	O modo de remuneração, quando não estabelecido pelo contrato social, dos administradores.	Art. 1.076, II, CC
	O pedido de recuperação judicial de empresas.	Art. 1.076, II, CC
	A transformação de sociedades, quando prevista no contrato social.	Art. 1.114, CC
Maioria simples	A aprovação das contas da administração.	Art. 1.071, I, CC Art. 1.076, III, CC
	Demais assuntos não previstos na lei ou no contrato social.	Art. 1.076, III, CC

Para as **sociedades anônimas**, os temas a serem deliberados em assembleia serão aprovados, regra geral, pela **maioria simples**. Apesar de o art. 129, da Lei nº 6.404/76, mencionar *"maioria absoluta de votos"*, nota-se que serão descontados os votos em branco; portanto, trata-se da *"maioria absoluta" dos votos presentes à assembleia geral*. E, como já se viu, **maioria dos votos presentes significa maioria simples**.

Há temas em que será possível a exigência de **quórum qualificado**[42]. Regra geral, o quórum qualificado será a **maioria absoluta** – *aprovação de acionistas*

---

[41] Redação alterada pela Lei nº 13.792/19

[42] De acordo com o art. 136, da Lei nº 6.404/76.

que representem metade, no mínimo, do total de votos conferidos pelas ações com direito a voto. Será possível, no entanto, especificamente, para as **companhias fechadas**, a adoção de quórum **maior que a maioria absoluta**. São eles:

a) criação de ações preferenciais ou aumento de classe de ações preferenciais existentes, sem guardar proporção com as demais classes de ações preferenciais, salvo se já previstos ou autorizados pelo estatuto;

b) alteração nas preferências, vantagens e condições de resgate ou amortização de uma ou mais classes de ações preferenciais, ou criação de nova classe mais favorecida;

c) redução de dividendo obrigatório;

d) fusão da companhia, ou sua incorporação em outra;

e) participação em grupos de sociedade;

f) mudança de objeto da companhia;

g) cessão do estado de liquidação da companhia;

h) criação de partes beneficiárias;

i) cisão da companhia;

j) dissolução da companhia.

É importante notar que, com o advento da Lei nº 14.195/21, foram atualizadas algumas das competências privativas da assembleia geral: (i) deliberar sobre transformação, fusão, incorporação e cisão da companhia, sua dissolução e liquidação, eleger e destituir liquidantes e julgar as suas contas; (ii) autorizar os administradores a confessar falência e a pedir recuperação judicial; e (iii) deliberar sobre transações com partes relacionadas, alienação ou contribuição para outra empresa de ativos de mais de 50% dos ativos totais no último balanço, nas companhias abertas[43].

Para as **sociedades cooperativas**, *o quórum de aprovação das deliberações sociais é variável*, a depender da modalidade de assembleia. Em se tratando de **assembleia geral ordinária**, as aprovações se darão por **maioria simples**[44], vale dizer, pela maioria de votos dos cooperados presentes com direito de votar. Porém, para aprovação dos assuntos de competência da **assembleia geral extraordinária**, é necessário o quórum de **2/3 dos cooperados presentes**[45], cabendo lembrar que *cada cooperado terá, apenas, direito a um voto, independente do montante de quotas-partes*.

5. A REPRESENTAÇÃO DOS SÓCIOS EM ASSEMBLEIA

A ideia é a de que, convocada a assembleia, **os sócios compareçam**, na data e hora previstas, em **local definido**, para a realização da assembleia. *Para*

---

[43] De acordo com a redação dada pela Lei nº 14.195/21 aos incisos VIII, IX e X, do art. 122, da Lei nº 6.404/76.

[44] De acordo com o art. 38, § 3º, da Lei nº 5.764/71.

[45] De acordo com o art. 46, parágrafo único, da Lei nº 5.764/71.

as sociedades limitada e cooperativa, há **autonomia plena** quanto à **definição do local** da realização das respectivas assembleias. Haja vista, a inexistência de norma específica, bem como pelo fato de se tratar de direito privado, tem-se a plena liberdade para a definição do local para a realização das assembleias. *Não se faz necessário, para as sociedades mencionadas, que a assembleia seja na sede da sociedade e, tão pouco, no local da sede.*

Para as **sociedades anônimas**, no entanto, **o direcionamento será outro**. Regra geral, as assembleias devem ocorrer no prédio onde está instalada a **sede da companhia**. Porém, **por motivo de força maior**, *as assembleias poderão ocorrer em outro local*, desde que seja na **cidade onde se localiza a sede**. *Em nenhuma hipótese, as assembleias poderão se realizar fora da localidade da sociedade*[46]. As **pessoas presentes** à assembleia devem provar a sua **qualidade de acionista**[47].

Em algumas circunstâncias, porém, determinados **sócios** poderão, por qualquer motivo, **não se fazerem presentes** a alguma assembleia convocada, mas, ainda assim, desejam que o seu voto seja considerado. Em tais situações, fala-se no **voto por procuração** e no **voto à distância**, cujo regramento jurídico foi alterado pela MP nº 931/20, convertida na Lei nº 14.030, do mesmo ano, regulamentada pela IN DREI nº 81/20, examinadas a seguir.

5.1 Na sociedade limitada

O **sócio pode ser representado** na assembleia por **outro sócio**, ou por **advogado**, mediante outorga de mandato com especificação dos atos autorizados, devendo o instrumento ser levado a registro, juntamente com a ata[48]. Admite-se a **procuração para outro sócio** justamente porque ele já teria acesso ao conclave societário, sendo certo que a assembleia não é aberta ao público. Por sua vez, a **procuração para o advogado** é viável, na medida em que se trata do único profissional cuja **violação ao dever de sigilo** profissional constitui **infração disciplinar**[49], cuja reincidência será capaz levá-lo à **suspensão**[50] ou, até mesmo, à **exclusão**[51] dos quadros da OAB.

As deliberações tomadas de **conformidade com a lei** e o contrato vinculam **todos os sócios**, *ainda que ausentes ou dissidentes*[52]. **Caso não concordem** com

---

[46] De acordo com o art. 124, § 2º, da Lei nº 6.404/76.
[47] Nos termos do art. 126, da Lei nº 6.404/76.
[48] Art. 1.074, § 1º, do Código Civil.
[49] De acordo com o art. 34, VII, da Lei nº 8.906/94.
[50] De acordo com o art. 37, II, da Lei nº 8.906/94.
[51] De acordo com o art. 38, I, da Lei nº 8.906/94.
[52] Nos termos do art. 1.072, § 5º, do Código Civil.

a deliberação aprovada, poderão, então, exercer o **direito de recesso ou de retirada**[53]. As **deliberações infringentes** do contrato ou da lei tornam ilimitada a **responsabilidade dos que expressamente as aprovaram**[54]. Percebe-se, portanto, que o **direito de voto não é absoluto**.

5.2 Na sociedade anônima

Têm a qualidade para comparecer à assembleia os **representantes legais dos acionistas**[55]. O acionista pode ser representado na assembleia geral por *procurador constituído há menos de um ano*, que seja **acionista**, **administrador da companhia** ou **advogado**; na *companhia aberta*, o procurador pode, ainda, ser **instituição financeira**, cabendo ao *administrador de fundos de investimento representar os condôminos*[56].

Perceba-se a **diferença de formalidade** que há entre a procuração passada por um quotista na sociedade limitada e a procuração passada por um acionista nas companhias em geral. Enquanto **na LTDA.**, a procuração valerá pelos *seus estritos e fiéis termos*, **na S/A**, a procuração precisará ter os seus *poderes ratificados a cada assembleia geral ordinária*.

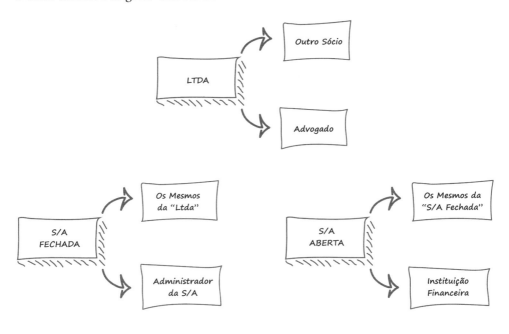

---

[53] Nos termos dos arts. 1.029 e 1.077, do Código Civil.

[54] Nos termos do art. 1.080, do Código Civil.

[55] Art. 126, § 4º, da Lei nº 6.404/76.

[56] Art. 126, § 1º, da Lei nº 6.404/76.

5.3 Na sociedade cooperativa

Diferentemente do que se viu para as sociedades limitada e anônima, *na cooperativa*, **em nenhuma hipótese** será possível a ocorrência do **voto por procuração**. Vale dizer, **nem mesmo para outro cooperado** cabe o mandato[57]. É que cada sócio terá **direito a um só voto**[58], por força de lei, resultando *impossível a manifestação de um segundo voto*, ainda que por procuração.

5.4 O voto a distância

Inicialmente, só existia previsão de voto a distância para as companhias abertas, nos termos de regulamentação da CVM.[59] Com o advento da Lei nº 14.030/20, o voto a distância passou a ser **também possível nas sociedades limitada,**[60] **anônima fechada**[61] **e cooperativa.**[62] A depender do caso concreto, competirá ao DREI[63] ou à CVM[64] a regulamentação da participação e da votação a distância nas assembleias societárias.

Dados os limites da presente obra, é cabível examinar os **principais aspectos da regulamentação do DREI** acerca da participação e votação à distância em reuniões e assembleias de sociedades anônimas fechadas, limitadas e cooperativas. Trata-se da IN DREI nº 81/20.

O primeiro ponto a destacar diz respeito às **modalidades de assembleia ou reunião para votação a distância**. Com efeito, fala-se em assembleias ou reuniões: (i) *semipresenciais* – quando os sócios puderem votar tanto presencialmente como a distância; e (ii) *digitais* – quando os sócios só puderem votar a distância. Em qualquer caso, a participação e a votação a distância podem ocorrer mediante **atuação remota, via sistema eletrônico** e/ou mediante o **envio do boletim de voto à distância**.

É imprescindível notar que as assembleias ou reuniões semipresenciais ou digitais devem seguir as normas em vigor quanto à convocação, instalação e

---

[57] De acordo com o art. 42, § 1º, da Lei nº 5.764/71.

[58] De acordo com o art. 1.094, VI, do Código Civil.

[59] De acordo com o art. 121, parágrafo único, da Lei nº 6.404/76, em sua redação original.

[60] Nos termos do art. 1.080-A do Código Civil, inserido pela Lei nº 14.030/20.

[61] Nos termos do art. 121, parágrafo único, da Lei nº 6.404/76, com a redação dada pela Lei nº 14.030/20.

[62] De acordo com o art. 43-A da Lei nº 5.764/71, com a redação dada pela Lei nº 14.030/20.

[63] Para as sociedades anônimas fechadas, limitadas e cooperativas.

[64] Para as sociedades anônimas abertas.

deliberação para as assembleias tradicionais. *O instrumento de convocação deve informar*, **em destaque**, *que a reunião ou a assembleia será semipresencial ou digital*, conforme o caso, detalhando como os sócios podem participar e votar a distância.

Considera-se **presente na reunião ou assembleia semipresencial ou digital**, conforme for o caso, o sócio: (i) que a ela compareça ou se faça representar fisicamente; (ii) cujo boletim de voto a distância tenha sido considerado válido pelas sociedades; ou (iii) que, pessoalmente ou por meio de representante, registre sua presença no sistema eletrônico de participação e voto a distância disponibilizado pela sociedade.

O **sistema eletrônico** adotado pela sociedade para realização da reunião ou assembleia semipresencial ou digital **deve garantir**: (i) a segurança, a confiabilidade e a transparência do conclave; (ii) o registro de presença dos sócios, acionistas ou associados; (iii) a preservação do direito de participação a distância do acionista, sócio ou associado durante todo o conclave; (iv) o exercício do direito de voto a distância por parte do acionista, sócio associado, bem como o seu respectivo registro; (v) a possibilidade de visualização de documentos apresentados durante o conclave; (vi) a possibilidade de a mesa receber manifestações escritas dos acionistas, sócios ou associados; (vii) a gravação integral do conclave, que ficará arquivada na sede da sociedade; e (viii) a participação de administradores, pessoas autorizadas a participar do conclave e pessoas cuja participação seja obrigatória.

Por sua vez, **o boletim de voto a distância deve conter**: (i) todas as matérias constantes da ordem do dia da reunião ou assembleia semipresencial ou digital a que se refere; (ii) orientações sobre o seu envio à sociedade; (iii) indicação dos documentos que devem acompanhá-lo para verificação da identidade do acionista, sócio ou associado, bem como de eventual representante; e (iv) orientações sobre as formalidades necessárias para que o voto seja considerado válido.

A sociedade deve disponibilizar, *pela internet*, o boletim de voto a distância, em versão passível de impressão e preenchimento manual. A descrição das matérias a serem deliberadas no boletim de voto a distância: (i) deve ser feita em linguagem clara e objetiva e que não induza o sócio a erro; (ii) deve ser formulada como uma proposta e indicar seu autor, de modo que o sócio precise somente aprová-la, rejeitá-la ou abster-se; e (iii) pode conter indicações de páginas da internet nas quais as propostas estejam melhor detalhadas ou contendo a documentação exigida.

O **boletim de voto** a distância deve ser **enviado ao sócio**, na data da publicação da **primeira convocação** para a reunião ou assembleia semipresencial ou digital, devendo ser *devolvido à sociedade, no prazo mínimo de 5 dias antes* da realização do conclave. *Recebido o boletim, no prazo máximo de 2 dias*, cabe à sociedade comunicar: (i) o recebimento do boletim de voto a distância, bem como que o boletim e eventuais documentos que a acompanham são suficientes para o que voto seja considerado válido; ou (ii) a necessidade de retificação ou de reenvio do boletim ou dos documentos, conforme o caso, no prazo previsto anteriormente.

Situação curiosa é a seguinte: imaginando que, em uma reunião ou assembleia semipresencial ou digital, o sócio tenha enviado o boletim de voto a distância, tal fato impediria que este mesmo sócio se fizesse presente ao respectivo conclave para exercer o seu direito de voto? A resposta é, evidentemente, negativa. O sócio sempre poderá se fazer presente às reuniões e assembleias para exercer o seu direito de voto, mesmo nas semipresenciais ou digitais.

Por final, é importante perceber que esta dinâmica do voto a distância, seja por sistema eletrônico, seja por envio do boletim de voto, poderá ser aplicável para as **assembleias ou reuniões presenciais já convocadas e ainda não realizadas, em virtude das restrições trazidas pela pandemia da Covid-19**. Tais assembleias poderão se dar tanto na via semipresencial quanto via digital. Será, no entanto, preciso que os sócios: (i) se façam presentes nos termos da IN DREI nº 79/20; ou (ii) declarem expressamente sua concordância.

6. MODALIDADES DE ASSEMBLEIA

Tudo o que se tratou até o presente momento, é cabível ser aplicado para quaisquer modalidades de assembleia que venham a ser realizadas. Torna-se, necessário, portanto, estabelecer, neste momento, as diferenças entre as modalidades de assembleia possíveis nas sociedades limitada, anônima e cooperativa.

6.1 Na sociedade limitada

Pode-se falar em **duas espécies de assembleias**, na sociedade limitada. De um lado, há a **assembleia anual**, obrigatória, a ocorrer, sempre, nos *quatro meses seguintes ao fim do exercício financeiro*. Assim, por exemplo, adotando--se como exercício financeiro o período equivalente ao ano civil, a assembleia anual para o ano de 2012 deve ter ocorrido até 30 de abril de 2013. Há, ainda, a **assembleia especial**, facultativa, dependente da vontade dos sócios e de circunstâncias do caso concreto, que poderá ser convocada no decorrer do exercício financeiro.

A *assembleia anual* tem matérias específicas a deliberar[65]:

a) tomar as contas dos administradores e deliberar sobre o balanço patrimonial e o de resultado econômico;

b) designar administradores, quando for o caso, bem como a sua remuneração[66];

c) a eleição dos membros e o funcionamento do conselho fiscal[67].

O art. 1.078, do Código Civil, apresenta um **rol de natureza exemplificativa**. Com efeito, **é possível que seja debatido qualquer outro interesse dos sócios**[68], desde que constem da ordem do dia. Dessa forma, *será possível, por exemplo, na assembleia anual ser votada a fusão de uma sociedade limitada*.

6.2 Na sociedade anônima

Existem **duas modalidades** de assembleia, na **sociedade anônima**:

a) a *assembleia geral ordinária* – AGO; e

b) a *assembleia geral extraordinária* – AGE.

Tais assembleias devem cumprir o **mesmo procedimento** e as **mesmas formalidades**. Porém, há algumas **diferenças marcantes** entre elas, a saber:

DIFERENÇAS		
CRITÉRIOS	**AGO**	**AGE**
Natureza da assembleia	Obrigatória	Eventual
Periodicidade	Anual	Depende dos acionistas
Momento de convocação	Nos quatro meses seguintes ao fim do exercício financeiro anterior (a AGO/2012 deve ter ocorrido até 30/04/2013, caso o exercício financeiro coincida com o ano civil)	Depende dos acionistas
Matérias a deliberar	Exclusivas, a saber: 1. a eleição e a recondução dos administradores; 2. a remuneração e a aprovação das contas dos administradores; 3. a aprovação das demonstrações financeiras, da destinação do lucro líquido e da distribuição dos dividendos; 4. a eleição dos membros e o funcionamento do conselho fiscal.	Por exclusão (as matérias que não couberam à AGO deliberar, deverão ser resolvidas em AGE.

---

[65] Art. 1.078, do Código Civil.

[66] Art. 1.071, IV, do Código Civil.

[67] Art. 1.066, do Código Civil.

[68] Art. 1.078, III, do Código Civil.

Quanto à **eleição dos administradores**, deve-se observar a **estrutura administrativa da companhia**. Com efeito, viu-se que a sociedade anônima é o único tipo societário cuja lei prevê o **regime dual de administração societária**, na medida em que ela pode vir a funcionar, ao mesmo tempo, com **diretoria** – *órgão obrigatório*, e com **conselho de administração** – *órgão facultativo, regra geral*.

Desta forma, é possível a **administração da companhia** ser composta da seguinte forma: pela **diretoria, somente**; ou pela **diretoria e conselho de administração**, *ao mesmo tempo*. Na primeira hipótese, *a AGO elege diretamente os diretores*. Na segunda hipótese, *a AGO elege os conselheiros e o conselho de administração elege os diretores*.

Diferentemente do que se viu para a sociedade limitada, na sociedade anônima, **não será possível deliberar uma fusão dentro da AGO**. Se precisar ser deliberada na mesma data, então, dever-se-á marcar **duas assembleias para o mesmo dia**: *a AGO, para os assuntos de sua competência; e a AGE, para a deliberação sobre a fusão*. Neste caso, admite-se às assembleias de mesma data serem **formalizadas mediante ata única**[69]. É o **princípio da unidade ou da unicidade de atas de assembleia**, podendo ser aplicável, também, para a sociedade limitada.

6.3 Na sociedade cooperativa

Assim como ocorre com a sociedade anônima, existem duas modalidades de assembleia na sociedade cooperativa: as AGOs e as AGEs. Porém, notam-se algumas diferenças merecedoras de destaque. A primeira delas diz respeito ao prazo legal para a AGO. Enquanto, nas anônimas, o prazo é de 4 meses contados do final do exercício financeiro anterior, nas cooperativas, o prazo é de 3 meses contados do final do exercício financeiro anterior.

Além disso, *nas AGOs das cooperativas, é possível deliberar assuntos de interesse social*, desde que **não seja assunto de competência da AGE**[70]. *Isto não ocorre na S/A*. Há, por assim dizer, uma **inversão quanto à natureza do rol** de competência entre a AGO e AGE, seja na sociedade anônima, seja na sociedade cooperativa.

---

[69] Nos termos do art. 131, parágrafo único, da Lei nº 6.404/76.

[70] De acordo com o art. 44, V, da Lei nº 5.764/71.

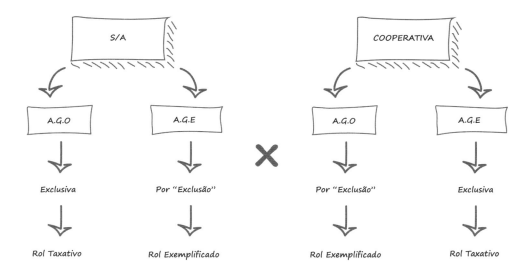

 São assuntos de **competência exclusiva da AGE**[71]:

a) *reforma do estatuto;*

b) *fusão, incorporação ou desmembramento;*

c) *mudança do objeto da sociedade;*

d) *dissolução voluntária da sociedade e nomeação de liquidantes;* e

e) *contas dos liquidantes.*

6.4 Novidades trazidas pela Lei nº 14.030/20 e pela IN DREI nº 81/20

Com o advento da Lei nº 14.030/20 ficou estabelecida uma **prorrogação de prazo para a realização das assembleias gerais** ordinárias[72], ou anuais[73], do exercício financeiro de 2019. Com efeito, as sociedades limitadas[74], anônimas[75] e cooperativas[76], cujos exercícios financeiros se encerrarem entre 31 de dezembro de 2019 e 31 de março de 2020 terão o **prazo de 7 meses**, a contar

---

[71] Nos termos do art. 46, da Lei nº 5.764/71.

[72] Nomenclatura utilizada para as sociedades anônima e cooperativa.

[73] Nomenclatura utilizada para a sociedade limitada.

[74] De acordo com o art. 4º da Lei nº 14.030/20.

[75] De acordo com o art. 1º da Lei nº 14.030/20.

[76] De acordo com o art. 5º da Lei nº 14.030/20.

do encerramento do exercício financeiro, para a realização dos respectivos conclaves societários.

Frise-se, por oportuno: tal prorrogação ocorrerá **somente** para as assembleias obrigatórias relacionadas ao exercício financeiro de 2019 e que devem ocorrer no primeiro semestre de 2020. Como se viu, o prazo, regra geral, para a realização destas assembleias será, a depender do caso concreto, de 3[77] ou 4[78] meses, contados do término do exercício financeiro. Porém, especificamente, **para o exercício financeiro de 2019, em virtude da pandemia da Covid-19** e da necessidade de isolamento social para combate ao vírus, **o prazo legal para a convocação das assembleias será de 7 meses**.

Tal novidade trouxe **consequências jurídicas** importantes:

a) Disposições contratuais que exijam **prazo menor** são consideradas **sem efeito** no exercício de 2020[79] – aplicável, apenas, para as LTDA. e S/A;

b) O **prazo de mandato** dos administradores e conselheiros fiscais ficarão **prorrogados até a realização das respectivas assembleias**, ou, no caso específico da sociedade anônima, até que ocorra a reunião do conselho de administração[80];

c) **Salvo disposição diversa** no estatuto social, cabe ao conselho de administração tanto deliberar *ad referendum* **assuntos urgentes** de competência da assembleia geral[81], quanto **declarar dividendos**, independente de reforma estatutária[82] (havendo diretoria, será dela a competência para declarar dividendos – aplicável apenas as S/A.

7. ANULAÇÃO DAS DELIBERAÇÕES SOCIAIS

Como se viu, há toda uma preocupação com a questão da legitimidade e da formalidade para a convocação. Sem falar, também, na questão do exercício do direito de voto, bem como da competência de cada modalidade

---

[77] Para a sociedade cooperativa.

[78] Para as sociedades limitada e anônima.

[79] Nos termos do art. 1º, § 1º, e do art. 4º, § 1º, da Lei nº 14.030/20.

[80] Nos termos do art. 1º, § 2º, do art. 4º, § 2º, e do art. 5º, parágrafo único, da Lei nº 14.030/20.

[81] De acordo com o art. 1º, § 3º, da Lei nº 14.030/20.

[82] De acordo com o art. 2º da Lei nº 14.030/20.

de assembleia. Sempre que uma **deliberação social** vier a ser tomada em assembleia ou reunião – neste caso, especificamente para a sociedade limitada, **em desacordo com a ordem jurídica**, tal deliberação estará passível de ser **anulada**.

São situações que podem levar à **anulação das deliberações sociais**:
a) convocação por quem não tem legitimidade;
b) instalação irregular em razão de vício de procedimento;
c) deliberação social infringente da lei ou do ato constitutivo;
d) aprovação sem reservas das contas do administrador que causou prejuízos;
e) deliberação social viciada em razão de erro, dolo, fraude ou simulação.

Ocorrida a **deliberação viciada**, abrem-se **prazos legais** para o ajuizamento de **ação judicial**, visando obter a **anulação da deliberação assemblear**. Tais prazos oscilam tanto em relação à sua natureza quanto ao seu *quantum*. Nota-se, portanto, um *tratamento completamente aleatório do legislador* sobre esta questão. Ora, sendo ajuizada a **mesma ação**, com o **mesmo objetivo**, o **prazo** para a sua propositura, também, deveria ser **o mesmo**. Não foi dessa forma, no entanto, que restou regulamentado o tema.

Para a **sociedade limitada**, existem **dois prazos**, ambos de natureza decadencial. Se o motivo para anulação for a deliberação tomada em **violação à lei** ou ao **contrato social**, ou eivada de **erro, dolo, simulação ou fraude**, o prazo decadencial será de **3 anos**[83]. Porém, se for para anular deliberação em que houve **a aprovação, sem reservas, do balanço patrimonial e do de resultados econômicos**, diante da *ilicitude da sua atuação ou dos prejuízos causados*, o prazo será de **2 anos**[84].

Para as **sociedades estatutárias**, diferente do que ocorre, como visto, com as sociedades contratuais – das quais a LTDA é o principal exemplo, **o prazo passa a ser prescricional**. Na *sociedade anônima*, o prazo de prescrição para promover a ação de anulação de deliberação social é de **2 anos**, contados da **data da publicação da deliberação**[85]. Por sua vez, nas *cooperativas*, havendo necessidade de anular as deliberações da assembleia geral, o prazo de prescrição será de **4 anos**, contados da **data em que a assembleia foi realizada**[86].

---

[83] De acordo com o art. 48, parágrafo único, do Código Civil.

[84] De acordo com o art. 1.078, § 4º, do Código civil.

[85] Nos termos do art. 286, da Lei nº 6.404/76.

[86] Nos termos do art. 43, da Lei nº 5.764/71.

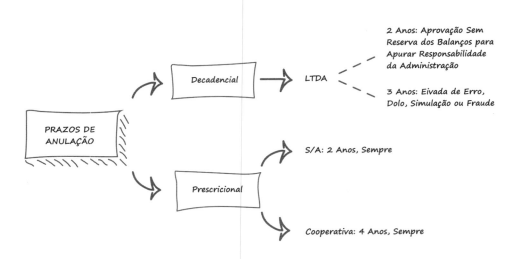

6

PROCESSOS DISSOLUTÓRIOS

A temática envolvendo os processos dissolutórios representam, por assim dizer, o dia a dia de um escritório de advocacia empresarial especializado na área societária. Em razão disso, trata-se de tema bastante festejado pelas bancas examinadoras de maneira geral. Fiel à proposta da Coleção *Facilitado* e em razão da experiência em sala de aula deste autor, tal estudo será implementado em bloco. Como se sabe, existem nove tipos de sociedade no Direito Empresarial brasileiro. Para todas, os processos dissolutórios se desenvolvem de acordo com o mesmo padrão. Dessa forma, não faz sentido e nem parece ser didática a abordagem tradicional, ao examinar em separado, de acordo com o tipo de societário ou a lei de regência.

1. MODALIDADES

Durante algum tempo, na doutrina brasileira, houve um debate acerca da nomenclatura a ser utilizada para os **processos dissolutórios**. Falava-se, então, em **dissolução total** e **dissolução parcial** de sociedades. Porém, o termo "*dissolução total*" era criticado por ser **redundante** e o termo "*dissolução parcial*" era criticado exatamente por representar uma **contradição** em si.

Tentando resolver a presente celeuma, o Código Civil propõe um novo *nomen juris* para a "dissolução parcial": a **resolução da sociedade em relação a um sócio**. Com efeito, não se pode confundir *resolução da sociedade* com *dissolução da sociedade* – expressão atualmente relegada à antiga "dissolução total".

1.1 Resolução da sociedade

Por **resolução da sociedade**, entende-se o procedimento dissolutório com o objetivo de *extinguir o vínculo societário* de pelo menos um dos sócios, **continuando a sociedade no mercado** com *sócio a menos* e com *redução do capital social*. O efeito prático-patrimonial da resolução da sociedade é a **liquidação das quotas** do sócio cujo vínculo será extinto.

1.2 Dissolução da sociedade

Por sua vez, a **dissolução da sociedade** é o procedimento dissolutório que visa pôr *fim à sociedade* como um todo, liquidando o seu patrimônio e culminando com o **cancelamento do registro**. Portanto, ocorrerá, nesta modalidade, o *encerramento das atividades sociais*. O efeito prático-profissional da dissolução da sociedade será a **liquidação integral do capital social**, na medida em que será extinta.

2. DA RESOLUÇÃO DA SOCIEDADE EM RELAÇÃO A UM SÓCIO

Existem **três eventos** que poderão vir a acarretar a *resolução da sociedade em relação a um sócio*:

a) a *morte do sócio*;
b) o *direito de recesso* (ou direito de retirada); e
c) a *exclusão do sócio*.

É cabível, portanto, compreender os lineamentos gerais da temática, o que se faz na sequência. Para tanto, será utilizada a seguinte dinâmica. *Inicialmente*, estuda-se a presente temática a partir do **Código Civil**. *Na sequência*, para cada hipótese, serão examinadas também as peculiaridades referentes à **sociedade anônima**.

2.1 Da morte do sócio

A **morte do sócio** é a primeira hipótese de resolução da sociedade em relação a um sócio[1]. Com efeito, tendo em vista a *natureza plurilateral do contrato social* e o *princípio da preservação da empresa*, o **falecimento de um sócio**, independente de quem seja ou de sua participação social, **não pode levar à extinção** da pessoa jurídica como todo.

---

[1] Nos termos do art. 1.028, do Código Civil.

A **morte do sócio** determina, em essência, a **liquidação de suas quotas**, cujo *valor deverá ser entregue aos herdeiros*, no inventário.

 Porém, a lei regulamenta três hipóteses em que **não ocorrerá a liquidação da quota**:
a) *disposição diversa do contrato social*;
b) *os demais sócios optarem pela dissolução da sociedade*; e
c) *acordo com herdeiros para a substituição do falecido*.

Outra característica importante para se destacar na *estrutura econômica da sociedade* se refere exatamente à **regulação da morte do sócio**. Com efeito, tender-se-á ser *sociedade de pessoas* aquela em que a morte do sócio **liquida as suas quotas** e *sociedade de capital* aquele em que **não ocorre a liquidação** das quotas do sócio falecido, tornando-se, os seus herdeiros, novos sócios.

Pode ocorrer de haver *falecido o sócio que assegurava o aviamento da empresa*. Os demais sócios, antevendo que a continuidade do negócio com a ausência do sócio falecido poderia levá-lo à falência, podem **optar pela dissolução da sociedade**. Independentemente da previsão do contrato social, ainda, é possível, para evitar a liquidação da quota, que os sócios remanescentes busquem os herdeiros, firmando com eles contrato a fim de *regular a substituição do sócio falecido*.

Por final, vale salientar que **o art. 1.028, do Código Civil, não é aplicável nas sociedades por ações**. Com efeito, em razão do princípio da livre circulabilidade das ações, advindo o falecimento de um dos seus acionistas, por aplicação do *princípio de saisine*[2], os **herdeiros** passarão a ser, daí em diante, os novos **acionistas**.

2.2 Do direito de recesso (ou do direito de retirada)

O **direito de recesso** (ou o direito de retirada) é o mais paradoxal de todos os direitos que um sócio pode ter. Com efeito, trata-se do **direito que o sócio tem de pedir para sair**, *retirando-se da sociedade*, **extinguindo-se o vínculo jurídico com a mesma**. O modo de exercício do direito de recesso *depende do prazo de vigência da sociedade*[3].

Numa sociedade com **prazo determinado** de vigência, em razão da natureza plurilateral do contrato social e do princípio da preservação da empresa, o direito de recesso só poderá ser exercido se **alegado e provado uma justa causa, em ação judicial**. Como regra, *o sócio está vinculado ao prazo de vigência, só podendo se retirar após a sua expiração*. Somente se houver **motivo juridicamente**

---

[2] De acordo com o art. 1.784, do Código Civil.
[3] De acordo com o art. 1.029, do Código Civil.

relevante, provado judicialmente, é que *poderá se retirar antes de findo o prazo de duração da sociedade*.

Caso a sociedade tenha **prazo indeterminado** de duração, o direito de recesso *independe de ação judicial*. Neste caso, haja vista que ninguém poderá ficar vinculado eternamente a um contrato[4], o sócio que deseja se retirar da sociedade deverá providenciar uma **notificação aos demais sócios** – a notificação deve ser direcionada à pessoa dos sócios e não à pessoa jurídica da sociedade – com *antecedência mínima de 60 dias*.

Como efeito, da notificação acima referida e do desejo do sócio de se retirar da sociedade, deverá ocorrer a **liquidação de suas quotas**, mediante o *procedimento de apuração de haveres*, a ser estudado posteriormente. Porém, é possível que os **demais sócios venham a optar pela dissolução da sociedade**, desde que o façam em *até 30 dias contados da notificação*[5].

Vale registrar que existe, *para a sociedade limitada*, uma **hipótese específica de direito de retirada**. Além da situação examinada anteriormente, quando houver modificação do contrato, fusão da sociedade, incorporação de outra, ou dela por outra, terá o **sócio que dissentiu** o *direito de retirar-se* da sociedade, nos **30 dias** subsequentes à reunião[6].

Nas **sociedades anônimas**, tem-se o direito de retirada. O *direito de retirada* é o direito de o acionista se despedir da sociedade, **extinguindo o seu vínculo societário**, ocorrendo o *reembolso de sua ação*[7]. **Não pode ser confundido com o direito que o acionista tem de vender suas ações**, quando não mais quiser continuar em determinada companhia; este direito é baseado no *princípio da livre circulação de ações*, variando a depender de a companhia ser aberta ou fechada.

Nos casos de **criação, aumento ou alteração** nas vantagens atribuídas às **ações preferenciais**, terão direito de retirada **somente o titular** de ações da classe ou espécie **prejudicada**[8]. Nos casos de **fusão, incorporação ou participação em grupos** de sociedade, o direito de retirada só poderá ser exercido se houver **falta de liquidez e dispersão** das ações no mercado[9].

---

[4] "Ninguém poderá ser compelido a se associar ou a permanecer associado", prevê o art. 5º, XX, da Constituição Federal.

[5] Nos termos do art. 1.029, parágrafo único, do Código Civil.

[6] Nos termos do art. 1.077, do Código Civil.

[7] Nos termos do art. 137, da Lei nº 6.404/76.

[8] De acordo com o art. 137, I, da Lei nº 6.404/76.

[9] De acordo com o art. 137, II, da Lei nº 6.404/76.

No caso de **cisão**, *somente haverá direito* de retirada se houver:

a) *mudança do objeto social*, salvo quando o patrimônio cindido for vertido para sociedade cuja atividade coincida com a decorrente do objeto social da sociedade cindida;

b) *redução do dividendo obrigatório*; ou

c) *participação em grupo de sociedades*.

A aprovação de **inserção de convenção de arbitragem** no estatuto social da S/A, pela *maioria absoluta*, obriga a **todos os acionistas**, assegurado ao acionista dissidente o *direito de retirar-se da companhia* mediante o reembolso do valor de suas ações[10]. A convenção somente terá **eficácia** após o decurso do prazo de **30 dias**, contado da publicação da ata da assembleia geral que a aprovou[11]. Entretanto, nesta hipótese, **o direito de retirada não será aplicável**[12]:

a) se a inclusão ocorrer como condição para que os *valores mobiliários* de emissão da companhia sejam admitidos à *negociação em segmento de listagem de bolsa* de valores ou de mercado de balcão organizado que exija *dispersão acionária mínima de 25%* das ações de cada espécie ou classe; e

b) se a inclusão ocorrer no *estatuto social de companhia aberta* cujas ações sejam dotadas de *liquidez e dispersão* no mercado.

O acionista dissidente de deliberação da assembleia poderá exercer o **direito de reembolso** das ações de que, **comprovadamente, era titular**[13]. O reembolso da ação deve ser reclamado à companhia no **prazo decadencial**[14] **de 30 dias** contado da publicação da ata da assembleia geral[15]. O direito de reembolso poderá ser exercido ainda que o titular das ações tenha se **abstido de votar contra** a deliberação ou **não tenha comparecido** à assembleia[16]. Nos **10 dias subsequentes**, faculta-se a convocação de **nova assembleia** para **ratificar** ou **reconsiderar** a deliberação, se entenderem que o pagamento do preço do reembolso das ações aos acionistas dissidentes colocará **em risco a estabilidade financeira** da empresa[17].

---

[10] De acordo com o art. 136-A, da Lei nº 6.404/76, incluído pela Lei nº 13.129/15.

[11] De acordo com o art. 136-A, § 1º, da Lei nº 6.404/76.

[12] De acordo com o art. 136-A, § 2º, da Lei nº 6.404/76.

[13] Nos termos do art. 137, § 1º, da Lei nº 6.404/76.

[14] Nos termos do art. 137, § 4º, da Lei nº 6.404/76.

[15] Nos termos do art. 137, IV, da Lei nº 6.404/76.

[16] Nos termos do art. 137, § 2º, da Lei nº 6.404/76.

[17] Nos termos do art. 137, § 3º, da Lei nº 6.404/76.

Para facilitar

1. Regra geral, à exceção da LTDA e da S/A, o direito de recesso ocorrerá somente através do art. 1.029, do Código Civil;
2. Na S/A, o direito de retirada ocorrerá somente através do art. 137, da Lei nº 6.404/76;
3. Na LTDA, o direito de retirada ocorrerá tanto através do art. 1.029, quanto através do art. 1.077, ambos do Código Civil.

2.3 Da exclusão do sócio

A **quebra da *affectio societatis***, como se disse anteriormente, é o *elemento motivador da resolução da sociedade*. Com efeito, em face do **direito de recesso**, como se viu, tem-se que *o sócio retirante não se sente mais motivado com a sociedade* – que vem a quebrar a *affectio societatis*, perdendo, portanto, o intuito de continuar aquele empreendimento junto dos demais sócios.

Já, na **exclusão do sócio**, é o sócio excluído que pratica determinado ato – que vem a quebrar a *affectio societatis* – a partir do qual *os demais sócios perdem o intuito de continuar o empreendimento com aquele sócio*. Percebe-se, portanto, que **a exclusão do sócio representa o caminho inverso do direito de recesso**. No *direito de recesso*, é o sócio quem *pede para se retirar*; na *exclusão*, são os demais sócios que *exigem a retirada* do sócio.

Didaticamente, pode-se dividir a exclusão do sócio em **três situações**:

a) *a situação do sócio remisso*;

b) *a exclusão de pleno direito*; e

c) *a exclusão por vontade da sociedade*.

2.3.1 Por remissão

Sócio remisso é aquele que *não cumpre a obrigação de contribuir* para a formação do capital social da sociedade conforme pactuado[18]. Para o direito brasileiro, no entanto, o sócio só será efetivamente considerado remisso, **após a notificação** para a realização do aporte de capital. Com efeito, conta-se, da

---

[18] MAGALHÃES, Giovani. In: ROCHA, Marcelo Hugo da (coord.). *Manual de dicas*: defensoria pública estadual e federal. São Paulo: Saraiva, 2013.

notificação, um *prazo de 30 dias* para que o sócio venha a cumprir a sua obrigação de contribuir para o capital social[19].

Expirando-se o prazo da notificação mencionada, o *sócio remisso* passará a responder pelos **prejuízos decorrentes da demora**. Ou seja, qualquer débito que a sociedade não tenha condições financeiras de arcar passará a ser de responsabilidade do sócio remisso. Porém, os demais sócios têm alternativa de, em lugar da responsabilidade pela demora, vir a **reduzir a participação do sócio remisso** ao montante por ele realizado ou de **excluir o sócio remisso**, sendo apurado os seus haveres[20].

Para além disto, **na sociedade limitada**, não integralizada a quota de sócio remisso, os outros sócios podem, *tomá-la para si ou transferi-la a terceiros, excluindo o primitivo titular* e devolvendo-lhe o que houver pago, deduzidos os juros da mora, as prestações estabelecidas no contrato mais as despesas[21]. É oportuno esclarecer que, mesmo em se tratando de sociedade limitada, é possível se aplicar ao sócio remisso a responsabilidade da demora, a *redução ao montante efetivamente realizado* ou a *exclusão do sócio*.

Em se tratando de **acionista remisso**, a companhia pode à sua escolha[22]:

promover contra o acionista, e os que com ele forem solidariamente responsáveis, **processo de execução** para cobrar as importâncias devidas, servindo o *boletim de subscrição* e o *aviso de chamada* como **título extrajudicial** nos termos do Código de Processo Civil; ou

mandar vender as ações em bolsa de valores, por conta e risco do acionista. A venda das ações do acionista remisso em bolsa de valores é a **única hipótese** em que ocorrerá a *venda de ações de companhia fechada* no *mercado de valores mobiliários*[23].

2.3.2 A exclusão de pleno direito

O legislador elenca, como hipóteses de **exclusão de pleno direito**, fatos que venham a gerar "*quota zero*" para o sócio. Com efeito, em vista de que se faz necessário ser titular de pelo menos uma quota para ser considerado sócio, *a partir do momento em que uma pessoa perde todas as suas quotas*, a partir daí ele será considerado **ex-sócio**.

---

[19] Nos termos do art. 1.004, do Código Civil.

[20] Nos termos do art. 1.004, parágrafo único, do Código Civil.

[21] MAGALHÃES, Giovani. In: ROCHA, Marcelo Hugo da (coord.). *Manual de dicas*: defensoria pública estadual e federal. São Paulo: Saraiva, 2013.

[22] De acordo com o art. 107, da Lei nº 6.404/76.

[23] MAGALHÃES, Giovani. In: ROCHA, Marcelo Hugo da (coord.). *Manual de dicas*: defensoria pública estadual e federal. São Paulo: Saraiva, 2013.

São hipóteses de **exclusão de pleno direito**:

a) **o sócio falido** (a pessoa que é sócia em sociedade empresária e, ao mesmo tempo, empresário individual e, nesta situação, tem sua falência declarada)[24];

b) na *sociedade de pessoas*, **o sócio que tenha todas as suas quotas liquidadas**[25], a pedido do credor; e

c) *na sociedade de capital*, **o sócio que tenha todas as suas quotas penhoradas**[26].

2.3.3 Por vontade da sociedade

Além da exclusão do sócio remisso e da exclusão de pleno direito, é possível que o sócio venha a ser excluído por vontade da sociedade. Toda vez que um sócio vier a dar **justa causa**, ele estará passível de ser excluído. Não se pode deixar de notar a justa causa motivadora da exclusão é justamente o fato que desencadeia a quebra da *affectio societatis*.

A **exclusão do sócio pela sociedade** pode ocorrer:

a) *na via judicial* (para as sociedades em geral, inclusive para a sociedade limitada); e

b) *na via extrajudicial* (forma específica para a sociedade limitada).

É preciso que se atenda a **dois pressupostos** para a exclusão do sócio na **via judicial**[27]:

a) *maioria numérica de sócios*; e

b) *motivação*.

Nesta hipótese, tanto a *maioria do capital social pode excluir a minoria* quanto a *minoria do capital social pode excluir a maioria*. É bastante a aprovação pela **maioria do número dos sócios**. Assim, numa sociedade com 10 sócios, acaso se pretenda a exclusão de algum deles, será preciso que, dos outros 9 sócios, pelo menos 5 deles sejam favoráveis à exclusão. Portanto, é válido afirmar que **é possível excluir o sócio majoritário de uma sociedade limitada**, desde que tal exclusão ocorra na *via judicial*.

A justa causa motivadora desta exclusão pode ser:

a) *falta grave no cumprimento de suas obrigações sociais*; ou

b) *incapacidade superveniente*.

---

[24] Nos termos do art. 1.030, parágrafo único, do Código Civil, em interpretação conjunta com o art. 123, da Lei nº 11.101/05.

[25] Nos termos do art. 1.026, em interpretação conjunta com o art. 1.030, parágrafo único, ambos do Código Civil.

[26] Nos termos dos arts. 789 e 835, IX, do Código de Processo Civil, em interpretação conjunta com o art. 1.030, parágrafo único, do Código Civil.

[27] Nos termos do art. 1.030, do Código Civil.

Para as *sociedades limitadas*, além da exclusão na via judicial, o art. 1.085, do Código Civil, permite a exclusão do sócio na **via extrajudicial**. Para tanto, exige-se os seguintes **pressupostos**[28]:

a) *maioria dos sócios representando a maioria do capital social*;
b) *motivação*;
c) *previsão do contrato social da possibilidade de exclusão*; e
d) *necessidade de realização de assembleia especial*.

Esta hipótese **só pode ser aplicável** a *sócios minoritários*. A justa causa motivadora desta exclusão é a prática de um **ato de inegável gravidade** que *ponha em risco a continuidade da empresa*. Os **pressupostos para a exclusão** do sócio na *via extrajudicial* são **cumulativos**. Se diante do caso concreto, *faltar um dos pressupostos*, a exclusão do sócio **deverá ocorrer na via judicial**. Assim, se **não houver previsão de exclusão de sócio** por justa causa expressa no contrato social, até mesmo **o sócio minoritário deverá ser excluído na via judicial**.

A *exclusão do sócio* na **via judicial** é implementada pelo **trânsito em julgado** da decisão de exclusão. Frise-se, por oportuno, que esta modalidade de exclusão é *cabível para a sociedade anônima fechada*[29]. Na *via extrajudicial*, implementa-se a exclusão de sócio através de alteração do ato constitutivo, vale dizer, de **aditivo ao contrato social**[30].

Por final, importante observar que *a Lei nº 13.792/19, alterou a sistemática da exclusão extrajudicial de sócios na sociedade limitada*. Referida alteração tem relação somente com as **sociedades limitadas com apenas dois sócios**, grande realidade no Brasil. Nesta situação, ou seja, diante de uma *sociedade limitada com apenas dois sócios*, estará **dispensada a realização de assembleia** ou reunião enquanto requisito ou pressuposto para a exclusão.

A **efetivação da exclusão** do sócio minoritário, em *sociedades limitadas compostas por apenas dois sócios*, ocorrerá mediante **arquivamento de alteração do contrato social**[31]:

a) desde que haja previsão de exclusão por justa causa no contrato social ou em alteração anterior devidamente arquivada; e

b) que contenha expressamente os motivos que justificam a exclusão por justa causa.

---

[28] De acordo com o art. 1.085, do Código Civil.

[29] Nos termos do art. 599, § 2º, do Código de Processo Civil.

[30] Nos termos do art. 1.086, do Código Civil.

[31] De acordo com a Instrução Normativa DREI nº 81/20.

2.4 O procedimento de apuração de haveres

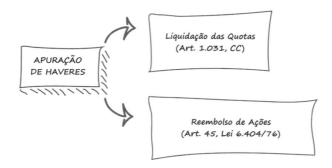

A **liquidação da quota** ocorrerá a partir do procedimento de apuração de haveres[32] que se dará, considerando o **montante efetivamente realizado**, com base na situação patrimonial da sociedade, verificada *em balanço especial*. A quota liquidada deverá ser paga **em dinheiro, em até 90 dias**[33], contados da data da liquidação, **reduzindo-se o capital social da sociedade**[34].

A situação descrita acima, pode-se dizer, é a **regra geral** para a liquidação da quota. *Cláusula contratual em sentido contrário*, ou mesmo *acordo contratual com o sócio retirante, ou seus familiares* – no caso de falecimento do sócio, pode determinar, por exemplo:

a) o valor patrimonial da sociedade ser apurado no balanço patrimônio ordinário;

b) o prazo de pagamento ser outro, maior ou menor;

c) o pagamento ser feito em parcelas; e/ou

d) os demais sócios podem suprir o valor da quota para evitar a redução do capital.

No caso da **sociedade anônima**, o procedimento de apuração de haveres é implementado mediante **reembolso**[35]. O estatuto pode estabelecer **normas para a determinação do valor** de reembolso. Somente poderá ser **inferior ao valor de patrimônio líquido** constante do *último balanço aprovado* pela assembleia geral se estipulado com base no **valor econômico** da companhia[36].

Se a deliberação da assembleia geral ocorrer **mais de 60 dias** depois da data do último balanço aprovado, *será facultado ao acionista dissidente pedir,*

---

[32] Nos termos do art. 1.031, do Código Civil.

[33] De acordo com o art. 1.031, § 2º, do Código Civil.

[34] De acordo com o art. 1.031, § 1º, do Código Civil.

[35] Nos termos do art. 45, da Lei nº 6.404/76.

[36] Nos termos do art. 45, § 1º, da Lei nº 6.404/76.

juntamente com o reembolso, levantamento de **balanço especial** em data que atenda àquele prazo. Nesse caso, a companhia pagará **80% do valor de reembolso** calculado com base no *último balanço* e, levantado o balanço especial, pagará o **saldo no prazo de 120 dias** a contar da data da deliberação da assembleia geral[37].

Se o estatuto determinar a **avaliação da ação** para efeito de reembolso, o valor será o determinado por **três peritos** ou **empresa especializada**[38], *indicados em lista sêxtupla ou tríplice, respectivamente*, pelo **conselho de administração** ou, se não houver, pela **diretoria**, e *escolhidos pela Assembleia geral* em deliberação tomada por **maioria absoluta de votos**, não se computando os votos em branco[39].

O valor de reembolso poderá ser pago à **conta de lucros ou reservas**, *exceto a legal*[40]. Neste caso, as ações reembolsadas ficarão **em tesouraria**. Se, no *prazo de 120 dias, não forem substituídos* os acionistas cujas ações tenham sido reembolsadas à conta do capital social, haverá sua **redução, no montante correspondente**[41]. Cumpre aos órgãos da administração *convocar a assembleia geral, dentro de 5 dias*, para tomar conhecimento daquela redução.

3. DA DISSOLUÇÃO DE SOCIEDADES

A expressão *dissolução* comporta **duplo significado jurídico**: é tanto o *procedimento* que visa extinguir as sociedades quanto a *primeira fase* do referido procedimento. A **dissolução** "*lato sensu*" (ou dissolução-procedimento) consiste no **procedimento** que conduzirá ao *fim da pessoa jurídica*, composta de **três fases**:

a dissolução "*stricto sensu*" (dissolução-ato ou dissolução-fato);

a liquidação da sociedade; e

a extinção da pessoa jurídica.

3.1 Causas de dissolução da sociedade

A **dissolução (ato ou fato)** está no *campo da abstração jurídica* e consiste na ocorrência de uma **causa de dissolução** que desencadeará o *procedimento que culminará na extinção da pessoa jurídica*. Tais causas podem ser ampliadas a partir de disposição expressa do ato constitutivo societário.

---

[37] De acordo com o art. 45, § 2º, da Lei nº 6.404/76.

[38] De acordo com o art. 45, § 3º, da Lei nº 6.404/76.

[39] De acordo com o art. 45, § 4º, da Lei nº 6.404/76.

[40] Nos termos do art. 45, § 5º, da Lei nº 6.404/76.

[41] Nos termos do art. 45, § 6º, da Lei nº 6.404/76.

Existem *três modalidades* de **dissolução "*stricto sensu*"**:

a) *de pleno direito*;

b) *por decisão judicial*; e

c) *por decisão administrativa*.

São causas de *dissolução de pleno direito* da sociedade[42]:

a) o **término do prazo de vigência**, na *sociedade de prazo determinado*, caso a sociedade não prossiga no desempenho do seu objeto social, ocasião em que se prorroga por prazo indeterminado;

b) a **deliberação por maioria absoluta**, na *sociedade com prazo indeterminado* (para as **sociedades anônimas**, leva-se em consideração, apenas, o *capital votante*, haja vista o direito de voto não ser um direito essencial dos acionistas[43]);

c) o **distrato social** – válido somente *para sociedades que operam mediante contrato social*, sendo, portanto, **inaplicável para as sociedades anônimas**;

d) a **cassação da autorização para funcionar** (há sociedades que necessitam de autorização para funcionar, em razão da lei, exigindo *objeto social único*, de modo que, cassando, não haverá mais objeto social a cumprir, iniciando o processo dissolutório); e

e) a **falta de pluralidade dos sócios** – hipótese atualmente aplicável apenas para as sociedades anônimas, haja vista a revogação do art. 1.033, IV e parágrafo único, do Código Civil, pela Lei nº 14.195/21.

Na **sociedade anônima**, a unipessoalidade deve ser *constatada em uma AGO, não sendo reconstituída a pluralidade* de sócio até a *AGO do ano seguinte*[44]. **Ultrapassados tais prazos**, a sociedade estará dissolvida de pleno direito. Resolvendo a unipessoalidade superveniente, dentro do prazo demonstrado, a sociedade terá funcionado validamente em caráter unipessoal. **No caso da sociedade anônima**, único caso ainda viável atualmente de unipessoalidade temporária será possível ocorrer a *transformação da S/A, em sociedade subsidiária integral*[45]. Nesse caso, poderá, por exemplo, uma sociedade brasileira adquirir todas as ações de uma S/A, efetivando, assim, a conversão[46].

São causas de *dissolução por decisão judicial*[47]:

a) a anulação da constituição (no caso de sociedade constituída com vício de vontade ou social, tais como erro, dolo, fraude, simulação, estado de lesão e estado de perigo);

---

[42] Nos termos dos arts. 1.033 e 1.035, do Código Civil e do art. 206, I, da Lei nº 6.404/76.

[43] Previstos no art. 109, da Lei nº 6.404/76.

[44] De acordo com o art. 206, I, "d", da Lei nº 6.404/76.

[45] Nos termos do art. 251, da Lei nº 6.404/76.

[46] De acordo com o art. 251, § 2º, da Lei nº 6.404/76.

[47] Nos termos do art. 1.034, do Código Civil, e do art. 206, II, da Lei nº 6.404/76.

b) a inexequibilidade ou o exaurimento do fim social (na sociedade anônima, faz-se necessário que os acionistas que proponham a ação tenham pelo menos 5% do capital social); e

c) a falência (de todas as teorias que pretendem explicar a natureza jurídica da falência, o direito brasileiro sempre perfilhou a da causa de dissolução por decisão judicial, de modo que só se fala em falência após a sentença declaratória).

Não se confundem o *exaurimento do fim social* e a *inexequibilidade do fim social*. No **exaurimento**, *o objeto social já foi cumprido integralmente*. Exauriu-se, de modo que continuar com a sociedade seria atuar em prejuízo, na medida em que não conseguiria mais lucros, justamente por ter executado completamente o objeto social. Tal hipótese é de difícil mensuração e, em razão disso, houve por bem o legislador confiar ao juiz a constatação de tal fato.

Na **inexequibilidade do fim social**, a sociedade, em tese, ainda atuaria lucrativamente no mercado. Porém, neste caso, teria *ocorrido uma alteração, seja na situação fática, seja na situação jurídico-institucional, que tornou inviável a continuidade da empresa* daí, por diante. Como se considera necessária a prova de aludida alteração, far-se-á imprescindível a promoção de ação judicial.

Por final, é oportuno notar que, *somente em face de sociedade anônima*, é possível haver a **dissolução por decisão administrativa**[48], nos casos previstos em lei especial, como serve de exemplo as hipóteses de intervenção e liquidação extrajudicial de instituições financeiras[49]. **Não há previsão legal** semelhante para as sociedades contratuais e se houvesse tal previsão, ela seria **inconstitucional**[50].

A **dissolução de pleno direito** envolve atos ou fatos jurídicos ligados à vontade dos sócios. Trata-se aqui de ato volitivo, ou seja, de *ato de vontade dos sócios*. Há ainda a **dissolução judicial**, decorrentes de *decisão judicial*. Em tais casos, há de haver **decretação da dissolução**, tendo a sentença judicial *natureza constitutiva*. Nos casos de **dissolução de pleno direito**, se necessitar do reconhecimento judicial, a sentença terá *natureza declaratória*. Na **dissolução administrativa**, o Estado, direta ou indiretamente – por meio de agências reguladoras –, vem a decretar o "fim" da pessoa jurídica. Trata-se do chamado *fato do príncipe*.

---

[48] De acordo com o art. 206, III, da Lei nº 6.404/76.

[49] De acordo com a Lei nº 6.024/74.

[50] De acordo com o art. 5º, XIX, da Constituição Federal.

3.2 Formas de liquidação

Para cada *modalidade de dissolução*, um diferente **tipo de liquidação**. Na fase de liquidação, serão vendidos todos os bens e direitos, pagos todos os credores, e, se o acervo for positivo, entregues as sobras, mediante partilha, aos sócios.

São **funções do liquidante**, dentre outras[51]:
a) Arrecadar bens e livros;
b) Ultimar os negócios da sociedade e pagar o passivo;
c) Deve, ainda, cumprir os contratos preexistentes;
d) Averbar ou arquivar o ato dissolutório;
e) Confessar a falência da sociedade em caso de insolvência.

Na **dissolução de pleno direito**, ocorre a chamada **liquidação ordinária**, que se desenvolve na forma definida no instrumento de constituição, ou seja, *cabe ao contrato social ou estatuto definir o procedimento de liquidação*. Em **sendo silente**, utiliza-se da lei[52] como *regra supletiva*.

Na **dissolução judicial**, ocorre a **liquidação judicial**, cabendo verificar se a sociedade é *solvente* ou *insolvente* e, neste último caso, se é *simples* ou *empresária*. Se for **solvente**, a ação de dissolução é regida pelo *procedimento comum, previsto no CPC*[53]. Se a sociedade for **insolvente e simples**, aplica-se a *execução de quantia certa contra devedor insolvente* prevista nos arts. 748 e seguintes do CPC de 73, mantido em vigor pelo CPC atual[54]. Por fim, se a sociedade for **insolvente e empresária**, aplica-se o *processo de falência*[55].

Sempre que ocorrer a **cassação da autorização para funcionar**, cabe à sociedade *promover a liquidação ordinária*. Incidindo em uma das hipóteses de dissolução, caberá aos **administradores** imediatamente a **investidura do liquidante**, restringindo a gestão aos *negócios inadiáveis*, **vedadas novas operações**[56]. Se **dissolvida de pleno direito**, os *sócios* poderão desde logo promover a *dissolução judicial*[57]. Porém, *se não fizerem*, **caberá ao MP**, sendo comunicado

---

[51] De acordo com o art. 1.103, do Código Civil.

[52] São os arts. 1.102 a 1.112, do Código Civil, e os arts. 208 a 218, da Lei nº 6.404/76.

[53] De acordo com o art. 1.046, § 3º, do Código de Processo Civil.

[54] De acordo com o art. 1.052, do Código de Processo Civil.

[55] De acordo com o art. 1º, da Lei nº 11.101/05.

[56] De acordo com o art. 1.036, do Código Civil.

[57] De acordo com o art. 1.036, parágrafo único, do Código Civil.

pela autoridade competente, promover a liquidação judicial da sociedade[58], *nos 30 dias seguintes* à cassação da autorização, ou se os sócios não o tiverem promovido a dissolução judicial.

Assim, o MP passa a ter **legitimidade ativa** para promover a *ação de dissolução*. Caso o *MP não promova* a ação de dissolução *nos 15 dias subsequentes* do recebimento da notificação de cassação, a **autoridade competente** nomeará um **interventor** com poderes para pleitear a ação referida, administrando a sociedade até a nomeação do liquidante[59]. Existe na doutrina dúvida sobre se o prazo do MP é preclusivo. Porém, não foi prevista na lei a preclusão, parecendo ser um caso de **legitimidade concorrente**.

Se a **dissolução for administrativa**, a *liquidação será extrajudicial*, perante a agência reguladora que a decretou. Cabe ao Banco Central, por exemplo determinar a intervenção e decretar a liquidação extrajudicial de instituições financeiras[60].

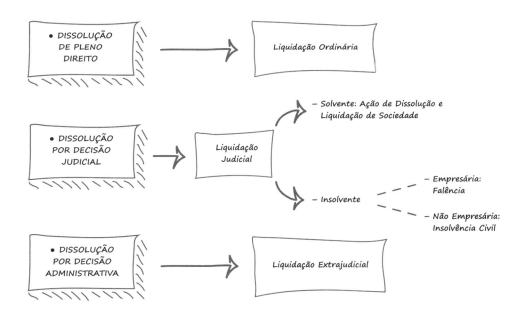

---

[58] Nos termos do art. 1.037, do Código Civil.

[59] Nos termos do art. 1.037, do Código Civil.

[60] De acordo com a Lei nº 6.024/74.

3.3 Extinção da pessoa jurídica

A terceira e última fase é *comum a todos os procedimentos*. Trata-se da **fase de extinção**. *A personalidade jurídica nasce com o registro e só termina com a baixa no registro*. O art. 45, do Código Civil determina o *início da personalidade jurídica* com o **registro**. O art. 51, § 3º, do Código Civil, prescreve que encerrada a liquidação será promovida o cancelamento de inscrição da pessoa jurídica.

Finalizada a liquidação, o **credor insatisfeito** poderá exigi-lo diretamente dos **sócios**, observado o *limite da quantia recebida em partilha*, ressalvada a **responsabilidade civil do liquidante**. Tal exigência se submete ao **prazo de prescrição de 1 ano**, contado da publicação da ata de encerramento da liquidação da sociedade[61].

Se não houver responsabilidade civil do liquidante e o patrimônio líquido da sociedade for negativo, não haverá recebimento de nenhuma quantia por parte dos sócios. Ocorrendo **regularmente o processo dissolutório**, então, *o credor insatisfeito terá perdido o seu crédito*. Trata-se do risco do empreendimento. Porém, se for o caso de **dissolução irregular da sociedade**, será possível a aplicação da *desconsideração da personalidade jurídica, em razão de desvio de finalidade*.

---

[61] De acordo com o art. 206, § 1º, V, do Código Civil.

7

DIREITO PATRIMONIAL SOCIETÁRIO: O CAPITAL SOCIAL E OS VALORES MOBILIÁRIOS

Por Direito Patrimonial Societário, entende-se a parte do Direito Societário direcionada ao estudo do aspecto patrimonial inerente ao desenvolvimento econômico e à atuação da sociedade no mercado. Com efeito, seja para criar mercado, seja para ampliar ou consolidar mercado, a sociedade precisa de recursos econômico-financeiros para alavancar a organização necessária para o empreendimento.

Há todo um regime jurídico regulamentando a questão patrimonial societária. O estudo e a compreensão jurídicos deste normativo são o objetivo central deste capítulo. Será apresentado o regime jurídico do capital social. Além disso, serão examinados os principais aspectos dos títulos ou valores mobiliários – à exceção das ações – que são emitidos pelas sociedades anônimas, sem se esquecer de incursões bem gerais sobre o mercado de valores mobiliários.

1. CONSIDERAÇÕES GERAIS

O **capital social** é o somatório das contribuições individuais que cada sócio promete realizar para o desenvolvimento da atividade econômica prevista no objeto social. Se Abílio e Bruno vão constituir uma sociedade entre si, com Abílio pretendendo investir R$ 20.000,00 e Bruno investindo R$ 30.000,00, então o capital social da sociedade será de R$ 50.000,00. Trata-se do *patrimônio inicial* da sociedade, constituindo-se no *mínimo existencial*[1] necessário para o *livre desenvolvimento* da *personalidade jurídica societária*.

---

[1] A teoria do mínimo existencial produz efeitos em vários ramos jurídicos. É tal teoria que justifica, por exemplo, a ocorrência de isenção no âmbito do Imposto de Renda para aqueles que ganha até determinada quantia. No Direito Empresarial, ela repercute, por exemplo, na

Porém, **não se deve confundir capital social e patrimônio**. O *patrimônio* oscila em razão do *aviamento* subjacente à atividade econômica, *não necessitando de alteração no ato constitutivo societário*, diferente do que ocorre com o *capital social*. Como adiante se verá, em regra, *o capital social poderá sofrer oscilação* no seu valor, para mais ou para menos. Para tanto, faz-se *necessária alteração no ato constitutivo*.

É importante traçar algumas considerações gerais em matéria de capital social. O primeiro ponto, já tratado ao longo dessa obra, refere-se à **contribuição para a formação do capital social**. *Os sócios podem contribuir com dinheiro, crédito, bens e serviços*. Aquele que contribuir com **créditos** responde pela **solvência** do devedor[2]. Quem contribuir com **bens** responde pela **evicção** e, na **sociedade limitada**, todos os sócios responderão **solidariamente pela exata estimação** do valor dos bens[3]. Por final, lembre-se da *impossibilidade de os sócios contribuírem com serviços*, para as sociedades limitada[4] e anônima[5].

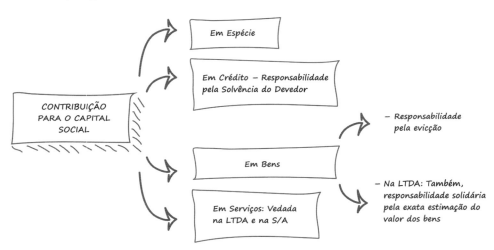

Outro ponto de destaque se refere aos momentos pelos quais o capital social poderá passar, ao longo da existência da sociedade. São três momentos:

a) a **subscrição** do capital social;

b) a **realização** do capital social; e

c) a **integralização** do capital social.

---

proteção ao capital social. Para um aprofundamento sobre o tema: FACHIN, Luiz Edson. *Estatuto jurídico do patrimônio mínimo*. 2 ed. Rio de Janeiro: Renovar, 2016.

[2] Nos termos do art. 1.005, do Código Civil, e do art. 10, da Lei nº 6.404/76.

[3] Nos termos do art. 1.055, § 1º, do Código Civil.

[4] De acordo com o art. 1.055, § 2º, do Código Civil.

[5] De acordo com o art. 7º, da Lei nº 6.404/76.

A **subscrição** do capital social é o momento inicial, vale dizer, é o **momento da promessa jurídica** de que alguém, *assumindo a condição de sócio*, **compromete-se a investir um determinado percentual** do capital fixado no ato constitutivo da sociedade. A subscrição ocorre com a **assinatura do contrato social**[6] – *na sociedade limitada*, ou do **boletim de subscrição**[7] – *na sociedade anônima*.

Na *sociedade anônima*, o ato de **subscrição**, com o advento da Lei nº 13.874/19 – a Lei de Liberdade Econômica, passou a poder ser feito, também, por **carta à instituição financeira** autorizada a receber as entradas, nas condições previstas no prospecto, ocorrendo a sua **dispensa no caso de oferta pública** cuja liquidação ocorra por meio de sistema administrado por entidade administradora de mercados organizados de valores mobiliários[8].

Já a **realização do capital social** é o segundo momento, ou seja, é o momento em que os sócios **efetivam a promessa jurídica** realizada no âmbito da subscrição, fazendo os **aportes de capital** esperados. Por final, a **integralização do capital social** é o momento em que o capital social restou **completamente adimplido** pelos sócios. Dessa forma, *toda vez que o capital social estiver 100% realizado, diz-se que ele foi integralizado*[9].

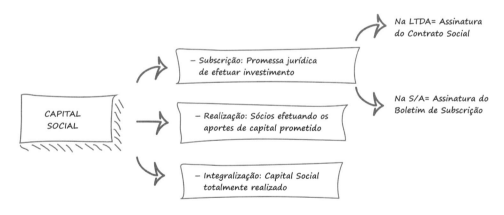

---

[6] Nos termos do art. 997, IV, do Código Civil.

[7] Nos termos do art. 85, da Lei nº 6.404/76.

[8] Nos termos dos §§ 1º e 2º, do art. 85, da Lei nº 6.404/76.

[9] Não se fala em integralização total (por ser redundante) nem em integralização parcial (por ser contraditório). Ou o capital social está integralizado, ou não está. O que vai ser total ou parcial é a realização do capital social. Frise-se, por oportuno: o que poderá ser total ou parcial é a realização do capital social. Daí se dizer que o capital 100% realizado significa capital social integralizado.

Um terceiro ponto, também já estudado ao longo dessa obra, diz respeito à **divisão do capital social**. Com efeito, no estudo da tipicidade societária, percebeu-se que ou o capital social estaria dividido em **quotas** ou em **ações**[10]. Além de representarem o modo de divisão do capital, asseguram ao titular o *status*, a **posição de sócio** dentro da sociedade e têm por característica a **unidade** – *quotas e ações não se misturam*.

Três, também, representa o número de **diferenças** existentes entre as quotas e as ações. Aludidas diferenças se baseiam:
a) na possibilidade de negociação no mercado de valores mobiliários;
b) na forma de cessão da participação societária; e
c) na característica da indivisibilidade.

2. PRINCÍPIOS

O **regime jurídico** do capital social é orientado por três *princípios*: a) o **princípio da determinação** – o capital social deve ter um valor determinado e único, expresso em moeda nacional; b) o **princípio da efetividade** – o capital social deve corresponder a importâncias que efetivamente ingressem no patrimônio da sociedade[11]; e c) o **princípio da variação condicionada** – o capital social se poderá variar, para mais ou para menos, caso se atendam às condicionantes legais.

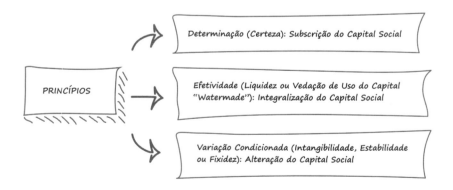

---

[10] Para um melhor detalhamento, remete-se o leitor para o Capítulo 3.
[11] TOMAZETTE. Marlon. *Curso de direito empresarial: teoria geral e direito societário*, volume 1. 9 ed. São Paulo: Saraiva Educação, 2018.

2.1 Determinação

Conhecido também como **princípio da certeza**, o **princípio da determinação** exige a **definição do valor do capital social**, em moeda corrente no país, expressamente **prevista no contrato social ou no estatuto social**. Há que se saber, a qualquer momento, qual é o valor do capital social[12].

Em razão de tal princípio que o **Código Civil** exige, enquanto **cláusula essencial** do contrato social, *"o capital da sociedade, expresso em moeda corrente"*[13]. Na mesma toada se encontra a **Lei nº 6.404/76**, ao mencionar: *"O estatuto fixará o valor do capital social, expresso em moeda nacional"*[14].

2.2 Efetividade

Não basta, apenas, mencionar no corpo do ato constitutivo societário o valor do capital social em reais. É preciso que o **capital social** seja **efetivo**, ou seja, *faz-se necessária a ocorrência dos aportes de capital* no montante prometido no ato constitutivo da sociedade. Até porque, é de posse de tal quantia que a sociedade irá conseguir **operar no mercado**, *desenvolvendo a sua atividade econômica*, **cumprindo o seu objeto social**.

Tal princípio é relevante, em razão das **funções exercidas pelo capital social** para a sociedade: a *função de produtividade*, a *função de garantia* e a *função de determinação da posição de sócio*[15]. Pela *função de produtividade*, o capital social é o que possibilitará o **exercício da atividade empresarial societária**. Já pela *função de garantia*, o capital social representa um **mínimo de ativo** em favor dos credores sociais, constituindo-se na última, senão a **única das garantias existentes** a favor dos credores. Por final, pela *função de determinação da posição de sócio*, tem-se que determinadas faculdades podem ser, ou não, disponibilizadas a eles, a depender do **montante de sua participação no capital**.

---

[12] TOMAZETTE. Marlon. *Curso de direito empresarial: teoria geral e direito societário*, volume 1. 9 ed. São Paulo: Saraiva Educação, 2018. p. 468.

[13] É o que se extrai do art. 997, III, do Código Civil.

[14] Nos termos do art. 5º, da Lei nº 6.404/76.

[15] TOMAZETTE, Marlon. *Curso de direito empresarial: teoria geral e direito societário*, volume 1. 9 ed. São Paulo: Saraiva Educação, 2018. p. 467.

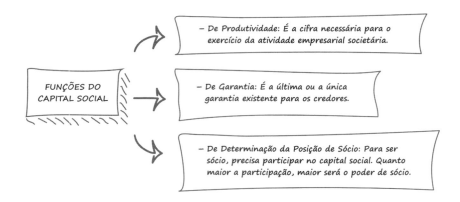

Do *princípio da efetividade* decorre a **vedação à utilização do capital social water made**. O capital social *water made* é o capital social liquefeito, vale dizer, "feito de água", ou seja, é o descompasso existente entre aquilo que é definido como valor de capital social no ato constitutivo da sociedade e aquilo que ingressou como aporte de capital realizado pelos sócios. Não basta, portanto, o capital social fixado pelo contrato ou estatuto social ser de R$ 100.000,00; é preciso que tal quantia efetivamente nos cofres da sociedade.

Da **vedação de uso do capital water made** decorre a norma que estabelece a **responsabilidade solidária** dos sócios, da **sociedade limitada**, pela **exata estimação do valor** dos bens[16]. Na mesma toada é a formalidade exigida para o ingresso de bens no **capital das companhias**. Com efeito, é exigida uma **avaliação** dos bens por **3 peritos** ou por **empresa especializada**[17], que apresentará laudo para ser **aprovado em assembleia**. Se o sócio **aceitar o valor** aprovado pela assembleia, os bens são **incorporados** à S/A; **do contrário**, ficará n o projeto de constituição da companhia. Os bens **não poderão** ser incorporados ao patrimônio da companhia por **valor acima** do que lhes tiver dado o subscritor[18].

Pode ser considerado também como **capital social** *water made o descompasso existente entre o* **valor do capital social** *e o* **valor do patrimônio social**. Com efeito, **não se confundem** capital social e patrimônio social. O **capital social** é o **valor fixado** no contrato ou no estatuto, representativo da quantidade de investimentos pretendidos pelos sócios. Já o **patrimônio social** é o resultado do capital social com a **interação da sociedade no mercado**; *havendo* **lucro**, *o valor do patrimônio* **aumenta**; *se houver prejuízo,* **diminui**.

---

[16] Prevista no art. 1.055, § 1º, do Código Civil.

[17] Nos termos do art. 8º, da Lei nº 6.404/76.

[18] Nos termos do art. 8º, § 4º, da Lei nº 6.404/76.

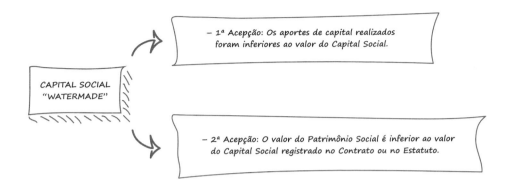

O único momento em que **necessariamente serão iguais** – o *valor do capital social* e o *valor do patrimônio social* – é no ato de **constituição da sociedade**. Daí em diante, tal igualdade será **acidental**, *uma mera coincidência*. Dessa forma, **o capital social será *water made* toda vez que o valor do patrimônio social for inferior ao valor do capital social registrado no contrato ou no estatuto**[19]. É em razão disto que, por exemplo, os sócios serão obrigados à reposição dos lucros e das quantias retiradas, a qualquer título, ainda que autorizados pelo contrato, quando tais lucros ou quantia se distribuírem com prejuízo do capital[20].

2.3 Variação condicionada: a classificação quanto à forma do capital

A **doutrina clássica** denominava tal princípio como **princípio da intangibilidade**[21] ou **princípio da fixidez**[22]. Por isso, falava-se que **o capital social era um valor fixo, intangível**. Porém, a fixidez ou a intangibilidade, enquanto nomenclatura do aludido princípio, passava *uma falsa e equivocada impressão*. Tais expressões sugerem o capital social como sendo **inalterável, imodificável, ou "imexível"**[23]. Sobre tal princípio, ensina Fábio Ulhoa Coelho[24]:

---

[19] No plano das Ciências Contábeis, falar-se-ia que o capital social será *water made* quando o patrimônio líquido estiver negativo.

[20] Art. 1.059, do Código Civil.

[21] Nomenclatura utilizada por Rubens Requião.

[22] Nomenclatura utilizada por Fran Martins.

[23] Expressão utilizada pelo ex-Ministro do Trabalho, Antônio Rogério Magri, para qualificar o salário do trabalhador.

[24] COELHO, Fábio Ulhoa. *Curso de direito comercial, volume 2: direito de empresa*. 20 ed. São Paulo: Editora Revista dos Tribunais, 2016. p. 170.

Em outros termos, porque intangível o capital social, a sociedade está, em princípio, proibida de restituir os recursos correspondentes aos sócios. Essa restituição é somente possível em condições excepcionais e com a observância de determinadas cautelas. Não fosse a regra da intangibilidade, a companhia poderia distribuir dividendos aos acionistas, valendo-se dos recursos do capital social, e este não seria mais uma medida de contribuição dos sócios, perdendo sua função.

A doutrina atual[25] reconhece este princípio, também, sob a denominação de **princípio da estabilidade**. São *expressões sinônimas*, portanto: **princípio da variação condicionada** ou princípio da estabilidade. "A cifra do capital social não pode ser livremente alterada, já que todo aumento daquela cifra significaria um engano para os credores, se não for acompanhado do correlativo aumento no patrimônio social, e toda diminuição implica a possibilidade de reduzir na mesma quantia o patrimônio, com a consequente diminuição da garantia para os credores"[26].

Conhecida é a classificação das sociedades **quanto à forma do capital**. Tal classificação reside na circunstância de, para ser determinada a **modificação do capital social** – para mais ou para menos – **será, ou não, necessária a alteração** do ato constitutivo (aditivo). Se houver **necessidade de aditivo** para mexer no valor do capital social, a sociedade será considerada de **capital social fixo**. Entretanto, se a alteração no valor do capital social **independe de ativo**, então a sociedade será considerada de **capital social variável**.

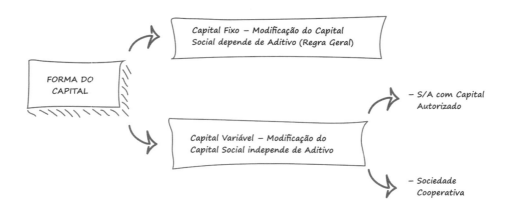

---

[25] TOMAZETTE, Marlon. *Curso de direito empresarial: teoria geral e direito societário*, volume 1. 9 ed. São Paulo: Saraiva Educação, 2018. p. 468.

[26] GARRIGUES, Joaquín. *Curso de derecho mercantil*. 7 ed. Bogotá: Temis, 1987. v. 2. p. 137, em tradução livre.

Frise-se, por oportuno: não é que nas sociedades de **capital fixo**, o capital social não possa ser modificado; poderá sim! Porém, será **necessário** o *atendimento das condicionantes legais*. Já nas sociedades de **capital variável**, a modificação poderá ocorrer **independente de qualquer aditivo**, com o que se vê uma espécie de **mitigação**, ou mesmo de **exceção**, na aplicação do **princípio da variação condicionada**.

> **Em regra, o capital social será fixo**, o que implica dizer que, para sua modificação será necessária a realização de aditivo ao contrato ou estatuto social. Porém, **em duas hipóteses, o capital social será variável**:
> a) *Sociedade cooperativa* – art. 1.094, I, CC;
> b) *S/A com capital autorizado* – art. 168, Lei nº 6.404/76.

Para que uma cooperativa venha a se **constituir de maneira válida e regular**, é preciso que se atenda a determinadas **características exigidas legalmente**. E uma das características impostas pela lei é, justamente, *a variabilidade ou a dispensabilidade do capital social*[27]. Com efeito, **na sociedade cooperativa, apesar de ser variável, poderá, de outro lado, ser considerado dispensável**.

Trata-se – a sociedade cooperativa – do *único tipo societário que não precisa trazer, no bojo do seu ato constitutivo (o estatuto social), o capital social*. A **dispensabilidade**, é bom frisar, é uma **inovação trazida pelo Código Civil**[28]. O seu capital social é **variável** porque sempre que for permitido o **ingresso de novos cooperados**, estes passarão a serem titulares de quotas-partes, *sem que seja necessária a realização de aditivo*. Ocorrerá, pois, **aumento do capital social, independente da realização de aditivo**. O **registro de entrada** dos novos cooperados será feito no **Livro de Matrícula**[29].

Nesse ínterim, torna-se importante perceber *o porquê de a sociedade cooperativa ter o seu capital social de forma variável ou dispensável*. Enquanto nas demais sociedades, previstas na lei brasileira, percebe-se a sua existência atrelada ao atendimento de terceiros, clientes ou consumidores das referidas sociedades, **as sociedades cooperativas existem para atender aos interesses dos próprios sócios**. Bem por isso as sociedades cooperativas adotam o **mutualismo por característica**, na medida em que são constituídas para o *exercício de atividade econômica, de proveito comum, sem objetivo de lucro*[30].

---

[27] Nos termos do art. 1.094, I, do Código Civil.

[28] O art. 4º, I, da Lei nº 5.764/71, previa como característica, apenas, a variabilidade do capital social.

[29] Nos termos do art. 23, II, da Lei nº 5.764/71.

[30] Nos termos do art. 3º, da Lei nº 5.764/71.

A doutrina aponta o **mutualismo** enquanto característica importante para as cooperativas. É isto que **faz o capital social perder as suas funções jurídicas** – ou as terem bem mitigadas. A propósito, veja a lição de Haroldo Malheiros Duclerc Verçosa[31]:

> Ora, nas sociedades cooperativas, embora o capital social seja também garantia dos credores, a eventual responsabilidade do sócio pelas obrigações sociais não tem por base sua participação no capital, mas dá-se em relação ao seu eventual nível de participação nas operações prejudiciais a terceiros; ou de forma ilimitada, conforme um dos modelos adotados.

Nesse mesmo sentido, ensina Marlon Tomazette[32]:

> A atividade cooperativa não cria riquezas para a posterior distribuição entre os cooperados, na proporção de sua participação. O fim econômico é alcançado pelos cooperados diretamente, nas suas relações com a sociedade. Esses podem e querem ter lucros com suas atividades pessoais, que não se confundem com a atividade da cooperativa.
>
> Diante disso, vê-se a principal diferença entre as sociedades cooperativas e as demais sociedades. Nestas, o sócio busca resultados lucrativos proporcionais aos riscos assumidos. Já na cooperativa, o objeto dos cooperados não é o lucro a ser repartido, mas a redução dos custos dos bens ou serviços que interessam aos sócios, para melhorar sua condição econômica. Nada impede, contudo, que o eventual resultado da atividade venha a ser repartido, mas esse não é o objetivo central das cooperativas.
>
> (...) O objetivo da cooperativa é, em última análise, prestar serviços ao sócio, seja na obtenção de bens a preços menores, seja nos serviços mais vantajosos ou até mesmo na possibilidade de trabalho em condições mais convenientes.

Portanto, percebe-se que, em razão do **mutualismo inerente às cooperativas**, tem-se que **o capital social perde a sua utilidade**, em comparação com as demais sociedades. Isto é a justificativa de, na sociedade cooperativa, o capital social ser variável ou dispensável.

---

[31] VERÇOSA, Haroldo Malheiros Duclerc. *Direito comercial*. 3 ed. São Paulo: Editora Revista dos Tribunais, 2014. v. 2. p. 499.

[32] TOMAZETTE, Marlon. *Curso de direito empresarial: teoria geral e direito societário, volume 1*. 9 ed. São Paulo: Saraiva Educação, 2018. p. 671.

O *outro exemplo de sociedade de capital variável* é a **S/A com capital autorizado**. Frise-se por oportuno: **em regra, a sociedade anônima é espécie de sociedade com capital fixo**, na medida em que a sua modificação, através de procedimento de aumento de capital, por exemplo, depende de reforma no estatuto[33]. Porém, estando diante de uma S/A cujo estatuto preveja o capital autorizado, **nos limites do capital autorizado, a S/A será uma sociedade de capital variável**.

O **capital autorizado é uma cláusula estatutária, facultativa, somente possível para as sociedades anônimas**[34]. Consiste na cláusula através da qual fica **autorizado o aumento de capital social**, na sociedade anônima, **independentemente de aditivo**[35].

Para ser redigida de maneira válida, a cláusula de capital autorizado **deverá especificar**[36]:

a) o **limite** do aumento, em **valor do capital** ou em **número de ações**, e as **espécies** e **classes das ações** que poderão ser emitidas;

b) o **órgão competente** para deliberar suas emissões, que poderá ser a **assembleia-geral** ou o **conselho de administração**[37];

c) as **condições** a que estiverem sujeitas as emissões;

d) os **casos** ou as **condições** em que os acionistas terão **direito de preferência** para subscrição, ou de **inexistência** desse direito.

Existem algumas **implicações jurídicas** decorrentes do limite de capital autorizado:

a) A deliberação, por parte do **conselho de administração nas companhias abertas**, acaso o estatuto autorize, sobre a **emissão de debêntures conversíveis em ações**[38];

b) A emissão de títulos negociáveis denominados **"Bônus de Subscrição"**[39]; e

c) A **outorga de opções de compra** de ações aos administradores, empregados ou prestadores de serviços pessoas naturais, desde que haja previsão no estatuto[40].

---

[33] Nos termos do art. 166, IV, da Lei nº 6.404/76.

[34] Não cabe autorização estatutária para aumento de capital social nem para as sociedades em comandita por ações, de acordo com o art. 284, da Lei nº 6.404/76.

[35] De acordo com o art. 168, da Lei nº 6.404/76.

[36] Nos termos do art. 168, § 1º, da Lei nº 6.404/76.

[37] Na prática, costuma-se indicar o conselho de administração que, no caso de capital autorizado, é considerado órgão obrigatório para a companhia (art. 138, § 2º, Lei nº 6.404/76).

[38] De acordo com o art. 59, § 2º, da Lei nº 6.404/76.

[39] Nos termos do art. 75, da Lei nº 6.404/76.

[40] De acordo com o art. 168, § 3º, da Lei nº 6.404/76.

3. MODIFICAÇÃO DO CAPITAL SOCIAL

Do *princípio da variação condicionada*, decorrem as regras a serem seguidas para ocorrer a **modificação do capital social**, tanto para a **sociedade limitada**, quanto para a **sociedade anônima**. O capital social somente poderá ser alterado com observância aos **preceitos legais** e ao que estiver **previsto no ato constitutivo**. O **aumento** do capital social, na sociedade limitada, é regulamentado pelo art. 1.081, do Código Civil, bem como, para a sociedade anônima, nos arts. 166 a 172, da Lei nº 6.404/76. Já a **redução** do capital social é regida pelos arts. 1.082 a 1.084, do Código Civil, para a sociedade limitada, e pelos arts. 173 e 174, da Lei nº 6.404/76, para a sociedade anônima.

Por uma questão eminentemente didática, para facilitar a exposição, e em razão dos limites editoriais para a concepção desta obra, serão **apresentadas inicialmente, as normas relacionadas para a sociedade limitada**, para a partir da sua compreensão, serem **rebatidas as diferenças dos procedimentos de aumento e de redução do capital para a sociedade anônima**.

3.1 Do aumento do capital social

Na sociedade limitada, o art. 1.081, do Código Civil, regulamenta o aumento do capital social. Para ser implementado, a lei estabelece como condição a sua **integralização**. Nada mais natural, haja vista não haver sentido jurídico a realização de aumento do capital social inicialmente definido antes de se ter providenciado totalmente os aportes de capital *a priori* definidos no contrato social.

O **procedimento** para o aumento do capital social se inicia com uma *assembleia que delibere sobre o aumento*. Os sócios terão o *direito de preferência* na subscrição das novas quotas, na proporção de suas participações no capital social. O direito de preferência deve ser exercido em até *trinta dias contados da deliberação* social que determinou o aumento do capital social, aplicando-se à *cessão do direito de preferência* as normas relativas a *cessão de quotas*.

Pode ocorrer de, nos trinta dias mencionados, os sócios não exerçam, no seu total, o direito de preferência. Neste caso, qualquer sócio, e até mesmo terceiros, a depender da assembleia que deliberou o aumento, poderão vir a adquirir, subscrevendo tais quotas. Necessita-se, portanto, da *subscrição integral do aumento*, após o que deverá ser realizada nova *assembleia para que seja aprovada a modificação do contrato*. Tal procedimento finda com a *alteração do ato constitutivo* perante o órgão competente de registro (apresentação de aditivo ao contrato social na Junta Comercial).

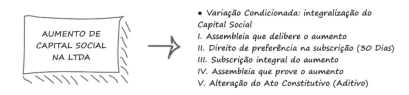

Na **sociedade anônima**, em regra, desde que sejam substituídas "quotas" por "ações" e "contrato social" por "estatuto social", *o procedimento*[41] *de aumento de capital para a obtenção de novos recursos é bem semelhante ao estabelecido para as sociedades limitadas, anteriormente apresentado*. A **diferença** residente justamente na "***variação condicionada***": enquanto na **sociedade limitada**, exige-se a **integralização do capital** inicial para dar ensejo à operação de aumento de capital, na **sociedade anônima** a exigência é de **realização de 75% do capital social**.

Perceba-se o **ônus financeiro** para a realização do **aumento de capital social**. Com efeito, trata-se de *procedimento baseado na convocação de duas assembleias e na realização de um aditivo ao ato constitutivo societário*. Existem, no entanto, **estratégias jurídicas para desonerar tal operação**, simplificando-a e a tornando mais eficiente, na obtenção de novos investimentos.

No âmbito da **sociedade limitada**, há *duas alternativas*:

a) a definição da **reunião como modo de deliberação social**, simplificando o procedimento, tornando-o mais atrativo financeiramente[42]; e

b) se o tema objeto de deliberação já estiver **pacificado entre os sócios**, é possível dispensar, inclusive, a reunião, por **deliberação por escrito**, assinado pela **unanimidade dos sócios**[43] ou pela **maioria do capital**, caso a LTDA esteja enquadrada como **ME/EPP**[44].

Para as **sociedades anônimas**, existem **alternativas onerosas e gratuitas** para a realização de aumento de capital. Por *alternativas onerosas*, entendem-se aquelas em que ocorrerão o **ingresso de novos recursos** no patrimônio social, **alterando-se o patrimônio líquido** da sociedade; por sua vez, são **alternativas gratuitas** aquelas em que **não ingressarão novos recursos** no patrimônio da companhia, **não sendo alterado o valor do patrimônio líquido** da companhia.

---

[41] Previsto nos arts. 170 e 171, da Lei nº 6.404/76.

[42] De acordo com o art. 1.072, do Código Civil.

[43] Nos termos do art. 1.072, § 3º, do Código Civil.

[44] De acordo com o art. 70, da Lei Complementar nº 123/06.

Há, em verdade, uma única **alternativa gratuita** ao procedimento anteriormente descrito: a **capitalização de lucros e reservas**[45]. Como **alternativas onerosas** existem:

a) o **capital autorizado**, estudado anteriormente[46]; e

b) a **conversão de valores mobiliários em ações**[47].

Pela **capitalização de lucros e reservas**, faz-se um *procedimento contábil*, em que os **lucros ou reservas**, que os sócios teriam direito de receber em espécie, são **transformados em capital social**, sendo atribuídas aos acionistas as denominadas *"ações de bonificação"* ou *aumentado o valor nominal das ações já existentes*. Veja que, nesta hipótese, **não haverá alteração do patrimônio da sociedade**. O valor do seu patrimônio líquido permanecerá o mesmo.

Pela **conversão de valores mobiliários em ações**, o patrimônio líquido da sociedade será afetado, porque, em razão de os **valores mobiliários**, como as partes beneficiárias e as debêntures, serem **transformados em ações**, haverá um **aumento no valor do patrimônio líquido** da companhia, *em razão da redução do passivo*[48]. Para tanto, é preciso que estes títulos tenham sido **emitidos para alienação onerosa**, contendo *cláusula admitindo a mencionada conversão*.

3.2 Da redução do capital social

A ordem jurídica brasileira apresenta hipóteses, no decorrer do exercício da atividade empresarial, cujas ocorrências provocarão necessariamente, em razão de imperativos legal, a redução do capital social. São situações denominadas pela doutrina como redução compulsória do capital social. A compulsoriedade decorre de uma imposição legal e não da vontade social[49].

São, em regra, hipóteses de redução compulsória do capital social:

a) o falecimento dos sócios[50], nas sociedades contratuais;

b) o exercício do direito de recesso ou de retirada[51] dos sócios;

---

[45] De acordo com o art. 169, da Lei nº 6.404/76.

[46] Previsto no art. 168, da Lei nº 6.404/76.

[47] Nos termos do art. 48, § 2º, para as partes beneficiárias, e do art. 57, para as debêntures; ambos os dispositivos são da Lei nº 6.404/76.

[48] COELHO, Fábio Ulhoa. *Curso de direito comercial, volume 2: direito de empresa*. 20 ed. São Paulo: Editora Revista dos Tribunais, 2016. p. 180.

[49] TOMAZETTE, Marlon. *Curso de direito empresarial: teoria geral e direito societário, volume 1*. 9 ed. São Paulo: Saraiva Educação, 2018. p. 473.

[50] De acordo com o art. 1.028, do Código Civil.

[51] Nos termos dos arts. 1.029 e 1.077, do Código Civil e do art. 137, da Lei nº 6.404/76.

c) a exclusão do sócio remisso[52], salvo se, na sociedade limitada, a exclusão decorrer de transferência de quotas[53];

d) a exclusão dos sócios[54], por deliberação da sociedade, em razão da quebra da *affectio societatis*; e

e) o procedimento de cisão parcial, do ponto de vista da sociedade cindida[55].

A **redução do capital social**, em razão de deliberação dos sócios, também necessita de aditivo para ser implementada na prática[56]. É possível ocorrer em duas hipóteses:

a) *perdas irreparáveis*; e

b) *capital social excessivo*.

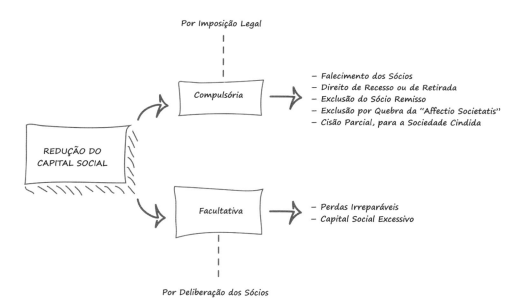

As **perdas irreparáveis** são aquelas em que, após seguidas perdas, o patrimônio social se estabiliza em um valor inferior ao do capital social registrado.

---

[52] Nos termos do art. 1.004, do Código Civil, e do art. 107, da Lei nº 6.404/76.

[53] Nos termos do art. 1.058, do Código Civil.

[54] De acordo com os arts. 1.030 e 1.085, do Código Civil e, especificamente para a sociedade anônima fechada, com o art. 599, § 2º, do CPC.

[55] De acordo com o art. 229, da Lei nº 6.404/76.

[56] Nos termos do art. 1.082, do Código Civil e do art. 173, da Lei nº 6.404/76.

Nesta hipótese, o empresário entra em **estado de crise**, *passando a acumular prejuízos*. Ao se reorganizar para sair da crise, com os **lucros subsequentes**, o empresário *não consegue retornar ao nível patrimonial inicial*.

O **capital social excessivo** ocorre sempre que a sociedade vir a exercer a sua atividade, gerando lucros, mesmo antes da sua integralização. Aqui se percebe *um dos grandes dilemas que cercam os sócios*: a **definição do valor do capital social**, sendo certo que *a lei brasileira não estabelece nem valor mínimo, nem valor máximo*. O capital social não pode ter valor tão **baixo que inviabilize a atuação da sociedade** no mercado, e nem **tão alto que prejudique o exercício dos direitos patrimoniais** dos sócios.

3.2.1 Na sociedade limitada

No caso das *perdas irreparáveis*, a lei condiciona à **integralização do capital social**. Nesta hipótese, a redução do capital será realizada com a **diminuição proporcional do valor nominal das quotas**, tornando-se efetiva a partir da averbação, no Cartório competente, da ata da assembleia que a tenha aprovado[57].

No caso de *capital social excessivo*, a redução do capital será feita **restituindo-se parte do valor das quotas** aos sócios, ou **dispensando-se as prestações ainda devidas**, com *diminuição proporcional, em ambos os casos, do valor nominal das quotas*. No prazo de noventa dias, contado da data da publicação da ata da assembleia que aprovar a redução, o credor quirografário, por título líquido anterior a essa data, poderá opor-se ao deliberado. A redução só será eficaz se não houver impugnação, no prazo indicado, ou se provado o pagamento ou o depósito judicial do respectivo valor[58].

3.2.2 Na sociedade anônima

Em linhas gerais, **a sistemática de redução do capital social, na sociedade anônima, é a mesma exposta anteriormente para a sociedade limitada**. É importante, porém, considerar que se houver **debêntures em circulação**, a redução do capital social só poderá ser efetivada a partir da **aprovação prévia da maioria dos debenturistas**, reunidos em assembleia especial[59].

Há, porém, **diferenças** dignas de nota. A primeira é que *não se exige, no âmbito das S/As, a integralização do capital para a redução por perdas irreparáveis*

---

[57] Art. 1.083, do Código Civil.
[58] Art. 1.084, do Código Civil.
[59] Conforme dispõe o art. 174, § 3º, da Lei nº 6.404/76.

(existe tal exigência na Ltda.). A segunda é que, *para as companhias, o credor quirografário poderá se opor à redução em qualquer hipótese*[60] (na Ltda., só caberá tal oposição se a hipótese de redução for capital social excessivo). Por final, *o prazo de oposição, para o credor da sociedade anônima é de 60 dias*[61] (em face da sociedade limitada, o prazo do credor é de 90 dias).

4. VALORES MOBILIÁRIOS

Diferentemente do que ocorre com as sociedades anônimas, as **demais sociedades**, toda vez que necessita de **aporte de recursos**, vale dizer, de dinheiro para realizar a sua atividade econômica, só têm duas alternativas:

a) o **aumento de capital social**; ou

b) o **acesso ao crédito financeiro**.

O *aumento do capital social* tem o inconveniente de, quando aprovador, possibilitar a *alteração no controle da atividade* – tudo que a sociedade não precisa é a alternância na posição majoritária ou de controle da sociedade. O *acesso ao crédito financeiro*, apesar de não alterar a maioria social, tem o inconveniente de deixar a sociedade refém dos *juros extorsivos estabelecidos no sistema bancário*. Porém, seja como for, há somente estas duas alternativas de possibilidade de ingresso de capital para as sociedades em geral.

No que diz respeito às **sociedades anônimas**, porém, para mais ou para além das hipóteses apresentadas anteriormente, é possível, ainda, a emissão dos denominados **valores mobiliários**. *Trata-se de títulos, documentos ou papéis emitidos por uma companhia, com o objetivo de captação de recursos, assegurando aos seus titulares determinados direitos em face da sociedade emissora.*

Perceba-se, portanto, a **dupla função econômica** dos valores mobiliários:

a) **para a sociedade** – uma *alternativa de capitalização de recursos*;

b) **para o titular** – uma *possibilidade de investimento*.

Desse modo, pode-se falar que as **sociedades anônimas** têm *três formas de captação de recursos*: (i) a **capitalização** – com a *emissão de ações*; (ii) o **autofinanciamento** – com a *emissão de outros valores mobiliários*; e (iii) a **intermediária** – com a emissão de valores mobiliários conversíveis em ações.

---

[60] De acordo com o art. 174, § 1º, da Lei nº 6.464/76.

[61] Nos termos do art. 174, da Lei nº 6.404/76.

Para fins ilustrativos, imagine a situação de uma sociedade empresária que pretende modernizar seus equipamentos para uma atuação mais incisiva no mercado. Suponha que o custo desta modernização seja de R$ 300.000,00. Como ter acesso à determinada cifra financeira?

Inicialmente, poder-se-ia falar em aumentar o capital social ou tentar um financiamento bancário, no valor de R$ 300.000,00. Se é urgente a necessidade desse investimento, pode não ser uma boa saída, o aumento de capital social, na medida em que pode demorar algum lapso temporal relevante entre a subscrição e a realização do capital. Afora, o agravante de que o sócio majoritário ou controlador pode não aprovar tal medida.

A outra alternativa é a do acesso ao crédito financeiro. Com efeito, o custo desse financiamento, muitas vezes, demonstra-se impagável, em razão dos encargos e consectários moratórios decorrente de tal dívida. O que vai fazer com quem ou tal crédito, em razão do custo, não venha a ser acessado pelos empresários, ou o empresário que acessou se tornará preso em relação ao crédito que lhe fora concedido, até a sua total adimplência.

Para a sociedade anônima, além das alternativas anteriormente descritas, há um terceiro vetor: a possibilidade de constituição de escritura pública de emissão de debêntures no valor de R$ 300.000,00, sendo, a partir dela, emitidas, por exemplo 300 debêntures de R$ 1.000,00, cada. À medida em que a companhia negociar todos os títulos, ela terá, então, conseguido a quantia de dinheiro que almejava para os seus objetivos.

São considerados **valores mobiliários**[62]:

a) as ações, debêntures e bônus de subscrição;

b) os cupons, direitos, recibos de subscrição e certificados de desdobramento relativos aos valores mobiliários referidos anteriormente;

c) os certificados de depósito de valores mobiliários;

d) as cédulas de debêntures;

e) as cotas de fundos de investimento em valores mobiliários ou de clubes de investimento em quaisquer ativos;

f) as notas comerciais;

g) os contratos futuros, de opções e outros derivativos, cujos ativos subjacentes sejam valores mobiliários;

h) outros contratos derivativos, independentemente dos ativos subjacentes; e

i) quando ofertados publicamente, quaisquer outros títulos ou contratos de investimento coletivo, que gerem direito de participação, de parceria ou de remuneração, inclusive resultante de prestação de serviços, cujos rendimentos advêm do esforço do empreendedor ou de terceiros.

---

[62] Nos termos do art. 2º, da Lei nº 6.385/76.

Desse rol, de **natureza taxativa**, é de bom tom, compreender as noções básicas dos *títulos regulamentados pela Lei nº 6.404/76*. Nesse ínterim, pode-se dizer que **as ações são valores mobiliários que asseguram ao seu titular a posição de sócio, dentro da companhia**. Porém, além das ações, a Lei nº 6.404/76 ainda regulamenta:

a) as *partes beneficiárias*;
b) as *debêntures*; e
c) os *bônus de subscrição*.

4.1 Partes beneficiárias

As **partes beneficiárias** estão regulamentadas nos arts. 46 a 51, da Lei nº 6.404/76. Trata-se de **títulos negociáveis, sem valor nominal** e **estranhos ao capital social**[63], que asseguram ao titular o direito de **participar nos lucros** no limite de *dez por cento dos lucros anuais*[64]. Tais títulos podem garantir ainda o *direito de fiscalizar* os atos dos administradores[65], sendo proibida a criação de classes ou séries de partes beneficiárias[66].

É oportuno considerar que **cabe ao estatuto** fixar o **prazo de duração** das partes beneficiárias[67]. No caso de **partes beneficiárias atribuídas gratuitamente**, o prazo de duração não poderá ultrapassar **dez anos**, à exceção das destinadas a sociedades ou fundações beneficentes dos empregados da companhia[68]. O estatuto pode estipular, ainda, o **resgate** e a **conversão das partes beneficiárias em ações**; nestes casos, deverão ser **criadas reservas especiais**.

As partes beneficiárias **sempre serão nominativas**, registradas em **livros próprios**, mantidos pela companhia, e podem ser **objeto de depósito** com emissão de certificado[69]. A **reforma do estatuto** que *modificar ou reduzir as vantagens* conferidas às partes beneficiárias **só terá eficácia** quando aprovada pela metade,

---

[63] De acordo com o art. 46, da Lei nº 6.404/76.
[64] De acordo com o art. 46, § 1º, da Lei nº 6.404/76.
[65] De acordo com o art. 46, § 3º, da Lei nº 6.404/76.
[66] De acordo com o art. 46, § 4º, da Lei nº 6.404/76.
[67] Nos termos do art. 48, da Lei nº 6.404/76.
[68] Nos termos do art. 48, § 1º, da Lei nº 6.404/76.
[69] É o que dispõe o art. 50, da Lei nº 6.404/76.

no mínimo, dos seus titulares, reunidos em assembleia geral especial[70]. **Cada parte beneficiária dá direito a um voto, não podendo a companhia votar com os títulos que possuir em tesouraria**[71].

A Lei nº 10.303/01 promoveu mudanças importantes na Lei nº 6.404/76 e na Lei nº 6.385/76. Com efeito, antes de tais mudanças, as partes beneficiárias eram consideradas valores mobiliários, podendo ser emitidas tanto por companhia aberta quanto por companhia fechada. Porém, *com o advento da referida Lei nº 10.303/01, as partes beneficiárias foram excluídas do rol de valores mobiliários previsto no art. 2º, da Lei nº 6.385/76, vedando-se a sua emissão por companhias abertas.*

4.2 Debêntures

As **debêntures** estão regulamentadas nos arts. 52 a 74, da Lei nº 6.404/76. Trata-se de títulos que asseguram ao titular – denominado *debenturista* – um **direito de crédito em face da companhia, nos termos da escritura de emissão e, se for o caso, do certificado**. Não é à toa que são qualificados, ao lado da letra de câmbio, da nota promissória, do cheque e da duplicata, dentre outros, como *título executivo extrajudicial*[72].

A companhia poderá efetuar *mais de uma emissão* de debêntures, e cada emissão pode ser dividida em *séries*[73]. As debêntures da *mesma série* terão *igual valor nominal*, conferirão a seus titulares os *mesmos direitos* e terão valor nominal expresso em *moeda nacional*, salvo nos casos de obrigação que, nos termos da legislação em vigor, possa ter o *pagamento estipulado em moeda estrangeira*[74].

O art. 55, da Lei nº 6.404/76 regulamenta o **vencimento**, o **resgate** e a **amortização** de debêntures. O *vencimento* deve constar da escritura de emissão e do certificado e **pode ser condicionado**, por exemplo nos casos de inadimplência da obrigação de pagar juros e dissolução da companhia[75]. No vencimento, o debenturista procurará a companhia para **receber o crédito** a que faz jus, sob pena de a companhia vir a responder por **ação de execução**.

---

[70] De acordo com o art. 51, da Lei nº 6.404/76.

[71] De acordo com o art. 51, § 2º, da Lei nº 6.404/76.

[72] Nos termos do art. 784, I, do CPC.

[73] De acordo com o art. 53, da Lei nº 6.404/76.

[74] De acordo com o art. 54, da Lei nº 6.404/76.

[75] Nos termos do art. 55, § 4º, da Lei nº 6.404/76.

A *amortização* é a possibilidade de pagamento antecipado das debêntures. Para tanto, a companhia poderá criar **fundos de amortização**[76]. A amortização poderá ser **total ou parcial**, cabendo a amortização parcial de debêntures ser *feita por série*. A amortização de debêntures da **mesma série** deve ser feita mediante **rateio**[77].

O *resgate* é a retirada compulsória de circulação do título antes do seu vencimento[78], vale dizer, é a possibilidade de a companhia, querendo, **recomprar forçosamente o título**. O resgate pode ser *total* ou *parcial*.

O **resgate parcial de debêntures** de mesma série deve ser feito[79]:

a) *mediante sorteio*; ou

b) se as debêntures estiverem *cotadas por preço inferior ao valor nominal*, por *compra no mercado organizado* de valores mobiliários, observadas as regras expedidas pela CVM.

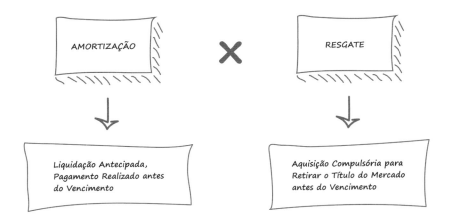

É facultado à companhia adquirir **debêntures de sua emissão**[80]:

a) por **valor igual ou inferior ao nominal**, devendo o fato constar do *relatório da administração e das demonstrações financeiras*; ou

b) por **valor superior ao nominal**, desde que observe as *regras expedidas pela CVM*.

---

[76] É o que se extrai do art. 55, da Lei nº 6.404/76.

[77] De acordo com o art. 55, § 1º, da Lei nº 6.404/76.

[78] TOMAZETTE. Marlon. *Curso de direito empresarial: teoria geral e direito societário*, volume 1. 3 ed. São Paulo: Atlas, 2011.

[79] Nos termos do art. 55, § 2º, da Lei nº 6.404/76.

[80] Nos termos do art. 55, § 3º, da Lei nº 6.404/76.

A debênture poderá, conforme dispuser a escritura de emissão, ter **garantia real** ou **garantia flutuante, não gozar de preferência** ou ser **subordinada** aos demais credores da companhia[81]. A *garantia real* significa que a debênture foi emitida com lastro em penhor, hipoteca ou anticrese. A *garantia flutuante* assegura à debênture *privilégio geral* sobre o ativo da companhia, mas não impede a negociação dos bens que compõem esse ativo[82]. As garantias poderão ser constituídas cumulativamente[83]. A debênture poderá assegurar ao seu titular juros, fixos ou variáveis, participação no lucro da companhia e prêmio de reembolso e, ainda, ser conversível em ações[84].

Inicialmente, a **classificação das debêntures quanto à garantia**, apresentada acima, era relevante na medida em que, a lei estabelecia **limites de emissão**. Porém, com o advento da **Lei nº 12.431/11**, que estabeleceu um verdadeiro *"novo regime jurídico das debêntures"*, os **limites de emissão foram revogados**. *Atualmente*, tal classificação só apresenta a sua relevância, no **plano falimentar**, para definir a sua *posição dentro do quadro geral de credores*.

Quanto à **forma de emissão**, as debêntures podem ser classificadas em: *simples ou conversíveis*. **Debênture simples** é aquela em que **não há opção** para o debenturista escolher a sistemática de pagamento, cabendo à companhia, na data de vencimento ajustada, adimplir tal obrigação **somente em dinheiro**. Por sua vez **conversível** é a debênture cujo debenturista poderá escolher a **forma de sua quitação**: *em dinheiro ou em ações*.

A deliberação sobre **emissão de debêntures** é da **competência privativa da assembleia geral**[85], que poderá deliberar que a emissão terá *valor e número de série indeterminados*, dentro dos limites por ela fixados[86]. Porém, **para as companhias abertas** é possível ao **conselho de administração** vir a deliberar sobre a emissão de debêntures[87]:

a) *debêntures não conversíveis em ações* – debêntures simples – poderão ser deliberadas pelo conselho de administração, salvo previsão diversa no estatuto; e

b) *debêntures conversíveis em ações*, dentro dos limites do capital autorizado, poderão ser deliberadas pelo conselho de administração, caso haja autorização no estatuto.

---

[81] De acordo com o art. 58, da Lei nº 6.404/76.

[82] Nos termos do art. 58, § 1º, da Lei nº 6.404/76.

[83] Nos termos do art. 58, § 2º, da Lei nº 6.404/76.

[84] De acordo com os arts. 56 e 57, da Lei nº 6.404/76.

[85] Nos termos do art. 59, da Lei nº 6.404/76.

[86] De acordo com o art. 59, § 3º, da Lei nº 6.404/76.

[87] Nos termos do art. 59, §§ 1º e 2º, da Lei nº 6.404/76.

A **assembleia geral** pode, ainda, **delegar ao conselho de administração** a deliberação sobre as **condições**[88]:

a) de vencimento, amortização e resgate;

b) do pagamento de juros, da participação dos lucros e do prêmio de reembolso; e

c) do modo de colocação ou subscrição, e o tipo das debêntures.

4.3 Bônus de subscrição

Os **bônus de subscrição** estão regulamentados nos arts. 75 a 79, da Lei nº 6.404/76. Trata-se de títulos negociáveis que poderão ser emitidos pela companhia *dentro do limite do capital autorizado*[89]. O **capital autorizado** é a cláusula estatutária que permite o *aumento do capital social, independentemente de reforma do estatuto*, cabendo, nos termos de sua previsão, ao *conselho de administração* ou à *assembleia geral* deliberar sobre a emissão das ações[90].

Os *bônus de subscrição* terão a **forma nominativa**[91] e conferirão aos seus titulares, nas condições constantes do certificado, **direito de subscrever ações do capital social**, que será exercido mediante apresentação do título à companhia e pagamento do preço de emissão das ações[92]. Os bônus de subscrição serão alienados pela companhia ou por ela atribuídos, como vantagem adicional, aos subscritores de emissões de suas ações ou debêntures[93].

Os **acionistas da companhia** gozarão de **preferência** para subscrever a emissão de bônus[94]. Regra geral, a **competência** para a deliberação sobre a emissão de bônus de subscrição é da **assembleia geral**. Porém, é possível que o estatuto venha a transferir tal deliberação para o âmbito da competência do conselho de administração[95].

Os *bônus de subscrição* não se confundem com as **opções de compra** que também podem ser emitidas pelas sociedades de capital autorizado[96]. Tais **opções**

---

[88] De acordo com o art. 59, § 4º, da Lei nº 6.404/76.

[89] De acordo com o art. 75, da Lei nº 6.404/76.

[90] Nos termos do art. 168, da Lei nº 6.404/76.

[91] Nos termos do art. 78, da Lei nº 6.404/76.

[92] De acordo com o art. 75, parágrafo único, da Lei nº 6.404/76.

[93] É o que se infere no art. 77, da Lei nº 6.404/76.

[94] Art. 77, parágrafo único, da Lei nº 6.404/76.

[95] De acordo com o art. 76, da Lei nº 6.404/76.

[96] Atualmente, no limite do capital autorizado, poderão ser emitidos: a) bônus de subscrição; b) debêntures conversíveis em ações, desde que haja autorização no estatuto; e c) opções de compra.

têm por finalidade atender os interesses de empregados, administradores e contratantes da companhia, ao passo que os **bônus de subscrição têm por finalidade a obtenção de capitais** pela companhia. Ademais, as *opções de compra* têm **natureza contratual**, ao passo que os bônus de subscrição têm a **natureza de valor mobiliário**, livremente negociado no mercado[97].

4.4 Outros valores mobiliários

Percebe-se, em nível de legislação comparada, *dois sistemas legais de valores mobiliários*. Há o **sistema francês**, de *caráter descritivo*, em **vista de definir os contornos ou características** para a sua compreensão. Há, também, o **sistema norte-americano**, de *caráter enumerativo*, por meio do qual se apresenta uma **lista de títulos e de instrumentos negociais**. É deste último sistema que decorre o conceito de *security*.

- Caráter Descritivo
- Conceito de Valores Mobiliários
- Lei nº 4.728/65 ("Lei Velha")

- Caráter Enumerativo
- Lista de Valores Mobiliários
- Lei nº 6.385/76 ("Lei Nova")

Pode-se indicar como **características** para a compreensão do **conceito de *security***:

a) Qualquer negócio jurídico que implique a transferência de dinheiro ou bem para um investimento comum;

b) Os recursos investidos devem ser obtidos junto ao público;

c) A promessa de benefícios futuros como resultado do empreendimento comum;

d) A possibilidade de perder o investimento inicialmente feito;

e) A não participação do investidor na gestão do empreendimento;

f) A ideia de um empreendimento em comum, ligando a pluralidade de investidores ao lançador.

---

[97] TOMAZETTE. Marlon. *Curso de direito empresarial: teoria geral e direito societário, volume 1.* 3 ed. São Paulo: Atlas, 2011.

De tudo o que se apresentou, percebe-se que **o direito do anonimato**[98] **brasileiro filia-se ao sistema norte-americano**[99]. Do conceito de *security* decorre a noção de **securitização**, que pode ser entendida como a **emissão de papéis negociáveis tendo lastro em ativos financeiros**[100]. Dessa forma o termo securitização acoberta *qualquer processo de transformação de uma obrigação materializada em recebíveis*[101] *em título que tenha circulação no mercado de capitais*.

A **securitização será primária** quando *transformar investimentos* existentes, porém, ilíquidos, em títulos que podem *ser distribuídos ou colocados no mercado*. De outro lado, **a securitização será secundária** quando créditos já materializados em um título *ganham uma nova roupagem para serem lançados no mercado* como um instrumento para a *obtenção de ingressos financeiros*, quitando-se o crédito em aberto.

Acerca das **várias facetas da securitização** e destacando *a relevância de se substituir as formas tradicionais de financiamento bancário pelo financiamento através do mercado de capitais*, Uinie Caminha[102] ensina que esta expressão:

> (...) pode significar a transformação de ativos líquidos em títulos negociáveis; pode também indicar operações de cessão de recebíveis; quer se siga à tal cessão, ou não uma emissão de títulos; e ainda como o processo de emissão de títulos de dívida (debêntures ou *commercial papers*, por exemplo).

Os títulos e valores mobiliários descritos anteriormente e previstos na Lei nº 6.404/76 compõe, apenas o primeiro inciso do art. 2º, da Lei nº 6.385/76, à exceção das partes beneficiárias que não se enquadram mais ao conceito de valores mobiliários. Resta, portanto, a apresentação dos outros valores mobiliários descritos no, já citado, art. 2º.

a) Cupons, direitos, recibos de subscrição e certificados de desdobramentos relativos às ações, debêntures e bônus de subscrição – art. 2º, II

---

[98] É como se denomina a parte do Direito Empresarial que se preocupa com o estudo da legislação do anonimato, ou seja, da legislação sobre sociedade anônima.

[99] É o que se infere com a leitura do art. 2º, da Lei nº 6.385/76.

[100] FRANCO, Vera Helena de Mello; SZTAJN, Rachel. *Direito empresarial II: sociedade anônima, mercado de valores mobiliários*. 2 ed. São Paulo: Editora Revista dos Tribunais, 2009. p. 97.

[101] São direitos creditórios, conceituados pela Instrução Normativa CVM nº 356/01.

[102] CAMINHA, Uinie. *A securitização: função econômica e regime jurídico*. Tese de Doutorado, São Paulo, USP, 2004.

Cupons são **documentos acessórios** ligados aos títulos, contendo determinados **benefícios atribuídos aos proprietários** do título principal – *debêntures ou bônus de subscrição* – tais como dividendos ou outros direitos[103], que **podem ser separados**. Sobre os cupons, explicam Vera Helena de Mello Franco e Rachel Sztajn[104]:

> No que diz respeito às ações não se pode falar em *cupons* no direito atual. Resta, todavia, a possibilidade para as debêntures, para os bônus de subscrição ou outros títulos de renda fixa, circunstâncias em que estes títulos, uma vez destacados, podem ser negociados independentemente.

Os recibos de subscrição foram admitidos à negociação em Bolsa através da Resolução CMN nº 39/66, sendo regulamentados pela Deliberação CVM nº 9/80. Trata-se de títulos **transferíveis livremente**, tanto de forma **gratuita** quanto **onerosa**, representando uma *cessão de direito à subscrição de novas ações* – **não se referem a debêntures e nem se confundem com os bônus de subscrição**. Necessitam da *intervenção de uma sociedade corretora*, responsável pela legitimidade dos títulos e dos valores negociados, visando aumentar a proteção do investidor.

Os **certificados de desdobramentos** são títulos com o propósito de documentar o **fracionamento de valores mobiliários** em unidades de menor valor nominal, visando conferir maior **liquidez no mercado**. Tais certificados, também, *podem ser objeto de circulação como valores mobiliários*.

b) Os certificados de depósito de valores mobiliários – art. 2º, III

São emitidos atualmente apenas duas espécies:
a) **certificado de depósito de ações** (art. 43, Lei nº 6.404/76);
b) **certificado de depósito de debêntures** (art. 63, § 1º, Lei nº 6.404/76).

A outra possibilidade seria o certificado de depósito de partes beneficiárias. Porém, como não mais se enquadram como valores mobiliários, o art. 50, § 2º, da Lei nº 6.404/76, tornou-se "letra morta".

A companhia poderá contratar instituição financeira como **agente emissor de certificados**, que assumirá a escrituração dos seus livros empresariais, bem

---

[103] Conforme o art. 26, da Lei nº 6.404/76.
[104] FRANCO, Vera Helena de Mello; SZTAJN, Rachel. *Direito empresarial II: sociedade anônima, mercado de valores mobiliários*. 2 ed. São Paulo: Editora Revista dos Tribunais, 2009. p. 136.

como a emissão dos certificados de valores mobiliários. Tais certificados serão **nominativos**, podendo ser mantidos sob a **forma escritural**[105]. Asseguram ao seu titular o **direito de receber o valor mobiliário subjacente**, que motivou sua emissão.

A **transferência** do certificado de depósito de valores mobiliários será feita mediante **endosso** – a mesma forma de transferência dos títulos de crédito, a ser estudada posteriormente – e *implica a transferência dos valores mobiliários depositados* mencionados no certificado. O **titular do certificado** poderá, a qualquer momento, **levantar os valores mobiliários depositados**.

c) As cédulas de debêntures – art. 2º, IV

Trata-se de *título emitido, por* **instituição financeira**, *com* **lastro em debêntures**, *para garantir, mediante* **penhor impróprio**[106], *uma* **operação de mútuo**. Configuradas como valor mobiliário para negociação no mercado de balcão. "o mecanismo do *hedge*[107] pode ser de total valia para instituição financeira, adotando a posição comprada em relação à debênture, lastro da cédula; e a posição vendida tendo em vista a cédula propriamente dita"[108].

d) As cotas de fundos de investimento em valores mobiliários ou de clubes de investimento em quaisquer ativos – art. 2º, V

Os **fundos de investimento** receberam regulamentação através da Lei nº 13.874/19 – a Lei de Liberdade Econômica, ao inserir os arts. 1.368-C a 1.368-F, no Código Civil. Antes, eram regrados somente mediante Instruções Normativas da CVM. O **fundo de investimento é uma comunhão de recursos**, constituído sob a **forma de condomínio** de natureza especial, destinado à **aplicação em ativos financeiros, bens e direitos** de qualquer natureza[109].

As cotas representam **frações ideais** de um mesmo fundo de investimento. *A valorização da cota decorre da valorização do conjunto de valores que compõem o fundo.* À propósito, **não podem ser confundidas com as quotas de capital social**, das LTDAs. A sua inclusão enquanto valor mobiliário decorre do fato de terem como **ativo subjacente um conjunto de valores mobiliários**.

---

[105] Nos termos do art. 43, § 2º, da Lei nº 6.404/76.

[106] Chama-se penhor impróprio, conforme a doutrina, aquele em que o objeto permanece nas mãos do devedor.

[107] Estudado nesta obra, no capítulo 19 – Contratos Empresariais.

[108] FRANCO, Vera Helena de Mello; SZTAJN, Rachel. *Direito empresarial II: sociedade anônima, mercado de valores mobiliários.* 2 ed. São Paulo: Editora Revista dos Tribunais, 2009. p. 139.

[109] Nos termos do art. 1.368-C, do Código Civil.

e) As notas comerciais – art. 2º, VI

Com previsão legal, na Lei nº 14.195/21, também conhecidas como *commercial papers*, as notas comerciais são títulos emitidos para **circulação em massa** e **negociação em mercado de Bolsa ou de Balcão**. Trata-se de valor mobiliário, não conversível em ações, de livre negociação, consistindo em promessa de pagamento em dinheiro, sendo emitido exclusivamente sob a forma escritural, por meio de instituições autorizadas a prestar serviço de escrituração pela CVM. Sua regulamentação, até então, estava prevista na Instrução Normativa CVM nº 556/15, que admitia a circulação mediante endosso em preto.

Trata-se de papéis eficientes para a obtenção de capital de giro, sem recorrer ao sistema bancário, sendo consideradas analogicamente como debêntures de curto prazo. Podem ser emitidas tanto por sociedades anônimas quanto por sociedades limitadas e cooperativas[110].

As notas comerciais de mesma série terão igual valor nominal e conferirão os mesmos direitos aos seus titulares. A nota comercial é um título executivo extrajudicial, cobrável independente de protesto, podendo ser considerada vencida tanto a dia certo quanto no inadimplemento de obrigação constante do termo de emissão.

f) Os contratos futuros de opções e outros derivativos – art. 2º, VII e VIII

O contrato futuro tem sua origem no contrato de escambo para entrega futura, sendo dotado de características peculiares ao modo de execução diferida[111]. Tem como objetivo a **transferência ou a limitação do risco decorrente da variação do preço**, estando passíveis de *negociação em bolsa*. **Não se confunde com o contrato de compra e venda a termo**. Trata-se de contrato de compra e venda para execução futura, celebrados em Bolsa, admitindo **mecanismo de saída antecipada**, tanto da posição comprada, quanto da posição vendida.

O **contrato de opções** é um **negócio jurídico bilateral** em que se assegura o direito à **aquisição de um determinado produto financeiro**, por um *preço pré-estabelecido, dentro de um prazo certo ou de uma data pré-fixada*.

Há duas espécies de opções:
a) opções de compra – *call option*;
b) opções de venda – *put option*.

Na **opção de compra**, o titular do direito pode, se quiser, adquirir o bem ou o instrumento financeiro subjacente, durante o prazo contratado ou em data

---

[110] Nos termos do art. 46, da Lei nº 14.195/21.

[111] SALLES, Marcos Paulo de Almeida. *O contrato futuro*. São Paulo: Cultura Editores Associados, 2000. p. 55.

estabelecida, pelo preço pré-fixado. Na **opção de venda**, o titular do direito pode vender o bem ou o instrumento financeiro subjacente durante o prazo ou na data acertada pelo preço pré-fixado.

Os **derivativos são**, genericamente, contratos cujo **valor**, em sua maior parte, é derivado, ou seja, é **resultante de um ativo subjacente** que pode ser uma *comodity* – café, ouro etc. – ou um ativo financeiro – taxa de juros, ações, índice de um mercado etc. A diferença do derivativo previsto no inciso VII para o derivativo previsto no inciso VIII é que o ativo subjacente do primeiro derivativo – o do inciso VII – deve ser, necessariamente, um valor mobiliário.

g) quando ofertados publicamente, quaisquer outros títulos ou contratos de investimento coletivo, que gerem direito de participação, de parceria ou de remuneração, inclusive resultante de prestação de serviços, cujos rendimentos advêm do esforço do empreendedor ou de terceiros – art. 2º, IX

Popularmente conhecidos como *crowndfunding*, os contratos de investimento coletivos estão regulamentados pela **Lei nº 10.198/01**.

4.5 Considerações gerais sobre o mercado de valores mobiliários

O **Mercado de Valores Mobiliários** (MVM) é regulamentado pela Lei nº 6.385/76. Tal mercado é regulado a partir de controle feito pela **Comissão de Valores Mobiliários** (CVM).

Compete à CVM, dentre outras **atribuições**[112]:

a) administrar os registros de emissão pública de valores mobiliários;

b) fiscalizar as atividades e os serviços do mercado de valores mobiliários;

c) fiscalizar a veiculação de informações relativas ao mercado, às pessoas que dele participem, e aos valores nele negociados; e

d) fiscalizar e inspecionar as companhias abertas dada prioridade às que não apresentem lucro em balanço ou às que deixem de pagar dividendo mínimo obrigatório.

No uso de suas atribuições, a **CVM poderá**[113]:

a) examinar e extrair cópias de registros contábeis, livros ou documentos, dentre outros, devendo tais documentos ser mantidos em perfeita ordem e estado de conservação pelo prazo mínimo de cinco anos;

b) intimar as pessoas envolvidas e atuantes no MVM – como as companhias abertas e os auditores independentes, por exemplo – a prestar informações, ou esclarecimentos, sob cominação de multa, sem prejuízo da aplicação das penalidades previstas;

---

[112] Nos termos do art. 8º, da Lei nº 6.385/76.

[113] Nos termos do art. 9º, da Lei nº 6.385/76.

c) requisitar informações de qualquer órgão público, autarquia ou empresa pública;

d) determinar às companhias abertas que republiquem, com correções ou aditamentos, demonstrações financeiras, relatórios ou informações divulgadas;

e) apurar, mediante processo administrativo, atos ilegais e práticas não equitativas de administradores, membros do conselho fiscal e acionistas de companhias abertas, dos intermediários e dos demais participantes do mercado, aplicando-lhes as sanções cabíveis, sem prejuízo da responsabilidade civil ou criminal.

O **procedimento administrativo** para apurar **atos ilegais** e **demais ilícitos** de *administradores, conselheiros fiscais e acionistas de companhias abertas, intermediários e demais participantes do mercado* poderá ser **precedido de etapa investigativa**, em que será **assegurado o sigilo** necessário à *elucidação dos fatos ou exigido pelo interesse público*.

Verificando irregularidades, poderá impor aos infratores as seguintes **penalidades**[114]:

a) advertência;

b) multa;

c) inabilitação temporária, por até 20 anos, no máximo, para o exercício de cargo de administrador ou de conselho fiscal de entidades que dependam de registro na CVM;

d) suspensão de autorização ou registro;

e) inabilitação temporária, até o máximo de 20 anos para o exercício das atividades previstas na Lei nº 6.385/76;

f) proibição temporária, até o máximo de vinte anos, de praticar determinadas operações; e

g) proibição temporária, até o máximo de dez anos de atuar em operação no MVM.

A Lei nº 6.385/76 regulamenta, também, o **âmbito penal** das responsabilidades das pessoas que atuam perante o MVM. Trata-se do *insider trading*, considerado **crime de manipulação do mercado**, previsto no art. 27-C, e de **uso indevido de informação privilegiada**, previsto no art. 27-D. São crimes punidos com **pena de reclusão e multa**, que deverá ser aplicada em razão do **dano provocado** ou da **vantagem ilícita auferida** pelo agente[115].

4.5.1 Companhia aberta e companhia fechada

O mercado de valores mobiliários pode ser dividido em:

a) **mercado primário**; e

b) **mercado secundário**.

---

[114] Nos termos do art. 11, da Lei nº 6.385/76.

[115] Nos termos do art. 27-F, da Lei nº 6.385/76.

No *mercado primário*, ocorre a **aquisição original do valor mobiliário**, estabelecendo-se uma *relação jurídica entre o investidor e a companhia emissora do título*, e destinatária do investimento. Já no *mercado secundário* ocorrem as **aquisições posteriores**, vale dizer, a **circulação dos títulos**, estabelecendo-se *relações jurídicas entre os investidores*.

O mercado de valores mobiliários é estruturado pela **bolsa de valores** e pelo **mercado de balcão**. As *bolsas de valores* são **entidades privadas** constituídas sob a forma de **associação civil** ou de **sociedade anônima** e destinadas ao **mercado secundário**, atuando sob supervisão da CVM[116]. O *mercado de balcão* abrange toda a negociação **feita fora do ambiente de bolsa** de valores realizada por **instituições financeiras**, **sociedades corretoras** e **agentes autônomos de investimento**, sendo destinado tanto ao **mercado primário** quanto ao **mercado secundário**.

A depender de os valores mobiliários estarem ou não sujeitos à **possibilidade de negociação** perante o MVM, as sociedades anônimas são classificadas em[117]:

a) **companhia aberta**; e

b) **companhia fechada**.

Existe um critério objetivo para se avaliar tal possibilidade: a **ausência ou presença de registro na CVM**. Desse modo, considera-se *companhia aberta* a sociedade anônima que, em razão de ter registro perante a CVM, pode vir a ter seus valores mobiliários negociados perante a bolsa de valores ou o mercado de balcão; e *companhia fechada* a sociedade anônima que, não tendo registro perante a CVM, não pode vir a ter seus valores mobiliários perante o MVM.

Um aspecto marcante no âmbito da Lei nº 6.404/76 são as **diferenças entre sociedade anônima aberta e fechada**. A seguir, as distinções mais marcantes.

Sociedade anônima aberta	Sociedade anônima fechada
Constituída por subscrição pública	Constituída por subscrição privada
Tem registro perante a CVM	Não tem registro perante a CVM
Ações podem ser negociadas em bolsa	Ações não podem ser negociadas em bolsa

---

[116] Nos termos do art. 17, da Lei nº 6.385/76.

[117] Nos termos do art. 4º, da Lei nº 6.404/76, e do art. 22, da Lei nº 6.385/76.

Ações negociáveis após pagamento de 30% do preço de emissão	Estatuto pode restringir a circulação de ações, desde que não impeça a negociação ou que sujeite o acionista à aprovação de órgãos da companhia
Conselho de administração obrigatório	Conselho de administração facultativo
Não pode emitir partes beneficiárias	Pode emitir partes beneficiárias
Ações preferenciais poderão ser de uma ou mais classes	Ações ordinárias poderão ser de uma ou mais classes

É oportuno esclarecer que **somente** os valores mobiliários de emissão de **companhia registrada na CVM** podem ser **negociados no MVM**[118]. Nestes termos, *nenhuma distribuição pública de valores mobiliários será efetivada no mercado sem prévio registro na CVM*[119], que poderá classificar as **companhias abertas em categorias**, segundo as espécies e classes dos valores mobiliários por ela emitidos negociados no mercado, e especificará as normas sobre companhias abertas aplicáveis a cada categoria[120]. *Torna-se possível, portanto, a partir de normativos da CVM, uma companhia ser considerada aberta para alguns valores mobiliários e fechada para outros.* Frise-se que um acionista de uma companhia aberta não está obrigado a, quando for o caso, negociar suas ações somente pelo MVM.

---

[118] Nos termos do art. 4º, § 1º, da Lei nº 6.404/76.

[119] Nos termos do art. 4º, § 2º, da Lei nº 6.404/76.

[120] Nos termos do art. 4º, § 3º, da Lei nº 6.404/76.

8

RELAÇÕES SOCIETÁRIAS

Visando uma *melhor ou mais eficiente atuação no mercado*, muitas vezes, são estabelecidas *relações entre as sociedades* para os mais diversos fins. Tais relações podem ser oriundas da busca de **um melhor desempenho, visando crescer sua participação no mercado ou expandir os seus negócios**, ou, simplesmente, buscando **uma forma alternativa de investimento**.

De outro lado, estas relações podem decorrer, também, da **necessidade de mudanças na sua estrutura jurídica**. Tais mudanças, em tese, podem *afetar a disciplina legal das sociedades* envolvidas ou mesmo *dissolvê-las*. Para as primeiras relações, tem-se as **ligações societárias**. Para as últimas, **reorganizações societárias**. É sobre tais relações societárias que se debruça este capítulo.

1. LIGAÇÕES SOCIETÁRIAS

O direito brasileiro regulamenta, inicialmente e em *capítulo próprio*, quatro modalidades de ligações societárias:

a) **coligação ou filiação**;

b) **controle**;

c) **simples participação**; e

d) **participação recíproca**.

Completam o rol de ligações societárias fora do capitulado legal em que são regulamentadas, a **subsidiária integral**, o **consórcio societário**, o **grupo econômico**, a **sociedade de propósito específico**, a **sociedade em conta de participação** e as *joint venture*. Existe uma *duplicidade de legislações* tratando deste tema: O

Código Civil, de 2002[1], e a Lei nº 6.404/76[2]. Como a *"lei nova"* prevalece sobre a *"lei velha"*, o Código Civil, regra geral deve prevalecer. A **Lei nº 6.404/76** só será **utilizada nas lacunas** do Código Civil e naquilo que for **compatível**.

Para o exame desta parte da matéria, serão analisadas primeiramente as *situações de participação*, vale dizer, as hipóteses em que se têm uma sociedade fazendo parte do capital social da outra. Na sequência, serão abordadas as *relações jurídicas societárias* mais comuns das sociedades travarem no decorrer da sua vida no mercado.

1.1 Subsidiária integral

De maneira tradicional, já se viu, nesta obra, que a **subsidiária integral** seria conceituada como a *sociedade anônima* que tem como **único acionista uma pessoa jurídica nacional**[3]. Não há permissão jurídica para *nenhum outro tipo funcionar como sociedade subsidiária integral*. Sua constituição pode se dar de maneira **originária ou derivada**.

Originária é a constituição da companhia como **sociedade subsidiária integral, de maneira inicial**, vale dizer, ela já se constitui como subsidiária integral. *Derivada* é a constituição de subsidiária integral **a partir da aquisição**[4], por *pessoa jurídica nacional*, **de todas as ações** de uma S/A, ou **através da incorporação de ações**[5].

Com o *advento da Lei nº 13.874/19* – intitulada Lei de Liberdade Econômica, regulamentou-se a possibilidade de instituição de **sociedade limitada unipessoal**[6]. Agora, torna-se possível uma sociedade limitada vir a ser *constituída com um único sócio*. Em vista de que, na sociedade limitada, admite-se pessoa jurídica como sócio, tornou-se possível **a LTDA poder funcionar, também, como subsidiária integral**.

1.2 Controle

No que se refere ao *controle*, é importante perceber que o controle pode ser **direto** ou **indireto**. O **poder de controle** existe quando a sociedade investidora detém participação social para, *cumulativamente*, suas **deliberações prevalecerem**

---

[1] Previsto nos arts. 1.113 a 1.122, do Código Civil.

[2] Previsto nos arts. 220 a 234, da Lei nº 6.404/76.

[3] Nos termos do art. 251, da Lei nº 6.404/76.

[4] Nos termos do art. 251, § 2º, da Lei nº 6.404/76.

[5] Nos termos do art. 252, da Lei nº 6.404/76.

[6] De acordo com o art. 1.052, §§ 1º e 2º, do Código Civil.

em assembleia e elegerem o **maior número** dos administradores[7]. O controle poderá ser *direto ou indireto* a depender se a **sociedade controladora participe do capital social da controlada** (*controle direto*) ou se **exerça o seu poder mediante interposta sociedade** (*controle indireto*)[8].

Marlon Tomazette aponta, no âmbito do direito concorrencial ou antitruste, forma mais ampla – além da questão societária, de poder de controle, baseado na influência dominante que se exerce na empresa[9]:

> Neste conceito, dispensa-se a ideia de qualquer participação acionária, sendo possível que se conceba como controlador um credor da sociedade, ou um administrador que não é sócio. Tal concepção do controle é uma flexibilização maior do conceito para o direito concorrencial, dada a necessidade de se abranger uma gama maior de situações para os efeitos de defesa da concorrência.

1.3 Coligação ou filiação

Diz-se **coligada ou filiada** a sociedade de cujo capital outra sociedade participa **com dez por cento ou mais, do capital da outra, sem controlá-la**[10]. Assim, acaso se examine determinado ato constitutivo, e se perceba que, dentro do quadro de sócios, existe uma sociedade participando com mais de dez por cento do capital social, sem exercer o poder de controle, ter-se-á, então, uma relação de *coligação ou filiação*[11] entre as sociedades mencionadas.

Em se tratando de **sociedade anônima**, entretanto, a coligação está relacionada à **influência significativa**[12], ou seja, ao fato de a sociedade investidora *deter ou exercer o poder de participar nas decisões das políticas financeira ou operacional da sociedade investida*[13], sendo **presumida a influência significativa**, quando a *participação for superior a vinte por cento do capital votante* da investida[14].

---

[7] Nos termos do art. 1.098, I, do Código Civil, e do art. 243, § 2º, da Lei nº 6.404/76.

[8] Nos termos do art. 1.098, II, do Código Civil.

[9] TOMAZETTE, Marlon. *Curso de direito empresarial: teoria geral e direito societário – volume 1*. 9 ed. São Paulo: Saraiva Educação, 2018. p. 644.

[10] De acordo com o art. 1.099, do Código Civil.

[11] São expressões sinônimas.

[12] De acordo com o art. 243, § 1º, da Lei nº 6.404/76.

[13] De acordo com o art. 243, § 4º, da Lei nº 6.404/76.

[14] De acordo com o art. 243, § 5º, da Lei nº 6.404/76.

Frise-se, por oportuno: aplica-se o conceito de **sociedade coligada** previsto no **art. 243, da Lei nº 6.404/76**, somente para os **propósitos previstos nesta lei**; para os **propósitos de lei especial**, o conceito de **sociedade coligada** será o do **Código Civil**, explicado anteriormente.

1.4 Holding

A doutrina[15] denomina as ligações de **coligação** e de **controle** enquanto formas de **participação relevante**. Faz-se isso com o objeto de se estabelecer a **compreensão jurídica da sociedade** *holding*. Com efeito, apesar de o fundamento legal[16] das sociedades *holding* está previsto na Lei de Sociedades Anônimas, **qualquer tipo societário** pode assumir esta condição.

Pode-se falar em *holding* **pura** e *holding* **mista**. No primeiro caso, tem-se *holdings eminentemente operacionais*, na medida em que o seu objeto social **cinge-se à participação relevante** em outras sociedades, não havendo atividade produtiva. Tratando-se, porém, de *holding* mista, o objeto social contempla **atividade produtiva**, além da *participação em outras sociedades* que, inclusive, **não precisaria estar prevista no estatuto**.

Nas **ligações societárias de participação**, *normalmente*, o objeto de exame são **duas sociedades**, em que uma delas participa do capital social da outra. Vale dizer, uma das sociedades é integrante do quadro societário da outra. Porém, para se falar em **sociedade** *holding*, faz-se mister **três sociedades**, tendo, *uma delas*, participação relevante no capital social das demais.

1.5 Simples participação

A denominação *"participação relevante"* serve, também, para se fazer um paralelo à **simples participação**. É de *simples participação* a sociedade de cujo capital outra sociedade possua **menos de dez por cento do capital com direito de voto**[17]. Desse modo, percebe-se que *a ligação societária se modifica em conformidade com a participação do capital social*.

---

[15] TOMAZETTE, Marlon. *Curso de direito empresarial: teoria geral e direito societário*. 9 ed. São Paulo: Saraiva Educação, 2018. p. 647; CARVALHOSA, Modesto. *Comentários à lei de sociedades anônimas*. São Paulo: Saraiva. v. 4. tomo II. p. 15; MIGLIARI JÚNIOR, Arthur. *Curso de direito empresarial: volume I*. São Paulo: Malheiros, 2018. p. 271.

[16] Trata-se do art. 2º, § 3º, da Lei nº 6.404/76.

[17] De acordo com o art. 1.100, do Código Civil.

1.6 Participação recíproca

Por final, há ainda a *participação recíproca*. Neste caso, **uma sociedade participa do capital social de outra que, simultaneamente, participará do capital social da primeira**. Salvo *disposição especial de lei*, a sociedade não pode participar de outra, que seja sua sócia, por *montante superior*, segundo o balanço, ao das *próprias reservas*, excluída a reserva legal[18]. Aprovado o balanço em que se verifique ter sido excedido esse limite, a sociedade não poderá exercer o direito de voto correspondente às ações ou quotas em excesso, as quais devem ser alienadas nos cento e oitenta dias seguintes àquela aprovação.

1.7 Relações jurídicas societárias

Além das relações de participação, ou seja, do fato de uma sociedade participar do capital social de outra, é muito comum, para os mais diversos fins, serem firmadas as mais diversas parcerias empresariais, denominadas relações jurídicas societárias. Neste momento, dedica-se o estudo às relações jurídicas societárias de mais incidência na prática empresarial.

1.7.1 Consórcio societário

Apesar de regulamentado na legislação sobre sociedades anônimas[19], o *consórcio societário* pode ocorrer **entre sociedades de qualquer tipo jurídico**. Trata-se da reunião de *duas ou mais sociedades*, em razão de um objeto jurídico certo: a execução de determinado empreendimento. Não há a necessidade de relação de controle entre as sociedades consorciadas.

Classificam-se os consórcios em:

a) *Consórcio de fato*; e

b) *Consórcio de direito*.

Esta distinção se refere à **regularidade do consórcio**. Com efeito, o *consórcio de fato* é aquele que **não foi registrado perante a Junta Comercial**. Por sua vez, o **consórcio de direito** é aquele que **já obteve sua inscrição** no Registro Público de Empresas Mercantis. Seja como for, *o registro não atribuirá personalidade jurídica ao consórcio*[20].

---

[18] Nos termos do art. 1.101, do Código Civil.

[19] Nos termos do art. 278, da Lei nº 6.404/76.

[20] Nos termos do art. 278, § 1º, da Lei nº 6.404/76.

Dessa forma, as sociedades **integrantes do consórcio** societário mantêm a sua **existência distinta** e **autonomia patrimonial**. As *obrigações e responsabilidades* de cada sociedade consorciada, bem como de suas *prestações específicas*, devem ser estipuladas[21] no **contrato de consórcio**. Frise-se, por oportuno: no consórcio, *cada consorciada responde por suas obrigações*, **sem presunção de solidariedade**.

Portanto, em regra, nas **relações jurídicas internas** do consórcio, **não deve** ocorrer de uma consorciada responder por obrigações de outra sociedade.

Excepcionalmente, **a lei**, entretanto, poderá, *no consórcio*, estabelecer **responsabilidade solidária** por:

a) Danos causados ao consumidor – art. 28, § 3º, do CDC;

b) Licitações e execução de contratos administrativos – art. 15, V, da Lei nº 14.133/21;

c) Obrigações tributárias decorrentes de negócios jurídicos praticados pelo consórcio – art. 1º, da Lei nº 12.402/11.

1.7.2 Grupo econômico

Nos denominados **grupos econômicos**, também, haverá, assim como nos consórcios, uma reunião de **duas ou mais sociedades**, visando **combinar recursos ou esforços** para a realização de seus *respectivos objetos*, ou a *participar de atividades* ou *empreendimentos comuns*[22]. Apesar de previsto de maneira expressa na legislação sobre sociedades anônimas, o *grupo econômico* pode ocorrer **entre sociedades de qualquer tipo jurídico**.

O que irá **caracterizar a relação de grupo** é justamente a instituição de **uma administração geral, única**[23], para o grupo econômico como um todo, à qual estarão *submetidos os administradores das sociedades integrantes* do grupo econômico[24]. Vale dizer, apesar, das sociedades participantes terem a sua autonomia patrimonial e existência distinta preservadas, **submetem-se às orientações gerais e instruções oriundas dos administradores do grupo**.

Quanto à **regularidade**, o grupo econômico se classifica nos *mesmos moldes do consórcio*. Considera-se **grupo de direito** aquele cuja **convenção se encontra registrada** perante a Junta Comercial. **Grupo de fato**, por sua vez, é aquele cuja **convenção ainda não foi registrada** pela Junta Comercial. Seja

---

[21] Nos termos do art. 279, IV, da Lei nº 6.404/76.

[22] Nos termos do art. 265, da Lei nº 6.404/76.

[23] De acordo com o art. 272, da Lei nº 6.404/76.

[24] Nos termos do art. 273, da Lei nº 6.404/76.

como for, é importante frisar que *cada sociedade conservará personalidade e patrimônio distintos*[25].

De outro lado, **de acordo com a estrutura**, os grupos econômicos são classificados em:
a) *Grupos de subordinação* = direção única + *holding*; e
b) *Grupos de coordenação* = direção única, somente.

Veja, portanto, que a **existência de sociedade *holding* não é fundamental**, essencial, para a constituição de um grupo econômico ou societário. É **necessária**, isso sim, a existência de uma **estrutura administrativa superior**, a fim de dinamizar como as sociedades integrantes do grupo devem funcionar, no seu aspecto mais executivo.

Por final, *mantidas a distinção da personalidade e de patrimônio entre as sociedades pertencentes* a um grupo econômico, em tese, **cada qual será responsável por suas obrigações**. No entanto, *a lei pode estabelecer a existência de responsabilidade entre as sociedades pertencentes a um mesmo grupo econômico*. Por padrão, **tal responsabilidade seria subsidiária**, havendo, em princípio, *benefício de ordem entre a sociedade devedora e as demais sociedades* do grupo, como se vê, por exemplo, no caso de danos ao consumidor[26].

Como **a solidariedade não se presume**, *decorrendo da lei ou do contrato*[27], torna-se possível, também, estabelecer-se **responsabilidade solidária entre as sociedades participantes do grupo**.

Isto acontece nos casos de:
a) Infração à ordem econômica – art. 33, da Lei nº 12.529/11;
b) Obrigações previdenciárias – art. 30, IX, da Lei nº 8.212/91;
c) Obrigações trabalhistas – art. 2º, § 2º, da CLT.

1.7.3 Sociedade de propósito específico

Como o próprio nome sugere, a **sociedade de propósito específico** (SPE) é aquela que se caracteriza por ter como *objeto social* um **negócio jurídico certo e determinado**[28]. Não se trata de um novo tipo societário. Seja uma S/A, seja uma LTDA, seja qualquer outro tipo legal, *qualquer sociedade pode assumir a condição de sociedade de propósito específico*.

---

[25] De acordo com o art. 266, da Lei nº 6.404/76.

[26] Nos termos do art. 28, § 2º, da Lei nº 8.078/90.

[27] De acordo com o art. 265, do Código Civil.

[28] De acordo com o art. 981, parágrafo único, do Código Civil.

No âmbito das ME/EPPs, é possível a constituição de uma SPE, visando negócios de *compra e venda de bens e serviços para os mercados nacional e internacional*[29]. É, também, muito comum **no âmbito do mercado imobiliário** em que construtora, incorporadora, imobiliária e, às vezes, até escritório de advocacia se unem para *viabilizar a constituição de determinado empreendimento*, como a construção de um edifício.

Não se confundem as SPEs e os consórcios. É bem verdade que, não raro, *as SPEs sucedem os consórcios, quando da celebração dos contratos.* Porém, verdadeiramente, trata-se de **relações jurídicas societárias distintas**. Com efeito, **é decorrência da constituição da SPE a atribuição de personalidade jurídica**, o que não ocorre no consórcio. Mais do que isso, as **integrantes de uma SPE** se relacionam entre si baseadas no **regime jurídico de sócio**, diferente do que ocorre no regime jurídico do consórcio.

1.7.4 Sociedade em conta de participação

Já se viu que a **sociedade em conta de participação** (SCP) está regulamentada entre os arts. 991 e 996, do Código Civil. Trata-se de sociedade em que um dos sócios – o **sócio ostensivo** – é quem, de fato, *vai operar no mercado*, enquanto o outro sócio – o **sócio oculto ou participante**, detém um *perfil capitalista de investidor*, participando dos resultados correspondentes[30].

Existe uma dúvida, na doutrina, acerca da **natureza jurídica da sociedade em conta de participação**. A bem da verdade, a **doutrina majoritária**, seguida pelo Código Civil, entende a SCP como uma **espécie societária**. Porém, há outra corrente[31], **ainda minoritária**, que vê na SCP um contrato, vale dizer, que a entende como um **contrato não associativo**.

Dentre as **motivações para a incerteza** quanto à natureza jurídica da SCP, cita-se:

a) A atividade é exercida pelo sócio e não pela "sociedade"[32];

b) A constituição independe de formalidade e se prova por qualquer meio[33];

---

[29] Nos termos do art. 56, da Lei Complementar nº 123/06.

[30] De acordo com o art. 991, do Código Civil.

[31] Por exemplo: NEGRÃO, Ricardo. *Curso de direito comercial e de empresa, volume 1: teoria geral da empresa e direito societário.* 13 ed. São Paulo: Saraiva, 2017. p. 348-349; BORBA, José Edwaldo Tavares. *Direito societário.* 3 ed. Rio de Janeiro: Freitas Bastos, 1997. p. 71; CHAGAS, Edilson Enedino das. *Direito empresarial esquematizado.* 5 ed. São Paulo: Saraiva, 2018. p. 737.

[32] Nos termos do art. 991, do Código Civil.

[33] De acordo com o art. 992, do Código Civil.

c) O registro do ato constitutivo não lhe atribui personalidade jurídica[34];
d) Na falência do sócio ostensivo, o oculto assume a condição de credor[35];
e) Só se admite novo sócio se os demais aprovarem[36]; e
f) A dissolução se opera mediante prestação de contas[37].

Seja como for, não se pode negar que, *acaso ostensivo e participante sejam sociedades*, estar-se-á diante de uma **relação jurídica societária**. Tem sido o instrumental preferido para viabilizar a *estrutura de flats e apart-hotéis*. Por estes detalhes, tem-se revelado como um *instrumento eficiente na captação de recursos*. **Não se confunde com a SPE** porque não tem personalidade jurídica e nem **com o consórcio** porque um dos sócios – o ostensivo –, por força de lei, atuará sozinho no mercado.

1.7.5 Joint venture

Joint venture, expressão utilizada para designar as **parcerias empresariais** em geral, deve ser entendida como uma **sociedade**, uma **associação** ou mesmo uma **coligação contratual** existente entre **empresas independentes**. Nesta relação jurídica societária, *a independência dos participantes é fundamental*. As partes devem ter um **projeto comum**. O padrão é a formação de *joint ventures* por **prazo determinado**, de *curta ou longa duração*, sempre a depender de sua **finalidade**: *a execução de determinado empreendimento comum*.

Pode-se falar em duas formas[38] de constituição das *joint ventures*:
a) *Joint ventures* societárias; e
b) *Joint ventures* contratuais.

Através das *joint ventures* societárias, haveria a **constituição de uma sociedade limitada**, ou mesmo **de uma sociedade anônima**, em vista da envergadura econômica ou patrimonial do empreendimento. Dessa maneira, *as empresas parceiras assumiriam a condição jurídica de sócio*. De outro lado, nas *joint venture* contratuais, ocorre a **formalização de um acordo** que, a depender do caso

---

[34] Nos termos do art. 993, do Código Civil.
[35] De acordo com o art. 994, do Código Civil.
[36] Nos termos do art. 995, do Código Civil.
[37] De acordo com o art. 996, do Código Civil.
[38] TOMAZETTE, Marlon. *Curso de direito empresarial: teoria geral e direito societário – volume 1*. 9 ed. São Paulo: Saraiva Educação, 2018. p. 657.

concreto, pode transbordar para a constituição de uma sociedade de fato. Por isso, **no Brasil**, a preferência tem sido pelas *joint venture* societárias[39].

Acerca do papel fundamental que as *joint ventures* exercem atualmente, nesse período de globalização econômica, expõe Marlon Tomazette[40]:

> Independentemente da forma usada, a *joint venture* é um instrumento de expansão empresarial muito eficaz, na medida em que permite a obtenção de maiores recursos, a simplificação na transferência de tecnologia e conhecimento, a partilha do risco de grandes empreendimentos e, eventualmente, a abertura de novos mercados regionais ou internacionais. Assim, sociedades estrangeiras que pretendiam ingressar em um mercado, como o mercado brasileiro de cervejas, que já está consolidado na mão de grandes concorrentes, tentaram criar *joint ventures* com as sociedades nacionais a fim de reduzir os custos de ingresso no mercado e facilitar a distribuição do produto.

2. REORGANIZAÇÕES SOCIETÁRIAS

Constituído determinado empreendimento econômico segundo um tipo jurídico, situações do caso concreto podem vir a determinar **alteração da estrutura jurídica** até então utilizada. Dá-se o nome de *reorganizações societárias* aos procedimentos que visam a promover **modificações na roupagem jurídica** utilizada para o desenvolvimento de uma atividade econômica.

O direito brasileiro regulamenta *quatro possibilidades de reorganizações societárias*:

a) transformação;

b) fusão;

c) incorporação; e

d) cisão.

Enquanto a **incorporação** e a **fusão** podem ser tidas como **atos de concentração econômica**[41], a **cisão** é uma **modalidade de desconcentração**. A concentração econômica ocorre toda vez que, diante de qualquer ato ou contrato, *as sociedades envolvidas deixam de ser centros decisórios autônomos*, passando a

---

[39] BASSO, Maristela. *Joint ventures: manual prático de associações empresariais.* 3 ed. Porto Alegre: Livraria do Advogado, 2002. p. 44.

[40] TOMAZETTE, Marlon. *Curso de direito empresarial: teoria geral e direito societário – volume 1.* 9 ed. São Paulo: Saraiva Educação, 2018. p. 658.

[41] Nos termos do art. 90, I e III, da Lei nº 12.529/11.

atuar no mercado a partir de um centro decisório único em suas atividades econômicas de forma permanente[42]. Por sua vez, na desconcentração econômica, ocorre o *caminho inverso*.

Antes de se conhecer cada uma das modalidades acima referidas, faz-se necessário tratar de uma questão preliminar. Trata-se da **legislação aplicável** para as *reorganizações societárias*.

Com efeito, com o advento do Código Civil, a temática passou a ter **dois regramentos jurídicos**:
a) os arts. 1.113 a 1.122, do Código Civil; e
b) os arts. 220 a 235, da Lei nº 6.404/76.

Surge, então, a pergunta: **qual legislação aplicar?**

A princípio, em se tratando de **sociedade anônima**, o regramento jurídico a ser aplicado é o da *Lei nº 6.404/76*. Já, em se tratando das *demais sociedades*, por terem sua regulamentação prevista no **Código Civil**, haverá de lhes ser aplicado as normas daquele Código. Com efeito, o *Código Civil* simplesmente **não tratou sobre a cisão**. Desse modo, para **qualquer sociedade** que venha a se submeter a uma cisão, as normas aplicáveis ao procedimento serão **sempre** as normas previstas na *Lei nº 6.404/76*.

Em todo o caso, a proteção relativa aos **direitos dos credores**, em sede de *fusão* e de *incorporação*, ocorrerá de acordo com o **Código Civil**. Vale dizer, aplica-se o art. 1.122, do Código Civil, **inclusive quanto ao prazo**, em lugar de se aplicar o art. 232, da Lei nº 6.404/76, mesmo diante de sociedade anônima envolvida na reorganização societária.

Neste aspecto, cabe destacar que, **mesmo existindo legislação específica**, o Código Civil poderá ser aplicado à sociedade por ações, naqueles temas em que **o Código Civil deu novo tratamento ao tema**. É a velha máxima: "*a lei nova derroga a lei velha*".

A Lei nº 14.195/21, ao regulamentar o voto plural, estabeleceu serem vedadas reorganizações societárias de companhias que não adotem o voto plural para aquelas que o adotem. Dessa forma, é bom destacar a interpretação *a contrario sensu*. Ora, se a restrição é de companhia que não adote para aquela que adote voto plural, é válido afirmar a possibilidade de reorganização societária de companhia que adota o voto plural para companhia que não adota.

---

[42] NUSDEO, Ana Maria de Oliveira. *Defesa da Concorrência e Globalização Econômica – o controle dos atos de concentração de empresas*. São Paulo: Malheiros, 2002. p. 21-22.

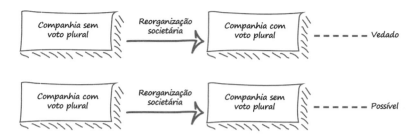

2.1 Transformação

Pode-se dizer que a **transformação** é a **reorganização societária** que consiste na **alteração do tipo jurídico** empregado para o desenvolvimento da atividade econômica, *independente de ocorrer dissolução, liquidação ou extinção da pessoa jurídica*[43]. É curioso notar: é o **único dos procedimentos** de reorganização societária em que se terá *uma sociedade antes e uma sociedade depois*. Nos demais tipos, ora se terá mais de uma sociedade antes – fusão e incorporação, ora se terá mais de uma depois – cisão.

Dessa noção, é importante perceber que a **pessoa jurídica da sociedade permanece a mesma**. Não muda o seu número de registro perante a Junta Comercial, nem o seu CNPJ. Apenas, **com a transformação** aquela sociedade, **ganha uma nova roupagem**, ou seja, "muda de cara", por assim dizer.

Antes de se apresentar os exemplos de transformação, é oportuno conhecer aquilo que **não se enquadra como transformação**. Há *três procedimentos societários* que as bancas examinadoras costumam usar como *"pegadinha"*, apontando-os como sendo exemplos de transformação.

 Ou seja, a banca indica tais procedimentos para que você saiba que **não se tratam, efetivamente, de transformação**. São eles:
a) abertura e fechamento do capital na S/A;
b) enquadramento, reenquadramento e desenquadramento no regime jurídico de ME/EPP;
c) registro de sociedades.

a) Abertura e de fechamento do capital na S/A

Com efeito, **sociedade anônima aberta** é aquela que **tem registro** perante a Comissão de Valores Mobiliários (CVM) e, em razão disso, **pode ter** suas ações e demais valores mobiliários negociados em bolsa. Por sua vez, **sociedade anônima fechada** é aquela que **não tem registro** perante a CVM e, em razão disso, **não**

---
[43] Nos termos do art. 1.113, do Código Civil, e do art. 220, da Lei nº 6.404/76.

pode ter suas ações e demais valores mobiliários negociados em bolsa[44]. O que estará aberto ou fechado será a **possibilidade de negociação** dos títulos em bolsa.

Deve-se notar que é comum ocorrer a **oscilação da companhia, entre aberta e fechada**, por questões econômicas. Assim é tanto possível *abrir o capital de uma S/A inicialmente fechada* ou vice-versa, ou seja, é possível também *fechar o capital de uma S/A inicialmente aberta*.

O **procedimento de abertura** de capital consiste no **registro da companhia** perante a CVM[45]. Somente *a partir do registro na CVM* é que poderá ocorrer **negociação dos valores mobiliários**[46]. É cabível ainda notar a possibilidade de *a companhia ser considerada aberta para determinados títulos e fechada para outros*[47].

O **fechamento do capital** ocorre mediante o **cancelamento do registro** da companhia perante a CVM. Para tanto, o **controlador** precisará apresentar **oferta pública para aquisição de ações** em circulação no mercado, *por preço justo*, sendo assegurado aos acionistas minoritários a **revisão do valor de oferta**[48]. O **preço justo** será o **maior valor de avaliação da companhia**, de acordo com as sistemáticas de cálculo possíveis. Findo o prazo de oferta pública, se restarem **menos de 5% das ações** em circulação no mercado, a assembleia poderá **deliberar o resgate** dessas ações, desde que deposite o valor do resgate – o valor da oferta, à disposição dos titulares[49].

Na **companhia** aberta, os titulares de, no mínimo, **10% das ações** em circulação no mercado poderão requerer aos administradores da companhia que **convoquem assembleia especial**, para deliberar sobre a **realização de nova avaliação** pelo mesmo ou por outro critério[50]. O requerimento deverá ser **apresentado no prazo de 15 dias** da divulgação do valor da oferta pública,

---

[44] De acordo com o art. 4º, da Lei nº 6.404/76.

[45] Nos termos do art. 4º, § 2º, da Lei nº 6.404/76.

[46] De acordo com o art. 4º, § 1º, da Lei nº 6.404/76.

[47] Nos termos do art. 4º, § 3º, da Lei nº 6.404/76.

[48] De acordo com o art. 4º, § 4º, da Lei nº 6.404/76.

[49] Nos termos do art. 4º, § 5º, da Lei nº 6.4040/76.

[50] De acordo com o art. 4º-A, da Lei nº 6.404/76.

devidamente fundamentado, *podendo os acionistas convocar a assembleia quando os administradores não atenderem, no prazo de 8 dias, ao pedido de convocação*[51].

Consideram-se **ações em circulação no mercado** todas as ações do capital da companhia aberta *menos as de propriedade do acionista controlador, de diretores, de conselheiros de administração e as em tesouraria*[52]. Os que requererem a **realização de nova avaliação** e quem votar a seu favor deverão **ressarcir a companhia** pelos custos incorridos, caso *o novo valor seja inferior ou igual ao valor inicial* da oferta pública[53]. Por isso, o *preço justo* será o **maior valor** definindo pelos critérios previstos na lei.

Perceba, porém, do **ponto de vista societário**: *a estrutura permanece a mesma*. Vale dizer, trata-se de **S/A tanto antes quanto depois** do procedimento de abertura ou fechamento do capital. Por isso, não se pode falar que tal operação seria um exemplo de transformação. O **tipo jurídico** aqui utilizado **não sofre alteração** nesse procedimento.

b) Enquadramento, reenquadramento e desenquadramento no regime jurídico de ME/EPP

Como se sabe, o **critério** para definir alguém ou alguma coisa como **ME/EPP** é o da **receita bruta anual**[54]. Para a **ME**, a receita bruta anual deve ser **igual ou inferior a R$ 360.000,00**; para a **EPP**, a receita bruta deve ser **superior a R$ 360.000,00 e igual ou inferior a R$ 4.800.000,00**. Desde que se respeite a tais limites, tanto o *empresário individual*, quanto *sociedades, simples ou empresárias*, como ainda, a *EIRELI*, podem se enquadrar como ME ou EPP.

Enquadrar significa **entrar no sistema**, passando a **se submeter ao regime jurídico aplicável** às ME/EPPs[55]. **Reenquadrar** significa *"mudar de faixa"*, ou seja, **deixar ser ME e passar a ser EPP**, ou vice-versa[56]. Por final, **desenquadrar** significa **sair do sistema**, deixando de lhe ser aplicado, portanto, o regime jurídico previsto pela Lei Complementar nº 123/06. **Regra geral**, tais situações produzem efeitos ***ex nunc***, a não ser o **desenquadramento no ano calendário de registro** quando ultrapassar em *mais de 20% o limite proporcional* de receita bruta – nesta hipótese, será ***ex tunc***[57].

---

[51] Nos termos do art. 4º-A, § 1º, da Lei nº 6.404/76.

[52] De acordo com o art. 4º-A, § 2º, da Lei nº 6.404/76.

[53] Nos termos do art. 4º-A, § 3º, da Lei nº 6.404/76.

[54] De acordo com o art. 3º, da Lei Complementar nº 123/06.

[55] O enquadramento se dará com o registro, perante a Junta Comercial, da declaração de ME/EPP, na forma do art. 32, II, "d", da Lei nº 8.934/94.

[56] A avaliação da receita brutal anual, por suposto, deve ser realizada anualmente.

[57] Nos termos do art. 3º, §§ 10 e 12, da Lei Complementar nº 123/06.

Assim, por exemplo, uma sociedade limitada que se enquadra como ME e que no ano seguinte passar a ser EPP, em razão de sua receita bruta anual, continua sendo, na origem, uma sociedade limitada. **Não se trata**, portanto, de **transformação de sociedades**, haja vista que o **tipo societário não foi alterado**.

c) Registro de sociedades

Conforme já estudado, para as **sociedades personificadas**, é o *registro dos atos constitutivos* no órgão competente que vai **atribuir personalidade jurídica** a elas[58]. Porém, diante de uma sociedade **sem contrato social escrito** ou mesmo que ainda **não o tenha levado a registro**, as relações dos sócios entre si e destes perante terceiros serão tratadas, até a ocasião do registro, de acordo com as normas da **sociedade em comum**[59].

Assim, imagine que duas pessoas constituíram entre si uma sociedade empresária, cujo contrato social identificava a sociedade limitada como tipo societário escolhido para o empreendimento. Enquanto não ocorrer o seu registro realizado pela Junta Comercial, o regramento jurídico aplicável será o da sociedade em comum. Somente, a partir do registro, é que as normas relativas à sociedade limitada é que poderão ser aplicáveis.

Apesar de, como visto, serem **trocadas as normas aplicáveis** no caso concreto, também, neste caso, **não se há de falar em transformação**, sendo certo que **o registro confere regularidade ao exercício da empresa**. Com efeito, somente a partir do registro é que se poderá falar verdadeiramente em sociedade limitada.

Visto, portanto, o que não é transformação, é importante perceber alguns **exemplos de transformação** de acordo com a lei brasileira:

a) Sociedade limitada passar a ser sociedade anônima, e vice-versa[60];

b) Sociedade em nome coletivo passar a ser sociedade em comandita simples, e vice-versa;

c) Sociedade em comandita simples passar a ser sociedade limitada, e vice-versa.

---

[58] De acordo com o art. 985, do Código Civil.

[59] Nos termos do art. 986, do Código Civil.

[60] Modalidade mais viável de ocorrer na prática.

Não se pode deixar de notar, ainda, que, com as alterações trazidas pela legislação extravagante, sempre atenta ao princípio da preservação da empresa, **outras possibilidades de transformação** surgiram:

a) O empresário individual passar a sociedade empresária, caso venha a admitir novos sócios[61];

b) A sociedade empresária passar a ser empresário individual ou EIRELI, caso um único sócio continue no negócio[62].

Com o advento da **Lei de Liberdade Econômica** – a Lei nº 13.874/19, uma **nova hipótese** chega à discussão. A mencionada legislação, ao alterar o Código Civil, positivou a possibilidade de se constituir a **sociedade limitada unipessoal**[63]. É cabível notar, além do mais, que a condição de sociedade limitada unipessoal pode decorrer de ato superveniente à constituição. Assim, uma sociedade limitada que, inicialmente, tinha pluralidade de sócios e que, por qualquer fato posterior, passa a ter sócio único pode ser considerada um caso de reorganização societária? Vale dizer: Trata-se de mais um caso de transformação?

A resposta para esta questão, parece-me, deve ser **negativa**. Não se trata de mais um caso efetivamente de transformação. **Não houve alteração do tipo jurídico**, que continua o mesmo, o tempo inteiro: LTDA. Dessa forma, tem-se aqui mais um *exemplo relacionado ao registro de sociedade* que pode levar a erro, achando se tratar de hipótese de transformação.

Note, dos exemplos citados, que o grande **efeito da transformação** é o de poder **alterar a responsabilidade patrimonial dos sócios** – de pelo menos, um deles, daqueles que investiram para o exercício de atividade econômica. Por conta deste fato, o legislador exige, como regra geral, a **aprovação unânime dos sócios** para a realização de uma transformação[64].

Imagine a situação de uma sociedade limitada que pretende aprovar a sua transformação para a sociedade em comandita simples. Algum dos sócios, pelo menos um, deverá assumir o papel de sócio comanditado e, neste caso, passar a

---

[61] De acordo com o art. 968, § 3º, do Código Civil.

[62] Nos termos do art. 1.033, parágrafo único, do Código Civil. É importante afirmar que o art. 1.033, parágrafo único, do Código Civil veio a ser revogado pela Lei nº 14.195/21. Porém, ao ver deste autor, apesar da revogação, a possibilidade de transformação mencionada ainda se apresenta como viável.

[63] Nos termos do art. 1.052, §§ 1º e 2º, do Código Civil.

[64] Nos termos do art. 1.114, do Código Civil e do art. 221, da Lei nº 6.404/76.

ter responsabilidade ilimitada. Daí a necessidade de, como regra geral, o quórum de aprovação ser o da unanimidade.

Porém, caso haja **expressa previsão no ato constitutivo** da sociedade de que ela poderá passar por transformação, o quórum de **aprovação recua para a maioria absoluta** (sócios que representem mais da metade do capital social). Neste caso, **os sócios dissidentes** teriam, então, o **direito de se retirar da sociedade**.

É, ainda, possível ocorrer a **renúncia do direito de retirada**, desde que haja **expressa previsão no contrato social**. Se for este o caso, aprova-se por maioria a transformação, *não sendo possível aos sócios minoritários exercerem o direito de retirada*.

É o que se denomina *"sociedade-piloto"*. Trata-se de uma sociedade constituída com o **exclusivo propósito de vir a ser transformada**.

Pode-se falar em "sociedade-piloto" toda vez que o contrato social prever:

a) a possibilidade de a sociedade vir a ser transformada; e, cumulativamente,

b) a expressa renúncia ao direito de retirada dos minoritários.

Por final, Haroldo Malheiros Duclerc Verçosa diferencia a transformação simples da transformação constitutiva. Na **transformação simples**, a alteração se limita, apenas, aos **pontos incompatíveis** entre si. Neste caso, o capital social, o objeto da sociedade, o quadro de sócios e as participações deles em relação ao mesmo capital permanecem incólumes. Na **transformação constitutiva**, além das mudanças essenciais, decorrentes da escolha do novo tipo, é proposta **alteração nos aspectos destacados**[65].

2.2 Fusão

A **fusão** é a **reorganização societária** em que são envolvidas **duas ou mais sociedades** e consiste na **união** destas sociedades, que se extinguirão, para **constituir uma sociedade nova**, sucessora em direito e obrigações[66]. As *sociedades que serão extintas* são denominadas **fundidas**; já a *sociedade nova* é denominada **fusionada**.

---

[65] VERÇOSA, Haroldo Malheiros Duclerc. *Direito comercial: sociedade por ações*. 3 ed. São Paulo: Editora Revista dos Tribunais, 2014.

[66] De acordo com o art. 1.119, do Código Civil, e com o art. 228, da Lei nº 6.404/76.

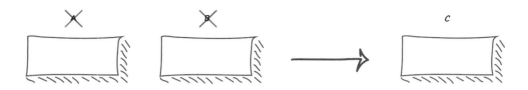

Normalmente, as sociedades que vão se submeter a procedimento de fusão **não precisam ser do mesmo tipo societário**; tão pouco, a sociedade nova precisa ter o mesmo tipo societário das que se extinguiram. É possível, portanto, uma sociedade em nome coletivo se fundir com uma sociedade em comandita simples e originar uma sociedade limitada. Entretanto, a **sociedade cooperativa só pode se fundir com outra cooperativa** para dar ensejo a uma terceira cooperativa[67].

Assim, se você era credor, devedor ou sócio de uma das sociedades que passará por fusão, você passará a ser credor, devedor ou sócio da sociedade nova. A sociedade nova ou fusionada é considerada **sucessora universal** das sociedades fundidas.

2.3 Incorporação

A **incorporação** é a **reorganização societária** em que são envolvidas **duas ou mais sociedades** e consiste na **extinção de algumas delas** para serem **absorvidas pela sociedade que permanecerá no mercado**, sucedendo-lhes em direitos e obrigações[68]. A *sociedade que vai absorver* as demais é denominada **incorporadora** e as *sociedades que serão absorvidas* são denominadas **incorporadas**.

Nos mesmos moldes do que ocorre no âmbito da fusão, a princípio, **na incorporação**, as sociedades, incorporadora e incorporada, **não precisam ser do mesmo tipo legal**. Com efeito, pode ocorrer, por exemplo, de uma sociedade limitada incorporar uma sociedade anônima, e vice-versa. A **exceção** fica por conta, uma vez mais, da **sociedade cooperativa** cuja *legislação só admite incorporar outra ou ser incorporada por outra* cooperativa[69].

---

[67] Nos termos dos arts. 57 e 58, da Lei nº 5.764/71.
[68] De acordo com o art. 1.116, do Código Civil, e com o art. 227, da Lei nº 6.404/76.
[69] Nos termos do art. 59, da Lei nº 5.764/71.

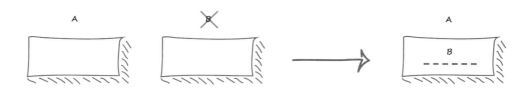

Assim, se você era sócio, credor ou devedor de uma sociedade que será incorporada, após a incorporação você será considerado sócio, credor ou devedor da sociedade incorporadora.

2.4 Cisão

A **cisão** é o procedimento de **reorganização societária** que implica a divisão, o **fracionamento**, a segregação de **uma sociedade em várias massas patrimoniais**, seja para **constituição de novas sociedades**, seja para **ser absorvidas em sociedades já existentes**[70]. Frise-se, por oportuno: apesar de regulamentada, somente, na legislação sobre sociedades anônimas, **qualquer tipo de sociedade pode vir a ser cindida**.

Portanto, uma sociedade limitada, à míngua de legislação temática, também pode passar por uma cisão, sem sequer adotar a Lei nº 6.404/76 como regência supletiva. Por sua vez, em face das **sociedades cooperativas**, não se fala em cisão, mas sim em **desmembramento**[71]. Trata-se, *em tese*, apenas, de **mudança de nome** do instituto. Porém, enquanto *uma sociedade limitada pode ser cindida para constituir uma sociedade anônima, ou vice-versa, as cooperativas, somente, podem ser desmembradas em outras*.

Na perspectiva da **sociedade que sofrerá a cisão**, pode-se falar em:

a) **Cisão total:** a sociedade cindida é extinta;

b) **Cisão parcial:** a sociedade cindida não é extinta.

Do ponto de vista das **sociedades resultantes da cisão**, pode-se falar em:

a) **Cisão pura:** a cisão ocorre para a constituição de uma nova sociedade;

b) **Cisão absorção:** a cisão ocorre para transferir patrimônio para sociedade já existente.

Do ponto de vista do **vínculo societário**, pode-se falar em:

a) **Cisão *holding*:** há ligação societária entre as sociedades resultantes da cisão; e

b) **Cisão simples:** não há ligação societária entre as sociedades resultantes da cisão.

---

[70] Nos termos do art. 229, da Lei nº 6.404/76.

[71] De acordo com o art. 60, da Lei nº 5.764/71.

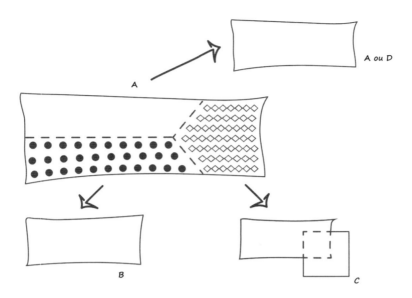

Assim, ocorrido o procedimento acima, se a sociedade A permanecer, ter-se-á cisão parcial. Se na massa patrimonial pertinente à sociedade A passar a existir a sociedade D, ter-se-á cisão total. Por sua vez, do ponto de vista da sociedade B, houve uma cisão pura. Já, em se tratando da sociedade C houve cisão absorção. Por final, se analisados os atos constitutivos das envolvidas, houver uma delas que participe do capital das demais, ocorreu cisão *holding*; estando todas as sociedades independentes, sem que uma participe das demais, então ocorreu cisão simples.

A sociedade que **absorver parcela do patrimônio da companhia cindida sucede a esta** nos direitos e obrigações relacionados no ato da cisão; no caso de *cisão com extinção*, as sociedades que **absorverem parcelas do patrimônio da companhia cindida sucederão a esta**, na *proporção dos patrimônios líquidos transferidos*, nos direitos e obrigações não relacionados[72]. Em ambos os casos, haverá **responsabilidade solidária entre as sociedades resultantes da cisão**.

Não se pode deixar de notar que o **ato de cisão parcial** poderá estipular que as sociedades que absorverem parcelas do patrimônio da companhia cindida serão responsáveis apenas pelas obrigações que lhes forem transferidas, **sem solidariedade entre si ou com a companhia cindida**. Neste caso, qualquer credor anterior poderá se **opor à estipulação**, em relação ao seu crédito, desde

---

[72] De acordo com o art. 233, da Lei nº 6.404/76.

que **notifique a sociedade no prazo de 90 dias** a contar da data da publicação dos atos da cisão[73]. Tal possibilidade **inexiste para a cisão total**.

2.5 Direito de retirada

Se, de um lado, pode-se entender as **reorganizações societárias** como **direito da sociedade**, de outro, através desses procedimentos, **não será possível prejudicar o direito de terceiros**, como os sócios. Desta forma, aqueles sócios que não concordarem com o "ato reorganizacional", podem, querendo, despedir-se da sociedade. Se for o caso, *esse pedido "para sair" da sociedade se dará mediante direito de retirada*.

O **direito de retirada** é o direito que os sócios têm de **deixarem de ser sócios** quando não concordarem mais com o andamento da sociedade ou quando perderem a denominada *affectio societatis*. **Não é direito de retirada**, o direito que o sócio tem de **vender a sua participação societária a terceiro,** sócio ou não. **É direito de retirada** o sócio ter suas **quotas liquidadas** ou ações reembolsadas, mediante pedido próprio. Apesar de uma sutil diferença conceitual, *na prática, pode-se entender como sinônimo de direito de recesso*.

No âmbito da **sociedade limitada**, existe **previsão expressa** para o direito de retirada em face de **incorporação** ou de **fusão**, sendo **omisso em caso de cisão**[74]. Apesar disso, como a cisão implica **alteração no ato constitutivo** da sociedade cindida, deve-se entender como viável o direito de retirada em face da cisão. Não se esqueça, ademais, que *a cisão total é o procedimento inverso da fusão* e *a cisão parcial é o procedimento inverso da incorporação*. Se pode indo, pode vindo.

Já no âmbito de uma **sociedade anônima**, à luz do que prescrevem os arts. 136 e 137, da Lei nº 6.404/76, entende-se ser **possível o direito de retirada** em face de **incorporação** ou de **fusão**, se houver **falta de liquidez e dispersão** das ações no mercado[75].

Já, no que tange à cisão, só **caberá o direito de retirada, se a cisão implicar**:
a) mudança de objeto social;
b) redução do dividendo obrigatório; e
c) participação em grupo de sociedade.

---

[73] Nos termos do art. 233, parágrafo único, da Lei nº 6.404/76.
[74] Nos termos do art. 1.077, do Código Civil.
[75] De acordo com o art. 137, II, da Lei nº 6.404/76.

2.6 Direito dos credores

Apesar de ser *direito da sociedade o de se reorganizar ou de se adequar a novas realidades econômicas*, **não será possível prejudicar o direito dos credores**. É, por isso, que os *credores das sociedades incorporadas, fundidas e cindidas* **se tornam credores**, respectivamente, *das sociedades incorporadoras, fusionadas ou resultantes da cisão*. Trata-se do fenômeno da **sucessão empresarial**.

Porém, é **possível ser promovida a anulação** da incorporação, da fusão e da cisão de sociedades, caso o credor venha a ser **efetivamente prejudicado** por tais atos. Tal anulação ocorrerá na **via judicial**[76]. Tal norma *vale, também, para a sociedade por ações*. O art. 233, da Lei nº 6.404/76 – por ser *"lei velha"* – foi **derrogado** pelo art. 1.122, do Código Civil – por ser *"lei nova"*.

É importante compreender que **nenhum dos atos de reorganização societária pode vir a prejudicar direito de credores**. Daí a legislação determinar que *as sociedades resultantes serão sucessoras das sociedades que virem a se extinguir pela reorganização*. Apesar disto, o credor anterior, por elas prejudicado, poderá **promover judicialmente a anulação**, em *até 90 dias depois de publicados os atos de incorporação, fusão e cisão*.

A consignação em pagamento **prejudicará** a anulação pleiteada[77]. Sendo **ilíquida a dívida**, a sociedade poderá *garantir-lhe a execução*, suspendendo-se o processo de anulação[78]. Ocorrendo, nos 90 dias acima referido, a **falência da sociedade** incorporadora, da sociedade nova ou da sociedade cindida, **qualquer credor terá direito a pedir a separação dos patrimônios**, para o fim de serem os créditos pagos pelos bens das respectivas massas[79].

---

[76] De acordo com o art. 1.122, do Código Civil.
[77] Nos termos do art. 1.122, § 1º, do Código Civil.
[78] De acordo com o art. 1.122, § 2º, do Código Civil.
[79] Nos termos do art. 1.122, § 3º, do Código Civil.

9

MICROEMPRESA E EMPRESA DE PEQUENO PORTE

A **tutela jurídica** das **microempresas** (ME) e das **empresas de pequeno porte** (EPP) guarda **assento constitucional**. Com efeito, é **princípio geral da atividade econômica** o *tratamento favorecido para as empresas de pequeno porte nacionais* (vale dizer, as empresas brasileiras de pequena envergadura econômica)[1]. De outro lado, é **dever do Estado** assegurar às **ME/EPPs, tratamento jurídico diferenciado**, visando incentivá-las através da **simplificação de suas obrigações** administrativas, tributárias, previdenciárias ou creditícias ou de sua **eliminação ou redução**[2].

A tutela constitucional das ME/EPPs é bem recente, haja vista que, *somente com a Constituição Federal de 1988*, ganharam guarida na Carta Magna. Apesar disso, a preocupação com a *defesa do empresariado nacional de pequena envergadura econômica* já vem desde antes. Com efeito, **até a década de 1970**, nesse país, existia, apenas, **um único regime jurídico empresarial** aplicável, da "nanoempresa"[3] à "macroempresa"[4].

Éramos, e ainda somos, em geral, *um país de pequenas empresas com uma legislação capaz de ser atendida somente pela grande empresa*. Visando corrigir essa distorção, através do Decreto nº 83.740/79, foi instituído o **Programa**

---

[1] De acordo com o art. 170, IX, da Constituição Federal.

[2] De acordo com o art. 179, da Constituição Federal.

[3] A expressão é de Wilges Ariana Bruscato, em: BRUSCATO, Wilges Ariana. *Manual de direito empresarial brasileiro*. São Paulo: Saraiva, 2011.

[4] A expressão é de Arthur Migliari Júnior, em: MIGLIARI JÚNIOR, Arthur. *Curso de direito empresarial: volume 1*. São Paulo: Malheiros, 2018.

Nacional de Desburocratização que trazia como **objetivo**, dentre outros: "fortalecer o sistema de livre empresa, *favorecendo a empresa pequena e média*, que constituem a matriz do sistema".

É dessa *primeira onda de desburocratização*[5] ocorrida no Brasil que decorre o **regramento jurídico aplicável** às microempresas e às empresas de pequeno porte. Tudo iniciou com a **Lei nº 7.256/84** – o primeiro Estatuto da Microempresa, que **dispensou a escrituração**, mas que não atendeu aos objetivos. A **Lei nº 8.864/94** – o segundo Estatuto, *contemplando a distinção de ME/EPP*, **restaurou a obrigatoriedade de escrituração**, que poderia ser feita "*de forma simplificada*, postergando sua regulamentação, que acabou por não acontecer"[6].

Com o advento da Lei nº 9.317/96, instituiu-se o Simples – o regime tributário simplificado, comentado posteriormente. Já, com a Lei nº 9.841/99, restou estabelecido o "terceiro Estatuto", cuja evolução finaliza com o advento da Lei Complementar nº 123/06, ao instituir o Estatuto Nacional da Microempresa e da Empresa de Pequeno Porte. É sobre os aspectos mais ligados ao Direito Empresarial de tal legislação que se dedica o presente capítulo.

1. CONSIDERAÇÕES GERAIS

A Lei Complementar nº 123/06 foi instituída, visando, como objetivo[7], estabelecer normas gerais sobre o tratamento diferenciado e favorecido das ME/EPPs, especialmente no que se refere:

a) À apuração e recolhimento de tributos mediante um regime único de tributação;

b) Ao cumprimento de obrigações trabalhistas e previdenciárias, inclusive acessórias;

c) Ao acesso a crédito e ao mercado, com preferência na aquisição de bens e serviços pelo Poder Público; e

d) ao cadastro nacional único de contribuintes a que se refere o inciso IV do parágrafo único do art. 146, *in fine*, da Constituição Federal.

O *tratamento diferenciado e favorecido* a ser dispensado às microempresas e às empresas de pequeno porte será **gerenciado pelas instâncias** a seguir[8]:

a) Comitê Gestor do Simples Nacional;

b) Fórum Permanente das Microempresas e Empresas de Pequeno Porte;

c) Comitê Gestor da Rede Nacional para Simplificação do Registro e da Legalização de Empresas e Negócios – CGSIM.

---

[5] Pode-se falar em uma "segunda onda de desburocratização" iniciada recentemente, através da Lei nº 13.874/19 – Lei de Liberdade Econômica, já tratada diversas vezes ao longo desta obra.

[6] MIGLIARI JÚNIOR, Arthur. *Curso de direito empresarial: volume 1*. São Paulo: Malheiros, 2018. p. 63.

[7] Nos termos do art. 1º, da Lei Complementar nº 123/06.

[8] De acordo com o art. 2º, da Lei Complementar nº 123/06.

1.1 Enquadramento jurídico

O aspecto inicial é o de se entender **quem pode vir a ser enquadrado como ME ou como EPP**. Nesse ínterim, é válido afirmar que tanto o **empresário individual**, quanto **sociedades,** *simples ou empresárias,* como também a **empresa individual de responsabilidade limitada** podem se enquadrar como ME ou EPP[9]. Perceba-se, aqui, curiosamente, a *atecnia do legislador.*

Com efeito, **não se faz necessária** a adequação à compreensão jurídica de empresário para que **seja possível a submissão** ao regime jurídico previsto pela Lei Complementar nº 123/06. Note-se o caso da *sociedade simples.* **Apesar de não ter caráter empresarial, a lei admite a possibilidade de seu enquadramento** perante o regime jurídico de ME e de EPP. Dessa forma, **não precisa ser empresário ou titular de empresa** para que se habilite a **poder fazer a opção** entre o regime empresarial comum e o regime simplificado.

O **critério utilizado** para o enquadramento é o da *receita bruta anual.* Considera-se **receita bruta** o produto da venda de bens e serviços nas operações de conta própria, o preço dos serviços prestados e o resultado nas operações em conta alheia, não incluídas as vendas canceladas e os descontos incondicionais concedidos[10]. **Não se confundem** *receita bruta e lucro.* Lucro é tudo aquilo que eu ganhei menos tudo aquilo que eu gastei. Por sua vez, receita bruta é, somente, aquilo que eu ganhei.

Vale dizer, poderão se enquadrar como **microempresa** aqueles que tiverem receita bruta anual de *até R$ 360.000,00 (trezentos e sessenta mil reais).* Já como **empresa de pequeno porte** serão enquadrados os que tiverem receita bruta anual *superior a R$ 360.000,00 (trezentos e sessenta mil reais) e igual ou inferior a R$ 4.800.000,00 (quatro milhões e oitocentos mil reais).*

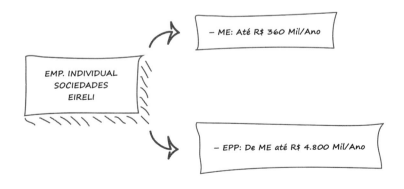

---

[9] É o que prevê o art. 3º, da Lei Complementar nº 123/06.

[10] De acordo com o art. 3º, § 1º, da Lei Complementar nº 123/06.

1.2 Exclusões

Não se pode deixar de notar que, *apesar da receita bruta anual*, existem pessoas jurídicas que *não poderão se enquadrar* como microempresa ou empresa de pequeno porte. Trata-se, portanto, de **casos de exclusão da compreensão jurídica de microempresa ou de empresa de pequeno porte**.

Vale dizer, **mesmo que tenham receita bruta** anual igual ou inferior a R$ 4.800.000,00 (quatro milhões e oitocentos mil reais), **não poderão se beneficiar** do regime jurídico diferenciado de ME e de EPP. Tais casos se referem à pessoa jurídica[11]:

a) de cujo capital participe outra pessoa jurídica – inciso I;

b) que seja filial, sucursal, agência ou representação, no País, de pessoa jurídica com sede no exterior – inciso II;

c) de cujo capital participe pessoa física que seja inscrita como empresário ou seja sócia de outra empresa que receba tratamento jurídico diferenciado nos termos da Lei Complementar nº 123/06, desde que a receita bruta global ultrapasse o limite de R$ 4.800.000,00 – inciso III;

d) cujo titular ou sócio participe com mais de 10% do capital de outra empresa não beneficiada pela Lei Complementar nº 123/06, desde que a receita bruta global ultrapasse o limite de R$ 4.800.000,00 – inciso IV;

e) cujo sócio ou titular seja administrador ou equiparado de outra pessoa jurídica com fins lucrativos, desde que a receita bruta global ultrapasse o limite de R$ 4.800.000,00 – inciso V;

f) constituída sob a forma de cooperativas, salvo as de consumo – inciso VI;

g) que participe do capital de outra pessoa jurídica – inciso VII;

h) que exerça atividade de banco comercial, de investimentos e de desenvolvimento, de caixa econômica, de sociedade de crédito, financiamento e investimento ou de crédito imobiliário, de corretora ou de distribuidora de títulos, valores mobiliários e câmbio, de empresa de arrendamento mercantil, de seguros privados e de capitalização ou de previdência complementar – inciso VIII;

i) resultante ou remanescente de cisão ou qualquer outra forma de desmembramento de pessoa jurídica que tenha ocorrido em um dos 5 (cinco) anos-calendário anteriores – inciso IX;

j) constituída sob a forma de sociedade por ações – inciso X; e

k) cujos titulares ou sócios guardem, cumulativamente, com o contratante do serviço, relação de pessoalidade, subordinação e habitualidade – inciso XI.

Note a perspectiva da legislação. Com efeito, *o propósito não é o de o empresário passar a vida toda na condição de ME/EPP*, apesar de que isso possa acontecer em razão de questões econômicas. A ideia é que se estabeleça um **regime jurídico "mais *light*" para os agentes de menor envergadura econômica**, a fim de que eles possam sonhar, um dia, em se tornarem grandes. Não é à toa que **a diferença entre a ME e a EPP é meramente de escala**, ou seja, é o **valor da receita bruta anual**.

---

[11] Previstos no art. 3º, § 4º, da Lei Complementar nº 123/06.

Dessa forma, *se o sujeito já é grande, não faz sentido permanecer sob os auspícios da Lei Complementar nº 123/06*. Daí a vedação pertinente aos incisos II, VI, VIII, IX e X. Com efeito, tudo o que uma sociedade anônima, uma sociedade cooperativa ou uma instituição financeira não são é serem micro ou pequenas. Por uma diretriz, meramente política, **admite-se que as cooperativas de consumo sejam enquadradas como ME/EPP**. *Nos mesmos moldes*, tudo o que uma sociedade estrangeira, atuante no Brasil, ou multinacional, não é, é ser pequena.

Sob um tom mais grave, encontram-se as **sociedades que se submetem a reorganizações societárias**. Com efeito, muitas vezes, vendo a pessoa jurídica estar com receita bruta aproximada do limite global permitido para o sistema da Lei Complementar nº 123/06, o empreendedor pode querer tomar a decisão de realizar a **cisão** ou o **desmembramento** daquela pessoa jurídica em duas ou mais, *visando se afastar do limite* acima referido. Neste caso, além de ser **excluída do sistema**, *as pessoas jurídicas resultantes ficarão*, por **5 anos-calendário**, *impedidas de enquadramento*.

Os incisos I e VII representam os dois lados de uma mesma moeda. Com efeito, as **relações de participação societárias**, estudadas no Capítulo anterior, são imprescindíveis para a formação dos denominados **grupos verticais ou de subordinação**. Dessa forma, *nem a sociedade que participa do capital social de outra, nem a sociedade que tem em seu capital social outra sociedade na condição de sócio, pode se enquadrar como ME/EPP*. Para dizer o mínimo, são **noções antagônicas** a de grupo econômico e a de ME/EPP.

Além das relações jurídicas societárias típicas, por exemplo, os grupos econômicos e consórcios societários, há relações jurídicas atípicas denominadas *joint ventures*. Nestes casos, previstos nos incisos III, IV e V, será preciso **somar as receitas brutas dos envolvidos, a fim de verificar se é possível o enquadramento** como ME/EPP. Se o somatório das receitas brutas for **inferior ao limite global previsto**, ainda será possível a pessoa jurídica se enquadrar na Lei Complementar nº 123/06.

1.3 Nome empresarial

Em princípio, **as mesmas regras** já estudadas neste livro a respeito do nome empresarial **se aplicam às microempresas e empresas de pequeno porte**. Com efeito, se a pessoa jurídica a se enquadrar for um empresário individual, uma sociedade limitada ou uma empresa individual de responsabilidade limitada, devem ser respeitadas as regras para a formação dos respectivos nomes empresariais, estabelecidas pelo Código Civil.

Inicialmente, *em homenagem ao princípio da veracidade*, as sociedades que se enquadravam como ME/EPP **precisavam acrescentar ao nome empresarial as respectivas abreviações "ME" ou "EPP"**, estando *dispensadas da indicação do objeto*[12]. Assim, por exemplo, na denominação de uma "LTDA-ME", não será necessária a designação do objeto da sociedade. Porém, **tal norma veio a ser revogada**[13].

Atualmente, com o advento da Instrução Normativa DREI nº 81/20, não é mais possível que o nome empresarial traga as expressões "ME" ou "EPP" ao final, nem há obrigatoriedade de informar o objeto social, quando do uso de denominação. Esse novo regramento aparenta afrontar o princípio da veracidade do nome empresarial. Porém, até que venha a ocorrer jurisprudência, em especial do STJ, em sentido contrário, será o entendimento mais correto a ser exigido em provas e concursos em geral.

1.4 Atos societários: publicação dispensada

Conforme já estudou, em princípio, *há exigência legal para a publicação de determinados atos societários*. É o que acontece, por exemplo, com a realização de um trespasse[14] ou a convocação de assembleia em sociedade limitada[15]. Trata-se de **requisito de validade** para o ato societário. A falta de publicação, assim, faz com que o ato não surta efeitos jurídicos perante terceiros.

Tendo em vista o *tratamento diferenciado, simplificado e favorecido* para as ME/EPPs, os empresários, as sociedades e as EIRELIs enquadradas ficam **dispensadas da publicação de qualquer ato societário**[16]. Assim, em se tratando de microempresa, por exemplo, não é preciso a publicação do trespasse para assegurar a operação empresarial. Frise-se, por oportuno: **a dispensa se refere, somente, à publicação do ato societário**, sendo, ainda, *necessário o registro do ato no órgão competente, quando for o caso*.

2. TRATAMENTO DIFERENCIADO

Como a própria lei estabelece[17], o tratamento diferenciado aplicável às ME/EPPs se refere aos planos tributário, trabalhista, previdenciário, fiscaliza-

---

[12] De acordo com o art. 72, da Lei Complementar nº 123/06.

[13] De acordo com o art. 10, V, da Lei Complementar nº 155/16.

[14] Nos termos do art. 1.144, do Código Civil.

[15] De acordo com o art. 1.152, § 3º, do Código Civil.

[16] Nos termos do art. 71, da Lei Complementar nº 123/06.

[17] Nos termos do art. 1º, da Lei Complementar nº 123/06.

tório e de acesso à justiça. Dados os objetivos desta obra, serão apresentadas *considerações gerais acerca do tratamento diferenciado* nos diversos aspectos legalmente considerados.

2.1 Tratamento tributário

O **principal incentivo** a que um agente econômico tem para buscar o registro de ME e de EPP reside justamente na possibilidade de se beneficiar do **regime tributário simplificado**, consistente em um *regime especial unificado de arrecadação de tributos*, conhecido por **Simples Nacional**[18]. Fica a crítica: "o *Simples, de simples, só tem o nome*"! Às vezes, o seu cálculo acaba sendo mais complexo do que o da tributação convencional.

Este *regime especial unificado de arrecadação de tributos* é denominado **Simples** pelo fato de que será realizada, apenas, uma **única contabilidade tributária** para realizar um **único pagamento**, *de caráter mensal*[19]. E é **Nacional**, por abranger *tributos federais, estaduais*[20] *e municipais*[21]. Diferentemente da **tributação convencional**, em que, *para cada tributo*, há uma **contabilidade tributária específica**, bem como uma **forma específica de pagá-lo**.

Apesar de se tratar de um regime tributário específico para quem está enquadrado como ME/EPP, trata-se de *mero regime opcional, facultativo*. Com efeito, **a pessoa jurídica enquadrada como ME/EPP pode anualmente fazer a opção**[22] pelo caminho tributário que lhe impor um menor ônus financeiro. A isso, chama-se *planejamento tributário*. Por isso, **existem ME/EPPs optantes e não optantes pelo Simples**.

2.2 Licitações públicas

Outro tratamento de destaque, digno de notas, é o referente às **licitações públicas**. Com efeito, *de maneira tradicional*, exige-se dos licitantes comprovações como as de **regularidade fiscal e trabalhista para se habilitarem** a participar do certame[23]. No plano das *ME/EPPs* esta comprovação somente se dará quando

---

[18] Art. 12 e seguintes, da Lei Complementar nº 123/06.

[19] De acordo com o art. 18, da Lei Complementar nº 123/06.

[20] Como o ICMS, nos termos do art. 13, VII, da Lei Complementar nº 123/06.

[21] Como o ISS, nos termos do art. 13, VIII, da Lei Complementar nº 123/06.

[22] Nos termos do art. 16, da Lei Complementar nº 123/06.

[23] De acordo com o art. 27, IV, da Lei nº 8.666/93.

da **assinatura do contrato**[24], devendo ser apresentada mesmo que **apresente alguma restrição**[25].

Entretanto, eu diria que "faltou um sopro" para o tratamento diferenciado[26] atinente às licitações públicas violar os princípios da moralidade e da impessoalidade dos atos da Administração Pública.

Neste sentido, a Administração Pública[27]:

a) **deverá** realizar processo licitatório destinado **exclusivamente** à participação de ME/EPPs nos itens de contratação cujo valor seja de **até R$ 80.000,00**;

b) poderá, em relação aos *processos licitatórios destinados à aquisição de obras e serviços*, **exigir dos licitantes a subcontratação** de ME/EPP;

c) deverá estabelecer, em certames para *aquisição de bens de natureza divisível*, cota de **até 25% do objeto para a contratação** de ME/EPPs.

Nas **licitações não direcionadas** exclusivamente às ME/EPPs, se a *melhor oferta inicial não tiver sido dada por ME ou EPP*[28], é assegurado, como *critério de desempate*, a **preferência de contratação**[29]. O **critério de desempate** se relaciona às propostas iguais ou até **10%** superiores ao da oferta inicial mais bem classificada[30]. No caso do **pregão**, a faixa de empate é reduzida para **5%**[31].

2.3 Fiscalização orientadora

A fiscalização trabalhista, metrológica, sanitária, ambiental, de segurança, de relações de consumo e de uso e ocupação do solo das ME/EPPs deve ser **prioritariamente orientadora** quando a atividade ou situação, por sua natureza, comportar grau de risco compatível com esse procedimento[32]. Dessa forma,

---

[24] Nos termos do art. 42, da Lei Complementar nº 123/06.

[25] De acordo com o art. 43, da Lei Complementar nº 123/06.

[26] Nos termos do art. 47, da Lei Complementar nº 123/06.

[27] De acordo com o art. 48, da Lei Complementar nº 123/06.

[28] Nos termos do art. 45, § 2º, da Lei Complementar nº 123/06.

[29] De acordo com o art. 44, da Lei Complementar nº 123/06.

[30] Nos termos do art. 44, § 1º, da Lei Complementar nº 123/06.

[31] De acordo com o art. 44, § 2º, da Lei Complementar nº 123/06.

[32] Nos termos do art. 55, da Lei Complementar nº 123/06.

haverá de ser **observado o critério da dupla visita**[33], com o auto de infração, em regra, sob pena de nulidade[34], só podendo ser lavrado na segunda visita.

Lavrando-se, de início, constituirá **atentado** aos direitos e garantias legais assegurados ao **exercício profissional da atividade empresarial**[35].

Entretanto, será *lícita a lavratura* de auto de infração, **na primeira visita**, quando constatada:
a) infração por falta de registro de empregado ou anotação na CTPS;
b) reincidência, fraude, resistência ou embaraço à fiscalização;
c) infração por descumprimento de obrigações tributárias acessórias[36];
d) infrações relativas à ocupação irregular[37].

Por falar em **obrigações trabalhistas**, é oportuno destacar que **as ME/EPPs estão dispensadas**[38]:
a) da afixação de Quadro de Trabalho em suas dependências;
b) da anotação de férias dos empregados nos respectivos livros e fichas;
c) de empregar e matricular seus aprendizes nos cursos dos Serviços Nacionais de Aprendizagem;
d) da posse do livro de "Inspeção ao Trabalho"; e
e) de comunicar à Secretaria de Trabalho, do Ministério da Economia, a concessão de férias coletivas.

Entretanto, mesmo em se tratando de ME/EPP, **não haverá dispensa** de[39]:

a) anotações na CTPS;

b) arquivamento dos documentos comprobatórios de cumprimento das obrigações trabalhistas e previdenciárias, até que ocorra a prescrição;

c) apresentação da GFIP[40], da Relação Anual de Empregados, da RAIS[41] e do CAGED[42].

---

[33] De acordo com o art. 55, § 1º, da Lei Complementar nº 123/06.

[34] Nos termos do art. 55, § 6º, da Lei Complementar nº 123/06.

[35] Nos termos do art. 55, § 8º, da Lei Complementar nº 123/06.

[36] De acordo com o art. 55, § 5º, da Lei Complementar nº 123/06.

[37] Nos termos do art. 55, § 9º, da Lei Complementar nº 123/06.

[38] De acordo com o art. 51, da Lei Complementar nº 123/06.

[39] Nos termos do art. 52, da Lei Complementar nº 123/06.

[40] Guia de Recolhimento do Fundo de Garantia por Tempo de Serviço e Informações à Previdência Social.

[41] Relatório Anual de Informações Sociais.

[42] Cadastro Geral de Empregados e Desempregados.

2.4 Acesso à justiça

Duas são as medidas atinentes ao acesso à justiça como tratamento diferenciado para as ME/EPPs. A primeira é de que, atualmente, ressalvada a situação cessionário de direito de pessoa jurídica, as ME/EPPs são admitidas como autores de medidas judiciais perante os Juizados Especiais[43]. A segunda é a de serem estimuladas a utilizar conciliação prévia, mediação ou arbitragem para a solução dos seus conflitos[44].

3. O PEQUENO EMPRESÁRIO E O MICROEMPREENDEDOR INDIVIDUAL (MEI)

O art. 970, do Código Civil, determina a necessidade de a lei estabelecer **tratamento favorecido, diferenciado e simplificado** ao pequeno empresário, quanto à inscrição e aos efeitos daí decorrentes. Por sua vez, o art. 1.179, § 2º, do Código Civil, **dispensa** o pequeno empresário das **obrigações de escrituração e de demonstrações financeiras periódicas**. *Em nenhum momento, porém, o Código Civil conceituou o que se deveria entender por pequeno empresário.*

Coube à Lei Complementar nº 123/06, estabelecer o conceito de pequeno empresário. Considera-se **pequeno empresário** o *empresário individual* caracterizado como *microempresa* que aufira *receita bruta anual de até R$ 81.000,00*[45].

Percebe-se aqui, portanto, que:

a) a noção de pequeno empresário não se confunde com a noção de empresa de pequeno porte (trata-se de figuras jurídicas distintas); e

b) todo pequeno empresário necessariamente deve ser microempresa, porém, nem toda microempresa será considerado pequeno empresário (a ME pode ser pessoa natural ou pessoa jurídica e pode ter, como visto anteriormente, receita bruta anual de até R$ 360.000,00).

Da noção de pequeno empresário proposta pelo Código Civil, decorreu o conceito jurídico de **microempreendedor individual**, ou simplesmente MEI, conceituado como sendo *o pequeno empresário que fez a opção pelo Simples Nacional*[46].

---

[43] De acordo com o art. 74, da Lei Complementar nº 123/06.

[44] Nos termos do art. 75, da Lei Complementar nº 123/06.

[45] De acordo com o art. 68, da Lei Complementar nº 123/06.

[46] Nos termos do art. 18-A, § 1º, da Lei Complementar nº 123/06.

No que se refere ao MEI, é válido afirmar:

a) *o processo de abertura, registro, alteração ou baixa, bem como qualquer exigência para o início de seu funcionamento deverão ter trâmite especial e simplificado, preferencialmente eletrônico, opcional para o empreendedor*[47]; e

b) *poderão ser dispensados, no âmbito do registro do MEI, o uso da firma, com a respectiva assinatura autógrafa, o capital, requerimentos, demais assinaturas, informações relativas à nacionalidade, estado civil, regime de bens, bem como remessa de documentos*[48].

Seja como for, *pequeno empresário ou MEI*, o seu regime jurídico é diferenciado e pauta-se **somente na obrigação de registro** perante a Junta Comercial. Não se pode deixar de notar que é com o arquivamento de declaração que o empresário passará a ser considerado ME ou EPP[49].

Com o advento da Lei nº 13.874/19 – intitulada Lei de Liberdade Econômica – é importante constatar que os atos, documentos e as declarações que contenham *informações meramente cadastrais* (como as declarações de ME/EPP, por exemplo) serão levados **automaticamente a registro** se puderem ser obtidos de outras bases de dados disponíveis em órgãos públicos[50]. Entretanto, ato do DREI definirá quais são as documentações que contenham informações meramente cadastrais[51].

4. AS *STARTUPS* E O INOVA SIMPLES

Pode-se inicialmente entender uma *startup* como uma **instituição humana** desenvolvida para criar um **novo produto ou serviço** sob condições de **extrema incerteza**. Caracteriza-se, portanto, por *desenvolver inovações em condições de incerteza*, requerendo **experimentos e validações constantes**, inclusive mediante **comercialização experimental provisória**, antes de procederem à *comercialização plena* e à *obtenção de receita*.

Determina o Marco Legal das *Startups*[52] a compreensão jurídica de uma *startup* como sendo uma organização empresarial ou societária, nascente ou em operação recente, cuja atuação é caracterizada pela inovação aplicada a modelo de negócios ou a produtos ou serviços ofertados[53]. Para tal organização receber o

---

[47] Nos termos do art. 968, § 4º, do Código Civil.

[48] Nos termos do art. 968, § 5º, do Código Civil.

[49] Nos termos do art. 32, II, a, da Lei nº 8.934/94.

[50] De acordo com o art. 32, § 1º, da Lei nº 8.934/94.

[51] De acordo com o art. 32, § 2º, da Lei nº 8.934/94.

[52] Instituído pela Lei Complementar nº 182/21.

[53] De acordo com o art. 4º, da Lei Complementar nº 182/21.

tratamento especial destinado ao fomento, ela deve ter[54]: (i) receita bruta de até 16 milhões de reais, sendo tal valor calculado mensalmente no ano de constituição; (ii) até 10 anos de CNPJ; e (iii) pelo menos um dos seguintes requisitos:

a) declaração em seu ato constitutivo ou aditivo e utilização de modelos de negócios inovadores para a geração de produtos ou serviços; ou
b) enquadramento no Inova Simples.

Sobre a conceituação de *startup*, ensina Éderson Garin Porto[55]:

> Logo, uma *startup* não é um novo tipo societário, nem uma instituição futurista. Qualquer negócio que se proponha a desenvolver uma ideia nova e que por essa razão a comercialização e o sucesso é cercado de incertezas, que o negócio poderá ser chamado de "*Startup*".
>
> A mensagem a ser assimilada é que não é necessário estar instalada no Vale do Silício ou numa fantástica incubadora para que a empresa seja considerada uma *Startup*. Qualquer negócio que desafia o óbvio e flerta com o desafio, buscando a inovação é, por definição, uma *Startup*. (...) Basta que o empreendedor se proponha a criar algo novo, num cenário de elevada incerteza, que o negócio poderá ser chamado de "*Startup*".

É extremamente importante que a **constituição da *startup*** se dê de maneira correta. Para tanto, faz-se necessária uma "*mínima formalidade jurídica*"[56], visando **proteger os empreendedores**, *aumentando a valuation do negócio*. Portanto, é *fundamental a definição da estrutura jurídica* para a constituição da *startup*, sendo certo o **impacto** que esta definição pode trazer para outras áreas.

Por exemplo, se a *startup* utilizar a estrutura jurídica do MEI, ela **não poderá optar**[57] pela sistemática de recolhimento tributário em **valores mensais fixos**. Éderson Garin Porto[58] entende que existe vedação para a utilização do MEI na constituição de *startup*. Com a devida vênia, parece-me não ter sido essa a intenção da Lei Complementar nº 167/19, a Lei do "Inova Simples".

---

[54] Nos termos do art. 4º, § 1º, da Lei Complementar nº 182/21.

[55] PORTO, Éderson Garin. *Manual jurídico da startup: como desenvolver projetos inovadores com segurança*. 2 ed. Porto Alegre: Livraria do Advogado, 2020. p. 27.

[56] A expressão é defendida por Éderson Garin Porto.

[57] De acordo com o art. 18-A, § 4º, da Lei Complementar nº 123/06.

[58] PORTO, Éderson Garin. *Manual jurídico da startup: como desenvolver projetos inovadores com segurança*. 2 ed. Porto Alegre: Livraria do Advogado, 2020. p. 38.

Veja que **não é obrigatório** ao MEI fazer o recolhimento tributário em **valores mensais fixos**. Antes do Inova Simples, *o MEI poderia escolher a sistemática de tributação* entre o pagamento mensal a partir da aplicação de **alíquotas efetivas**[59], variando conforme o montante da receita bruta ou, conforme já visto, o pagamento mensal de **valores fixos**, independente da receita bruta auferida. *A Lei do "Inova Simples", apenas, retirou das startups a oportunidade de escolher o recolhimento tributário em valores fixos.*

O *"Inova Simples"* consiste em um **regime especial simplificado**[60] baseado em um *rito sumário para a abertura e fechamento de empresas* sob tal, que se dará de forma **simplificada** e **automática**, ou mesmo em **ambiente digital**[61]. Para se submeter a tal regime, é preciso que se trate de uma *startup*, considerada como uma empresa de **caráter inovador** que visa a **aperfeiçoar sistemas, métodos ou modelos** de negócios, de produção, de serviços ou de produtos.

Classificam-se as *startups*, **quanto à inovação** em:

a) *startup* de natureza incremental – quando já existentes os sistemas, métodos ou modelos; e

b) *startup* de natureza disruptiva – quando relacionadas à criação de algo totalmente novo.

A empresa submetida ao "Inova Simples" deverá **abrir conta bancária de pessoa jurídica**, para fins de *captação e integralização do capital*[62]. Ademais, em homenagem ao princípio da veracidade, deve **inserir no nome empresarial**, obrigatoriamente, a expressão *"Inova Simples (I.S.)"*[63].

Como se viu, as *startups* desenvolvem suas inovações, em condições de incerteza, necessitando **experimentos e validações constantes**. Uma forma de efetuar essas validações é através da **comercialização experimental provisória**. Nesse ínterim, ficou estabelecido um **teto** quanto ao montante permitido para a comercialização experimental: **R$ 81.000,00, atualmente** – *o limite fixado para o MEI*[64].

Não se pode deixar de notar, também, a **relevância da captação de recursos**, ou seja, dos **investimentos necessários** para a *concepção e elaboração do novo produto ou serviço* oriundo da *startup*.

---

[59] Nos termos do art. 18, da Lei Complementar nº 123/06.

[60] De acordo com o art. 65-A, da Lei Complementar nº 123/06.

[61] Nos termos do art. 65-A, § 3º, da Lei Complementar nº 123/06.

[62] Nos termos do art. 65-A, § 6º, da Lei Complementar nº 123/06.

[63] Nos termos do art. 65-A, § 4º, II, da Lei Complementar nº 123/06, com a redação atribuída pela Lei Complementar nº 182/21.

[64] De acordo com o art. 65-A, § 10, da Lei Complementar nº 123/06.

Basicamente, no Brasil, são duas as possibilidades de investimento:

a) aportes de capital e recursos dos titulares da *startup*; ou

b) mútuo conversível em participação ou contrato de investimento.

Justamente para **incentivar as atividades de inovação** e os **investimentos produtivos**, tornou-se possível[65] à sociedade enquadrada como ME/EPP *admitir aporte de capital, que não integrará o capital social da pessoa jurídica*[66]. Este aporte de capital poderá ser feito por **pessoa física ou jurídica ou fundos de investimento** e é denominada *Investidor-anjo*[67]. Até mesmo os **fundos de investimento** podem fazer tal papel. O contrato entre o investidor-anjo e a *startup* deve ser de **até 7 anos**[68].

A **atividade constitutiva** do objeto social é exercida **unicamente pela *startup***, em caráter exclusivo[69]. Além de não se envolver na execução do objeto social, o **investidor-anjo**[70]:

a) não será considerado sócio nem terá qualquer direito a gerência ou a voto na administração da empresa, resguardada a possibilidade de participação nas deliberações em caráter estritamente consultivo, conforme pactuação contratual;

b) não responderá por qualquer dívida da empresa, inclusive em recuperação judicial, não podendo ser alcançado pela desconsideração da personalidade jurídica;

c) será remunerado pelos seus aportes, nos termos do contrato de participação, pelo prazo máximo de 7 anos.

d) poderá exigir dos administradores as contas justificadas de sua administração e, anualmente, o inventário, o balanço patrimonial e o balanço de resultado econômico; e

e) poderá examinar, a qualquer momento, os livros, os documentos e o estado do caixa e da carteira da sociedade, exceto se houver pactuação contratual que determine época própria para isso.

Ao final de cada período, o investidor-anjo fará jus à **remuneração** correspondente aos resultados distribuídos, conforme o contrato de participação, **que poderá estipular remuneração periódica ou prever a possibilidade de conversão do aporte de capital em participação societária**[71]. A propósito, o

---

[65] Através da Lei Complementar nº 155/16.

[66] Nos termos do art. 61-A, da Lei Complementar nº 123/06.

[67] De acordo com o art. 61-A, § 2º, da Lei Complementar nº 123/06, com a redação atribuída pela Lei Complementar nº 182/21.

[68] De acordo com o art. 61-A, § 1º, da Lei Complementar nº 123/06.

[69] Nos termos do art. 61-A, § 3º, da Lei Complementar nº 123/06.

[70] De acordo com o art. 61-A, § 4º, da Lei Complementar nº 123/06, com a redação atribuída pela Lei Complementar nº 182/21.

[71] Nos termos do art. 61-A, § 6º, da Lei Complementar nº 123/06, com a redação atribuída pela Lei Complementar nº 182/21.

valor do capital aportado pelo investidor anjo **não é considerado receita** para o titular da *startup*[72]. Só poderá exercer o **direito de resgate**, depois de, **pelo menos, dois anos** do aporte do capital, tendo seus haveres apurados, na forma societária[73], *não podendo ultrapassar o valor devidamente corrigido por índice previsto em contrato*[74].

Acerca do investidor anjo, explica Paula Yumi Takahata[75]:

(...) o investimento anjo não é uma atividade filantrópica, este tem como objetivo aplicar em negócios com alto potencial de retorno, que consequentemente terão um grande impacto positivo para a sociedade através da geração de oportunidades de trabalho e renda, ele também tem um papel importante no fortalecimento da empresa, atuando na construção de uma boa governança, o investidor pode por exemplo, ajudar na composição de um conselho transparente.

Visando articular as iniciativas do Poder Executivo Federal destinadas às empresas que se enquadrem como *startups*, o Decreto nº 10.122/19 instituiu o Comitê Nacional de Iniciativas de Apoio a *Startups*[76]. Referido Comitê se reunirá **trimestralmente**, de *maneira ordinária*[77]. Sendo possível constituir um *grupo consultivo técnico*[78], cabe constatar que tanto os membros do Comitê, quanto os do grupo consultivo técnico, prestarão **serviço público relevante, não remunerado**[79].

São **atribuições** do Comitê Nacional de Iniciativas de Apoio a *Startups*[80]:

a) articular as iniciativas e os programas do Poder Público de apoio a ***startups*** no âmbito da administração pública federal;

---

[72] De acordo com o art. 61-A, § 5º, da Lei Complementar nº 123/06.

[73] Nos termos do art. 1.031, do Código Civil.

[74] De acordo com o art. 61-A, § 7º, da Lei Complementar nº 123/06, com a redação atribuída pela Lei Complementar nº 182/21.

[75] TAKAHATA, Paula Yumi. Investimento anjo. In: TEIXEIRA, Tarcísio; LOPES, Alan Moreira; TAKADA, Thales. *Manual jurídico da inovação e das startups*. Salvador: Editora Juspodivm, 2019. p. 137.

[76] De acordo com o art. 1º, do Decreto nº 10.122/19.

[77] Nos termos do art. 4º, do Decreto nº 10.122/19.

[78] De acordo com o art. 5º, do Decreto nº 10.122/19.

[79] Nos termos do art. 10, do Decreto nº 10.122/19.

[80] De acordo com o art. 2º, do Decreto nº 10.122/19.

b) promover troca de experiências e boas práticas em iniciativas que envolvam o apoio às *startups*;

c) disponibilizar e atualizar plataforma em formato digital com registro de iniciativas públicas de apoio a *startups*; e

d) coletar e avaliar as informações sobre as iniciativas de apoio às *startups* e os resultados obtidos.

5. A EMPRESA SIMPLES DE CRÉDITO (ESC)

Além de criar o regime "Inova Simples", a Lei Complementar nº 167/19 instituiu a **Empresa Simples de Crédito** (ESC). Ela terá **atuação, apenas, no Município** de sua sede, ou, **no Distrito Federal**, em municípios limítrofes. Trata-se de entidade destinada à realização de *operações de empréstimo, de financiamento e de desconto de títulos de crédito, exclusivamente com recursos próprios, para o MEI, a ME e a EPP*[81].

Do ponto de vista empresarial, **a ESC poderá ser empresário individual, EIRELI ou sociedade limitada** constituída *exclusivamente por pessoas naturais*[82]. **A mesma pessoa natural não poderá participar de mais de uma ESC**, *ainda que em municípios distintos ou sob a forma de filial*[83]. O nome empresarial, que *não poderá trazer a expressão "banco"*, deverá **conter a expressão "Empresa Simples de Crédito"**[84].

Quanto ao aspecto patrimonial, percebe-se que os **aportes de capital**, sejam os iniciais, sejam os decorres de operação de aumento de capital, devem ser feitos, **sempre, em dinheiro**[85]. O **valor do capital social** *efetivamente realizado* representa o montante do **valor das operações financeiras** realizadas pela ESC[86].

É vedada à ESC a realização de:

a) qualquer captação de recursos, em nome próprio ou de terceiros, sob pena de enquadramento em crime contra o sistema financeiro[87]; e

b) operações de crédito, na qualidade de credora, com integrantes da administração pública direta, indireta e fundacional de qualquer dos poderes da União, dos Estados, do Distrito Federal e dos Municípios.

---

[81] De acordo com o art. 1º, da Lei Complementar nº 167/19.

[82] Nos termos do art. 2º, da Lei Complementar nº 167/19.

[83] De acordo com o art. 2º, § 4º, da Lei Complementar nº 167/19.

[84] Nos termos do art. 2º, § 1º, da Lei Complementar nº 167/19.

[85] De acordo com o art. 2º, § 2º, da Lei Complementar nº 167/19.

[86] Nos termos do art. 2º, § 3º, da Lei Complementar nº 167/19.

[87] Previsto no art. 16, da Lei nº 7.492/86.

A receita bruta da ESC **não poderá ultrapassar** R$ 4.800.000,00. Será aferida a partir da **remuneração com a cobrança de juros**, inclusive quando cobertos pela venda do valor do bem objeto de alienação fiduciária[88]. A **remuneração da ESC** deve ocorrer *somente por meio de juros remuneratórios*, **vedada a cobrança de quaisquer outros encargos**, ainda que sob a forma de tarifa[89]. As **operações realizadas** pela ESC, para fins de validade, devem ser **encaminhadas a registro** perante **entidade registradora autorizada** pela CVM ou pelo Banco Central[90].

Não estando submetidas à Lei da Usura[91], as ESCs estão **sujeitas ao regime jurídico falimentar e recuperacional**[92]. A ESC deverá **manter escrituração regular** e transmitir a Escrituração Contábil Digital (ECD) por meio do Sistema Público de Escrituração Digital (Sped)[93]. Por final, *compete ao SEBRAE apoiar a constituição e o fortalecimento das ESCs*[94].

6. DA SOCIEDADE DE GARANTIA SOLIDÁRIA (SGS) E DA SOCIEDADE DE CONTRAGARANTIA

Visando facilitar o **acesso ao crédito bancário** por parte dos *microempreendedores individuais, das microempresas e das empresas de pequeno porte*, mediante a **concessão de aval ou fiança**, a Lei Complementar nº 169/19[95], alterando a Lei Complementar nº 123/06, autorizou a *constituição de sociedade de garantia solidária* (SGS). A SGS **somente pode adotar a forma de sociedade anônima** e tem como finalidade: a *concessão de garantia a seus sócios participantes*[96].

Devido ao fato de ser sociedade anônima, trata-se *a SGS de sociedade empresária, por força de lei*. Em razão disso, os atos da SGS serão **arquivados perante a Junta Comercial**[97]. Podem ser **admitidos como sócios participantes**

---

[88] De acordo com o art. 4º, da Lei Complementar nº 167/19.

[89] Nos termos do art. 5º, I, da Lei Complementar nº 167/19.

[90] De acordo com o art. 5º, § 3º, da Lei Complementar nº 167/19.

[91] Nos termos do art. 5º, § 4º, da Lei Complementar nº 167/19.

[92] De acordo com o art. 7º, da Lei Complementar nº 167/19.

[93] Nos termos do art. 8º, da Lei Complementar nº 167/19.

[94] De acordo com o art. 10, da Lei Complementar nº 167/19.

[95] Que teve período de *vacatio* de 180 dias, contados da sua publicação.

[96] Nos termos do art. 61-E, da Lei Complementar nº 123/06.

[97] De acordo com o art. 61-E, § 3º, da Lei Complementar nº 123/06.

os pequenos empresários, microempresários, microempreendedores e as pessoas jurídicas constituídas por estes associados[98]. Seja como for, **é livre a negociação, entre os sócios participantes, de suas ações** na respectiva sociedade de garantia solidária[99]. Vetou-se dispositivo que estabelecia limites à participação acionária.

O contrato de garantia solidária tem por finalidade **regular a concessão da garantia** pela sociedade ao sócio participante, mediante o **recebimento de taxa de remuneração** pelo serviço prestado, devendo fixar as **cláusulas necessárias ao cumprimento das obrigações do sócio beneficiário** perante a sociedade[100]. Para a concessão da garantia, a sociedade de garantia solidária **poderá exigir contragarantia** por parte do sócio participante beneficiário[101]. Tornou-se possível, inclusive, conceder garantia sobre o montante de recebíveis de seus sócios participantes que sejam objeto de securitização[102].

Com a finalidade de oferecer *apoio financeiro às operações da SGS*, admitiu-se, também, a **constituição de sociedade de contragarantia**. Constituída por qualquer forma societária admitida – enquanto a SGS só pode ser S/A, a sociedade de contragarantia pode ser uma LTDA, por exemplo – *as sociedades de contragarantia têm como finalidade o oferecimento de contragarantias à SGS*[103].

Por final, não se pode deixar de notar que, apesar de terem que observar os preceitos da Lei Complementar nº 123/06, trata-se de **sociedades integrantes do Sistema Financeiro Nacional**. Em razão desta qualificação, a SGS e a sociedade de contragarantia terão sua **constituição, organização e funcionamento disciplinados pelo Conselho Monetário Nacional**[104].

---

[98] Nos termos do art. 61-E, § 5º, da Lei Complementar nº 123/06.

[99] De acordo com o art. 61-E, § 4º, da Lei Complementar nº 123/06.

[100] Nos termos do art. 61-F, da Lei Complementar nº 123/06.

[101] De acordo com o art. 61-F, parágrafo único, da Lei Complementar nº 123/06.

[102] Nos termos do art. 61-G, da Lei Complementar nº 123/06.

[103] De acordo com o art. 61-H, da Lei Complementar nº 123/06.

[104] Nos termos do art. 61-I, da Lei Complementar nº 123/06.

10

TÍTULOS DE CRÉDITO: NOÇÕES GERAIS

O Direito Cambiário é a parte do Direito Empresarial que se ocupa do estudo relativo aos Títulos de Crédito. Parte relevante e importante desse ramo jurídico que tem o objetivo de explicar, em todas as suas nuances, a materialização documental do crédito, bem como a sua circulação, até se chegar ao seu pagamento ou cobrança judicial.

Fiel à filosofia da *Coleção Facilitado*, e atento à experiência deste autor em sala de aula, propõe uma sistemática de abordagem diferente. Assim, neste capítulo, será feita uma espécie de introdução ao Direito Cambiário, demonstrando algumas noções mais gerais sobre a matéria. No próximo capítulo, serão estudadas as obrigações cambiárias, cujo estudo será feito em bloco, ou seja, a ideia é examinar em conjunto o regramento jurídico de cada obrigação cambiária, apresentado suas peculiaridades, quando for necessário. No capítulo seguinte, por final, far-se-á um estudo dos Títulos de Crédito em espécie, dando destaque a temas específicos que costumam ser bem festejados, tanto em Exames da OAB, quanto em Concursos Públicos e que os alunos, na Graduação, costumam sentir dificuldades.

O crédito é a troca de bens no tempo. O crédito não cria coisa alguma; apenas permite a utilização daquilo que é ocioso no patrimônio de terceiro, enquanto ele não usa. A despeito disso, permitiu que a humanidade alavancasse da teoria monetarista da troca para a teoria creditória. Com a retomada do comércio de especiarias com a Índia, na Baixa Idade Média, após o esfacelamento do Império Romano, os títulos de crédito foram fundamentais para financiar as expedições, tendo função importante no surgimento e no desenvolvimento do capitalismo.

O crédito se caracteriza por apenas dois fatores:

a) o *lapso de tempo:* interregno temporal entre a prestação e a contraprestação. O cheque é um título de crédito, em razão do lapso de tempo, sendo certo que a aferição de fundos do cheque não é no momento do saque, mas no momento da apresentação; e

b) a *confiança:* do latim *creditum, credere.* A confiança não se confunde com a fé. A confiança vai decorrer de questões bastante objetivas, como por exemplo, garantias reais, fidejussórias ou da capacidade do patrimônio. Ocorre a proteção à confiança, muitas vezes, inclusive, em detrimento da boa-fé. Sem a confiança, não há o crédito.

1. CONCEITO E ELEMENTOS DOS TÍTULOS DE CRÉDITO

Coube a Cesare Vivante a definição jurídica de títulos de crédito, conceito replicado indistintamente pela doutrina. Para ele, *"título de crédito é o documento necessário para o exercício do direito, literal e autônomo, nele **mencionado**".* Por sua vez, no âmbito da legislação, o Código Civil definiu título de crédito, no seu art. 887, como sendo *"o documento necessário para o exercício do direito literal e autônomo nele **contido**, somente produz efeitos quando preencha os requisitos da lei".*

É notória a diferença entre tais conceitos. Enquanto o conceito doutrinário ensina que o crédito é somente "mencionado" no título, o conceito legal estabelece que o crédito está "contido" no título. Note-se a diferença. Mencionar significa fazer alusão, citar ou fazer referência. Conter significa abrigar, ter dentro de si ou inserir. Ou seja, **uma coisa é simplesmente fazer menção no título sobre a existência do crédito; outra coisa é o crédito estar contido dentro do próprio título.**

Insista-se, neste ponto. Enquanto Cesare Vivante falava em "mencionado", o legislador fala em "contido". Vivante, porém, não apenas provou que era para ser "mencionado", como também provou que não poderia ser "contido". Isso tudo porque os títulos de crédito não geram novação[1], sendo emitidos *pro solvendo.*

No caso concreto, porém, é até possível os títulos de crédito servirem de quitação à relação que lhes dá origem, sendo emitidos *pro soluto.* Porém, regra geral, eles são emitidos *pro solvendo*[2]. O título de crédito não gera novação, tanto é que ainda que o título esteja prescrito, se o negócio jurídico subjacente não estiver prescrito, é possível via ação monitória, cobrá-lo[3].

---

[1] REQUIÃO, Rubens. *Curso de direito comercial.* 32 ed. São Paulo: Saraiva, 2015. v. 2.

[2] As características de emissão *pro solvendo* e emissão *pro soluto* serão melhor detalhadas mais à frente.

[3] Veja, por exemplo, a Súmula nº 299, do STJ: "É admissível ação monitória fundada em cheque prescrito".

Isso porque ele não gera novação, sendo autônomo em relação à *causa debendi*, não se constitui em acessório, portanto, em relação ao negócio subjacente. Sendo autônomo, o crédito não poderia estar contido, sendo, apenas, mencionado. Se o título contivesse o crédito e o título fosse prescrito, nada haveria a ser cobrado via ação monitória. O título apenas menciona o crédito, não o trazendo para dentro de si.

2. ELEMENTOS ESSENCIAIS (PRINCÍPIOS OU ATRIBUTOS)

Existem quatro princípios cambiários que podem ser tidos como *elementos essenciais*: a) **princípio da cartularidade**; b) **princípio da literalidade**; c) **princípio da autonomia**; e d) **princípio da abstração**. Tais princípios decorrem da definição de títulos de crédito, tanto da doutrinária quanto da legal.

Ordinariamente, também, costuma ser apresentada, enquanto princípio cambiário, **a inoponibilidade de exceções pessoais**. Por uma questão meramente didática, de facilitação da compreensão do conteúdo, desloca-se a abordagem do *princípio da inoponibilidade de exceções pessoais* para o estudo da natureza jurídica da obrigação cambiária.

Por que os princípios cambiários são considerados elementos essenciais em matéria de títulos de crédito? A possível resposta à presente questão está ligada ao fato de que tais princípios devem ser respeitados e observados independentemente do título de crédito em análise no caso concreto. Vale dizer, tais elementos ocorrem na letra de câmbio, na nota promissória, na duplicata e no cheque, dentre outros.

2.1 Cartularidade (ou incorporação)

O **princípio da cartularidade** – também denominado *princípio da incorporação* – é aquele que determina a necessidade de apresentação do título, em papel e no original, para fazer valer os direitos nele mencionados. Diz-se *princípio da incorporação*, em vista de que o crédito está incorporado na cártula que, em razão disto, deve sempre ser apresentada ao devedor.

Dessa forma, em tese, seja para apontar o título a protesto[4], seja para realizar a cobrança amigável, seja para ajuizar a ação de execução[5], o título deve ser apresentado, no seu original. Afinal de contas, cartularidade vem de cártula que significa papel. Daí se extrair o princípio da cartularidade da expressão "documento necessário" contido no conceito de títulos de crédito.

---

[4] É o que se extrai do art. 5º, da Lei nº 9.492/97.

[5] Nos termos do art. 798, do CPC.

Existem, pelo menos, duas importantes **exceções à cartularidade**. A primeira delas é o chamado **aceite epistolar**[6], definido como o aceite de um título de crédito manifestado em documento apartado (o aceite é a única das obrigações cambiárias que pode ser manifestada fora do título de crédito). Quando se fala em obrigação cambiária manifestada em documento apartado, é comum lembrar da chamada folha de alongamento do cheque.

Consiste em se grampear ou colar no cheque uma folha para que possa continuar a ocorrer a cadeira de endossantes no título. Porém, nesta situação, é como se estivéssemos esticando o cheque para conseguir mais espaços para assinaturas de endosso, a fim de que não se impeça a circulação do crédito se for o caso. Já o aceite epistolar ocorre, por exemplo, quando o sacado expede uma carta ou correspondência comercial informando ao beneficiário que irá pagar o referido título.

O STJ, no entanto, vem entendendo que o aceite não pode ser dado em documento separado por representar um perigo real às práticas cambiárias, notadamente quando os papéis são postos em circulação[7]. É preciso, pois, cautela em questões objetivas sobre o aceite epistolar, o aceite em separado. Deve-se verificar se o que está sendo perguntado é de acordo com a jurisprudência do STJ ou de acordo com a Lei. Como se percebe, a depender do foco, a resposta correta mudará.

A segunda é a possibilidade do **protesto por indicações**[8], podendo ser realizado na hipótese de não devolução da duplicata pelo sacado ou, se o título for a cédula de crédito bancário, que o credor apresente declaração de posse da via única negociável. Como se viu, regra geral, cabe ao credor apresentar o título de crédito, no original, ao cartório para fins de protesto. Porém, nestes casos, não se levará o título ao cartório, efetuando-se o protesto pelas meras indicações do credor.

2.2 Literalidade

O **princípio da literalidade**, extraído da expressão "literal", pode ser analisado sob dupla perspectiva: a) *literalidade positiva*; e b) *literalidade negativa*. Pela **literalidade positiva**, tudo o que houver sido escrito em um título de crédito a ele se incorpora, contra ele pode ser oposto e discutido em eventual demanda

---

[6] Tem por fundamento o art. 29, alínea segunda, da LUG (Anexo I, do Decreto nº 57.663/66).

[7] STJ, 3ª Turma, REsp 1.334.464/RS, Rel. Min. Ricardo Villas Bôas Cueva, j. 15/03/2016, *DJe* 28/03/2016.

[8] Art. 13, § 1º, da Lei nº 5.474/68, para as duplicatas e art. 41, da Lei nº 10.931/04, para as cédulas de crédito bancário.

judicial. Pela **literalidade negativa**, nada do que não houver sido escrito em um título de crédito a ele se incorpora, contra ele pode ser oposto e discutido em eventual demanda judicial. Há, ainda, a denominada **literalidade mitigada**, o padrão do princípio da literalidade aplicável às duplicatas[9].

Assim, diz-se que o título de crédito se limita positiva e negativamente pelo que nele houver sido escrito. Dessa forma, qualquer **combinação verbal**, para além do que se tenha expressamente previsto no título, **não podendo**, portanto, ser exigido. Bem por isso, a quitação dada em documento apartado não pode ser oposta ao possuidor de boa-fé que tenha adquirido o título por meio de circulação. Na mesma toada, a prova testemunhal não é apta para afastar a exigência de que a quitação conste do próprio título[10].

É em decorrência do princípio da literalidade que, por exemplo, o prazo de cobrança judicial do cheque pós-datado deve ser contado a partir da data de emissão prevista na cártula. Vale dizer, ainda, que haja a apresentação antecipada, o prazo de prescrição só terá sua contagem iniciada após a expiração do prazo de apresentação[11].

Por final, *não se pode confundir exceção à literalidade com literalidade indireta*. *Exceção à literalidade* é a situação em que há **algo escrito no título**, mas que não tem valor jurídico e, por isso, **não pode ser exigido**. *Literalidade indireta* é a situação em que **não há algo escrito no título**, mas que **poderá ser exigido**. Exemplo de exceção à literalidade é o fato de a lei considerar não escrita, dentre outros, a cláusula proibitiva de endosso[12]. Exemplo de literalidade indireta é a exigência de encargos decorrentes da lei, como os juros de mora, ou mesmo de encargos que o devedor tinha como conhecê-los[13].

2.3 Autonomia

O **princípio da autonomia** está relacionado às obrigações previstas no título, que devem ser tratadas como autônomas, próprias, independentes uma das outras. Por tal princípio, portanto, tem-se a desvinculação de todas as obrigações

---

[9] Nelas, são admitidas a quitação em separado (art. 9º), a compensação de valores não previstos no título (art. 10) e a assunção de obrigação fora do título, como o chamado aceite presumido (art. 15, II). Todos os dispositivos são da Lei nº 5.474/68.

[10] TOMAZETTE, Marlon. *Curso de direito empresarial: títulos de crédito – volume 2*. 9 ed. São Paulo: Saraiva Educação, 2018. p. 56.

[11] Nos termos do art. 59, da Lei nº 7.357/85.

[12] Nos termos do art. 890, do Código Civil.

[13] TOMAZETTE, Marlon. *Curso de direito empresarial: títulos de crédito – volume 2*. 9 ed. São Paulo: Saraiva Educação, 2018. p. 56.

previstas no título, de tal modo que, ainda que uma das obrigações venha a ser declarada nula, as outras, como regra geral, permanecem válidas. Note-se: o direito mencionado no título é literal e autônomo.

Imagine-se a situação de um incapaz que venha a se obrigar cambialmente e que, posteriormente, sua obrigação receba um aval de outrem. Ainda que o avalista não tenha conhecimento da incapacidade, a sua obrigação persistirá, mesmo em detrimento da anulação da obrigação avalizada. Tal princípio não pode ser confundido ou ser tido como decorrência do **princípio da abstração**.

Pela autonomia, portanto, tem-se a independência das obrigações cambiárias entre si. Não há a relação principal-acessório no Direito Cambiário. Todas as obrigações cambiárias são principais. Assim, tem-se também uma autonomia de cada declaração cambiária, tomada em relação às demais obrigações cambiárias e em relação ao negócio subjacente da emissão do título em si e ao negócio subjacente à própria emissão da obrigação cambiária, a exemplo do aval e do endosso[14].

2.4 Abstração

Para Fábio Ulhoa Coelho[15], o *princípio da abstração* deve ser tido como um subprincípio da autonomia. *Data venia*, trata-se, em verdade, de princípios distintos. Se pela *autonomia*, ocorre a desvinculação das obrigações previstos no título, pelo **princípio da abstração**, o título de crédito se encontra desvinculado da *causa debendi*, do negócio jurídico fundamental, da causa subjacente.

Perceba-se que mesmo em **títulos de créditos causais**, como a Duplicata, que só pode ser emitida em razão de compra e venda mercantil ou de prestação de serviços, também se há de aplicar o princípio da abstração. Em tais títulos, a **abstração** ocorre com a **circulação de crédito**, vale dizer, na medida em que ocorre o endosso, dar-se-á a abstração, a desvinculação do negócio jurídico fundamental, a vida própria do título, independente da sua origem. Nem sempre o princípio da abstração se revelará da mesma forma, sob os mesmos aspectos. No âmbito dos **títulos de crédito abstratos**, como o Cheque, o princípio da abstração se manifesta já na sua **emissão**.

---

[14] MAMEDE, Gladston. *Direito empresarial brasileiro: títulos de crédito*. 10 ed. São Paulo: Atlas, 2018. p. 17.

[15] COELHO, Fabio Ulhoa. *Curso de direito comercial, volume 1: direito de empresa*. 20 ed. São Paulo: Editora Revista dos Tribunais, 2016. p. 383.

Por preciosismo, fala-se, ainda, no **princípio da independência**[16]. Com efeito, trata-se de *"princípio gênero"* que terá como *"princípios espécies"* ou *"subprincípios"*, os da autonomia e os da abstração. Seja como for, não se pode confundir o princípio da independência, enquanto elemento essencial dos títulos de crédito, com a característica da independência, a ser estudada na sequência.

3. ELEMENTOS NÃO ESSENCIAIS (CARACTERÍSTICAS)

As características dos títulos de crédito variam, em conformidade com a doutrina estudada, bem como com o título em evidência. Assim, para os fins do presente estudo, serão apresentadas as principais características abordadas em provas de Concurso Público e no Exame da OAB, em geral.

3.1 Abstração ou causalidade

O título de crédito se diz **abstrato** conforme a lei, que o tenha instituído, não definiu os negócios jurídicos que autorizam a sua criação, podendo ser criado a partir de qualquer negócio jurídico subjacente, desde que lícito. Ex.: Cheque, Nota Promissória e Letra de Câmbio. O título de crédito se diz **causal** conforme a lei, que o tenha instituído, também definiu os negócios jurídicos que autorizam a sua criação Ex.: Duplicata[17] e Cédula de Crédito Bancário[18].

Vale a pena ressaltar que tanto os **títulos abstratos** quanto os **títulos causais** acabam por se submeter ao denominado *princípio da abstração*. Assim, **não se pode confundir o princípio da abstração com o título abstrato** já que tal princípio também incide nos títulos causais. Pelo princípio da abstração, o título de crédito não guarda relação com a sua origem, desprendendo-se do negócio jurídico subjacente, da *causa debendi*.

3.2 Independência ou dependência

A característica da **independência** se refere ao fato de que basta a apresentação do título de crédito para a propositura de ação de execução. A característica

---

[16] MAMEDE, Gladston. *Direito empresarial brasileiro: títulos de crédito*. 10 ed. São Paulo: Atlas, 2018. p. 18.

[17] Só pode ser emitida em razão de compra e venda mercantil ou de prestação de serviços. Dessa forma, não se pode emitir duplicata, por exemplo, para pagamento de um contrato de locação ou de um contrato de seguros.

[18] Só pode ser emitida em face de operações financeiras.

da **dependência** se refere ao fato de que há a necessidade de apresentação de outro documento juntamente com o título de crédito para o ajuizamento de ação de execução.

Normalmente, os títulos de crédito gozam da característica da independência. Existem, porém, duas situações em que há incidência da característica da dependência: a) na **Duplicata não aceita** – há a necessidade do protesto por falta de pagamento e do comprovante de entrega e recebimento da mercadoria[19]; e b) na **Cédula de Crédito Bancário** – há a necessidade do extrato de conta corrente ou de planilha de cálculo[20].

3.3 Pro solvendo ou pro soluto

Os títulos de crédito podem ser emitidos em caráter ***pro solvendo*** ou ***pro soluto***. *Pro solvendo* significa pela solvência; *pro-soluto*, significa pelo pagamento. A **emissão *pro solvendo*** de um título de crédito **não gera** efeito de novação. Vale dizer, esta modalidade de emissão não serve de quitação para o negócio jurídico subjacente, o que só ocorrerá com o pagamento do título de crédito.

Por sua vez, a **emissão *pro soluto*** de um título de crédito tem **efeito de novação**, extinguindo a relação jurídica que deu causa à sua emissão. É excepcional a emissão *pro soluto* (a regra, portanto, é a emissão *pro solvendo*). Um exemplo sempre lembrado é o da emissão de um Cheque para o pagamento de uma Duplicata. Neste caso, constando no verso do cheque, que o título se destina ao pagamento da duplicata, as discussões sobre a eventual inadimplência passarão a ocorrer em cima daquele título.

3.4 Querablé ou portablé

Os títulos de crédito comportam obrigações **querablé** ou **portablé**. A obrigação será *querablé* sempre que couber ao credor procurar o devedor para a satisfação do crédito. A obrigação será *portablé* sempre que couber ao devedor procurar o credor para a satisfação do crédito. Enquanto as obrigações, no Direito Civil, normalmente serão *portablé*, para o Direito Empresarial, a tendência é que sejam *querablé*.

---

[19] Nos termos do art. 15, II, da Lei nº 5.474/68.

[20] Nos termos do art. 28, da Lei nº 10.931/04.

Para facilitar

a) obrigação *querablé* = credor vai atrás do devedor para pagar
b) obrigação *portablé* = devedor vai atrás do credor para receber

4. NATUREZA JURÍDICA: OPONIBILIDADE OU INOPONIBILIDADE DAS EXCEÇÕES PESSOAIS

Não se pode deixar de notar que a doutrina[21] festeja, também, como princípio cambiário, o **princípio da inoponibilidade de exceções pessoais**. Tal princípio está intimamente ligado à **natureza jurídica da obrigação cambiária**. Saber a natureza jurídica de um instituto é buscar entender a sua essência, aquilo que não é possível por hermenêutica adulterar, sob pena de se desqualificar em instituto diverso.

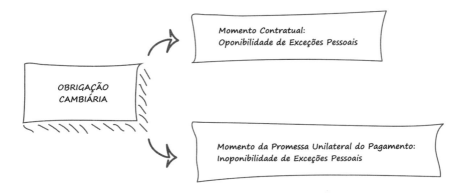

Os títulos de crédito têm *dupla natureza jurídica*[22]: há um *momento contratual* e um *momento de promessa unilateral de pagamento*. O **momento contratual** é aquele em que devedor e credor estão um diante do outro no processo, não

---

[21] Dentre outros: MAMEDE, Gladston. *Direito empresarial brasileiro: títulos de crédito*. 10 ed. São Paulo: Atlas, 2018. COELHO, Fabio Ulhoa. *Curso de direito comercial, volume 1: direito de empresa*. 20 ed. São Paulo: Editora Revista dos Tribunais, 2016. TOMAZETTE, Marlon. *Curso de direito empresarial: títulos de crédito – volume 2*. 9 ed. São Paulo: Saraiva Educação, 2018.

[22] De todas as teorias apontadas pela doutrina, aquela que melhor explica a natureza jurídica da obrigação cambiária é justamente a levantada por Cesare Vivante.

apenas por uma relação cambial, mas também porque tiveram a relação negocial subjacente ao título. O **momento de promessa unilateral** é aquele em que devedor e credor estão um diante do outro no processo, exclusivamente por uma relação cambial.

Mire-se no seguinte caso:

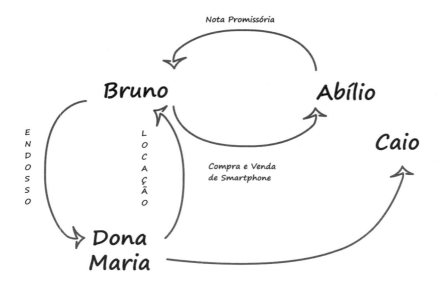

Narrando: Abílio pretende adquirir de Bruno um *smartphone* pelo valor de R$ 1.000,00 (um mil reais), emitindo uma nota promissória, tendo Caio manifestado um aval em favor de Abílio. Recebido o título, Bruno o endossa para Dona Maria visando pagar o mês de locação do imóvel (de propriedade de Dona Maria) em que Bruno reside.

Nesta situação, entre Abílio e Dona Maria e entre Dona Maria e Caio haverá o momento da promessa unilateral de pagamento, sendo certo que a única ligação entre os mencionados será a relação jurídica decorrente do próprio título. Já entre Abílio e Bruno e entre Bruno e Dona Maria, haverá o momento contratual, na medida em que existe outra ligação entre os mencionados, além da relação jurídica decorrente do próprio título; no caso de Abílio e Bruno, a compra e venda do *smartphone*; no caso de Bruno e Dona Maria, o contrato de locação.

O *momento contratual* atrai a **oponibilidade de exceções pessoais**. Já o *momento de promessa unilateral* atrai a **inoponibilidade de exceções pessoais**.

O momento contratual é aquele em que credor e devedor se encontram numa relação direta em uma cadeia de obrigados cambiários, havendo, por assim dizer, no momento da promessa unilateral, uma relação indireta entre devedor e credor. Deste modo, ocorrerá a *oponibilidade de exceções pessoais*: a) na relação direta credor-devedor; e b) na relação indireta credor-devedor, quando o título circular com o objetivo exclusivo de prejudicar o direito de defesa do devedor.

Dessa forma, de olho na situação hipotética acima, será válido afirmar que, Caio não poderá alegar qualquer vício decorrente do contrato de compra e venda para se eximir de pagar Dona Maria, sendo certo que tal relação está no momento da promessa unilateral. Já, por exemplo, entre Dona Maria e Bruno, este poderá alegar qualquer tipo de vício no contrato de locação (e não no de compra e venda) para se eximir de pagar o referido título.

5. OS TÍTULOS DE CRÉDITO E O CÓDIGO CIVIL

Tradicionalmente, os assuntos referentes aos títulos de crédito sempre foram regidos através de **leis específicas**:

a) para a Letra de Câmbio e a Nota Promissória – a LUG (o Anexo I, do Decreto nº 57.663/66);

b) para a Duplicata – a Lei nº 5.474/68;

c) para o Cheque – a Lei nº 7.357/85;

d) para o Protesto – a Lei nº 9.492/97; e

e) para a Cédula de Crédito Bancário – a Lei nº 10.931/04, entre outros exemplos.

O **Código Civil**, entre os arts. 887 a 926, estabeleceu a **teoria geral dos títulos de crédito** para o ordenamento jurídico brasileiro. Entretanto, trouxe um regime jurídico cambial que apresentou mudanças substanciais em relação ao regime jurídico tradicionalmente previsto. ***O Código Civil passa a ser, assim, "norma geral", e as leis anteriormente mencionadas, "norma especial"***. Há temas que o Código Civil regulamentou de forma diametralmente oposta ao que se tinha nas leis especiais.

Dentro desse contexto, há dois pontos importantes. O primeiro deles é examinar até que ponto as normas do Código Civil podem, ou não, ser aplicadas aos títulos de crédito previstos nas leis específicas. Vale dizer: como deve ser resolvido esse conflito aparente de normas, entre o Código Civil e as leis especiais? O segundo é determinar que funções o legislador entregou ao Código Civil, de fato, em matéria de títulos de crédito. É o que se estudará na sequência.

5.1 Conflito aparente de normas: o art. 903, do Código Civil

 Com efeito, merecem destaque as seguintes inovações:
a) **considera-se não escrita a cláusula proibitiva de endosso**[23];
b) **é vedado o aval parcial**[24]; e
c) **ressalvada cláusula expressa em contrário, constante do endosso, não responde o endossante pelo cumprimento da prestação constante do título**[25].

Tais normas, porém, não são aplicadas aos títulos de crédito em espécie, com base no art. 903, do Código Civil, sendo certo que *"salvo disposição diversa em lei especial, regem-se os títulos de crédito pelo disposto neste Código"*. Assim, **existindo norma específica, ela deve ser aplicada**, mesmo em detrimento do previsto pelo Código Civil. Portanto, **o Código Civil só deverá ser aplicável na ausência de lei específica ou diante de lacuna da legislação, visando suprir a omissão.**

Sobre a **cláusula proibitiva de endosso**, enquanto o **Código Civil** a considera **não escrita**, as **leis especiais** a consideram **permitida**. Por sua vez, o **aval parcial** é vedado pelo **Código Civil** e **válido** pelas **leis especiais**. O **endossante não responde**, regra geral, pelo endosso realizado, no plano do **Código Civil**. Porém, assumirá **responsabilidade pelo endosso** realizado, de acordo com as **leis especiais.**

Assim, por exemplo:

Em matéria de títulos de crédito, assinale a alternativa correta.
a) É vedado o aval parcial. (o item deve ser considerado correto, na medida em que, não indicando um título em espécie, a sua interpretação deve ser dada pelo Código Civil).
Sobre o direito cambiário, assinale a alternativa correta.
a) Na nota promissória, é vedado o aval parcial (o item deve ser considerado incorreto, na medida em que, indicando um título em espécie, a sua interpretação deve ser dada pelas Leis Especiais).
De acordo com a Lei do Cheque, assinale a alternativa correta
a) É vedado o aval parcial. (o item deve ser considerado incorreto, na medida em que, como no comando da questão se indicou um título em espécie, a sua interpretação deve ser dada pelas Leis Especiais).

---

[23] Nos termos do art. 890, do Código Civil.

[24] Nos termos do art. 897, parágrafo único, do Código Civil.

[25] Nos termos do art. 914, do Código Civil.

Para facilitar

REGIME JURÍDICO CAMBIÁRIO	
DO CÓDIGO CIVIL	**DOS TÍTULOS EM ESPÉCIE**
Considera-se não escrita a cláusula proibitiva de endosso.	Considera-se válida a cláusula proibitiva de endosso.
É vedado o aval parcial.	É permitido o aval parcial.
Ressalvada cláusula expressa em contrário, constante do endosso, não responde o endossante pelo cumprimento da prestação constante do título.	Ressalvada cláusula expressa em contrário, constante do endosso, responde o endossante pelo cumprimento da prestação constante do título.

5.2 Funções do Código Civil para os títulos de crédito

Como se viu, *o regramento jurídico apresentado pelo Código Civil em matéria de cláusula proibitiva de endosso, de aval parcial ou de responsabilidade pelo endosso, não é aplicável aos títulos de crédito em espécie*, como a letra de câmbio, a nota promissória, a duplicata e o cheque. "*Salvo disposição diversa em lei especial, regem-se os títulos de crédito pelo disposto neste Código*", é o que dispõe o art. 903, do Código Civil. Deste modo, é importante saber em que medida se pode aplicar e que funções o Código Civil tem em matéria de títulos de crédito:

I. Introduzir no país os títulos de crédito atípicos:

A letra de câmbio, a nota promissória, a duplicata e o cheque são considerados **títulos de créditos típicos**, na medida em que existe lei estabelecendo o nome dos referidos títulos e regulamentando as relações jurídicas deles decorrentes. Por sua vez, será considerado **título de crédito atípico** aquele documento que venha a mencionar a existência de um crédito, vindo a ser constituído por autonomia da vontade das partes, inexistindo lei específica que o regulamente.

Uma vez mais, o legislador do Código Civil externou adesão à teoria de Cesare Vivante, em matéria de Títulos de Crédito. Com efeito, a partir do atual Código Civil, tornou-se possível realizar no Direito Cambiário aquilo que sempre foi viável no Direito Contratual: *a criação de títulos de crédito, por autonomia da vontade*. Desta forma, atualmente, para a documentação de um crédito para fins de circulação e/ou de cobrança, não se faz mais necessário se submeter aos títulos de crédito nominados e regulamentados em lei.

Assim como ocorre tradicionalmente nos contratos, admite-se atualmente a emissão de títulos de crédito não previstos em lei – A medida judicial para cobrá-los é a ação monitória[26]. São protestáveis a título de documentos comprobatórios de dívida[27]. Submetem-se ao regime cambiário do CC. Portanto, é nos títulos de crédito atípicos que será considerada como não escrita a cláusula proibitiva de endosso, bem como vedado o aval parcial, por exemplo.

II. Definir, para os títulos atípicos, os requisitos essenciais para a emissão de títulos de crédito:

São eles[28]:

a) a **data de emissão**;
b) a **assinatura do emitente**; e
c) a indicação precisa dos **direitos** que confere.

Existem duas datas importantes para o contexto dos títulos de crédito: (i) a ***data de emissão***; e (ii) a ***data de vencimento***. A *data de emissão* é importante porque marca o momento de **nascimento do título**. A *data de vencimento* é importante porque marca o momento de **pagamento** ou de **cobrança do título**.

Antes da emissão, o título inexiste. Entre a emissão e o vencimento, o título circula. Depois do vencimento, o título é pago ou cobrado.

Para facilitar

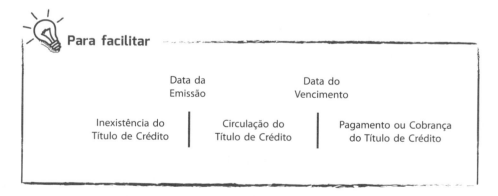

---

[26] De acordo com o art. 700, do CPC. Ao contrário do que se vê no senso comum, a Ação Monitória não se presta, apenas, para a cobrança de títulos prescritos, mas sim de títulos que não tenham, ou que perderam, força executiva.

[27] De acordo com o art. 1º, da Lei nº 9.492/97.

[28] Nos termos do art. 889, do Código Civil.

Como se percebe, ***entre as duas datas mencionadas, o Código Civil tornou obrigatória a data de emissão e facultativa a data de vencimento***. Mesmo porque, *considera-se vencível à vista o título de crédito em que não conste expressamente a data de vencimento*[29]. Ou seja, para se determinar vencimento no título de crédito, torna-se necessário que, no documento, conste espaço para se colocar as duas datas mencionadas. Assim, se, no título, só há local para se apor uma única data, esta será a data de emissão e não a de vencimento. Exatamente, também, por isso, o cheque é uma ordem de pagamento à vista[30].

As leis especiais estabelecem outros requisitos para os títulos de crédito típicos. Os arts. 1º e 75, da LUG (o Anexo I, do Decreto nº 57.663/66), determinam, respectivamente, os requisitos para a emissão da letra de câmbio e da nota promissória. Por sua vez, o art. 2º, § 1º, da Lei nº 5.474/68, apresenta os requisitos para a emissão de duplicatas. Já, o art. 1º, da Lei nº 7.357/85, define os requisitos para a emissão do cheque. Por final, o art. 29, da Lei nº 10.931/04, demonstra os requisitos para a emissão da cédula de crédito bancário.

III. Determinar o protesto cambiário enquanto causa de interrupção da prescrição:

Esta é uma função **aplicável tanto aos títulos de crédito típicos quanto aos títulos de crédito atípicos**. Com efeito, a legislação cambiária, além de regulamentar os prazos de prescrição, estabelece que a interrupção da prescrição só produz efeito em relação à pessoa para quem a interrupção foi feita[31]. Porém, nada trata acerca dos casos de interrupção da prescrição.

Dessa forma, em razão do que prescreve o já mencionado e transcrito art. 903, do Código Civil, os **casos de interrupção da prescrição** a serem utilizados em face dos títulos de crédito estão previstos no **art. 202, do Código Civil**. São eles:

a) o despacho do juiz, mesmo incompetente, ordenando a citação, se o interessado a promover no prazo e na forma da lei processual;

b) o protesto judicial, nas mesmas condições acima;

c) o protesto cambial;

d) a apresentação do título de crédito em juízo de inventário ou em concurso de credores;

---

[29] Nos termos do art. 889, § 1º, do Código Civil.

[30] Nos termos do art. 32, da Lei nº 7.357/85.

[31] Nos termos do art. 71, da LUG (o Anexo I, do Decreto nº 57.663/66) e art. 60, da Lei nº 7.357/85.

e) qualquer ato judicial que constitua em mora o devedor;
f) qualquer ato inequívoco, ainda que extrajudicial, que importe reconhecimento do direito pelo devedor.

No passado, antes do atual Código Civil, discutiu-se, no Direito Cambiário, sobre qual deveria ser o efeito do protesto cambiário[32]. Nesse ínterim, o Judiciário se manifestou através da Súmula nº 153, do STF: "*o simples protesto cambiário não interrompe a prescrição*". Tal entendimento, no entanto, foi alterado, haja vista que o art. 202, III, do Código Civil determina justamente o oposto. Por ser lei nova, o art. 202, III, do Código Civil derrogou a aplicação da Súmula 153 do STF. Atualmente, sobre o tema, o que vale é o seguinte: **o simples protesto cambiário interrompe a prescrição.**

IV. Estabelecer a necessidade de outorga conjugal para a validade do aval:

O art. 1.647, III, do Código Civil, equiparou o aval à fiança, ao estabelecer que, à exceção do regime da separação obrigatória, a pessoa casada necessita da outorga conjugal para assegurar a validade do aval, nos mesmos moldes do que sempre ocorreu com a fiança. Não havendo outorga conjugal, é sempre possível realizar o suprimento judicial da vontade do cônjuge, nos termos do art. 1.648, do Código Civil. Porém, convenhamos: só muita vontade de manifestar um aval para se buscar o suprimento judicial da outorga!

Como a doutrina não viu norma neste sentido nas leis especiais, passou a se entender que esta função seria aplicável tanto para títulos de crédito atípicos quanto para títulos de crédito típicos. Não à toa, entendeu-se, inclusive pela aplicação da Súmula nº 332, do STJ, que trata especificamente de fiança, também para o aval:

> Súmula nº 332/STJ: A fiança prestada sem autorização de um dos cônjuges implica a total da garantia.

O próprio STJ, inicialmente, entendia por tal equiparação, haja vista a existência de decisões[33] estabelecendo:

> O aval prestado sem a devida outorga uxória não possui validade. Sua anulação não tem como consequência preservar somente a meação, mas torna insubsistente toda a garantia.

---

[32] Protesto cambial e protesto cambiário são expressões sinônimas.

[33] AgInt no AREsp 928.412/PR, 4ª Turma, julgado em 18/10/2016, *DJe* de 26/10/2016; AgInt no REsp 1.028.014/RS, 4ª Turma, julgado em 16/08/2016; e, dentre outros: o REsp 1.472.896/SP.

Porém, o STJ mudou de entendimento, no início de 2017[34], passando a não mais admitir a necessidade de outorga conjugal para a validade do aval, nos títulos de crédito típicos:

> RECURSO ESPECIAL. DIREITO CAMBIÁRIO. AVAL. OUTORGA UXÓRIA OU MARITAL. INTERPRETAÇÃO DO ART. 1647, INCISO III, DO CCB, À LUZ DO ART. 903 DO MESMO ÉDITO E, AINDA, EM FACE DA NATUREZA SECULAR DO INSTITUTO CAMBIÁRIO DO AVAL. REVISÃO DO ENTENDIMENTO DESTE RELATOR.
> 1. O Código Civil de 2002 estatuiu, em seu art. 1.647, inciso III, como requisito de validade da fiança e do aval, institutos bastante diversos, em que pese ontologicamente constituam garantias pessoais, o consentimento por parte do cônjuge do garantidor.
> 2. Essa norma exige uma interpretação razoável sob pena de descaracterização do aval como típico instituto cambiário.
> 3. A interpretação mais adequada com o referido instituto cambiário, voltado a fomentar a garantia do pagamento dos títulos de crédito, à segurança do comércio jurídico e, assim, ao fomento da circulação de riquezas, é no sentido de limitar a incidência da regra do art. 1.647, inciso III, do CCB aos avais prestados aos títulos inominados regrados pelo Código Civil, excluindo-se os títulos nominados regidos por leis especiais.
> 4. Precedente específico da Colenda 4ª Turma.
> 5. Alteração do entendimento deste relator e desta Terceira Turma.
> 6. RECURSO ESPECIAL DESPROVIDO.
> (REsp 1.526.560/MG, Rel. Ministro PAULO DE TARSO SANSEVERINO, TERCEIRA TURMA, julgado em 16/03/2017, DJe 16/05/2017)

Dessa forma, atualmente, o entendimento que predomina é o de que a necessidade de outorga conjugal para a validade do aval deve-se limitar aos títulos de crédito atípicos. Para os títulos de crédito típicos, as respectivas leis especiais estabelecem a formalidade necessária para a manifestação do aval, não se exigindo, em nenhum dos casos, a outorga conjugal.

Fica a advertência para questões objetivas: você deve perceber se o que está sendo exigido sobre essa temática é o entendimento do STJ ou a previsão normativa do Código Civil. A linha de raciocínio deverá ser a mesma apresentada para o conflito aparente de normas estudado anteriormente neste mesmo capítulo.

---

[34] REsp 1.526.560/MG (julgado em 16 de março de 2017, *DJe* de 16 de maio de 2017).

Para facilitar

I. Títulos de Crédito Atípicos – Necessária a Outorga Conjugal para Validade do Aval
II. Títulos de Crédito Típicos – Desnecessária a Outorga Conjugal para Validade do Aval

V. *Prever o regramento jurídico do aval póstumo*:

Conforme já se estudou neste Capítulo, antes da data de emissão, o título de crédito, simplesmente, inexiste. Entre a data de emissão e a data de vencimento, o título de crédito serve para circular, enquanto instrumento para a captação de recursos. Após a data de vencimento, se não for pago, o título de crédito serve para ser cobrado, enquanto documento comprobatório da relação creditória e de sua inadimplência.

Não há, porém, empecilho legal, ou mesmo, proibição de o título de crédito vir a circular após o vencimento. É em razão deste fato a existência, e a regulamentação, de endossos realizados após o vencimento[35].

São espécies de endosso realizados após o vencimento:
a) **Endosso tardio**;
b) **Endosso póstumo**.

O endosso tardio é aquele realizado depois do vencimento, porém, antes do protesto ou da expiração do prazo legal de protesto. Neste caso, o endosso produz os mesmos efeitos do anteriormente dado. Ou seja, o endossatário terá ação cambial contra o endossante. Desta forma, não pode o devedor alegar contra o endossatário todas as exceções pessoais que ele teria contra o endossante.

O endosso póstumo é aquele realizado depois do vencimento e, também, depois do protesto ou da expiração do prazo legal de protesto. Neste caso, o endosso produz os efeitos de cessão civil de créditos. Ou seja, o endossatário não terá ação cambiária contra o endossante e, portanto, poderá o devedor alegar contra o endossatário todas as exceções pessoais que ele teria contra o endossante.

Mas e quanto ao aval?

Firme na possibilidade de manifestação do aval póstumo, surge a necessidade de se definir os seus efeitos. Dois são os possíveis entendimentos que se podem

---

[35] Nos termos do art. 20, da LUG (o Anexo I, do Decreto nº 57.663/66).

extrair da presente questão: (i) o aval póstumo deve produzir os efeitos de fiança (a garantia civil fidejussória de créditos), por analogia, imagem e semelhança, com o que ocorre com endosso póstumo, apresentado anteriormente; ou (ii) o aval póstumo deve produzir os mesmos efeitos do aval dado antes do vencimento. Alternativamente, ainda, poder-se-ia estabelecer a tese de existência do aval póstumo e do "aval tardio", nos moldes expostos para o endosso.

Sobre essa temática, a legislação cambiária simplesmente é omissa. Vale dizer, não houve a regulamentação de tal figura pela LUG. No entanto, o Código Civil supriu esta lacuna legal, ao determinar, no seu art. 900:

> O aval posterior ao vencimento produz os mesmos efeitos do anteriormente dado.

Esta função é pertinente aos títulos de crédito atípicos e, também, para a letra de câmbio, a nota promissória e o cheque, em vista da inexistência de norma expressa para esses títulos. A duplicata tem norma expressa[36], de idêntico teor. Para questões objetivas, basta memorizar o comando legal acima destacado.

Entretanto, para questões subjetivas, é importante verificar de que título de crédito se trata para a indicação do fundamento legal:

a) Para a duplicata – art. 12, parágrafo único, da Lei nº 5.474/68;

b) Para os demais títulos de crédito – art. 900, do Código Civil.

 Para facilitar

Para facilitar, sobre as funções do Código Civil em matéria de títulos de crédito:

I. *Introduzir no país os títulos de crédito atípicos*: somente, para títulos de créditos atípicos.

II. *Definir, para os títulos atípicos, os requisitos essenciais para a emissão de títulos de crédito*: somente, para títulos de crédito atípicos.

III. *Determinar o protesto cambiário enquanto causa de interrupção da prescrição*: para títulos de crédito típicos e atípicos.

IV. *Estabelecer a necessidade de outorga conjugal para a validade do aval*: somente, para títulos de crédito atípicos.

V. *Prever o regramento jurídico do aval póstumo*: para títulos de crédito típicos e atípicos, à exceção da duplicata, que tem regra própria, porém de idêntico teor.

---

[36] Art. 12, parágrafo único, da Lei nº 5.474/68.

11

TÍTULOS DE CRÉDITO: OBRIGAÇÕES CAMBIÁRIAS

Por obrigações cambiárias, entenda-se genericamente as várias assinaturas que um título de crédito pode receber. Assim, é importante ao jurista identificar cada uma das assinaturas bem como o regime jurídico delas decorrentes. Portanto, é fundamental o estudo das referidas obrigações.

Tradicionalmente, o estudo das obrigações cambiárias é realizado quando da análise dos títulos de crédito em espécie. O resultado é a leitura se tornar cansativa, enfadonha e repetitiva. Fiel ao espírito da Coleção *Facilitado* e, de acordo com a experiência deste autor em sala de aula, propõe-se uma sistematização diferente. Com efeito, serão estudadas em bloco as principais obrigações cambiárias.

Quando nada for mencionado em relação a um título específico, pode o leitor presumir que o conteúdo exposto será aplicado de maneira comum aos títulos de crédito em geral. De outro lado, sempre que se for tratar de algo que seja específico ou peculiar de um determinado título de crédito, a menção ao referido documento será, de rigor, expressa, explícita, induvidosa.

Atendo-se aos objetivos e limites do presente trabalho, direcionado primordialmente para fins de Graduação e de preparação para Concursos Públicos e Exame da OAB, em 1ª fase, é necessário que se compreendam noções acerca das seguintes obrigações cambiárias:

a) **aceite**;

b) **endosso**;

c) **aval**;

d) **vencimento**;

e) **prescrição**; e

f) **protesto**.

1. ACEITE

Pode-se entender o *aceite* enquanto a obrigação cambial do sacado e que tem por função torná-lo o obrigado principal do título de crédito. Quando se diz que o aceite é uma **obrigação cambial** é porque o aceite só ocorre em títulos de crédito. Juridicamente, não se pode falar em aceite em contrato de locação ou mesmo contrato de seguros, haja vista não se tratar de obrigação cambial.

1.1 Sua compreensão jurídica

O aceite é a **obrigação cambiária do sacado**[1]. Assim, é importante perceber as estruturas às quais um título de crédito pode assumir. Com efeito, os títulos de crédito podem ser estruturados segundo: (i) uma *ordem de pagamento*; ou (ii) uma *promessa de pagamento*.

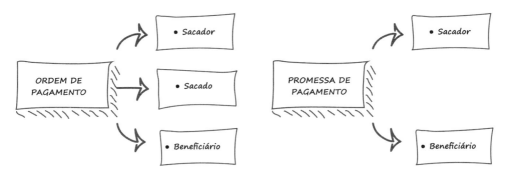

Quando o título representa uma ordem de pagamento, aparecem já na emissão, o sacador (o emitente), o sacado (o indicado para pagamento) e o beneficiário ou o tomador (o credor). **A letra de câmbio, a duplicata e o cheque se constituem numa ordem de pagamento**, existindo neles a figura do sacado. Já na **nota promissória, título que representa uma promessa de pagamento**, aparecem somente o sacador (o emitente) e o beneficiário (o credor). Na ordem de pagamento, o sacador indica o sacado para pagar determinada quantia ao beneficiário; na promessa de pagamento, é o próprio sacador que se compromete a pagar ao beneficiário.

Não sendo uma ordem de pagamento, **não se pode cogitar de aceite em nota promissória**. Porém, no que tange à letra de câmbio, à duplicata e ao cheque, é preciso entender qual a natureza jurídica do aceite. Na **letra de câmbio**, *o aceite é considerado facultativo* haja vista que o sacado **não precisa apresentar**

---

[1] De acordo com o art. 28, da LUG (o Anexo I, do Decreto nº 57.663/66).

motivo legal para a recusa. Na **duplicata**, *o aceite é considerado obrigatório* (**para a recusa precisa motivo legal**, por ex. divergência de preço e prazo, avaria, não recebimento ou vícios), nos termos do art. 9º, da Lei nº 5.474/68, *ou presumido* (sendo **possível executar uma duplicata sem aceite** desde que haja protesto por falta de pagamento e comprovante de entrega de mercadorias), nos termos do art. 15, II, da Lei nº 5.474/68. No **cheque**, *o aceite é considerado inexistente*, sendo certo que, apesar de o banco assumir a função de sacado, a Lei nº 7.357/85 não admite a realização de aceite[2].

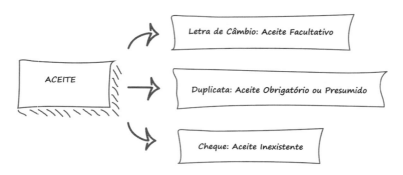

1.2 Puro e simples

Nos termos do art. 26, da LUG (o Anexo I, do Decreto nº 57.663/66), **o aceite é puro e simples**. Assim, sabendo que o aceite é a assinatura do sacado, no título de crédito, a partir da qual ele se torna o seu principal devedor, é importante e digno de nota perceber que uma **mera assinatura do sacado no anverso** (na frente, na face, na parte anterior) do título tem valor jurídico de aceite[3].

De acordo com o princípio da literalidade, também, é possível ao sacado manifestar o seu aceite, escrevendo a **expressão "aceito", ou outra equivalente**, além da sua assinatura. Desta forma, o **aceite pode ocorrer no anverso ou no verso** (nas costas, no dorso, na parte detrás) do título. Porém, frise-se, por oportuno: *a mera assinatura do sacado só é presumida como aceite, quando realizada na face do título*.

Com o aceite, o sacado se torna o **obrigado principal ou o devedor direto do título** na medida em que é a ele que o credor deverá buscar inicialmente para receber o pagamento do crédito mencionado no título. Passa a ser, então,

---

[2] Nos termos do art. 6º, da Lei nº 7.357/85.

[3] Nos termos do art. 25, da LUG (o Anexo I, do Decreto nº 57.663/66).

denominado *aceitante*. Desse modo, **somente se o aceitante não pagar o título**, é que o credor, comprovando o não pagamento mediante um protesto, **poderá buscar a satisfação em cima dos demais coobrigados** (*obrigados secundários ou devedores indiretos*).

1.3 Recusa do aceite

Aqui, cabe uma pergunta: que tipo de relações jurídicas podem motivar a emissão de uma letra de câmbio?

Mire-se no seguinte exemplo: Abílio é credor de Bruno por determinada obrigação. Antes do vencimento e pagamento de tal obrigação, Abílio adquire mercadorias de Caio para pagá-las na mesma data em que deverá receber de Bruno. Nesta hipótese, Abílio emite letra de câmbio, dando ordem de pagamento a Bruno para que ele pague a Caio determinada quantia em dinheiro.

Veja que Bruno, *a priori*, não está obrigado pelo pagamento do título, na medida em que ele não assinou a letra de câmbio. Com a emissão, apenas, Abílio se encontra na condição de devedor. Afinal de contas, **para assumir obrigação cambiária, faz-se necessária a assinatura no título**[4]. Assim, Bruno só estaria juridicamente obrigado ao pagamento da letra de câmbio a Caio, ainda que sendo devedor de Abílio, com a manifestação do seu aceite.

No exemplo acima, a tendência é que o aceite seja realizado, haja vista a relação creditória existente entre Abílio e Bruno. Mas e se Bruno não fosse devedor de Abílio? Em vista de que, **na letra de câmbio, o aceite é facultativo**, poderia então Bruno, simplesmente, não manifestar o seu aceite e, assim, não se obrigar pelo título de crédito. É o que se costuma chamar de **falta de aceite** ou de **recusa de aceite**[5].

A **recusa do aceite** somente pode ser comprovada mediante um protesto: o **protesto por falta de aceite**. O protesto do título, em face da recusa do aceite, determinará o seu **vencimento antecipado** (em vez de o vencimento ocorrer na data prevista no título, considerar-se-á vencido na data do protesto).

1.4 Aceite parcial

O aceite pode ser total ou parcial. O aceite, considerado **total**, é aquele puro e simples, em que o sacado *se obriga pelos estritos e fiéis termos mencio-*

---

[4] Nos termos do art. 8º, da LUG (o Anexo I, do Decreto nº 57.663/66).

[5] Apesar de a doutrina apresentar diferenças conceituais entre a "falta do aceite" e a "recusa do aceite", como não há diferenças jurídicas entre os seus efeitos, nesta obra, tais expressões serão tomadas como sinônimas.

nados na cártula. É importante, desde já, saber que **o aceitante se obriga nos termos do seu aceite**[6].

 Por sua vez, o **aceite parcial** pode ser:
a) **limitativo ou quantitativo**;
b) **modificativo ou qualitativo**.

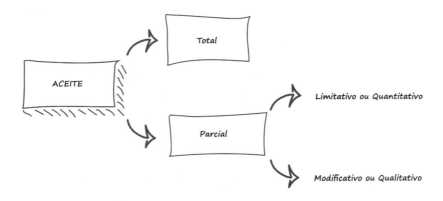

Será considerado **limitativo ou quantitativo**[7] o aceite sempre que for realizada **alteração no valor de responsabilidade** do aceitante. Seria o caso de uma letra de câmbio emitida no valor de R$ 100.000,00, em que o beneficiário apresenta ao sacado e este aceita pagar somente R$ 80.000,00. Nesta situação hipotética, o sacado teria realizado um *aceite parcial limitativo*.

Será considerado **modificativo ou qualitativo** o aceite sempre que a **alteração** disser respeito a **outro fato** que não seja o valor do título; por exemplo, alteração na **praça de pagamento**. Caso uma letra de câmbio tenha sido emitida para ser paga em Fortaleza/CE e, ao ser apresentada ao sacado, este assina o título informando, entretanto, que pagará o título na cidade de São Paulo/SP. Dessa forma, o sacado teria realizado um *aceite parcial modificativo*.

O aceitante responde nos termos do seu aceite, conforme já examinado. Assim, no exemplo dado para o aceite limitativo, o aceitante só será obrigado a pagar R$ 80.000,00. Já, no exemplo do aceite modificativo, o aceitante

---

[6] De acordo com o art. 26, alínea segunda, parte final, da LUG (o Anexo I, do Decreto nº 57.663/66).

[7] De acordo com o art. 26, alínea primeira, parte final, da LUG (o Anexo I, do Decreto nº 57.663/66).

deverá ser cobrado na cidade de São Paulo/SP. Tais direcionamentos podem prejudicar os credores.

O aceite parcial é o mesmo que recusa parcial do aceite[8]. Se o sacado pode recusar totalmente o aceite, pode fazê-lo também de forma parcial. Dessa forma, pode-se entender que os aceites limitativo e modificativo, verdadeiros **aceites qualificados**[9], são situações de *recusa parcial de aceite*, cuja comprovação, como se viu, será feita mediante um protesto.

Se ocorrer o **protesto** para comprová-lo, entendido como **recusa parcial**, ocorrerá o **vencimento antecipado**, podendo ser os demais coobrigados acionados para o pagamento integral do título, na data do protesto e no local original de pagamento, conforme for o caso. No exemplo do *aceite limitativo, o beneficiário poderá cobrar o sacador pelo valor original.* Já no caso do *aceite quantitativo, o beneficiário cobrará o sacador na praça de pagamento original.*

1.5 Cláusula "sem aceite"

A letra de câmbio pode vir a ser **inaceitável**[10], desde que o seu **vencimento não seja a certo termo da vista** ou **pagáveis em domicílio de terceiro** ou **fora do domicílio do sacado**. O sacador pode proibir **na própria letra** a sua apresentação ao aceite[11], através da *cláusula sem aceite*. A **cláusula sem aceite** é aquela inserida pelo **sacador** destinada a **evitar o vencimento antecipado do título**. Ao estabelecer uma data de vencimento, por suposto, o sacador só pretende vir a ter compromisso financeiro com aquela obrigação, na data aprazada.

Ocorre que se o beneficiário apresentar o título ao sacado e ele se recusar ao aceite, a comprovação desta recusa será feita através de protesto e terá, como efeito, o vencimento antecipado do título. Em vez de só vir a estar vencido nos termos previstos pelo sacador, na emissão, considerar-se-á vencido na data do protesto, portanto, antes da data de vencimento[12]. *Com esta cláusula, mesmo que haja o protesto para comprovar a recusa do aceite, o título não poderá ser cobrado antes do vencimento previsto na cártula.*

---

[8] COELHO, Fabio Ulhoa. *Curso de direito comercial, volume 1: direito de empresa.* 20 ed. São Paulo: Editora Revista dos Tribunais, 2016. p. 405.

[9] TOMAZETTE, Marlon. *Curso de direito empresarial: títulos de crédito – volume 2.* 9 ed. São Paulo: Saraiva Educação, 2018. p. 120.

[10] Art. 43, da LUG (o Anexo I, do Decreto nº 57.663/66).

[11] Art. 22, alínea segunda, da LUG (o Anexo I, do Decreto nº 57.663/66).

[12] Nos termos do art. 43, da LUG (o Anexo I, do Decreto nº 57.663/66).

1.6 Documento apartado

É comum lembrar, quando se fala em **possíveis exceções ao princípio da cartularidade**, da *folha de alongamento de cheque*. Com efeito, a folha de alongamento tem razão toda vez que não for mais viável, no verso do título, a realização de endosso, porém, o cheque permanece em circulação.

Frise-se, por oportuno: *a folha de alongamentos do cheque não se constitui em documento apartado*. Trata-se, isso sim, da possibilidade jurídica de vir a se esticar o cheque para "abrir mais espaços" com o objetivo de realizar novos endossos. O endosso, portanto, deve ocorrer no próprio título, assim como o aval. *A única obrigação cambiária que poderá ser realizada de modo extracartular é o aceite*, que passa a ser conhecido como *aceite epistolar*.

O **aceite epistolar** é a possibilidade que se tem de manifestar o aceite por escrito, em **documento apartado** (uma correspondência comercial, por ex.). Imagine um segmento da atividade econômica em que os empresários remetem entre si, cotidianamente, malotes de duplicatas. Já pensou se houvesse a necessidade de ter que manifestar o aceite em cada um dos títulos recebido? O tamanho da ineficiência disso?

A *práxis mercantil* convencionou e a legislação cambiária admitiu[13] a possibilidade de o aceite vir a ser manifestado em documento apartado. Com efeito, elabora-se uma carta comercial, indicando nela os títulos que irá assumir para pagamento. Trata-se da **única obrigação cambial admitida fora do título** (uma exceção ao princípio da cartularidade).

Apesar da previsão da LUG, o STJ determinou:

> O aceite é ato formal e deve aperfeiçoar-se na própria cártula mediante assinatura (admitida a digital) do sacado no título, em virtude do princípio da literalidade, nos termos do que dispõe o art. 25 da LUG, não possuindo eficácia cambiária aquele lançado em separado à duplicata[14].

Assim, cabe extrema atenção quando a presente temática vier a ser perguntada em prova. **Se for de acordo com o STJ, não tem eficácia o aceite epistolar**. Já a LUG regulamenta o tema de maneira oposta. Sendo questão objetiva, **de maneira genérica**, deverá ser dada como correta a alternativa que estiver **de acordo com a LUG**.

---

[13] É o que se extrai do art. 29, alínea segunda, da LUG (o Anexo I, do Decreto nº 57.663/66).

[14] STJ, 4ª Turma, REsp nº 1.202.271/SP, Rel. Min. Marco Buzzi, julgado em 07 de março de 2017, *DJe* em 18 de abril de 2017.

2. ENDOSSO

Endosso é uma expressão de origem latina que, em tradução livre, significa algo como "no verso", "no dorso" ou "nas costas". Trata-se de uma declaração comumente realizada no dorso de um título de crédito ou de qualquer papel comercial com o objetivo de transmitir para terceiros a sua propriedade. Assim, o título de crédito que inicialmente era de propriedade de determinada pessoa, com o endosso, passa a ser de outrem.

É importante considerar a existência de diversos normativos sobre o endosso:

a) Código Civil: arts. 910 a 920 – Títulos de Crédito Atípicos;

b) LUG: arts. 11 a 20 – Letra de Câmbio, Nota Promissória, Duplicata[15] e Cédula de Crédito Bancário[16];

c) Lei nº 7.357/85: arts. 17 a 28 – Cheque.

Apesar da diversidade de normas, o endosso será apresentado em bloco, de maneira uniforme. Aquilo que for específico de uma das legislações, por exemplo, e que for o importante o destaque, será mostrado de maneira explícita, expressa, que referido entendimento só se aplica a determinado título de crédito ou regime cambial.

2.1 Sua compreensão jurídica

O endosso é a obrigação cambial realizada pelo credor do título de crédito relativa à transferência do título. Fala-se em *obrigação cambial*, na medida em que só ocorre em título de crédito, não cabendo falar, por exemplo, em endosso no contrato de seguros ou no contrato de compra e venda. *O beneficiário ou tomador sempre será, quando for o caso, o primeiro endossante.* A pessoa que receberá o título é denominada **endossatário**. Trata-se da forma através da qual o título irá circular no mercado, na economia. É importante notar que o Código Civil estabelece vários modos de circulação dos títulos de crédito:

Modos de circulação dos títulos	
À ordem	Endosso (é a regra geral).
Não à ordem	Cessão civil ou ordinária de créditos.
Ao portador	Mera tradição. Salvo autorização de lei especial, é nula a emissão ao portador.
Nominativos	Alteração nos registros do devedor. As ações são o único exemplo.

---

[15] De acordo com o art. 25, da Lei nº 5.474/68.

[16] De acordo com o art. 29, § 1º, da Lei nº 10.931/04.

Com o endosso, aparecem duas novas figuras:
(i) o *endossante* – aquele que **realiza o endosso**; e
(ii) o *endossatário* – aquele que **recebe o título** por endosso.

Já na cessão de créditos, fala-se no:
(i) *cedente* – aquele que a **realiza a cessão** de créditos; e
(ii) *cessionário* – aquele que **recebe o título** por cessão.

Advirta-se, por final, a inexistência de nomenclatura específica para os envolvidos na circulação de títulos ao portador e nominativos. Mais adiante serão apresentadas as diferenças jurídicas existentes entre o endosso e a cessão civil. Por ora, cabem considerações sobre os títulos ao portador e os títulos nominativos.

Título de crédito ao portador é aquele título em que **não se identifica o beneficiário**, vale dizer, é o título emitido sem a definição de quem seja o seu credor. Em razão deste fato, o **Código Civil** determina ser **nula a emissão de título ao portador**, ressalvada previsão diversa em lei especial[17] (a única ressalva atualmente é o cheque no valor de até R$ 100,00[18]). É oportuno destacar que *o título ao portador circula por* **simples tradição**.

Frise-se, por oportuno, que *não se pode confundir emissão ao portador, emissão em branco ou incompleta e circulação ao portador de títulos de crédito*. Na *emissão ao portador*, **não se sabe quem é o credor** do título, não sendo identificado. Na *emissão incompleta ou em branco*, **sabe-se quem é o credor, mas não se fez expressa** menção do mesmo no título; neste caso, na forma da Súmula 387, do STF, e do art. 891, do Código Civil, **o título poderá ser completado, seja por ocasião do protesto ou da execução**. Por sua vez, *a circulação ao portador* poderá ocorrer a partir de um **endosso em branco**[19].

Por final, **títulos de créditos nominativos** são títulos cuja transferência só se opera a partir da alteração nos registros do emitente[20]. Neste caso, o endosso, por si só, não seria suficiente para ocorrer a transferência do título. Vale dizer, mesmo com o endosso, a eficácia da transferência de um título nominativo depende de averbação nos registros do emitente, podendo o emitente exigir

---

[17] De acordo com o art. 907, do Código Civil.
[18] Nos termos do art. 69, da Lei nº 9.069/95.
[19] De acordo com o art. 12, alínea terceira, da LUG (o Anexo I, do Decreto nº 57.663/66) e com o art. 17, § 1º, da Lei nº 7.357/85.
[20] De acordo com o art. 922, do Código Civil.

do endossatário que comprove a autenticidade da assinatura do endossante[21]. O endossatário, por sua vez, terá o direito de obter a averbação no registro do emitente, bem como o direito de obter um novo título.

2.2 Tipos de endosso

É importante considerar que há dois tipos de endosso: a) o **endosso em preto**; e b) o **endosso em branco**. Cabe destacar que **o endosso deve ser feito no valor do total do título**, na medida em que transmite todos os direitos nele mencionados. Em razão disso, deve ser considerado nulo o endosso parcial[22]; no cheque, além do endosso parcial, também se considera nulo o endosso realizado pelo banco sacado[23].

Endosso em preto é o endosso em que o **endossante indica a pessoa do endossatário**. Para ser **renegociado**, haverá a necessidade de um **novo endosso** (em preto ou em branco). *Endosso em branco* é o endosso em que o **endossante não indica a pessoa do endossatário**. Para ser renegociado, o portador poderá fazê-lo: a) por **simples tradição**; b) **transformando o endosso em branco em endosso em preto**, inserindo o próprio nome ou com o nome do novo credor; ou c) **realizando um novo endosso** (em preto ou em branco)[24].

Frise-se, por oportuno: no **endosso em preto**, o endossante **nomeia expressamente o endossatário**. No **endosso em branco**, o endossante se limita a assinar o título de crédito, precedido da expressão "por endosso", bastando, porém, a **mera assinatura se for dada no verso do título**. Dado o endosso em branco, o título pode circular ao portador, ou seja, por tradição física da cártula. Logo, quem detiver o título, presume-se o proprietário (presunção relativa)[25].

2.3 Modalidades de endosso

Pode-se falar em três **modalidades de endosso**: (i) *endosso próprio* – também chamado de translativo; (ii) *endosso impróprio* – composto por duas

---

[21] De acordo com o art. 923, § 1º, do Código Civil.

[22] De acordo com o art. 912, parágrafo único, do Código Civil, e com o art. 12, alínea segunda, da LUG (o Anexo I, do Decreto nº 57.663/66).

[23] De acordo com o art. 18, § 1º, da Lei nº 7.357/85.

[24] De acordo com o art. 913, do Código Civil, com o art. 14, da LUG (o Anexo I, do Decreto nº 57.663/66), e com o art. 20, da Lei nº 7.357/85.

[25] De acordo com o art. 16, da LUG (o Anexo I, do Decreto nº 57.663/66), e com o art. 22, da Lei nº 7.357/85.

espécies: a) *endosso mandato* – também chamado de endosso procuração; b) *endosso caução* – também chamado de endosso penhor; e (iii) **endosso especial** – composto por duas espécies: a) *endosso fiduciário*; b) *endosso do cruzamento*.

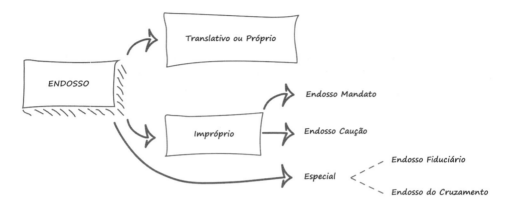

O **endosso translativo** e o endosso "regra geral". Nesta modalidade, **transfere-se o título e o crédito**, tornando-se o endossante mais um obrigado ao pagamento[26]. Assim, se em questão de prova for mencionada a ocorrência de um endosso, sem mencionar a modalidade, pode pressupor que seja o endosso translativo.

O **endosso mandato** é espécie de "endosso impróprio", em que **somente o título é transferido**, continuando o endossante como credor; trata-se de endosso realizado *para fins de cobrança* – o endossatário procura o devedor para cobrá-lo e, após, presta contas ao endossante. Trata-se do **mandato civil clássico**, cujo o instrumento é a procuração, havendo apenas **uma única diferença**: *a procuração oriunda de um endosso-mandato não se extingue por morte ou sobrevindo a incapacidade legal do mandante* (do endossante)[27].

O **endosso caução** é espécie de "endosso impróprio", em que somente o título é transferido, continuando o endossante como credor; trata-se de endosso realizado *para fins de garantia* – alguém, credor de um título de crédito, que vai assumir uma obrigação contratual e precisa de garantias ao cumprimento do contrato. **No endosso-caução, o devedor de um contrato é credor de um título**

---

[26] Nos termos do art. 15, da LUG (o Anexo I, do Decreto nº 57.663/66), e do art. 21, da Lei nº 7.357/85.

[27] Nos termos do art. 917, § 2º, do Código Civil, do art. 18, alínea terceira da LUG (o Anexo I, do Decreto nº 57.663/66), onde se percebe erro de tradução, ao mencionar "mandatário" e não "mandante", e do art. 26, parágrafo único, da Lei nº 7.357/85.

de crédito que ele dará ao credor do contrato a fim de garantir a adimplência da obrigação contratada.

Feita a transferência, via endosso-caução, o **título não será do endossatário** que estará na posse do título apenas para garantir a adimplência da obrigação contratada. Adimplida a obrigação contratada, **deve o endossatário devolver o título ao endossante**. Caso o título venha a se vencer nas mãos do endossatário, ele agirá como procurador.

Não pode confundir com a emissão caução, vedada no plano do Direito do Consumidor. **na emissão-caução**, o devedor de um contrato dar em garantia a seu credor um título de crédito em que ele também figurará como devedor, ou seja, é **o devedor do contrato e do título de crédito**, a fim de garantir agilidade na cobrança da obrigação contratada. Tal prática é considerada abusiva, no plano das relações de consumo[28].

Finalizando esta **comparação entre as espécies de endosso impróprio**, cabe, ainda, uma última palavra sobre a questão da **oponibilidade ou inoponibilidade de exceções pessoais**, em face dos endossos impróprios. Com efeito, no **endosso mandato**, há o **momento contratual entre endossante e endossatário**, qual seja o próprio mandato em si, razão pela qual ocorre a **oponibilidade de exceções pessoais**. Dessa forma, os demais coobrigados **podem levantar contra o endossatário todas as exceções pessoais** que tinham contra o endossante[29].

Diante do **endosso caução**, não haverá entre endossante e endossatário um momento contratual no título de crédito. Há, apenas, a **promessa unilateral de pagamento**, qual seja a devolução do título, ou do seu valor acaso vencido, para o endossante. Dessa forma, os coobrigados **não podem levantar contra o endossatário todas as exceções pessoais** que tinham contra o endossante[30].

---

[28] Nos termos do art. 39, V e do art. 51, IV, da Lei nº 8.078/90.

[29] Nos termos do art. 917, § 3º, do Código Civil, do art. 18, alínea segunda, da LUG (o Anexo I, do Decreto nº 57.663/66) e do art. 26, da Lei nº 7.357/85.

[30] Nos termos do art. 918, § 2º, do Código Civil, e do art. 19, alínea segunda, da LUG (o Anexo I, do Decreto nº 57.663/66). No cheque, não há norma específica sobre o endosso caução e por essa razão, tal tema será, no cheque regulamentado através das normas do Código Civil, haja vista o seu art. 903.

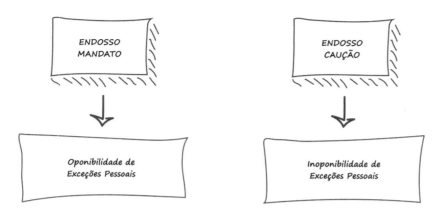

Sobre o **endosso fiduciário**, trata-se da possibilidade de **alienação fiduciária em garantia de um título de crédito**. Previsto no art. 66-B, § 3º, da Lei n. 4.728/65. Atualmente, portanto, o contrato de alienação fiduciária em garantia, examinado no capítulo 20, pode ter por objeto bens móveis, bens imóveis ou títulos de crédito. Apesar de ter sido normatizado na lei de regência das cédulas de crédito bancário[31], pode ser realizado em face de **qualquer título de crédito**.

O **cruzamento de um cheque** é a aposição de dois traços paralelos no anverso do título[32], com objetivo de evitar o seu pagamento na "boca do caixa", somente sendo pago mediante crédito em conta. O cruzamento *pode ser geral – quando não houver indicação do banco a receber o cheque cruzado – ou especial – quando houver tal indicação*[33]. *Se houver cruzamento especial e o portador não for correntista do banco indicado, ele pode solicitar o endosso do cruzamento para fazer o depósito na sua conta corrente, em outro banco.*

O **cruzamento geral do cheque pode ser convertido em cruzamento especial**, mas o inverso não é verdadeiro[34]. Com o endosso do cruzamento, **o credor do cheque estará autorizado a fazer o depósito do cheque em outro banco** que não banco expressamente mencionado no cruzamento do cheque. Cabe ao banco que está determinado para receber um cheque cruzado para fins de pagamento transferir esta obrigação para outro banco mediante o endosso do cruzamento[35].

---

[31] Nos termos do art. 55, da Lei nº 10.931/04.

[32] De acordo com o art. 44, da Lei nº 7.357/85.

[33] De acordo com o art. 44, § 1º, da Lei nº 7.357/85.

[34] De acordo com o art. 44, § 2º, da Lei nº 7.357/85.

[35] De acordo com o art. 45, da Lei nº 7.357/85.

2.4 Cláusula "não à ordem"

Desse modo, é essencial estabelecer a diferença existente entre o endosso (para os títulos de crédito, regra geral) e a cessão civil (para os contratos, regra geral) enquanto modalidades de transferência de direitos.

 Para facilitar

Distinção: Endosso x Cessão de crédito		
Critérios	**Endosso**	**Cessão de crédito**
Emissão	À ordem[36]	Não à ordem[37]
Forma	Simples assinatura no verso do título de crédito[38]	É necessária notificação do devedor[39]
Efeitos	O devedor não pode, regra geral, opor exceções pessoais[40]	O devedor pode, regra geral opor exceções pessoais[41]
Responsabilidades	O endossante, regra geral, se obriga pelo pagamento do título[42]	O cedente, regra geral, não se obriga pelo pagamento do título[43]

Da tabela acima, constatam-se as seguintes **diferenças entre o endosso e a cessão civil**. **Para o endosso**, torna-se necessária a emissão do título com *cláusula à ordem*, bastando *simples assinatura* no verso do título de crédito para se configurar. Neste caso, *o devedor não pode*, regra geral, opor exceções pessoais e *o endossante*, regra geral, *se obriga pelo pagamento do título*.

Por sua vez, **na cessão de créditos**, torna-se necessária a emissão do título com *cláusula não à ordem* (cláusula que proíbe o título de circular mediante o

---

[36] Art. 11, alínea primeira, da LUG (o Anexo I, do Decreto nº 57.663/66).

[37] Art. 11, alínea segunda, da LUG (o Anexo I, do Decreto nº 57.663/66).

[38] Art. 910, § 1º, do Código Civil.

[39] Art. 290, do Código Civil.

[40] Art. 17, da LUG (o Anexo I, do Decreto nº 57.663/66).

[41] Art. 294, do Código Civil.

[42] Art. 15, da LUG (o Anexo I, do Decreto nº 57.663/66).

[43] Art. 296, do Código Civil.

endosso). No âmbito da sua formalidade, é necessária a *notificação do devedor*. Neste caso, *o devedor pode*, regra geral opor exceções pessoais e *o cedente*, regra geral, *não se obriga pelo pagamento do título*.

Como se percebe, a **cláusula à ordem** determina que o título de crédito possa circular a partir da realização de um endosso. Por sua vez, a **cláusula não à ordem** determina que o título de crédito venha a ser negociado mediante cessão. Assim, contata-se que a *cláusula não à ordem* não impede a circulação do título, impedindo, apenas, o seu endosso. Aquele que receber um título de crédito com cláusula não à ordem poderá vir a negociá-lo a partir de uma cessão civil ou ordinária de crédito.

2.5 Cláusulas "sem garantia" e "proibitiva de novo endosso"

Por final, é importante considerar que existem cláusulas especiais relativas ao endosso que modificam o seu regime jurídico geral. Com efeito, se em relação ao aceite, como se viu, tem-se a cláusula sem aceite, relativamente ao endosso se poderá falar em:

a) cláusula sem garantia; e
b) cláusula proibitiva de novo endosso.

A *cláusula sem garantia*[44] exime o endossante da obrigação de pagar o título de crédito endossado. Na ausência desta cláusula, o endossante se torna um obrigado secundário ao pagamento. A *cláusula proibitiva de novo endosso*[45] exime o endossante da obrigação de pagar o título a quem a letra for posteriormente endossada.

* Neste caso, Caio NÃO RESPONDE pelo pagamento da Nota Promissória.

Diferente da cláusula "sem garantia", em que o endossante se desonera da obrigação de pagar o título, com a "proibitiva de novo endosso", o endossante ainda responde perante o endossatário.

---

[44] De acordo com o art. 15, alínea primeira, da LUG (o Anexo I, do Decreto nº 57.663/66).

[45] De acordo com o art. 15, alínea segunda, da LUG (o Anexo I, do Decreto nº 57.663/66).

* Neste caso, Caio AINDA RESPONDE pelo pagamento da Nota Promissória, mas somente perante David; desobriga-se, no entanto, perante os eventuais credores posteriores.

2.6 Cláusula cassatória

O portador de um título de crédito tem o **direito de tirar cópias** dele. A cópia deve **reproduzir exatamente o original**, com os endossos e todas as outras menções que nela figurem. Deve mencionar **onde acaba a cópia**. A cópia **pode ser endossada e avalizada** da mesma maneira e produzindo os **mesmos efeitos que o original**[46].

A cópia deve **indicar a pessoa** em cuja posse se encontra o **título original**. Esta é **obrigada a remeter** o dito título ao portador legítimo da cópia. Se **se recusar a fazê-lo**, o portador só pode exercer o seu **direito de ação contra as pessoas que tenham endossado ou avalizado a cópia**, depois de ter feito constatar por um protesto que **o original lhe não foi entregue** a seu pedido[47].

Imagine, então, a situação em que o título de crédito pudesse vir a dilacerar, em razão do uso e circulação. Visando garantir a **continuidade de operações cambiárias através da cópia**, pode-se inserir, no original, a *cláusula cassatória*[48]. **A cláusula cassatória determina que, a partir da sua inserção no título de crédito original, as obrigações cambiárias deverão ocorrer, somente, na cópia.** Exprime-se através da fórmula "daqui em diante só é válido o endosso na cópia", ou outra equivalente. Tem, por efeito, **tornar nulo qualquer endosso posterior** assinado no título, em seu original.

2.7 Endosso tardio ou póstumo

É importante considerar que, da *própria dinâmica do crédito*, **os títulos de crédito são emitidos**, podendo *ocorrer a sua circulação*, **surgindo obrigações cambiárias** (novos endossos, por exemplo) até o advento do *vencimento* quando, então, deveria ser *pago, sob pena de sua cobrança*. Porém, nada impede que venham a surgir **obrigações posteriores ao vencimento**.

---

[46] De acordo com o art. 67, da LUG (o Anexo I, do Decreto nº 57.663/66).

[47] De acordo com o art. 68, da LUG (o Anexo I, do Decreto nº 57.663/66).

[48] De acordo com o art. 68, alínea terceira, da LUG (o Anexo I, do Decreto nº 57.663/66).

No caso de endosso posterior ao vencimento, fala-se em:
a) **endosso tardio**; ou
b) **endosso póstumo**.

Das espécies de endosso posterior ao vencimento apresentadas, para os **títulos de crédito atípicos** somente houve a regulamentação do **endosso tardio**[49]. Por sua vez, para o **cheque** há regulamentação, apenas, do **endosso póstumo**[50]. *Já, em se tratando de* **letra de câmbio**, de **nota promissória**[51] e de **duplicata**[52], há normatização *tanto para o endosso tardio quanto para o endosso póstumo*. De comum, eles têm o fato de serem *endossos realizados após o vencimento*. É de fundamental importância entender suas diferenças.

Endosso tardio é o endosso realizado **após o vencimento**, porém **antes da realização do protesto** ou **da expiração do prazo de protesto**. *Tem o mesmo efeito do endosso realizado antes do vencimento. Endosso póstumo é o* endosso realizado **após o vencimento** e **após a realização do protesto** ou **da expiração do prazo de protesto**. *Tem o efeito de cessão civil ou ordinária de créditos.*

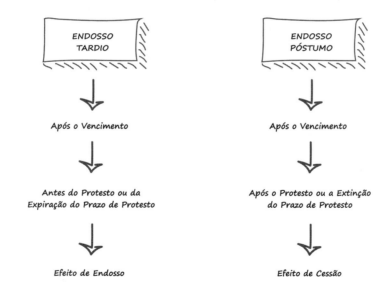

---

[49] De acordo com o art. 920, do Código Civil.
[50] De acordo com o art. 27, da Lei nº 7.357/85.
[51] De acordo com o art. 20, da LUG (o Anexo I, do Decreto nº 57.663/66).
[52] Sobre tal temática, aplica-se para a duplicata a legislação cambial sobre letra de câmbio, de acordo com o art. 25, da Lei nº 5.474/68.

3. AVAL

Continuando a abordagem sobre as obrigações cambiárias, à medida em que já estudados o aceite e o endosso, chega-se ao momento oportuno para se estudar a *garantia fidejussória cambial*: o **aval**.

3.1 Sua compreensão jurídica

O *aval* **é a** *obrigação cambial* **relacionada à** *garantia*. Com o aval, garante-se outra obrigação prevista no título de crédito. Aliás, **aval só existe em título de crédito**. Juridicamente, é incorreto afirmar que foi dado aval em um contrato de compra venda ou contrato de locação. Portanto, *só se poderá garantir uma obrigação mediante aval em títulos de crédito* em geral. É importante considerar que **o banco sacado não pode manifestar aval no cheque**[53].

No aval, aparecem duas novas figuras: (i) o **avalista** – a pessoa que realiza o aval; e (ii) o **avalizado** – a pessoa em favor de quem o aval é realizado. Analogicamente ao endosso, pode-se falar também em: a) **aval em preto**; e b) **aval em branco**. Considera-se *aval em preto* aquele em que o avalista *indica* o avalizado. Considera-se *aval em branco* aquele em que o avalista *não indica* o avalizado.

A importância da indicação do avalizado se deve ao fato de que **o avalista responde da mesma maneira que o avalizado**[54]. Frise-se, por oportuno, que responder da mesma maneira não significa assumir a mesma obrigação, mas sim assumir o mesmo tipo de obrigação. **A obrigação do avalista se mantém ainda que a obrigação do avalizado seja declarada nula**. Nesse ínterim, há de se considerar, nos títulos de crédito em geral, a existência tanto de **obrigados principais** (*devedores diretos*) quanto de **obrigados secundários** (*devedores indiretos*).

Para facilitar

No modo facilitado, tem-se o seguinte:

Obrigados cambiários	Letra de Câmbio, Duplicata	Cheque, Nota Promissória
Principal	Aceitante	Sacador
Secundários	Sacador e endossantes	Endossantes

---

[53] Nos termos do art. 29, da Lei nº 7.357/85.

[54] De acordo com o art. 889, do Código Civil, o art. 32, da LUG (o Anexo I, do Decreto nº 57.663/66), o art. 12, da Lei nº 5.474/68 e o art. 31, da Lei nº 7.357/85.

Desse modo, quando o aval é em preto é fácil perceber o tipo de responsabilidade que assume o avalista. Com efeito, *o avalista do aceitante em uma letra de câmbio assume a responsabilidade de obrigado principal* do título, porém, *no cheque, o avalista do endossante assume a responsabilidade de obrigado secundário*. Por sua vez, **no aval em branco, garante-se o título, regra geral, na pessoa do obrigado principal**. *Na letra, exceção à regra, o aval em branco garante o sacador*[55]. Tal exceção resulta do fato de o aceite na letra de câmbio ser facultativo, podendo, portanto, haver letra sem aceite.

3.2 Aval parcial

No que diz respeito ao *aval parcial*, conforme se mostrou anteriormente, **enquanto o Código Civil prescreve ser vedado o aval parcial**[56]**, a legislação extravagante admite que o título seja garantido no todo ou em parte por aval**[57]. Há aqui um conflito de leis em que é importante verificar o que pede a questão a ser respondida. Assim, **se não for mencionada** na questão ou no item o nome de um título de crédito, a interpretação deve ser dada à luz do **Código Civil**; do contrário, **havendo menção** a um título de crédito em concreto, a interpretação deve seguir o comando da **legislação extravagante**. Para ilustrar, veja o quadro a seguir:

De acordo com o Direito Cambiário, assinale a alternativa correta:
a) É vedado o aval parcial.
b) É permitido o aval parcial.
Resposta: Letra A

De acordo com o regime jurídico da Nota Promissória, assinale a alternativa correta:
a) É vedado o aval parcial.
b) É permitido o aval parcial.
Resposta: Letra B

De acordo com as normas regentes sobre Títulos de Crédito, assinale a alternativa correta:
a) É permitido o aval parcial.
b) É permitido o aval parcial, na Letra de Câmbio.
Resposta: Letra B

---

[55] Nos termos do art. 31, alínea terceira, da LUG (o Anexo I, do Decreto nº 57.663/66).

[56] De acordo com o art. 897, parágrafo único, do Código Civil.

[57] Nos termos do art. 30, da LUG (o Anexo I, do Decreto nº 57.663/66), do art. 12 em interpretação conjugada com o art. 25, da Lei nº 5.474/68, e do art. 29, da Lei nº 7.357/85.

3.3 Aval × fiança

É importante ainda destacar que, se não é admissível haver confusão entre endosso e cessão, também **não se pode confundir aval e fiança**. O quadro a seguir especifica as diferenças existentes, a partir das quais não se pode dizer que se deu um aval em um contrato de seguros e tão pouco uma fiança em uma nota promissória:

Distinção entre aval e fiança	
Aval	Fiança
Obrigação cambial	Obrigação contratual
Obrigação autônoma	Obrigação acessória
Solidariedade entre avalista e avalizado	Subsidiariedade entre fiador e afiançado
Inexiste benefício de ordem	Existe benefício de ordem

Duas questões interessantes existem em relação à **interface entre aval e fiança**. A primeira reside na questão da **necessidade de outorga conjugal** para a validade do aval (exigível, desde sempre, para a fiança). Com efeito, viu-se que tal função, a partir da virada de jurisprudência do STJ, passou a ser aplicável **somente para os títulos de crédito atípicos**. Para tais títulos, dada a equiparação *"aval-fiança"* produzida pelo Código Civil, é aplicável, também, a Súmula nº 332, do STJ:

> Súmula nº 332/STJ: "A fiança prestada sem autorização de um dos cônjuges implica a ineficácia total da garantia".

De rigor, é importante frisar que tal súmula *não repercute mais na esfera jurídica dos títulos de crédito em espécie*. Assim, ela **não se aplica** à letra de câmbio, à nota promissória, à duplicata e ao cheque.

A segunda diz respeito ao aval vir a **funcionar como garantia extracartular**. Ou seja, o debate cinge-se a verificar se em razão da prestação de um aval em título de crédito, *seria possível o avalista assumir obrigações decorrentes de outros documentos*, vale dizer, obrigações extracartulares ou fora do título. Fabio Ulhoa Coelho[58] ilustra bem a hipótese:

---

[58] COELHO, Fabio Ulhoa. *Curso de direito comercial, volume 1: direito de empresa*. 20 ed. São Paulo: Editora Revista dos Tribunais, 2016. p. 419.

Os bancos, ao emprestarem ou disponibilizarem dinheiro aos seus clientes, normalmente, formalizam a relação creditícia por meio de dois documentos: de um lado, o instrumento de contrato de mútuo; de outro, um título de crédito (nota promissória, CCB). O mesmo crédito, portanto, encontra-se representado em dois diferentes escritos. Na verdade, bastaria qualquer um deles para o adequado e seguro registro das obrigações do mutuário; contudo adota-se esse procedimento para que, no contrato, se detalhem melhor as condições do negócio, e, pelo título, possa-se protestar o devedor, no caso de inadimplência. Nesse contexto, é comum a existência de um avalista do mutuário, na cambial, que assina, igualmente, o instrumento do contrato.

Para se obrigar pelo título de crédito, nas condições previstas no contrato, faz-se necessário que a mesma pessoa manifeste aval no título e fiança no contrato, abrindo mão do benefício de ordem (existente nesta obrigação). Toda vez que o fiador contratualmente abre mão do benefício de ordem, ele passa a ser considerado como devedor solidário. Tal entendimento foi acolhido pelo STJ, através da Súmula nº 26:

> Súmula nº 26/STJ: "O avalista do título de crédito vinculado a contrato de mútuo também responde pelas obrigações pactuadas, quando no contrato figurar como devedor solidário".

3.4 Aval antecipado

O aval é considerado, regra geral, uma **obrigação cambiária sucessiva**. Diz-se obrigação sucessiva porque *a obrigação do avalista surge em um momento posterior à do avalizado*. Na prática, o avalizado será o sacador, o aceitante, um dos endossantes ou mesmo um outro avalista. Porém, o aval será considerado **antecipado** quando for manifestado **em favor do sacado**, ou seja, **antes da manifestação do aceite**.

No aval antecipado, o avalista se obriga, no tempo, primeiro que o avalizado, ou seja, antes mesmo do avalizado assinar o título, o avalista já o fez. No aval antecipado, quando **o avalizado posteriormente se obriga** o ato é plenamente válido, não havendo qualquer discussão. Ex.: pessoa que dar aval ao sacado antes de manifestar o aceite. Assim, **havendo obrigação de aval não interessa quem assinou primeiro**, bastando que haja, no título, as assinaturas do avalista e do avalizado.

O problema ocorre quando há o aval antecipado, mas **o avalizado não vem a se obrigar**. Por exemplo, o sacado vem a recusar o aceite. Tal aval persiste válido? Apesar de autores como Pontes de Miranda[59] entenderem que o aval pode ser dado em favor do sacado, mas **só produzirá efeitos** caso ele se torne o aceitante, a doutrina majoritária, encabeçada por João Eunápio Borges[60], ensina que o **aval antecipado, ainda que o avalizado não se obrigue, persiste válido** em razão do princípio da autonomia das obrigações cambiárias.

3.5 Modalidades de aval

São modalidades de aval:

a) **Aval em preto**;
b) **Aval em branco**;
c) **Avais simultâneos**; e
d) **Avais sucessivos**.

Do *aval em preto* e do *aval em branco*, já se falou anteriormente, quando foi apresentada a *compreensão jurídica do aval*, para onde se remete o leitor visando uma revisão sobre a temática. Resta agora o exame das modalidades de **avais simultâneos** e **avais sucessivos**. Inicialmente, é oportuno tecer algumas considerações sobre a Súmula nº 189, do STF: "*avais em branco e superpostos consideram-se simultâneos e não sucessivos*". Superpostos são os avais colocados um abaixo do outro.

No Verso do Título:

Pague-se "Por Aval"
Assinatura do Avalista "1"
Assinatura do Avalista "2"
Assinatura do Avalista "3"

Avais simultâneos ocorrem quando *dois ou mais avalistas garantem a obrigação de um mesmo avalizado*. **Há relação de solidariedade civil entre os ava-

---

[59] PONTES DE MIRANDA, Francisco Cavalcanti. *Tratado de direito cambiário*. Campinas: Editora Bookseller, 2000. v. 1. p. 452.

[60] BORGES, João Eunápio. *Títulos de crédito*. São Paulo: Editora Forense, 1972.

listas simultâneos, de modo que acaso um avalista simultâneo queira regressar contra o outro, deverá fazê-lo pela **quota-parte**, podendo, contudo, cobrar o **valor integral de algum outro coobrigado**.

Avais sucessivos ocorrem quando *um segundo avalista vem a dar aval à obrigação de outro avalista*. É a figura do "*aval do aval*". *É necessária a realização de um aval em preto* para a sua configuração. **Há relação de subsidiariedade entre os avalistas sucessivos**, de modo que *só se poderá cobrar o segundo avalista sucessivo, caso o primeiro avalista sucessivo não pague* o título.

3.6 Aval póstumo

Durante algum tempo, discutia-se sobre a **possibilidade ou a viabilidade de ser dado aval após o vencimento do título de crédito**. Havia entendimento jurídico, inclusive, que equiparava o aval póstumo à fiança, em interpretação analógica ao que acontece com o endosso póstumo e a cessão de créditos, haja vista **inexistir norma expressa acerca do tema, nas legislações específicas de títulos de crédito**.

O Código Civil, no entanto, resolveu a presente lacuna, no seu art. 900, dispositivo aplicável a todos os títulos de crédito, sejam típicos (à exceção da Duplicata), sejam atípicos: **O aval posterior ao vencimento produz os mesmos efeitos do anteriormente dado**. Para a duplicata, existe norma jurídica específica[61], porém de igual teor ao previsto pelo Código Civil

4. VENCIMENTO

Não resta dúvida que os títulos de crédito garantem ao seu portador um direito de crédito, líquido e certo, que poderá, a qualquer momento, antes do vencimento, vir a ser transformado em dinheiro em razão de desconto bancário ou pelo contrato de *factoring*[62]. Porém, é o seu vencimento que determina a exigibilidade do crédito. A doutrina, em geral, aponta essa íntima relação entre o vencimento do título e a exigibilidade do crédito[63].

---

[61] Nos termos do art. 12, parágrafo único, da Lei nº 5.474/68.

[62] TOMAZETTE, Marlon. *Curso de direito empresarial: títulos de crédito – volume 2*. 9 ed. São Paulo: Saraiva Educação, 2018. p. 162.

[63] Para um maior aprofundamento sobre o que se cogita, dentre outros: COELHO, Fabio Ulhoa. *Curso de direito comercial, volume 1: direito de empresa*. 20 ed. São Paulo: Editora Revista dos Tribunais, 2016; RAMOS, André Luiz Santa Cruz. *Direito empresarial – volume único*. 9 ed. São Paulo: Editora Método, 2019; ROSA JUNIOR, Luiz Emygdio da. *Títulos de crédito*. 4 ed. Rio de Janeiro: Renovar, 2016; TOMAZETTE, Marlon. *Curso de direito empresarial: títulos de crédito – volume 2*. 9 ed. São Paulo: Saraiva Educação, 2018.

Perceba que se, antes do vencimento, o credor não pode ser obrigado a receber o pagamento do devedor[64], com o vencimento, não pode se recusar a receber pagamento parcial[65].

São questões jurídicas que decorrem justamente do vencimento:

a) **o ajuizamento da ação executiva;**

b) **o termo inicial do prazo prescricional;** e

c) **o termo inicial dos juros moratórios.**

A doutrina classifica o vencimento dos títulos de crédito, inicialmente, em duas modalidades:

a) **vencimento ordinário,** e

b) **vencimento extraordinário.**

4.1 Extraordinário (por antecipação)

O **vencimento** será **ordinário** quando decorrer das informações escritas no próprio título, consistindo em um reflexo do princípio da literalidade. O **vencimento** será **extraordinário** quando decorrer de fatos jurídicos que provoquem a antecipação do vencimento para uma data anterior àquela prevista no título.

São situações em que se antecipa o vencimento inicialmente previsto no título:

a) *a recusa do aceite* – art. 43, LUG;

b) *o aceite parcial* – art. 26 c/c art. 43, LUG;

c) *a falência do obrigado principal*, se empresário – art. 77, Lei nº 11.101/05;

d) *a decretação de insolvência civil*, se não empresário – art. 751, I, CPC/73[66]; ou

e) a *decretação da liquidação extrajudicial*, se instituição financeira – art. 18, "b", Lei nº 6.024/74.

Já se tratou anteriormente das hipóteses de recusa do aceite e de aceite parcial. Adiante, no capítulo 15, será tratado do vencimento antecipado em razão de decretação de falência. As outras duas hipóteses fogem ao objeto desta obra, de modo que sobre elas apenas se deixam registrados a sua existência e o seu fundamento legal.

---

[64] Nos termos do art. 902, do Código Civil e do art. 40, da LUG (o Anexo I, do Decreto nº 57.663/66).

[65] Nos termos do art. 902, § 1º, do Código Civil, do art. 39, alínea segunda, da LUG (o Anexo I, do Decreto nº 57.663/66) e do art. 38, parágrafo único, da Lei nº 7.357/85.

[66] Norma mantida em vigor por força do art. 1.052, do CPC atual.

4.2 Ordinário (no título)

Momento importante dos títulos de crédito é o do vencimento. Com efeito, como se já disse, os títulos de crédito são **emitidos** para serem **negociados** até o advento do seu **vencimento** quando, então, deverão ser **pagos, sob pena de ação de execução.**

Existem quatro espécies de *vencimento ordinário*:
a) vencimento à vista;
b) vencimento a dia certo;
c) vencimento a tempo certo de data; e
d) vencimento a tempo certo de vista.

O *vencimento à vista* ocorre no **ato de apresentação do título** ao devedor[67]. Define-se pela expressão **"à vista", no próprio título**, ou pela **ausência de data de vencimento**. Considera-se vencível à vista o título de crédito que não contenha indicação de vencimento[68]. *O cheque só admite vencimento à vista* (art. 32, da Lei nº 7.357/85). Para os demais títulos, trata-se de uma das espécies possíveis.

Viu-se que a **data de emissão**, e não a data de vencimento, do título de crédito é um **requisito essencial**[69]. Assim, *para que se possa falar em data de vencimento, é preciso que no título tenha duas datas*: a de **vencimento** e a de **emissão**. No **formulário do cheque, só existe campo para a alocação de uma data**, que é a de emissão, portanto. Por isso, o cheque só admite vencimento à vista.

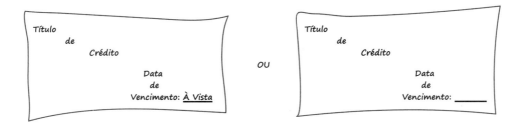

O *vencimento a dia certo* ocorre no **dia, mês e ano, expressamente mencionado no título**[70]. É o caso de se pegar um título de crédito e ver nele pre-

---

[67] Nos termos do art. 34, da LUG (o Anexo I, do Decreto nº 57.663/66).
[68] Nos termos do art. 889, § 1º, do Código Civil e do art. 2º, alínea segunda, da LUG (o Anexo I, do Decreto nº 57.663/66).
[69] Nos termos do art. 889, do Código Civil.
[70] Nos termos do art. 37, da LUG (o Anexo I, do Decreto nº 57.663/66).

visto, como data de vencimento, por exemplo, "05 de novembro de 2019". *A duplicata somente admite vencimento à vista e a dia certo* (art. 2º, § 1º, III, da Lei nº 5.474/68). Tal vencimento também é viável tanto para a letra de câmbio quanto para a nota promissória.

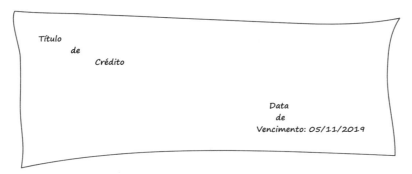

O *vencimento a tempo certo de data* ocorre **"a tantos dias" da data de emissão** do título de crédito[71]. **Difere da modalidade de vencimento "a dia certo"**, na medida em que, enquanto nesta, há um dia fixo mencionado como vencimento, na modalidade "a tempo certo", **faz-se necessária a contagem do lapso temporal previsto para se chegar ao vencimento**. É o caso de se pegar um título de crédito e ver nele previsto, como data de vencimento, por exemplo, "este título vencerá a quatro dias da sua emissão. Data de emissão: 01 de novembro de 2019". Válido considerar que tal espécie de vencimento **somente é possível na letra de câmbio e na nota promissória**.

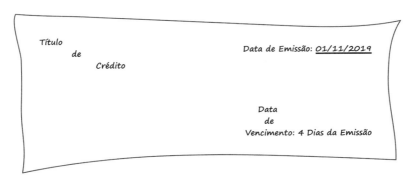

O *vencimento a tempo certo de vista*[72] ocorre **"a tantos dias" do visto**. *Na letra de câmbio, o visto é implementado pelo aceite. Na nota promissória, o visto é*

---

[71] Nos termos do art. 36, da LUG (o Anexo I, do Decreto nº 57.663/66).

[72] Nos termos do art. 35, da LUG (o Anexo I, do Decreto nº 57.663/66).

implementado por uma nova assinatura do sacador. **Não se pode confundir visto com aceite**. A **falta de visto** deverá ser comprovada mediante um **protesto**, cuja data será o **início da contagem do lapso temporal**; por sua vez, como se disse, a **falta de aceite**, comprovada mediante um **protesto**, terá o efeito de determinar o **vencimento antecipado** do título. Esta espécie de vencimento, também, **somente é possível na letra de câmbio e na nota promissória**.

Nesta hipótese, o vencimento ocorreria em 15 de novembro de 2019. No modo facilitado, tem-se o seguinte:

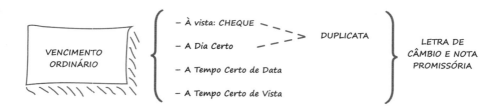

Frise-se por oportuno que *ninguém pode ser obrigado a ficar vinculado eternamente a uma relação jurídica*, senão por sua própria vontade. Sensível a esta questão, a legislação cambiária prevê um **prazo de apresentação do título** para aqueles que tiverem sido emitidos à vista. Caso ocorra a **extinção do prazo de apresentação**, a consequência será a **perda do direito de ação contra os obrigados secundários**[73]. Existe um **prazo de apresentação em geral**, previsto no art. 34, da LUG, valendo para todos os títulos de crédito **à exceção do cheque** que tem norma própria[74].

---

[73] Nos termos do art. 53, da LUG (o Anexo I, do Decreto nº 57.663/66).

[74] Nos termos do art. 33, da Lei nº 7.357/85.

O *prazo de apresentação em geral* é de **1 ano** a contar da **data de emissão**. O **sacador** pode **aumentar** ou **reduzir** tal prazo, além de **estipular uma data** a partir da qual iniciará a **contagem do prazo de apresentação** (o famoso "*bom para*"). Os **endossantes** somente podem **reduzir** tal prazo. **Utilizado na letra de câmbio, na nota promissória e na duplicata.**

No cheque, o prazo de apresentação será de 30 ou de 60 dias, a depender da praça de pagamento; **30 dias** para cheque de **mesma praça** e **60 dias** para cheque de **praça distinta**. *Não há possibilidade de alteração de tais prazos pelo sacador ou pelos endossantes*. O "*bom para*" não surte efeitos no cheque, na medida em que, o art. 32, da Lei nº 7.357/85, considera-se **não escrita** qualquer **menção em contrário** ao fato de o cheque ser **pagável à vista**.

5. A SISTEMÁTICA DOS PRAZOS DE PRESCRIÇÃO

A legislação cambiária sempre estabelece, para qualquer título[75], **três prazos de prescrição:**

a) *um prazo de prescrição para a cobrança do obrigado principal*;

b) *um prazo de prescrição para a cobrança do obrigado secundário*; e

c) *um prazo de prescrição para a cobrança de regresso*.

Com efeito, a ideia é que, **no vencimento** o credor busque a **satisfação do seu crédito** junto ao **obrigado principal**; caso este não venha a adimplir a sua obrigação, comprovada juridicamente a **inadimplência**, poderá o credor efetivar a cobrança junto ao **obrigado secundário**. Se um *obrigado secundário*, por sua vez, pagar o título (*pagamento recuperatório*), ele poderá entrar com ação de regresso contra os obrigados anteriores, até que se chegue ao *obrigado principal* que realizará o *pagamento extintivo*.

Como já se viu, são considerados *obrigados principais*:

a) o **aceitante** – na letra de câmbio e na duplicata; e

b) o **sacador** – na nota promissória e no cheque.

Por sua vez, são considerados *obrigados secundários*:

a) o **sacador** e os **endossantes** – na letra de câmbio e na duplicata; e

b) os **endossantes** – na nota promissória e no cheque.

---

[75] De acordo com o art. 70, da LUG (o Anexo I, do Decreto nº 57.663/66), o art. 18, da Lei nº 5.474/68 e o art. 59, da Lei nº 7.357/85.

Perceba a "ausência" de menção ao avalista quanto à sua espécie de devedor ou obrigado pelo pagamento do título. É que como o avalista responde da mesma maneira que o avalizado[76], na prática, aquele acaba **assumindo o mesmo tipo de obrigação cambiária** deste. Assim, se o avalista **avaliza um obrigado principal**, ele assumirá responsabilidade de obrigado principal; agora, caso **avalize um obrigado secundário, será**, então, mais um com responsabilidade de obrigado secundário.

O quadro a seguir mostra como funciona, condensando o ordenamento jurídico, a sistemática de prescrição para os títulos de créditos que mais interessam ao exame de ordem (letra de câmbio, nota promissória, duplicata e cheque):

Sistemática de prescrição		
Prazos	**Devedor**	**Início da contagem**
3 anos para os títulos de crédito em espécie; 6 meses para o cheque	Obrigado principal (devedor direto)	Data do vencimento
1 ano para os títulos de crédito em espécie; 6 meses para o cheque	Obrigado secundário (devedor indireto)	Protesto em tempo hábil (1 dia útil para Letra de Câmbio e Nota Promissória; 30 dias para Duplicata; 30 ou 60 dias para Cheque[77])
6 meses para os títulos de crédito em espécie; 1 ano para a duplicata	Regresso	Pagamento

Por conta da sistemática de prescrição é que se diz: **o protesto é cambialmente necessário para a cobrança do obrigado secundário; porém, é cambialmente facultativo para a cobrança do obrigado principal**. Assim, por exemplo, para se cobrar o endossante (ou o seu avalista) de uma nota promissória, o protesto é necessário; porém, não necessita de protesto a cobrança do aceitante (ou o seu avalista) de uma letra de câmbio. Frise-se, por oportuno, que **o protesto deve ser lavrado em prazo hábil**, sob pena de o credor **perder o direito de cobrança junto aos obrigados secundários**. Deste entendimento, excepciona-se o cheque[78].

---

[76] Vide exemplo do que se cogita no art. 32, da LUG (o Anexo I, do Decreto nº 57.663/66).

[77] Para o cheque, o prazo do protesto é contado da data de emissão e não da data de vencimento, mesmo porque não há data de vencimento prevista no Cheque.

[78] De acordo com o art. 47, § 1º, da Lei nº 7.357/85.

5.1 Peculiaridades para o cheque

Inicialmente, cumpre atestar que o **prazo de prescrição** do cheque é de **6 meses**, a contar da **expiração do prazo de apresentação**[79]. O **prazo de apresentação**, por sua vez, poderá ser de **30 ou de 60 dias**, a depender se o cheque foi emitido em **mesma praça** ou em **praça distinta**[80]. **Pouco importa a data real** de apresentação do título, ou de sua emissão. Tal sistemática, assim, vale para o **cheque "normal"** e para o **cheque "pré-datado"**. Sempre haverá de, nos termos escritos na cártula, ser contado o **prazo de apresentação** para, a partir de então, iniciar-se o **prazo de prescrição**. Esse é o entendimento do STJ:

> AGRAVO INTERNO NO AGRAVO EM RECURSO ESPECIAL. PROCESSUAL CIVIL. TÍTULO DE CRÉDITO. CHEQUE. AÇÃO DE EXECUÇÃO. PRESCRIÇÃO. PRAZO. SÚMULA 83/STJ. AGRAVO INTERNO NÃO PROVIDO.
>
> 1. Consoante jurisprudência desta Corte Superior, o prazo prescricional para ajuizamento de ação de execução de cheque é de seis meses após o fim do prazo de apresentação, que é de trinta dias a contar da emissão, se da mesma praça, ou de sessenta dias, também da emissão, se de praça diversa. Incidência da Súmula 83/STJ.
>
> 2. Na hipótese, o cheque, da mesma praça, foi emitido em 1º/03/2010 e a ação de execução de título extrajudicial foi ajuizada em 27/09/2010, não incidindo, portanto, a prescrição.
>
> 3. Agravo interno a que se nega provimento.
> (AgInt no AREsp 1.208.737/SP, Rel. Ministro RAUL ARAÚJO, QUARTA TURMA, julgado em 21/02/2019, *DJe* 13/03/2019)

Com efeito, *a Lei do Cheque equipara, para fins de cobrança, a declaração do banco sacado atestando a recusa do pagamento do cheque apresentado em tempo hábil ao protesto*. Assim, se o credor **apresenta o cheque**, respeitando o **prazo de apresentação** e o título não é pago por **insuficiência de fundos**, por exemplo, a **declaração do banco** atestando esse fato – a famosa "alínea 11" – tem os **mesmos efeitos jurídicos do protesto**. Daí a lei dispensar, portanto, o protesto para a cobrança dos obrigados secundários no cheque.

---

[79] Nos termos do art. 59, da Lei nº 7.357/85.

[80] De acordo com o art. 33, da Lei nº 7.357/85.

É importante, contudo, considerar que a **não apresentação do cheque**, *no prazo de apresentação previsto em lei*, tem o condão, apenas, de **liberar os obrigados secundários da cobrança**. Entretanto, ***não há nenhum prejuízo para o credor, no que diz respeito à cobrança perante o obrigado principal***. Tal entendimento é extraído da Súmula nº 600, do STF:

> Súmula nº 600/STF: "Cabe ação executiva contra o emitente e seus avalistas, ainda que não apresentado o cheque ao sacado no prazo legal, desde que não prescrita a ação cambiária".

5.2 Ação cambial

Além da **ação executiva**, a partir da **expiração do prazo de prescrição**, é possível o ajuizamento de **ação de locupletamento ou de enriquecimento sem causa**[81], medida judicial que seguirá o rito do **procedimento comum**, podendo optar pelo **procedimento do juizado especial** se o *valor não ultrapassar 40 salários mínimos*[82]. Consideram-se a **ação de execução** e a **ação de locupletamento ou de enriquecimento sem causa** como *espécies de ação cambial*.

O **prazo de prescrição** da ação de locupletamento ou de enriquecimento sem causa se **inicia com a consumação da pretensão executiva** e será de:

a) **2 anos** – para o cheque (somando um prazo total de 2 anos e 6 meses, contados do vencimento); ou

b) **3 anos** – para os demais títulos (somando um prazo total de 6 anos, contados do vencimento.

Além da ação de execução e da ação de locupletamento ou de enriquecimento sem causa, pode-se falar, ainda, na ação causal. Nesta ação, que tramitará pelo procedimento comum ou dos juizados especiais[83], a causa de pedir tem por base o negócio jurídico que deu origem ao próprio título ou que permitiu a sua circulação – o negócio jurídico subjacente ou a *causa debendi* –, vale dizer, a causa de pedir dessa ação será o descumprimento desse negócio jurídico[84].

---

[81] Nos termos do art. 48, do Decreto nº 2.044/1908, para a letra de câmbio, a nota promissória e a duplicata, e do art. 61, da Lei nº 7.357/85, para o cheque.

[82] Nos termos do art. 3º, I, da Lei nº 9.099/95.

[83] Nos mesmos moldes da ação de locupletamento ou de enriquecimento sem causa.

[84] TOMAZETTE, Marlon. *Curso de direito empresarial: títulos de crédito – volume 2*. 9 ed. São Paulo: Saraiva Educação, 2018. p. 213.

Acerca do prazo de prescrição para a ação causal, ensina Marlon Tomazette[85]:

> Em razão da causa de pedir dessa ação, fica claro que seus limites temporais não são aqueles da ação cambial, mas os próprios do negócio jurídico subjacente. O prazo prescricional irá depender do tipo de negócio que deu origem ao título (...). De qualquer modo, o prazo prescricional vai se iniciar a partir do momento em que é possível exigir o cumprimento da obrigação subjacente, ou seja, a partir do vencimento do negócio jurídico que deu origem ao título.

5.3 Ação monitória

Tradicionalmente, a ação monitória é o provimento judicial a ser utilizado com base em prova escrita sem eficácia de título executivo[86]. Das duas, uma: ou o documento não tem força executiva, ou perdeu força executiva, por exemplo, em razão de prescrição. A doutrina entende a ação monitória enquanto "um procedimento especial que poderia ser usado tanto para a ação de locupletamento como para a ação cambial"[87].

Entretanto, o STJ entende de modo diverso[88], reconhecendo a ação monitória como uma ação autônoma:

> DIREITO COMERCIAL. RECURSO ESPECIAL. CHEQUES. BENEFICIÁRIA DOMICILIADA NO EXTERIOR. PRAÇA DE EMISSÃO. OBSERVÂNCIA AO QUE CONSTA NA CÁRTULA. AÇÃO DE LOCUPLETAMENTO SEM CAUSA DE NATUREZA CAMBIAL. TRANSCURSO DO PRAZO PREVISTO NO ARTIGO 61 DA LEI 7.357/85. POSSIBILIDADE DE AJUIZAMENTO DE AÇÃO DE COBRANÇA, COM DESCRIÇÃO DO NEGÓCIO JURÍDICO SUBJACENTE, OU DE AÇÃO MONITÓRIA, CUJO PRAZO PRESCRICIONAL É DE 5 ANOS.
> (...)
> 4. O cheque é ordem de pagamento à vista, sendo de 6 (seis) meses o lapso prescricional para a execução após o prazo de apresentação,

---

[85] TOMAZETTE, Marlon. *Curso de direito empresarial: títulos de crédito – volume 2*. 9 ed. São Paulo: Saraiva Educação, 2018. p. 215-216.

[86] Nos termos do art. 700, do CPC.

[87] TOMAZETTE, Marlon. *Curso de direito empresarial: títulos de crédito – volume 2*. 9 ed. São Paulo: Saraiva Educação, 2018. p. 216.

[88] STJ, 4ª Turma, REsp nº 1.190.037/SP, Rel. Min. Luis Felipe Salomão, julgado em 20 de setembro de 2011, *DJe* em 17 de outubro de 2011.

que é de 30 (trinta) dias a contar da emissão, se da mesma praça, ou de 60 (sessenta) dias, também a contar da emissão, se consta no título como sacado em praça diversa, isto é, em município distinto daquele em que se situa a agência pagadora.

5. Prescrito o prazo para execução do cheque, o artigo 61 da Lei do Cheque prevê, no prazo de 2 (dois) anos a contar da prescrição, a possibilidade de ajuizamento de ação de locupletamento ilícito que, por ostentar natureza cambial, prescinde da descrição do negócio jurídico subjacente. Expirado o prazo para ajuizamento da ação por enriquecimento sem causa, o artigo 62 do mesmo Diploma legal ressalva ainda a possibilidade de ajuizamento de ação fundada na relação causal, a exigir, portanto, menção ao negócio jurídico que ensejou a emissão do cheque.

6. A jurisprudência desta Corte admite também o ajuizamento de ação monitória (Súmula 299/STJ) com base em cheque prescrito, sem necessidade de descrição da causa debendi, reconhecendo que a cártula satisfaz a exigência da "prova escrita sem eficácia de título executivo", a que alude o artigo 1.102-A do CPC[89].

7. Recurso especial não provido.

(REsp 1.190.037/SP, Rel. Ministro LUIS FELIPE SALOMÃO, QUARTA TURMA, julgado em 06/09/2011, *DJe* 27/09/2011)

O entendimento que deve ser levado para provas e concursos em geral, portanto, será o do STJ. Nesse contexto, **não se pode fazer uso da ação monitória como rito para o procedimento da ação de locupletamento**. Acerca da ação monitória baseada no cheque prescrito, vale destacar as Súmulas nº 299 e 531, do STJ:

> Súmula nº 299/STJ: "É admissível a ação monitória fundada em cheque prescrito".
>
> Súmula nº 531/STJ: "Em ação monitória fundada em cheque prescrito ajuizada contra o emitente, é dispensável a menção ao negócio jurídico subjacente à emissão da cártula".

O STJ, também, regulamentou a **prescrição da ação monitória**, estabelecendo o prazo de 5 anos, contados do dia seguinte ao do vencimento do título ou da data de emissão, no caso do cheque, através das Súmulas nº 503 e 504, do STJ:

---

[89] Como se percebe, o acórdão cuja ementa foi transcrita é anterior à vigência do CPC atual. Portanto, a sua referência legal à ação monitória (art. 1.102-A) se refere ao CPC/73. No CPC/15, o CPC atual, a ação monitória está prevista a partir do art. 700.

Súmula nº 503/STJ: "O prazo para o ajuizamento de ação monitória em face do emitente de cheque sem força executiva é quinquenal, a contar do dia seguinte à data de emissão estampada na cártula".

Súmula nº 504/STJ: "O prazo para o ajuizamento de ação monitória em face do emitente de nota promissória sem força executiva é quinquenal, a contar do dia seguinte ao do vencimento do título".

6. PROTESTO

Tamanha é a **relevância do protesto** para o Direito Cambiário que, apesar de haver algumas **normas esparsas na legislação dos títulos de crédito** em espécie, há uma legislação que regulamenta os serviços concernentes ao protesto de títulos e outros documentos de dívidas. Trata-se da **Lei nº 9.492/97**. Qualquer assunto que envolva o **protesto cambiário** deverá ser resolvido a partir da referida legislação.

6.1 Conceito

É o **ato formal e solene** que tem por finalidade **comprovar** a *apresentação de um título executivo ou documento comprobatório de dívida e/ou o descumprimento de uma obrigação cambiária*[90]. **Em matéria de títulos de crédito, não se admite, portanto, outra prova**, seja do descumprimento de uma obrigação cambiária, seja do não pagamento do documento, que não seja o protesto.

6.2 Lugar do protesto

O **lugar do protesto** deve ser a **praça de pagamento** prevista no título e, na ausência desta informação, o lugar do protesto deve ser considerado o domicílio do obrigado principal do título[91]. Frise-se, por oportuno: *em linhas gerais, a praça de pagamento determina o lugar do protesto e o foro competente para a ação de execução*. **No cheque**, porém, o portador pode escolher protestá-lo na **praça de pagamento indicada** ou no **domicílio do emitente**[92].

---

[90] Nos termos do art. 1º, da Lei nº 9.492/97.

[91] É o que se extrai do art. 28, parágrafo único, do Decreto nº 2.044/1908, aplicável à letra de câmbio e à nota promissória, e do art. 13, § 2º, da Lei nº 5.474/68, para a duplicata.

[92] Nos termos do art. 6º, da Lei nº 9.492/97.

6.3 Prazo do protesto

A doutrina indica duas espécies de prazos importantes relativos ao protesto:
a) o **prazo para lavrar**[93] **o protesto**; e
b) o **prazo para apresentar o título a protesto**.

O *prazo para lavrar o protesto* é de **3 dias úteis**, a contar do recebimento do título pelo cartório, **independente do título de crédito** apresentado. **Considera-se dia útil**, o dia em que ocorra **expediente bancário** para o público, ou aquele em que o expediente bancário obedecer ao **horário normal**.

Variável, entretanto, é o *prazo para levar o título a protesto*. Para a *letra de câmbio* e a *nota promissória*, a **Lei Uniforme de Genebra** define que o protesto poderia ser realizado em **um dos dois dias úteis seguintes** ao dia do vencimento[94]. Porém, quanto a este dispositivo, o **legislador brasileiro admitiu reservas**[95]. Reservas são lacunas estabelecidas na Lei Uniforme de Genebra para serem supridas pela lei interna: a denominada "Lei Saraiva", como é conhecido o Decreto nº 2.044/1908. Do que resulta: **na letra de câmbio e na nota promissória, o prazo hábil para protesto é de 1 dia útil após o vencimento ou recusa do aceite**[96].

Para a duplicata, o prazo hábil para o protesto é de 30 dias após o vencimento. A perda desse prazo implicará a perda do direito de cobrança contra os obrigados secundários do título[97]. *Quanto ao cheque*, como se viu, **a lei dispensa de protesto para a cobrança dos obrigados secundários**[98], bastando que o título seja apresentado no prazo hábil para pagamento e não tenha sido pago. A declaração do banco, por assim dizer, equivale ao protesto. Desse modo, pode-se dizer, *analogicamente*, que **o prazo de protesto no cheque é o prazo de apresentação de 30 ou 60 dias**, na medida em que, *perdendo tal prazo de apresentação, perde-se a possibilidade de cobrança dos obrigados secundários*.

---

[93] Lavrar e tirar o protesto são expressões juridicamente sinônimas. Assim, quando se escreve que Fulano de Tal tirou o protesto, o sentido da afirmação é o de dizer que foi realizado e não desfeito o protesto. Fala-se no cancelamento do protesto, como adiante se verá, para desfazer um protesto anteriormente realizado.

[94] De acordo com o art. 44, alínea terceira, da LUG (o Anexo I, do Decreto nº 57.663/66).

[95] De acordo com o art. 9º, das Reservas da LUG (o Anexo II, do Decreto nº 57.663/66).

[96] Nos termos do art. 28, do Decreto nº 2.044/1908.

[97] Nos termos do art. 13, § 4º, da Lei nº 5.474/68.

[98] Nos termos do art. 47, § 1º, da Lei nº 7.357/85.

6.4 Tipos de protesto

A depender do que se queira comprovar, vários são os *tipos de protesto*.

Para a **letra de câmbio**, pode-se falar em:
a) **protesto por falta de aceite**; e
b) **protesto por falta de data do aceite**.

Como já se viu, o *protesto por falta de aceite*[99] pode ser lavrado toda vez em que, apresentado o título ao sacado, ocorrer a **recusa do aceite**, determinando o *vencimento antecipado do título*. Por sua vez, o *protesto por falta de data de aceite*[100] deve ocorrer quando, sendo emitido com vencimento a tempo certo de vista, o sacado manifesta o aceite, mas esquece de datá-lo. Nesse o caso, a *data do protesto* será o *dia inicial* da *contagem do prazo* para a *definição do vencimento*, no caso concreto.

Para a **nota promissória**, pode-se falar em **protesto por falta de visto**[101]. Tal tipo de protesto ocorre quando a *nota promissória* é emitida a *tempo certo de vista* e, sendo apresentado o título ao sacador, este se *recusa a manifestar o visto*. Neste caso, a data do protesto serve de início ao termo de vista.

Para a **duplicata**[102], fala-se em:
a) **protesto por falta de aceite**;
b) **protesto por falta de devolução**; e
c) **protesto por simples indicações**.

O *protesto por falta de aceite* ocorre nos **mesmos moldes da letra de câmbio**. O *protesto por falta de devolução* ocorrerá quando, **remetido o título ao sacado**, este **não restitui** o título, no prazo de **dez dias**. O *protesto por simples indicações*[103] representa **exceção ao princípio da cartularidade** na duplicata e se refere à possibilidade de ser feito o protesto sem a apresentação do título em papel, em face da falta de devolução[104].

---

[99] De acordo com o art. 44, alínea primeira, da LUG (o Anexo I, do Decreto nº 57.663/66).

[100] De acordo com o art. 35, da LUG (o Anexo I, do Decreto nº 57.663/66).

[101] Nos termos do art. 78, alínea segunda, da LUG (o Anexo I, do Decreto nº 57.663/66).

[102] Nos termos do art. 13, da Lei nº 5.474/68.

[103] Nos termos do art. 13, § 1º, da Lei nº 5.474/68.

[104] Aplicável, também, às Cédulas de Crédito Bancário, por força do art. 41, da Lei nº 10.931/04.

Para todos os títulos de crédito pode ocorrer o **protesto por falta de pagamento**. A Lei nº 9.492/97, no art. 21, determina que o *protesto por falta de aceite* só pode ser feito *antes do vencimento* e *após o prazo de aceite ou devolução* e que, *após o vencimento*, o protesto será sempre efetuado por *falta de pagamento*.

Frise-se, por oportuno:

a) **para o obrigado principal**, o protesto tem o efeito de *interromper a prescrição*; e

b) **para os obrigados secundários**, o protesto tem o efeito de *possibilitar a cobrança* deles, *caso realizado no prazo hábil*.

Pode-se falar, ainda, no **protesto especial para fins falimentares**[105]. Tal protesto serve para comprovar a inadimplência para fins de instruir o pedido de falência. Os protestos anteriormente mencionados podem ser denominados de **protesto cambiário**. É importante notar que, **enquanto o protesto cambiário poderá ser lavrado contra qualquer devedor, o protesto falimentar só poderá ser lavrado contra o devedor sujeito às consequências da lei falimentar**.

6.5 Desistência, sustação e suscitação de dúvida

Existem alguns atos importantes que podem ocorrer após a lavratura do protesto. São eles:

a) **Desistência**;

b) **Sustação**; e

c) **Suscitação de dúvida**.

Desistência é ato do apresentante do título que pode, **antes da lavratura do protesto, evitar que o mesmo seja realizado**. Para tanto, faz-se mister o pagamento das taxas e demais emolumentos cartorários[106]. Esta situação faz sentido quando o protesto, se lavrado, venha a ser considerado indevido.

Protocolizado o título no cartório, para fins de protesto, o seu **devedor será intimado** para se manifestar acerca das **razões do não pagamento** do título. Porém, muitas vezes, por engano, o credor pode remeter ao cartório título já devidamente adimplido. Com efeito, acaso o **devedor entre em contato com o credor**, demonstrando que o protesto, no caso concreto, seria **indevido**, o natu-

---

[105] Nos termos do art. 23, parágrafo único, da Lei nº 9.492/97, em interpretação conjugada com o art. 94, I, da Lei nº 11.101/05.

[106] De acordo com o art. 16, da Lei nº 9.492/97.

ral, portanto, seria o credor vir a **desistir do protesto**, visando evitar, inclusive, qualquer reparação de danos[107].

Sustação é um ato judicial, requerido pelo devedor do título, em sede de tutela de urgência, de natureza cautelar em caráter antecedente[108], visando **impedir que o protesto, porque indevido, seja lavrado**. A decisão liminar deve ser conseguida dentro do **prazo de 3 dias úteis** que o cartório tem para lavrar o protesto, **sob pena de perder o seu objeto**[109]. O título do documento de dívida cujo protesto tiver sido **sustado judicialmente** só poderá ser **pago, protestado ou retirado com autorização judicial**.

Por final, é oportuno ressaltar: *não se pode confundir* **sustação do protesto** *com* **sustação dos efeitos do protesto**. Com efeito, *a sustação do protesto deve ocorrer antes da lavratura*, via **tutela cautelar em caráter antecedente**[110], em vista de o protesto a ser sustado ter a pecha de indevido ou irregular. Já *a sustação dos efeitos do protesto pode ocorrer após a sua lavratura*, em sede de **tutela antecipada em caráter antecedente**[111], quando, mesmo indevido, o protesto acabou sendo realizado.

Suscitação de dúvida é ato do tabelião que pode consultar o juízo competente toda vez que houver necessidade de dirimir dúvidas sobre a possibilidade, ou não, de se lavrar um protesto[112].

6.6 Cancelamento

O Direito Empresarial, como se percebe, é o ramo do direito mais fácil de ser entendido e de ser aplicado, haja vista ser, de todos, o ramo jurídico mais pragmático, mais real. Porém, ele tem um complicador não ocorrente, ou quando ocorre é em menor grau, nos outros ramos do direito. Trata-se de um ramo extremamente técnico, em que a sua linguagem jurídica, muitas vezes, é muito distante da linguagem comum, não jurídica.

---

[107] É entendimento corrente na jurisprudência o de que **o protesto indevido do título caracteriza dano moral**.

[108] Nos termos do art. 300 e seguintes, do CPC.

[109] De acordo com o art. 17, da Lei nº 9.492/97.

[110] De acordo com o art. 305, do CPC.

[111] Nos termos do art. 303, do CPC.

[112] Nos termos do art. 18, da Lei nº 9.492/97.

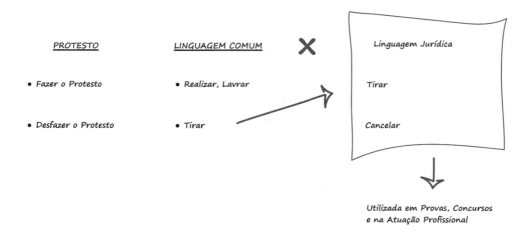

Neste sentido, é importante notar que quando se fala que o **protesto será tirado** é porque ele será **realizado**. Agora, se o objetivo é o de **desfazer o protesto**, deve se falar, então, que o **protesto será cancelado**. *Tirar o protesto*, portanto, é realizá-lo e não retirá-lo. Para fazer a retirada do protesto e a inscrição do devedor nos cadastros de proteção de crédito, deve ocorrer o *cancelamento do protesto*.

Caso ocorra o **pagamento**, o *cancelamento do protesto* deve ser feito com a **apresentação do título protestado**[113]. Na **impossibilidade de apresentação do título**, o cancelamento pode ser feito mediante **carta de anuência assinada pelo credor**[114]. Na hipótese de protesto em que tenha figurado apresentante por **endosso-mandato**, será **suficiente a declaração de anuência passada pelo credor endossante**[115]. Se o motivo do cancelamento do protesto **não for o pagamento do título**, haverá a necessidade de **decisão judicial**[116].

Destaque-se, por oportuno: das duas, uma – ou se cancela um protesto de títulos em virtude de pagamento, ou se cancela um protesto de título em razão de o protesto ser indevido. Decorrência do protesto ser indevido é a possibilidade de se pleitear reparação de danos morais. Em se tratando de cheque, entretanto, como é dispensável o protesto, a mera apresentação ou devolução indevida do título vai ensejar danos morais, de acordo com a jurisprudência sumulada do STJ:

---

[113] De acordo com o art. 26, da Lei nº 9.492/97.

[114] Nos termos do art. 26, § 1º, da Lei nº 9.492/97.

[115] De acordo com o art. 26, § 2º, da Lei nº 9.492/97.

[116] De acordo com o art. 26, § 3º, da Lei nº 9.492/97.

Súmula nº 370/STJ: "Caracteriza dano moral a apresentação antecipada de cheque pré-datado".

Súmula nº 388/STJ: "A simples devolução indevida de cheque caracteriza dano moral".

Questão importante, também, é o do pedido de protesto pelo endossatário. Com efeito, sendo indevido o protesto, é cabível reparação de danos em face do endossatário, seja de endosso translativo, seja de endosso mandato. É o que se extrai, também, da jurisprudência sumulada do STJ:

Súmula nº 475/STJ: "Responde pelos danos decorrentes de protesto indevido o endossatário que recebe por endosso translativo título de crédito contendo vício formal extrínseco ou intrínseco, ficando ressalvado seu direito de regresso contra os endossantes e avalistas".

Súmula nº 476/STJ: "O endossatário de título de crédito por endosso-mandato só responde por danos decorrentes de protesto indevido se extrapolar os poderes de mandatário".

12

TÍTULOS DE CRÉDITO: A TIPICIDADE CAMBIÁRIA EM ESPÉCIE

O já conhecido art. 887, do Código Civil, conceitua: "O título de crédito, documento necessário para o exercício do direito literal e autônomo nele contido, somente produz efeitos quando preencha os requisitos da lei". Nota-se, assim, a existência de uma certa **tipicidade cambiária**, apesar da *introdução dos títulos atípicos no Brasil*.

Desta forma, tendo, toda a Teoria dos Títulos de Crédito, sido objeto de estudo nos capítulos anteriores, neste momento o foco será a **abordagem dos títulos de crédito em espécie**, em que serão apresentados temas específicos relacionados ao contexto cambiário de cada título. São temas importantes, tanto para a formação do aluno em graduação, além de serem festejados pelas bancas examinadoras em geral, quanto para a atuação prática na área empresarial no âmbito do Direito Cambiário.

1. LETRA DE CÂMBIO

Trata-se do **principal título de crédito** admitido na ordem jurídica brasileira, atualmente, muito utilizada em **operações do mercado financeiro**. É o principal porque *as normas que regem a letra de câmbio servem de inspiração*[1] para todos os outros regimes jurídicos previstos para os demais títulos. Sua regulamentação atual foi introduzida no Brasil com o **Decreto nº 57.663/66**. Trata-se da conhecida *Lei Uniforme de Genebra* (LUG).

---

[1] Muitas vezes, funcionam também como regência supletiva. É o que ocorre, por exemplo, com as duplicatas, na forma do art. 25, da Lei nº 5.474/68.

A LUG é um tratado internacional redigido originalmente em francês durante a década de 1920, tendo sido assinada, em Genebra, em 7 de junho de 1930. **A tradução do francês para o português foi realizada em Portugal**, tendo sido *a versão portuguesa a que foi trazida para o Brasil*. Por isso **alguns termos são diferentes**, não fazendo parte da linguagem jurídica cambiária brasileira. Veja o caso dos personagens envolvidos no aval. O **avalista** é denominado *dador de aval*[2]. Por sua vez, o **avalizado** é tratado como *afiançado*[3].

O **Decreto** que internalizou a LUG no Brasil tem *2 anexos*, sendo o **Anexo II**, as *reservas feitas pelo Brasil*. O **Anexo I** é a *lei completa sobre Letra de Câmbio e Nota Promissória*. Mas algumas das matérias aí previstas não se adequam à tradição do Direito Brasileiro e, por isso, há as reservas, podendo o país signatário estatuir distintamente do que prevê o Anexo I. **Cada reserva instituída cria uma lacuna no Anexo I**, sendo certo que *a reserva não traz a regra interna do país*. Por exemplo, no art. 38, da LUG, prescreve-se que a apresentação da Letra para câmara de compensação equivale à apresentação para pagamento. Porém, isso não existe no Brasil. Aqui há o protesto. Câmara de compensação é só para cheque. **A lacuna do Anexo I é suprido com a "Lei" interna**, o *Decreto nº 2.044/1908*, conhecida como **Lei Saraiva**[4].

1.1 Conceito

A **letra de câmbio** é uma **ordem direta de pagamento** de quantia com **promessa indireta**. Não se deve esquecer que **quantia significa quantidade de dinheiro**. *Não é possível sacar letra de câmbio ordenando pagamento em qualquer*

---

[2] De acordo com o art. 31, da LUG (o Anexo I, do Decreto nº 57.663/66).

[3] De acordo com o art. 32, da LUG (o Anexo I, do Decreto nº 57.663/66).

[4] A denominação é uma referência ao ex-Desembargador falecido do TJ/MG José Antonio Saraiva, escritor da obra clássica "A Cambial".

coisa que não seja dinheiro. Dessa forma, por exemplo, não pode Abílio emitir uma letra de câmbio para ordenar que Bruno entregue 10 sacas de arroz.

Na letra de câmbio, o **sacador** ordena ao **sacado** que pague ao **beneficiário** certa soma em dinheiro. Trata-se de ***promessa indireta*** porque *o sacador, devedor indireto, é também codevedor do título*, na medida em que todo aquele que apuser sua assinatura em título de crédito se torna obrigado cambial[5].

1.2 Figuras intervenientes

Na letra de câmbio, há 3 *figuras intervenientes* **necessárias** e 3 *figuras intervenientes* **facultativas**:

a) **Necessárias:**

I. Sacador – a letra nasce com o saque, inexistindo letra sem a assinatura do sacador, sendo conhecido também por emitente;

II. Sacado – a letra é uma ordem dada a alguém para pagar o título, cujo nome deve vir obrigatoriamente mencionado no título, sendo o sacado o indicado a pagar o título;

III. Beneficiário (tomador) – é nula a letra de câmbio ao portador[6], sendo necessária a menção ao nome do beneficiário, o tomador do crédito.

b) **Facultativas:**

I. Avalista – a letra pode ou não ser garantida mediante aval, sendo certo que a falta do aval não a desnatura;

II. Aceitante – o nome do sacado deve constar no título, não sendo necessário, contudo, que ele venha a manifestar o aceite do título (lembre-se que a recusa do título determina o vencimento antecipado do título[7]);

III. Endossante – a letra pode ou não circular mediante endosso, não sendo essencial para a existência da letra a figura do endosso.

1.3 Requisitos

Existem requisitos previstos na legislação cambial que, se atendidos, **asseguram validade jurídica aos títulos de crédito**. Tais requisitos serão considerados ***intrínsecos*** quando, de algum modo, disserem respeito ao conteúdo da emissão

---

[5] De acordo com o art. 7º, da LUG (o Anexo I, do Decreto nº 57.663/66).

[6] De acordo com o art. 907, do Código Civil.

[7] De acordo com o art. 43, da LUG.

do título, ou *extrínsecos* quando relacionados à **forma do documento**, ou seja, são requisitos que precisam existir no documento, para que ele tenha valor como título de crédito.

a) Intrínsecos

Três são os **requisitos intrínsecos** de validade (comuns a todos os títulos de crédito)[8]:
a) agente capaz;
b) objeto lícito; e
c) vontade livre e desembaraçada de se obrigar cambialmente.

Faz-se mister o respeito ao art. 104, do Código Civil, na medida em que "a emissão de um título de crédito é um ato jurídico"[9]. Anexo à LUG, foi adotada convenção internacional para regular certos conflitos de lei, em matéria cambial. O art. 2º, desta convenção, determina que **a capacidade de uma pessoa para se obrigar** por uma letra de câmbio – ou mesmo uma nota promissória e, de resto, o raciocínio vale os demais títulos de crédito – é regulamentada pela respectiva **lei nacional**. A pessoa incapaz, segundo a lei nacional, é havida como capaz, caso tenha aposto sua assinatura em território de país, cuja legislação a considerasse como capaz.

Note-se que **a exigência é a da capacidade do emitente**. A eventual *incapacidade do beneficiário não macula o título de crédito*, haja vista se estar diante de um ato jurídico, uma declaração unilateral de vontade, e não de um negócio jurídico. Acerca, ainda da capacidade do agente, um ponto importante se refere à *emissão de título de crédito mediante representante*. A esse respeito, ensina Gladston Mamede[10]:

> Não se pode esquecer que a emissão de título de crédito por representante é corriqueira, mormente se considerarmos que todos aqueles que fazem emissão em nome das pessoas jurídicas fazem-no como representantes. Para que a emissão vincule o representado (o *dominus negotii*), é indispensável que o emissor disponha de poderes conferidos por lei ou pelo interessado (artigo 115 do Código Civil), agindo nos limites daqueles poderes (artigo 116 do Código Civil). Fora desses

---

[8] De acordo com o art. 104, do Código Civil.

[9] MAMEDE, Gladston. *Direito empresarial brasileiro: títulos de crédito*. 10 ed. São Paulo: Atlas, 2018. p. 25.

[10] MAMEDE, Gladston. *Direito empresarial brasileiro: títulos de crédito*. 10 ed. São Paulo: Atlas, 2018. p. 25.

limites, o ato vincula a si mesmo e não ao terceiro, que nestes limites não está representado, pois não constituiu representante.

Não é à toa, portanto, a previsão do Código Civil: *"Aquele que, sem ter poderes, ou excedendo os que tem, lança a sua assinatura em título de crédito, como mandatário ou representante de outrem, fica pessoalmente obrigado, e, pagando o título, tem ele os mesmos direitos que teria o suposto mandante ou representado"*[11].

O objeto precisa ser **lícito, possível, determinado** ou **determinável**[12]. Uma vez mais, Gladston Mamede[13] explica:

> Por outro ângulo, a cada tipo de título de crédito corresponde um objeto juridicamente possível: o objeto da nota promissória, como exemplo, é uma obrigação de pagar quantia certa em dinheiro; não é lícito emitir uma nota promissória para afirmar a obrigação de entregar coisa certa, como ouro ou pedras preciosas. (...) Deve ser, ainda, lícito, respeitada a legislação genérica, ou seja, aquela que rege o conjunto dos comportamentos da sociedade. Não é válido, por exemplo, um conhecimento de depósito de folhas de maconha ou qualquer outro bem ilícito.
>
> O objeto, ademais, deverá ser possível. (...) Teria objeto impossível o título que expressasse crédito em moeda de sociedades há muito extintas. (...) Também aquele que indica por beneficiário personagem inexistente (...) seria juridicamente impossível um título que fosse emitido com um valor astronômico (...) Também impossível é a obrigação assumida por quem já se encontra morto. (...)
>
> Ainda de acordo com o artigo 104, II, exige-se que o objeto do ato jurídico seja determinado ou determinável; uma vez mais, tem-se um parâmetro jurídico que exigirá, no âmbito dos títulos de crédito, certeza e liquidez na obrigação, dando executibilidade do crédito.

A vontade de se obrigar cambialmente é presumida pela assinatura do título – presunção relativa, por admitir provas em contrário[14]. Ponto importante decorrente da emissão de vontade é a denominada **cláusula-mandato**. Viu-se, anteriormente, a possibilidade de alguém se obrigar cambialmente mediante procurador.

---

[11] Art. 892, do Código Civil.

[12] Nos termos do art. 104, II, do Código Civil.

[13] MAMEDE, Gladston. *Direito empresarial brasileiro: títulos de crédito*. 10 ed. São Paulo: Atlas, 2018. p. 26-27.

[14] Nos termos do art. 7º e 8º, da LUG (o Anexo I, do Decreto nº 57.663/66).

Porém discutiu-se na jurisprudência se seria possível, em um contrato bancário, por exemplo, ser estipulado que mutuário constituiria o mutuante como seu procurador para o fim de emitir um título de crédito em nome do mutuante, mas a favor de si mesmo. A este respeito, o STJ declarou nula tal obrigação cambial:

> Súmula nº 60/STJ: "É nula a obrigação cambial assumida por procurador do mutuário vinculado ao mutuante, no exclusivo interesse deste".

Outra questão relevante diz respeito ao **título de crédito emitido em branco ou incompleto**. Com efeito, deve-se ter por **válida** a emissão em branco ou incompleta de títulos de crédito. Entretanto, o seu **preenchimento** deve ser feito em conformidade com o negócio jurídico subjacente. O título de crédito deverá estar perfeito quando do envio a protesto ou a cobrança judicial. A propósito, o STF sumulou o entendimento a seguir:

> Súmula nº 387/STF: "A cambial emitida ou aceita com omissões ou em branco, pode ser completada pelo credor de boa-fé antes da cobrança ou do protesto".

b) Extrínsecos

São requisitos de forma, ou seja, existem **formalidades** que precisam estar presentes a fim de que **um documento valha como título de crédito**; neste caso, como letra de câmbio. Os requisitos extrínsecos podem ser *essenciais* ou *não essenciais*. Os requisitos extrínsecos essenciais são aqueles que, ausentes, implicam a nulidade do título (nulidade absoluta). Os requisitos extrínsecos não essenciais são aqueles para os quais a lei prescreve norma supletiva, na hipótese de ausência – o equivalente cambiário, não gerando, portanto, a nulidade do título.

São **requisitos extrínsecos não essenciais** (comuns a todos os títulos)[15]:

I – *época do vencimento*: não indicado a época do vencimento, presume-se à vista;

II – *praça de emissão*: indicada a praça de emissão, presume-se que o título tenha sido emitido no domicílio do devedor, na medida em que o devedor contrai obrigações em seu próprio domicílio;

---

[15] Nos termos do art. 2º, da LUG (o Anexo I, do Decreto nº 57.663/66).

III – *praça de pagamento*: não indicada, presume-se que a praça de pagamento é o do domicílio do devedor, uma vez que a obrigação é *quérable*.

São **requisitos extrínsecos essenciais**:

I – a ***indicação do nome do título***, no corpo do título (letra de câmbio) – denominada *cláusula cambiária*;
II – o mandato ***puro e simples de pagar*** quantia determinada;
III – o ***nome daquele que deve pagar*** – o *sacado*;
IV – o ***nome da pessoa*** a quem ou à ordem de ***quem deve ser paga*** – o *beneficiário*;
V – a ***data de emissão*** do título (o lugar da emissão não é essencial);
VI – a ***assinatura do sacador***.

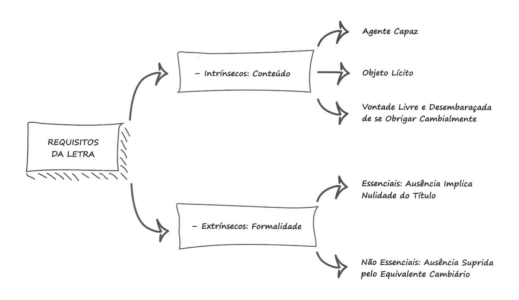

2. NOTA PROMISSÓRIA

A nota promissória tem **origem comum à letra de câmbio**. Bem por isso estão regulamentadas na **mesma lei**[16], e submetidas ao **mesmo regime**

---
[16] A LUG (o Anexo I, do Decreto nº 57.663/66).

jurídico[17]. Marlon Tomazette[18] apresenta a origem comum da letra de câmbio e da nota promissória:

> Um comerciante procurava um banqueiro e lhe entregava, em moeda local, o valor equivalente ao que ele desejava da moeda estrangeira. Os banqueiros recebiam o dinheiro e prometiam entregar o seu equivalente em outra cidade na moeda estrangeira.
>
> O banqueiro, ao receber o dinheiro, entregava ao comerciante dois documentos: o reconhecimento da dívida (*cautio*) e a ordem de pagamento em moeda (*lettera di pagamento*). Em outras palavras, o banqueiro reconhecia a sua dívida (o que deu origem à nota promissória) e fazia uma delegação de pagamento ao seu correspondente da outra cidade (dava uma ordem de pagamento a ser cumprida em outra cidade), originando a letra de câmbio.

2.1 Conceito

A **nota promissória** representa uma *promessa de pagamento do emitente ao beneficiário*. Prometer significa uma ordem dada a si próprio. Não pode confundir com jurar que significa uma ordem dada em razão de outrem. Promete-se a si mesmo e se jura para os outros. Ou seja, não se pode confundir ordem de pagamento e promessa de pagamento. Nesse patamar, **nota promissória é a promessa**[19] **direta de pagamento de quantia**. Trata-se de uma pessoa se ordenando a pagar certa quantia a outrem. **O emitente é o devedor cambial direto**.

2.2 Figuras intervenientes

Da mesma forma que se viu para a letra de câmbio, **existem figuras intervenientes necessárias e facultativas, na nota promissória**.

a) **Necessárias:**

I. Emitente – é, em termos, a junção das figuras do sacador e do sacado. O correto juridicamente é se falar em sacador, na hipótese de ordem de pagamento. Em títulos que se submetem à promessa de pagamento, fala-se em emitente;

---

[17] De acordo com o art. 77, da LUG (o Anexo I, do Decreto nº 57.663/66).

[18] TOMAZETTE, Marlon. *Curso de direito empresarial: títulos de crédito – volume 2*. 9 ed. São Paulo: Saraiva Educação, 2018. p. 94.

[19] PONTES DE MIRANDA, Francisco Cavalcanti. *Tratado de direito cambiário*. Campinas: Bookseller, 2000. v. 2. p. 35.

II. Beneficiário (tomador) – é nula a emissão de nota promissória ao portador[20]. Faz-se necessária a indicação do nome do beneficiário.

b) Facultativas:

I. Avalista – nos mesmos moldes de letra de câmbio;

II. Endossante – nos mesmos moldes de letra de câmbio.

Não existe a figura do aceite em nota promissória. O que se disse para o avalista e o endossante em letra de câmbio se aplica, também, para a nota promissória.

2.3 Norma de aplicação

Os arts. 75 a 78 da LUG regulamentam a nota promissória. O art. 77, da LUG, prescreve a **possibilidade de aplicação**, naquilo que couber, de todos os *institutos cambiários* da **letra de câmbio. O único instituto da letra de câmbio que não cabe em nota promissória é o aceite**, na medida em que *na letra de câmbio o sacador ordena a alguém e na nota promissória, o emitente se compromete.*

Apesar de o seu regime jurídico ser o mesmo da letra de cambio **existem ajustes que precisam ser feitos**. São eles:

a) a nota promissória, por ser uma promessa de pagamento, *não precisa ser apresentada para aceite*;

b) a nota promissória tem na figura do *emitente (sacador)* o *seu principal devedor*;

c) na nota promissória, o *aval em branco* é considerado manifestado *em favor do emitente*;

d) a nota promissória pode ser emitida *a certo tempo de vista*; e

e) é cabível *ação monitória* para a cobrança de *nota promissória prescrita*[21].

2.4 Vinculação a contrato

Viu-se anteriormente que **a nota promissória é considerada um título de crédito abstrato**, porque pode ser emitido em razão de qualquer relação jurídica subjacente entre o beneficiário e o emitente, **e autônomo**, porque todas as obrigações, nela mencionada, são do tipo principais. Porém, a prática bancária, no passado, tentando estabelecer um modo de efetuar a cobrança judicial do cheque especial, vinculou a emissão de uma nota promissória a um contrato de abertura de crédito, por exemplo. Sobre esse tema, há a Súmula nº 258, do STJ:

---

[20] Nos termos do art. 907, do Código Civil.

[21] Súmula nº 504, do STJ.

Súmula nº 258/STJ: "A nota promissória vinculada a contrato de abertura de crédito não goza da autonomia em razão da iliquidez do título que a originou".

É importante verificar **a possibilidade de vinculação da nota promissória a um contrato**. Porém, a nota promissória *incorporará todos os vícios e problemas inerentes ao contrato vinculado*. Dessa forma, a nota promissória continua sendo considerada um título executivo extrajudicial. Assim, em sede de embargos à execução, poderão ser alegados todo e qualquer meio de defesa existente em relação ao contrato de abertura de crédito.

3. CHEQUE

Desde a sua origem, **o cheque possui o traço comum de representar uma ordem de pagamento, em razão de fundos disponíveis em poder do sacado**. É interessante notar que o cheque tem a **mesma origem histórica da letra de câmbio**. Sob tal perspectiva, relata Marlon Tomazette[22]:

> Num primeiro momento, o chamado período italiano, a letra de câmbio e o cheque se confundiam, na medida em que ambos se destinavam a facilitar o transporte de moeda. No período francês, ainda havia uma ligação direta entre os dois títulos, na medida em que ambos dependiam da provisão de fundos em poder do sacado.
>
> No período alemão, a partir de 1848, há uma clara distinção entre os dois institutos, passando a não mais se exigir para a letra de câmbio a provisão de fundos em poder do sacado, o que, contudo, subsistiu no cheque. A partir desse período, a letra de câmbio torna-se um claro instrumento de crédito a serviço de todos, enquanto o cheque se mantém como meio de pagamento, dependente de provisão em dinheiro.

3.1 Referência legal

O cheque, assim como a letra de câmbio também é tratado por uma "Lei Uniforme de Genebra". Acaba por representar mais uma evidência da origem comum do cheque e da letra de câmbio. Existe uma LUG sobre cheque, uma verdadeira lei uniforme relativa ao cheque. Trata-se do Anexo I, do Decreto nº 57.595/66.

---

[22] TOMAZETTE, Marlon. *Curso de direito empresarial: títulos de crédito – volume 2*. 9 ed. São Paulo: Saraiva Educação, 2018. p. 235.

Porém, atualmente **a referência legal em matéria de cheque se encontra consolidado na Lei nº 7.357**, de 2 de setembro de 1985. Frise-se, por oportuno: a LUG do cheque não é o Decreto nº 57.595/66, mas sim o seu Anexo I. O Decreto nº 57.595/66 positiva a LUG do cheque. Mas tal norma não é mais aplicável, em vista da Lei nº 7.357/85.

3.2 Conceito

Cheque é uma ordem de **pagamento à vista**, considerando-se **não escrita** qualquer **menção em contrário**[23]. O cheque, apresentado para pagamento antes do dia indicado como data de emissão, é **pagável no dia da data de apresentação**[24]. O cheque é **emitido contra banco** ou instituição financeira autorizada pelo BACEN[25]. O cheque deve ser sacado contra **fundos preexistentes**[26] ou **abertura de crédito**[27] – denominado, neste caso, como *cheque especial*.

3.3 O cheque pré-datado

Viu-se que não se admite qualquer outra modalidade de vencimento para o cheque que não seja o vencimento à vista[28]. A prática comercial no Brasil, entretanto, acabou por criar a figura do **cheque pré-datado**. Trata-se de **operação muito comum** para a **aquisição de bens** móveis ou imóveis **a prazo**, de maneira **parcelada**.

Com efeito, alguma doutrina[29] critica a expressão, sugerindo a denominação *cheque pós-datado* haja vista que se trata de cheque em que **se indica uma data futura, posterior à data real de emissão**. Por exemplo, emite-se um cheque em

---

[23] Nos termos do art. 32, da Lei nº 7.357/85.

[24] Nos termos do art. 32, parágrafo único, da Lei nº 7.357/85.

[25] Nos termos do art. 3º, da Lei nº 7.357/85.

[26] Nos termos do art. 4º, da Lei nº 7.357/85.

[27] Nos termos do art. 4º, § 2º, c, da Lei nº 7.357/85.

[28] Estudado mais detalhadamente no Capítulo 11 deste livro.

[29] Para um aprofundamento sobre a discussão quanto à nomenclatura, dentre outros: RESTIFFE NETO, Paulo; RESTIFFE, Paulo. *Lei do cheque*. 4 ed. São Paulo: Editora Revista dos Tribunais, 2000. p. 205; MAMEDE, Gladston. *Direito empresarial brasileiro: títulos de crédito*. 10 ed. São Paulo: Atlas, 2018. p. 184; PONTES DE MIRANDA, Francisco Cavalcanti. *Tratado de direito cambiário*. Campinas: Editora Bookseller, 2000. v. 4. p. 110; ROSA JUNIOR, Luiz Emygdio da. *Títulos de crédito*. 4 ed. Rio de Janeiro: Renovar, 2006. p. 567; COELHO, Fabio Ulhoa. *Curso de direito comercial, volume 1: direito de empresa*. 20 ed. São Paulo: Editora Revista dos Tribunais, 2016. p. 446.

23 de janeiro de 2020, mas se coloca, como data de emissão, 23 de março de 2020. Para ser *pré-datado*, precisaria ser **aposta como data de emissão no cheque uma data passada, anterior à data real**. Por exemplo, emite-se um cheque em 23 de janeiro de 2020, mas se coloca, como data de emissão, 23 de novembro de 2019. Considero correta a crítica doutrinária, porém, na prática, tais expressões têm sido tratadas como sinônimas.

Trata-se de título cujo regime jurídico seguirá a sua **literalidade, nos seus estritos termos**. Com efeito, o **prazo de apresentação** e o **prazo de prescrição do cheque**, por exemplo, devem ser contados a partir do que foi **escrito no título**. Tratando-se, portanto, de um **acordo de cavalheiros**, em que *o beneficiário do cheque se compromete a não apresentá-lo para pagamento antes do pactuado*. Desse modo, **caracteriza dano moral a apresentação antecipada de cheque pré-datado**[30].

É preciso salientar que **o dano moral não emerge do direito cambiário**. Tal dano moral surge do negócio jurídico subjacente em que o cheque é apenas a prova de que as partes se comprometeram a diferir, no tempo, a apresentação da cártula e uma das partes não cumpriu conforme o pactuado. **O dano moral decorre de violação de direito obrigacional subjacente ao título**, emergindo da violação do negócio jurídico. No cheque, considera-se não escrito.

A maioria da doutrina, depois da emissão da Súmula nº 370, pelo STJ, vem entendendo que **a simples apresentação do cheque pós-datado**, mesmo que não devolvido e que nenhum problema haja **caracterizaria dano moral**, tratando-se de uma *questão objetiva*, ou seja, de uma **sanção àquele que descumpriu obrigação** decorrente do negócio jurídico subjacente. Este é o entendimento a ser levado para as **provas objetivas de concurso**.

Porém, é preciso considerar que para haver o **dano moral**, faz-se mister o **constrangimento moral**, *não bastando a simples devolução*. Nos termos da jurisprudência do STJ, "o mero dissabor ou aborrecimento, experimentado em razão de inadimplemento contratual, não configura, em regra, prejuízo extrapatrimonial indenizável"[31]. Muitas vezes, **pode não haver danos morais, mas sim danos patrimoniais**. *Só se compreende dano moral resultante de um cheque pós-datado pago de maneira antecipada quando outros cheques voltam sem provisão de fundos*.

Há de se fazer menção ainda à **Súmula nº 388, do STJ**: "*a simples devolução indevida de cheque caracteriza dano moral*". Aqui, **o dano moral é causado pelo**

---

[30] Nos termos da Súmula nº 370, do STJ.

[31] Por todos: STJ – AgInt nos EDcl no AREsp: 1320884 PR 2018/0164253-3, Relator: Ministro Raul Araújo, Data de Julgamento: 02/04/2019, T4 – QUARTA TURMA, Data de Publicação: *DJe* 15/04/2019.

banqueiro. O banco devolveu um cheque, não pagando-o, *sem nenhuma razão válida*. Trata-se de **vício no serviço**, em que, por exemplo, o banqueiro coloca, por engano, *cheque de um cliente para compensar na conta de outrem, quando na conta do cliente correto havia provisão de fundos*.

Por fim, é cabível ressaltar que entre o sacador e o sacado precisa haver **autorização contratual para a emissão da cártula**. A autorização contratual é um elemento autônomo do conceito, comumente prevista no próprio contrato de depósito bancário[32]. **O que se executa não é o contrato, mas sim o próprio título de crédito**[33]. Assim, *não deixa de ser cheque*, o título emitido em face de **conta encerrada** ou mesmo emitido **sem provisão de fundos**. Mesmo porque a provisão de fundos deve ser aferida por ocasião do pagamento[34] e não da emissão.

O direito brasileiro não considera o *pós-datamento*. Diferentemente do que ocorre, por exemplo, na Argentina, com o *cheque de pago diferido*[35], apresentado e havendo fundos, o banco sacado é obrigado a pagar o cheque, independente da data mencionada, pois se trata de cláusula não escrita. Havendo o *pós-datamento* do cheque, a prescrição para a execução do cheque se contaria da expiração do prazo de apresentação pós-datado[36].

O **cheque de pago diferido** ou *cheque com pagamento diferido no tempo* é o *nomen juris* daquilo que se convencionou chamar no Brasil como cheque pré-datado (que, como visto, deveria ser "pós-datado"). Nesta modalidade de cheque, **o famoso "bom para" produz efeitos cambiais**, porque a lei admite a sua emissão para ser pago em uma data posterior à data de emissão, desde que seja pago até 1 ano, contado da data de emissão[37].

Percebe-se, assim, a grande diferença do *cheque de pago diferido* na Argentina para o *"cheque pré"* no Brasil: na Argentina, o formulário do cheque tem campo específico para **duas datas** – a *data de emissão* e a *data de vencimento*. Sob a ótica do direito cambiário brasileiro, a **data de emissão é obrigatória**[38], e a **data de vencimento, facultativa**, na medida em que *não tendo data de vencimento*

---

[32] A ser estudado no Capítulo 19 desta obra.

[33] O cheque é um título executivo extrajudicial, nos termos do art. 784, I, do CPC.

[34] Nos termos do art. 4º, § 1º, da Lei nº 7.357/85.

[35] Instituído através da *Ley nº 24.452, del 22 febrero de 1995*. Trata-se do cheque cujas partes podem combinar o vencimento a dia certo ou a tempo certo de data, com efeitos cambiários.

[36] De acordo com o princípio da literalidade e com o art. 59, da Lei nº 7.357/85.

[37] LÉO, Gomez. *Cheque de pago diferido*. Buenos Aires: Depalma, 1997.

[38] De acordo com o art. 889, do Código Civil.

prevista no título, ele terá vencimento "à vista"[39]. Tendo um **único campo**, no formulário do título para a **inserção de data**, a conclusão é a de que *tal data é a de emissão e não de vencimento*. O **modelo** do *cheque de pago diferido*, no entanto, apresenta **campos específicos** para ambas as datas.

3.4 Modalidades de cheque

A Lei nº 7.357/85 apresenta **várias modalidades de cheque** – cada qual com características próprias e com regras especiais sobre o seu uso – que podem ocorrer na prática, a saber:

  a) cheque ao portador;
  b) cheque visado;
  c) cheque cruzado;
  d) cheque para creditar em conta;
  e) cheque marcado; e
  f) cheque administrativo.

3.4.1 Cheque ao portador

O **cheque ao portador**[40] é o cheque em que *não é indicado o beneficiário*. Com efeito, **não se pode confundir**, como visto, **com o cheque emitido incompleto**. Trata-se de cheque em que **não há credor específico**. Assim, *quem quer que apresente o título, terá o direito de receber o pagamento*. Trata-se do único título em que a lei brasileira admite a emissão ao portador, desde que no valor de até R$ 100,00[41].

É **vedada** a emissão de **cheque ao portador** em valor **superior a cem reais**[42]. Em tais casos, *torna-se necessária a identificação do beneficiário*. Considera-se **ao portador** tanto o cheque **sem indicação do beneficiário** quanto o cheque em que, apesar de emitido em favor de pessoa determinada, contenha a **cláusula "*ou ao portador*"**[43].

---

[39] De acordo com o art. 889, § 1º, do Código Civil.
[40] De acordo com o art. 8º, III, da Lei nº 7.357/85.
[41] De acordo com o art. 69, da Lei nº 9.069/95.
[42] Nos termos do art. 907, do Código Civil.
[43] Nos termos do art. 8º, parágrafo único, da Lei nº 7.357/85.

3.4.2 Cheque visado

O **cheque visado** é o cheque em que o *gerente do banco sacado realizou o visto*. O **visto** consiste numa **assinatura lançada no título pelo banco** sacado com o objetivo de **garantir o seu pagamento**, *dentro do prazo de apresentação*, **sem que se liberem os demais obrigados**[44]. Com o visto, *o sacado se obriga a debitar da conta do emitente a quantia indicada e reservá-la para o pagamento do cheque*.

Cheque visado, portanto, é aquele que recebe um *visto do banco sacado*. O cheque é visado, em regra, a pedido do **próprio sacador**, podendo também ser pedido pelo **portador legitimado**[45]. Para que o cheque seja visado, ele deve estar 100% preenchido. Visado o cheque, o banco sacado bloqueia na conta do cliente a quantia mencionada na cártula, vinculando-a exclusivamente ao pagamento daquele título.

Se outros cheques forem emitidos e não tiverem fundos restantes (*apenas o do valor visado*), tais cheques **voltarão sem provisão de fundos**. A mencionada quantia *não pode sequer ser objeto de penhora*. Na prática, *a maioria dos bancos debita a conta do cliente no valor visado, abrindo uma conta à parte para garantir a operação*. A quantia estará vinculada ao pagamento do cheque visado durante o prazo de apresentação. Passado o prazo e não havendo apresentação, finaliza-se tal garantia, desbloqueando-se o valor na conta do sacador.

3.4.3 Cheque cruzado

O **cheque cruzado** é o cheque em que ocorre a **aposição de dois traços paralelos no anverso do título**[46] e tem o objetivo de **evitar o pagamento na** "*boca do caixa*", devendo ocorrer o **depósito em conta**[47]. *Cheque cruzado* é aquele que toma **duas barras paralelas longitudinais**. Para garantir o cruzado, deve-se **atravessar o cheque inteiro**. *O cruzamento equivale a uma cláusula-mandato*, determinando que tal cheque seja pago a um banco ou instituição financeira autorizada pelo BACEN ou, alternativamente, creditado em uma conta.

O cruzamento pode ser **geral** (quando *não se indica*, entre os traços, *o banco destinado a receber o cheque cruzado*) ou **especial** (*quando o banco é indicado*)[48]. O **cruzamento geral pode ser transformado em cruzamento especial**, mas

---

[44] De acordo com o art. 7º, § 1º, da Lei nº 7.357/85.
[45] Nos termos do art. 7º, da Lei nº 7.357/85.
[46] Nos termos do art. 44, da Lei nº 7.357/85.
[47] Nos termos do art. 45, da Lei nº 7.357/85.
[48] De acordo com o art. 44, § 1º, da Lei nº 7.357/85.

o inverso não é verdadeiro[49]. O *cruzamento geral* também é conhecido como **cruzamento em branco** assim como o *cruzamento especial* é conhecido como **cruzamento em preto**.

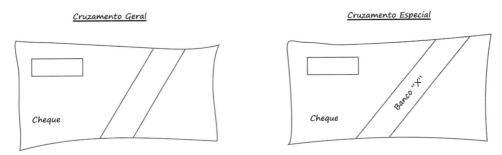

No *cruzamento em branco*, **não se menciona**, entre as duas barras paralelas, nome de *instituição financeira*; logo, **o cheque poderá ser pago por qualquer banco ou creditado em conta de qualquer um**. No *cruzamento em preto*, entre as barras paralelas, menciona-se o nome de uma instituição financeira; neste caso, **somente poderá ser pago o cheque na instituição mencionada**, ou creditado em uma conta nesta instituição. **É possível transformar o cruzamento em branco em cruzamento em preto**.

Havendo o cruzamento em preto, não há como transformar em cruzamento em branco. No cruzamento em preto, somente com a autorização da instituição financeira mencionada é que o credor poderá depositar em outra instituição financeira[50]. Dessa forma, por exemplo, se você receber um cheque cruzado, com cruzamento especial ou em preto, para o Banco do Brasil, porém não você não é correntista do Banco do Brasil, mas sim do Itaú, das duas, uma: ou você abre conta no Banco do Brasil para receber o cheque, ou você busca o Banco do Brasil e pede o endosso do cruzamento[51] para o Itaú.

3.4.4 Cheque para creditar em conta

O **cheque para creditar em conta** é o cheque em que se **proíbe o pagamento em dinheiro**, *só podendo o sacado proceder a lançamento contábil* (**crédito em conta, transferência** ou **compensação**)[52]. É necessário o endosso para o paga-

---

[49] De acordo com o art. 44, § 2º, da Lei nº 7.357/85.

[50] Nos termos do art. 45, da Lei nº 7.357/85 (*parte final*).

[51] Estudado no Capítulo 11 deste livro.

[52] De acordo com o art. 46, da Lei nº 7.357/85.

mento, a menos que o beneficiário seja o titular da conta de depósito. Pode ser entendido enquanto **uma evolução do cheque cruzado**, na medida em que, *em vez de se fazer menção ao banco de depósito, pode-se indicar a conta corrente em que deve ocorrer o depósito*.

O **cheque para creditar em conta** é aquele que tem escrito, *entre as barras do cruzamento*, "**para creditar**", "**para depositar**" ou expressão equivalente. Este cheque **somente** poderá ser pago mediante **depósito em conta bancária**. *Se o credor não tiver conta*, há **três alternativas**: *abrir uma conta, endossar para quem tem conta* ou *executar*.

Se, no cheque, for inserido, **apenas, dois traços paralelos**, o cheque terá recebido **cruzamento geral**. Se, no cheque cruzado, entre as barras paralelas for **inserido o nome do banco**, então o cheque terá recebido **cruzamento especial**. Se, no cheque, entre as duas barras paralelas, **for indicado, além da expressão "para creditar", a agência e o número da conta**, apenas naquela agência e conta é que o cheque deveria ser creditado.

Por final, é importante constatar a **importância** do cruzamento do cheque ou mesmo da inserção da cláusula "para creditar em conta". Ambas as modalidades servem para conferir uma **segurança maior tanto ao emitente quanto ao seu credor**, nos casos de furto, roubo ou extravio do cheque. De modo que *se o ladrão depositar um cheque cruzado, será possível pegar o ladrão*[53].

3.4.5 Cheque marcado

O **cheque marcado** é o cheque em o **banco sacado manifestou o aceite**. *Marcar o cheque* e *aceitar o cheque* significam a mesma coisa. Trata-se do cheque em que o banco sacado manifesta o aceite, tornando-se obrigado pelo pagamento do título. É uma **modalidade não admitida** pela legislação cambiária atual[54].

3.4.6 Cheque administrativo

O **cheque administrativo** é uma modalidade importante, notadamente para **aquisição de bens de alto valor**. Trata-se do **cheque emitido contra o próprio banco sacador**[55], ou seja, *o banco assume, ao mesmo tempo, posição de sacador e de sacado*. **Não pode** ser emitido **ao portador**.

---

[53] TOMAZETTE, Marlon. *Curso de direito empresarial: títulos de crédito – volume 2*. 9 ed. São Paulo: Saraiva Educação, 2018. p. 273.

[54] Nos termos do art. 6º, da Lei nº 7.357/85.

[55] Nos termos do art. 9º, III, da Lei nº 7.357/85.

É o cheque que o banco saca contra os seus próprios caixas. Neste caso, sacador e sacado são a mesma pessoa: o banco. O cheque administrativo é usado como dinheiro. O beneficiário é o correntista do banco. Realizado o negócio jurídico, faz-se o endosso e, recebendo quitação, o endossatário passa a ser o novo credor do título.

O **STJ** autoriza **excepcionalmente** a **sustação de cheque administrativo**. "A circunstância de tratar-se de cheque administrativo não desautoriza o beneficiário endossante de solicitar, nos termos do art. 36 da Lei nº 7.357/85, a sustação de seu pagamento"[56]. É o **beneficiário** quem pede sustação do cheque administrativo por **desavença comercial**.

3.5 Impedimentos para pagamento do cheque

O **cheque é uma ordem de pagamento à vista**. Ou seja, seu vencimento ocorrerá no **ato de apresentação do título** ao banco sacado. É importante considerar que **antes do vencimento o devedor não pode ser obrigado a pagar o título**, ou seja, só com a apresentação do título é que o credor poderá exigir o pagamento – decorrência do princípio da cartularidade. Vale ainda ressaltar que, **no vencimento, o credor não pode recusar o pagamento parcial** do cheque[57-58].

3.5.1 Insuficiência de fundos disponíveis

O cheque pode deixar de ser pago em razão da **insuficiência de fundos disponíveis**. A existência de fundos disponíveis será verificada quando da **apresentação para pagamento**[59], não havendo necessidade de prova prévia da existência de fundos disponíveis para a emissão do cheque.

Consideram-se **fundos disponíveis**:

a) o crédito constante de conta-corrente bancária não subordinado a termo;

b) o saldo exigível de conta-corrente contratual; e

c) a soma proveniente da abertura de crédito[60].

---

[56] REsp nº 290.935/RJ, Rel. Ministro Honildo Amaral de Mello Castro (Des. Convocado do TJ/AP), 4ª Turma, julgado em 15/10/2009, DJe 26/10/2009.

[57] Nos termos do art. 38, da Lei nº 7.357/85.

[58] Este entendimento é aplicável, na realidade, para qualquer obrigação decorrente de um negócio jurídico lícito, seja outro título de crédito, seja um contrato.

[59] Nos termos do art. 4º, § 1º, da Lei nº 7.357/85.

[60] Nos termos do art. 4º, § 2º, da Lei nº 7.357/85.

3.5.2 Contraordem ou sustação

Porém, *não é só em razão da insuficiência de fundos disponíveis que o cheque deixará de ser pago*. Para evitar o pagamento de um cheque, poderá ocorrer a **contraordem** ou a **sustação** do cheque. A *contraordem*, também denominada de **revogação** é ato praticado exclusivamente pelo emitente e **produz efeitos após o prazo de apresentação**. Assim, *se o título for apresentado, no prazo hábil, ele será pago validamente pelo banco sacado*. Já a *sustação* é também conhecida por **oposição**, tratando-se de ato que pode ser praticado tanto pelo emitente quanto pelo portador do título e **produz efeitos mesmo durante o prazo de apresentação**.

Para facilitar

No modo facilitado, tem-se o seguinte:

Impedimentos de pagamento do cheque	
Contraordem	**Sustação**
Art. 35, Lei nº 7.357/85	Art. 36, Lei nº 7.357/85
Revogação	Oposição
Ato exclusivo do emitente	Ato do emitente ou portador legitimado
Efeitos após o fim do prazo de apresentação	Efeitos durante o prazo de apresentação

Não se pode deixar de perceber que **a contraordem e a sustação se excluem reciprocamente**[61] e que **não cabe ao sacado julgar da razão alegada**[62], devendo, apenas, cumprir o que lhe fora determinado.

3.5.3 Irregularidade na cadeia de endosso

Por final, o **banco sacado** pode ainda **evitar o pagamento do cheque** em razão de **problema na cadeia de endosso**. *É preciso verificar a regularidade e não a autenticidade da cadeia de endosso*[63]. Desse modo, caso a cadeia de endossos

---

[61] De acordo com o art. 36, § 1º, da Lei nº 7.357/85.

[62] De acordo com o art. 36, § 2º, da Lei nº 7.357/85.

[63] Tal entendimento vale para os títulos de crédito em geral e não somente para o cheque.

esteja sob **o manto da irregularidade**, *o banco sacado deve evitar o pagamento do título, sob pena de responsabilidade*[64]. O banco sacado, também, responde pelo **pagamento de cheque falso, falsificado ou alterado**, *salvo dolo ou culpa do correntista, do endossante ou do beneficiário*, dos quais o sacado poderá, no todo ou em parte, mediante ação regressiva, rever o que pagou[65].

4. DUPLICATA

A duplicata é o **único título de crédito** que o **vendedor**, em uma compra e venda mercantil, e o prestador de serviços, poderão **sacar contra o cliente** (*o credor é o sacador e o beneficiário ao mesmo tempo!*) a fim de cobrar a quantia decorrente do contrato, sendo uma **criação genuinamente brasileira**[66]. Nada impede, porém, de o cliente emitir título diverso. O **vendedor**, entretanto, *querendo documentar a relação mediante título de crédito*, ele **só pode sacar duplicata**[67].

Assim como a letra de câmbio, **a duplicata representa uma ordem de pagamento**. Para a sua emissão, portanto, aparecem *três figuras intervenientes*: o **sacador**, o **sacado** e o **beneficiário**. Porém, apenas, *duas pessoas se envolverão na sua emissão*: regra geral, o **vendedor** e o **comprador**. *O comprador assume a função de sacado e o vendedor cumula as funções de sacador e beneficiário.*

Trata-se de **título de crédito causal** na medida em que a lei estabelece a sua *causa debendi*, o seu negócio jurídico subjacente: **compra e venda mercantil**[68] ou é **prestação de serviços**[69]. É **vedada a emissão de duplicata** diante de qualquer **outra modalidade de negócio jurídico, consistindo em tipo penal**, com pena de **detenção de dois a quatro anos**, e multa[70].

A Lei nº 14.206/21, ao atribuir nova redação ao art. 20, da Lei nº 5.474/68, ampliou o rol de legitimados a emitir a duplicata de prestação de serviços.

---

[64] Nos termos do art. 39, da Lei nº 7.357/85.

[65] Nos termos do art. 39, parágrafo único, da Lei nº 7.357/85.

[66] A doutrina atesta tal fato, como se vê, por exemplo, em: COELHO, Fábio Ulhoa. *Curso de direito comercial, volume 1: direito de empresa.* 20 ed. São Paulo: Editora Revista dos Tribunais, 2016. p. 457; MAMEDE, Gladston. *Direito empresarial brasileiro: títulos de crédito.* 10 ed. São Paulo: Atlas, 2018. p. 198; TOMAZETTE. Marlon. *Curso de direito empresarial: títulos de crédito – volume 2.* 9 ed. São Paulo: Saraiva Educação, 2018. p. 289.

[67] De acordo com o art. 2º, da Lei nº 5.474/68.

[68] Nos termos do art. 1º, da Lei nº 5.474/68.

[69] Nos termos do art. 20, da Lei nº 5.474/68.

[70] De acordo com o art. 172, do Código Penal.

Agora, além das empresas, individuais ou coletivas, as fundações e as "sociedades civis" (a meu ver, atualmente, tanto sociedade simples quanto até mesmo associações), também o transportador autônomo de cargas passam a constar do rol dos legitimados.

Uma questão importante a esse respeito é: **o advogado**, visando cobrar seus honorários, **pode emitir duplicata** de prestação de serviços em face de seu cliente? O art. 22, da Lei de Duplicatas, *equipara o profissional liberal à sociedade prestadora de serviços, para fins de saque da duplicata*. Entretanto, o Código de Ética da OAB, no seu art. 46, **veda o advogado sacar, contra o cliente, duplicata**, a fim de cobrar honorários[71].

A Lei nº 8.906/94 – o Estatuto da OAB – simplesmente silencia sobre o tema. Porém, o Código de Ética da OAB é uma Resolução do Conselho Federal da OAB. **Não poderia uma Resolução dispor de maneira diversa da Lei**. Mais ainda: **não poderia uma Resolução estipular obrigação de não fazer, sem o devido amparo legal**. Por isso, tem-se entendido que **a duplicata sacada contra o cliente não é nula**, mas sim ineficaz; *o advogado sacador deverá sofrer sanção de ordem administrativa*, a ser imposta pelo Tribunal de Ética e Disciplina da Ordem em razão de infração administrativa.

4.1 Fatura

A **fatura** é o documento criado para **substituir** o contrato de compra e venda mercantil ou de prestação de serviços, **provando a sua existência**. A fatura só vai trazer os **elementos essenciais** destes contratos (as partes, o objeto, o preço e as condições de pagamento). Passou a ser de tal maneira utilizada pelo empresariado nacional que *atualmente utiliza-se do verbo "faturar" para pedir o envio de determinadas mercadorias*. O cliente, de posse da fatura, paga o título.

A duplicata surgiu como uma segunda via da fatura. Hoje, não mais; **a partir da fatura, é que se expede a duplicata**, retirando da fatura os seus elementos. *Paralelo à força executiva, o Estado cria a nota fiscal-fatura, visando cobrar tributo*. Atualmente, a fatura nada mais é do que a nota fiscal. Tecnicamente, porém, há de se fazer a **distinção entre fatura e nota fiscal**. *Da fatura, expede-se a duplicata. A nota fiscal é para fins tributários*. No máximo, pode-se falar em **nota fiscal-fatura**.

Vale ressaltar, a emissão da fatura é **obrigatória** diante de todo e **qualquer contrato de compra e venda** mercantil realizado em **território nacional** que tenha **prazo não inferior a 30 dias**[72]. Porém, é preciso constatar que **a emissão**

---

[71] Este entendimento é o que deve ser levado para provas objetivas de Exames da OAB e Concursos Públicos em geral.

[72] Nos termos do art. 1º, da Lei nº 5.474/68.

da duplicata é, sempre facultativa. Vale dizer, *o comerciante não é obrigado a emitir duplicata*, **nem mesmo diante de compra e venda com prazo superior a 30 dias**[73].

Ainda sobre a fatura vale considerar: **uma só duplicata não pode corresponder a mais de uma fatura**[74]. *De uma fatura, é possível emitir várias duplicatas*. É o que ocorre, por exemplo, no caso de **pagamentos parcelados**. Porém, como visto, *não é possível* a junção de **duas ou mais faturas** para a emissão de *uma única duplicata*.

4.2 Boleto bancário × duplicata

O boleto bancário não pode ser entendido como duplicata, *não substituindo o título*, servindo apenas como **mera cobrança do título**. *Não vale como duplicata*, na medida em que não atende aos **requisitos mínimos para a emissão da duplicata**[75]:

a) a denominação "duplicata", a data de emissão e o número de ordem;

b) o número da fatura;

c) a data certa do vencimento ou a declaração de a duplicata ser à vista;

d) o nome e o domicílio do vendedor e do comprador;

e) a importância a pagar, em algarismos e por extenso;

f) a praça de pagamento;

g) a cláusula à ordem;

h) a declaração do reconhecimento de sua exatidão e da obrigação de pagá-la, a ser assinada pelo comprador, como aceite, cambial;

i) a assinatura do emitente.

É **nula** a duplicata que seja sacada **sem cláusula à ordem**. Com efeito, como se vê no art. 2º, § 1º, VII, da Lei nº 5.474/68, diferente do que ocorre com os demais títulos de crédito, que podem ser emitidos com cláusula "à ordem" ou "não à ordem", *a lei exige como requisito essencial a cláusula à ordem para as duplicatas*. Em razão disso, Gladston Mamede entende que, neste aspecto, a duplicata estaria submetida ao regime geral cambiário, previsto no Código Civil, e não ao regime previsto na LUG[76]:

---

[73] Nos termos do art. 2º, da Lei nº 5.474/68.

[74] De acordo com o art. 2º, § 2º, da Lei nº 5.474/68.

[75] De acordo com o art. 2º, § 1º, da Lei nº 5.474/68.

[76] MAMEDE, Gladston. *Direito empresarial brasileiro: títulos de crédito*. 10 ed. São Paulo: Atlas, 2018. p. 216.

A meu ver, a necessidade de cláusula *à ordem*, tal qual se apura no art. 2º, VII, da Lei nº 5.474/68 (*sic*), retira a duplicata do regime instituído, a esse respeito, pela Lei Uniforme de Genebra; ou seja, não é possível que o emitente ou qualquer endossatário vede novo endosso na cártula. Essa interpretação parece ser a mesma do Conselho Monetário Nacional, considerando que, nos modelos de formulário para o título, não previu qualquer espaço para que fosse expressada a cláusula *não à ordem*.

Apesar da exigência de cláusula à ordem, como requisito essencial específico para a emissão de duplicata, retirar do emitente a possibilidade de vedação de endosso na cártula, discorda-se, com a devida vênia, da conclusão do professor Mamede para o endossatário (ou o endossante, a depender do ponto de vista). Primeiro porque o art. 25, da Lei nº 5.474/68 estabelece ser **aplicável à duplicata**, no que couber, as normas da Letra de Câmbio – a LUG – sobre **emissão, circulação e pagamento**. E a Letra de Câmbio circula por endosso, *podendo o endossante inserir cláusula proibitiva de novo endosso*[77]. Segundo porque o cheque, também, é um título de modelo vinculado[78], com modelos estabelecidos pelo CMN[79], e, *ainda assim, é possível ao endossante inserir cláusula proibitiva de novo endosso*[80].

É **nula** a duplicata que **não menciona o nome "duplicata"** (*cláusula cambiária*) no corpo do título. Ainda que se siga o modelo estabelecido pelo CMN, **se não houver** menção expressa no título, indicando a **cláusula cambiária**, ou seja, o seu nome, *o documento não terá valor jurídico de título de crédito*. Assim, **o boleto bancário não se trata nem mesmo como título de crédito**. *Sua única função*: **facilitar a cobrança bancária**. Este é o entendimento do STJ:

> Direito Comercial. Duplicata mercantil. Protesto por indicação de boletos Bancários. Inadmissibilidade.
>
> I – A retenção da duplicata remetida para aceite é conditio sine qua non exigida pelo art. 13, § 1º da Lei nº 5.474/68 a fim de que haja protesto por indicação, não sendo admissível protesto por indicação de boletos bancários.
>
> II – Recurso não conhecido.
>
> (REsp 827.856/SC, Rel. Min. Antônio de Pádua Ribeiro, 4ª Turma, julgado em 28/08/2007, *DJ* 17/09/2007, p. 295)

---

[77] De acordo com o art. 15, da LUG (o Anexo I, do Decreto nº 57.663/66).

[78] COELHO, Fábio Ulhoa. *Curso de direito comercial, volume 1: direito de empresa*. 20 ed. São Paulo: Editora Revista dos Tribunais, 2016. p. 439.

[79] TOMAZETTE, Marlon. *Curso de direito empresarial: títulos de crédito – volume 2*. 9 ed. São Paulo: Saraiva Educação, 2018. p. 90.

[80] De acordo com o art. 21, parágrafo único, da Lei nº 7.357/85.

4.3 Pagamentos parcelados

Diante do *acerto entre comprador e vendedor* para **pagamento em parcelas**, são previstas *duas modalidades*[81]: a **duplicata única** ou a **duplicata em série**. *Na duplicata única, serão mencionadas as parcelas.* É uma única duplicata em que se mencionam as parcelas e respectivos vencimentos. *Tal documento deve ser apresentado ao devedor tantas vezes quantas forem as parcelas.* A Lei nº 9.492/97, no art. 19, § 4º, regulamenta o **protesto de duplicatas únicas** em que **previstos pagamentos parcelados** (na prática ninguém se utiliza disto, na medida em que, neste caso, não há vencimento antecipado).

A prática é a das duplicatas em série. Nesta hipótese, *serão sacadas tantas duplicatas quantas forem as parcelas, sendo uma para cada parcela*. Tal sistemática oferece uma melhor dinâmica para a atividade comercial. Com efeito, **facilita a negociação do crédito e a circulação do título**. No caso de duplicatas em série, há de se **acrescentar letras do alfabeto em ordem sequencial**[82].

4.4 A operacionalização da duplicata

A duplicata, após emitida, *deve ser remetida ao sacado* (perceba que, na duplicata, o sacador e o beneficiário são uma mesma pessoa – vendedor – e o sacado é o comprador de determinada mercadoria ou o contratante de determinada prestação de serviços) diretamente *pelo sacador ou pelo intermédio de instituições financeiras, procuradores ou correspondentes*. Regra geral, **o prazo para a remessa da duplicata é de 30 dias, contados da data de emissão**[83]. Se a remessa for feita por **intermédio de representantes instituições financeiras, procuradores ou correspondentes** estes deverão apresentar o título, ao comprador dentro de **10 (dez) dias**, contados da data de seu recebimento na praça de pagamento[84].

Como se sabe, **a duplicata é título de crédito que poderá ter modalidade de vencimento à vista ou a dia certo**. *No caso da duplicata emitida a dia certo*, há a obrigação legal de ser devolvida no prazo de 10 dias, contados da sua apresentação, seja assinada, seja com as eventuais razões para a recusa do aceite[85]. A *prova da não devolução* do título deve ser realizada, regra geral,

---

[81] De acordo com o art. 2º, § 3º, da Lei nº 5.474/68.

[82] De acordo com o art. 2º, § 3º, parte final, da Lei nº 5.474/68.

[83] Nos termos do art. 6º, § 1º, da Lei nº 5.474/68

[84] Nos termos do art. 6º, § 2º, da Lei nº 5.474/68.

[85] Nos termos do art. 7º, da Lei nº 5.474/68.

mediante o **protesto** por falta de devolução[86]. Porém, havendo *expressa concordância* da instituição financeira cobradora, **o sacado poderá reter a duplicata** em seu poder até a data do vencimento, desde que comunique, por escrito, à apresentante o aceite e a retenção[87]. Neste caso, **a comunicação mencionada substituirá**, quando necessário, no ato do protesto ou na execução judicial, **a duplicata** a que se refere[88].

> Não se pode deixar de notar que, *na duplicata, o aceite é presumido ou obrigatório*. Vale dizer, diferentemente do que ocorre na letra de câmbio, na duplicata, o sacado, ou seja, *o comprador, só poderá se recusar ao aceite de acordo com os motivos legalmente prescritos*[89]:
> a) avaria ou não recebimento das mercadorias, quando não expedidas ou não entregues por sua conta e risco;
> b) vícios, defeitos e diferenças na qualidade ou na quantidade das mercadorias, devidamente comprovados;
> c) divergência nos prazos ou nos preços ajustados.

4.5 Do pagamento e da cobrança da duplicata

Já se viu que na duplicata se admite – como em qualquer título de crédito – endosso e aval. Desse modo, **realizado o protesto em prazo hábil** – *30 dias, contados do vencimento*[90], **é possível fazer a cobrança da duplicata** em cima dos **endossantes** e de **respectivos avalistas**. Já para o **aceitante** e para o **respectivo avalista**, *não se faz necessário realizar o protesto para realizar a sua cobrança*.

É importante constatar que **a duplicata tem relativizada a aplicação do princípio da cartularidade**, na medida em que a *prova do pagamento* é o *recibo* que pode ser dado no próprio título ou em *documento em apartado*[91]. Constituirá, **igualmente, prova de pagamento**, total ou parcial, da duplicata, a *liquidação de cheque*, a favor do estabelecimento endossatário, no qual conste, no verso, que seu valor se destina a amortização ou liquidação da duplicata nele caracterizada[92].

---

[86] Nos termos do art. 13, da Lei nº 5.474/68.

[87] Nos termos do art. 7º, § 1º, da Lei nº 5.474/68.

[88] Nos termos do art. 7º, § 2º, da Lei nº 5.474/68.

[89] De acordo com o art. 8º, da Lei nº 5.474/68.

[90] De acordo com o art. 13, § 4º, da Lei nº 5.474/68.

[91] Nos termos do art. 9º, § 1º, da Lei nº 5.474/68.

[92] De acordo com o art. 9º, § 2º, da Lei nº 5.474/68.

No pagamento da duplicata **poderão ser deduzidos** quaisquer créditos a favor do devedor resultantes de devolução de mercadorias, diferenças de preço, enganos, verificados, pagamentos por conta e outros motivos assemelhados, **desde que devidamente autorizados**[93]. Além disso, é válido ressaltar que a duplicata admite **reforma ou prorrogação do prazo de vencimento**, mediante *declaração em separado ou nela escrita, assinada pelo vendedor ou endossatário, ou por representante com poderes especiais*[94]. Havendo reforma ou prorrogação do prazo de vencimento, *para manter a coobrigação dos demais intervenientes por endosso ou aval*, faz-se necessária a **anuência expressa** destes[95]. De outro modo, havendo reforma ou prorrogação de vencimento, continuarão obrigados pelo título, apenas, o aceitante e respectivos avalistas.

A **cobrança da duplicata** deverá ser feita via **ação de execução** seguindo o procedimento previsto no Código de Processo Civil, no que tange à execução de quantia certa contra devedor solvente. Aliás, o art. 784, I, do CPC expressamente prevê a **duplicata enquanto título executivo extrajudicial**.

A *execução da duplicata* poderá ocorrer, em *duas possibilidades*[96]:

a) **quando a duplicata estiver aceita**, independentemente de ter havido o protesto;

b) **se a duplicata não tiver aceita**, ainda serão possível a execução desde que se atenda aos seguintes requisitos:

(i) haja sido protestada;

(ii) esteja acompanhada de documento hábil comprobatório da entrega e recebimento da mercadoria; e

(iii) o sacado não tenha, comprovadamente, recusado o aceite, no prazo, nas condições e pelos motivos previstos nos arts. 7º e 8º da Lei nº 5.474/68.

4.6 Duplicata virtual ou eletrônica

Em tempos de revolução digital, de virtualização dos processos judiciais e da tecnologia *blockchain*, o problema da **desmaterialização dos títulos de crédito** ganha novo fôlego, além de novos ares. *Desmaterializando-se as cambiais*, **a cartularidade, a literalidade e a distinção entre atos "em branco" e "em preto", simplesmente perdem o sentido**[97].

---

[93] Nos termos do art. 10, da Lei nº 5.474/68.

[94] Nos termos do art. 11, da Lei nº 5.474/68.

[95] De acordo com o art. 11, parágrafo único, da Lei nº 5.474/68.

[96] De acordo com o art. 15, da Lei nº 5.474/68.

[97] COELHO, Fábio Ulhoa. *Curso de direito comercial, volume 1: direito de empresa*. 20 ed. São Paulo: Editora Revista dos Tribunais, 2016. p. 390.

Discute-se, de outro lado, acerca da **necessidade ou não de alteração no ordenamento jurídico**, visando adaptar os títulos de crédito a esta nova realidade. Newton de Lucca[98], por exemplo, *propôs a disciplina legal da "cambial-extrato", importando-se o referido instituto do direito francês*. Por sua vez, Fábio Ulhoa Coelho, em vista do aceite presumido, do protesto por indicações e da execução de duplicata não aceita, entende pela *existência e validade executiva da "duplicata virtual"*[99], sem necessidade de alteração legislativa. Já, Marlon Tomazette entende que a duplicata virtual é uma realidade que não afronta o direito vigente, mas que *seria aconselhável alteração legislativa*[100].

Não obstante, o legislador brasileiro positivou a seguinte norma[101]:

> O título poderá ser emitido a partir dos caracteres criados em computador ou meio técnico equivalente e que constem da escrituração do emitente (...)

Sobre tal norma, discorre Gladston Mamede[102]:

> A inserção, no Direito Brasileiro, da duplicata escritural, também chamada de duplicata virtual ou eletrônica, fez-se a partir de interpretações excessivamente extensas da legislação. Para alguns, a licença estaria no artigo 889, § 3º, do Código Civil, que permite que o título possa ser emitido a partir dos caracteres criados em computador ou meio técnico equivalente e que constam da escrituração do emitente. Parecia-me, contudo, tratar-se de norma geral, ou seja, de uma autorização geral que deverá ser especificada na legislação de cada tipo cartular, a exemplo do que se passa com o certificado de depósito agropecuário e o *warrant* agrário (...) Daí não se poderia concluir, como decorrência imediata, que se poderia criar um cheque escritural ou cheque virtual, por exemplo.

Assim, atendo aos reclames da doutrina e em vista de a jurisprudência apresentar dificuldade em assegurar, com o direito então vigente, a executividade da

---

[98] LUCCA, Newton de. *A cambial-extrato*. São Paulo: Editora Revista dos Tribunais, 1985.

[99] COELHO, Fábio Ulhoa. *Curso de direito comercial, volume 1: direito de empresa*. 20 ed. São Paulo: Editora Revista dos Tribunais, 2016. p. 467.

[100] TOMAZETTE, Marlon. *Curso de direito empresarial: títulos de crédito – volume 2*. 9 ed. São Paulo: Saraiva Educação, 2018. p. 326.

[101] Nos termos do art. 889, § 3º, do Código Civil.

[102] MAMEDE, Gladston. *Direito empresarial brasileiro: títulos de crédito*. 10 ed. São Paulo: Atlas, 2018. p. 236.

duplicata virtual, houve, por bem, o legislador **positivar a possibilidade de emissão de duplicata sob a forma escritural**, através da Lei nº 13.775/18. Registre-se, de passagem, que se trata da *nomenclatura técnica para a duplicata virtual ou eletrônica*.

A **emissão** da *duplicata sob a forma escritural* será feita mediante **lançamento em sistema eletrônico de escrituração** gerenciado por entidades que exerçam a atividade de escrituração de duplicatas escriturais[103]. Tais entidades devem ser **autorizadas pela administração pública federal** a exercer a atividade de escrituração de duplicatas[104]. *Se a escrituração for feita por Central Nacional de Registro de Títulos de Documentos*, a referida **escrituração caberá ao oficial de registro do domicílio do emissor da duplicata**[105], ou para o **oficial de registro da Capital** respectiva[106] – se o oficial do registro não estiver integrado ao sistema central, podendo, em tais casos, ser **cobrados emolumentos** de, *no máximo R$ 1,00, por duplicata*, pela Central Nacional mencionada[107].

> *Deverá ocorrer no sistema eletrônico a* **escrituração, no mínimo**, *dos seguintes aspectos*[108]:
>
> a) apresentação, aceite, devolução ou formalização da prova do documento;
>
> b) controle e transferência da titularidade;
>
> c) prática de atos cambiais, tais como endosso e aval;
>
> d) inclusão de indicações, informações ou de declarações referentes à operação com base na qual a duplicata foi emitida ou ao próprio título; e
>
> e) inclusão de informações a respeito de ônus e gravames constituídos sobre as duplicatas.

O **sistema eletrônico** disporá de **mecanismos** que permitam **ao sacador e ao sacado comprovarem**, por *quaisquer meios de prova* admitidos em direito, **a entrega e o recebimento das mercadorias ou a prestação de serviços**. A apresentação das provas, aliás, deve ser efetuada em **meio eletrônico**[109].

> Os gestores dos *sistemas eletrônicos de escrituração*, sendo a **duplicata sob a forma escritural** depositada de acordo com a Lei nº 12.810/13, expedirão, a pedido de qualquer interessado, o *extrato do registro eletrônico da duplicata* que conterá, no mínimo[110]:

---

[103] De acordo com o art. 3º, da Lei nº 13.775/18.

[104] De acordo com o art. 3º, § 1º, da Lei nº 13.775/18.

[105] De acordo com o art. 3º, § 2º, da Lei nº 13.775/18.

[106] De acordo com o art. 3º, § 3º, da Lei nº 13.775/18.

[107] De acordo com o art. 3º, § 4º, da Lei nº 13.775/18.

[108] Nos termos do art. 4º, da Lei nº 13.775/18.

[109] Nos termos do art. 4º, § 3º, da Lei nº 13.775/18.

[110] De acordo com o art. 6º, da Lei nº 13.775/18.

a) a data de emissão e as informações referentes ao sistema eletrônico de escrituração no âmbito do qual a duplicata foi emitida;

b) os elementos necessários à identificação da duplicata, nos termos do art. 2º, da Lei nº 5.474, de 18 de julho de 1968;

c) a cláusula de inegociabilidade;

d) as informações acerca dos ônus e gravames; e

e) os endossantes e avalistas indicados pelo apresentante ou credor como garantidores do cumprimento da obrigação[111].

Até mesmo tal **extrato poderá ser emitido na forma eletrônica** desde que se observem requisitos de segurança que **garantam a autenticidade do documento**[112]. O sistema eletrônico de escrituração deverá manter em seus arquivos **cópia eletrônica dos extratos emitidos**[113]. Será **gratuita** a qualquer solicitante a **informação prestada através da internet** sobre os **inadimplementos registrados** em nome de qualquer devedor[114].

Constituirá prova de pagamento, total ou parcial, da duplicata virtual **a liquidação do pagamento em favor do credor legítimo**, por qualquer meio admitido no âmbito do Sistema Brasileiro de Pagamentos[115]. A prova de pagamento deverá ser **informada no sistema eletrônico de escrituração**, com *referência expressa à duplicata amortizada ou liquidada*[116].

Por final, é importante perceber que a duplicata emitida sob a forma escritural e o extrato do registro eletrônico da duplicata foram qualificados como **títulos executivos extrajudiciais**. Isso foi possível na medida em que o rol dos títulos executivos extrajudiciais, previstos no Código de Processo Civil, é exemplificativo[117]. Desta forma, serão **plenamente executáveis**, *à imagem e semelhança do que ocorre com as duplicatas cartulares*[118].

5. CONHECIMENTO DE DEPÓSITO E *WARRANT*

Existem atividades que têm como finalidade a *guarda e conservação de mercadorias*, emitindo **títulos especiais que representam mercadorias**

---

[111] De acordo com o art. 4º, § 4º, da Lei nº 13.775/18.

[112] Nos termos do art. 6º, § 2º, da Lei nº 13.775/18.

[113] Nos termos do art. 6º, § 3º, da Lei nº 13.775/18.

[114] Nos termos do art. 6º, § 4º, da Lei nº 13.775/18.

[115] Regulamentado pela Lei nº 10.214/01.

[116] De acordo com o art. 5º, da Lei nº 13.775/18.

[117] Nos termos do art. 784, XII, do CPC.

[118] De acordo com o art. 7º, da Lei nº 13.775/18.

custodiadas[119]. São os **armazéns gerais**. *Depositando as mercadorias naqueles estabelecimentos*, de cuja disposição *não necessita imediatamente*, ou desejando *aguardar melhores preços* e oportunidades para lançá-las no mercado, o **empresário adquire dois títulos xifópagos**[120] que as representam, que lhe ensejam a mobilização dos créditos nelas imobilizados.

Esses títulos de crédito de **emissão exclusiva dos armazéns gerais**, em que ficam as mercadorias depositadas, são: o *conhecimento de depósito* e o *warrant*. Esses dois títulos nascem ligados um ao outro[121]. Cada um tem **natureza e função diferentes**. *Quando o depositante entrega suas mercadorias à guarda de armazém geral, este expede recibo* no qual declara natureza, quantidade, número e marca da mercadoria, bem como seu peso e medida, se for o caso[122]. É esse documento um *simples recibo de entrega*, não lhe sendo reconhecida qualquer outra função.

Desejando mobilizar o crédito investido nas mercadorias depositadas, o depositante pode solicitar ao armazém geral a expedição de *conhecimento de depósito* e *warrant*[123]. De posse desses títulos pode destacá-los. Enquanto o **conhecimento de depósito** incorpora o **direito de propriedade sobre as mercadorias** que representa, o ***warrant*** se refere ao **crédito e valor** destas[124]. Esses títulos podem ser *negociados, unidos ou separadamente*, e sua transferência se opera pelo **endosso**, que *confere ao portador os direitos de cessionário*[125], se em branco.

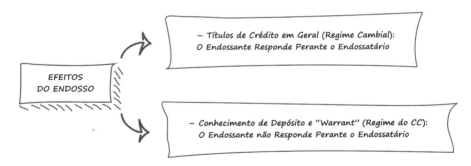

---

[119] De acordo com o art. 11, do Decreto nº 1.102/1903.

[120] A expressão é de João Eunápio Borges e significa títulos emitidos juntos, unidos. Mais detalhes em: BORGES, João Eunápio. *Título de crédito*. 2 ed. Rio de Janeiro: Forense, 1977.

[121] Nos termos do art. 15, do Decreto nº 1.102/1903.

[122] Nos termos do art. 6º, do Decreto nº 1.102/1903.

[123] De acordo com o art. 15, do Decreto nº 1.102/1903.

[124] Nos termos do art. 18, § 2º, do Decreto nº 1.102/1903.

[125] Nos termos do art. 18, do Decreto nº 1.102/1903.

O **conhecimento de depósito** é um **título de representação e legitimação**. Representa a mercadoria e legitima o seu portador como proprietário desta. O ***warrant* é um título de crédito causal**, constituindo uma promessa de pagamento. *Tais títulos foram modernizados, com especial destaque para os* **produtos agropecuários**. Em verdade, a Lei nº 11.076/04, criou **dois novos títulos** emitidos especificamente para o *agronegócio*: o ***warrant* agropecuário** (WA) e o **certificado de depósito agropecuário** (CDA). O *warrant* e o conhecimento de depósito, na forma do Decreto nº 1.102/1903, continuam sendo emitidos para outros produtos.

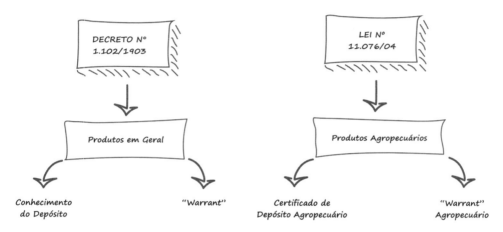

O CDA é título de crédito representativo de **promessa de entrega de produtos agropecuários, seus derivados**, subprodutos e resíduos de valor econômico[126], depositados nos termos da lei[127] que regulamenta o sistema de armazenagem dos produtos agropecuários. O WA é título de crédito representativo de **promessa de pagamento em dinheiro** que confere *direito de penhor sobre o CDA* correspondente, assim como sobre *o produto nele descrito*[128]. Trata-se de **títulos executivos extrajudiciais**[129], unidos, emitidos simultaneamente pelo depositário, a pedido do depositante, podendo ser **transmitidos unidos ou separadamente, mediante endosso**[130].

---

[126] De acordo com o art. 1º, § 1º, da Lei nº 11.076/04.

[127] Trata-se da Lei nº 9.973/00.

[128] De acordo com o art. 1º, § 2º, da Lei nº 11.076/04.

[129] De acordo com o art. 1º, § 4º, da Lei nº 11.076/04.

[130] De acordo com o art. 1º, § 3º, da Lei nº 11.076/04.

Explica Fábio Ulhoa Coelho[131]:

A circulação em separado do WA importa a constituição de penhor sobre a mercadoria depositada, sendo o endossatário investido na condição de credor pignoratício do endossante. Já a circulação em separado do CDA importa a transferência ao endossatário da titularidade da mercadoria depositada.

Para tais títulos, aplicam-se a legislação cambial[132] no que for cabível, destacando-se[133]:

a) os endossos devem ser completos (em preto);

b) os endossantes não respondem pela entrega do produto, mas, tão somente, pela existência da obrigação; e

c) é dispensado o protesto cambial para assegurar o direito de regresso contra endossantes e avalistas.

Tais títulos serão[134]:

a) **cartulares**, antes de seu registro no sistema de registro e liquidação financeira e após a sua baixa – assumirão a forma escritural enquanto permanecerem depositados em depósito central[135]; e

b) **escriturais ou eletrônicos**, quando a emissão ocorrer por meio de lançamento em sistema eletrônico de escrituração gerido por entidade autorizada pelo Bacen a exercer atividade de escrituração[136].

Emitidos o CDA e o WA, os **produtos depositados** a que se referem **não poderão sofrer embargo, penhora, sequestro ou qualquer outro embaraço** que prejudique a sua livre e plena disposição[137]. Para Marlon Tomazette[138], "tal imunidade não impede que os próprios títulos sejam objeto de embargo, penhora, sequestro ou qualquer outro embaraço". **Subsiste ao titular do CDA e do WA,**

---

[131] COELHO, Fábio Ulhoa. *Curso de direito comercial, volume 1: direito de empresa*. 20 ed. São Paulo: Editora Revista dos Tribunais, 2016. p. 495.

[132] Neste caso, entende-se que tal legislação é a LUG (o Anexo I, do Decreto nº 57.663/66).

[133] Nos termos do art. 2º, da Lei nº 11.076/04.

[134] De acordo com o art. 3º, da Lei nº 11.076/04.

[135] De acordo com o art. 3º, § 2º, da Lei nº 11.076/04.

[136] De acordo com o art. 3º, § 1º, da Lei nº 11.076/04.

[137] Nos termos do art. 12, da Lei nº 11.076/04.

[138] TOMAZETTE, Marlon. *Curso de direito empresarial: títulos de crédito – volume 2*. 9 ed. São Paulo: Saraiva Educação, 2018. p. 379.

na hipótese de *recuperação judicial* ou de *falência do depositante*, **o direito à restituição dos produtos** que se encontrarem em poder do depositário na data do pedido de recuperação judicial ou da decretação da falência[139].

O **prazo do depósito** a ser *consignado no CDA e no WA* será de **até 1 ano, contado da data de sua emissão**, podendo ser *prorrogado pelo depositário a pedido do credor*, os quais, na oportunidade, ajustarão, se for necessário, as condições de depósito do produto. As *prorrogações* serão **anotadas nas segundas vias em poder do depositário do produto agropecuário** e **eletronicamente, nos registros do depositário central**[140].

6. CÉDULAS E NOTAS DE CRÉDITO

Existem determinados **títulos de crédito, de natureza causal**, que são emitidos para o **financiamento de atividades econômicas**. Tais títulos são conhecidos, a depender do caso concreto, como **cédulas de crédito** ou **notas de crédito**. Neste sentido, vale à pena ressaltar um panorama geral sobre os títulos de financiamento da atividade econômica para se analisar de maneira específica à cédula de crédito bancário.

6.1 Financiamento da atividade econômica

O financiamento das mais diversas atividades econômicas será realizado a partir da emissão de cédulas e notas de crédito. Trata-se, portanto, de **títulos causais** que serão emitidos a partir de **negócios específicos**.

Nas **seguintes atividades econômicas**, é possível a emissão de cédulas e notas de crédito:

a) rural – Decreto-lei nº 167/67 e Lei nº 8.929/94;

b) industrial – Decreto-lei nº 413/69;

c) comercial – Lei nº 6.840/80;

d) exportação – Lei 6.313/75; e

e) imobiliário – Lei 10.931/04.

É importante ressaltar que tais títulos se trata de promessas de pagamento que se distinguem pelo fato de que **na cédula de crédito há garantia real** prevista no título[141]. Já as notas de crédito são promessas de pagamento **sem**

---

[139] Nos termos do art. 12, parágrafo único, da Lei nº 11.076/04.

[140] De acordo com o art. 13, da Lei nº 11.076/04.

[141] De acordo com o art. 9º, do Decreto-lei nº 413/69, para as cédulas de crédito industrial; as demais legislações copiam o presente conceito.

garantia real, garantindo-se, no entanto, ao credor um **privilégio especial** de recebimento[142].

 A depender do **tipo de garantia**, pode-se falar em *cédula de crédito*:

a) ***pignoratícia***[143]: quando a garantia prestada é um penhor sobre determinados bens móveis;

b) ***hipotecária***[144]: quando a garantia prestada é uma hipoteca sobre determinados bens imóveis;

c) ***fiduciária***: quando a garantia prestada é uma alienação fiduciária em garantia de bens adquiridos com o financiamento ou do próprio patrimônio do devedor;

d) ***pignoratícia e hipotecária***[145]: quando a garantia prestada é tanto um penhor quanto uma hipoteca[146].

Além das eventuais garantias reais mencionadas, **tanto as cédulas quanto as notas de crédito podem ser garantidas mediante aval, nos termos da legislação cambial**, vale dizer, da LUG[147]. Nos mesmos moldes tais títulos podem circular, seja mediante **endosso**, seja mediante **cessão de crédito**, a depender se tenham sido emitidos, respectivamente com **cláusula "à ordem"** ou com **cláusula "não à ordem"**.

Porém, diferentemente do que ocorre com os demais títulos, no caso das cédulas e notas de crédito, tem-se a possibilidade de realização do **endosso parcial de maneira válida**[148]. Com efeito, a legislação prevê a **possibilidade de endosso** de cédulas e notas de crédito por **valor inferior ao previsto na cártula**[149]. Neste caso, *o título passará, daí em diante, a ter o valor expressamente mencionado no*

---

[142] De acordo com o art. 15, do Decreto-lei nº 413/69, para as cédulas de crédito industrial; as demais legislações copiam o presente conceito.

[143] Prevista, por exemplo, nos arts. 14 e seguintes, do Decreto-lei nº 167/67, para as cédulas de crédito rural.

[144] Prevista, por exemplo, nos arts. 20 e seguintes, do Decreto-lei nº 167/67, para as cédulas de crédito rural.

[145] Prevista, por exemplo, nos arts. 25 e seguintes, do Decreto-lei nº 167/67, para as cédulas de crédito rural.

[146] MAMEDE, Gladston. *Direito empresarial brasileiro: títulos de crédito, volume 3*. 4 ed. São Paulo: Atlas, 2008, p. 355.

[147] De acordo, por exemplo, com o art. 60, do Decreto-lei nº 167/67, para as cédulas de crédito rural.

[148] Regra geral, o endosso é nulo, na forma do art. 912, parágrafo único, do Código Civil.

[149] É o que se tem, por exemplo, no art. 10, § 2º, do Decreto-lei nº 413/69, para as cédulas de crédito industrial.

endosso. Tal possibilidade não afeta a cartularidade ou a literalidade do exercício do direito de crédito[150].

Fábio Ulhoa Coelho[151] destaca os seguintes **aspectos de regime jurídico** dos títulos bancários de **financiamento da atividade econômica:**

a) as cédulas de crédito autorizam *capitalização de juros*, no montante de 1% ao ano (Decs.- -leis 167/67 ou 413/69, art. 5º; súmula 93, STJ);

b) nos financiamentos com garantia real (pignoratícia ou hipotecária), a cédula é *instrumento suficiente para registro* de oneração do bem;

c) nos financiamentos *sem garantia real*, o título bancário costuma denominar-se *nota de crédito*;

d) as cédulas e notas de crédito devem ser levadas a *registro no Cartório de Imóveis*, para produzir efeitos *perante terceiros*;

e) vacila a jurisprudência sobre as normas regentes da execução judicial do título, concluindo alguns julgados que *a regulamentação processual dos Decs.-leis 167/67 e 463/69 continuam em vigor*.

6.2 Cédula de crédito bancário

As *cédulas e notas de créditos anteriormente mencionadas estão em desuso*, haja vista o advento da **Lei nº 10.931/04**, regulamentando a **Cédula de Crédito Bancário** (CCB). Com efeito, é importante destacar desde logo que, *tendo ou não garantia real*, o título será sempre denominado *Cédula de Crédito Bancário*. **Não existe, portanto, título denominado como nota de crédito** bancário.

A CCB é título de **crédito causal**, sendo certo notar que representa **promessa de pagamento** em dinheiro, decorrente de **operação de crédito, de qualquer modalidade**[152]. A CCB, como dito, poderá ser **emitida, com ou sem garantia, real ou fidejussória**, cedularmente constituída[153]. Trata-se de **título executivo extrajudicial** e *representa dívida em dinheiro, líquida, certa e exigível*, seja pela **soma nela indicada**, seja pelo **saldo devedor demonstrado** em planilha de cálculo, ou nos **extratos de conta corrente**[154].

A cédula de crédito bancário será **transferível mediante endosso em preto**, ao qual se aplicarão, no que couberem, *as normas do direito cambiário*, caso em

---

[150] TOMAZETTE, Marlon. *Curso de direito empresarial: títulos de crédito – volume 2*. 9 ed. São Paulo: Saraiva Educação, 2018. p. 340.

[151] COELHO, Fabio Ulhoa. *Curso de direito comercial, volume 1: direito de empresa*. 20 ed. São Paulo: Editora Revista dos Tribunais, 2016. p. 484.

[152] Nos termos do art. 26, da Lei nº 10.931/04.

[153] Nos termos do art. 27, da Lei nº 10.931/04.

[154] Nos termos do art. 28, da Lei nº 10.931/04.

que **o endossatário, mesmo não sendo instituição financeira ou entidade a ela equiparada, poderá exercer todos os direitos por ela conferidos**, inclusive cobrar juros e demais encargos na forma pactuada na cédula[155].

A CCB pode ser **protestada por indicação**, desde que o credor apresente *declaração de posse de sua única via negociável*, inclusive em caso de protesto parcial[156]. É importante notar, ainda, que **será aplicado às CCBs a legislação cambial, de maneira supletiva**, sendo, no entanto, **dispensado o protesto** para garantir o direito de cobrança contra endossantes, seus avalistas e garantidores[157].

Por final, não se pode deixar de notar que a CCB tem sido o **principal instrumento** para materializar o **contrato de abertura de crédito**, popularmente designado como **cheque especial**, *facilitando a sua cobrança judicial*[158], justamente, por ser um *título executivo*. Além disso, recentemente, passou a se admitir a **emissão escritural da CCB**, por meio de *lançamento em sistema eletrônico de escrituração*[159].

---

[155] Nos termos do art. 29, § 1º, da Lei nº 10.931/04.

[156] De acordo com o art. 41, da Lei nº 10.931/04.

[157] Nos termos do art. 41, da Lei nº 10.931/04. Aliás, tal tratamento é comum no âmbito das cédulas e notas de crédito em geral. Dessa forma, para estes títulos, o regime jurídico do protesto é semelhante ao que se tem para o cheque, nos termos do art. 47, § 1º, da Lei nº 7.357/85.

[158] O contrato de abertura de crédito e a cobrança judicial do cheque especial serão examinados posteriormente, quando do estudo do Capítulo 19 – Contratos Empresariais, desta obra.

[159] Nos termos do art. 27-A, da Lei nº 10.931/04, incluído pela MP nº 897/19, convertida na Lei nº 13.986/20.

13

A EMPRESA EM CRISE: INTRODUÇÃO AO DIREITO CONCURSAL

Um dos principais temas relacionados ao Direito Empresarial é o estudo das empresas em crise. Com efeito, a crise da empresa é fenômeno decorrente da assunção do risco do empreendimento. Na medida em que são constituídos os empreendimentos, pode ocorrer de os mesmos não se desenvolverem conforme as expectativas iniciais de seus investidores.

Antes de qualquer coisa, aquele que pretende atuar empresarialmente necessita de organização. Com efeito, organizam-se os fatores de produção como um todo, notadamente o capital e o trabalho. Por sua vez, a organização realizada pelo empreendedor tem uma finalidade: o exercício de uma atividade econômica, cujo produto – bens ou serviços – servirá para atender a um interesse de mercado, que já exista ou que o empresário, através de sua política de *marketing* provoque. Por fim, o mercado, fecha o ciclo, devolvendo ao empresário uma resposta, sempre em nível econômico-financeiro.

Para facilitar:

Perceba do presente quadro: o que define o agente econômico como empresário é o tipo de atividade econômica realizada. De outro lado, o empresário não aparece diretamente no mercado, mas sim de maneira indireta, através da organização por ele empreendida, do que resulta uma característica importante das operações de mercado: a impessoalidade.

No mundo ideal, o tal "mundo do dever ser", o empresário sempre faria uma leitura perfeita das respostas que o mercado lhe dá. Neste tal mundo ideal, as taxas de juro estariam próximas de zero, a tributação seria mínima – ou mesmo inexistente, o real seria uma moeda tão valorizada quanto o dólar, e, nesse cenário, estaria o empresário atuando no mercado, "rachando" de dar lucros, em razão de obter informação completa. Talvez, nesse mundo ideal, não existiriam os advogados e demais consultores empresariais.

No mundo real (o "mundo do ser"), os juros são acachapantes, a tributação ultrapassa "dois quintos dos infernos"[1] e o Real anda "*maxidesvalorizado*"[2] em relação ao Dólar. Além disso, um empresário qualquer nunca consegue ler com perfeição as respostas que o mercado lhe dá. Daí decorre a existência dos advogados e demais consultores de empresa. Justamente pelo fato de os empresários não lerem com perfeição as respostas que o mercado lhes dá, é que, algumas vezes, aquela lógica inicial apresentada, do ciclo da atividade econômica, é quebrada, com a empresa entrando em crise.

O atual normativo da legislação brasileira que apresenta as **soluções jurídicas para a crise empresarial** é a Lei nº 11.101/05.

São instrumentos a serem utilizados para a solucionar a crise empresarial:
a) a **recuperação de empresas** (nas vias judicial e extrajudicial); e
b) a **falência**.

A **recuperação de empresas** é o mecanismo jurídico a ser utilizado pelo empresário cuja empresa está crise, mas que esta crise é **superável**, porque a empresa é dotada de **viabilidade econômica**. Entretanto, na medida em que *a crise não for mais superável* pelo fato de *inexistir viabilidade econômica* para a empresa, a solução jurídica só poderá ser a **falência**.

---

[1] A expressão é uma alusão à expressão "o quinto dos infernos" utilizada por Tiradentes, à época da inconfidência mineira, em referência ao montante de tributação então exigido dos brasileiros.

[2] "Maxidesvalorização" foi o que aconteceu com valor do real em relação ao dólar, em janeiro de 1999, quando o Real que até então valia 1 dólar, mudou de cotação. Quando o Banco Central passou a adotar o denominado câmbio flutuante, houve uma perda de 50% da moeda brasileira, passando a cotação: 1 dólar = R$ 2,16, em março de 1999.

Note os termos do presente discurso. *"Crise empresarial"*, *"superação da crise"* ou *"viabilidade econômica"* são termos muito mais ligados ao discurso econômico do que ao jurídico. Com efeito, nessa medida, pode-se entender o **Direito Empresarial** com o *"jeito jurídico" de se olhar e de se procurar estudar e entender a Economia, sob a ótica do direito privado*. Aliás, é importante observar que as normas jurídicas empresariais têm, nos aspectos econômicos, a sua fonte material[3]. *Os juristas observam o fenômeno econômico e tentam traduzi-lo no fenômeno jurídico, a partir de presunções legais.*

Com efeito, existe dispositivo legal[4] que apresenta os **requisitos** que o empresário deve atender para o requerimento de sua **recuperação judicial**. *Se o empresário atender a tais requisitos*, **presume-se a superação da crise** porque ele deverá ser dotado de viabilidade econômica. Ocorre, porém, que muitas vezes, *no decorrer do processamento da recuperação judicial, é revelada a sua inviabilidade econômica*. Para tais situações, existe o instituto da **convolação**[5] que é o procedimento pelo qual o juiz "convola", ou seja, converte ou transforma uma recuperação de empresas.

Para facilitar:

É dentro da presente perspectiva, e fiel ao espírito da coleção *Facilitado*, que se propõe o estudo do Direito Concursal[6] – o direito empresarial na perspectiva do concurso de credores, em quatro capítulos. Este primeiro é dedicado a uma introdução sobre a temática. O segundo capítulo tratará da falência, sendo objeto de exame, no terceiro capítulo, tanto os institutos jurídicos comuns à recuperação judicial e à falência quanto os efeitos da decretação da falência. Por final, o quarto capítulo será dedicado ao estudo da recuperação de empresas.

---

[3] Este tema foi melhor trabalhado, e aprofundado, no Capítulo 1 – Noções Propedêuticas de Direito Empresarial, no estudo das Fontes do direito empresarial.

[4] Trata-se do art. 48, da Lei nº 11.101/05.

[5] Nos termos do art. 73, da Lei nº 11.101/05.

[6] Gênero do qual a falência e a recuperação de empresas são suas principais espécies.

1. TIPOS DE CRISE

De maneira tradicional, a doutrina[7] aponta que a empresa pode passar por **três tipos de crise distintas**: a *crise econômica*, a *crise financeira* e a *crise patrimonial*. Trata-se de tipos que, na prática, não estão totalmente separados, na medida em que um tipo de crise pode ser causa do outro. Desta forma, a empresa entra em um dos tipos de crise que, ao se avolumar ao longo do tempo, pode servir de estopim para outro tipo e assim sucessivamente. Porém, é importante, no plano conceitual, estabelecer as diferenças entre tais tipos.

1.1 Crise econômica

Imagine a situação de um empresário que constitui um aparato econômico patrimonial para produzir 500 negócios, numa determinada margem temporal, na medida em que ele precisa obter o lucro X no final, necessário para cobrir e seus custos e obter o retorno financeiro pretendido. Enquanto ele, de fato, estiver girando os tais 500 negócios, na margem temporal esperada e produzindo o lucro X no final, estará no estágio normal de sua atividade.

A crise econômica ocorrerá quando, num estalar de dedos, o empresário passe a girar somente 50 negócios. Vale dizer, ele tem *estrutura para fazer girar 500 negócios, custos em relação a 500 negócios, mas só consegue produzir 50 negócios.* Esse é o retrato da **crise econômica**, a *crise do volume de negócios* da empresa. Fabio Ulhoa Coelho[8], apresenta outros exemplos:

> Se os consumidores não mais adquirem igual quantidade dos produtos ou serviços oferecidos, o empresário varejista pode sofrer queda de faturamento (não sofre, a rigor, só no caso de majorar seus preços). Em igual situação está o atacadista, o industrial ou o fornecedor de insumos que veem reduzidos os pedidos dos outros empresários.

A crise será econômica sempre que ocorrer uma retração considerável do volume de negócios da empresa, em um curto espaço de tempo, por circunstâncias alheias à vontade do empresário. "Em outras palavras, a atividade tem rendimentos menores do que seus custos, isto é, trabalha no

---

[7] COELHO, Fabio Ulhoa. *Curso de direito comercial, volume 3: direito de empresa*. 12 ed. São Paulo: Saraiva, 2011. p. 249; TOMAZETTE, Marlon. *Curso de direito empresarial: falência e recuperação de empresas – volume 3*. 6 ed. São Paulo: Saraiva Educação, 2018. p. 32-33.

[8] COELHO, Fabio Ulhoa. *Curso de direito comercial, volume 3: direito de empresa*. 12 ed. São Paulo: Saraiva, 2011. p. 249.

prejuízo"[9], quando esses *rendimentos menores decorrerem do enxugamento da participação do empresário no mercado*.

Frise-se, por oportuno: a diminuição do volume de negócios da empresa deve ocorrer por circunstâncias alheias à vontade do empresário. **Não haverá crise econômica se tal diminuição ocorrer motivada por decisão do próprio empresário**. Muitas vezes, acaba sendo mais vantajoso para o empresário consolidar a sua participação no mercado do que buscar a liderança no segmento. Com esta tomada de decisão, pode ocorrer uma certa diminuição do volume de negócios; porém, neste caso, como esta diminuição é esperada não se pode falar em crise.

1.2 Crise financeira

A crise será financeira sempre que o empresário passar a não conseguir mais cumprir suas obrigações, na forma em que contratara, tornando-se assim inadimplente, impontual. É a situação, portanto, de *o empresário que não consegue mais pagar suas obrigações no vencimento previsto*. Falta-lhe disponibilidade financeira, para tanto.

"É a *crise da liquidez*"[10], também conhecida como **crise do fluxo de caixa**, entre os economistas. Fluxo de caixa é uma **demonstração contábil-financeira** que tem o objetivo de *mensurar a quantidade de dinheiro que entra em comparação com a quantidade de dinheiro que sai*. O cenário de crise se apresenta toda vez que sai mais dinheiro do que entra no empreendimento. Falta dinheiro para honrar o pagamento dos compromissos do dia a dia.

É a **crise da inadimplência ou da impontualidade**. Não se trata de uma mera inadimplência, isolada, esporádica ou eventual, mas sim **uma inadimplência rotineira, cíclica, randômica**. Dessa forma, o empresário hoje ficou inadimplente em duas obrigações; amanhã, em cinco; depois, em quinze... e assim sucessivamente, dando margem à figura da chamada *bola de neve*.

1.3 Crise patrimonial

A crise será patrimonial sempre que o somatório do valor dos bens e direitos de um empresário for inferior ao valor de suas obrigações. Portanto, sempre que *o ativo for menor que o passivo de um empresário*, haverá a ocorrência deste tipo de crise. Diferentemente dos outros dois tipos, trata-se de uma **crise**

---

[9] TOMAZETTE, Marlon. *Curso de direito empresarial: falência e recuperação de empresa – volume 3*. 6 ed. São Paulo: Saraiva Educação, 2018. p. 32.

[10] COELHO, Fabio Ulhoa. *Curso de direito comercial, volume 3: direito de empresa*. 12 ed. São Paulo: Saraiva, 2011. p. 249.

estática[11], apresentada em face do *patrimônio líquido negativo*. Assim, toda vez que o valor dos bens e direitos de um empresário não for suficiente para cobrir o valor de suas dívidas, ele estará em crise patrimonial.

Para facilitar

I. Crise econômica: o volume de negócios diminui rapidamente;
II. Crise financeira: falta dinheiro para pagar os boletos no vencimento;
III. Crise patrimonial: Ativo < Passivo.

O conceito de crise patrimonial se equivale ao conceito de insolvência econômica. Assim, para a economia, uma empresa estará em insolvência quando, apurado o balanço patrimonial, for constatado patrimônio líquido negativo. Para o direito, porém, interessa o conceito de insolvência jurídica e não de insolvência econômica. Em tese, a insolvência econômica só interessaria ao direito se a sua noção fosse equivalente à da insolvência jurídica[12].

Para o Direito Empresarial, **a insolvência jurídica não se confunde com a insolvência econômica**. Assim, é possível que um empresário necessite de recuperação de empresas ou mesmo que tenha a sua falência declarada, mesmo que tenha mais bens e direitos do que obrigações em seu patrimônio. Isto porque **o conceito de insolvência jurídica empresarial, em verdade, equipara-se ao conceito de "crise econômico-financeira"**[13], vale dizer, é uma crise que começa econômica que tem consequência financeira ou vice-versa.

2. CAUSAS DA CRISE

A doutrina moderna[14] *critica a teoria dos tipos de crise*. Com efeito, **se realmente existissem "tipos de crise", a solução jurídica**, por exemplo, para

---

[11] COELHO, Fabio Ulhoa. *Curso de direito comercial, volume 3: direito de empresa*. 12 ed. São Paulo: Saraiva, 2011. p. 250.

[12] Esta equivalência ocorre no plano do Direito Civil, como se vê no art. 955, do Código Civil.

[13] Não é à toa, portanto, que a Lei nº 11.101/05 menciona a "crise econômico-financeira" em sete momentos distintos.

[14] Por exemplo: LOBO, Jorge. *Direito concursal*. 2 ed. Rio de Janeiro: Forense, 1998; SCALZILLI, João Pedro; SPINELLI, Luis Felipe; TELLECHEA, Rodrigo. *Recuperação de empresas e falência: teoria e prática na Lei 11.101/05*. 3 ed. São Paulo: Almedina, 2018.

um empresário do segmento de confecções, em crise financeira, **seria a mesma** apresentada para qualquer outro empresário do mesmo setor diagnosticado com a crise "do mesmo tipo". Porém, muitas vezes, o instrumental jurídico utilizado para salvar um empresário pode representar a "pá de cal" que faltava para outro empresário sucumbir e quebrar.

Tendo o mesmo antecedente – empresários do segmento de confecções, em crise financeira – *mas não o mesmo consequente, não se pode falar verdadeiramente em tipo*. Na verdade, a crise é uma só; é um momento pelo qual pode passar a atividade empresária, caracterizando-se pelo **fato de a empresa deixar de ser lucrativa** como era inicialmente.

Vale dizer, **não é preciso atuar em prejuízo**. O *simples fato de o nível de lucratividade do negócio se reduzir*, passando a oscilar em patamar inferior ao inicial já é um **indicativo do cenário de crise**. A crise, portanto, é uma só. Entretanto, ao se instalar, a crise pode provocar efeitos econômicos – baixa de faturamento, financeiros – falta de dinheiro, e/ou patrimoniais – os bens não são suficientes para garantir os credores.

Preocupar-se com os tipos ou efeitos de uma crise é remediar a empresa com paliativos. Muito mais eficiente, portanto, para a solução da crise é buscar diagnosticar a sua causa, encontrar o estopim, ou seja, aquilo que deu o *start* da crise.

Nesse ínterim, pode-se falar em três **causas da crise**:

a) *Causas internas*;
b) *Causas externas*; e
c) *Causas acidentais*.

2.1 Causas internas

A crise da empresa pode decorrer de causas internas. Vale dizer, ligada à má administração *"lato senso"*, muitas vezes a crise é **decorrência do ambiente** *"interna corporis"* **da empresa**. Ela surge de "dentro para fora", apesar de se originar internamente, a crise interna se irradia para fora da empresa, alcançando a esfera jurídica de terceiros, como fornecedores, empregados e o fisco.

Esta causa tem *ligação direta com a perda da eficiência empresarial*. Os **exemplos mais comuns de causas internas**, ou *fatores internos*, são[15]:

---

[15] SCALZILLI, João Pedro; SPINELLI, Luis Felipe; TELLECHEA, Rodrigo. *Recuperação de empresas e falência: teoria e prática na Lei 11.101/05*. 3 ed. São Paulo: Almedina, 2018. p. 39.

(i) desentendimento entre os sócios; (ii) problemas decorrentes da mudança de controle societário; (iii) falta de profissionalização na administração; (iv) falta de experiência empresarial; (v) desqualificação da mão de obra; (vi) baixa produtividade; (vii) inadequação ou a obsolescência dos equipamentos/maquinários; (viii) impossibilidade de realizar novos investimentos; (ix) desperdício de matéria prima; (x) excesso de imobilização; (xi) mal dimensionamento do estoque; (xii) insuficiência de capital ou estrutura de capital inadequada; (xiii) avaliação equivocada do mercado; (xiv) má escolha dos fornecedores; (xv) operação de alto risco; (xvi) alto investimento em operações com retorno aquém do esperado; (xvii) prática de ilícitos fiscais, trabalhistas ou ambientais que resultem em aplicação de pesadas multas.

2.2 Causas externas

De outro lado, **a crise da empresa pode decorrer de causas externas**, sendo certo que a origem da crise pode estar *fora do ambiente corporativo*. Trata-se de situações ou fatos decorrentes de mudanças institucionais, ou seja, são causas **relacionadas à política econômica e fiscal do País**.

O Direito Administrativo[16] reconhece tais hipóteses como sendo o denominado *"fato do príncipe"*. É, grosso modo, a intervenção do Estado na economia que, apesar da motivação que a sustenta, sempre acaba trazendo prejuízos em maior monta do que os benefícios que diz trazer. Daí a necessidade de uma nova intervenção para dirimir as distorções oriundas da intervenção anterior... e por aí vai.

As principais **causas externas** da crise (ou *fatores externos*) são[17]:

(i) mudanças na política cambial, com a consequente valorização ou desvalorização demasiada da moeda e perda de competitividade nos mercados nacional e internacional; (ii) redução de tarifas alfandegárias ou liberação das importações outrora proibidas, fatores esses que acirram a concorrência com os produtos nacionais; (iii) fechamento de mercados; (iv) aumento de carga tributária; (v) peso das obrigações trabalhistas; (vi) restrições creditícias, como a diminuição de financia-

---

[16] Por exemplo: MEIRELLES, Hely Lopes. *Direito administrativo brasileiro*. 28 ed. São Paulo: Malheiros, 2003; MELLO, Celso Antônio Bandeira de. *Curso de direito administrativo*. 11 ed. São Paulo: Malheiros, 1999.

[17] SCALZILLI, João Pedro; SPINELLI, Luis Felipe; TELLECHEA, Rodrigo. *Recuperação de empresas e falência: teoria e prática na Lei 11.101/05*. 3 ed. São Paulo: Almedina, 2018. p. 39.

mentos bancários para determinados setores da atividade empresarial; (vii) retração do mercado consumidor; (viii) elevada inadimplência da clientela; (ix) aumento dos juros, com o consequente aumento do custo do crédito; (x) variação brusca na cotação de insumos ou de produtos no mercado nacional ou internacional.

2.3 Causas acidentais

Por final, **a crise da empresa pode vir a decorrer genuinamente do fortuito**. Ou seja, mesmo sem problemas internos ou intervenções equivocadas na economia, ainda assim a crise pode ser instaurada. É aquela coisa: tinha tudo para dar certo, mas não deu. Dentre outros, são **causas acidentais** (ou *fatores externos extraordinários*)[18]:

(i) maxidesvalorização cambial; (ii) bloqueio de papel moeda; (iii) conflitos armados; (iv) catástrofes climáticas e ambientais; (v) da chegada de novos e revolucionários produtos ao mercado; (vi) da introdução de novas tecnologias.

Para facilitar

I. **Causas internas** – ligadas à *má-administração*;
II. **Causas externas** – ligadas à *política econômico-fiscal do País*;
III. **Causas acidentais** – ligadas ao *fortuito*.

3. FALÊNCIA × INSOLVÊNCIA

Compreendido o conceito jurídico de crise, cabe agora evidenciar os conceitos de falência e de insolvência. **Crise, insolvência e falência** são noções introdutórias que acompanharão todo o estudo inerente ao Direito Concursal. Com efeito, viu-se que *a crise é um estágio pelo qual a atividade empresária pode passar e se caracteriza pelo fato de a empresa deixar de ser tão lucrativa quanto era inicialmente*.

---

[18] SCALZILLI, João Pedro; SPINELLI, Luis Felipe; TELLECHEA, Rodrigo. *Recuperação de empresas e falência: teoria e prática na Lei 11.101/05*. 3 ed. São Paulo: Almedina, 2018. p. 39-40.

Mas e quanto à **falência** e à **insolvência**? Tais expressões têm **duplo significado jurídico**. Tanto representam *estágios distintos do desenvolvimento da atividade empresária*, como também denominam *processos concursais distintos*.

3.1 Estágios de desenvolvimento da atividade empresária

Se fosse possível dividir os vários estágios pelos quais a atividade empresária pode passar em uma régua, ela deveria ser **dividida em 4 partes ou pedaços**:

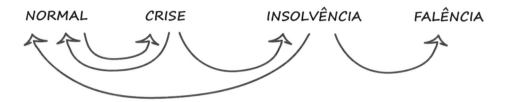

Como se sabe, na grande maioria dos casos, o empresário vive se esquivando entre o *"estágio normal"* e o *"estágio de crise"*. No "normal", estará **rachando de dar lucro**. Quando a **atividade desanda**, entra na "crise". Percebendo-a, resolve e retorna para o momento dito "normal". E assim vai, sucessivamente.

Acontece que, como já visto, *o empresário não lê com perfeição as informações que o mercado devolve para ele*. Portanto, às vezes, **entra em "estágio de crise", mas não percebe**. Resultado: *a crise vai se avolumando de tamanho*, produzindo os seus efeitos vários (econômicos, financeiros e/ou patrimoniais), até que o empresário acaba sendo levado ao próximo estágio: "*o estágio de insolvência*".

Até o "estágio de insolvência", será *ainda possível salvar a vida do empresário*. Por exemplo, através de um procedimento de recuperação judicial de empresas. Resolvendo o problema, o empresário retorna ao "estágio normal". Nessa toada, **o grande objetivo do Direito Concursal é evitar que o empresário chegue ao último estágio**: o *"estágio de falência"*. Não se chega ao "estágio de falência", partindo dos estágios normal ou de crise.

Firme na ideia de que o "estágio normal" é o momento do dever ser empresarial e que já se conhece o "estágio de crise", é cabível compreender a diferença entre os estágios de insolvência e de falência. A **insolvência** é uma *situação de fato*, o momento **pré-falimentar**, caracterizado pela *prática de, pelo menos, um dos atos previstos no art. 94*, da Lei nº 11.101/05, a ser estudado posteriormente. Já a **falência** é uma *situação de direito*, chancelada pelo Estado, **reconhecida mediante sentença**.

3.2 Processos concursais

Além de representarem momentos distintos da atividade empresária, as **expressões "falência" e "insolvência" denominam distintos processos concursais**. A doutrina é unânime em entender *a falência como um processo de execução coletiva porque concursal*[19]. Segue na mesma toada o processo de insolvência civil, como é mais conhecida a execução de quantia certa contra o devedor insolvente[20].

Trata-se de **processos concursais**, na medida em que – diferente do que ocorre na execução singular – nestes casos haverá, *de um lado, o devedor e, do outro, todos os seus credores, disputando, em concurso, o patrimônio integral do devedor*, visando obter a satisfação dos referidos créditos.

Entretanto, **não se confundem**, sendo diferenciados em dois aspectos principais:

a) quanto ao *destinatário*; e

b) quanto ao *regime jurídico*.

Para facilitar

Falência	Insolvência civil
Empresário	Não empresário
Lei nº 11.101/05	CPC

Notam-se, pelo menos, **duas diferenças**, entre estes dois sistemas jurídicos:

a) A possibilidade de fazer uso dos mecanismos de recuperação de empresas; e

b) A extinção das obrigações do devedor.

---

[19] Para aprofundamento, consultar: ALMEIDA, Amador Paes de. *Curso de falência e recuperação de empresas*. 25 ed. São Paulo: Saraiva, 2009. p. 17; MAMEDE, Gladston. *Direito empresarial brasileiro: falências e recuperação de empresas*. 9 ed. São Paulo: Atlas, 2018. p. 7; NEGRÃO, Ricardo. *Manual de direito comercial e de empresa*. 4 ed. São Paulo: Saraiva, 2009. v. 3. p. 213. PERIN JÚNIOR, Écio. *Curso de direito falimentar e recuperação de empresas*. 3 ed. São Paulo: Método, 2006. p. 51-52; TZIRULNIK, Luiz. *Direito falimentar*. 7 ed. São Paulo: Editora Revista dos Tribunais, 2005. p. 38.

[20] Regulamentada pelo CPC/73, cujas normas foram mantidas em vigor pelo art. 1.052, do CPC atual.

Quanto à utilização dos *mecanismos de recuperação de empresas*, tem-se que **somente os empresários podem se beneficiar**, na medida em que somente eles são **titulares de empresa**, para tentar evitar a declaração de suas falências. Já os médicos, por exemplo, caindo em desgraça ou ruína econômica, não terão a seu dispor instrumentos jurídicos equivalentes. Assim, não há mecanismo jurídico capaz de superar crises econômico-financeiras de quem não é empresário.

Quanto à *extinção das obrigações do devedor*, se for **não empresário**, será necessário o **pagamento de todos os credores** do devedor, declarado insolvente. Ou seja, o insolvente somente se liberta da insolvência civil depois de pagar o último centavo para o último dos credores. Já, *na falência*, é possível **extinguir as obrigações do devedor**, declarado falido, desde que seja viável o *pagamento de um mínimo legal* de credores[21], sem precisar pagar tudo ou a todos os credores.

3.3 A unificação concursal: o art. 1.052, do CPC

Preliminarmente, cumpre esclarecer: trata-se somente de uma ideia doutrinária. Com efeito, existem autores que advogam a tese da **unificação concursal** através da qual *a bifurcação atualmente existente nas execuções coletivas deverá desaparecer*. Porém, o atual "estado da técnica" é o que foi descrito anteriormente: *a falência, regulamentada pela Lei nº 11.101/05, para os empresários; e a insolvência civil, regulamentada pelo CPC/73, para os não empresários*. A esse respeito, descreve Gladston Mamede[22]:

> Essa execução coletiva está submetida a regimes procedimentais diversos. *Falência* é a execução coletiva do empresário ou sociedade empresária insolvente, seus elementos caracterizadores e seu rito estão definidos na Lei 11.101/05, a chamada Lei de Falência e Recuperação de Empresas. Já a insolvência civil é a execução coletiva judicial das pessoas naturais que não sejam empresárias (...)
>
> O risco da insolvência dos *não empresários* é, em fato, muito menor que o risco de falência de empresários e sociedades empresárias, submetidos que estão ao humor do mercado, nem sempre cordial. Apenas isso já seria suficiente para firmar a necessidade de um procedimento concursal específico para a insolvência empresária.

---

[21] Previsto no art. 158, II, da Lei nº 11.101/05.

[22] MAMEDE, Gladston. *Direito empresarial brasileiro: falências e recuperação de empresas*. 9 ed. São Paulo: Atlas, 2018. p. 8.

Como se disse, a unificação concursal se trata de tese levantada pela doutrina. Por exemplo, Rubens Requião[23] entende que **a tentativa de unificação das obrigações no direito privado patrocinada pelo Código Civil só estaria concluída com a unificação concursal**. O atual estado técnico fazia sentido quando se aplicava a teoria dos atos de comércio; hoje em dia, não mais.

A tese da unificação concursal ganha força e fôlego com o advento do Código de Processo Civil, de 2015, quando, no seu art. 1.052, estabelece que **enquanto não for instituída uma nova lei geral de insolvência**, a insolvência civil continuaria submetida ao rito anterior. Dessa forma, inseriu-se no CPC atual uma norma programática: a edição de uma nova lei geral de insolvência.

Esta tal nova lei, se elaborada com base na teoria da unificação concursal, determinaria que *a falência ser aplicável a qualquer tipo de devedor*, empresário ou não empresário, deixando a recuperação, apenas, para os primeiros, de acordo com o princípio da preservação da empresa e da sua função social. Como era, aliás, a ideia adotada no projeto de lei original que deu origem à Lei nº 11.101/05.

De maneira indireta, a Lei nº 14.195/21 tentou promover a unificação concursal, ao submeter todas as sociedades ao regime aplicável às sociedades empresárias, inclusive com registro na Junta e submissão à falência e à recuperação judicial. Porém, tais normas foram vetadas.

4. A INSOLVÊNCIA JURÍDICA EMPRESARIAL

A insolvência jurídica empresarial é implementada na prática quando o empresário incide em um dos atos previstos no **art. 94, da Lei 11.101/05**. Tais atos, quando *reconhecidos por sentença judicial*, **levarão o empresário ao estágio de falência**. A recuperação de empresas existe, portanto, para evitar que o empresário venha a ser declarado falido, livrando-se da insolvência.

Frise-se, por oportuno: o art. 94, da Lei nº 11.101/05, é dividido em 3 incisos. **Tais incisos apresentam atos e não "requisitos" para a caracterização da insolvência jurídica**. Dessa forma, *basta praticar: ou inciso I, ou o inciso II, ou ainda qualquer uma das alíneas do inciso III*. Se fossem **requisitos**, seriam **cumulativos**.

4.1 Impontualidade injustificada

O primeiro ato de insolvência jurídica é a **impontualidade injustificada**. Será decretada a falência do devedor que, sem razão relevante de direito, não paga, no vencimento, obrigação líquida materializada em título ou títulos executivos protestados cuja soma ultrapasse a quarenta salários mínimos na data do pedido de falência[24].

---

[23] REQUIÃO, Rubens. *Curso de direito comercial, volume 1*. 25 ed. São Paulo: Saraiva, 2003.

[24] Nos termos do art. 94, I, da Lei nº 11.101/05.

Como se percebe, da própria nomenclatura, nesta situação, verifica-se o empresário diante de uma inadimplência, afinal de contas **impontualidade**, na essência, significa **comprar e não pagar**. Mais do que isso, necessita ser uma impontualidade injustificada, na medida em que *podem existir, e existem, impontualidades que são justificáveis*. Para esta hipótese, portanto, o devedor não tem argumento jurídico para sustentar a "situação de inadimplência", contra ele alegada.

A propósito, não se pode deixar de lembrar das **razões relevantes de direito**, vale dizer, dos *atos que, ao justificar a impontualidade, não servirão como base para o pedido de falência*. São eles[25]:

a) falsidade do título;

b) prescrição;

c) nulidade de obrigação ou do título;

d) pagamento da dívida;

e) qualquer outro fato que extinga ou suspenda a obrigação ou não legitime a cobrança do título;

f) vício em protesto ou em seu instrumento;

g) apresentação do pedido de recuperação judicial no prazo da contestação;

h) cessação das atividades empresariais mais de dois anos antes do pedido de falência, comprovada por documento hábil do Registro Público de Empresas, o qual não prevalecerá contra prova de exercício posterior ao registrado.

Trata-se, assim, de **requisito preliminar**: *o empresário devedor não pode ter nenhuma razão relevante de direito*, sob pena de, contra ele, a falência não poder vir a ser declarada. Desta forma, se o credor instruir o **pedido de falência com base em um único título** e o devedor, na sua contestação, alegar e provar uma das **razões relevantes de direito**, o juiz **não poderá decretar a falência do devedor**.

Mais do que isso. É preciso que se esteja diante de **obrigações materializadas em títulos executáveis** – um ou mais – de um só credor ou de vários credores. Admite-se, assim, tanto um credor instruir seu pedido de falência com vários títulos, quanto haver um **litisconsórcio para atingir valor mínimo necessário**[26].

O título, ou títulos, do credor, ou dos vários credores, devem somar o **valor mínimo de mais de 40 salários mínimos**. Tal quantia deve ser o valor nominal previsto no título, "sem qualquer acréscimo, seja de correção, juros ou custas;

---

[25] Estão previstos no art. 96, da Lei nº 11.101/05.

[26] Nos termos do art. 94, § 1º, da Lei nº 11.101/05.

e o valor do salário mínimo a ser considerado é o existente no momento do ajuizamento do feito"[27].

A inadimplência descrita anteriormente deverá ser **comprovada mediante um protesto**, o único meio de prova formal e solene admitido em direito para tal finalidade[28]. Nesse ínterim, **não se confundem o protesto cambiário e o protesto especial**. O **protesto cambiário** tem a finalidade de *interromper o prazo prescricional perante os obrigados principais* e de *permitir a cobrança dos obrigados secundários*. Por sua vez, o **protesto especial** tem a finalidade de *instruir o pedido de falência*.

Não bastasse a divergência de objetivos de tais sistemáticas de protesto, eles divergem, ainda, quanto à sua formalização. Com efeito, enquanto se admite a *teoria da aparência para o protesto cambiário*, no **protesto especial** para fins falimentares, exige-se a *identificação de quem efetivamente recebeu a notificação*[29]. Para a validade do protesto basta a entrega da notificação no estabelecimento do devedor e sua recepção por pessoa identificada[30].

Discute-se, na doutrina e na jurisprudência, acerca da **necessidade do protesto especial**. No âmbito da legislação anterior, o STJ firmou o entendimento segundo o qual "é prescindível o protesto especial para a formulação do pedido de falência"[31]. Na mesma toada, o TJSP definiu: "O protesto comum dispensa o protesto especial para o requerimento de falência"[32].

Tal entendimento, parece-me, não ser sustentável perante *a Lei nº 11.101/05, que deixa claro a necessidade do protesto especial para fins falimentares*[33]. Dessa forma, será preciso atenção acerca do que está sendo exigido em questões objetivas, preambulares ou de 1ª fase. A depender da exigência, a análise da alternativa muda.

---

[27] BEZERRA FILHO, Manoel Justino. *Lei de recuperação de empresas e falência – Lei 11.101/05: comentada artigo por artigo*. 10 ed. São Paulo: Editora Revista dos Tribunais, 2014. p. 242.

[28] Nos termos do art. 1º, da Lei nº 9.492/97.

[29] Nos termos da Súmula nº 361, do STJ.

[30] Nos termos da Súmula nº 52, do TJSP.

[31] REsp 1052495/RS, Rel. Ministro Massami Uyeda, 3ª Turma, julgado em 08/09/2009, *DJe* 18/11/2009.

[32] Nos termos da Súmula nº 41, do TJSP.

[33] Nos termos do art. 94, § 3º, da Lei nº 11.101/05.

> **Para facilitar**
>
> I. Nos termos da Lei nº 11.101/05, o protesto especial é necessário;
> II. Nos termos da doutrina e da jurisprudência, o protesto especial é desnecessário.

A **competência para lavrar o protesto** especial para fins falimentares é do **cartório do domicílio do devedor**. Ou seja, o "principal estabelecimento" do devedor determina tanto a *competência para declarar a sua falência*[34], quanto *a competência para tirar o protesto em nome do devedor*[35]. Admitindo-se que o simples protesto cambiário supre o protesto especial, devem prevalecer as regras estabelecidas para os títulos de crédito[36], já anteriormente estudadas.

Caracteriza-se esta hipótese o fato de existir:
a) uma *inadimplência mínima* considerada (maior que quarenta salários mínimos);
b) comprovada *necessariamente* mediante um *protesto*.

4.2 Execução frustrada

O segundo ato de insolvência jurídica empresarial é a denominada **execução frustrada**[37]. Com efeito, a execução estará frustrada sempre que o devedor, sendo citado[38], não pagar, não nomear bens à penhora e não depositar a importância em juízo, no prazo legal. Nesta situação, suspende-se a ação de execução[39], na Vara Cível competente e, com base no título executivo e em certidão expedida

---

[34] Nos termos do art. 3º, da Lei nº 11.101/05.

[35] MAMEDE, Gladston. *Direito empresarial brasileiro: falência e recuperação de empresas*. 9 ed. São Paulo: Atlas, 2018. p. 229.

[36] TOMAZETTE, Marlon. *Curso de direito empresarial: falência e recuperação de empresas – volume 3*. 6 ed. São Paulo: Saraiva Educação, 2018. p. 320.

[37] Nos termos do art. 94, II, da Lei nº 11.101/05.

[38] Com a reforma do processo de execução, em 2006, incorporado pelo CPC atual, não há mais uma citação para nomear bens à penhora, de modo que, atualmente, a hipótese se configura quando o devedor é intimado para nomear bens à penhora, porém, ele se omite.

[39] Nos termos da Súmula nº 48, do TJSP.

pelo juízo em que se processa a execução, declarando que restou frustrada, o credor poderá requerer a falência.

Tal hipótese se caracteriza por uma ação de execução de **qualquer valor** cuja obrigação não foi solvida nem, de algum modo, garantida, **comprovada a inadimplência mediante certidão da vara** onde tramita a execução[40]. Frise-se, por oportuno: esta hipótese de insolvência jurídica empresarial é cabível seja diante de *ação de execução de título executivo extrajudicial*, seja diante de *pedido de cumprimento de sentença*[41].

Caracteriza-se esta hipótese o fato de existir:
a) uma *inadimplência de qualquer valor*[42] (não precisa mais de quarenta salários mínimos);
b) comprovada necessariamente *certidão da vara*.

4.3 Atos de falência

Por último, existem ainda os denominados **atos de falência**. Trata-se de atos elencados taxativamente pelo legislador em que se **presume, por presunção absoluta, a insolvência jurídica do empresário**. Aqui não se discutirá, portanto, inadimplência, haja vista a *presunção de insolvência*. O contexto é o de verificar se o devedor empresário praticara um dos atos ali descritos. *Reconhecida a prática do ato mediante sentença o empresário estará falido, mesmo que, no caso concreto, não esteja inadimplente.*

A menos que faça parte do plano de recuperação judicial, **serão considerados atos de falência**[43], ensejando o pedido e a decretação da falência do devedor que:

a) procede à liquidação precipitada de seus ativos ou lança mão de meio ruinoso ou fraudulento para realizar pagamentos;

b) realiza ou, por atos inequívocos, tenta realizar, com o objetivo de retardar pagamentos ou fraudar credores, negócio simulado ou alienação de parte ou da totalidade de seu ativo a terceiro, credor ou não;

c) transfere estabelecimento a terceiro, credor ou não, sem o consentimento de todos os credores e sem ficar com bens suficientes para solver seu passivo;

---

[40] Nos termos do art. 94, § 4º, da Lei nº 11.101/05.
[41] SCALZILLI, João Pedro; SPINELLI, Luis Felipe; TELLECHEA, Rodrigo. *Recuperação de empresas e falência: teoria e prática na Lei 11.101/05*. 3 ed. São Paulo: Almedina, 2018. p. 582.
[42] Nos termos da Súmula nº 39, do TJSP.
[43] Nos termos do art. 94, III, da Lei nº 11.101/05.

d) simula a transferência de seu principal estabelecimento com o objetivo de burlar a legislação ou a fiscalização ou para prejudicar credor;

e) dá ou reforça garantia a credor por dívida contraída anteriormente sem ficar com bens livres e desembaraçados suficientes para saldar seu passivo;

f) ausenta-se sem deixar representante habilitado e com recursos suficientes para pagar os credores, abandona estabelecimento ou tenta ocultar-se de seu domicílio, do local de sua sede ou de seu principal estabelecimento; ou

g) deixa de cumprir, no prazo estabelecido, obrigação assumida no plano de recuperação judicial.

5. DESTINATÁRIOS DA LEI Nº 11.101/05

A atual legislação falimentar brasileira, em vigor desde junho de 2005, adotou a **teoria da empresa como critério informador da lei**[44] para a definição dos **destinatários da Lei nº 11.101/05**. O direcionamento inicial, portanto, se dá para os sujeitos que se enquadrem juridicamente como empresário.

5.1 Da compreensão jurídica de empresário

Percebe-se que tanto a falência ou a recuperação de empresas só poderão alcançar quem se enquadre juridicamente na noção de empresário. Para os agentes econômicos que não tenham caráter empresarial, a solução jurídica para a sua crise econômica será outra[45]. Frise-se, por oportuno: **o empresário individual, a sociedade empresária e a empresa individual de responsabilidade limitada poderão se submeter à falência e à recuperação de empresas**.

Em regra, apenas se sujeitarão ao regime falimentar o empresário individual e as sociedades empresárias. Com o advento da Lei nº 12.441/11, deve-se entender que a EIRELI também estará sujeita ao regime falimentar. Por sua vez, o art. 966, parágrafo único, do Código Civil enumera as hipóteses em que o exercente da atividade econômica não será considerado empresário, não sendo a ele aplicável o direito falimentar. Ademais, o art. 982, parágrafo único, do Código Civil, determina que as sociedades anônimas sempre serão sociedades empresárias e as sociedades cooperativas sempre serão sociedades simples – por força de lei – independentemente do objeto social. Por final, os rurais e as associações que desenvolvem atividade futebolística em caráter habitual e profissional (em outros termos, os clubes de futebol) serão considerados empresários somente após o registro perante a Junta Comercial, nos termos dos arts. 971 – empresário individual – e 984 – sociedade empresária – do Código Civil.

---

[44] De acordo com o art. 1º, da Lei nº 11.101/05.

[45] Como já se estudou neste livro, a solução jurídica para os não empresários seria a "insolvência civil".

Para facilitar

Características	Sociedade empresária	Sociedade simples	Fundamento
Objeto social	Atividade de empresário	Atividade intelectual	art. 966, CC
Força de lei	S/A, sempre	Cooperativa, sempre	art. 982, p. único, CC
Registro	Rurais, facultativo	Rurais, facultativa	arts. 971 e 984, CC

Assim, **quem se enquadrar juridicamente como sociedade empresária, regra geral, estará submetido ao regime jurídico falimentar** e, deste modo, poderá vir a falir ou, para evitar a falência, promover recuperação judicial. De outro lado, quem se enquadrar como sociedade simples estará fora do âmbito de aplicação ou da hipótese de incidência do regime jurídico falimentar, não se submetendo, portanto, à Lei 11.101/05.

5.2 Situações peculiares

Deve-se ressaltar, porém, que **o sistema falencial brasileiro nunca foi um sistema puro**. Apesar de sempre ter existido o direcionamento da falência como sendo algo do comerciante, hoje o empresário, de outra forma, nunca deixou de ocorrer situações peculiares.

Por **situações peculiares**, deve-se entender aquelas hipóteses que escapam da regra geral. Com efeito, no âmbito da Lei nº 11.101/05, vislumbram-se duas modalidades, vale dizer, tanto existem casos de *pessoas que não se enquadram juridicamente como empresário mas que podem ter contra si uma declaração de falência*, quanto existe casos de *entidades que se enquadram juridicamente como empresário, mas cuja aplicação da legislação falimentar lhes é, de algum modo, negada* pela própria Lei nº 11.101/05.

5.2.1 "Não empresários" sujeitos à falência

São em número de três os casos previstos na Lei nº 11.101/05 em que se poderá ver alguém não caracterizado como empresário tendo contra si uma sentença declaratória de falência. É importante compreender quais são tais casos. Além disso, vale a pena conhecer as decorrências práticas destes casos.

O primeiro caso de um não empresário vindo a falir é o caso dos **sócios com responsabilidade ilimitada**[46]. Com efeito, como se viu, sócio não é juridicamente caracterizado como empresário, portanto, é a sociedade e não o sócio quem deve ter a falência declarada. Porém, se o sócio tiver responsabilidade ilimitada, a falência da sociedade acarretará, também, a falência dos sócios.

É o que se tem para todos os sócios, tanto na sociedade em comum, quanto na sociedade em nome coletivo, bem como para os sócios comanditados na sociedade em comandita simples. Vão se sujeitar à falência tanto os sócios que fazem parte do contrato social por ocasião do decreto de quebra, quanto aqueles que se retiraram até dois anos. Os sócios anteriores só escapam da falência se as dívidas anteriores à sua saída estiverem solvidas até a data da decretação da falência.

Outro caso é o da **falência do espólio**. Veja-se, naquilo que aqui interessa, ser determinado que "não será decretada a falência do espólio após um ano da morte do devedor"[47]. Ora, se não pode após um ano é porque até um ano da morte do devedor – necessariamente empresário individual – ainda é possível a decretação de falência do espólio.

O efeito prático da decretação da falência do espólio é a suspensão do processo de inventário[48]. Caberá, então, ao administrador judicial a realização de atos pendentes em relação aos direitos e obrigações da massa falida. O inventário só voltará a seguir o seu trâmite após o encerramento do processo de falência.

A última hipótese de um "não empresário" falindo é, na verdade, uma zona cinzenta. Trata-se das **concessionárias de serviço público**, verdadeiras sociedades empresárias para o Direito Empresarial, porém sendo consideradas *sui generis* pela maioria dos autores que se dedicam ao Direito Público. Seja como for, a Lei nº 11.101/05 encerra uma discussão de pelo menos dez anos no âmbito do Direito Administrativo[49].

Agora não resta mais dúvidas de que as concessionárias de serviço público podem ter sua falência decretada e que o **efeito** de tal decisão é o de determinar a **extinção do contrato de concessão**. Desse modo, os bens reversíveis retornam ao estado para que este possa continuar o serviço público ou realizar nova concessão.

---

[46] Previsto no art. 81, da Lei nº 11.101/05.

[47] Nos termos do art. 96, § 1º, da Lei nº 11.101/05.

[48] Nos termos do art. 125, da Lei nº 11.101/05.

[49] De acordo com o art. 195, da Lei nº 11.101/05.

5.2.2 Excluídos do regime falencial

Quando se fala em exclusão da falência é porque se está diante de um **empresário que não se submeterá à falência**. Vale dizer, *o sujeito é empresário; porém, no momento de crise, a solução jurídica para ele não se encontrará na Lei nº 11.101/05, mas sim em legislação especial, extravagante*.

A doutrina, ao examinar a legislação brasileira, aponta dois tipos de exclusão:

a) **a exclusão total (perfeita ou absoluta)**; e

b) **a exclusão parcial (imperfeita ou relativa)**.

Pela *exclusão total*, o empresário jamais entrará em crise, vale dizer, ele estará exercendo sua atividade com a garantia legal de não falir. Entende-se, então, que **na exclusão total, de nenhum modo a legislação falimentar será aplicada**. Pela *exclusão parcial*, o empresário até entra em crise, mas a sua solução jurídica é encontrada fora da lei de falências, em lei especial; porém, determinada legislação, por vezes, remete o empresário de volta à Lei nº 11.101/05. Entende-se, então, que **na exclusão parcial, de algum modo a legislação falimentar poderá vir a ser aplicada**.

O art. 2º, I, da Lei de Falências, apresenta aqueles que estão submetidos ao *regime da exclusão total*. São eles: a **empresa pública** e a **sociedade de economia mista**. Para tais figuras, *de nenhum modo, a Lei 11.101/05 poderá ser aplicada*. A doutrina discute a constitucionalidade[50] deste dispositivo, porém, em uma prova de 1ª fase, objetiva ou preambular, vale a "letra fria da lei", e, deste modo, **as empresas estatais jamais se submeterão à falência ou à recuperação de empresas, por se tratarem de empresários submetidos à exclusão total**.

Já o inciso II do art. 2º, da Lei 11.101/05, indica quem está submetido ao *regime da exclusão parcial*. São eles: **instituição financeira pública ou privada, cooperativa de crédito, consórcio, entidade de previdência complementar, sociedade operadora de plano de assistência à saúde, sociedade seguradora, sociedade de capitalização** e outras **entidades legalmente equiparadas** às anteriores.

Para fins didáticos, pode-se dividir o *regime da exclusão parcial* em **três modalidades**, a depender de quem seja o excluído, a saber:

a) *operadoras de planos de saúde*;

b) *seguradoras*; e

c) *instituições financeiras*.

---

[50] Tal discussão encontra amparo no texto constitucional, no seu art. 173, § 1º, II.

Compreender as diferenças existentes em tais modalidades é importante para se perceber em que condições se poderá fazer aplicação da Lei 11.101/05 para tais sujeitos. Repise-se, por oportuno: eles serão regulamentados por uma lei especial; porém, esta lei determina em alguns momentos que a solução jurídica haverá de ser dada via decretação de falências.

a) a exclusão parcial das operadoras de planos de saúde

Encontra-se regulamentada pela Lei nº 9.656/98. Para tais entidades, **o requerimento de falência de uma operadora de plano de saúde por credor deve ser indeferido**, sendo certo afirmar que se trata de um caso de carência de ação. Em verdade, diante de uma crise econômico-financeira de uma operadora de plano de saúde, deve-se promover a sua **liquidação extrajudicial** perante a Agência Nacional de Saúde Suplementar (ANS).

A ANS, então, nomeará um **liquidante** que irá *conduzir o referido processo de liquidação extrajudicial.*

Caberá ao liquidante da ANS requerer a falência de uma operadora de plano de saúde[51]:

a) o ativo da massa liquidanda *não for suficiente para o pagamento de pelo menos a metade* dos créditos quirografários;

b) o *ativo realizável da massa liquidanda não for suficiente*, sequer, para o pagamento das *despesas administrativas e operacionais* inerentes ao regular processamento da liquidação extrajudicial; ou

c) nas hipóteses de *fundados indícios de crimes falimentares.*

b) a exclusão parcial das seguradoras

Encontra-se regulamentada pela Lei nº 10.190/02 e pelo Decreto-lei nº 73/66. *Modalidade semelhante aos das operadoras de planos de saúde* com as seguintes **diferenças:**

a) a autoridade perante quem se promove a liquidação extrajudicial – neste caso, a Superintendência de Seguros Privados (SUSEP); e

b) o que motiva o requerimento de falência.

Assim, diante de uma crise econômico-financeira de uma operadora de plano de saúde, deve-se promover a sua **liquidação extrajudicial perante a SUSEP** que nomeará um liquidante que irá conduzir o referido processo de liquidação extrajudicial.

---

[51] Nos termos do art. 23, § 1º, da Lei nº 9.656/98.

Caberá ao liquidante da SUSEP requerer a falência de uma seguradora[52]:

a) se decretada a liquidação extrajudicial, o ativo *não for suficiente para o pagamento de pelo menos a metade* dos credores quirografários; e

b) quando houver *fundados indícios da ocorrência de crime falimentar*.

c) a exclusão parcial das instituições financeiras

Encontra-se regulamentada pela Lei nº 6.024/74. O sistema de exclusão parcial dos bancos difere dos demais. Com efeito, acaso a instituição financeira esteja *em exercício regular*, **poderá a falir a pedido do credor** como qualquer empresário. Porém, acaso esteja *passando por intervenção ou liquidação extrajudicial*, perante o Banco Central (BACEN), **somente o interventor ou o liquidante**, a depender do caso concreto, é que poderão requerer a falência de uma instituição financeira[53].

No âmbito do processo de intervenção, à vista do relatório ou de proposta do interventor, o BACEN **poderá autorizar o interventor a requerer a falência da sociedade**, quando o seu ativo não for suficiente para cobrir sequer metade do valor dos créditos quirografários, ou quando julgada inconveniente a liquidação extrajudicial, ou quando a complexidade dos negócios da instituição ou quando a gravidade dos fatos apurados aconselharem a medida[54].

Em se tratando de *processo de liquidação extrajudicial*, o BACEN **poderá autorizar o liquidante a requerer a falência da sociedade**, quando o seu ativo não for suficiente para cobrir pelo menos a metade do valor dos créditos quirografários, ou quando houver fundados indícios de crimes falimentares[55].

d) outras possibilidades de exclusão parcial

Além das operadoras de planos de saúde, seguradoras e instituições financeiras, há outros empresários que se submetem ao regime de exclusão parcial. A primeira situação é a relativa às **administradoras de consórcios**, que se encontra previsto na Lei nº 11.795/08. Com efeito, as administradoras de consórcios se submetem à fiscalização e regulação pelo BACEN. Diante de uma crise econômico-financeira, deverão se submeter à *administração especial temporária* ou à *liquidação extrajudicial*[56]. A administração especial temporária está regulamentada

---

[52] Nos termos do art. 26, do Decreto-lei nº 73/66.

[53] Nos termos do art. 1º, da Lei nº 6.024/74.

[54] Nos termos do art. 12, "d", da Lei nº 6.024/74.

[55] Nos termos do art. 21, "b", da Lei nº 6.024/74.

[56] De acordo com o art. 39, da Lei nº 11.795/08.

pelo Decreto-lei nº 2.321/87 e pode, dentre outras hipóteses, cessar em razão da decretação, pelo BACEN, de liquidação extrajudicial[57].

Frise-se, por oportuno, que **não cabe requerimento de falência, a partir de um caso de administração especial temporária**. *Caso uma administradora de consórcio esteja em processo de liquidação, a falência poderá ser requerida pelo liquidante*, desde que autorizada pelo BACEN, nas **mesmas hipóteses das instituições financeiras** (quando o seu ativo não for suficiente para cobrir pelo menos a metade do valor dos créditos quirografários, ou quando houver fundados indícios de crimes falimentares).

É cabível destacar que **o regime da administração especial temporária, previsto no Decreto-lei nº 2.321/87, é aplicado às instituições financeiras, em geral**. Entretanto, diferentemente dos bancos, *a administradora de consórcios não submete à intervenção extrajudicial, perante o BACEN*. Por final, vale considerar que as **operadoras de *leasing*** devem receber o *mesmo tratamento jurídico das administradoras de consórcio*.

Outro caso de exclusão parcial é o das **sociedades de capitalização**, cujo regime se encontra previsto no Decreto-lei nº 261/67 que determina *aplicação expressa do regime das seguradoras para as sociedades de capitalização*[58]. Deste modo, diante de dificuldade econômico-financeira, as sociedades de capitalização se submeterão à **liquidação extrajudicial perante a SUSEP, cabendo ao liquidante da SUSEP requerer a falência** da sociedade de capitalização quando o seu ativo não for suficiente para cobrir pelo menos a metade do valor dos créditos quirografários, ou quando houver fundados indícios de crimes falimentares.

Há, ainda, a situação de exclusão parcial prevista pela Lei Complementar 109/01 para as **entidades de previdência complementar**. Trata-se de entidades que irão explorar os planos de benefícios de aposentadoria privada, complementar ao regime geral de aposentadoria, administrado pelo INSS.

Há **duas possibilidades de constituição** de entidades de previdência complementar:

a) *entidades fechadas* de previdência complementar; e

b) *entidades abertas* de previdência complementar.

As **entidades fechadas** são acessíveis a **grupos determinados de pessoas**[59] e são constituídas, sob a forma de **fundação** ou **sociedade civil, sem fins**

---

[57] De acordo com o art. 14, do Decreto-lei nº 2.321/87.

[58] Nos termos do art. 4º, do Decreto-lei nº 261/67.

[59] Nos termos do art. 31, da Lei Complementar nº 109/01.

lucrativos[60]. Frise-se, por oportuno, que *as entidades fechadas de previdência complementar não se submetem à Lei 11.101/05; não porque estejam excluídas do sistema falimentar, mas porque efetivamente não se trata de sociedades empresárias*. As **entidades abertas**, por sua vez, são **acessíveis a quaisquer pessoas físicas** e serão constituídas unicamente sob a forma de **sociedade anônima**[61].

As **entidades abertas**, porém, submetem-se ao **mesmo sistema de exclusão previsto para as sociedades seguradoras**, submetendo-se, nos mesmos moldes, ao art. 26 do Decreto-lei nº 73/66[62].

Com efeito, caberá o requerimento de falência a ser feito pelo liquidante da SUSEP:

a) se decretada a liquidação extrajudicial, o ativo não for suficiente para o pagamento de pelo menos a metade dos credores quirografários; e

b) quando houver fundados indícios da ocorrência de crime falimentar.

Por final, é imprescindível notar que **enquanto para a falência a exclusão pode ser total ou parcial, para a recuperação judicial a exclusão sempre será total**. Ou seja, ou o sujeito poderá sempre, ou poderá nunca, promover sua recuperação judicial. Assim, todos aqueles que se encontram mencionados no art. 2º, da Lei 11.101/05, estarão excluídos totalmente da recuperação judicial. E, como se viu, a exclusão total está prevista no art. 2º, I, prevendo o inciso II do art. 2º, a exclusão parcial. Nestes moldes, é válido afirmar, por exemplo, que as empresas públicas estão excluídas totalmente da falência e da recuperação judicial e que as instituições financeiras estão excluídas parcialmente da falência e totalmente da recuperação judicial.

Para facilitar

Art. 2º, I – exclusão total da falência e total da recuperação judicial;
Art. 2º, II – exclusão parcial da falência e total da recuperação judicial.

---

[60] Com o Código Civil, de 2002, as sociedades civis, sem fins lucrativos, passam a ser considerados associações.

[61] De acordo com o art. 36, da Lei Complementar nº 109/01.

[62] Nos termos do art. 73, da Lei Complementar nº 109/01.

14

DIREITO CONCURSAL: A FALÊNCIA

Como se viu, o *Direito Concursal* brasileiro aponta duas soluções jurídicas para o fenômeno da crise empresarial. De um lado, há as recuperações de empresas formando o denominado Direito Recuperacional. De outro, fala-se no **Direito Falimentar** como sendo o ramo jurídico do Direito Concursal – a parte do Direito Empresarial relacionada ao estudo da empresa em crise – que *se ocupa do processo de falência*.

1. FALÊNCIA

É, portanto, da sistemática do processo de falência, à luz da Lei nº 11.101/05, que vai se falar ao longo do presente capítulo. Porém, é imprescindível constatar que a lógica do *processo falimentar ao longo do tempo*.

A doutrina[1] costuma dividir o Direito Falimentar, ao longo do tempo, em **quatro grandes fases**:
a) Direito Romano;
b) Idade Média;
c) Código Comercial Napoleônico; e
d) Século XX.

---

[1] Para um aprofundamento da evolução histórica, consultar por exemplo: ALMEIDA, Amador Paes de. *Curso de falência e recuperação de empresas*. 25 ed. São Paulo: Saraiva, 2009; MAMEDE, Gladston. *Direito empresarial brasileiro*. 9 ed. São Paulo: Atlas, 2018; BEZERRA FILHO, Manoel Justino. *Lei de recuperação de empresas e falência: Lei 11.101/05 – comentada artigo por artigo*. 10 ed. São Paulo: Editora Revista dos Tribunais, 2014; SCALZILLI, João Pedro; SPINELLI, Luis Felipe; TELLECHEA, Rodrigo. *Recuperação de empresas e falência: teoria e prática na Lei 11.101/05*. 3 ed. São Paulo: Almedina, 2018.

Todo estudo histórico-jurídico minimamente responsável, em países como o Brasil, em que se adota o regime da *civil law*, deve buscar raízes, ou mesmo fazer um recorte, no plano do **Direito Romano**.

Relacionado ao Direito Falimentar, pode-se dividir o direito romano em **três etapas**:

a) Direito quiritário;

b) *Lex poetelia papiria*; e

c) *Lex julia bonorum*.

Na fase do *direito quiritário*, introduziu-se o critério da **responsabilidade pessoal**, não nos termos atuais[2]. Aqui, era a responsabilidade pessoal, na mais exata e expressa da palavra. Com efeito, nesta fase, tornando-se inadimplente, seria possível a adjudicação do devedor insolvente, em estado de servidão, podendo vender como escravo no estrangeiro e até matá-lo, repartindo o corpo com os credores.

Foi com a *lex poetelia papiria* que se introduziu a **responsabilidade patrimonial**, abolindo-se o critério da responsabilidade pessoal da fase anterior. Agora, o devedor passa a responder com os seus bens pela satisfação de suas obrigações. Por sua vez, foi no âmbito da *lex julia bonorum* que se viu, verdadeiramente, *a origem do Direito Falimentar moderno*.

Com efeito, a *lex julia bonorum* trouxe dois dos **princípios informadores do regime falimentar atual**:

a) os credores dispõem de todo o patrimônio do devedor;

b) *pars conditio creditorum*.

Os credores disporem de todo o patrimônio do devedor seria, por assim dizer, uma releitura da inovação trazida pela *lex poetelia papiria*, como visto. Por sua vez, o princípio *pars conditio creditorum* é aquele segundo o qual os credores de uma mesma categoria de créditos devem receber **tratamento paritário**, igualitário, equânime ou isonômico. Com efeito, das três, uma: ou todos os credores de uma mesma classe recebem integral, ou recebem de maneira rateada (proporcional), ou recebem "zero".

Na **Idade Média**, deu-se ensejo ao tema da insolvência ganhar uma *disciplina judiciária*. Aquilo que, até então, era regido de maneira absolutamente privada, passa aos auspícios **da tutela estatal**. Nesse momento, o *concursum creditorum* assume as feições de **falência**. Nessa toada, era vista como um **delito**

---

[2] De acordo com o art. 789, do Código de Processo Civil.

e aplicável a **qualquer devedor**. Vale dizer, comerciante ou não, o insolvente se submeteria à falência.

Com o **Código Comercial Napoleônico**, vieram severas *restrições ao falido*, além da **restrição da falência ao comerciante**[3]. Tendo em vista o *"caráter econômico-social"* da falência, com o passar do tempo, ocorreu o **abrandamento dos rigores da legislação**. Nesse ínterim, destaca-se a diferença que passou a existir entre "devedor honesto" e "devedor desonesto", podendo ser aplicável aos "honestos", o *instituto da moratória* ("avó" da recuperação de empresas e "mãe" das concordatas).

Já, no **Século XX**, deu-se a *superação da teoria dos atos de comércio* e, com a implementação da **teoria da empresa**, a partir de 1942, na Itália, surgiu o último princípio basilar: o **princípio da preservação da empresa**. Nesse contexto, o direito falimentar inicia novo momento de inflexão, *desviando o foco da liquidação para se voltar à preservação da empresa*[4]. Sobre tal fato, explicam João Pedro Scalzilli, Luis Felipe Spinelli e Rodrigo Tellechea[5]:

> Os *Principles and Guidelines*[6] influenciaram diretamente na padronização dos sistemas mundiais quanto ao tratamento dos créditos garantidos, ao estímulo das soluções negociadas e ao binômio "disposição de meios de recuperação para empresas viáveis" *versus* "liquidação rápida e eficiente de empresas não viáveis".

É a partir da presente evolução histórica como premissa que a falência, à luz da Lei nº 11.101/05, nos seus aspectos material e processual, será estudada.

1.1 Princípios informadores da Lei nº 11.101/05

O então Senador Ramez Tebet, no seu parecer sobre o projeto de lei que deu ensejo à lei de recuperação de empresas e falência – a Lei nº 11.101/05, apontou uma série de **princípios informadores**. Aqui são destacados os *princípios mais festejados pela legislação*, em que, para cada um deles, há comentários específicos deste autor.

---

[3] Em razão da já estudada Teoria dos Atos de Comércio.

[4] REQUIÃO, Rubens. *Curso de direito falimentar, volume 1*. 17 ed. São Paulo: Saraiva, 1998. p. 10.

[5] SCALZILLI, João Pedro; SPINELLI, Luis Felipe; TELLECHEA, Rodrigo. *Recuperação de empresas e falência: teoria e prática na Lei 11.101/05*. 3 ed. São Paulo: Almedina, 2018. p. 94-95.

[6] Diminutivo de *Principles and Guidelines for Effective Insolvency and Creditor Rights Systems*, aprovados no ano de 2001 e revisados em 2005, 2011 e 2015.

- **Preservação da empresa:** em razão de sua função social, a empresa deve ser preservada sempre que possível, pois gera riqueza econômica e cria emprego e renda, contribuindo para o crescimento e o desenvolvimento social do País. Além disto, a extinção da empresa provoca a perda do agregado econômico representando pelos chamados intangíveis como o nome, o ponto comercial, a reputação, as marcas, a clientela, a rede de fornecedores, o *know-how*, o treinamento, a perspectiva de lucro futuro, entre outros.

Reitere-se: a lógica jurídica atual é a de conservar as empresas que têm função social, bem como a de encerrar aquelas que não tem. O que se remete ao próximo princípio.

- **Recuperação das sociedades e empresários recuperáveis:** sempre que for possível a manutenção da estrutura organizacional ou societária, ainda que com modificações, o Estado deve dar instrumentos e condições para que a empresa se recupere, estimulando, assim, a atividade empresarial.

Dessa forma, sendo possível recuperar a empresa, há de haver os meios eficientes para tanto. Não sendo o caso da possibilidade de sua manutenção, que haja o encerramento por falência, não se aplicando no Brasil o princípio *too big to fail*. Assim, no Brasil, nenhuma empresa será considerada "grande demais para fracassar".

- **Separação dos conceitos de empresa e de empresário:** a empresa é o conjunto organizado de capital e trabalho para a produção ou circulação de bens ou serviços. Não se deve confundir a empresa com a pessoa natural ou jurídica que a controla. Assim, é possível preservar uma empresa, ainda que haja falência, desde que se logre aliená-la a outro empresário ou sociedade que continua sua atividade em bases diferentes.

É por tal princípio que se diz, por exemplo, que o autor do pedido de recuperação judicial é o empresário. Porém, a recuperação é da empresa! Pode ocorrer recuperação com a empresa nas mãos dos seus fundadores ou, se for o caso, mediante sua transferência para terceiros.

- **Proteção aos trabalhadores:** os trabalhadores, por terem como único ou principal bem sua força de trabalho, devem ser protegidos, não só com precedência no recebimento de seus créditos na falência e na recuperação judicial, mas com instrumentos que, por preservarem a empresa, preservam também seus empregos e criam novas oportunidades para a grande massa de desempregados.

Não é à toa que existem uma série de benefícios em favor dos credores trabalhistas, dos quais se destacam, a título de exemplo, os limites de conteúdo ao plano de recuperação judicial[7] e o direito de voto assegurado ao credor trabalhista, ainda que retardatário[8].

- **Celeridade e eficiência dos processos judiciais:** é preciso que as normas procedimentais na falência e na recuperação de empresas sejam, na medida do possível, simples, conferindo-se celeridade e eficiência ao processo e reduzindo-se a burocracia que atravanca seu curso.

Note, por exemplo, que sob a égide do Decreto-lei nº 7.661/45, primeiramente, deveria ser finalizada a fase de sindicância para, só então, iniciar-se a fase de liquidação judicial. Com a Lei nº 11.101/05, as fases de administração judicial e de liquidação judicial tramitarão ao mesmo tempo, em paralelo.

- **Desburocratização da recuperação de microempresas e empresas de pequeno porte:** a recuperação das micros e pequenas empresas não pode ser inviabilizada pela excessiva onerosidade do procedimento. Portanto, a lei deve prever, em paralelo às regras gerais, mecanismos mais simples e menos onerosos para ampliar o acesso dessas empresas à recuperação.

É decorrência desse princípio o fato de existir um procedimento de recuperação judicial específico, facultado àqueles que se enquadrem como microempresas ou empresas de pequeno porte[9].

Com o advento da reforma da Lei nº 11.101/05, promovida pela Lei nº 14.112/20, o processo de falência, também, deverá atender "aos princípios da celeridade e da economia processual, sem prejuízo do contraditório, da ampla defesa"[10] e dos demais princípios previstos no CPC.

1.2 Finalidades

O legislador, no âmbito da Lei de Recuperação de Empresas e Falência, fez uma *releitura do processo de falência* previsto no Decreto-lei nº 7.661/45, visando o atendimento de **duas finalidades**[11]:

---

[7] De acordo com o art. 54, da Lei nº 11.101/05.

[8] De acordo com o art. 10, §§ 1º e 2º, da Lei nº 11.101/05.

[9] Nos termos do art. 70 a 72, da Lei nº 11.101/05.

[10] Na forma do que dispõe o art. 75, § 1º, da Lei nº 11.101/05.

[11] De acordo com o art. 75, da Lei nº 11.101/05, em sua redação original.

a) o *afastamento do devedor*; e
b) a *preservação da empresa*.

Aparentemente, tais finalidades seriam antagônicas, contraditórias. Porém, na verdade, são complementares. Com efeito, conforme visto acima, *deve-se separar a sorte do empresário (sujeito) da sorte da empresa (atividade)*. Dessa forma, diferentemente do que ocorre na recuperação judicial, em que *a priori* o empresário em recuperação permanece administrando a sua empresa[12], **na falência, o devedor será sempre afastado**.

Tal afastamento deve ocorrer justamente para se tentar **preservar os valores intangíveis da empresa** (o bom ponto empresarial, o aviamento, a clientela, o poder da marca etc.). Atualmente, os consumidores adquirem os produtos que necessitam de um empresário, não porque este sujeito tem um bom nome na praça, ou é um comerciante respeitado instalado há tempos na localidade.

As relações econômicas se objetivaram faz tempo. Hoje, você compra de mim porque eu tenho o produto na marca que você gosta de consumir dentro do prazo de validade. Pouco importa para você a minha realidade financeira, seja rachando de dar lucros, seja à beira da bancarrota, você me comprará as suas marcas. No dia em que eu não mais as vender, ou mesmo fechar as minhas portas, você, então, certamente, buscará um concorrente para atender às suas necessidades.

Com o advento da Reforma da legislação falimentar, promovida pela Lei nº 14.112/20, as duas finalidades anteriormente descritas se transformaram no inciso I, do art. 75, da Lei nº 11.101/05, que ganhou dois novos incisos, vale dizer, duas novas finalidades: (i) permitir a liquidação célere das empresas inviáveis, com vistas à realocação eficiente de recursos na economia[13]; e (ii) fomentar o empreendedorismo, inclusive, por meio da viabilização do retorno célere do empreendedor falido à atividade econômica[14].

Apesar das "novas finalidades", todas estão dentro do contexto do princípio da preservação da empresa diante da sistemática falimentar. Cabe notar que não são todas as empresas que merecem ser preservadas, mas, sim, somente aquelas que tiverem "função social". Do contrário, merecem ser encerradas o mais rapidamente possível, para o bem e para o bom funcionamento do mercado.

É sensível à esta questão que a Lei nº 11.101/05 insere o **princípio da preservação da empresa** como também **aplicável ao processo de falência**. Com efeito, do fato de preservar os ativos do falido, segue-se a necessidade de *o juiz se manifestar sobre a continuidade provisória das atividades ou a lacração*

---

[12] Nos termos do art. 64, da Lei nº 11.101/05.

[13] De acordo com o art. 75, II, da Lei nº 11.101/05.

[14] De acordo com o art. 75, III, da Lei nº 11.101/05.

dos estabelecimentos[15]. A regra, em tese, será a **decretação da falência com a continuidade provisória das atividades**, só havendo a necessidade de lacração na forma do art. 109, da Lei nº 11.101/05.

Ao deixar aberto funcionando, preserva-se o valor patrimônio da empresa para a época dos leilões da falência. Com efeito, é nesta etapa, a da **realização dos ativos**, que se vislumbra a *aplicação prática da preservação da empresa no processo de falência*. Resta estabelecida uma ordem preferencial de realização dos ativos[16].

Perceba que o legislador, neste momento, comete uma *atecnia* para ser didático ao mencionar que a *realização dos ativos se dará através da "alienação da empresa"*[17]. Dessa forma, **preserva-se a empresa na falência vendendo-a**, transferindo-a para outros empresários, menos picaretas, que justamente pela ausência de picaretagem ainda permanecem no mercado.

Mas o que adianta preservar vendendo se não tem quem compre? Sensível a tal questionamento, o legislador estabeleceu aquele que talvez seja a *grande diferença* do processo de falência anterior para o atual: **a não sucessão no trespasse ou nos leilões da falência**[18]. Hoje, o arrematante adquire, nas realizações de ativo, livre de quaisquer ônus. As eventuais hipotecas são revogadas para efeito de leilão, por exemplo. Além disso, ele não responderá por nenhum débito anterior, nem tributário, nem trabalhista e nem acidente de trabalho.

Por fim, é importante notar a mudança de perspectiva na compreensão jurídica da falência, com o advento da Lei nº 14.112/20. Com efeito, é preciso que se retire qualquer contexto pejorativo da situação falimentar, passando a ser vista como um mero fato da economia. Não pode mais a falência ser vista como uma execução específica porque concursal, nem o falido ser visto quase que como um criminoso. Por isso, a falência deve passar a ser encarada como "mecanismo de preservação de benefícios econômicos e sociais decorrentes da atividade empresarial, por meio da liquidação imediata do devedor e da rápida realocação útil de ativos na economia"[19].

1.3 Pressupostos da falência

Viu-se, no capítulo anterior, que a compreensão da falência passa por compreender uma situação jurídica, de direito. Mais atrás[20], constatou-se que a falência seria uma causa de dissolução por decisão judicial. Seja como for, im-

---

[15] Nos termos do art. 99, XI, da Lei nº 11.101/05.

[16] De acordo com o art. 140, da Lei nº 11.101/05.

[17] De acordo com o art. 140, I e II, da Lei nº 11.101/05.

[18] De acordo com o art. 141, II, da Lei nº 11.101/05.

[19] Nos termos do art. 75, § 2º, da Lei nº 11.101/05.

[20] No Capítulo 6 – Processos Dissolutórios.

porta destacar que *a falência é um conceito jurídico*, dependente de determinados **requisitos ou pressupostos** para a sua ocorrência no caso concreto.

Assim, *ou se tem a comprovação de todos os pressupostos*, no caso concreto, dentro de uma **mesma ação judicial**, ou então **não se poderá falar em falência**. Faltando, numa situação hipotética, algum dos pressupostos, o sujeito estará tudo no mundo – até insolvente, menos falido.

Para facilitar

Pressupostos da falência:
1. Pressuposto material-subjetivo: o devedor;
2. Pressuposto material-objetivo: a insolvência jurídica empresarial; e
3. Pressuposto formal: a sentença declaratória.

1.3.1 Pressuposto material-subjetivo

Subjetivo vem de sujeito e significa pessoa. Dessa forma, o **pressuposto material-subjetivo** vai identificar justamente *aquele contra quem vai ser direcionado um pedido de falência*, aquele contra quem será declarada ou decretada uma falência. Assim, não pode haver dúvidas de que o pressuposto material-subjetivo da falência é o devedor. Entretanto, para delimitar tal figura, surgem alguns questionamentos.

Qualquer devedor pode falir? A resposta deve ser negativa, na medida em que a falência é para quem se enquadre como empresário[21]. **Qualquer empresário pode falir?** A resposta continua negativa porque existem empresários excluídos do regime falencial[22]. **Tirando os empresários excluídos, somente empresários podem falir?** A resposta permanece negativa, sendo certo existirem "não empresários" que, por disposição legal expressa, podem ter sua falência decretada: os sócios com responsabilidade limitada[23], o espólio[24] e as concessionárias de serviço público[25].

---

[21] Nos termos do art. 1º, da Lei nº 11.101/05.

[22] Nos termos do art. 2º, da Lei nº 11.101/05.

[23] Nos termos do art. 81, da Lei nº 11.101/05.

[24] Nos termos do art. 96, § 1º, da Lei nº 11.101/05, em interpretação a *contrario sensu*. Reitere-se que a declaração de falência do espólio implica a suspensão do andamento da ação de inventário, na forma do art. 125, da Lei nº 11.101/05.

[25] Nos termos do art. 195, da Lei nº 11.101/05.

1.3.2 Pressuposto material-objetivo

Objetivo vem de objeto e significa ato ou fato. Ou seja, no plano do **pressuposto material-objetivo**, encontram-se os *atos e/ou fatos que o empresário deve se abster ao máximo de praticá-los*. No dia em que vier a praticar um destes atos, o empresário não estará falido, ainda. **Assumirá a condição de insolvente**, a situação pré-falimentar necessária para se chegar ao estágio de falência.

Portanto, **o pressuposto material-objetivo é reconhecido na insolvência jurídica empresarial**. A lei estabelece[26] atos e não requisitos para a comprovação da insolvência. Como se trata de atos de insolvência jurídica empresarial, basta a prática de um deles para que se constate a insolvência. Se fossem **requisitos**, seria necessário que fossem praticados cumulativamente.

São atos de insolvência jurídica:
a) a *impontualidade injustificada*;
b) *a execução frustrada*; e
c) os *atos de falência*.

1.3.3 Pressuposto formal

Tendo o pressuposto material-subjetivo praticado o pressuposto material--objetivo, ainda não se poderá falar de falência. Frise-se, por oportuno: **a falência é um conceito jurídico**. É uma situação de direito que, em razão disso, deve receber a **chancela estatal**. Dessa forma, é preciso que se reconheça a ocorrência dos pressupostos anteriormente mencionados.

Como a falência é um processo, tal reconhecimento se dará mediante uma sentença: **a sentença declaratória de falência**[27]. Esta sentença não poderá ser proferida em qualquer processo judicial e, nem tão pouco, por qualquer juízo. Com efeito, é preciso que se promova uma ação judicial de falência e que o juízo competente para processar e julgar declare que o devedor compõe o pressuposto material-subjetivo e que ele teria praticado algum ato inerente ao pressuposto material-objetivo.

1.4 Competência

O **juízo competente** para decretar a falência é o foro do **local do principal estabelecimento do devedo**r, ou, em se tratando de empresa estrangeira, no foro

---

[26] Nos termos do art. 94, da Lei nº 11.101/05.
[27] Nos termos do art. 99, da Lei nº 11.101/05.

de sua filial[28]. Quando o devedor só atua a partir de um único estabelecimento, não restará maiores dúvidas quanto à competência para processar e julgar um pedido de falência. Agora, a partir do momento em que são constituídos estabelecimentos secundários, o tema começa a ficar instigante.

Imagine a situação de uma sociedade empresária que em sua organização empresarial existam 3 estabelecimentos: um em Fortaleza, um em Recife e um em Salvador. No seu contrato social, suponha, está definido que Fortaleza é o local da sede prevista no contrato social, sendo, os outros dois estabelecimentos, de natureza filial. Neste caso, indaga-se: qual seria o juízo competente?

Preliminarmente, é preciso perceber que **não se confundem** os conceitos de **principal estabelecimento** para fins falimentares e de **sede contratual** ou estatutária. Desse modo, é preciso perceber que o principal estabelecimento do devedor para fins falimentares pode efetivamente não ser o da sua sede. Sobre tal fato, ensina Gladston Mamede[29]:

> Impressiona o artigo 3º da Lei de Falência e Recuperação de Empresa por determinar a competência do juízo do local do principal estabelecimento do empresário ou sociedade empresária, repetindo a solução adotada anteriormente pelo Decreto-lei 7.661/45. É norma que chama atenção, já que despreza o conceito de sede (artigos 46, I, 968, IV, e 997, II, do Código Civil). Portanto, mesmo um estabelecimento secundário, na dicção do artigo 969 do Código Civil, poderá ser a referência para determinar a competência para a jurisdição comercial.

Na mesma linha, segue Manoel Justino Bezerra Filho[30]:

> Também não parece recomendável admitir que o principal estabelecimento seria aquele assim declarado no contrato social (ou estatuto) arquivado na Junta Comercial, pois isso permitiria ao empresário desonesto fixar sede contratual em local de difícil acesso a seus credores. Imagine-se, por exemplo, o caso de uma sociedade empresária com todos os seus estabelecimentos em determinada unidade da Federação e que abrisse

---

[28] Nos termos do art. 3º, da Lei nº 11.101/05.

[29] MAMEDE, Gladston. *Direito empresarial brasileiro: falência e recuperação de empresas.* 9 ed. São Paulo: Atlas, 2018. p. 25.

[30] BEZZERA FILHO, Manoel Justino. *Lei de recuperação de empresas e falência: Lei 11.101/2005 – comentada artigo por artigo.* 10 ed. São Paulo: Editora Revista dos Tribunais, 2014. p. 72-73.

um pequeno escritório em unidade federativa distante, apenas para dificultar qualquer pedido de falência contra ela.

Para a doutrina[31], o **principal estabelecimento** é aquele – sede ou filial – do ponto de vista econômico. Sabendo que a crise econômica é a crise do volume de negócios, o principal estabelecimento será aquele que proporcionar o maior volume de negócios para a empresa. A jurisprudência do STJ[32] acompanha este entendimento:

> (...) 2. A qualificação de principal estabelecimento, referido no art. 3º da Lei nº 11.101/05, revela uma situação fática vinculada à apuração do local onde exercidas as atividades mais importantes da empresa, não se confundindo, necessariamente, com o endereço da sede, formalmente constante do estatuto social e objeto de alteração no presente caso.

Na sua literalidade, o art. 3º, da Lei nº 11.101/05, parece tratar de um caso de competência relativa, ao mencionar "o juízo do local". Apesar da literalidade da norma, o STJ acertadamente entende que a **competência do juízo falimentar é absoluta**[33], *em razão da matéria*.

Assim, **não cabe prorrogação de competência** e, em termos de defesa do réu, aludida incompetência deverá ser alegada em sede de preliminar de contestação. Sendo acolhida, dentro do que é previsto no art. 64, § 3º, do CPC, deverá ocorrer *a remessa dos autos ao juízo competente*.

Tamanha preocupação com o juízo competente para as questões falenciais é oriunda das **características peculiares** existentes no juízo falimentar, mas que não impacta nos demais juízos cíveis ou empresariais.

São características peculiares:
a) a *unidade do juízo falimentar;*
b) a *indivisibilidade do juízo falimentar;* e

---

[31] Por exemplo: BARRETO FILHO, Oscar. *Teoria do estabelecimento comercial*. São Paulo: Max Limonad, 1969. p. 145-146; COELHO, Fabio Ulhoa. *Curso de direito comercial, volume 3: direito de empresa*. 12 ed. São Paulo: Saraiva, 2011. p. 249; TOMAZETTE, Marlon. *Curso de direito empresarial: falência e recuperação de empresas – volume 3*. 6 ed. São Paulo: Saraiva Educação, 2018. p. 105.

[32] REsp 1.006.093/DF, Rel. Min. Antonio Carlos Ferreira, 4ª Turma, julgado em 20/05/2014, *DJe* 16/10/2014.

[33] CC 37.736/SP, Rel. Min. Nancy Andrighi, 2ª Seção, julgado em 11/06/2003, *DJ* 16/08/2004, p. 130.

c) a *universalidade do juízo falimentar*.

Pela unidade do juízo falimentar, tem-se que **o juízo de falências é uno**. Diferentemente das ações cíveis em geral, em que credor e devedor podem litigar em várias varas distintas, a depender do título e do eventual foro de eleição nele previsto, na falência, o juízo competente será um só. No exemplo acima, a competência ou será do juízo de Fortaleza, ou será do juízo de Recife, ou será do juízo de Salvador.

Não basta só ser uno; necessita-se, também, *que o foro competente seja indivisível*. Parte da doutrina não consegue estabelecer a diferença entre unidade e indivisibilidade do juízo falimentar, que é sutil. Com efeito, **a unidade diz respeito à comarca**; a **indivisibilidade diz respeito à vara ou unidade judiciária**. Determinada, por exemplo, a competência do juízo de Recife (unidade), pode ser que nesta comarca existam *duas ou mais varas competentes* (indivisibilidade). Neste caso, a vara para onde for distribuído o primeiro pedido de falência contra o devedor se tornará preventa[34].

Por fim, a **universalidade do juízo** diz respeito à força atrativa (*vis atractiva*) da falência.

Com efeito, em tese, *todas as ações judiciais* que versem sobre bens, negócios e interesses do falido serão *atraídas para o juízo falimentar*, respeitadas as seguintes exceções[35]:
a) Ação que demandar quantia ilíquida;
b) Ação de natureza trabalhista;
c) Ação de competência da Justiça Federal;
d) Ação de natureza fiscal ou tributária;
e) Ação não prevista na Lei nº 11.101/05 em que o falido esteja no polo ativo.

Dentro do contexto da competência, é importante observar que a reforma promovida pela Lei nº 14.112/20 trouxe normas que tratam da denominada insolvência transnacional, inseridas nos arts. 167-A até 167-Y da Lei nº 11.101/05. A globalização e os consequentes litígios transnacionais incentivaram a utilização do denominado *fórum shopping*. Consiste na prática de escolher a jurisdição mais favorável ao demandante, sempre que houver competências internacionais concorrentes.

---

[34] De acordo com o art. 6º, § 8º, da Lei nº 11.101/05.

[35] De acordo com o art. 6º, em interpretação conjugada com o art. 76, ambos da Lei nº 11.101/05.

Em vista dos limites relacionados a esta obra, não caberá aqui o exame detalhado de todas as normas de insolvência transnacional mencionados. Serão contextualizados os principais aspectos que, entretanto, devem ser complementados pelo leitor deste livro com a leitura dos dispositivos legais citados.

As normas sobre insolvência transnacional têm como objetivo proporcionar mecanismos efetivos para: (i) a cooperação entre juízes e outras autoridades competentes do Brasil e de outros países; (ii) o aumento da segurança jurídica para a atividade econômica e para o investimento; (iii) a administração justa e eficiente de processos de insolvência transnacional; (iv) a proteção e a maximização dos ativos do devedor; (v) a promoção da recuperação das empresas recuperáveis, com a proteção dos investimentos e a preservação dos empregos; e (vi) a liquidação dos ativos das empresas não recuperáveis[36].

As normas sobre insolvência transnacional inseridas na Lei nº 11.101/05 devem ser aplicadas nos casos em que[37]: (i) a autoridade ou representante estrangeiros solicita assistência para processo estrangeiro; (ii) a assistência relacionada a processo da Lei nº 11.101/05 for pleiteada em país estrangeiro; (iii) existir processo estrangeiro e processo da Lei nº 11.101/05 em curso simultaneamente em relação ao mesmo devedor; (iv) a parte interessada for de outro país e tiver interesse de requerer ou de participar de processo de falência ou recuperação de empresas no Brasil.

São autorizados a atuar em outros países, independentemente de decisão judicial, na qualidade de representante do processo brasileiro, desde que essa providência seja permitida pela lei do país em que tramitem os processos estrangeiros[38]:

a) o devedor, na recuperação judicial e extrajudicial; e

b) o administrador judicial, na falência.

O acesso à jurisdição brasileira ocorrerá por meio de postulação direta, não sujeitando nem o representante estrangeiro e nem o devedor à jurisdição brasileira além do que se referir aos estreitos limites do pedido. Reconhecido o processo estrangeiro, o representante poderá ajuizar pedido de falência, participar nos processos de recuperação, judicial ou extrajudicial e intervir em qualquer processo cujo devedor seja parte[39].

---

[36] Nos termos do art. 167-A, da Lei nº 11.101/05.

[37] Na forma do art. 167-C, da Lei nº 11.101/05.

[38] De acordo com o art. 167-E, da Lei nº 11.101/05.

[39] É o que se extrai do art. 167-F, da Lei nº 11.101/05.

Apesar da necessidade de se aplicar o princípio *pars conditio creditorum* também no contexto da insolvência transnacional, é válido afirmar que os créditos tributários e de penalidades administrativas ou penas devidas a Estados estrangeiros não serão considerados na recuperação judicial e serão subordinados na falência. Da mesma forma, o crédito do representante estrangeiro fica equiparado ao do administrador judicial[40].

O reconhecimento de processos estrangeiros dependerá de pedido específico, acompanhado dos seguintes documentos: (i) cópia apostilada da decisão que determine abertura do processo estrangeiro e nomeie o representante estrangeiro; (ii) certidão apostilada expedida pela autoridade estrangeira, atestando a existência de processo estrangeiro e a nomeação do representante; ou (iii) qualquer outro documento emitido por autoridade estrangeira que permita ao juiz atingir plena convicção da existência do processo estrangeiro e da identificação do representante[41].

Por sua vez, o juiz reconhecerá o processo estrangeiro quando[42]: (i) o processo se enquadrar na definição de processo estrangeiro (processo judicial ou administrativo aberto em outro país de acordo com as normas de insolvência nele vigentes e sujeitos a uma autoridade estrangeira[43]); (ii) o representante que tiver requerido o reconhecimento se enquadrar na definição de representante estrangeiro (pessoa autorizada, no processo estrangeiro, a administrar os bens ou as atividades do devedor[44]); (iii) o pedido atender aos requisitos legais acima apontados; e (iv) o pedido tiver sido endereçado ao juiz competente.

A cooperação com autoridades e representantes estrangeiros poderá ocorrer diretamente por intermédio do juiz ou por meio do administrador judicial, na máxima extensão possível, sendo apontados pela legislação, em rol exemplificativo, os possíveis meios de cooperação[45]:

a) nomeação de uma pessoa, natural ou jurídica, para agir sob supervisão do juiz;

b) comunicação de informações por quaisquer meios considerados apropriados pelo juiz;

---

[40] Por força do art. 167-G, da Lei nº 11.101/05.

[41] De acordo com o art. 167-H, § 1º, da Lei nº 11.101/05.

[42] Na forma do art. 167-J, da Lei nº 11.101/05.

[43] Esta definição é estabelecida pelo art. 167-B, I, da Lei nº 11.101/05.

[44] Definição dada pelo art. 167-B, IV, da Lei nº 11.101/05.

[45] É o que consta no art. 167-Q, da Lei nº 11.101/05.

c) coordenação da administração e da supervisão dos bens e das atividades do devedor;

d) aprovação ou implementação, pelo juiz, de acordos ou protocolos de cooperação;

e) coordenação de processos concorrentes ao mesmo devedor.

Após o reconhecimento de um processo estrangeiro principal, só poderá ser instaurado processo da Lei nº 11.101/05 no Brasil se o devedor tiver bens ou estabelecimentos no país[46]. Por sua vez, deverá haver cooperação e coordenação sempre que estiverem em curso simultâneo um processo estrangeiro e um processo nacional[47]. Na ausência de prova em contrário, presume-se a insolvência do devedor cujo processo estrangeiro principal não tenha sido reconhecido no Brasil[48].

2. O PROCESSO DE FALÊNCIA: SUAS FASES

Didaticamente, o processo de falência é dividido em três fases:

a) a **fase pré-falimentar** – caracterizada pela apresentação do pedido de falência e pela comprovação processual dos seus pressupostos;

b) a **fase falimentar** – caracterizada por ser o momento em que, decretada a falência, ocorre o concurso de credores, o processo de falência propriamente dito; e

c) a **fase pós-falimentar** – caracterizada por ser o momento em que, após o encerramento do processo de falência, o empresário falido buscará a sua reabilitação.

2.1 A fase pré-falimentar

A **fase pré-falimentar** é a *fase inicial*. É o momento em que alguém vai ao Judiciário requerer a falência. Bem por isso, é tratada como a **fase do pedido de falência**. Diz-se pré-falimentar porque é o período em que se buscará demonstrar, nos autos de um processo judicial a ocorrência dos denominados pressupostos da falência. Nesta ocasião, verifica-se:

a) quem pode falir;

b) quem pode requerer a falência; e

c) por quais motivos podem ser requerida uma falência.

---

[46] Nos termos do art. 167-R, da Lei nº 11.101/05.

[47] De acordo com o art. 167-S, da Lei nº 11.101/05.

[48] Na forma do art. 167-U, da Lei nº 11.101/05.

Já se examinou inicialmente quem poderia falir quando foi estudada a questão dos destinatários da Lei nº 11.101/05.

 De outro lado, a lei[49] estabelece um *rol taxativo* dos **legitimados ao requerimento de falência**:
a) o próprio devedor;
b) o cônjuge sobrevivente, qualquer herdeiro do devedor ou o inventariante;
c) o cotista ou o acionista do devedor na forma da lei ou do ato constitutivo da sociedade; e
d) qualquer credor.

No que se refere ao **credor legitimado**, devem ser ressaltados alguns pontos:

a) o **credor empresário** precisa comprovar a sua **regularidade**[50];
b) o **credor** que tiver domicílio **fora do país** deve prestar **caução** relativa às custas e ao pagamento de indenização por requerimento doloso[51];
c) **a Fazenda Pública não poderá requerer a falência do devedor** empresário por tributo não pago[52].

Para que o pedido de falência venha a ser julgado procedente, é preciso que o empresário venha a ter praticado um dos atos de insolvência jurídica[53]. Ressalte-se que se trata de atos e não de requisitos, ou seja, basta a prática do inciso I, ou do inciso II, ou de uma das alíneas do inciso III, para que o devedor possa ter contra si um pedido e, mesmo, a declaração de falência.

Há **dois procedimentos** pelos quais pode percorrer a **fase pré-falimentar**. Por regra, o pedido de falência haverá de ser **feito pelo credor**. Porém, pode o devedor, ou alguém em seu lugar, ir ao Judiciário *requerer a própria falência*, denominado **autofalência**. É importante compreender os principais aspectos destes procedimentos, naquilo que for específico da Lei nº 11.101/05, mesmo porque o CPC serve de regra supletiva para a lei de falências[54].

A pedido do credor, tudo começa na *petição inicial* em que ele deverá demonstrar que o seu devedor está sujeito ao regime jurídico falimentar, tendo

---

[49] Nos termos do art. 97, da Lei nº 11.101/05.
[50] Nos termos do art. 97, § 1º, da Lei nº 11.101/05.
[51] Nos termos do art. 97, § 2º, da Lei nº 11.101/05.
[52] Nos termos do enunciado nº 56, da I Jornada de Direito Comercial, do Conselho da Justiça Federal.
[53] Nos termos do art. 94, da Lei nº 11.101/05.
[54] De acordo com o art. 189, da Lei nº 11.101/05.

sido praticado por este um dos atos de insolvência jurídica empresarial. Estando tudo nos termos da lei, o devedor será citado para que no prazo de **dez dias** venha apresentar resposta[55].

Alternativa ou cumulativamente, o devedor poderá:
a) *apresentar contestação*;
b) *realizar depósito elisivo*; e/ou
c) *pleitear sua recuperação judicial.*

Sobre a contestação, não há diferença entre a contestação no processo civil e a no processo de falência. Sobre o pedido de recuperação judicial, haverá uma melhor abordagem em um momento mais oportuno, no capítulo seguinte. No entanto, cabe tecer algumas considerações sobre o depósito elisivo.

Depósito elisivo é aquele realizado pelo devedor com o objetivo de evitar a decretação da falência. O *quantum* do depósito é o **valor atualizado do crédito**, com juros, multa, correção monetária e honorários de advogado[56]. O depósito elisivo deve ser feito **em dinheiro, de uma vez** só, *no prazo e no momento da contestação* e **só será cabível** quando o pedido de falência tiver como fundamento a **impontualidade injustificada** ou a **execução frustrada**.

Para facilitar

1. Pedido de falência com base no art. 94, I: cabe elisão;
2. Pedido de falência com base no art. 94, II: cabe elisão;
3. Pedido de falência com base no art. 94, III: não cabe elisão.

Seja como for, daí em diante, o processo se desenrolará nos termos do procedimento comum, previsto no CPC, até se chegar na sentença, que poderá ser **declaratória** – quando se der a *procedência do pedido* de falência, ou **denegatória** – quando for o caso de improcedência do pedido. *Da sentença declaratória de falência cabe agravo de instrumento e da sentença denegatória cabe apelação*[57].

---

[55] Nos termos do art. 98, da Lei nº 11.101/05.

[56] De acordo com o art. 98, parágrafo único, da Lei nº 11.101/05.

[57] Nos termos do art. 100, da Lei nº 11.101/05.

De outro lado, o **pedido de autofalência** é feito pelo próprio devedor[58]. Estando tudo em ordem, em face do teor confessional da insolvência jurídica do empresário, o juiz declarará, por sentença, a falência. Faltando algum dos requisitos, o juiz determinará a emenda do pedido[59], sob pena de inépcia. Vê se aqui um *procedimento de jurisdição voluntária*[60].

2.2 A fase falimentar

Com a decretação da falência, seja a pedido do credor, seja por autofalência, dá-se o final da fase pré-falimentar e o início da fase falimentar propriamente dita. Trata-se da principal fase do processo de falência. É o momento em que, verdadeiramente, ocorre o concurso de credores.

A **fase falimentar** é didaticamente dividida em duas etapas:

a) **a administração judicial** – de natureza cognitiva, vale dizer é o momento de se tomar conhecimento do patrimônio do falido; e

b) **a liquidação judicial** – de natureza satisfativa, vale dizer é o momento de satisfazer os credores.

A *administração judicial* recebe este nome por conta do administrador judicial, o principal ator do processo de falência neste momento. Sobre o administrador judicial, fala-se, melhor, no próximo capítulo, quando do estudo da recuperação judicial. Na administração judicial, como dito, ocorrerá o conhecimento do patrimônio do empresário declarado falido.

Seus bens e direitos serão conhecidos mediante **o procedimento de arrecadação e custódia de bens**[61], a cargo do administrador judicial. Cabe ao administrador judicial arrecadar tudo o que esteja com o falido, seja dele ou não, bem como tudo aquilo que é do falido, mas que esteja em poder de terceiro. Em verdade, somente os bens absolutamente impenhoráveis[62] não estarão sujeitos à arrecadação[63].

É importante ressaltar, em homenagem ao princípio da preservação da empresa, que, por regra, a arrecadação deve ocorrer sem que seja feita a lacração

---

[58] Previsto nos arts. 105 a 107, da Lei nº 11.101/05.

[59] Nos termos do art. 106, da Lei nº 11.101/05.

[60] Quando o processo é iniciado pelo credor, a jurisdição será contenciosa.

[61] Regulamentado nos arts. 108 a 114-A, da Lei nº 11.101/05.

[62] De acordo com o art. 833, do Código de Processo Civil.

[63] Nos termos do art. 108, § 4º, da Lei nº 11.101/05.

dos estabelecimentos do falido. Com efeito, **só haverá lacração** se houver risco para a execução da etapa de arrecadação ou para preservação dos bens da massa falida ou dos interesses dos credores[64].

Na etapa de arrecadação, os bens poderão ser removidos, em razão de uma melhor guarda e conservação, permanecendo em depósito sob responsabilidade do administrador judicial[65]. O juiz poderá autorizar os credores a **adquirir ou adjudicar** os bens arrecadados, pelo valor de avaliação, ouvido o comitê[66], podendo os *bens perecíveis, deterioráveis, de conservação arriscada ou dispendiosa, ou de considerável desvalorização*, serem **vendidos antecipadamente**, ouvidos o Comitê e o falido, no prazo de 48 horas[67].

Não se pode deixar de notar, ainda na arrecadação, a possibilidade dada ao administrador judicial de **produzir renda para a massa falida**, celebrando *contratos de locação, arrendamento*, dentre outros, com os bens arrecadados[68]. Acerca de tais contratos, vale ressaltar que **não haverá direito de preferência** na compra do bem objeto do contrato[69] e que o mesmo poderá ser **rescindido sem direito a multa**[70].

Não sendo encontrados bens a serem arrecadados, ou se esses forem insuficientes para cobrir as despesas do processo, o administrador judicial informará imediatamente o juiz que, após ouvir o MP, abrirá prazo de 10 dias, por meio de edital para manifestação dos interessados. Se os credores quiserem prosseguir com o processo de falência deverão custear as despesas essenciais. Não havendo manifestação, o administrador judicial venderá o que tiver sido arrecadado no prazo máximo de 30 dias para bens móveis e de 60 dias para bens imóveis, com o que o juiz, por sentença, encerrará antecipadamente a falência[71].

Por sua vez, o **conhecimento do passivo**, vale dizer, dos credores do empresário falido se dará mediante o procedimento de *verificação e habilitação de crédito*, culminando no **quadro geral de credores**. Tanto o procedimento de

---

[64] Nos termos do art. 109, da Lei nº 11.101/05.
[65] Nos termos do art. 112, da Lei nº 11.101/05.
[66] Nos termos do art. 111, da Lei nº 11.101/05.
[67] Nos termos do art. 113, da Lei nº 11.101/05.
[68] Nos termos do art. 114, da Lei nº 11.101/05.
[69] Nos termos do art. 114, § 1º, da Lei nº 11.101/05.
[70] Nos termos do art. 114, § 2º, da Lei nº 11.101/05.
[71] Nos termos do art. 114-A, da Lei nº 11.101/05.

verificação e de habilitação de créditos em si, quanto o quadro geral de credores serão explorados mais à frente.

No âmbito da **liquidação judicial**, por sua vez, ocorrerá a **realização do ativo** para o **pagamento do passivo**. Com o advento da Lei nº 11.101/05, a realização do ativo poderá ocorrer *tão logo se dê a arrecadação*, independente, portanto, da definição do quadro geral de credores[72]. Trata-se de um vende e paga, vende e paga, vende e paga, até não ter mais o que vender ou até não ter mais a quem pagar.

A lei estabelece uma **ordem de preferência** para a realização do ativo[73]:

a) a alienação da empresa, com a venda em bloco dos estabelecimentos;

b) a alienação da empresa, com a venda de suas filiais ou unidades produtivas isoladamente;

c) a alienação em bloco dos bens que integram cada um dos estabelecimentos; e

d) a alienação dos bens individualmente considerados.

Tal **ordem poderá ser alterada**, se for da *conveniência* ou da *oportunidade*[74]. Impende notar que, feita a alienação, *o objeto estará livre de ônus*, **não havendo sucessão do arrematante** nas obrigações do falido, inclusive as de natureza tributária, trabalhista e de acidente de trabalho[75], constituindo-se *novos contratos de trabalho* entre o arrematante e os empregados do devedor que continuarem na empresa[76].

A alienação de bens dar-se-á por uma das seguintes modalidades: (i) leilão eletrônico, presencial ou híbrido; (ii) processo competitivo organizado promovido por agente especializado e de reputação ilibada (o procedimento será detalhado em relatório anexo ao plano de realização do ativo ou ao plano de recuperação judicial, conforme o caso); e (iii) qualquer outra modalidade, aprovada nos termos da Lei nº 11.101/05[77].

A realização dos ativos ocorrerá independentemente de a conjuntura de mercado ser ou não favorável – caráter forçado da venda na alienação de ativos, bem como da consolidação do quadro geral de credores. Poderá contar com serviços de terceiros como consultores, corretores e leiloeiros, não estando sujeito

---

[72] Nos termos do art. 139, da Lei nº 11.101/05.

[73] Nos termos do art. 140, da Lei nº 11.101/05.

[74] Nos termos do art. 140, § 1º, da Lei nº 11.101/05.

[75] Nos termos do art. 141, II, da Lei nº 11.101/05.

[76] Nos termos do art. 141, § 2º, da Lei nº 11.101/05.

[77] É o que se infere da nova redação do art. 142, da Lei nº 11.101/05.

à aplicação do conceito de preço vil e deverá ocorrer no prazo máximo de 180 dias, contados da lavratura do auto de arrecadação[78].

Frustrada a tentativa de venda dos bens da massa falida e não havendo proposta concreta dos credores para assumi-los, os bens serão considerados em valor de mercado e serão destinados à doação, ou devolvidos ao falido[79]. Chegando ao momento em que não há mais o que vender ou a quem pagar – o **fim da liquidação judicial**, *o processo de falência deverá ser extinto pelo juiz, mediante sentença.*

Porém, a lei condiciona a sentença de encerramento processual da falência a **dois requisitos**:
a) a apresentação e aprovação, em autos apartados, das contas do administrador judicial[80]; e
b) a apresentação, nos autos principais, pelo administrador judicial que teve as contas aprovadas, do relatório final da falência[81].

2.3 A fase pós-falimentar

A **fase pós-falimentar** é a *fase de extinção das obrigações do falido.*

Encerrado o processo de falência, as obrigações do falido serão **consideradas extintas**[82] com:
a) o pagamento de todos os credores;
b) o pagamento de mais de vinte e cinco por cento dos créditos quirografários[83];
c) o decurso do prazo de três anos, contados da decretação da falência, ressalvada a utilização dos bens arrecadados anteriormente, que serão destinados à liquidação para a satisfação dos credores habilitados ou com pedido de reserva realizado[84]; e
d) o encerramento da falência, de maneira antecipada (art. 114-A), ou seguindo o seu curso normal (art. 156)[85].

Para tanto, faz-se necessário que o falido apresente um requerimento ao **juízo da falência**, um pedido nos *próprios autos*, visando que **suas obrigações**

---

78 Nos termos do art. 142, § 2º-A, da Lei nº 11.101/05.

79 De acordo com o art. 144-A, da Lei nº 11.101/05.

80 Nos termos do art. 154, § 1º, da Lei nº 11.101/05.

81 Nos termos do art. 155, da Lei nº 11.101/05.

82 Nos termos do art. 158, da Lei nº 11.101/05.

83 Redação dada ao art. 158, II, da Lei nº 11.101/05, pela Lei nº 14.112/20.

84 De acordo com o art. 158, V, da Lei nº 11.101/05.

85 Na forma do art. 158, VI, da Lei nº 11.101/05.

sejam declaradas extintas por sentença[86]. Publicado por edital o requerimento, pela secretaria do juízo, após o que, no prazo comum de 5 dias, qualquer credor, o administrador judicial e o MP poderão se manifestar para apontar inconsistências formais e objetivas[87]. Findo o prazo mencionado, o juiz, em 15 dias, proferirá sentença, declarando extintas todas as obrigações do falido, inclusive as de natureza trabalhista[88]. Caso seja verificado que **o falido tenha sonegado bens, direitos ou rendimentos de qualquer espécie** anteriores ao requerimento de extinção das obrigações do falido, será possível promover ação rescisória, na forma do CPC[89].

3. QUADRO GERAL DE CREDORES

O **quadro geral de credores** (QGC) representa um dos principais aspectos do processo de falência. Bem por isso, tem sido *um dos temas de maior incidência*, no âmbito da Lei nº 11.101/05, para o Exame da OAB e Concursos em geral. Além disso, trata-se de assunto onde há muita discussão quanto à posição que o credor deve assumir, no quadro.

O QGC implementa, na prática, o princípio *pars conditio creditorum*, ou seja, é a **ordem legal de pagamento dos credores**. Os credores estão hierarquizados no QGC segundo o *grau de importância ou relevância*. Dessa forma, **não interessa o vencimento** para a definição da categoria de créditos.

Os *créditos mais relevantes devem ser pagos primeiro*. Diz-se que eles têm preferência. Aliás, **"ter preferência"** significa: *é pago antes*. Já, **"não prefere"** é o mesmo que: *é pago depois*. Os mais irrelevantes vão ficando para depois, no limite das forças do patrimônio arrecadado. Dentro de uma *determinada categoria* de relevância, **a satisfação dos credores deve ser isonômica ou paritária**.

O **administrador judicial** é o responsável pela **consolidação do quadro geral de credores**, que será *homologado pelo juiz*[90]. O QGC mencionará a **importância** e a **classificação de cada crédito**[91]. Visando estruturá-lo, torna-se pertinente distinguir:

---

[86] Nos termos do art. 159, da Lei nº 11.101/05.

[87] De acordo com o art. 159, § 1º, da Lei nº 14.112/20.

[88] De acordo com o art. 159, § 3º, da Lei nº 11.101/05.

[89] É o que se percebe do art. 159-A.

[90] Nos termos do art. 18, da Lei nº 11.101/05.

[91] Nos termos do art. 18, parágrafo único, da Lei nº 11.101/05.

a) *Créditos extraconcursais*; e
b) *Créditos concursais*.

3.1 Créditos extraconcursais

Os **créditos extraconcursais** têm em comum o fato de, em regra geral, terem a sua origem, vale dizer, **a data da emissão ou da assinatura do contrato** e não a data do vencimento, **posterior à decretação da falência**. Trata-se de créditos **constituídos perante a massa falida** que, em larga medida, guardam relação com o princípio da preservação da empresa. *São inseridos no QGC mediante simples inscrição feita pelo administrador judicial.*

São **créditos extraconcursais**[92] e, portanto, pagos com *preferência aos créditos concursais*, na ordem a seguir:

a) quantias referidas nos arts. 150 e 151;

b) valor entregue ao devedor pelo financiador da recuperação judicial (*"DIP Finance"*);

c) importâncias passíveis de restituição (em R$);

d) remunerações devidas ao administrador judicial e seus auxiliares, reembolsos devidos a membros do comitê de credores, e créditos derivados da legislação do trabalho ou decorrentes de acidentes de trabalho relativos a serviços prestados após a decretação da falência;

e) obrigações resultantes de atos jurídicos válidos praticados durante a recuperação judicial[93] ou após a decretação da falência;

f) quantias fornecidas à massa pelos credores;

g) despesas com arrecadação, administração, realização do ativo e distribuição do seu produto, bem como custas do processo de falência;

h) custas judiciais relativas às ações e execuções em que a massa falida tenha sido vencida; e

i) tributos relativos a fatos geradores ocorridos após a decretação da falência, respeitada a ordem estabelecida para os créditos concursais.

3.2 Créditos concursais

Por sua vez, os **créditos concursais são aqueles que têm origem anterior à decretação da falência** e, por isso, constituídos perante o empresário declarado falido. Desse modo, à exceção dos créditos tributários, *necessitam passar por procedimento de verificação e habilitação de créditos para serem inseridos no quadro geral de credores.*

---

[92] Nos termos do art. 84, da Lei nº 11.101/05.

[93] Previstos no art. 67, *caput*, da Lei nº 11.101/05.

A primeira classe de credores é representada pelos **créditos derivados da legislação do trabalho**, no montante de *até cento e cinquenta salários mínimos* por empregado (o **excedente** será considerado **quirografário**), e os **decorrentes de acidente de trabalho**. Para o crédito decorrente de acidente de trabalho, não há limite para a preferência. *A remuneração do representante é equiparada ao crédito trabalhista, em face da falência do representado*[94]. Da mesma forma, *os créditos relativos ao FGTS gozam dos mesmos privilégios atribuídos aos créditos trabalhistas*[95].

Na sequência, aparecem **os créditos com garantia real**, no *limite do valor do bem* gravado. O valor em **excesso** será considerado **crédito quirografário**. São os casos de créditos garantidos mediante penhor, hipoteca ou anticrese. Frise-se, por oportuno: *os credores de alienação fiduciária em garantia não se habilitam, tendo a seu dispor a ação de restituição*[96].

A terceira classe de créditos é representada pelos **tributos** que tenham *fato gerador anterior à decretação da falência*. Os **tributos com fato gerador posterior** são, como visto, **créditos extraconcursais** e as *multas tributárias têm classificação própria*. É importante considerar que existe um concurso de preferência entre as fazendas públicas[97], declarado constitucional pela Súmula nº 563, do STF[98]. Atende-se a tal súmula através do expediente das denominadas: "*subclasses*", pagando na sequência prevista no art. 187, parágrafo único, do Código Tributário Nacional (CTN).

Existiam como quarta e quinta classes de créditos concursais as classes dos créditos com privilégio especial e com privilégio geral. Os **créditos com privilégio especial** são aqueles que, em razão de **inadimplência**, passam a ter **bens específicos** a ele vinculados. Estão previstos no art. 964, do Código Civil, regra geral. Outras legislações podem estabelecer o privilégio especial, como é o caso, por exemplo das notas de crédito industrial[99].

Já os **créditos de privilégio geral** são aqueles em que se determina um **privilégio de recebimento** em face do **patrimônio livre e desembaraçado**. Estão previstos no art. 965, do Código Civil. Outras legislações podem estabelecer o

---

[94] Nos termos do art. 44, da Lei nº 4.886/65. Vale afirmar que a Lei nº 14.195/21 estendeu tal equiparação também para o processo de recuperação judicial.

[95] Nos termos do art. 2º, § 3º, da Lei nº 8.844/94.

[96] De acordo com o art. 7º, do Decreto-lei nº 911/69.

[97] De acordo com o art. 187, parágrafo único do Código Tributário Nacional.

[98] "O concurso de preferência a que se refere o parágrafo único do art. 187 do Código Tributário Nacional é compatível com o disposto no art. 9º, I, da Constituição Federal". Esta Súmula foi elaborada antes da vigência da Constituição Federal de 1988. Porém, tem sido dada eficácia a tal súmula. Por fim, o equivalente da norma constitucional mencionada no teor da súmula é o art. 19, III.

[99] Nos termos do art. 17, do Decreto-lei nº 413/69.

privilégio geral, como, por exemplo, as debêntures com garantias flutuantes[100] e o crédito do comissário relativo a comissões e despesas feitas[101]. Apesar de os créditos com privilégio geral ou especial ainda existirem na legislação, eles deixaram de ser uma classe específica de créditos no processo de falência, passando à condição de crédito quirografário[102].

A atual quarta classe de créditos é a dos denominados **quirografários**. Trata-se da regra geral. Os créditos que **não têm classificação específica** devem ser considerados créditos quirografários. Além disso, o **excedente** dos *créditos trabalhistas* e dos *créditos não cobertos pelos bens vinculados ao seu pagamento*, também, serão considerados como créditos quirografários.

Perceba-se, por oportuno, que os **créditos quirografários**, ao contrário do que comumente se diz, **não são os últimos créditos no processo de falência**. Abaixo deles, existe tanto os **créditos subquirografários** – as multas contratuais e por infração legal, inclusive as multas tributárias, quanto os **créditos subordinados** – assim definidos em lei ou em contrato e que serve de exemplo os créditos de sócios e dos administradores. Com a reforma da Lei nº 11.101/05, promovida pela Lei nº 14.112/20, os juros vencidos após a decretação da falência ganharam o *status* de crédito concursal[103].

3.3 A ordem de pagamentos no processo de falência

É importante considerar que **não se confundem** a *ordem de pagamentos no processo de falência* e a *ordem de pagamentos na recuperação judicial*. Com efeito, a ordem de pagamentos **na recuperação judicial tem natureza contratual**, ou seja, é o plano de recuperação judicial, e não a lei, que define a ordem de pagamento dos seus credores. Diferentemente, é o previsto para o **processo de falência**.

Aqui, haverá uma verdadeira **ordem legal de pagamentos** a ser seguida para a satisfação dos credores. Infelizmente, não há, na Lei nº 11.101/05, um dispositivo legal que estabeleça tal ordem. Chegava-se a ela através de interpretação sistemática:

a) Compensação[104];

b) Créditos assumidos no âmbito de câmaras de compensação e liquidação[105];

---

[100] De acordo com o art. 58, § 1º, da Lei nº 6.404/76.

[101] De acordo com o art. 707, do Código Civil.

[102] Nos termos do art. 83, § 6º, da Lei nº 11.101/05.

[103] Nos termos do art. 83, IX, da Lei nº 11.101/05.

[104] De acordo com o art. 122, da Lei nº 11.101/05.

[105] De acordo com o arts. 193 e 194, da Lei nº 11.101/05.

c)   Antecipação de despesas em virtude da administração da falência[106];
d)   Antecipação de créditos trabalhistas[107];
e)   Importâncias passíveis de restituição[108];
f)   Créditos extraconcursais[109]; e
g)   Créditos concursais[110].

A **primeira preocupação** do administrador judicial com a satisfação dos credores no processo de falência diz respeito à **compensação**. Com efeito, trata-se de instituto oriundo do Direito Civil e implica a *extinção anormal da obrigação*, haja vista as partes serem, entre si, credor e devedor[111]. Porém, **no Direito Civil, a compensação é feita em uma relação "um para um"**. Já, **na falência**, como se sabe, **há o concurso de credores**. Desta forma, se de um lado, o falido tem direito à compensação, de outro existe o direito dos credores de verem respeitada a ordem legal de preferências. Assim, surge a dúvida: seria possível, por compensação, um crédito quirografário, por exemplo, vir a ser satisfeito antes dos trabalhistas?

A meu ver, **a resposta deve ser negativa**. Com efeito, em tese, *é possível subverter a ordem de pagamentos* da Lei nº 11.101/05, desde que por *outra norma legal*, que guarde *amparo na Constituição Federal*. No cerne dessa discussão está o **crédito tributário**, cujo tratamento jurídico deve ser *regulamentado mediante Lei Complementar*[112]. **O CTN não prevê preferência para os créditos compensáveis**[113]. Dessa forma, ter satisfeito um crédito quirografário, mesmo que por compensação, antes do crédito trabalhista afrontaria de modo inconstitucional o tratamento paritário dos credores.

Dessa forma, há de se fazer uso da denominada "**subclasse**". Por tal expediente, divide-se a classe do credor objeto de compensação em duas: *a primeira seria a classe da "parcela compensável" e a segunda a classe da "parcela comum do crédito"*. Com efeito, **a aplicação da compensação deve se restringir apenas**

---

[106]   De acordo com o art. 150, da Lei nº 11.101/05.

[107]   De acordo com o art. 151, da Lei nº 11.101/05.

[108]   De acordo com o art. 86, parágrafo único, da Lei nº 11.101/05, em sua redação original. Mesmo com a revogação do dispositivo mencionado, pela Lei nº 14.112/20, a ordem indicada permanece, haja vista o art. 84, I-C, da Lei nº 11.101/05.

[109]   De acordo com o art. 84, da Lei nº 11.101/05.

[110]   De acordo com o art. 83, da Lei nº 11.101/05.

[111]   Nos termos do art. 368, do Código Civil.

[112]   Nos termos do art. 146, III, da Constituição Federal.

[113]   É o que se extrai do art. 186, parágrafo único, do Código Tributário Nacional.

à **classe do respectivo credor**[114]. Assim, a ordem legal não seria violada e o falido veria respeitado o seu direito à compensação, que, como visto, **deve ocorrer com preferência sobre todos os demais credores "da mesma classe"**[115].

Diante do contexto apresentado, o art. 122, da Lei nº 11.101/05, interpretado na sua literalidade, faz o aplicador da norma incidir em vício de constitucionalidade. Porém, frise-se, por oportuno: em *prova objetiva*, de 1ª fase, ou preambular de concurso público ou exame da OAB, deve-se ater ao *texto literal do dispositivo*.

Questão importante, ainda a examinar, refere-se à **possibilidade de um crédito recebido por cessão vir a ser objeto de compensação**. Não há dúvidas de que o crédito existir a partir de uma relação direta com o falido, poderá ser objeto de compensação. Mas e se houver um endosso ou cessão civil?

Será preciso examinar o momento da transferência do crédito, nos seguintes termos[116]:

a) Ocorrendo *após a falência*, o crédito objeto de **transmissão não será compensável**, a menos que em razão de sucessão por fusão, incorporação, cisão ou morte; ou

b) Ocorrendo *antes da falência*, o crédito objeto de **transmissão será compensável**, a menos que já fosse perceptível o estado deficitário do devedor, ou em razão de dolo ou fraude.

Para os efeitos do processo de falência, não há muito o que comentar a respeito das *câmaras prestadoras de serviço de liquidação e compensação*. Apenas cabe notar que as **obrigações assumidas** perante tais câmaras serão **ultimadas e liquidadas pela própria câmara**[117] e que o **produto da realização das garantias** prestadas será destinado à *liquidação destas mesmas obrigações*[118].

Ultrapassadas as questões compensatórias, a lei admite que *o pagamento de determinados créditos venha a ser antecipado*. Há **dúvida na doutrina** acerca da sequência de **pagamentos por antecipação** – denominados **créditos prioritários**. A **primeira corrente** propõe a *inversão em relação à ordem* apresentada pela lei para fins de pagamento – primeiro os do art. 151 e depois os do art. 150, da Lei nº 11.101/05[119]. Uma **segunda corrente**, ao contrário propõe que os

---

[114] GONTIJO, Vinicius José Marques. A compensação na falência: subclasse no quadro-geral de credores. *Revista dos Tribunais*, São Paulo, ano 89, v. 883, p. 54, 2009.

[115] Interpretação extensiva sugerida, ou seja, interpretação conforme a Constituição, visando assegurar a validade da norma inserida no art. 122, da Lei nº 11.101/05.

[116] De acordo com o art. 122, parágrafo único, da Lei nº 11.101/05.

[117] De acordo com o art. 193, da Lei nº 11.101/05.

[118] De acordo com o art. 194, da Lei nº 11.101/05.

[119] TOMAZETTE, Marlon. *Curso de direito empresarial: falências e recuperação de empresas – volume 3*. 6 ed. São Paulo: Saraiva Educação, 2018. p. 531.

desembolsos com o pagamento dos créditos prioritários ocorram na *sequência apresentada pela lei*[120]. Parece-me o melhor entendimento.

Dessa forma, *primeiro* devem ser atendidas as **despesas em virtude da necessidade de administração da falência**, mesmo em sendo determinada a continuidade provisória das atividades do falido[121]. *Na sequência*, atende-se aos **trabalhistas prioritários**, devendo ser pago *para cada empregado, em relação aos 3 meses anteriores à decretação da falência, a quantia de até 5 salários, com referência aos créditos de natureza estritamente salariais*[122]. A partir de, então, será possível pagar as **restituições em dinheiro**. Com a reforma da Lei nº 11.101/05, promovida pela Lei nº 14.112/20, tais créditos passaram à condição de créditos extraconcursais, respectivamente, na forma do art. 84, I-A e I-C, da Lei nº 11.101/05.

Chega-se, então, à base do QGC. Solvidas as restituições em dinheiro, devem ser pagos os **créditos extraconcursais**[123], *descontando-se os pagamentos prioritários antecipados*. Por último, atendem-se aos **créditos concursais**[124], respeitando-se a *ordem de preferência estabelecida em lei*, descontando-se, também, as antecipações de pagamento.

3.4 Considerações finais sobre o quadro geral de credores

Cabe ainda algumas considerações, **a título de fechamento**, sobre alguns temas instigantes, em matéria de quadro geral de credores. Vale dizer, o que se busca, no presente momento, é aprofundar algumas das nuances sobre o QGC já abordadas anteriormente.

Com efeito, a primeira consideração se refere ao **tratamento jurídico dos créditos trabalhistas pelo processo de falência**. Imagine a situação de um empregado que tem verbas a receber, e cujo empregador for declarado falido, mantendo-se trabalhando após a falência, em que novas verbas restaram inadimplidas. De que forma o referido credor será satisfeito caso o patrimônio arrecadado seja suficiente para o seu pagamento integral?

Primeiramente, pagam-se os **trabalhistas prioritários** (art. 151 c/c art. 84, I-A, Lei nº 11.101/05). *Na sequência*, devem ser adimplidos os **trabalhistas ex-**

---

[120] MAMEDE, Gladston. *Direito empresarial brasileiro: falências e recuperação de empresas*. 9 ed. São Paulo: Atlas, 2018. p. 442.

[121] Nos termos do art. 150, da Lei nº 11.101/05.

[122] Nos termos do art. 151, da Lei nº 11.101/05.

[123] De acordo com o art. 84, da Lei nº 11.101/05.

[124] De acordo com o art. 83, da Lei nº 11.101/05.

traconcursais, de maneira integral (art. 84, I-D, Lei nº 11.101/05). *Após*, serão solvidos os **trabalhistas concursais, no limite de 150 salários mínimos** por empregado (art. 83, I, Lei nº 11.101/05), descontados os valores já devidamente antecipados. *Por final*, paga-se o **excedente de 150 salários mínimos**, na condição de quirografários (art. 83, VI, c, Lei nº 11.101/05).

Outro ponto importante diz respeito à **posição dos créditos tributários**. Com efeito, pode se falar em duas espécies de créditos tributários: o **tributo** e a **multa**. O primeiro, decorrente da prática do fato gerador de obrigação tributária principal[125]; a segunda, decorrente do descumprimento de obrigação tributária acessória[126].

Para os tributos, a legislação já apresentou solução satisfatória. Tendo sido praticado o fato gerador antes da decretação da falência, mesmo que o lançamento ocorra em momento posterior à quebra, tal tributo será concursal[127], na medida em que o empresário é quem praticou o fato gerador. Porém, se a prática do fato gerador já se deu após a decretação da falência, a conclusão é a de que a própria massa falida teria praticado tal fato gerador, dando ensejo ao tributo extraconcursal[128].

Para as multas, a solução não teve a mesma sorte. O único momento em que se menciona multa tributária é *no art. 83, VII, da Lei nº 11.101/05*. Com efeito, pergunta-se: que multa tributária é esta? A do falido? A da massa falida? As duas multas tributárias anteriormente mencionadas? Ou, apesar da previsão, em vista de inconstitucionalidade da norma, nenhuma delas?

Tendo ciência de que: a pena não passará da pessoa do infrator, a multa é espécie de pena, e a massa falida é a fonte pagadora do processo de falência, a multa tributária mencionada anteriormente só poderá ser a **multa tributária da massa falida**. E a do falido? Bem, **a multa tributária do falido seria inexigível em sua própria falência**. Reforça o presente entendimento, a jurisprudência sumulada do STF:

> Súmula nº 192/STF: "Não se inclui no crédito habilitado em falência a multa fiscal com efeito de pena administrativa".
>
> Súmula nº 565/STF: "A multa fiscal moratória constitui pena administrativa, não se incluindo no crédito habilitado em falência".

---

[125] De acordo com o art. 113, § 1º, do Código Tributário Nacional.

[126] De acordo com o art. 113, § 3º, do Código Tributário Nacional.

[127] Previsto no art. 83, III, da Lei nº 11.101/05.

[128] Previsto no art. 84, V, da Lei nº 11.101/05.

Porém, desde 2013, o STJ vem entendendo ser **possível exigir, no processo de falência** tanto os créditos tributários – decorrentes de multa – ocorridos posteriormente ao decreto de quebra, quanto às multas tributárias com fato gerador anterior:

> DIREITO PROCESSUAL CIVIL E TRIBUTÁRIO. FALÊNCIA DECRE-TADA APÓS O ADVENTO DA LEI 11.101/2005. MULTA MORATÓRIA. INCIDÊNCIA.
>
> 1. "Em se tratando de falência decretada na vigência da Lei 11.101/2005, a inclusão de multa tributária na classificação dos créditos na falência, referente a créditos tributários ocorridos no período anterior à vigência da lei, mencionada, não implica retroatividade em prejuízo da massa falida, como entendeu o Tribunal de origem, pois, nos termos do art. 192 da Lei 11.101/2005, tal lei "não se aplica aos processos de falência ou de concordata ajuizados anteriormente ao início de sua vigência, que serão concluídos nos termos do Decreto-Lei nº 7.661, de 21 de junho de 1945", podendo-se afirmar, *a contrario sensu*, que a Lei 11.101/2005 é aplicável às falências decretadas após a sua vigência, como no caso concreto, em que a decretação da falência ocorreu em 2007 (REsp 1223792/MS, Rel. Ministro Mauro Campbell Marques, Segunda Turma, DJe 26/2/2013".
>
> 2. Recurso Especial não provido.
>
> (REsp 1.718.970/SP, Rel. Min. Herman Benjamin, 2ª Turma, julgado em 15/03/2018, DJe 16/11/2018)

Em provas de concurso, ou no exame da OAB, deve-se ter a máxima atenção ao comando da questão. Com efeito, a depender de como for a pergunta – de acordo a lei, de acordo com a visão do STJ, ou do STF, conforme visto anteriormente, a resposta mudará. Não havendo direcionamento legal ou jurisprudencial na questão, deve-se aplicar o entendimento aqui demonstrado.

Durante um longo tempo, houve no STJ, uma disputa acerca da **natureza dos honorários advocatícios**. Havia uma turma que decidia pela aplicação da literalidade do Estatuto da OAB[129], inserindo os honorários como **crédito de privilégio geral**. Parecia-me o entendimento mais correto. Por sua vez, uma outra turma, em razão da natureza alimentícia dos honorários, decidia pela **equiparação aos créditos trabalhistas**. Este segundo entendimento, contudo, foi o que *prevaleceu, na Corte Especial, do STJ*[130]. Este é o entendimento a ser levado para provas objetivas.

---

[129] De acordo com o art. 24, da Lei nº 8.906/94.

[130] REsp 1.152.218/RS, Rel. Min. Luis Felipe Salomão, Corte Especial, julgado em 07/05/2014, DJe 09/10/2014.

Tal entendimento, porém, **não é imune a críticas**. Com efeito, a teoria da natureza alimentar do crédito – para se fazer equiparação de créditos – fere de morte o *pars conditio creditorum* e a ordem legal de preferência. Para o Direito de Família, os alimentos não se limitam, apenas, à comida, mas sim ao necessário para garantir a subsistência do credor. Não à toa, há mais de 30 anos, cantou-se: "A gente não quer só comida; a gente quer comida, diversão e arte; a gente quer saída para qualquer parte. (...) A gente não quer só comer; a gente quer comer e quer fazer amor; a gente quer prazer prá aliviar a dor..."[131]. Portanto, **a tese da natureza alimentar é incompatível com a ordem legal de preferências porque todo crédito tem natureza alimentar**.

Ponto relevante, na prática, é aquele acerca da possibilidade, ou não, de **negociação de créditos já habilitados** no quadro geral de credores. Deve-se, sem sombra de dúvidas, entender pela **viabilidade da cessão de créditos** já devidamente habilitados no QGC, na medida em que não existe proibição legal[132]. E mais: *o cessionário, regra geral, assume a mesma posição que o cedente originalmente tinha*[133].

Porém, quanto ao **crédito trabalhista**, apesar da viabilidade da cessão, o cessionário necessariamente assumiria a **condição de credor quirografário**, *independente do montante de crédito cedido*[134]. A doutrina[135] justificava tal medida para **evitar a criação de uma espécie de mercado paralelo**, visando a proteção do credor trabalhista de não se vê compelido a negociar seus créditos em detrimento de seu melhor interesse e o de sua família.

Entretanto, no afã de proteger, na prática, acabou sendo *prejudicado ainda mais os credores trabalhistas*. Diante de tal norma, ocorreu um **efeito de segunda ordem**[136], vale dizer, "o que se vê e o que não se vê", na feliz expressão de Bastiat[137]. O que não se viu foi que, na tentativa de proteger o credor trabalhista, simplesmente, na prática, retirou-se qualquer incentivo à aquisição de tais créditos por terceiros, no plano do processo de falência. Por isso, diante da revogação do

---

[131] Titãs. Comida. *Jesus não tem dentes no país dos banguelas*. Rio de Janeiro: WEA, 1987.

[132] Nos termos do art. 286, do Código Civil.

[133] Nos termos do art. 287, do Código Civil.

[134] Nos termos do art. 83, § 4º, da Lei 11.101/2005, revogado pela Lei nº 14.112/20.

[135] SCALZILLI, João Pedro; SPINELLI, Luis Felipe; TELLECHEA, Rodrigo. *Recuperação de empresas e falência: teoria e prática na Lei 11.101/05*. 3 ed. São Paulo: Almedina, 2018. p. 951; BEZERRA FILHO, Manoel Justino. *Lei de recuperação de empresas e falência: Lei 11.101/2005 – comentada artigo por artigo*. 10 ed. São Paulo: Editora Revista dos Tribunais, 2014. p. 220.

[136] Conceito de Análise Econômica do Direito que significa as consequências agregadas ou indiretas decorrentes de uma tomada de decisão.

[137] BASTIAT, Frédéric. *O que se vê e o que não se vê*. São Paulo: Instituto Mises Brasil, 2010.

art. 83, § 4º, da Lei nº 11.101/05, é cabível notar que atualmente não ocorrerá a reclassificação do crédito trabalhista objeto de cessão; quem comprou crédito trabalhista, assume a posição de trabalhista.

Por final, é cabível considerar a **posição dos créditos relacionados com a RJ**. Primeiro, os créditos decorrentes de obrigações contraídas durante a recuperação judicial, incluindo contratos de mútuo e fornecimento, serão **considerados extraconcursais**, por ocasião da falência do devedor[138]. Os fornecedores que continuarem a prover seus bens e serviços normalmente após o pedido de recuperação judicial, poderão receber tratamento diferenciado em relação a seus créditos pelo plano de recuperação judicial, desde que tais bens e serviços sejam necessários à manutenção das atividades e que o tratamento diferenciado seja razoável e adequado[139].

Para facilitar

1. Credor que forneceu antes da RJ e cessou relações depois: não haverá reclassificação;

2. Credor que forneceu antes e depois da RJ, mas o valor posterior é inferior ao anterior: haverá reclassificação do crédito submetido à RJ, no limite do valor posterior e o excedente se mantém na posição original;

3. Credor que forneceu antes e depois da RJ, mas o valor posterior é superior ao anterior: haverá reclassificação total do crédito submetido à RJ.

4. A AÇÃO DE RESTITUIÇÃO

Como se viu, quando da arrecadação, é possível e viável que o administrador judicial venha a arrecadar algo dentre dinheiro, bens e direitos que não seja do empresário declarado falido. Neste contexto, o titular deste objeto, que veio a ser arrecadado em falência de outrem, pode promover a presente medida judicial, visando resgatá-lo. É oportuno compreender em que **hipóteses** poderá ser intentada a **ação de restituição**. Além disto, algumas questões específicas sobre o **andamento processual** também são importantes de serem levadas a efeito. É o que se estudará na sequência.

4.1 Fundamentos

A legislação indica os casos em que se poderá promover a ação de restituição. **Fora de tais hipóteses, se houver bem arrecadado em processo de falência, a**

---

[138] De acordo com o art. 67, *caput*, da Lei nº 11.101/05.

[139] Nos termos do art. 67, parágrafo único, da Lei nº 11.101/05.

medida judicial cabível são os embargos de terceiro[140] (exemplo clássico: medida judicial para proteger a meação do cônjuge, arrecadada no processo de falência)[141].

Pode-se falar no **fundamento ordinário** da ação de restituição, visando salvaguardar o direito de propriedade. Trata-se do caso do proprietário de bem arrecadado no processo de falência ou que se encontre em poder do devedor na data da decretação da falência[142]. Em face de tal o fundamento, o STF sumulou o entendimento nº 417: "pode ser objeto de ação de restituição, na falência, dinheiro em poder do falido, recebido em nome de outrem, ou do qual, por lei ou contrato, não tivesse ele a disponibilidade". Apesar de tal súmula, a jurisprudência consolidada do STJ determina não caber ação de restituição em favor do correntista, diante da falência do banco[143], cabendo-lhe tão somente a habilitação do seu crédito.

Fala-se, ainda, no **fundamento extraordinário** da ação de restituição. Tal hipótese restou prevista pela legislação brasileira, com o objetivo de evitar a denominada falência em cascata. Trata-se do caso da coisa vendida a crédito e entregue ao devedor nos quinze dias anteriores ao requerimento de sua falência, se ainda não alienada[144]. Do contrário, inexistente tal hipótese, ao vendedor não restaria outra alternativa senão a habilitação de seu crédito na condição de crédito quirografário.

Existem, ainda, dois **fundamentos especiais** para a ação de restituição. Trata-se dos casos: (i) da importância entregue ao devedor, em moeda corrente nacional, decorrente de adiantamento a contrato de câmbio para exportação[145]; (ii) dos valores entregues ao devedor pelo contratante de boa-fé na hipótese de revogação ou ineficácia do contrato, ou seja, diante de procedência da Ação Revocatória[146]; e (iii) de tributos passíveis de retenção na fonte, descontos de terceiros ou de sub-rogação e valores recebidos pelos agentes arrecadadores e não recolhidos às Fazendas Públicas[147].

---

[140] Nos termos do art. 93, da Lei nº 11.101/05.

[141] MAGALHÃES, Giovani; ROCHA, Marcelo Hugo da. *Passe na OAB 2ª fase – teorias & modelos: empresarial*. São Paulo: Saraiva, 2013, p. 81.

[142] Nos termos do art. 85, da Lei nº 11.101/05.

[143] Por exemplo: REsp 501.401/MG, Rel. Min. Carlos Alberto Menezes Direito, 2ª Seção, julgado em 14/04/2004, *DJ* 03/11/2004, p. 130.

[144] Nos termos do art. 85, parágrafo único, da Lei nº 11.101/05.

[145] Nos termos do art. 86, II, da Lei nº 11.101/05.

[146] Nos termos do art. 86, III, da Lei nº 11.101/05.

[147] Nos termos do art. 86, IV, da Lei nº 11.101/05.

Fora do âmbito da Lei nº 11.101/05, a legislação extravagante também pode regulamentar hipóteses para a ação de restituição. Trata-se dos casos previstos no art. 7º, do Decreto-Lei nº 911/69, e no art. 32, da Lei nº 9.514/97. Com efeito, na alienação fiduciária em garantia, tanto de bens móveis quanto de bens imóveis, advindo a falência do devedor fiduciante, será assegurado ao credor fiduciário o direito de pedir a restituição do bem alienado fiduciariamente.

4.2 Considerações sobre o processamento

Trata-se de uma **ação distribuída por dependência ao processo de falência**, autuando-se em separado. Assim, o Pedido de Restituição seguirá a estrutura-base da petição inicial. Há, porém, algumas diferenças. A primeira é o fato de que, nesta ação, **não há citação**, inobstante seja uma ação promovida perante a massa falida.

É imprescindível a **descrição da coisa reclamada**, objeto da restituição, e deverá ser fundamentado[148]. É necessária tal descrição tendo em vista que o pedido de restituição suspende a disponibilidade da coisa até o trânsito em julgado[149]. Na hipótese de procedência do pedido, caberá ao autor ressarcir as despesas de conservação da coisa reclamada[150].

O juiz, ao receber o pedido inicial, mandará **intimar o falido, o Comitê, os credores e o administrador judicial**[151]. Tais pessoas terão o prazo comum e sucessivo de cinco dias para se manifestarem sobre o pedido de restituição. Qualquer manifestação contrária á Ação de Restituição terá o efeito de contestação.

Caso não haja contestação, a massa não será condenada ao pagamento de honorários advocatícios[152]. A interpretação, *a contrario sensu*, deste dispositivo permite esclarecer que, somente se houver manifestação contrária, vale dizer, apenas na hipótese de existir contestação ao presente pedido é que haverá condenação aos ônus da sucumbência. Ou seja, o pedido de condenação aos **ônus de sucumbência estará condicionado à apresentação de manifestação contrária ao presente pedido**.

O **objeto da ação** de restituição é a **coisa reclamada**. Porém, *se a coisa não mais existir* ao tempo do pedido de restituição, hipótese em que o requerente

---

[148] Nos termos do art. 87, da Lei nº 11.101/05.
[149] De acordo com o art. 91, da Lei nº 11.101/05.
[150] De acordo com o art. 92, da Lei nº 11.101/05.
[151] Nos termos do art. 87, § 1º, da Lei nº 11.101/05.
[152] Nos termos do art. 88, parágrafo único, da Lei nº 11.101/05.

receberá *o valor da avaliação do bem*, ou, no caso de ter ocorrido sua venda, o respectivo preço, em ambos os casos no valor atualizado[153].

É importante destacar, ainda, que caso o autor pretenda receber o bem ou a quantia reclamada *antes do trânsito em julgado* da sentença, ele deverá *prestar caução*[154]. Caso seja procedente o pedido, o juiz determina que a coisa seja entregue no prazo de 48 horas[155], inclusive com *astreintes*. Porém, na hipótese de improcedência, cabe ao juiz determinar, se for o caso, a inclusão do requerente no quadro geral de credores[156].

4.3 Embargos de terceiro

Deve-se perceber que as hipóteses para se manejar **ação de restituição são bem** *específicas, pontuais*. Caso **a situação hipotética não se adeque a nenhum dos fundamentos**, vale dizer, você teve algo seu arrecadado em algum processo de falência, porém você não é o falido e pretende resgatar de volta tal objeto, não sendo possível o pedido de restituição, o caminho judicial será o dos **embargos de terceiro**[157].

Regra geral, os embargos de terceiro servem para proteger a **posse** e a **propriedade** daquele que, *não sendo parte no processo, sofreu uma constrição judicial*[158]. **No plano falimentar**, existe a ação própria para tutelar o direito de propriedade de terceiro – a ação de restituição. Assim, os embargos de terceiro, *distribuídos por dependência* ao processo de falência[159], terão o objetivo de **defender a posse** daquele que, não sendo declarado falido, sofreu constrição judicial do processo falimentar.

5. A AÇÃO REVOCATÓRIA

Outra medida judicial importante para a *lapidação da massa falida*[160] é **ação revocatória**. Com efeito, a situação de falência de um empresário não é algo

---

[153] De acordo com o art. 86, I, da Lei nº 11.101/05.

[154] De acordo com o art. 90, parágrafo único, da Lei nº 11.101/05.

[155] De acordo com o art. 88, da Lei nº 11.101/05.

[156] Nos termos do art. 89, da Lei nº 11.101/05.

[157] De acordo com o art. 93, da Lei nº 11.101/05.

[158] De acordo com o art. 674, do Código de Processo Civil.

[159] Na forma do art. 676, do Código de Processo Civil.

[160] A expressão é de Fabio Ulhoa Coelho.

que costuma ocorrer da noite para o dia, de um dia para o outro. É fato que, excepcionalmente, pode acontecer de o empresário vir a "falir do nada".

O **mais comum** é a atividade do empresário ir desandando paulatinamente. Ou seja, ele primeiro entra em crise. Não percebendo, a crise se avoluma até empurrá-lo ao estágio de insolvência, caracterizado pela prática de um dos atos previstos no art. 94, da Lei nº 11.101/05 anteriormente estudados. A falência seria, por assim dizer, o último estágio dessa evolução negativa da atividade empresarial.

O grande lance, no entanto, é o **momento em que o empresário percebe a crise**. Isto porque há um marco temporal em que, caso o empresário perceba a crise **antes dele, há possibilidade de se salvar da falência**, via recuperação judicial, por exemplo. Porém, se o empresário percebe a crise **somente após** aludido marco temporal, ele, como que intuitivamente, já sabe que **nada mais lhe salvará da falência**.

É exatamente *a partir de então* que o empresário, antes de falir, começa a praticar **atos fraudulentos**, no sentido de tentar esconder patrimônio para si ou mesmo de pagar determinados credores em detrimentos de outros, por exemplo. Ocorrendo a falência, quando tais fraudes forem descobertas, o remédio jurídico será a ação revocatória.

5.1 Atos ineficazes ou fraudulentos

Em outra oportunidade[161], demonstrou-se que as **fraudes cometidas pelo empresário** antes de falir, ganham ares de **ineficácia**, com o decreto de quebra.

A ineficácia em relação ao processo de falência pode ser:

a) **subjetiva** – quando *houver a necessidade de se provar* o conluio fraudulento e o efetivo prejuízo sofrido pela massa falida (art. 130); ou

b) **objetiva** – quando for considerado ineficaz, *independente de prova do conluio e do prejuízo*, porque presumidos – por **presunção absoluta** – pelo legislador (art. 129).

A **depender do tipo de ineficácia**, buscar-se-á um *provimento judicial diferente*. Para a **ineficácia subjetiva**, o objetivo é a **revogação do ato praticado**, em razão da prova da fraude e do prejuízo ocasionados à massa falida. Para a **ineficácia objetiva**, o objetivo é a **declaração de ineficácia** em relação à massa falida.

Independentemente do tipo de fraude praticada em razão de um processo de falência, a medida judicial para corrigir tais atos, revertendo os seus efeitos, é a **Ação Revocatória** que se encontra atualmente regulamentada entre os arts. 129 a 138, da Lei nº 11.101/05. Há quem sustente que o *nomen juris* para a

---

[161] MAGALHÃES, Giovani; ROCHA, Marcelo Hugo da. *Passe na OAB: 2ª fase FGV: completaço: prática empresarial*. 2 ed. São Paulo: Saraiva Educação, 2018. p. 243.

ação judicial com fundamento no art. 129, da Lei nº 11.101/05, seria Ação Declaratória de Ineficácia, porém, é mera alteração de nomenclatura, não se tratando efetivamente de outra ação. Entretanto, a **ineficácia objetiva** poderá, ainda, ser declarada **de ofício** ou **alegada em defesa**[162].

5.1.1 Atos de ineficácia objetiva

Para o entendimento dos casos de **ineficácia objetiva**, faz-se mister compreender a noção acerca do **termo legal da falência**. Trata-se do *marco temporal, a partir do qual se suspeita a prática de fraudes pelo empresário, antes da sua falência*. A sua definição varia em se tratando de atos onerosos ou gratuitos. Para os **atos onerosos**, é o juiz que definirá o termo legal da falência, por ocasião da sentença declaratória[163]. **Para os atos gratuitos**, determina-se legalmente o prazo de dois anos antes da decretação da falência[164].

O **procedimento para calcular o termo legal da falência** consiste em o juiz, por ocasião da decretação da falência, verificar no calendário **três datas**:

a) Do pedido de falência;

b) Do pedido de recuperação judicial; e

c) Do 1º protesto por falta de pagamento, cujo crédito não foi pago ou prescrito.

Das três datas mencionadas, deve o juiz se definir sempre pela **data mais antiga**. Desta data, haverá a contagem de um prazo retroativo de **até 90 dias**. O final da contagem desse prazo indicará o **termo legal da falência**. O período que vai do *termo legal até a decretação da falência* é denominado **período suspeito**.

São **atos de ineficácia objetiva**:

a) a antecipação de pagamento, dentro do termo legal;

b) a dação em pagamento, dentro do termo legal;

c) a constituição irregular de garantia real, dentro do termo legal;

d) a prática de atos a título gratuito, dentro do termo legal;

e) a renúncia à herança ou a legado, dentro do termo legal;

f) o trespasse irregular, independente do termo legal;

g) os registros imobiliários, a qualquer título, realizados após a decretação da falência, salvo se houver prenotação anterior.

---

[162] Nos termos do art. 129, parágrafo único, da Lei nº 11.101/05.

[163] De acordo com o art. 99, II, da Lei nº 11.101/05.

[164] De acordo com o art. 129, IV e V, da Lei nº 11.101/05.

A declaração de ineficácia objetiva pode ocorrer de ofício pelo juiz, alegada em defesa ou pleiteada em ação própria[165]. Entretanto, se ocorrer antecipação de pagamento, dação em pagamento, constituição irregular de garantia real, dentro do termo legal, ou trespasse irregular, realizados na forma prevista pelo plano de recuperação judicial ou extrajudicial, não poderá haver declaração de ineficácia ou revogação[166].

Para facilitar

1. para as hipóteses a), b), e c), o termo legal é o definido pelo juiz, na sentença declaratória; e
2. para as hipóteses d) e e), o termo legal é o definido em lei.

5.1.2 A ineficácia subjetiva

Além destes, **quaisquer outros atos** praticados em **conluio fraudulento** com o devedor com a **intenção de prejudicar** credores e havendo **prova do efetivo prejuízo** sofrido pela massa falida serão considerados fraudulentos e, portanto, ineficazes, de um ponto de vista subjetivo[167].

Desta forma, por exemplo, desde que ocorram **fora do termo legal** ou do **período suspeito**, uma antecipação de pagamento, uma dação em pagamento, uma constituição irregular de garantia, ou uma doação, *a priori* serão considerados negócios jurídicos perfeitos. Em tais casos, será **necessária a comprovação da fraude** para se conseguir a *declaração judicial de ineficácia*, através da Ação Revocatória, somente.

5.1.3 A ineficácia na legislação extravagante

Há, ainda, *dois casos importantes, na legislação extravagante*, que poderão ser resolvidos via ação revocatória.

O primeiro caso está previsto no art. 45, § 8º, da Lei nº 6.404/76. Caso algum acionista tenha utilizado o **direito de retirada** e recebido o **reembolso à conta do capital social**, ocorrendo a *falência da sociedade* e não tendo havido ainda a *substituição dos ex-acionistas*, na medida em que a massa não bastar para o

---

[165] Na forma do art. 129, parágrafo único, da Lei nº 11.101/05.
[166] De acordo com o art. 131, da Lei nº 11.101/01.
[167] Nos termos do art. 130, da Lei nº 11.101/05.

pagamento dos créditos mais antigos, caberá ação revocatória para a restituição do reembolso pago. Trata-se de situação de **ineficácia objetiva**.

O segundo caso está previsto na Lei nº 6.024/74. Com efeito, será possível ação revocatória se os atos aqui descritos forem praticados em face de instituição financeira que posteriormente veio a ter sua liquidação extrajudicial decretada pelo BACEN[168]. Poderá ocorrer tanto **ineficácia subjetiva** quanto **ineficácia objetiva**, à imagem e semelhança dos demais empresários, para os bancos em geral.

5.2 Considerações sobre o processamento

Trata-se de uma ação que deve ser proposta pelo **administrador judicial**, pelo **credor** ou pelo **Ministério Público**, no prazo de três anos contados da declaração da falência[169]. Curioso é notar que *o empresário falido não é parte na Ação Revocatória*. Vale dizer, **o falido não tem legitimidade ativa ou passiva para a Ação Revocatória**.

Como já se mostrou quem pode promover, não se pode deixar de ressaltar que **a ação revocatória pode ser promovida**[170]:

a) contra todos os que figuraram no ato ou que por efeito dele foram pagos, garantidos ou beneficiados;

b) contra os terceiros adquirentes, se tiveram conhecimento, ao se criar o direito, da intenção do devedor de prejudicar os credores; e

c) contra os herdeiros ou legatários das pessoas anteriormente indicadas.

O art. 3º, da Lei nº 11.101/05, determina que é competente para decretar a falência o juízo do local do principal estabelecimento do devedor ou da filial de empresa que tenha sede fora do Brasil. A **Ação Revocatória** deve correr perante o **juízo da falência**[171]. Desse modo, trata-se de um caso de **distribuição por dependência**, tramitando pelo rito do **procedimento comum** previsto no CPC.

5.3 O sequestro dos bens fraudulentamente desviados

O juiz poderá, a **requerimento do autor** da ação revocatória, ordenar, como **medida preventiva**, na *forma da lei processual civil*, o **sequestro dos bens** retirados do patrimônio do devedor que estejam em poder de terceiros[172]. Não é

---

[168] Nos termos dos arts. 34 e 35, da Lei nº 6.024/74.

[169] Nos termos do art. 132, da Lei nº 11.101/05.

[170] Nos termos do art. 133, da Lei nº 11.101/05.

[171] Nos termos do art. 134, da Lei nº 11.101/05.

[172] Nos termos do art. 137, da Lei nº 11.101/05.

possível, portanto, determinar o sequestro de ofício, nem tão pouco nos autos principais da falência. A "forma da lei processual civil" é o procedimento de **tutela de urgência de natureza cautelar**[173], normalmente em **caráter antecedente**[174].

A sentença que **julgar procedente** a ação revocatória determinará o **retorno dos bens à massa falida em espécie,** com todos os acessórios, ou o valor de mercado, acrescidos das perdas e danos[175]. No caso de **ineficácia objetiva,** *declarará a ineficácia do ato perante a massa falida.* No caso de **ineficácia subjetiva,** *revogará o ato diante da prova da fraude.*

---

[173] Nos termos do art. 301, do Código de Processo Civil.

[174] Nos termos do art. 305, do Código de Processo Civil.

[175] Nos termos do art. 135, da Lei nº 11.101/05.

15

DIREITO CONCURSAL: INSTITUTOS JURÍDICOS COMUNS E EFEITOS DA DECRETAÇÃO DA FALÊNCIA

Estudar o Direito Concursal brasileiro, à luz da Lei nº 11.101/05, é quase como aprender a se montar dois quebra-cabeças: o da falência e o da recuperação de empresas. Ocorre, porém, que estes quebra-cabeças têm *peças em comum*. Vale dizer, existem institutos que literalmente se repetem tanto no plano falimentar, quanto no plano recuperacional. Dessa forma, não faz sentido, não é prudente e nem didático se examinar o mesmo instituto jurídico várias vezes, em locais diferentes, num mesmo livro.

De outro lado, *a sentença declaratória de falência produz efeitos que não se vê nas demais sentenças judiciais, cíveis ou criminais*. Com efeito, em regra, a sentença judicial só repercute juridicamente na esfera pessoal e patrimonial de quem é parte ou interveio no processo. Diferentemente é o que se vê decorrer da sentença falimentar. *A decretação de falência de um empresário, uma sociedade empresária, ou mesmo uma EIRELI* (para quem acredita que ela ainda vive entre nós), *a depender do contexto fático, poderá repercutir muito além da esfera pessoal e patrimonial dos investidores envolvidos*. É o denominado *interesse social da falência*. Tal tema, por si só, seria suficiente para a escrita de um livro (em volumes, quem sabe). Porém, fiel ao objetivo deste livro – facilitar a compreensão do Direito Empresarial – serão apresentados os principais efeitos da sentença declaratória de falência, previstos em sua lei de regência.

Por *institutos jurídicos comuns à falência e à recuperação judicial*[1], têm-se aqueles aspectos existentes tanto no processo de falência quanto no processo de recuperação judicial.

---

[1] Previstos nos arts. 5º a 46, da Lei nº 11.101/05.

São considerados **institutos jurídicos comuns**:
a) o procedimento de verificação e habilitação de créditos; e
b) os órgãos jurisdicionais.

1. ÓRGÃOS JURISDICIONAIS

Nos processos judiciais em geral, tem-se como órgãos jurisdicionais, apenas, o juiz e o Ministério Público. Porém, nos processos de falência e de recuperação judicial, surgem novos personagens.

Resta estudar, então, os **órgãos jurisdicionais**:
a) o administrador judicial;
b) a assembleia de credores; e
c) o comitê de credores.

1.1 Administrador judicial

É a principal peça do processo de falência. **Nomeado pelo juízo, tanto na sentença declaratória de falência quanto na decisão que defere o processamento da recuperação judicial**, assume o ônus de em **quarenta e oito horas** após a nomeação de ir ao juízo assinar **termo de compromisso**[2], sob pena da nomeação ser considerada sem efeito[3].

O administrador judicial será profissional idôneo, *preferencialmente* **advogado, economista, administrador de empresas** ou **contador**, ou **pessoa jurídica especializada**[4]. Note-se que há apenas uma "preferência" e não uma obrigatoriedade na nomeação destes profissionais. O que importa é que o nomeado tenha *know-how*, ou seja, entenda de empresa em crise. Se o administrador judicial nomeado for **pessoa jurídica**, declarar-se-á, no termo de posse, o nome de **profissional responsável** pela condução do processo de falência ou de recuperação judicial, que *não poderá ser substituído sem autorização do juiz*[5].

Não pode ser nomeado administrador judicial aquele que for *destituído da função de administrador judicial ou de membro do comitê de credores em outro processo*, tanto de falência quanto de recuperação judicial, sendo certo que tal

---

[2] Nos termos do art. 33, da Lei nº 11.101/05.
[3] Nos termos do art. 34, da Lei nº 11.101/05.
[4] Nos termos do art. 21, da Lei nº 11.101/05.
[5] Nos termos do art. 21, parágrafo único, da Lei nº 11.101/05.

impedido é temporário: destituído hoje, o profissional deve passar **cinco anos sem ser nomeado novamente**[6]. **Ficará também impedido de integrar o Comitê ou exercer a função de administrador judicial** quem tiver *relação de parentesco ou afinidade até o terceiro grau* com o devedor, seus administradores, controladores ou representantes legais ou deles for amigo, inimigo ou dependente[7].

A lei estabelece as **atribuições do administrador judicial**[8]. Existem *competências comuns à falência e recuperação de empresas, competências específicas à recuperação judicial e competências específicas à falência*[9]. Acerca da **competência do administrador judicial**, ensina Marlon Tomazette[10]:

> Investido no cargo, o administrador judicial passará a exercer as funções que lhe cabem nos processos de falência e de recuperação judicial. Na falência, suas funções serão basicamente a administração e a liquidação da massa falida. Na recuperação judicial, as funções básicas não esgotam a competência do administrador judicial, que é bem mais ampla, abrangendo atos administrativos e judiciais.

Além de suas atribuições específicas, é importante considerar que, **também, são atribuições do administrador judicial**:

a) presidir a assembleia de credores[11];

b) exercer as atribuições do comitê de credores, quando não for constituído[12];

c) assumir temporariamente a gestão da empresa em recuperação judicial, quando o devedor for afastado[13].

Com o advento da Reforma da Lei nº 11.101/05, promovida pela Lei nº 14.112/20, surgiram novas atribuições comuns: (i) estimular sempre que possível a utilização de métodos alternativos de solução de conflitos relacionados à

---

[6] Nos termos do art. 30, da Lei nº 11.101/05.

[7] Nos termos do art. 30, § 1º, da Lei nº 11.101/05.

[8] Nos termos do art. 22, da Lei nº 11.101/05.

[9] MAMEDE, Gladston. *Direito empresarial brasileiro: falência e recuperação de empresas*. 9 ed. São Paulo: Atlas, 2018.

[10] TOMAZETTE, Marlon. *Curso de direito empresarial: falência e recuperação de empresas – volume 3*. 6 ed. São Paulo: Saraiva Educação, 2018. p. 146.

[11] Nos termos do art. 37, da Lei nº 11.101/05.

[12] Nos termos do art. 28, da Lei nº 11.101/05.

[13] Nos termos do art. 65, § 1º, da Lei nº 11.101/05.

recuperação judicial e à falência[14]; (ii) manter endereço eletrônico na internet com informações atualizadas sobre os processos, com opção de consulta às peças principais e para o recebimento de pedidos de habilitação e de manifestação de divergência[15]; e (iii) providenciar, no prazo de 15 dias, as respostas de ofício e solicitações enviadas por outros juízos e órgãos públicos, sem necessidade de deliberação do juízo[16].

De outro lado, há novas atribuições, específicas para a recuperação judicial: (i) fiscalizar a veracidade e a conformidade das informações prestadas pelo devedor[17]; (ii) fiscalizar o decurso das tratativas e a regularidade das negociações entre devedor e credores[18]; (iii) assegurar que devedor e credores não adotem expedientes dilatórios inúteis ou prejudiciais ao andamento das negociações e que suas relações sejam regidas pelos termos convencionados[19]; (iv) apresentar, nos autos, e publicar no endereço eletrônico relatório mensal das atividades do devedor e relatório sobre o plano de recuperação, no prazo de até 15 dias, da apresentação do plano[20].

Por fim, são novas atribuições específicas para a falência: (i) assumir a representação extrajudicial, incluídos os processos arbitrais, da massa falida[21]; (ii) proceder à venda de todos os bens da massa falida, em regra, no prazo máximo de 180 dias, contado da data da juntada do auto de arrecadação, sob pena de destituição[22]; e (iii) arrecadar os valores dos depósitos realizados em processos judiciais e administrativos, nos quais o falido figure como parte[23].

Ao longo dos processos de falência, principalmente, e de recuperação judicial de empresas, poderá haver a **necessidade de alteração do administrador judicial**. Tal alteração poderá se dar **por substituição** ou **por destituição**. A propósito, *não se confundem substituição e destituição do administrador judicial.* Sobre tal diferença, ensina Fabio Ulhoa Coelho[24]:

---

[14] De acordo com o art. 22, I, j, da Lei nº 11.101/05.

[15] Na forma do art. 22, I, k e l, da Lei nº 11.101/05.

[16] De acordo com o art. 22, m, da Lei nº 11.101/05.

[17] Inclusão feita pela Lei nº 14.112/20 ao art. 22, II, c, da Lei nº 11.101/05.

[18] Nos termos do art. 22, II, e, da Lei nº 11.101/05.

[19] De acordo com o art. 22, II, f e g, da Lei nº 11.101/05.

[20] Na forma do art. 22, II, h, da Lei nº 11.101/05.

[21] Atribuição, incluída no art. 22, III, c, da Lei nº 11.101/05 pela Lei nº 14.112/20.

[22] Nos termos do art. 22, III, j, da Lei nº 11.101/05.

[23] De acordo com o art. 22, III, s, da Lei nº 11.101/05.

[24] COELHO, Fábio Ulhoa. *Curso de direito comercial, volume 3: direito de empresa.* 12 ed. São Paulo: Saraiva, 2011. p. 294.

O administrador judicial pode deixar suas funções por *substituição* ou por *destituição*, que são figuras distintas. No primeiro caso, não se configura sanção infligida a ele, tratando-se apenas de providência prevista em lei, tendo em vista a melhor administração da falência ou mesmo a continuidade do processo falimentar. Já a destituição é sanção imposta ao que não cumpriu a contento com as obrigações inerentes à função ou passou a ter interesses conflitantes com os da massa. São causas para a substituição a renúncia justificada, morte, incapacidade civil, falência etc.; são motivos para a destituição a inobservância de prazo legal, renúncia injustificada ou o interesse conflitante com o da massa.

Nesse ínterim, é valido mencionar: o administrador judicial **substituído** terá direito a **remuneração proporcional** ao trabalho realizado[25], *não estando impedido de ser nomeado novamente* para a função no mesmo, ou em outro, processo. Por sua vez, o administrador judicial **destituído** *não terá direito à remuneração* proporcional, e **estará temporariamente impedido** de ser nomeado novamente para a função no mesmo, ou em outro, processo.

São **hipóteses de destituição** do administrador judicial:

a) deixar de prestar contas dentro dos prazos legais[26];

b) ter prestação de contas desaprovadas[27];

c) renunciar sem relevante razão[28];

d) atuar com desídia, culpa, dolo ou descumprimento de obrigação legal[29].

O administrador judicial terá sua **remuneração fixada pelo juiz**, que não poderá exceder a **cinco por cento** do valor devido aos credores na recuperação judicial ou do valor de venda dos bens na falência[30]. Tal remuneração será reduzida ao limite de **dois por cento, caso o devedor seja ME ou EPP ou produtor rural, submetido à recuperação judicial, com base em plano especial**[31]. Da remuneração fixada, deve ser reservado **40% para ser pago ao final do processo**, após a apresentação e aprovação de suas contas[32].

---

[25] Na forma do art. 24, § 3º, da Lei nº 11.101/05.

[26] Nos termos do art. 23, da Lei nº 11.101/05.

[27] Nos termos do art. 24, § 4º, da Lei nº 11.101/05.

[28] Nos termos do art. 24, § 3º, da Lei nº 11.101/05.

[29] Nos termos do art. 24, § 3º, da Lei nº 11.101/05.

[30] Nos termos do art. 24, § 1º, da Lei nº 11.101/05.

[31] Nos termos do art. 24, § 5º, da Lei nº 11.101/05.

[32] De acordo com o art. 24, § 2º, da Lei nº 11.101/05.

O **administrador judicial responderá** por todos os prejuízos que *causar à massa falida, ao devedor ou aos credores*, por **dolo** ou **culpa**[33]. Os **prejuízos que decorrerem do exercício do dever legal não serão reparáveis**, portanto. Assim, por exemplo, **não haverá responsabilidade** do administrador judicial se, para pagar os credores trabalhistas, deixa insatisfeitos, os credores quirografários. De outro lado, **haverá responsabilidade** se o administrador judicial não conseguir pagar os credores quirografários por não ter deixado prescrever algum dos créditos de titularidade do falido.

1.2 Assembleia de credores

A assembleia de credores é um órgão de natureza deliberativa. Com efeito, a lei falimentar entregou à assembleia de credores a **deliberação** acerca de[34]:

a) **na recuperação judicial** – I. a aprovação, rejeição ou modificação do plano de recuperação judicial apresentado pelo devedor; II. a constituição do comitê de credores, a escolha de seus membros e sua substituição; III. o pedido de desistência do devedor; e IV. o nome do gestor judicial, quando do afastamento do devedor; e V. a alienação de bens ou direitos do ativo não circulante do devedor, não prevista no plano de recuperação judicial[35].

b) **na falência** – I. a constituição do comitê de credores, a escolha de seus membros e sua substituição; e II. a adoção de outras modalidades de realização do ativo.

Trata-se de um *rol de natureza exemplificativa*, na medida em que qualquer outro assunto que possa afetar o interesse dos credores também poderá ser resolvido em assembleia. **A legitimidade para a convocação da assembleia de credores cabe ao juiz**[36], a partir de publicação de edital tanto no órgão oficial e em jornais de grande circulação. Afora dos casos previstos em lei, cujo administrador judicial normalmente requer a convocação, credores que representem no **mínimo vinte e cinco por cento dos créditos de cada classe**, também, poderão requerer ao juiz a convocação de assembleia[37].

Como se viu, o **procedimento de convocação**[38], baseia-se na publicação de edital tanto no diário oficial eletrônico e disponibilizado no sítio eletrônico do administrador judicial, prevendo, desde logo, as datas em primeira

---

[33] Nos termos do art. 32, da Lei nº 11.101/05.
[34] Nos termos do art. 35, da Lei nº 11.101/05.
[35] Atribuição incluída pela Lei nº 14.112/20.
[36] Nos termos do art. 36, da Lei nº 11.101/05.
[37] Nos termos do art. 36, § 2º, da Lei nº 11.101/05.
[38] Previsto no art. 37, da Lei nº 11.101/05.

e segunda convocação. A data da assembleia em **primeira convocação** deve ocorrer, *no mínimo, quinze dias após a publicação da assembleia*, devendo, **entre a primeira e a segunda convocação**, mediar um prazo de *cinco dias*. Em *primeira convocação*, a assembleia se instala, com a presença de **credores titulares de mais da metade dos créditos de cada classe**.

Podem exercer **direito de voto** em assembleia todos os credores cujos **créditos tenham sido habilitados**[39]. Considera-se **aprovada** a proposta que obteve **votos favoráveis** de credores que representem **mais da metade dos créditos presentes** à assembleia geral[40].

Todavia, quanto ao quórum de aprovação, há **exceções** para deliberações sobre:

a) o *plano de recuperação judicial* – cujo quórum a ser respeitado está previsto no art. 45, da Lei nº 11.101/05;

b) a *composição do comitê de credores* – cujo quórum está previsto no art. 44, da Lei nº 11.101/05; e

c) a *forma alternativa de realização de ativos no processo de falência* – cujo quórum está previsto no art. 46, da Lei nº 11.101/05.

As **deliberações** poderão ser tomadas em **assembleia geral** ou **por classes**. Em assembleia geral, todos os credores votam juntos, independente da natureza dos créditos. Por classes, a assembleia será dividida de acordo com a natureza dos créditos, com o credor votando, dentro da classe. Seja como for, qualquer das deliberações poderá ser substituída por[41]: (i) termo de adesão firmado por tantos credores quantos satisfaçam o quórum de aprovação específico, nos termos do art. 45-A; (ii) votação realizada por meio de sistema eletrônico que reproduza as condições de tomada de voto da assembleia geral de credores; ou (iii) outro mecanismo reputado suficientemente seguro pelo juiz.

A assembleia de credores é composta de **quatro classes**[42]:

a) Classe dos credores trabalhistas – classe I;

b) Classe dos credores com garantia real – classe II;

c) Classe dos credores com privilégio, geral ou especial, quirografários e subordinados – classe III; e

d) Classes dos credores enquadrados como ME/EPP – classe IV[43].

---

[39] Nos termos do art. 39, da Lei nº 11.101/05.

[40] Nos termos do art. 42, da Lei nº 11.101/05.

[41] De acordo com o art. 39, § 4º, da Lei nº 11.101/05.

[42] Nos termos do art. 41, da Lei nº 11.101/05.

[43] Inserida através da Lei Complementar nº 147/14.

Para aprovar o **plano de recuperação judicial**, as deliberações ocorrerão em *classes*[44]. Para a aprovação, todas as classes devem aprová-lo em separado. **Nas classes I e IV**, é *suficiente o voto da maioria numérica dos credores*, independentemente do valor dos créditos[45]. **Nas classes II e III**, a aprovação será dada pela *maioria numérica dos credores, representando a maioria dos créditos presentes* à assembleia[46].

Para a escolha dos **representantes do comitê de credores**, a deliberação também se dará **por classes**. Frise-se, por oportuno: **a aprovação de cada membro será realizada somente entre os membros da respectiva classe**. Cada classe escolherá os respectivos representantes, sendo **indicados**, para cada categoria, **um titular** e **dois suplentes**.

No processo de falência, havendo necessidade de **realizar os ativos**, *na modalidade extraordinária*, ou seja, **de forma alternativa**, ocorrerá em **assembleia geral**. Porém, ter-se-á um **quórum qualificado** para a sua aprovação. Enquanto, regra geral, o quórum de deliberação é o da maioria do volume de créditos presentes à assembleia, para aprovar forma alternativa de realização dos ativos no processo de falência, o quórum será de **2/3 dos créditos presentes**.

Poderão participar da assembleia geral, **sem ter direito a voto** e não serão considerados para fins de verificação do **quórum de instalação e de deliberação**[47]:

a) os sócios do devedor;

b) as sociedades coligadas, controladoras, controladas;

c) as sociedades que tenham sócio ou acionista com participação superior a dez por cento do capital social do devedor;

d) as sociedades em que o devedor ou algum de seus sócios detenham participação superior a 10% (dez por cento) do capital social;

e) ao cônjuge ou parente, consanguíneo ou afim, colateral até o 2º (segundo) grau, ascendente ou descendente do devedor, se empresário individual; e

f) ao cônjuge ou parente, consanguíneo ou afim, colateral até o 2º (segundo) grau, ascendente ou descendente de administrador, do sócio controlador, de membro dos conselhos consultivo, fiscal ou semelhantes da sociedade devedora e à sociedade em que quaisquer dessas pessoas exerçam essas funções.

---

[44] Nos termos do art. 45, da Lei nº 11.101/05.

[45] De acordo com o art. 45, § 2º, da Lei nº 11.101/05.

[46] De acordo com o art. 45, § 1º, da Lei nº 11.101/05.

[47] Nos termos do art. 43, da Lei nº 11.101/05.

1.3 Comitê de credores

O *comitê de credores*, por fim, é **órgão facultativo**, tanto na falência, quanto na recuperação judicial. Vale dizer, *não causará maiores prejuízos ou nulidades um processo de falência ou de recuperação judicial tramitar sem a atuação do comitê*. Tal órgão só existirá mediante deliberação aprovada em assembleia de credores como visto. Frise-se, por oportuno: **não havendo o comitê de credores, as suas atribuições passam a ser de responsabilidade do administrador judicial**; aquelas que lhe forem incompatíveis serão assumidas pelo juiz[48].

O art. 27, da Lei nº 11.101/05 apresenta um rol de **natureza exemplificativa** das atribuições de competência do comitê de credores. Trata-se, como se percebe, de **competência fiscalizatória**. Com efeito, é dever do comitê de credores fiscalizar os principais atores de cada processo, velando pela legalidade dos atos praticados.

São **atribuições comuns à falência e à recuperação judicial**[49]:

a) fiscalizar as atividades e examinar as contas do administrador judicial;

b) zelar pelo bom andamento do processo e pelo cumprimento da lei;

c) comunicar ao juiz, caso detecte violação dos direitos ou prejuízo aos interesses dos credores;

d) apurar e emitir parecer sobre quaisquer reclamações dos interessados; e

e) requerer ao juiz a convocação da assembleia geral de credores.

Por sua vez, são **atribuições específicas para a recuperação judicial**[50]:

a) fiscalizar a administração das atividades do devedor, apresentando, a cada trinta dias, relatório de sua situação;

b) fiscalizar a execução do plano de recuperação judicial; e

c) submeter à autorização do juiz, quando ocorrer o afastamento do devedor, a alienação de bens do ativo permanente, a constituição de garantias, bem como atos de endividamento necessários à continuação da atividade empresarial durante o período que antecede a aprovação do plano de recuperação judicial.

2. O PROCEDIMENTO DE VERIFICAÇÃO E DE HABILITAÇÃO DE CRÉDITOS

Os credores aparecerão no processo de falência, em razão de sua ordem legal de preferência, materializada no quadro geral de credores. **O QGC é o elemento que demarca o fim do procedimento de verificação e de habili-**

---

[48] Nos termos do art. 28, da Lei nº 11.101/05.

[49] De acordo com o art. 27, I, da Lei nº 11.101/05.

[50] De acordo com o art. 27, II, da Lei nº 11.101/05.

tação de créditos. Neste diapasão, é importante compreender como se dará tal procedimento, antes do exame dos tipos de créditos que podem vir a ser previstos dentro do QGC.

O *procedimento de verificação e de habilitação de créditos* está regulamentado na Lei 11.101/05, entre os arts. 7º a 20. Trata-se de procedimento que ocorre de maneira idêntica, tanto na recuperação judicial quanto no processo de falência. É importante de início compreender as finalidades deste procedimento para ambos os processos.

Com efeito, **na recuperação judicial**, o procedimento de verificação e habilitação de créditos só tem **uma única finalidade**: assegurar ao credor o direito de voto em assembleia de credores, cabendo ressaltar que, afora o credor trabalhista, somente terá direito de voto o credor que se habilitar no prazo legal. Por sua vez, **na falência, duas serão as finalidades**, quais sejam: assegurar o direito de voto, nos mesmos moldes do que ocorre na recuperação judicial – porém, na falência, o credor retardatário retoma o direito de voto a partir de quando o seu crédito estiver definitivamente inserido no QGC; assegurar a possibilidade de pagamento ao credor – será pago de acordo com a ordem legal de preferência, materializada, como já se disse, no QGC.

Didaticamente, pode-se dividir o procedimento de verificação e de habilitação de créditos em duas fases: a *fase administrativa* e a *fase judicial*. A **fase administrativa da verificação de créditos** consiste na fase inicial e ocorre perante o administrador judicial. Já a **fase judicial da verificação de créditos** consiste no segundo momento da verificação de créditos e ocorre perante o juízo da falência ou de recuperação judicial, tratando-se de ações judiciais distribuídas por dependência ao processo principal. Seja como for, a verificação de créditos será realizada pelo administrador judicial, tendo por base a escrituração empresarial e os documentos apresentados pelos credores, podendo contar com o auxílio de profissionais ou empresas especializadas.

2.1 Fase administrativa

A **fase administrativa** da verificação de créditos tem **início com a publicação do edital**, contendo a relação de credores e, conforme o caso, a sentença declaratória de falência ou a decisão que defere a recuperação judicial. A partir de tal publicação, os credores terão o prazo de **15 dias** para **apresentar suas habilitações ou suas divergências** em relação aos créditos relacionados[51].

---

[51] Nos termos do art. 7º, § 1º, da Lei nº 11.101/05.

Se o credor constatar que o seu crédito aparece na 1ª relação publicada, estando corretos o valor e a classificação do mesmo, caberá realizar a sua habilitação, atendendo-se aos seguintes requisitos[52]:

a) a qualificação do credor;

b) o valor atualizado do crédito;

c) os documentos comprobatórios e provas a produzir sobre o crédito;

d) a indicação da garantia, se houver, com o respectivo instrumento; e

e) a especificação do objeto de garantia na posse do credor.

Caso haja algum equívoco nesta 1ª relação de credores, poder-se-á apresentar manifestação de divergência.

A *manifestação de divergência* que, por analogia, necessita dos documentos previstos no art. 9º, da Lei 11.101/05, pode ter um dos seguintes **objetivos**:

a) *incluir crédito próprio* – quando o credor não constar da lista, mas haver documentação comprovando a existência de um crédito ainda não prescrito;

b) *alterar crédito próprio ou de terceiro* – quando o credor constar da lista, mas houver equívoco, seja quanto ao valor, seja quanto a classificação; e

c) *excluir crédito de terceiro* – quando o credor percebe que há a presença de um crédito na lista que, entretanto, não deveria constar, por exemplo, por se tratar de um crédito mencionado equivocadamente ou que tenha sido objeto de algum tipo de fraude.

É oportuno ressaltar que é possível ocorrer **habilitações retardatárias**, ou seja, a lei admite que as habilitações sejam realizadas de maneira extemporânea[53]. A lei apresenta as seguintes **consequências para a intempestividade** da habilitação de crédito:

a) na recuperação judicial, os titulares de créditos retardatários, excetuados os titulares de créditos derivados da relação de trabalho, não terão direito a voto nas deliberações da assembleia geral de credores[54];

b) na falência, os credores retardatários, à exceção dos credores trabalhistas, também, não terão a priori o direito de voto em assembleia, retomando-se aludido direito quando, na data da assembleia geral, já houver sido homologado o QGC contendo o crédito retardatário[55];

c) na falência, os credores retardatários perderão o direito a rateios eventualmente realizados e ficarão sujeitos ao pagamento de custas, não se computando os acessórios compreendidos entre o término do prazo e a data do pedido de habilitação[56]; e

d) na falência, visando proteger os interesses do credor retardatário, será possível realizar o requerimento para a reserva de valor para a satisfação de seu crédito[57].

---

[52] Nos termos do art. 9º, da Lei nº 11.101/05.

[53] Nos termos do art. 10, da Lei nº 11.101/05.

[54] De acordo com o art. 10, § 1º, da Lei nº 11.101/05.

[55] De acordo com o art. 10, § 2º, da Lei nº 11.101/05.

[56] De acordo com o art. 10, § 3º, da Lei nº 11.101/05.

[57] De acordo com o art. 10, § 4º, da Lei nº 11.101/05.

Passado o prazo de 15 dias para a habilitação de créditos ou manifestação de divergência, **em 45 dias** o administrador judicial, com base nas habilitações e divergências realizadas, deverá publicar novo edital de credores[58]. Este edital de credores demarcará o *fim da fase administrativa da verificação de créditos*, iniciando-se, no mesmo ato, a fase judicial.

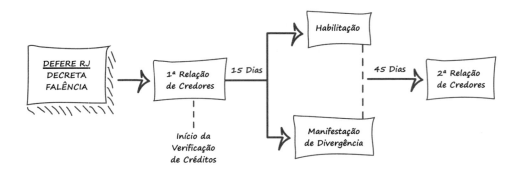

2.2 Fase judicial

No prazo de 10 dias contados da 2ª relação de credores, o *Comitê, qualquer credor*, o *devedor ou seus sócios* ou o *MP*, poderão promover **ação de impugnação** contra a relação de credores, apontando-se a ausência de qualquer crédito ou manifestando-se contra a legitimidade, importância ou classificação de crédito relacionado[59]. A impugnação será dirigida ao juiz por meio de petição, devendo cada impugnação ser **autuada em separado**, mas terão *uma só autuação as diversas impugnações versando sobre o mesmo crédito*[60].

Os credores cujos créditos forem impugnados serão **intimados para contestar** a impugnação, no **prazo de 5 dias**[61]. Após isto, no **prazo comum de 5 dias**, o *devedor* e o *Comitê* serão intimados pelo juiz para se manifestar sobre ela. Findo o prazo, o *administrador judicial* será intimado para, também, no **prazo de 5 dias**, emitir parecer sobre a ação de impugnação, devendo juntar à sua manifestação o laudo elaborado por profissional ou empresa especializada[62]. Como visto, trata-se de ação em que o réu, quando for o caso, será comunicado do processo via intimação e não contestação.

---

[58] Nos termos do art. 7º, § 2º, da Lei nº 11.101/05.
[59] Nos termos do art. 8º, da Lei nº 11.101/05.
[60] Nos termos do art. 13, da Lei nº 11.101/05.
[61] Nos termos do art. 11, da Lei nº 11.101/05.
[62] Nos termos do art. 12, da Lei nº 11.101/05.

Transcorridos tais prazos, os autos das ações de impugnação – de todas elas, ao mesmo tempo – serão **conclusos ao juiz** que[63]:

a) determinará a inclusão no QGC das habilitações de crédito não impugnadas;

b) julgará as impugnações que entender suficientemente esclarecidas;

c) fixará, em cada uma das impugnações restantes, os aspectos controvertidos, decidindo as questões processuais pendentes; e

d) determinará provas a produzir, designando, quando for o caso, audiência de instrução.

Apesar de ser uma ação **distribuída por dependência**, sendo julgado mediante sentença, **da decisão que julgar a ação de impugnação caberá recurso de agravo de instrumento**, regra geral recebido, apenas, no efeito devolutivo[64]. Entretanto, o relator poderá conceder efeito suspensivo à decisão que reconhece o crédito ou determinar a inscrição ou modificação do seu valor ou classificação no QGC, para fins de exercício de direito de voto em assembleia geral[65].

Julgadas as ações de impugnação e com base na 2ª relação de credores, **o administrador judicial será o responsável pela consolidação do QGC, a ser homologado pelo juiz**. O QGC, depois de assinado pelo juiz e pelo administrador judicial, será juntado aos autos e publicado no órgão oficial, no prazo de 5 dias, contado da sentença que houver julgado as impugnações[66]. O QGC será, assim, a 3ª relação de credores e determinará o fim da fase judicial e, portanto, do procedimento de verificação e de habilitação de créditos.

A recuperação judicial poderá ser encerrada ainda que não tenha havido a consolidação definitiva do quadro-geral de credores. Nesse caso, as ações de habilitação retardatária e de impugnações serão redistribuídas ao juízo da recuperação judicial, enquanto ações autônomas, passando a tramitar pelo rito comum[67]. Nunca é demais lembrar que a lei estabeleceu um prazo decadencial de 3 anos, para apresentar pedido de habilitação ou de reserva de crédito, contados da sentença que decretar a falência[68].

As **habilitações de crédito retardatárias**, se **apresentadas antes da homologação do QGC**, serão recebidas e processadas nos *mesmos moldes da ação de*

---

[63] De acordo com o art. 15, da Lei nº 11.101/05.

[64] De acordo com o art. 17, da Lei nº 11.101/05.

[65] De acordo com o art. 17, parágrafo único, da Lei nº 11.101/05.

[66] Nos termos do art. 18, da Lei nº 11.101/05.

[67] De acordo com o art. 10, § 9º, da Lei nº 11.101/05.

[68] Na forma do art. 10, § 10, da Lei nº 11.101/05.

impugnação anteriormente descrita[69]. **Após a homologação do QGC**, aqueles que não habilitaram seu crédito poderão, observado, no que couber, *o procedimento comum previsto no CPC*, requerer ao juízo da falência ou da recuperação judicial a retificação do QGC para a inclusão do respectivo crédito[70].

Por final, visando alterar ou excluir créditos, o administrador judicial, o Comitê, qualquer credor ou o MP, poderão promover **ação rescisória de crédito**, observando, no que couber, o procedimento comum previsto no CPC[71]. Tal ação será *proposta no juízo da recuperação judicial ou da falência*, ou **perante o juízo que tenha originariamente reconhecido o crédito**, nos casos de *reclamações trabalhistas ou de ações que demandam quantias ilíquidas*. Trata-se, portanto, de outra ação que, também, será **distribuída por dependência**. Proposta tal ação, o pagamento ao titular do crédito por ela atingido somente será realizado mediante a prestação de caução no mesmo valor do crédito questionado[72].

É comum, nos casos de ação de retificação ou de ação rescisória do QGC, o administrador judicial fazer publicar uma 4ª relação de credores. Porém, o procedimento de verificação e habilitação de créditos terá, do ponto de vista do processo legal, no máximo 3 relações de credores, sendo dispensada a 3ª relação de credores, quando não for proposta ação de impugnação em face da 2ª relação de credores.

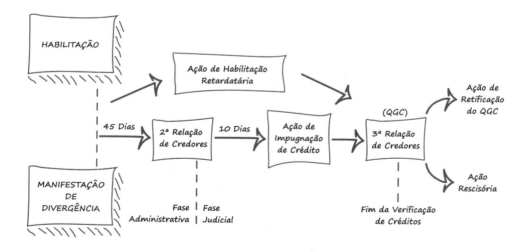

---

[69] De acordo com o art. 10, § 5º, da Lei nº 11.101/05.

[70] De acordo com o art. 10, § 6º, da Lei nº 11.101/05.

[71] Nos termos do art. 19, da Lei nº 11.101/05.

[72] Nos termos do art. 19, § 2º, da Lei nº 11.101/05.

2.3 O incidente de classificação do crédito público

Inovação trazida pela reforma promovida pela Lei nº 14.112/20, trata-se de mecanismo por meio do qual os créditos tributários serão inseridos no processo de falência para serem pagos, na medida em que o crédito tributário não se sujeita a concurso de credores e nem se habilita em processo de falência[73]. Com efeito, declarada a falência e realizadas as intimações e publicado o edital de credores, o juiz deverá instaurar de ofício para cada Fazenda Pública credora o referido incidente. Haverá a sua intimação eletrônica para apresentação da relação de créditos inscritos em dívida ativa, no prazo de 30 dias[74].

Encerrado o prazo mencionado, o falido, os demais credores e o administrador judicial terão 15 dias para apresentar objeções restritas sobre os cálculos e a classificação. Então, a Fazenda Pública será intimada para prestar informações no prazo de 10 dias. Os créditos serão objeto de reserva integral até o julgamento definitivo quando rejeitados os argumentos apresentados pelo Fisco. Antes da homologação, o juiz submete o QGC ao administrador judicial e à Fazenda Pública, no prazo comum de 10 dias, para manifestação sobre a situação atual dos créditos, após o que decidirá sobre a necessidade de manter a reserva mencionada[75].

Nesse ínterim, não se pode confundir a competência dos juízos envolvidos. Caberá ao juízo da execução fiscal a decisão sobre existência, exigibilidade e valor do crédito, bem como o eventual prosseguimento de cobrança contra os corresponsáveis[76]. Por sua vez, é da competência do juízo falimentar a decisão sobre os cálculos e a classificação dos créditos, bem como sobre a arrecadação de bens, a realização do ativo e o pagamento aos credores[77].

2.4 Tipos de credores

Existem **dois tipos de credores** inseridos no QGC:
a) *Credor da massa falida*; e
b) *Credor do falido*.

---

[73] De acordo com o art. 187, do CTN.

[74] É o que se retira do art. 7º-A, da Lei nº 11.101/05.

[75] O procedimento descrito se encontra no art. 7º-A, § 3º, da Lei nº 11.101/05.

[76] Na forma do art. 7º-A, § 4º, II, da Lei nº 11.101/05.

[77] É o que se extrai do art. 7º-A, § 4º, I, da Lei nº 11.101/05.

Perceba, inicialmente, que **não se confundem a massa falida com o falido** (ou com a sociedade falida ou com a EIRELI[78] falida). O **falido** era aquele que atuava como empresário no mercado, **antes da sentença declaratória** de falência. A **massa falida** é uma entidade que surge **quando o processo de falência é aberto** (com o advento da sentença declaratória de falência), com o objetivo de **representar os interesses em comum dos credores** do processo de falência (a *massa falida subjetiva*) e de **compor o conjunto dos bens e direitos arrecadados no processo** para a satisfação dos credores (a *massa falida objetiva*).

O **critério** para se definir enquanto credor da massa falida ou credor do falido é o da **origem do crédito**. Frise-se, oportuno: *o que interessa é a origem do crédito, a sua existência, a data de sua emissão ou criação, e não data do vencimento*. O foco, portanto, é **comparar a data da assinatura do contrato com a data da sentença declaratória**. Se a data de assinatura do contrato for **anterior**, será porque *quem assinou o contrato foi o próprio empresário* (antes de sua falência). Se **posterior**, *o contrato terá sido firmado perante o administrador judicial* enquanto representante da massa falida.

Assim, será **credor da massa falida** aquele cujo crédito seja de **origem posterior à falência**. Por sua vez, será **credor do falido** aquele cujo crédito seja de **origem anterior à falência**.

A importância de tal classificação se deve a **dois fatores**:
a) método de inserção dos créditos no processo; e
b) natureza do crédito titularizado.

Sendo **credor da massa falida**, isto significa que o sujeito já se tornou **credor perante a fonte pagadora** do processo. Por esta razão, *não se faz necessário provar a existência e/ou o quantum do referido crédito* e, dessa forma, não precisará se submeter ao procedimento de verificação e habilitação de crédito descrito anteriormente, sendo inserido **mediante simples inscrição** pelo *administrador judicial*. Será titular dos denominados **créditos extraconcursais**[79] e das **importâncias passíveis de restituição**[80].

Sendo **credor do falido**, isto significa que o sujeito é **credor de "terceira pessoa"**[81] que não a fonte pagadora do processo. Por esta razão, *faz-se neces-*

---

[78] Para quem, como este autor, entende que a Lei nº 14.195/21 não revogou a EIRELI.

[79] Previstos no art. 84, da Lei nº 11.101/05.

[80] Previstas no art. 86, da Lei nº 11.101/05. Com o advento da Reforma promovida pela Lei nº 14.112/20, passarão a ser também créditos extraconcursais (art. 84, I-C).

[81] Na realidade, a massa falida é uma entidade despersonificada.

sário provar a existência e/ou o *quantum* do referido crédito e, dessa forma, precisará se submeter ao **procedimento de verificação e habilitação de crédito** descrito anteriormente, para ser inserido no QGC. Será titular dos denominados **créditos concursais**[82].

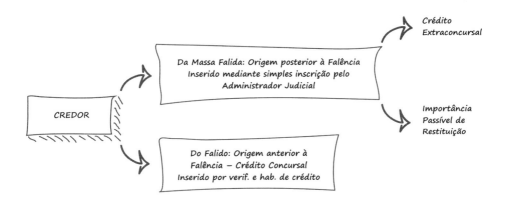

Dessa lógica, é exceção o crédito tributário. Com efeito, apesar de existir tributo concursal[83] e tributo extraconcursal[84], os créditos tributários serão inseridos sempre mediante inscrição[85], na medida em que é considerado privilégio e garantia do crédito tributário, o fato de não precisar ser habilitado em processo de falência[86].

Por final, a **distinção entre o tributo concursal e o extraconcursal** se dará não pela data do lançamento – momento em que se origina o crédito tributário[87], mas sim pela *data do fato gerador*. Se o **fato gerador for anterior à sentença**, mesmo que o lançamento ocorra posteriormente, o tributo será concursal (quem praticou o fato gerador foi o empresário antes de falir). Entretanto, se o **fato gerador for posterior à sentença**, o tributo será extraconcursal (porque foi a massa falida quem praticou o fato gerador).

---

[82] Previstos no art. 83, da Lei nº 11.101/05.

[83] Nos termos do art. 83, III, da Lei nº 11.101/05.

[84] Nos termos do art. 84, V, da Lei nº 11.101/05.

[85] Tal inscrição, como se viu, decorre do incidente de classificação do crédito público, examinado anteriormente.

[86] Nos termos do art. 187, do Código Tributário Nacional.

[87] De acordo com o art. 142, do Código Tributário Nacional.

3. EFEITOS DA SENTENÇA DECLARATÓRIA DE FALÊNCIA

Não há sentença judicial, no processo cível brasileiro, que produza tantos efeitos quanto a sentença declaratória de falência. Com efeito, é a com a sentença declaratória de falência em que se determina a competência jurisdicional para todas as demais questões, interesses, negócios e incidentes do falido ou do processo de falência[88].

Até mesmo em conformidade com a divisão estabelecida pela Lei nº 11.101/05, deve se destacar os *efeitos da sentença declaratória de falência* em pelo **menos três aspectos**:

a) sobre a pessoa do devedor;

b) sobre as obrigações do devedor; e

c) sobre os contratos do devedor.

3.1 Sobre a pessoa do devedor

O falido fica **inabilitado** para exercer **qualquer atividade empresarial** a partir da decretação da falência e até a **sentença que extingue suas obrigações**[89]. Por assim dizer, o falido pode ser considerado o pródigo do direito empresarial. Findo o período de inabilitação, o falido poderá requerer ao juiz da falência que proceda à respectiva anotação em seu registro.

A declaração da falência desencadeia uma *limitação na capacidade do devedor empresário*. **O falido estará inabilitado ao exercício da profissão de empresário.** Falindo-se a sociedade, *a priori*, não há qualquer efeito para os sócios. Por isso, falindo a sociedade, os sócios podem, em regra, validamente montar outra.

O art. 181, da Lei nº 11.101/05, prevê como **efeitos da condenação penal** por crime falimentar:

a) a inabilitação para o exercício de atividade empresarial;

b) o impedimento para o exercício de cargo ou função em conselho de administração, diretoria ou gerência;

c) a impossibilidade de gerir empresa por mandato ou por gestão de negócio.

Tais efeitos **não são automáticos**[90], devendo ser *declarados fundamentadamente na sentença penal condenatória*. Só nesta hipótese é que o administrador ou o sócio restarão inabilitados para fins empresariais.

---

[88] Nos termos do art. 78, parágrafo único, da Lei nº 11.101/05.

[89] Nos termos do art. 102, da Lei nº 11.101/05.

[90] Nos termos do art. 181, § 1º, da Lei nº 11.101/05.

Outro efeito importante é a **perda do direito de administrar os seus bens ou deles dispor**[91]. A arrecadação é o ato pelo qual o administrador judicial desapossa o falido de seus bens e direitos. **A declaração da falência não significa a perda da propriedade**. Só *com a realização do ativo é que se perde a propriedade*, portanto, apenas na fase de liquidação. Bem por isso é *permitido ao falido pleitear tudo o que for necessário diante do processo de falência* para conservar os seus direitos[92].

Não se pode deixar de notar que o falido assume uma **série de deveres**[93], dentre os quais se destacam:

a) o de *depositar em cartório os livros empresariais* obrigatórios;

b) o de não se ausentar da comarca;

c) o de *comparecer a todos os atos* da falência; e

d) o de *apresentar a relação de credores*.

Em face da **decretação de falência da sociedade**, os *administradores serão os responsáveis* pelo cumprimento de tais deveres. **Não serão declarados** falido, mas *assumirão todos os deveres impostos* pela lei. O **descumprimento de tais deveres** dará ensejo à condenação por *crime de desobediência*[94]. Trata-se do crime previsto no art. 330, do Código Penal que, neste aspecto, também, será considerado **crime falimentar**.

Destaque-se, por fim, quanto aos deveres do falido, que a reforma promovida pela Lei nº 14.112/21 estabeleceu o prazo máximo de 15 dias para o devedor assinar o termo de comparecimento. Além disso, passou a ser do administrador judicial a atribuição de encerrar os livros empresariais.

3.2 Sobre as obrigações do devedor

Preliminarmente, deve-se observar que para determinadas **obrigações** – *incluídos os créditos delas decorrentes* – virem a **ser exigidas, em processos de falência ou de recuperação judicial**, faz-se *mister* que sejam, **bilaterais, onerosas e proporcionais**. Trata-se assim de **obrigações sinalagmáticas**. Bilaterais, por existir duas partes na relação obrigacional. Onerosas, por estabelecer ônus para ambas as partes. Proporcionais, por ocorrer reciprocidade entre direitos e deveres

---

[91] Nos termos do art. 103, da Lei nº 11.101/05.

[92] Nos termos do art. 103, parágrafo único, da Lei nº 11.101/05.

[93] Nos termos do art. 104, da Lei nº 11.101/05.

[94] De acordo com o art. 104, parágrafo único, da Lei nº 11.101/05.

de cada parte. Dessa forma, *o ônus de uma das partes deve ser equivalente ao bônus da outra, e vice-versa.*

De outro lado, **faltando o sinalagma**, *a obrigação não poderá ser exigível, e tão pouco o crédito dela decorrente.*

Assim, **não são exigíveis do devedor**[95], na recuperação judicial[96] ou na falência:

a) as obrigações a título gratuito; e

b) as despesas que os credores fizerem para tomar parte na recuperação judicial ou na falência, salvo as custas judiciais decorrentes de litígios com o devedor.

Da primeira hipótese de inexigibilidade, citam-se como exemplos a **doação**, a **cessão gratuita** ou os **programas de milhagem**. Imagine um empresário que tenha se comprometido a doar um imóvel para nele se instalar um projeto social. Ainda que celebrada a escritura pública e pago o imposto de transmissão, tem-se que *tal doação seria inexigível com a decretação da falência*, **sendo fraudulentos** o registro imobiliário posterior à falência[97] e qualquer doação e demais atos gratuitos implementados até 2 anos antes do decreto de quebra[98].

Vê-se, também, a **inexistência de sinalagma** nas despesas que os credores fizerem para **tomar parte no processo**, na medida em que *não haverá contrapartida do devedor*. Daí a sua inexigibilidade. Entretanto, as **custas decorrentes de litígio** com o devedor, muitas vezes visando formar o título para ser habilitado no processo, **serão exigidas** na falência, na condição de **crédito extraconcursal**[99].

Além disso, visando garantir aplicação ao princípio *pars conditio creditorum*, a decretação da falência determina o **vencimento antecipado de todos os créditos** contra o falido, em que este é o obrigado principal, bem como a **conversão de todos os créditos** em moeda estrangeira para moeda nacional, para todos os fins, pelo câmbio do **dia da decisão judicial**[100]. É o que se chama *equalização de créditos* ou *uniformização de obrigações.*

---

[95] Nos termos do art. 5º, da Lei nº 11.101/05.

[96] Trata-se de efeito comum à recuperação judicial e à falência. Porém, por questão didática, na medida em que, na prática, as discussões sobre a temática se dão no processo de falência, o tema está apresentado como um efeito da declaração de falência do devedor.

[97] Nos termos do art. 129, VII, da Lei nº 11.101/05.

[98] Nos termos do art. 129, IV, da Lei nº 11.101/05.

[99] Nos termos do art. 84, IV, da Lei nº 11.101/05.

[100] Nos termos do art. 77, da Lei nº 11.101/05.

Cabe ainda considerar ser **inexigível juros no processo de falência**. É dizer-se: *não correm juros perante a falência*[101]. Em tese, os juros só **seriam exigíveis** e, portanto, poderiam ser pagos, no caso dos créditos de **garantia real**, se o valor apurado com a realização do ativo for suficiente para pagamento do valor nominal do crédito e dos juros, ou se ativo apurado pagar **até os créditos subordinados**, com sobras.

Por fim, *com a decretação da falência*, restarão **suspensos**[102] os **direitos de**:

a) **retenção**, *dos credores*, sobre os bens sujeitos à arrecadação, que deverão ser entregues ao administrador judicial; e

b) **de retirada**, *dos sócios*, ou do recebimento de **reembolso** ou de **haveres**.

Portanto, o **credor com direito de retenção** sobre os bens do devedor, no âmbito da falência, está *obrigado a entregar estes bens ao administrador judicial*. E, o direito deste credor, qual seria? O direito de se **habilitar na classe própria**. Já, quanto aos **sócios**, se *não pediram para sair antes* da decretação da falência, **não poderão mais fazê-lo** após a quebra; e, **se não receberam**, também não recebem mais, tornando-se *credores subordinados*[103].

3.3 Sobre os contratos do devedor

É comum que, *na data da decretação da falência*, existam **contratos do devedor pendentes de cumprimento** e urge saber como se deve proceder perante tais contratos. É de se perceber que os contratos podem ser **unilaterais**[104] ou **bilaterais**[105].

Seja como for a lei estabelece **critérios** a partir dos quais o administrador judicial deve se manifestar sobre a **continuidade do contrato**:

a) *reduzir o valor da massa falida*;

b) *evitar o aumento da massa falida*; e/ou

c) *preservar os ativos da massa falida*.

Reduz-se o valor da massa falida, produzindo ou trazendo disponibilidade financeira. Evita-se o aumento da massa falida, impedindo a ocorrência de um

---

[101] Nos termos do art. 124, da Lei nº 11.101/05.

[102] De acordo com o art. 116, da Lei nº 11.101/05.

[103] Nos termos do art. 83, VIII, "b", da Lei nº 11.101/05.

[104] De acordo com o art. 118, da Lei nº 11.101/05.

[105] De acordo com o art. 117, da Lei nº 11.101/05.

novo crédito a ser levado para o processo. Preserva-se os ativos, mantendo incólume o valor patrimonial da massa. Tais situações podem decorrer isolada ou cumulativamente em razão de um mesmo contrato.

3.3.1 Regras gerais de cumprimento dos contratos

Se o **administrador judicial entender** que *o contrato serve para pelo menos um dos critérios apresentados*, ele deve dar **continuidade ao contrato**, seja ele **bilateral** ou **unilateral**. É o administrador judicial, e mais ninguém, que definirá ou não acerca da continuidade ou rescisão do contrato, *não devendo ter mais eficácia* a cláusula contratual **rescisória por falência**. Apesar de a decisão ser do administrador judicial, *o comitê de credores, se houver, deve ser ouvido*.

No caso dos **contratos bilaterais**, como ninguém é obrigado a ficar vinculado eternamente a um contrato, há um *procedimento para provocar o administrador judicial a se manifestar*[106]. O contratante do falido pode interpelar, no **prazo de 90 dias**, o administrador judicial, indagando acerca do *cumprimento do contrato*, que deve **em 10 dias responder**, valendo o silêncio como negativa do cumprimento do contrato[107].

Se disser que **vai cumprir o contrato**, passa a viger a *exceptio non adimpleti contractus*[108]. Permanecendo em **silêncio**, ou dando pela **negativa de cumprimento**, *o contrato estará resolvido*, cabendo **indenização** em favor do contratante, cujo montante constituirá **crédito quirografário** a ser inserido no QGC, independente do eventual crédito já pendente de cumprimento em favor do contratante.

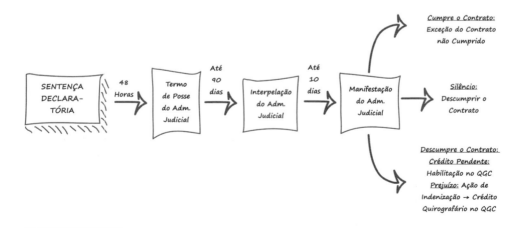

---

[106] Nos termos do art. 117, da Lei nº 11.101/05.

[107] Nos termos do art. 117, §§ 1º e 2º, da Lei nº 11.101/05.

[108] Prevista no art. 476, do Código Civil.

3.3.2 Cumprimento dos contratos em espécie e processo de falência

Do art. 119 até o art. 128, da Lei nº 11.101/05, existem **regras específicas de interpretação** para determinados contratos. É imprescindível a leitura destes dispositivos legais, que são da facílima compreensão. Dados os limites de espaço desta obra, há de se destacar, neste momento, as regras mais comuns, mais aplicadas na prática.

No *contrato de compra e venda*, o **vendedor não pode obstar a entrega** das coisas expedidas ao devedor e ainda **em trânsito**, se o comprador, antes do requerimento da falência, as tiver **revendido, sem fraude, à vista das faturas** e conhecimentos de transporte, entregues ou remetidos pelo vendedor[109]. Se o devedor vendeu **coisas compostas** e o administrador judicial resolver **não continuar a execução** do contrato, poderá o comprador **pôr à disposição da massa falida** as coisas já recebidas, pedindo **perdas e danos**[110]. **Não tendo o devedor entregue** coisa móvel ou prestado serviço que vendera ou contratara a **prestações**, e resolvendo o administrador judicial **não executar o contrato**, o crédito relativo ao valor pago **será habilitado** na classe própria[111]. Em se tratando de **venda com reserva de domínio**, o administrador judicial **restituirá a coisa móvel** *se resolver não continuar* o contrato, **exigindo a devolução dos valores pagos**[112].

Em se tratando de *contrato de locação*[113], a **falência do locador** *não resolve o contrato de locação* e, na **falência do locatário**, o administrador judicial pode, *a qualquer tempo, denunciar o contrato*. Já para os **contratos de mandato**[114], o mandato *conferido pelo devedor*, antes da falência, para a realização de negócios, **cessará seus efeitos com a decretação da falência**, cabendo ao mandatário prestar contas de sua gestão. O mandato *conferido para representação judicial* do devedor **continua em vigor** até que seja *expressamente revogado pelo administrador judicial*. **Para o falido**, *cessa o mandato ou comissão* que houver recebido **antes da falência**, salvo os que versem sobre matéria estranha à atividade empresarial.

As **contas correntes** com o devedor consideram-se **encerradas no momento de decretação da falência**, verificando-se o **respectivo saldo**[115]. Contra a massa falida **não são exigíveis juros** vencidos após a decretação da falência – ressalvados os créditos com garantia real, previstos em lei ou em contrato, se o ativo apurado não bastar para o pagamento dos credores subordinados[116].

---

[109] De acordo com o art. 119, I, da Lei nº 11.101/05.

[110] De acordo com o art. 119, II, da Lei nº 11.101/05.

[111] De acordo com o art. 119, III, da Lei nº 11.101/05.

[112] De acordo com o art. 119, IV, da Lei nº 11.101/05.

[113] Nos termos do art. 119, VII, da Lei nº 11.101/05.

[114] Nos termos do art. 120, da Lei nº 11.101/05.

[115] Nos termos do art. 121, da Lei nº 11.101/05.

[116] Nos termos do art. 124, da Lei nº 11.101/05.

3.4 A extensão dos efeitos da falência

A **extensão dos efeitos da falência** é *criação da doutrina e da jurisprudência falimentar* e consistia na possibilidade de **ser alcançado pela decretação da falência** tanto o **empresário indireto** quanto as **sociedades pertencentes ao mesmo grupo econômico**.

O *empresário indireto* é aquele que **exerce a atividade empresária através de um terceiro** que lhe empresta o nome, sendo conhecido como "*laranja*". Muitas vezes, como dito, o "laranja", apenas, empresta o nome, sendo toda a atividade empresária, de fato, exercida pelo empresário indireto. Ou seja, *eu estou no mercado, porém, fazendo uso do nome de terceiro*. Nesta hipótese, o devedor é o "laranja", vale dizer, é contra ela que se direcionará o pedido de falência.

De outro lado, há a questão das **sociedades pertencentes a um grupo econômico** em que, contra **uma delas**, é direcionado um **pedido de falência**, que vem a ser declarada. Discute-se aqui se *esta decretação de falência poderia vir a ser estendida às demais sociedades pertencentes ao mesmo grupo econômico*. Para conseguir tal intento, deve-se fazer uso da **desconsideração da personalidade jurídica**. Trata-se da denominada *desconsideração indireta*. Frise-se, por oportuno: *a mera existência de grupo econômico não autoriza a desconsideração*[117].

Com a reforma promovida pela Lei nº 14.112/20, é oportuno destacar que não se pode confundir a extensão da falência ou de seus efeitos com a desconsideração da personalidade jurídica, mesmo porque restou vedada a extensão, enquanto permitida a desconsideração[118].

Assim, se uma **determinada sociedade** empresária vier a ser **declarada falida**, sendo pertencente a um **grupo econômico**, caso haja **ligação societária** com as demais sociedades integrantes do grupo e se verifique, no caso concreto, os requisitos para a **aplicação da desconsideração** da personalidade jurídica[119], será possível ao juiz *desconsiderar a personalidade jurídica da falida para fins de responsabilização de terceiros, grupo, sócio ou administrador*.

Para facilitar

– Extensão dos efeitos da falência: é vedado!
– Desconsideração da personalidade jurídica: é permitido!

---

[117] De acordo com o art. 50, § 4º, do Código Civil.

[118] De acordo com o art. 82-A, da Lei nº 11.101/05.

[119] Estudados no Capítulo 3 – Direito Societário: noções gerais.

16

DIREITO CONCURSAL: A RECUPERAÇÃO DE EMPRESAS

O **Direito Concursal** pode ser dividido em *dois ramos*: o **direito falimentar** e o **direito recuperacional**. Com efeito, enquanto o *direito falimentar* se ocupa do **encerramento das atividades empresárias**, em razão de se buscar retirar o empresário do mercado, o **direito recuperacional** estuda o instrumento jurídico disponível para s**e evitar ou se escapar do decreto de falência empresarial**.

De um ponto de vista histórico, o Direito Recuperacional, *à luz do direito brasileiro*, pode ser dividido em **cinco fases**, sendo a quinta fase, a fase atual:

a) *Código Comercial, 1850* – além da quebra (nome jurídico da falência à época), existiam a **moratória** (o estabelecimento de um prazo, previsto em lei ou em contrato, visando evitar a decretação de falência, dentro do qual ninguém poderia cobrar o devedor que, ao final do prazo, estaria comprometido no pagamento de todos os credores contra quem se impetrou a moratória) e a **concordata suspensiva** (consistia em uma reprogramação de pagamento do passivo, com a concordância dos credores, visando suspender o andamento do processo de falência, com sentença já declarada, como última forma de o comerciante tentar reerguer o seu negócio);

b) *Decreto nº 917/1890* – **mantidas a moratória e a concordata suspensiva**, passou a ser admitida *duas novas utilizações da concordata*: a **concordata preventiva** (reprogramação de pagamento do passivo, com a concordância dos credores, visando evitar a declaração de falência do comerciante) e a **concordata extrajudicial** (os outros procedimentos teriam natureza judicial);

c) *Decreto nº 2.034/1908* – revogadas a moratória e a concordata extrajudicial, continuariam as **concordatas preventiva e suspensiva**. A primeira serviria para *evitar a decretação da falência*, enquanto a segunda tinha o objetivo de *suspender o andamento de um processo de falência, com sentença já declarada*. Em ambos os casos, para a concessão da concordata seria **necessária a concordância dos credores**;

d) *Decreto-lei nº 7.661/45* – as concordatas preventiva e suspensiva foram **mantidas no sistema**, porém, restou *alterada a sua natureza jurídica* que passou a ser um "***favor legal***" ao comerciante, vale dizer um direito subjetivo atribuído ao agente econômico que, agora, poderia ter acesso à concordata, ainda que com ela ninguém concordasse; e

e) *Lei nº 11.101/05* – o sistema atual em que restaram **abolidas as concordatas preventiva e suspensiva**, tendo *surgido em seu lugar*, as **recuperações judicial e extrajudicial**, *sem o caráter preventivo*.

O principal objetivo da nova legislação é viabilizar a **superação da crise econômico-financeira do devedor**, a fim de permitir a *manutenção da fonte produtora*, do *emprego dos trabalhadores* e dos *interesses dos credores*, promovendo, assim, a **preservação da empresa, sua função social** e o **estímulo à atividade econômica**[1]. É dentro deste contexto, portanto, que se estabelece na Lei 11.101/05 o instituto da recuperação de empresas. Trata-se do instrumento jurídico previsto para *a solução de uma crise econômico-financeira de determinado devedor viável economicamente*.

Não se confundem o sistema de *recuperação de empresas*, previsto na Lei nº 11.101/05, e o sistema das *concordatas*, nos termos do Decreto-lei nº 7.661/45. As **diferenças** entre tais sistemas se relacionam aos **procedimentos admitidos**, à **finalidade**, aos **créditos alcançados** e à **natureza jurídica**.

 Para facilitar

Recuperação de empresas	Concordatas
Judicial ou extrajudicial	Somente, judicial
Somente, preventiva	Preventiva ou suspensiva
Qualquer crédito anterior ao pedido	Somente, crédito quirografário
Natureza de contrato (contrato plurilateral)	Natureza de direito ("favor legal")

---

[1] Nos termos do art. 47, da Lei nº 11.101/05.

1. REQUISITOS PARA A RECUPERAÇÃO DE EMPRESAS

A **recuperação de empresas** é o mecanismo jurídico para a **superação da crise econômico-financeira**. Vale dizer, é preciso que o empresário esteja em crise, mas sua atividade ainda é viável economicamente. **Pode ser requerida pelo devedor**, havendo **legitimidade ativa extraordinária** para o **cônjuge sobrevivente**, os **herdeiros do devedor** ou **inventariante** (para o caso de falecimento do empresário individual) e para o **sócio remanescente**[2].

A Lei nº 11.101/05 estabelece requisitos para que o pedido de recuperação de empresas seja procedente. O primeiro deles é o da **regularidade**. Com efeito, o devedor que almeja o deferimento de sua recuperação judicial deve estar em **exercício regular há mais de dois anos**. A regularidade é comprovada a partir de certidão expedida pela Junta Comercial. **Em se tratando de empresário rural**, a regularidade poderá ser comprovada por meio de Declaração de Informações Econômico-fiscais da Pessoa Jurídica – DIPJ que tenha sido entregue tempestivamente[3].

Diferentemente do que ocorria com a concordata, que podia ser preventiva ou suspensiva, *a recuperação judicial sempre será preventiva, inexistindo, portanto, procedimento suspensivo da falência*, com o advento da Lei nº 11.101/05. Isto porque o segundo requisito para a recuperação de empresas reside no fato de o **empresário nunca ter sido declarado falido**. Caso tenha sido declarado falido, será necessário que suas obrigações tenham sido extintas por sentença transitada em julgado[4].

O terceiro requisito diz respeito aos **prazos de desincompatibilização**. Ou seja, caso um devedor tenha o interesse de propor uma segunda recuperação judicial, será necessário a espera de um lapso temporal mínimo contado da data da primeira concessão. O prazo de desincompatibilização para a **recuperação extrajudicial** é de **dois anos**[5]. Porém, para a **recuperação judicial**, o prazo de desincompatibilização é de **cinco anos**[6].

Por final, o último requisito se refere ao fato da **inexistência de condenação por crime falimentar**. No caso do empresário individual, ele não pode ter sido condenado por crime falimentar. No caso de sociedade empresária, o administrador ou o sócio controlador não podem ter sofrido tal condenação[7].

---

[2] Nos termos do art. 48, da Lei nº 11.101/05.

[3] Nos termos do art. 48, § 2º, da Lei nº 11.101/05.

[4] Nos termos do art. 48, I, da Lei nº 11.101/05.

[5] Nos termos do art. 161, § 3º, da Lei nº 11.101/05.

[6] Nos termos do art. 48, II e III, da Lei nº 11.101/05.

[7] Nos termos do art. 48, IV, da Lei nº 11.101/05.

2. MODALIDADES DE RECUPERAÇÃO DE EMPRESAS

Pode-se falar em duas *modalidades de recuperação de empresas*:

a) a **recuperação judicial**; e
b) a **recuperação extrajudicial**.

De início, é importante definir a **extrajudicialidade**[8] **da recuperação de empresas**. A **diferença** entre as duas modalidades de recuperação de empresas *não reside na participação ou não do Judiciário*. Com efeito, é inegável a participação do Judiciário na recuperação judicial, como o próprio nome já diz, além do que o Judiciário participa, também, da recuperação extrajudicial, ainda que para fins meramente homologatórios. A diferença entre ambas as modalidades de recuperação de empresas se refere ao **âmbito de definição do plano de recuperação**.

Será considerada *extrajudicial* a recuperação cujo plano tenha sido definido e **aprovado diretamente entre devedor e credores**, antes de se ingressar com uma medida de judicial. Será considerada *judicial* a recuperação cujo plano necessite ser apresentado em uma **ação em andamento para fins de sua aprovação**. Deste modo, se o devedor *busca o Judiciário com o plano já aprovado*, ter-se-ia uma **recuperação extrajudicial**. Porém, se o devedor *buscar o Judiciário na tentativa de aprovação de um plano* de recuperação, ter-se-á uma **recuperação judicial**.

No âmbito da *recuperação judicial de empresas*, existem dois procedimentos:
a) a **recuperação judicial geral**; e
b) a **recuperação judicial especial**.

Já para a *recuperação extrajudicial*, são três os tipos:
a) a **recuperação judicial de homologação facultativa**;
b) a **recuperação judicial de homologação obrigatória**; e
c) os **acordos privados** (que prescindem de qualquer tipo de homologação).

2.1 A recuperação judicial geral (ou ordinária)

A recuperação judicial geral é a regra geral da recuperação de empresas. Pode ser **aplicável a qualquer empresário**, independentemente do tipo (indivi-

---

[8] MAMEDE, Gladston. *Direito empresarial brasileiro, volume 4: falência e recuperação de empresas.* São Paulo: Atlas, 2006, p. 298.

dual, sociedade, EIRELI) ou do tamanho (MEI, ME, EPP, sociedade de grande porte). Desse modo, em sendo empresário e correndo o risco de falência, para evitá-la, poderá fazer uso deste procedimento.

Na recuperação judicial geral, o plano de recuperação judicial **tem natureza contratual**, sendo definido processualmente, a partir da interação devedor-credores. Tanto é que, como regra, **deverá ser aprovado em assembleia geral de credores**, em razão de quórum qualificado[9].

2.2 A recuperação judicial especial

A recuperação judicial especial é um **procedimento alternativo** para o empresário juridicamente enquadrado como **ME ou EPP**. Ou seja, o empresário enquadrado no regime jurídico da Lei Complementar nº 123/06 pode escolher entre a recuperação judicial geral e a recuperação judicial especial. Querendo se utilizar da recuperação judicial especial, o empresário ME ou EPP deve informar sua intenção logo na petição inicial[10], sob pena de se submeter à recuperação judicial geral.

Neste caso, o plano já está definido em lei[11], cabendo ao devedor definir o montante de parcelas mensais, iguais e sucessivas (até trinta e seis) e a data do primeiro pagamento (até cento e oitenta dias, contado da distribuição do pedido). Desse modo, não há necessidade de convocação de assembleia de credores para a sua aprovação[12].

2.2.1 A recuperação judicial do produtor rural

Inicialmente, o pessoal do agronegócio estava submetido ao regime geral de recuperação judicial. Vale dizer, se não estavam enquadrados como ME/EPP, somente poderiam ajuizar a recuperação judicial ordinária. Para adotarem o regime da recuperação judicial especial, fazia-se mister o já referido enquadramento.

Com a reforma promovida pela Lei nº 14.112/20, a situação mudou[13]. Agora, os produtores rurais podem ajuizar a recuperação judicial especial, mesmo que não estejam enquadrados como ME/EPP. Para tanto, basta que o valor da causa seja inferior a R$ 4.800.000,00.

---

[9] Nos termos do art. 45, da Lei nº 11.101/05.

[10] Nos termos do art. 70, § 1º, da Lei nº 11.101/05.

[11] Nos termos do art. 71, da Lei nº 11.101/05.

[12] Nos termos do art. 72, da Lei nº 11.101/05.

[13] Trata-se do art. 48-A, da Lei nº 11.101/05.

2.3 A recuperação extrajudicial de homologação facultativa

A recuperação extrajudicial será de **homologação facultativa** quando **todos os credores** aderirem ao plano apresentado pelo devedor, assinando-o. Neste caso, dada a natureza contratual da recuperação de empresas[14] e em face do princípio *pacta sunt servanda*, a homologação da recuperação extrajudicial passa a ser mera formalidade, vale dizer, o cumprimento de um plano de recuperação extrajudicial assinado por todos os credores não se considera mais ou menos obrigatório em vista de ter ou não sido homologado.

2.4 A recuperação extrajudicial de homologação obrigatória

A **homologação** passa a ser **obrigatória**, quando, não conseguida aprovação unânime, o devedor consiga a aprovação mínima de **credores que representem mais da metade dos créditos** de cada espécie por ele abrangidos[15]. Neste caso, a homologação é necessária para que o plano de recuperação extrajudicial possa surtir efeitos aos credores que não concordaram expressamente com o plano.

2.5 Os acordos privados

Além dos planos de recuperação extrajudicial sujeitos à homologação facultativa ou obrigatória, **quaisquer acordos privados** entre o devedor e os seus credores podem ser considerados **meios alternativos de recuperação extrajudicial**[16]. Nestes casos, passa-se ao largo do Judiciário, vale dizer, trata-se de contratos que venham a resolver problemas de insolvência do devedor. Serve, de exemplo atual, os contratos de confissão de dívida.

Não se pode confundir com o caso de homologação facultativa, pois, ao contrário daquele, poderá ser levado à homologação no Judiciário, neste caso, percebe-se que a recuperação de empresas independe, passando ao largo, de qualquer manifestação judicial. É o que se convenciona chamar de *solução de mercado*.

3. CRÉDITOS ALCANÇADOS PELA RECUPERAÇÃO DE EMPRESAS

Sujeitar-se-ão às regras de recuperação judicial todos os créditos vencidos ou vincendos **existentes na data do pedido**[17]. Perceba-se que *não interessa para a*

---

[14] Conforme opinião sufragada de modo quase unânime pela doutrina.
[15] Nos termos do art. 163, da Lei nº 11.101/05.
[16] Nos termos do art. 167, da Lei nº 11.101/05.
[17] De acordo com o art. 49, da Lei nº 11.101/05.

recuperação de empresas o vencimento do título, mas sim **a origem da obrigação, a data da criação ou da emissão do crédito**. Desde que a obrigação seja anterior ao pedido, é possível que todo o crédito seja levado à recuperação judicial.

Em termos gerais, os **contratos não são afetados** pela recuperação judicial, salvo se pactuados de **forma distinta no plano de recuperação**. Os contratos permanecem iguais, salvo se o plano previr regra diferente, como, por exemplo, a alteração dos juros dos contratos de mútuo[18]. Não se pode perder de vista que *a aprovação do plano de recuperação judicial implica novação*[19], de modo que se deixa de ser credor em razão do título para ser credor em razão do plano.

Existem, entretanto, **exceções**[20]. Trata-se de créditos que não se submetem à recuperação judicial:

a) **Crédito com base em contrato de alienação fiduciária em garantia.** Se o devedor descumprir o contrato, este perde o bem dado como garantia da obrigação contraída. De acordo com a lei, esses contratos não são submetidos à recuperação judicial, porém é vedado qualquer tipo de ação cuja finalidade seja a retomada do bem nos 180 dias seguintes ao deferimento da recuperação judicial. Será permitida a retomada do bem se este não for considerado essencial às finalidades da empresa em recuperação.

b) **Credor com base em contrato de arredamento mercantil (*leasing*).** Este contrato se perfaz quando uma empresa financiadora compra determinado bem e o coloca à disposição da empresa financiante, servindo de garantia o próprio bem objeto do contrato. O arrendador mercantil também não se sujeita à recuperação judicial. Porém, não é cabível ação de reintegração de posse no prazo de 180 dias, salvo se o bem não for essencial à atividade econômica.

c) **Credor proprietário ou promitente vendedor de imóvel com base em contrato que contenha cláusula de irrevogabilidade ou irretratabilidade.** Estes acordos também não se sujeitam à recuperação judicial. Frise-se, por oportuno: regra geral, o crédito com base em promessa de compra e venda pode se submeter ao plano de recuperação judicial. Para estar excluído, deve conter cláusula de irrevogabilidade ou de irretratabilidade. Porém, só pode fazer valer os seus direitos de proprietário após 180 dias, contados do deferimento da recuperação judicial.

---

[18] Nos termos do art. 49, § 2º, da Lei nº 11.101/05.

[19] Nos termos do art. 59, da Lei nº 11.101/05.

[20] Nos termos do art. 49, §§ 3º e 4º, da Lei nº 11.101/05.

d) **Credor com base em contrato de compra e venda com reserva de domínio.** Nos mesmos moldes dos créditos anteriores, sendo o proprietário, em contrato de venda com reserva de domínio, o credor não terá seus créditos sujeitos aos efeitos da recuperação judicial, podendo fazer valer seus direitos de proprietário, não se permitindo no prazo de 180 dias, contatos do deferimento da recuperação judicial.

e) **Credor com base em contrato de câmbio também não se submetem às regras da recuperação judicial.** O contrato de câmbio já foi melhor explicado no Capítulo 14 – Direito Concursal: a falência, quando do estudo da ação de restituição. Por ora, apenas, cabe destacar que, no plano da recuperação judicial, o crédito decorrente do adiantamento de contrato de câmbio para a exportação não se sujeita ao processo de recuperação judicial e nem sofre a suspensão de 180 dias contados do deferimento da recuperação judicial.

f) **Crédito fiscal:** não se sujeita à recuperação judicial, não havendo sequer a suspensão das execuções fiscais em trâmite, podendo haver a substituição dos atos de constrição que recaiam sobre bens de capital, oriundos da execução fiscal, sendo tal decisão de competência do juízo da recuperação judicial[21]. Pode haver a cobrança imediata do valor devido. O que poderá suspender a execução fiscal será o parcelamento especial nos termos de lei ordinária.

Para a recuperação judicial do produtor rural, deve-se observar inicialmente que somente os créditos que decorram exclusivamente da atividade rural irão se sujeitar ao procedimento[22]. Entretanto, os créditos decorrentes de operações de crédito rural que tenham sido objeto de renegociação antes do pedido de recuperação judicial estão excluídos[23]. Também estará excluída da recuperação judicial do produtor rural a dívida constituída nos últimos 3 anos com a finalidade de aquisição de propriedades rurais, bem como as respectivas garantias[24].

Por final, é válido mencionar que, com o advento da Lei Complementar nº 147/14, serão **alcançados pela recuperação judicial especial** os *mesmos créditos que podem ser alcançados pela recuperação judicial geral*[25]. Vale dizer, atualmente, os créditos alcançados pela recuperação judicial geral, também poderão vir a se submeter à recuperação judicial especial.

---

[21] Nos termos do art. 6º, § 7º-B, da Lei nº 11.101/05.

[22] Na forma do art. 49, § 6º, da Lei nº 11.101/05.

[23] Nos termos do art. 49, §§ 7º e 8º, da Lei nº 11.101/05.

[24] Na forma do art. 49, § 9º, da Lei nº 11.101/05.

[25] Nos termos do art. 71, I, da Lei nº 11.101/05.

No âmbito da **recuperação extrajudicial**, serão alcançados os *mesmos credores que se submetem à recuperação judicial*, à **exceção dos créditos trabalhistas**[26]. Vale dizer, *os créditos trabalhistas se submetem à recuperação judicial, mas estavam excluídos da recuperação extrajudicial, em sua redação original*. Porém, com a reforma promovida pela Lei nº 14.112/20, os créditos trabalhistas passaram excepcionalmente a também se submeter à recuperação extrajudicial. Para tanto, é exigida negociação coletiva com o sindicato da respectiva categoria. E se houver mais de uma categoria de trabalhadores? Será necessária negociação coletiva com cada um dos respectivos sindicatos.

4. A LINHA PROCESSUAL DA RECUPERAÇÃO JUDICIAL

Antes de falar do procedimento propriamente visto, é importante compreender as **condições da ação para o pedido de recuperação judicial**. Com efeito, torna-se necessário o atendimento às condições da ação, na medida em que o processo deve ser julgado **extinto sem resolução de mérito** quando, dentre outras situações, houver, no caso concreto, **carência de ação**[27], em razão da **falta de legitimidade** ou de **interesse processual**.

A **legitimidade ativa**, como se viu, pode ser *ordinária* ou *extraordinária*. A **legitimidade ativa ordinária** cabe ao devedor[28], cabendo a **legitimidade ativa extraordinária**, ao cônjuge sobrevivente, herdeiro, inventariante ou sócio remanescente[29], já examinados. A **legitimidade passiva** cabe aos credores alcançados pelo plano de recuperação judicial[30]. Apesar de *não serem tecnicamente réus*[31], os credores do empresário poderão estar *sujeitos à recuperação judicial*.

O **interesse processual** está consubstanciado no atendimento à prescrição normativa do art. 47, da Lei nº 11.101/05, cabendo destacar que a discussão acerca do *interesse de agir só poderá ser realizada até o advento da concessão da recuperação judicial*, haja vista que a doutrina entende que daí em diante o *interesse de agir passaria a ser presumido justamente pela decisão de concessão da recuperação judicial*. Frise-se, por oportuno: o art. 47, da Lei nº 11.101/05,

---

[26] Nos termos do art. 161, § 1º, da Lei nº 11.101/05.

[27] Nos termos do art. 485, VI, do CPC.

[28] Nos termos do art. 48, da Lei nº 11.101/05.

[29] Nos termos do art. 48, § 1º, da Lei nº 11.101/05.

[30] TOMAZETTE, Marlon. *Curso de direito empresarial: falência e recuperação de empresas – volume 3*. 6 ed. São Paulo: Saraiva Educação, 2018. p. 96.

[31] MAMEDE, Gladston. *Direito empresarial brasileiro: falência e recuperação de empresas*. São Paulo: Atlas, 2006. v. 4. p. 193.

estabelece os objetivos e as finalidades da recuperação judicial. Dessa forma, **atendendo-se a tais objetivos e finalidades, é porque a medida é útil e adequada.**

A doutrina divide esquematicamente o processamento da ação de recuperação judicial em três fases[32]:

a) **fase postulatória;**
b) **fase deliberatória;** e
c) **fase executória.**

Na *fase postulatória*, ocorre a **postulação da recuperação judicial;** trata-se do momento em que o devedor vai ao Judiciário requerer a sua recuperação judicial. Já na *fase deliberatória*, ocorre a **deliberação para aprovação do plano** de recuperação judicial; trata-se do procedimento propriamente dito. Por final, na *fase executória*, ocorre o **cumprimento processual do plano** de recuperação judicial; trata-se do momento em que aprovado o plano deverá haver o seu cumprimento sob a fiscalização do juiz, do ministério público, do administrador judicial e, se houver, do comitê de credores.

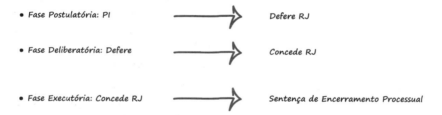

VISÃO PANORÂMICA

- Fase Postulatória: PI ⟶ Defere RJ
- Fase Deliberatória: Defere ⟶ Concede RJ
- Fase Executória: Concede RJ ⟶ Sentença de Encerramento Processual

A *fase postulatória* da recuperação judicial vai da *petição inicial* até a decisão que *defere* a recuperação judicial. A *fase deliberatória* da recuperação judicial vai da decisão que *defere* até a decisão que *concede* a recuperação judicial. A *fase executória* vai da decisão que *concede* a recuperação judicial até a *sentença de encerramento processual*.

No plano do **processo civil**, deferir e conceder são *expressões sinônimas*. Nesta linha, tanto faz falar que o juiz deferiu tutela antecipada quanto que ele concedeu referida medida de urgência. Para o processo de **recuperação judicial**, entretanto, trata-se de *decisões distintas* e que não podem ser confundidas.

---

[32] A presente divisão foi estabelecida inicialmente pelo prof. Fábio Ulhoa Coelho.

Para facilitar

Decisões do processo de recuperação judicial	
Defere RJ	**Concede RJ**
Previsão legal: art. 52, Lei 11.101/05	Previsão legal: arts. 58 e 59, Lei 11.101/05
Defere o processamento da ação	Concede o plano a ser cumprido
A aprovação do plano não é requisito	A aprovação do plano é requisito
Não se exige quitação tributária	A lei exige quitação tributária
Natureza de decisão interlocutória	Natureza de sentença
Cabe recurso de agravo de instrumento	Cabe recurso de agravo de instrumento

Para bem compreender a linha processual, é imperativo conhecer as atribuições de cada um dos personagens envolvidos no plano de recuperação judicial. São eles:

a) **Devedor** – apresentar e cumprir o PRJ;
b) **Credores** – aprovar o PRJ ou apresentar PRJ alternativo;
c) **Juiz** – conceder o PRJ.

Inicialmente, havendo a rejeição do plano de recuperação judicial, deveria haver a convolação da recuperação judicial em falência. Porém, em homenagem ao princípio da preservação da empresa, a Reforma promovida pela Lei nº 14.112/20 passou a admitir, com a nova redação atribuída ao art. 56, § 4º, da Lei nº 11.101/05, a apresentação de plano alternativo de recuperação judicial.

Assim, a decisão do **art. 52**, da Lei nº 11.101/05 defere o **processamento da ação** de recuperação judicial. Para proferir tal decisão, *não se faz necessária* a aprovação do plano de recuperação pelos credores e *nem se exige* quitação tributária. Consiste em ato judicial com natureza jurídica de **decisão interlocutória**, sendo desafiada mediante **agravo de instrumento**.

De outro lado, a decisão dos **arts. 58 e 59**, da Lei nº 11.101/05 **concede o plano** de recuperação judicial a ser cumprido pelo devedor. Para tanto, *faz-se necessária* a aprovação do plano de recuperação pelos credores. De outro lado, *a lei exige* quitação tributária[33], porém, a jurisprudência tem dispensado. Consiste

---

[33] Nos termos do art. 57, da Lei nº 11.101/05.

em ato judicial com natureza jurídica de **sentença**[34] e, apesar deste fato, atacável mediante **agravo de instrumento**[35].

Quanto ao recurso cabível para a decisão que defere o processamento da recuperação judicial, é importante constatar inicialmente, no âmbito do CPC/73, surgiu um debate acerca do recurso cabível contra tal decisão: seria uma decisão irrecorrível ou seria desafiada mediante agravo de instrumento?

Sobre esta questão, a III Jornada de Direito Comercial, do Conselho da Justiça Federal, em junho de 2019, firmou o enunciado nº 102, prevendo: "*a decisão que **defere** o processamento da recuperação judicial desafia **agravo de instrumento**, nos termos do art. 1.015, do CPC/2015*"[36]. Com a devida vênia e o devido respeito necessários, parece-me não ser o entendimento mais correto.

O **motivo deste debate** residia no fato de que, *para o CPC anterior, de qualquer decisão interlocutória caberia agravo* e, no entendimento preconizado pela Súmula nº 264, do STJ: "*é irrecorrível o ato judicial que apenas manda processar a concordata preventiva*". Frise-se, por oportuno, o entendimento predominante de se aproveitar todos os entendimentos do STJ sobre a concordata preventiva para o processo de recuperação judicial, a menos que a Lei de Falências e Recuperação de Empresas preveja de maneira diversa.

A doutrina clássica de Direito Falimentar[37] estabelece de modo dominante que o **Direito Falimentar** (e, atualmente, *também, o Recuperacional*) tem um **sistema recursal próprio**. Assim, **cabe à Lei de Falências e não ao Código de Processo Civil** estabelecer, nos processos de falências e recuperação de empresas, *quais decisões judiciais serão recorríveis e qual o recurso cabível*.

Não se quer com isso dizer que não se aplicam as **normas do CPC ao processo de falência**. Ao contrário. São *aplicáveis supletivamente*, ou seja, naquilo que couber[38]. Assim, existindo lacuna na Lei nº 11.101/05, caberá,

---

[34] Nos termos do art. 59, § 1º, da Lei nº 11.101/05.

[35] Nos termos do art. 59, § 2º, da Lei nº 11.101/05.

[36] Este é o entendimento que deve ser levado para questões objetivas, preambulares ou de 1ª Fase.

[37] Por exemplo: REQUIÃO, Rubens. *Curso de direito falimentar, 1º volume.* 17 ed. São Paulo: Saraiva, 1998; VALVERDE, Trajano de Miranda. *Comentários à lei de falências: decreto-lei nº 7.661, de 21 de junho de 1945.* 4 ed. Rio de Janeiro: Revista Forense, 2000; PACHECO, José da Silva. *Processo de falência e concordata: comentários à lei de falência – doutrina, prática e jurisprudência.* 13 ed. Rio de Janeiro: Forense, 2004; PONTES DE MIRANDA, Francisco Cavalcanti. *Tratado de direito privado.* 3 ed. São Paulo: RT, 1984. Tomo XXX.

[38] Nos termos do art. 189, da Lei nº 11.101/05.

em tese, ao CPC supri-la. Porém, no tocante ao **sistema recursal**, a *legislação falencial é completa*.

Com o advento do art. 1.015, mais precisamente no seu inciso XIII, do CPC atual e, tendo em vista que, em nenhum momento, a Lei nº 11.101/2005 estabelece o *recurso cabível contra a decisão que deferiu a recuperação*, sem se esquecer da Súmula nº 264, do STJ, a conclusão a que se chega só poderia ser uma: **é uma decisão contra a qual não cabe recurso**.

Enfim, parece-me que o *caminho juridicamente mais correto* para se atacar a decisão que defere o processamento da recuperação judicial seria a via do **Mandado de Segurança**[39]. Porém, tal entendimento não prosperou, conforme visto anteriormente, na III Jornada de Direito Comercial, do Conselho da Justiça Federal. Apesar da crítica apresentada, é aquele entendimento que deve ser levado para provas de OAB e Concursos em geral.

Por fim, é válido notar que a Reforma promovida pela Lei nº 11.101/05 consagrou em definitivo o entendimento proposto pela III Jornada anteriormente mencionado. Com efeito, o art. 189, § 1º, II, da Lei nº 11.101/05, determina que as decisões previstas nesta Lei serão passíveis de agravo de instrumento, caso não haja previsão de interposição de recurso distinto na Lei. Esse é justamente o caso do art. 52, da Lei nº 11.101/05, que não prevê nenhum recurso específico para desafiar a decisão que defere o processamento da recuperação judicial.

4.1 Fase postulatória

É o **momento inicial do processo** de recuperação judicial. Trata-se da fase em que o devedor percebe que se encontra em *crise econômico-financeira* e, deste modo, buscará a *solução para a referida crise*. Isto porque "a recuperação judicial tem por objetivo viabilizar a superação da crise econômico-financeira do devedor, a fim de permitir a manutenção da fonte produtora, do emprego dos trabalhadores e dos interesses dos credores, promovendo, assim, a preservação da empresa, sua função social e o estímulo à atividade econômica"[40].

Tal fase inicia com a **petição inicial** do devedor requerendo que lhe seja **deferido o processamento** da recuperação judicial. Para tanto, o devedor precisará atender aos requisitos do art. 48 e instruir a sua petição com os documentos previstos no art. 51, ambos, da Lei nº 11.101/05. No caso de **não se atender aos requisitos do art. 48**, cabe ao juiz *indeferir a recuperação judicial*[41]. No caso de a

---

[39] Nos termos do art. 5º, II, da Lei nº 12.016/09.

[40] Nos termos do art. 47, da Lei nº 11.101/05.

[41] Nos termos do art. 485, I, do CPC.

petição não vir instruída com todos os documentos do art. 51, caberá ao juiz abrir *prazo para emenda a inicial*, no prazo de 15 dias[42], sob pena de extinção do processo sem resolução de mérito em face de inépcia da inicial, nos termos do CPC, **utilizado supletivamente** para os procedimentos da Lei nº 11.101/05, em conformidade com seu art. 189.

Estando **em termos a documentação** exigida pelo art. 51, da Lei nº 11.101/05, o juiz **deferirá o processamento** da recuperação judicial e, *no mesmo ato*:

a) nomeará o administrador judicial;

b) determinará a dispensa de apresentação de certidões negativas para que o devedor exerça suas atividades, exceto para contratação com o Poder Público ou para o recebimento de benefícios ou incentivos fiscais ou creditícios;

c) ordenará a suspensão de todas as execuções ou prescrições, bem como a proibição de qualquer importunação patrimonial ao devedor, pelo prazo de 180 dias – período de *stay* –, podendo, excepcionalmente e sem culpa do devedor, vir a ser prorrogado, por igual prazo e uma única vez, permanecendo os respectivos autos nos juízos onde se processam, ressalvadas as ações que demandam quantias ilíquidas, as reclamações trabalhistas e as execuções fiscais e as relativas aos créditos previstos nos §§ 3º e 4º do art. 49;

d) determinará ao devedor a apresentação de contas demonstrativas mensais, enquanto perdurar a recuperação judicial, sob pena de destituição de seus administradores; e

e) ordenará a intimação eletrônica do Ministério Público e das Fazendas Públicas Federal e de todos os Estados e Municípios em que o devedor tiver estabelecimento, a fim de que tomem conhecimento da recuperação judicial e informem eventuais créditos perante o devedor, para divulgação aos demais interessados.

É importante considerar que a fase postulatória vai da petição inicial até a **decisão que defere o processamento da recuperação judicial**. Tal decisão, em verdade, *encerra a fase postulatória* e, ao mesmo tempo, *inaugura a fase deliberatória*.

4.2 Fase deliberatória

Deferido o processamento da recuperação judicial, abre-se um *prazo improrrogável de 60 dias*, contados da publicação de tal decisão, para que o devedor **apresente em juízo o seu plano de recuperação**. A *perda de tal prazo* é motivo para a **convolação da recuperação judicial em falência**[43]. O STJ já entendeu que tal prazo deve ser *contado de forma contínua*[44], ou seja, em dias seguidos, não levando em consideração a sistemática de contagem dos prazos em dias

---

[42] Nos termos do art. 321, do CPC.

[43] Nos termos do art. 73, II, da Lei nº 11.101/05.

[44] REsp 1699528/MG, Rel. Min. Luis Felipe Salomão, 4ª Turma, julgado em 10/04/2018, *DJe* 13/06/2018.

trazida pelo CPC, em 2015. Esse entendimento foi acolhido pela Reforma proporcionada pela Lei nº 14.112/20, ao afirmar que todos os prazos da Lei ou que dela decorram serão contados em dias corridos.

Apresentado o plano, o juiz ordenará a **publicação de edital** contendo aviso aos credores sobre o *recebimento do plano* de recuperação e fixando *prazo para a manifestação de objeções*. **Qualquer credor poderá promover objeções** ao plano de recuperação judicial, no *prazo de 30 dias* do edital de comunicação para a apresentação do plano. A jurisprudência do STJ entende que, no prazo mencionado, **o credor pode apresentar e retirar suas objeções**[45]**, quantas vezes quiser**. Deste modo, *para a continuidade do andamento processual da recuperação judicial*, faz-se necessário esperar o prazo de 30 dias, para, só então, verificar a **existência, ou não, de objeção de credores**.

Neste particular, não se pode deixar de notar que, apesar de a **apresentação de objeção ser um direito do credor**, para que ele possa se habilitar a apresentá-la, faz-se mister **dois requisitos**:

a) o crédito se submeter ao plano (o credor tributário, portanto, não pode apresentar objeção); e

b) o plano alterar o crédito (caso o plano, apenas, reconheça a existência do crédito, não lhe promovendo qualquer alteração, não haveria razão jurídica para o credor titular opor objeção de credores.

Tanto é que o credor **não terá direito a voto** e *não será considerado* para fins de verificação de quórum de deliberação se o plano de recuperação judicial **não alterar o valor ou as condições originais de pagamento** de seu crédito[46]. Portanto, para a *objeção de credores* ser dotada de valor jurídico, são imperativas a **submissão do crédito ao plano** e a **alteração do crédito pelo plano**.

Havendo objeção de credores, *caberá ao juiz* convocar **assembleia geral** de credores para **deliberar sobre o plano**, devendo a assembleia ocorrer em *até 150 dias* do deferimento da recuperação judicial[47]. O **plano de recuperação judicial** apresentado pelo devedor poderá, na ocasião, sofrer **alterações**, desde que haja **expressa concordância do devedor** – denotando a natureza jurídica contratual da recuperação judicial – e em termos que *não impliquem diminuição dos direitos exclusivamente dos credores ausentes*[48].

---

[45] AgRg no AREsp 63.506/GO, Rel. Min. Sidnei Beneti, 3ª Turma, julgado em 24/04/2012, *DJe* 08/05/2012.

[46] De acordo com o art. 45, § 3º, da Lei nº 11.101/05.

[47] De acordo com o art. 56, da Lei nº 11.101/05.

[48] De acordo com o art. 56, § 3º, da Lei nº 11.101/05.

Até 5 dias antes da realização da assembleia convocada para deliberar sobre o plano de recuperação judicial, o devedor terá a oportunidade de comprovar a adesão dos credores ao plano, por meio de termo de adesão. Nesse caso, o juiz intimará os credores para eventuais objeções, no prazo de 10 dias. Depois, o devedor terá o prazo de 10 dias e na sequência o administrador judicial será ouvido em 5 dias[49].

As objeções, nesta situação, só poderão versar sobre[50]:

a) não preenchimento do quórum legal de aprovação;
b) descumprimento do procedimento disciplinado na Lei;
c) irregularidades do termo de adesão ao plano de recuperação; ou
d) irregularidade e ilegalidades do plano de recuperação.

A aprovação do plano de recuperação judicial pode ser: *tácita* ou *expressa*. A **aprovação será tácita** quando *não houver objeção de credores* – nesta hipótese, não haverá necessidade de convocação de assembleia de credores. A **aprovação será expressa** quando *houver objeção de credores* – nesta hipótese, haverá necessidade de convocação de assembleia para deliberar sobre as objeções de credores e para a aprovação do plano. A aprovação expressa pode ser: *ordinária* ou *extraordinária*.

A **aprovação será ordinária** quando houver a aprovação do plano pelos credores, atendendo-se ao quórum previsto no art. 45. Caso o quórum do art. 45 não seja atendido, em homenagem ao princípio da preservação da empresa, deverá o juiz observar se, na mesma assembleia, atendeu-se ao quórum do art. 58, § 1º. Atendendo-se ao quórum do art. 58, § 1º, haverá ocorrido a **aprovação extraordinária** do plano de recuperação judicial. É o que a doutrina tem denominado *cramdown*.

Como dito anteriormente, antes da Lei nº 14.112/20, se houvesse rejeição ao plano de recuperação judicial, haveria então a convolação da recuperação judicial em falência. Atualmente, como se viu, abre-se a possibilidade de os credores, ao rejeitarem o plano de recuperação proposto pelo devedor, apresentarem um plano de recuperação judicial, no prazo de 30 dias, aprovado por credores que representem mais da metade dos créditos presentes à assembleia[51], a partir da votação em assembleia da concessão de tal prazo, sendo promovido pelo administrador judicial.

---

[49] É o que se extrai do art. 56-A, §§ 1º e 2º, da Lei nº 11.101/05.
[50] Nos termos do art. 56-A, § 3º, da Lei nº 11.101/05.
[51] De acordo com o art. 56, § 5º, da Lei nº 11.101/05.

A Lei estabelece algumas condições que precisam ser satisfeitas cumulativamente, para o plano proposto pelos credores ser posto em votação:

I. Não preencher requisitos para o *cramdown*[52];
II. Preencher os requisitos para a formação do plano de recuperação[53];
III. Apoio por escrito dos credores que representem, alternativamente, 25% dos créditos totais sujeitos à recuperação judicial, ou 35% dos créditos presentes à assembleia;
IV. Não imputação de obrigações novas, não previstas em lei ou em contratos anteriormente celebrados, aos sócios do devedor;
V. Previsão de isenção das garantias pessoais em relação aos créditos novados, de titularidade de quem apoiou e aprovou o plano alternativo, sem possibilidade de ressalva de voto; e
VI. Não imposição ao devedor de sacrifício maior que aquele que decorreria da liquidação na falência.

Aprovado o plano de recuperação judicial ou decorrido o prazo de objeção de credores, sem apresentação de nenhuma objeção, *o devedor apresentará certidões negativas de débitos tributários* (CNDT). A lei condiciona, portanto, do ponto de vista do devido processo legal, a decisão de concessão da recuperação judicial à aprovação do plano e à apresentação de CNDT[54]. Não se pode deixar de notar que **a doutrina critica a exigência** legal de apresentação de CNDT para a concessão do plano de recuperação judicial, atendendo-se para o fato, inclusive, de que, como já visto, *o crédito tributário não se submete à recuperação judicial*[55].

Por sua vez, **a jurisprudência desde sempre tem mitigado tal exigência**. Inicialmente, a dispensa se referia ao fato de **inexistir a legislação ordinária sobre parcelamento especial para fins tributários**. Assim, não constitui "ônus do contribuinte, enquanto se fizer inerte o legislador, a apresentação de certidões de regularidade fiscal para que lhe seja concedida a recuperação"[56].

Após ter sido **disciplinado o parcelamento** especial para fins tributários[57], a **jurisprudência evoluiu** quanto à possibilidade de exigência da CNDT, para a concessão da recuperação judicial, dispensando-a em razão de *potencial inconsti-*

---

[52] Previsto no art. 58, § 1º, da Lei nº 11.101/05.
[53] Previstos no art. 53, da Lei nº 11.101/05.
[54] Nos termos do art. 57, da Lei nº 11.101/05.
[55] Nos termos do art. 187, do Código Tributário Nacional.
[56] REsp 1187404/MT, Rel. Min. Luis Felipe Salomão, Corte Especial, julgado em 19/06/2013, *DJe* 21/08/2013.
[57] Nos termos do art. 10-A, da Lei nº 10.522/02.

tucionalidade. Tratar-se-ia de mais um caso de **sanção política**, estabelecendo-se um meio coercitivo para o pagamento de tributos[58]. Parece-me acertado tal posicionamento. Tal debate ocorre, atualmente, no plano da ADC nº 46, conclusos para análise de pedido liminar.

Com o advento da Lei nº 14.112/20, houve a necessidade de acordos de transação e parcelamentos tributários das empresas em recuperação judicial[59]. Entretanto, a jurisprudência tem mantido o entendimento quanto à dispensa da CNDT para a concessão da recuperação judicial:

> AGRAVO INTERNO NO RECURSO ESPECIAL. AGRAVO DE INSTRUMENTO. RECUPERAÇÃO JUDICIAL. EXIGÊNCIA DE APRESENTAÇÃO DE CERTIDÃO NEGATIVA DE DÉBITO. DESNECESSIDADE. PRECEDENTE. AGRAVO INTERNO DESPROVIDO.
> 1. Segundo a jurisprudência da Terceira Turma, a apresentação das certidões negativas de débitos tributários não constitui requisito obrigatório para a concessão da recuperação judicial da empresa devedora ante a incompatibilidade da exigência com a relevância da função social da empresa e o princípio que objetiva sua preservação. Precedente.
> 2. Agravo interno desprovido (AgInt no REsp 1.802.034/MG, Rel. Ministro MARCO AURÉLIO BELLIZZE, TERCEIRA TURMA, julgado em 1.º/03/2021, *DJe* 03/03/2021).

Por final, é imperioso demarcar que, se a **decisão que defere** a recuperação é o *marco divisório entre a fase postulatória e a fase deliberatória*, a **decisão que concede** a recuperação judicial é *o marco divisório entre as fases deliberatória e executória*. Com efeito, a decisão que concede a recuperação judicial encerra a fase deliberatória e, ao mesmo tempo, inaugura a fase executória.

4.3 Fase executória

É a **última fase do procedimento** de recuperação judicial. Trata-se da *fase de cumprimento processual do plano de recuperação judicial*. Proferida a decisão de concessão da recuperação judicial, o **devedor permanecerá em recuperação judicial** até que se cumpram todas as obrigações previstas no plano que se vencerem **até 2 anos após a concessão**[60]. Perceba-se que 2 anos é o **prazo máximo** de duração da fase executória. Com efeito, acaso o **plano de recuperação**

---

[58] Por exemplo, na tese de repercussão geral tema 31.
[59] De acordo com o art. 5º, da Lei nº 14.112/20.
[60] Nos termos do art. 61, da Lei nº 11.101/05.

judicial preveja um *prazo inferior* para o seu cumprimento, este será, então, o *prazo de vigência da fase executória*. Tal fase é **encerrada mediante sentença**[61].

Havia uma discussão quanto ao prazo de 2 anos para a fase de supervisão de cumprimento do plano. Existiam dois entendimentos. O primeiro determinava que o prazo de 2 anos mencionado seria o prazo de efetivo cumprimento, não se considerando eventual prazo de carência. O segundo entendimento definia que o eventual prazo de carência, se houvesse, estaria embutido dentro do prazo de 2 anos. Com o advento da reforma promovida pela Lei nº 14.112/20, prevaleceu o segundo entendimento, ou seja, entre a decisão que concede a recuperação judicial e a sentença que encerra o processo deve ocorrer em um período de, no máximo, 2 anos, independentemente de eventual prazo de carência[62].

Durante a *fase executória*, o **descumprimento de qualquer obrigação prevista no plano** acarretará a *convolação da recuperação judicial em falência*[63]. **Decretada a falência**, os credores terão reconstituídos os seus **direitos e garantias nas condições originalmente contratadas**, *deduzidos os valores eventualmente pagos* e ressalvados os atos validamente praticados no âmbito da recuperação judicial[64].

Em razão disso, defende-se que **a concessão do plano de recuperação judicial implica novação**[65], porém, diferente da estabelecida pelo Direito Civil. Frise-se, por oportuno, que a novação na recuperação judicial é **condicionada ao cumprimento integral do plano de recuperação** – hipótese de *condição resolutiva*[66]. Como adiante se verá, vários são os meios de recuperação que poderão vir a alterar o valor ou as condições do crédito. **Caso haja alguma alteração no crédito**, o seu titular passará a ser *credor em razão do plano* e não do título que lhe deu origem. Porém, caso o plano de recuperação **não seja integralmente cumprido**, advindo a convolação da recuperação judicial em falência, *o credor terá restabelecido as condições originárias de seu crédito*, deduzidos os valores eventualmente recebidos.

Por final, é imperioso compreender o que ocorrerá em razão de **descumprimento de obrigações previstas no plano de recuperação judicial, após o fim da fase executória**. Com efeito, a prática das recuperações judiciais no Brasil demonstra que, normalmente, o plano de recuperação judicial é estruturado

---

[61] Nos termos do art. 63, da Lei nº 11.101/05.

[62] De acordo com a nova redação do art. 61, da Lei nº 11.101/05.

[63] Nos termos do art. 73, IV, da Lei nº 11.101/05.

[64] Nos termos do art. 61, § 2º, da Lei nº 11.101/05.

[65] De acordo com o art. 59, da Lei nº 11.101/05.

[66] AgRg no REsp 1374877/SP, Rel. Min. Paulo de Tarso Sanseverino, 3ª Turma, julgado em 05/05/2015, *DJe* 12/05/2015.

para ser cumprido em prazo superior a 2 anos, contados da concessão. *Dentro da fase executória*, como se viu, o descumprimento de obrigação prevista no plano de recuperação judicial é *motivo para a convolação da recuperação judicial em falência*.

Porém, quando o **descumprimento de obrigação ocorrer após o encerramento da recuperação judicial**, abre-se ao credor uma *alternativa*[68]:

a) **requerer a execução específica da obrigação** (atualmente, em face das normas em vigor no CPC, deve-se proceder ao desarquivamento do processo de recuperação judicial, promovendo-se o cumprimento da decisão de concessão – que é considerada título executivo judicial – nos próprios autos); ou

b) **requerer a falência**, com base no art. 94, III, "g" (não pode haver confusão entre a aplicação do art. 94, III, "g" e do art. 73, IV, da Lei 11.101/05 – o art. 73, IV será aplicado antes da sentença de encerramento da recuperação judicial; já o art. 94, III, "g" será aplicado após a mencionada decisão judicial).

5. O PROCEDIMENTO DE HOMOLOGAÇÃO DA RECUPERAÇÃO EXTRAJUDICIAL

Seja obrigatória, seja facultativa, *o procedimento de homologação da recuperação extrajudicial é o mesmo*[69]. **Recebido o pedido** de homologação do plano de recuperação extrajudicial, o juiz ordenará a **publicação de edital eletrônico**, convocando todos os credores do devedor para **apresentação de suas impugnações ao plano** de recuperação extrajudicial, no *prazo de trinta dias*[70].

Neste mesmo prazo de trinta dias, deverá o devedor comprovar o **envio de carta a todos os credores sujeitos ao plano**, domiciliados ou sediados no país, informando a distribuição do pedido, as condições do plano e prazo para impugnação[71].

Para opor-se, em sua manifestação, à homologação do plano, os credores **somente poderão alegar**[72]:

a) a não aprovação mínima de credores que representem mais da metade dos créditos de cada espécie;

b) a prática de qualquer dos atos de falência;

---

[67] Nos termos do art. 61, § 1º, da Lei nº 11.101/05.

[68] Nos termos do art. 62, da Lei nº 11.101/05.

[69] Nos termos do art. 162, da Lei nº 11.101/05.

[70] Nos termos do art. 164, da Lei nº 11.101/05.

[71] De acordo com o art. 164, § 1º, da Lei nº 11.101/05.

[72] Nos termos do art. 164, § 3º, da Lei nº 11.101/05.

c) a prática de ato sujeito à ineficácia subjetiva a ser corrigido via ação revocatória;

d) o descumprimento de qualquer exigência legal.

Sendo **apresentada impugnação**, será aberto *prazo de 5 dias* para que o **devedor** sobre ela se manifeste[73]. Decorrido tal prazo, autos serão **conclusos** imediatamente ao juiz para apreciação de eventuais impugnações e decidirá, no *prazo de 5 dias*, acerca do plano de recuperação extrajudicial, **homologando-o por sentença** se entender que não implica prática de atos previstos no art. 130 desta Lei e que não há outras irregularidades que recomendem sua rejeição[74]. Havendo prova de **simulação de créditos** ou **vício de representação dos credores** que subscreverem o plano, a sua *homologação será indeferida*[75].

6. TEMAS ESPECIAIS DE RECUPERAÇÃO JUDICIAL

Alguns temas merecem ser *tratados, em apartado, para fins de destaque*, dada a sua importância, tanto do ponto de vista da técnica, quanto do ponto de vista de incidência em questões do Exame da OAB e de Concursos Públicos em geral. São eles:

6.1 O período de *stay*

Um dos principais efeitos, tanto da decisão que defere o processamento da recuperação judicial quanto da sentença que decreta a falência, é a **suspensão do curso da prescrição, das execuções em face do devedor**, inclusive aquelas dos credores particulares do sócio solidário **e a proibição de qualquer forma de importunação patrimonial** (constrição judicial ou extrajudicial)[76]. Para o *processo de falência*, tal suspensão se manterá *até o dia em que transitar em julgado a sentença do encerramento da falência*.

Porém, no que tange à *recuperação judicial*, a suspensão em questão é **temporária**, vale dizer, trata-se de um **prazo em que o devedor não poderá ser cobrado** e que *somente após o fim deste prazo serão restabelecidos os direitos dos credores de continuarem ou de iniciarem a cobrança* referente aos seus créditos. Daí a expressão período de *stay* (do inglês, "espera").

Na **recuperação judicial**, inicialmente o prazo de suspensão *em hipótese nenhuma excederia o prazo improrrogável* de **180 dias** contados do deferimento

---

[73] Nos termos do art. 164, § 4º, da Lei nº 11.101/05.

[74] Nos termos do art. 164, § 5º, da Lei nº 11,101/05.

[75] Nos termos do art. 164, § 6º, da Lei nº 11.101/05.

[76] De acordo com o art. 6º, da Lei nº 11.101/05, com a redação dada pela Lei nº 14.112/20.

do processamento da recuperação, restabelecendo-se, *após o decurso do prazo*, **o direito dos credores de iniciar ou continuar suas ações ou execuções**, *independentemente de pronunciamento judicial*[77]. O STJ, porém, fixou jurisprudência em tese segundo a qual "o simples decurso do prazo legal de que trata o art. 6º, § 4º, da Lei nº 11.101/05, não enseja a retomada das execuções individuais"[78], se não puder ser atribuído ao devedor, ou a seus sócios ou administradores, a causa da demora. Dessa forma, o período de *stay*, que era improrrogável, passou a ser prorrogado pelos juízes, tantas vezes quantas fossem necessárias, até o advento da aprovação e concessão da recuperação judicial ou a ocorrência de demora do devedor.

Com a reforma oriunda da Lei nº 14.112/20, houve uma regulamentação dessa prorrogação. A nova redação atribuída ao art. 6º, § 4º, da Lei nº 11.101/05, passou a admitir a prorrogação "por igual período, uma única vez, em caráter excepcional, desde que o devedor não haja concorrido com a superação do lapso temporal". Apesar disso, se houver apresentação de plano de recuperação alternativo pelos credores, haverá uma segunda prorrogação[79].

Como **regra geral**, portanto, *suspendem-se* prescrições e execuções "**em face do devedor**", ou seja, para ocorrer tal suspensão, faz-se necessário que o devedor – *autor da ação de recuperação judicial* – **seja réu em execução, ou polo passivo**, em obrigação sujeita a prazo prescricional. Sendo o devedor **autor ou polo ativo**, *não ocorrerá suspensão*. Frise-se, por oportuno: *trata-se de suspensão* e não de extinção de prescrições e execuções.

Há, porém, **exceções** dignas de nota:

a) a ação que demandar quantia ilíquida terá prosseguimento no juízo de origem[80];

b) as reclamações trabalhistas continuarão a tramitar perante a Justiça do Trabalho, até por ocasião da sentença[81];

c) os créditos dos credores proprietários – alienação fiduciária em garantia, *leasing*, compra e venda com reserva de domínio, promessa de compra e venda com cláusula de irrevogabilidade ou irretratabilidade – não se submetem à recuperação judicial, mas só podem exercer seus direitos de proprietário após o período de *stay*[82];

d) o crédito decorrente de adiantamento de contrato de câmbio para exportação, desde que o prazo total da operação, inclusive eventuais prorrogações, não exceda o previsto nas nor-

---

[77] Nos termos do art. 6º, § 4º, da Lei nº 11.101/05.

[78] Jurisprudência em tese nº 6, da Edição nº 35 – Recuperação Judicial I.

[79] Nos termos do art. 6º, § 4º-A, II, da Lei nº 11.101/05.

[80] De acordo com o art. 6º, § 1º, da Lei nº 11.101/05.

[81] De acordo com o art. 6º, § 2º, da Lei nº 11.101/05.

[82] De acordo com o art. 49, § 3º, da Lei nº 11.101/05.

mas específicas da autoridade competente não se submete à recuperação judicial, não sendo suspensa, portanto, a sua cobrança[83];

e) para a recuperação judicial do produtor rural: créditos que não decorram exclusivamente da atividade rural[84], as operações de crédito rural que tenham sido objeto de renegociação entre o devedor e a instituição financeira antes do pedido[85] e a dívida constituída nos últimos 3 anos para a aquisição de propriedades rurais[86].

6.2 O *cramdown*

Cramdown é a possibilidade de o juiz intervir no processo de recuperação judicial e extraordinária considerar aprovado um plano de recuperação e concedê-lo mesmo que contra a vontade dos credores[87]. Trata-se de instituto oriundo do direito norte-americano que o legislador brasileiro tentou importar através da Lei nº 11.101/05.

No direito brasileiro, apesar de haver menção na doutrina a respeito, verdadeiramente, de *cramdown*, não se trata. No máximo, pode-se falar em *cramdown* brasileiro. É que, no original, o juiz toma uma postura proativa no sentido de assegurar a aprovação do plano de recuperação.

Com efeito, é possível ao juiz **considerar extraordinariamente aprovado** o plano que tenha obtido, de **forma cumulativa**[88]:

a) o voto favorável de credores que representem mais da metade do valor de todos os créditos presentes à assembleia, independentemente de classes;

b) a aprovação de três das classes de credores ou, caso haja somente três classes com credores votantes, a aprovação de pelo menos duas classes, ou, caso somente haja duas classes com credores votantes, a aprovação em pelo menos uma delas, sempre na forma do art. 45; e

c) na classe que o houver rejeitado, o voto favorável de mais de 1/3 dos credores, na forma do art. 45.

Frise-se, por oportuno: se em provas ou concursos houver menção à expressão *cramdown*, pode-se entender que a pergunta se refere ao **art. 58, § 1º, da Lei nº 11.101/05**. Não havendo a possibilidade de aplicação sequer do *cramdown*, haverá a **rejeição do plano** de recuperação judicial que implica outra

---

[83] De acordo com o art. 49, § 4º, da Lei nº 11.101/05.

[84] De acordo com o art. 49, § 6º, da Lei nº 11.101/05.

[85] De acordo com o art. 49, § 8º, da Lei nº 11.101/05.

[86] De acordo com o art. 49, § 9º, da Lei nº 11.101/05.

[87] TOMAZETTE, Marlon. *Curso de direito empresarial: falência e recuperação de empresas – volume 3*. 6 ed. São Paulo: Saraiva Educação, 2018. p. 237.

[88] De acordo com o art. 58, § 1º, da Lei nº 11.101/05.

hipótese de **convolação da recuperação judicial em falência**[89], caso os credores não apresentem plano de recuperação judicial alternativo.

6.3 A convolação da recuperação judicial em falência

Convolação vem de "convolar" e significa *transformação processual*, ou seja, **é a possibilidade de, em razão de determinados fatos, ocorrer uma troca processual**. No caso da atual Lei de Falências, só existe *uma única hipótese de convolação*: a convolação da recuperação judicial em falência[90].

Deste modo, *é valido afirmar que inexiste*:

a) convolação da recuperação extrajudicial em recuperação judicial, ou vice-versa;

b) convolação da recuperação judicial geral em especial, ou vice-versa;

c) convolação da falência em recuperação judicial; e

d) convolação da recuperação extrajudicial em falência, ou vice-versa.

O art. 73, da Lei 11.101/05, apresenta, em **rol taxativo**, as hipóteses de convolação da recuperação judicial em falência:

a) por deliberação da assembleia geral de credores, reforçando a natureza contratual da recuperação judicial;

b) pela não apresentação do plano de recuperação judicial, no prazo de 60 dias contados do deferimento do processamento da recuperação judicial;

c) quando houver sido rejeitado o plano de recuperação judicial – na recuperação judicial geral haverá rejeição quando, convocada assembleia, não se consiga atingir o quórum do art. 45, nem o do art. 58, § 1º, e, na recuperação judicial especial, quando houver objeções de credores titulares de mais da metade dos créditos submetidos, *não tendo os credores apresentado plano alternativo*[91];

d) pelo descumprimento de qualquer obrigação prevista no plano de recuperação judicial, desde que antes da sentença de encerramento processual da recuperação judicial;

e) por descumprimento dos parcelamentos ou de transação tributária[92]; e

f) quando identificado o esvaziamento patrimonial da devedora que implique liquidação substancial da empresa, em prejuízo de credores não sujeitos à recuperação judicial, inclusive as Fazendas Públicas[93].

---

[89] Nos termos do art. 73, III, da Lei nº 11.101/05.

[90] Nos termos do art. 73, da Lei nº 11.101/05.

[91] Acréscimo inserido ao art. 73, III, da Lei nº 11.101/05, pela Lei nº 14.112/20.

[92] Inciso V inserido ao art. 73, da Lei nº 11.101/05, pela Lei nº 14.112/20.

[93] Inciso VI inserido ao art. 73, da Lei nº 11.101/05, pela Lei nº 14.112/20.

Destaque-se, ademais, que **não faz parte do rol** de hipóteses de convolação da recuperação judicial em falência, *a não apresentação de certidão negativa de débitos tributários para a concessão da recuperação judicial*.

6.4 O plano de recuperação judicial

Existem inúmeros **meios de recuperação judicial**, previstos no *rol exemplificativo* do *art. 50, da Lei 11.101/05*, classificados[94] como:

a) Mecanismos de renegociação da dívida;

b) Mecanismos de reorganização societária;

c) Mecanismos de intervenção administrativa;

d) Mecanismos de captação de recursos.

É imprescindível notar que, em razão da *natureza contratual da recuperação judicial*, é possível, no plano de recuperação judicial, prever **qualquer tipo de alteração, seja quanto ao valor, seja quanto a quaisquer outras condições**, nos créditos dos credores envolvidos na recuperação judicial. Sabendo-se que *o plano de recuperação judicial aprovado implica novação dos créditos* e que deve ser integralmente cumprido sob pena de convolação em falência, vale o que o plano de recuperação judicial determinar.

A estrutura básica[95] do plano de recuperação judicial, que deve ser apresentado no prazo contínuo de 60 dias, contados da publicação da decisão que deferiu o processamento da recuperação judicial, sob pena de convolação em falência, é a seguinte:

a) discriminação pormenorizada dos meios de recuperação judicial;

b) demonstração da viabilidade econômica; e

c) laudo econômico-financeiro e de avaliação patrimonial.

Desde que se atenda a tais requisitos, a perspectiva é a de se tentar ao máximo a superação da crise empresarial, para evitar uma falência. Entretanto, são estabelecidos **dois limites de conteúdo** ao plano de recuperação judicial. Trata-se de limites relacionados à *situação dos créditos trabalhistas na recuperação judicial*, quanto ao seu atendimento.

Com efeito, em **até 30 dias seguintes à concessão da recuperação judicial**, o plano deverá prever o *pagamento, até o limite de 5 salários mínimos por empregado, dos créditos de natureza estritamente salarial vencidos nos 3 meses anteriores*

---

[94] TOMAZETTE, Marlon. *Curso de Direito Empresarial, volume 3: falência e recuperação de empresas*. 2 ed. São Paulo: Atlas, 2012, p. 189.

[95] De acordo com o art. 53, da Lei nº 11.101/05.

ao pedido de recuperação judicial[96]. Além disto, em **até 1 ano da concessão** da recuperação judicial, deverá ser *resolvido o passivo trabalhista* – tanto créditos derivados da legislação do trabalho quando créditos decorrentes de acidente de trabalho – vencidos até a data do pedido de recuperação judicial[97].

Com a reforma promovida pela Lei nº 14.112/20, o prazo de 1 ano para a satisfação dos créditos trabalhistas poderá ser estendido em até 2 anos. Frise-se, por oportuno: ao prazo inicial de 1 ano, pode-se acrescer mais 1 ano (até 2 anos, diz a lei, e não "mais 2 anos"). Para tanto, são exigidos cumulativamente os seguintes requisitos:

a) a apresentação de garantias julgadas suficientes pelo juiz;

b) a aprovação pelos credores titulares de créditos derivados da legislação do trabalhista ou de acidentes de trabalho, na forma da aprovação do plano de recuperação judicial[98]; e

c) a garantia de integralidade do pagamento dos créditos trabalhistas.

Além disso é importante constatar que o plano de recuperação judicial pode vir a prever como *meio de recuperação judicial*, tanto a **supressão do gravame de garantia real** quanto a sua **substituição**. Para tanto, é necessário que além do *plano ter sido aprovado pelos credores*, tacitamente ou em assembleia, é preciso **aprovação expressa** de tal cláusula pelo **credor titular** da respectiva garantia[99].

Sob a mesma ótica, encontra-se o crédito em moeda estrangeira. Com efeito, em regra, **o plano de recuperação judicial não afasta a variação cambial**, permanecendo o crédito em moeda estrangeira no seu original. Tanto é que **ocorrerá sua conversão para Reais exclusivamente para fins de votação em assembleia**, pela cotação de véspera[100]. Ora, se vai ser convertido, é porque se tratava de crédito em moeda estrangeira. Porém, também é possível **afastar a variação cambial** como *meio de recuperação judicial*; para tanto, há necessidade de **aprovação expressa do credor** do respectivo crédito.

6.5 O plano de recuperação judicial especial

A **recuperação judicial especial** está *regulamentada entre os arts. 70 a 72, da Lei 11.101/05*. Trata-se de procedimento de recuperação judicial previsto

---

[96] De acordo com o art. 54, § 1º, da Lei nº 11.101/05.

[97] De acordo com o art. 54, da Lei nº 11.101/05.

[98] Cada credor, 1 voto, independentemente do valor do crédito.

[99] Nos termos do art. 50, § 1º, da Lei nº 11.101/05.

[100] Nos termos do art. 38, parágrafo único, da Lei nº 11.101/05.

facultativamente para o empresário que se enquadrar juridicamente como microempresa ou como empresa de pequeno porte. Tais dispositivos foram profundamente *alterados pela Lei Complementar nº 147/14*, visando conferir um **melhor tratamento jurídico** àquele que se enquadra como ME ou como EPP.

Com efeito, o **empresário ME/EPP**, como se viu, *pode se submeter tanto à recuperação judicial geral quanto à recuperação judicial especial*. Para exercer tal direito de escolha deve afirmar **expressamente na petição inicial** a sua intenção de se *submeter ao procedimento especial* de recuperação judicial; *no silêncio*, submeter-se-á à **recuperação judicial ordinária ou geral**.

A **recuperação judicial especial** se submete aos *mesmos procedimentos e requisitos previstos para a recuperação judicial*, com as seguintes **peculiaridades**:

a) Não haverá necessidade de convocação de assembleia para a aprovação do plano de recuperação judicial[101];

b) O plano de recuperação judicial especial preverá o parcelamento do passivo em até 36 parcelas mensais, iguais e sucessivas, corrigidas monetariamente pela taxa Selic, definindo-se o primeiro pagamento para até 180 dias contados da distribuição do pedido de recuperação judicial[102];

c) Haverá necessidade de autorização judicial, após ouvido o Comitê de Credores, se houver, para o devedor contrair quaisquer novos débitos, tanto despesas em geral, quanto contratar empregados, ainda que para a recomposição do quadro de funcionários[103];

d) O período de *stay*, na recuperação judicial especial, só alcançará aos credores por ela abrangidos, diferentemente do *stay* na recuperação judicial geral que, por regra, alcança a todos os credores, tanto anteriores quanto posteriores ao pedido[104].

Vale destacar que, conforme já estudado, com a reforma promovida pela Lei nº 14.112/20, o produtor rural passou a poder apresentar plano especial de recuperação judicial, independentemente de estar enquadrado como ME/EPP, desde que o valor da causa não exceda a R$ 4.800.000,00[105].

6.6 O afastamento do devedor na recuperação judicial

Como regra geral, diferentemente do que ocorre na falência, o devedor ou os administradores da sociedade, na *recuperação judicial*, serão **mantidos na condução da atividade empresarial**. Vale dizer, **o devedor continuará adminis-**

---

[101] Nos termos do art. 72, da Lei nº 11.101/05.

[102] Nos termos do art. 71, II e III, da Lei nº 11.101/05.

[103] Nos termos do art. 71, IV, da Lei nº 11.101/05.

[104] Nos termos do art. 71, parágrafo único, da Lei nº 11.101/05.

[105] De acordo com o art. 70-A, da Lei nº 11.101/05.

trando a sua empresa durante o processamento da recuperação judicial, em nível de *regra geral*, sendo obviamente **fiscalizado** pelo administrador judicial e pelo comitê de credores[106].

Porém, nas hipóteses do *art. 64, da Lei 11.101/05*, o **devedor será afastado**, sendo os administradores destituídos por ato do juiz. *Nesta hipótese*, o juiz convocará **assembleia de credores para deliberar sobre o nome do gestor judicial** que assumirá a administração das atividades do devedor, aplicando-se-lhe, no que couber, as normas sobre deveres, impedimentos e remuneração do administrador judicial. O **rol do art. 64**, que trata das hipóteses de afastamento do devedor na recuperação judicial, é **taxativo**.

O administrador judicial **assumirá temporariamente a administração da empresa** em recuperação judicial, *desde o afastamento do devedor até a nomeação do gestor judicial pela assembleia de credores*[107]. Na hipótese de o **gestor indicado** pela assembleia geral de credores *se recusar ou estar impedido de aceitar* o encargo para gerir os negócios do devedor, **o juiz convocará**, no prazo de 72 horas, contados da recusa ou da declaração de impedimento nos autos, nova assembleia de credores.

Por final, é importante não confundir *gestor judicial* com *administrador judicial*. O gestor judicial só aparece na recuperação judicial quando o devedor é afastado e tem a função de administrar a empresa em recuperação. Por sua vez, o administrador judicial aparece tanto na falência quanto na recuperação judicial e tem a função de administrar o andamento processual, de fiscalizar o devedor na recuperação judicial, de representar a massa falida na falência, dentre outros.

6.7 Os créditos posteriores ao pedido de recuperação judicial

O art. 49, da Lei 11.101/05, anteriormente estudado, determina que **se submetem à recuperação judicial todos os créditos existentes na data do pedido**, ainda que não vencidos. Desta feita, percebe-se que os créditos posteriores ao pedido estão fora da hipótese de incidência da recuperação judicial. Vale dizer, os **créditos posteriores ao pedido não se submetem à recuperação judicial**.

Assim, uma questão importante no âmbito da recuperação judicial é a do tratamento a ser dado aos credores cujos créditos tenham sido **constituídos após o pedido** de recuperação judicial. De início, vale a pena considerar que,

---

[106] De acordo com o art. 64, da Lei nº 11.101/05.

[107] De acordo com o art. 65, § 1º, da Lei nº 11.101/05.

mesmo os credores posteriores haverão de se submeter ao período de *stay*, sendo certo que *o direito dos credores de iniciar cobrança será restabelecido apenas após expirado o prazo de suspensão na recuperação judicial*[108].

Finito o período de *stay*, os credores poderão **promover a cobrança** dos respectivos créditos pelos **meios juridicamente possíveis**: ação de execução, ação monitória e ação de cobrança.

Porém, *na hipótese de decretação de falência*, vale considerar[109]:

a) os créditos decorrentes de obrigações contraídas pelo devedor durante a recuperação judicial, inclusive aqueles relativos a despesas com fornecedores de bens e serviços e contratos de mútuo, serão considerados extraconcursais; e

b) O plano de recuperação judicial poderá prever tratamento diferenciado aos créditos sujeitos à recuperação judicial pertencentes a fornecedores de bens ou serviços que continuarem a prové-los normalmente após o pedido de recuperação judicial, desde que tais bens ou serviços sejam necessários para a manutenção das atividades e que o tratamento diferenciado seja adequado e razoável no que concerne à relação comercial futura.

6.8 A trava bancária

Por **trava bancária**, deve-se entender a situação de **determinados créditos**, cujo credor normalmente é uma **instituição financeira**, que, por força de lei[110], **não se submetem ao plano de recuperação judicial**.

São as situações de **trava bancária**:

a) *Arrendamento mercantil*;

b) *Alienação fiduciária em garantia*;

c) *Venda com reserva de domínio*;

d) *Promessa de compra e venda*, irrevogável ou irretratável;

e) *Penhor sobre títulos de créditos*; e

f) *Cessão fiduciária de direitos creditórios*.

No caso do **penhor de títulos de crédito** e da **cessão fiduciária**, o valor decorrente do vencimento das garantias fica "travado", ou seja, *mantido em conta bancária* – não necessariamente judicial, mas que precisa de **autorização judicial para movimentação**. Dessa forma, *não poderá ser apropriado nem pelo credor e nem pelo devedor*.

---

[108] De acordo com o art. 6º, § 4º, da Lei nº 11.101/05.

[109] De acordo com o art. 67, da Lei nº 11.101/05.

[110] De acordo com o art. 49, §§ 3º e 5º, da Lei nº 11.101/05.

Nestas situações, caso a **garantia não seja renovada ou substituída** após o período de "stay", os *credores poderão receber os respectivos créditos*:

a) Se **não for concedida** a recuperação judicial – o recebimento será imediato;

b) Se **for concedida** a recuperação judicial – o recebimento se dará conforme o plano de recuperação judicial.

De outro lado, há os denominados **credores proprietários**, cujos créditos *não se submetem à recuperação judicial* e, apesar de **prevalecer os direitos de propriedade**, só podem fazer uso dos mesmos, *após o período de "stay"*. E aí, enxerga-se a "trava", de natureza patrimonial. A destrava bancária seria a possibilidade de se inserir tais bens, ou no primeiro caso, o recebimento da quantia pelo devedor e a inclusão do credor no plano.

Sobre o tema o **STJ** tem decidido pela **manutenção da trava bancária**, bem como *restabelecidas as destravas bancárias* ocorridas pelos tribunais de justiça. Por todos, veja o RESP nº 1.758.746/GO, onde se lê:

> Por meio da cessão fiduciária de direitos sobre coisas móveis ou de títulos de crédito (em que se transfere a propriedade resolúvel do direito creditício, representado, no último caso, pelo título – bem móvel incorpóreo e fungível, por natureza), o devedor fiduciante, a partir da contratação, cede "seus recebíveis" à instituição financeira (credor fiduciário), como garantia ao mútuo bancário, que, inclusive, poderá apoderar-se diretamente do crédito ou receber o correlato pagamento diretamente do terceiro (devedor do devedor fiduciante). Nesse contexto, como se constata, o crédito, cedido fiduciariamente, nem sequer se encontra na posse da recuperanda, afigurando-se de todo imprópria a intervenção judicial para esse propósito (liberação da trava bancária)[111].

6.9 Das conciliações e das mediações antecedentes ou incidentais aos processos de recuperação judicial

Tema introduzido pela Reforma da Lei nº 11.101/05, promovida pela Lei nº 14.112/20, as conciliações e mediações, antecedentes ou incidentais, deverão ser incentivadas em qualquer grau de jurisdição e, em regra, não implicarão a suspensão de qualquer prazo[112]. Serão admitidas as seguintes conciliações e

---

[111] REsp 1758746/GO, Rel. Min. Marco Aurélio Bellizze, 3ª Turma, julgado em 25/09/2018, *DJe* 01/10/2018.

[112] Nos termos do art. 20-A, da Lei nº 11.101/05.

mediações[113]: (i) disputas entre os sócios de sociedade em dificuldade ou em recuperação judicial; (ii) litígios com credores não sujeitos à RJ; (iii) conflito existente entre concessionária ou permissionária em RJ e órgãos reguladores ou entes estatais; (iv) créditos extraconcursais contra empresas em RJ durante o estado de calamidade pública; e (v) negociação de dívidas e formas de pagamento entre empresa em dificuldade e credores.

De outro lado, há conciliações e mediações vedadas[114]:
a) natureza jurídica e classificação de créditos;
b) critérios de votação na assembleia geral de credores.

Na hipótese de conciliação e mediação em razão de negociação de dívidas e de forma de pagamento, pode-se requerer tutela cautelar visando suspender as execuções por até 60 dias, visando composição com os credores. O procedimento de mediação ou de conciliação deve ser instaurado perante o Cejusc do TJ competente. Havendo pedido de recuperação judicial, o período de suspensão das execuções mencionado será deduzido do período de *stay*[115].

O acordo de conciliação ou de mediação deve ser homologado pelo juízo competente, cabendo lembrar que, se houver requerimento de recuperação judicial ou extrajudicial em até 360 dias, contados do acordo, os credores retornam ao *status quo ante*[116]. Por fim, vale observar que as sessões de conciliação e mediação podem ser realizadas em ambiente virtual[117].

6.10 *DIP Finance* (financiamento do devedor ou do grupo devedor durante a recuperação judicial)

Novidade trazida pela Lei nº 14.112/20. Com efeito, entrando em recuperação judicial, o devedor deve buscar dinheiro extra, visando, com tal disponibilidade financeira, arcar com as despesas inerentes ao plano de recuperação judicial[118]. A expressão – *DIP Finance* – é decorrente do direito norte-americano e se refere justamente aos mecanismos de financiamento do devedor, ou do grupo devedor, durante a recuperação judicial.

---

[113] De acordo com o art. 20-B, da Lei nº 11.101/05.

[114] Nos termos do art. 20-B, § 2º, da Lei nº 11.101/05.

[115] De acordo com o art. 20-B, §§ 1º e 3º, da Lei nº 11.101/05.

[116] Nos termos do art. 20-C, da Lei nº 11.101/05.

[117] De acordo com o art. 20-D, da Lei nº 11.101/05.

[118] É o que se extrai do art. 69-A, da Lei nº 11.101/05.

O crédito decorrente do contrato de financiamento tem natureza de crédito extraconcursal (art. 84, I-B, Lei nº 11.101/05)[119]. Há possibilidade de constituição de garantia subordinada para assegurar o *DIP Finance*. É dispensada a anuência do detentor objeto da garantia original, limitando-se ao excesso resultante da alienação do ativo objeto da garantia original. Não se aplica, no entanto, à alienação fiduciária ou à cessão fiduciária[120].

É importante, ainda, notar que se antes da liberação integral do *DIP Finance* ocorrer a convolação da recuperação judicial em falência, tal fato é motivo, por si só, para a rescisão automática do contrato de financiamento[121]. Por final, trata-se de modalidade negocial em que qualquer pessoa poderá assumir tanto a condição de financiador[122] (não precisa ser instituição financeira) quanto a de garantidor do devedor[123] (não precisa ser o próprio devedor).

6.11 Consolidação processual e substancial

Outro tema que foi positivado com a Reforma promovida pela Lei nº 14.112/20 foi o da consolidação processual e substancial da recuperação judicial[124]. Esse instituto jurídico é uma decorrência da aplicação prática da Lei nº 11.101/05. Na sua redação original, a recuperação judicial foi definida levando-se em consideração, apenas, um único devedor, isoladamente. Mas e se esse devedor fizesse parte de um grupo econômico? Ou se todas as empresas do grupo quisessem pleitear juntas a recuperação judicial?

O STJ respondeu a tais questionamentos, da seguinte forma:

> RECURSO ESPECIAL. RECUPERAÇÃO JUDICIAL. NEGATIVA DE PRESTAÇÃO JURISDICIONAL. INEXISTÊNCIA. GRUPO ECONÔMICO. ART. 48 DA LRF. ATIVIDADE REGULAR. DOIS ANOS. CISÃO EMPRESARIAL.
> (...)
> 3. É **possível a formação de litisconsórcio ativo** na recuperação judicial para abranger as **sociedades integrantes do mesmo grupo econômico**.

---

[119] De acordo com o art. 69-B, da Lei nº 11.101/05.

[120] Nos termos do art. 69-C, da Lei nº 11.101/05.

[121] De acordo com o art. 69-D, da Lei nº 11.101/05.

[122] Nos termos do art. 69-E, da Lei nº 11.101/05.

[123] De acordo com o art. 69-F, da Lei nº 11.101/05.

[124] Previsto nos arts. 69-G a 69-L, da Lei nº 11.101/05.

4. As sociedades empresárias integrantes de grupo econômico **devem demonstrar individualmente** o cumprimento do requisito temporal de 2 (dois) anos de exercício regular de suas atividades para postular a recuperação judicial em litisconsórcio ativo.
(...) (REsp 1.665.042/RS, Rel. Ministro RICARDO VILLAS BÔAS CUEVA, TERCEIRA TURMA, julgado em 25/06/2019, *DJe* 1.º/07/2019 – grifos nossos).

É nesse sentido que se fala em consolidação. Desde que duas ou mais sociedades ingressem conjuntamente com um só pedido de recuperação judicial, elas estarão em consolidação. Há duas modalidades de consolidação, que não se confundem: a consolidação processual e a consolidação substancial.

São características da consolidação processual:

a) decorrente da vontade das partes;

b) independência dos devedores, seus ativos e passivos;

c) meios de recuperação independentes e específicos;

d) facultada a apresentação de PRJ único;

e) assembleia geral de credores independentes;

f) possibilidade de concessão de RJ, para algumas empresas, e de falência, para outras empresas, ao mesmo tempo.

São características da consolidação substancial:

a) decorrente de decisão judicial;

b) devedores, seus ativos e passivos, tratados como devedor único;

c) meios de recuperação dependentes e gerais;

d) necessária a apresentação de PRJ único;

e) assembleia geral de credores única; e

f) mesma sorte para todas as empresas do grupo: ou todo mundo vai falir ou todo mundo vai se recuperar.

Como se nota, na consolidação substancial, apesar de ajuizarem em litisconsórcio, todas as sociedades empresárias pertencentes ao grupo terão as suas autonomias patrimoniais e existência distinta preservadas. Por sua vez, na consolidação substancial, todas as sociedades serão tratadas como se fossem um único devedor. Daí decorrerá todas as demais características apontadas.

17

PROPRIEDADE INDUSTRIAL: PATENTE DE INVENÇÃO OU DE MODELO DE UTILIDADE

O **Direito da Propriedade Industrial** é o **ramo do Direito Empresarial** que trata de regulamentar as **criações decorrentes do engenho humano** que afetam o exercício da empresa. O objeto de estudo desta parte do Direito Empresarial é o **regramento jurídico aplicável às patentes, ao desenho industrial e às marcas**.

Bem por isso, fala-se comumente em **marcas & patentes** e não em direito da propriedade industrial. Para os fins deste trabalho, serão examinados os principais aspectos da propriedade industrial, a partir de sua lei de regência, a **Lei nº 9.279/96**, em dois capítulos. Neste primeiro capítulo, será feita uma espécie de **introdução ao Direito da Propriedade Industrial**, trazendo os detalhes mais relevantes sobre **patentes de invenção ou de modelo de utilidade**. No próximo capítulo, o foco principal será as **marcas**; mas também serão feitas considerações acerca do **registro de desenho industrial**, bem como de temas em comum, com as **nulidades** e a **extinção** do Direito de Propriedade Industrial.

1. A PROPRIEDADE INTELECTUAL: PROPRIEDADE INDUSTRIAL X PROPRIEDADE AUTORAL

Preliminarmente, é importante destacar que **a propriedade industrial é espécie do gênero propriedade intelectual**, que corresponde ao direito de propriedade imaterial, intangível, não palpável. Com efeito, para além da propriedade industrial, existe, ainda, como espécie de **propriedade intelectual, a propriedade autoral**. Desse modo, é importante ressaltar as **principais diferenças entre a propriedade industrial e a propriedade autoral**.

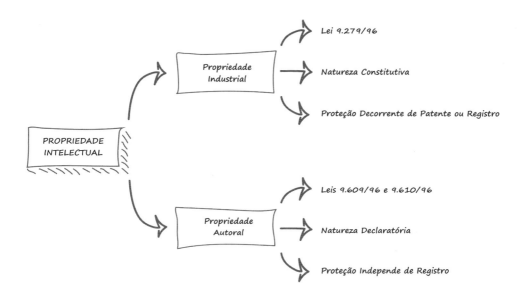

A **primeira diferença** reside na **legislação** que regulamenta. A **propriedade industrial**, atualmente, como visto, é regida pela **Lei nº 9.279/96**. Por sua vez, a **propriedade intelectual** é regulamentada pela **Lei nº 9.610/98**, à exceção da **proteção autoral aos programas de computador**, prevista na **Lei nº 9.609/98**. Frise-se, por oportuno: *apesar de os programas de computador poderem ser registrados pelo INPI*[1], *não se trata de bens da propriedade industrial*.

A **segunda diferença** marcante reside na **natureza jurídica do registro**. Não se pode deixar de notar que, no tocante à **propriedade industrial**, o registro tem **natureza constitutiva**, vale dizer, *a propriedade sobre determinado bem da propriedade industrial só é assegurada a partir de um ato formal perante o INPI*. De outro lado, *a proteção relativa aos direitos autorais independe de registro*[2], pelo que o registro, para os direitos autorais, tem **natureza declaratória**.

Desse modo, pelo fato de o direito autoral ser um ramo jurídico constituído à margem do Direito Empresarial, no âmbito do Direito Civil, cabe aqui fazer uma análise dos principais temas relativos à propriedade industrial, sem descurar de algumas considerações específicas acerca da proteção aos programas de computador.

Atendo-se, portanto, à **propriedade industrial**, há de se destacar um **regime dual de proteção para o direito industrial**, vale dizer, são duas as formas de

---

[1] Nos termos do art. 1º, do Decreto nº 2.556/98, que regulamenta o art. 3º, da Lei nº 9.609/98.

[2] Nos termos do art. 18, da Lei nº 9.610/98.

reconhecimento pelo INPI: a **patente** e o **registro**. Destaque-se, de início, que **patente não é um bem da propriedade industrial**, mas uma de suas formas de proteção. Vale dizer: *ou se protege um bem da propriedade industrial mediante registro, ou mediante patente*. É curioso perceber que, em pelo menos três aspectos, diferencia-se a proteção da propriedade industrial, se feita a partir de registro ou a partir de patente.

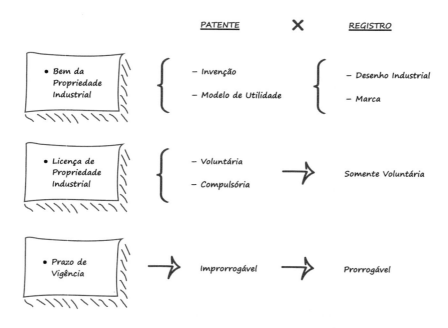

Uma das diferenças marcantes está baseada justamente nos **bens da propriedade industrial**.

São bens de propriedade industrial:

a) *a invenção*;

b) *o modelo de utilidade*;

c) *o desenho industrial*; e

d) *a marca*.

Os conceitos jurídicos de cada um deles será exposto a seguir, quando do exame de cada qual. Neste patamar, deve-se destacar que enquanto a **invenção** e o **modelo de utilidade** são protegidos mediante **patente**, o **desenho industrial** e a **marca** são protegidos mediante **registro**.

Outro aspecto diferenciador se refere à **licença**. Com efeito, *trata-se da autorização para a utilização de um bem da propriedade industrial alheio*. Assim, em um exemplo, eu sou titular de uma marca ou de uma patente, mas, pela licença, você poderá explorar economicamente tal objeto. No tocante a esta temática, *enquanto para os* **bens protegidos mediante registro**, *só existe a possibilidade de* **licença voluntária**, *para aqueles outros protegidos mediante* **patente**, *há a possibilidade tanto de* **licença voluntária**, *quanto de* **licença compulsória**. As diferenças e os casos de licença voluntária e compulsória serão examinados no momento oportuno.

Por final, outro critério relevante está relacionado ao **prazo de vigência**. Por regra, a Lei nº 9.279/96 estabeleceu prazos de vigência para a proteção da propriedade industrial. *Em se tratando de proteção mediante patente, não há a possibilidade de prorrogação do prazo de vigência*. Expirado o prazo, a patente cai em domínio público passando o objeto a poder ser explorado por qualquer pessoa. Porém, *nos casos em que a proteção é efetivada mediante registro, a lei admite a possibilidade de prorrogação do prazo de vigência*.

Dito isto, é importante perceber o **assento constitucional** que tem a **proteção à propriedade industrial**, na medida em que determina o art. 5º, XXIX, da Constituição Federal:

> a lei assegurará aos autores de inventos industriais privilégio temporário para a sua utilização, bem como proteção às criações industriais, à propriedade das marcas, aos nomes de empresas e outros signos distintivos, tendo em vista o interesse social e o desenvolvimento econômico do País.

Como se viu, **apenas as invenções e os modelos de utilidade podem ser objeto de patente**. Nesse patamar, é importante compreender a **diferença** que há entre a invenção e o modelo de utilidade. Com efeito, *a invenção decorre do engenho humano; trata-se de algo que surge a partir da criação humana*. Por outro lado, *o modelo de utilidade se refere a algum melhoramento ou nova forma de utilização para algo criado pela criatividade humana*[3].

A **patente**, exatamente em razão do dispositivo constitucional acima citado, representa um **privilégio atribuído ao autor** da invenção qual seja

---

[3] Para um aprofundamento sobre a diferença entre invenção e modelo de utilidade, dentre outros: COELHO, Fabio Ulhoa. *Curso de direito comercial, volume 1: direito de empresa*. 20 ed. São Paulo: Editora Revista dos Tribunais, 2016; MAMEDE, Gladston. *Direito empresarial brasileiro: empresa e atuação empresarial, volume 1*. 9 ed. São Paulo: Editora Atlas, 2016; TOMAZETTE, Marlon. *Curso de direito empresarial: teoria geral e direito societário – volume 1*. 9 ed. São Paulo: Saraiva Educação, 2018; VERÇOSA, Haroldo Malheiros Duclerc. *Direito comercial: teoria geral*. 4 ed. São Paulo: Editora Revista dos Tribunais, 2014.

o **monopólio da utilização da invenção, em caráter temporário**. Vale dizer, *a invenção é conjunto de ideias – bem imaterial*, portanto, *– que tem por objetivo criar um bem material*. A fim de incentivar, portanto, o engenho e a criação humanas é que o Governo outorga o direito ao inventor de, com exclusividade, explorar a invenção ou mesmo o modelo de utilidade, segundo um período de tempo[4].

É importante notar que atualmente não há mais a necessidade de prévia anuência da ANVISA para a concessão de patentes para produtos e processos farmacêuticos. Trata-se de uma evolução legislativa que guarda relação com o período pandêmico que assola o Brasil desde 2020. A prévia anuência referida anteriormente era prevista no art. 229-C, da Lei nº 9.279/96.

2. TITULARIDADE DA PATENTE

De início, é importante observar que **o autor da invenção** e, mesmo, do modelo de utilidade, **tem assegurado o direito de obter a patente que lhe garanta a propriedade de tal engenho**[5]. É cabível constatar que, em tese, **o requerente é presumido legitimado a obter a patente requerida**[6]. Tal requerimento pode ser feito em nome próprio, pelos herdeiros ou sucessores do autor, pelo cessionário ou por aquele a quem a lei ou o contrato de trabalho ou de prestação de serviços determinar que pertença a titularidade[7].

Quando se tratar de **invenção ou de modelo de utilidade realizado conjuntamente por duas ou mais pessoas**, a patente poderá ser requerida por todas ou qualquer delas, mediante nomeação e qualificação das demais, para ressalva dos respectivos direitos[8]. É de se ressaltar, ainda, que o inventor será nomeado e qualificado, podendo, entretanto, requerer a não divulgação de sua nomeação[9].

Se **dois ou mais autores** tiverem realizado a **mesma invenção ou modelo de utilidade**, de forma independente, **o direito de obter patente será assegurado àquele que provar o depósito mais antigo**, independentemente das datas de invenção ou criação. A retirada de depósito anterior sem produção de qualquer efeito dará prioridade ao depósito imediatamente posterior[10].

---

[4] O lapso temporal referente à exclusividade varia a depender do objeto da patente. Tal tema será melhor apresentado mais à frente, ao tratar da vigência da patente.

[5] De acordo com o art. 6º, da Lei nº 9.279/96.

[6] De acordo com o art. 6º, § 1º, da Lei nº 9.279/96.

[7] De acordo com o art. 6º, § 2º, da Lei nº 9.279/96.

[8] De acordo com o art. 6º, § 3º, da Lei nº 9.279/96.

[9] De acordo com o art. 6º, § 4º, da Lei nº 9.279/96.

[10] Nos termos do art. 7º, da Lei nº 9.279/96.

Desse modo, tem-se que é estabelecida pela lei uma **ordem de prioridade** a partir da qual, seguindo aludida ordem, poderá ser concedida a patente. Imagine que **duas ou mais pessoas** venham a criar a **mesma invenção** ou o **mesmo modelo de utilidade**. Como a patente se revela sob a forma de monopólio na exploração da invenção ou do modelo de utilidade pelo seu criador, resulta que, apenas, a um dos inventores deverá ser garantido tal privilégio.

Pois bem, este **privilégio** será garantido àquele que **primeiro depositar perante o INPI** – Instituto Nacional da Propriedade Industrial o pedido de patente. A não ser que haja a retirada do depósito[11] realizada ou que haja algum problema procedimental, quem primeiro depositou um pedido de patente deve receber tal direito, a ser exercido nos termos da lei.

Problema importante a ser analisado acerca da titularidade sobre patentes reside exatamente em se saber *quem é o titular da invenção ou do modelo de utilidade quando estes decorrem ou têm alguma relação com contrato de trabalho e/ou de prestação de serviços*. Com efeito, de início, é válido afirmar que **se a invenção decorrer de contrato de trabalho** cuja execução ocorra no Brasil e que **tenha por objeto a pesquisa ou a atividade inventiva**, ou resulte esta da **natureza dos serviços** para os quais foi o empregado contratado, **a titularidade será garantida ao empregador**[12-13].

A *remuneração de obreiro* pela atividade desempenhada deve-se limitar ao *salário convencionado*[14] e será **considerado desenvolvido na vigência do contrato de trabalho**, a invenção ou o modelo de utilidade cuja patente seja requerida pelo empregado em **até 1 ano após a extinção do vínculo empregatício**[15]. Entretanto, **caberá exclusivamente ao empregado** a invenção ou o modelo de utilidade por ele desenvolvido, **desde que desvinculado do contrato de trabalho** e não decorrente da utilização de recursos, meios, dados, materiais, instalações ou equipamentos do empregador[16].

Frise-se, por oportuno, que **a propriedade de invenção ou de modelo de utilidade será comum**, em partes iguais, quando resultar da **contribuição pessoal do empregado** e de recursos, dados, meios, materiais, instalações ou equipamentos do empregador. Sendo **mais de um empregado**, a parte que lhes

---

[11] De acordo com o art. 7º, parágrafo único, da Lei nº 9.279/96.

[12] Nos termos do art. 88, da Lei nº 9.279/96.

[13] Este mesmo entendimento cabe no caso de programas de computador desenvolvido e elaborado durante a vigência do contrato de trabalho, por força do art. 4º, da Lei nº 9.609/98.

[14] De acordo com o art. 88, § 1º, da Lei nº 9.279/96. O empregador pode conceder ao empregado participação nos lucros resultantes da exploração da patente, mas tal participação não se incorpora, de nenhum modo, ao salário do empregado.

[15] Nos termos do art. 88, § 2º, da Lei nº 9.279/96.

[16] De acordo com o art. 90, da Lei nº 9.279/96.

couber será **dividida igualmente** entre todos. Isto, em regra geral, na medida em que **disposição contratual pode tratar deste assunto diversamente**[17].

A exploração do objeto da patente, na falta de acordo, deverá ser **iniciada pelo empregador dentro do prazo de 1 (um) ano**, contado da data de sua concessão, sob pena de **passar à exclusiva propriedade do empregado** a titularidade da patente, **ressalvadas** as hipóteses de **falta de exploração por razões legítimas**[18-19].

O entendimento aqui apresentado também é aplicável às relações de **prestação de serviços** em geral, bem como ao **contrato de estágio**[20]. Nos mesmos moldes, tem igual valor jurídico, perante a **Administração Pública, direta ou indireta, nas três esferas da federação**[21].

3. REQUISITOS PARA A PATENTE

Os arts. 8º e 9º da Lei nº 9.279/96 definem, respectivamente, os requisitos para a patente de invenção e para a patente do modelo de utilidade. O art. 8º diz que *é patenteável a invenção que atenda aos requisitos de novidade, atividade inventiva e aplicação industrial*. Já o art. 9º prescreve que *é patenteável como modelo de utilidade o objeto de uso prático, ou parte deste, suscetível de aplicação industrial, que apresente nova forma ou disposição, envolvendo ato inventivo, que resulte em melhoria funcional no seu uso ou em sua fabricação.*

3.1 Patente de invenção

Para a *patente de invenção* pode-se estabelecer, portanto, os seguintes requisitos[22]:

a) Novidade

Para o direito brasileiro, exige-se a **novidade absoluta**, vale dizer, *será considerado novo toda e qualquer invenção que não esteja compreendida no* **estado da**

---

[17] Nos termos do art. 91, da Lei nº 9.279/96.

[18] De acordo com o art. 91, § 3º, da Lei nº 9.279/96.

[19] Este mesmo entendimento cabe no caso de programas de computador gerado sem relação com o contrato de trabalho, por força do art. 4º, § 2º, da Lei nº 9.279/96.

[20] Nos termos do art. 92, da Lei nº 9.279/96.

[21] De acordo com o art. 93, da Lei nº 9.279/96.

[22] Nos termos do art. 8º, da Lei nº 9.279/96.

técnica[23]. O estado da técnica é constituído por tudo aquilo tornado **acessível ao público antes da data de depósito do pedido de patente**, por *descrição escrita ou oral*, por **uso ou qualquer outro meio**, no Brasil ou no exterior[24].

Há *exceções importantes ao estado da técnica*. A primeira exceção se refere ao **período de graça** que se refere ao prazo de 12 meses em que se garante ao inventor para depositar o seu pedido a partir da primeira divulgação que fizer de sua criação. Também não se inclui no estado da técnica a divulgação feita pelo INPI ou mesmo por terceiros, no mesmo prazo[25].

A segunda exceção se refere aos pedidos de patente realizados em país que mantenha acordo com o Brasil, ou em organização internacional, que produza efeito de depósito nacional. É o tal **direito de prioridade**[26]. A **prioridade** decorre da existência de **acordo com o Brasil** ou em **organização internacional**. Assim, a patente depositada em país com acordo internacional com o Brasil, ou em organização internacional, produz efeito de depósito nacional.

A terceira exceção se refere ao **princípio das prioridades internas**[27]. Não se pode deixar de notar que para fins de aferição da novidade, o conteúdo completo de pedido depositado no Brasil, e ainda não publicado, **será considerado estado da técnica** a partir da **data de depósito**, ou da **prioridade reivindicada**, desde que venha a ser publicado, mesmo que subsequentemente[28]. Porém, o pedido de patente de invenção ou de modelo de utilidade *depositado originalmente no Brasil, sem reivindicação de prioridade e não publicado*, assegurará o **direito de prioridade** ao pedido posterior sobre a mesma matéria depositado no Brasil pelo mesmo requerente ou sucessores, dentro do prazo de 1 (um) ano[29].

b) Atividade inventiva

A invenção é dotada de **atividade inventiva** sempre que, para um **técnico no assunto**, não decorra de **maneira evidente ou óbvia** do estado da técnica. Marlon Tomazette[30] identifica os seguintes **critérios para aferir a inventividade**:

---

[23] Nos termos do art. 11, da Lei nº 9.279/96.

[24] De acordo com o art. 11, § 1º, da Lei nº 9.279/96.

[25] Nos termos do art. 12 da Lei nº 9.279/96.

[26] De acordo com o art. 16, da Lei nº 9.279/96.

[27] Princípio nominado por Marlon Tomazette.

[28] De acordo com o art. 11, § 2º, da Lei nº 9.279/96.

[29] Nos termos do art. 17, da Lei nº 9.279/96.

[30] TOMAZETTE. Marlon. *Curso de direito empresarial: teoria geral e direito societário, volume 1*. 3 ed. São Paulo: Atlas, 2011.

a) a constatação de que a invenção **proporciona uma diminuição nos custos** para a realização de um processo ou produtos equivalentes;

b) a comprovação de que houve **simplificação da fabricação** ou **redução do tamanho**;

c) o **prazo** entre a **publicação** sobre a **questão** e o **invento**; e

d) o **aumento da eficiência**.

Fabio Ulhoa Coelho[31] ilustra a atividade inventiva, nestes termos:

> Numa hipotética classificação dos inventores, de acordo com a capacidade inventiva, haveria pelo menos 3 níveis a considerar: os gênios (em que se enquadraria, por exemplo, Thomas Edison ou James Watt), os engenhosos e os criativos. Para um leigo, os avanços que os criativos proporcionam ao estado da técnica podem ser surpreendentes ou instigantes. Para o especialista, entretanto, tais avanços são óbvios, evidentes, meros desdobramentos previsíveis dos conhecimentos existentes. Sob o ponto de vista jurídico, apenas as invenções dos engenhosos e dos gênios podem ser patenteadas, porque só estas se revestem do atributo da atividade inventiva.

Na mesma toada, trilha Gladston Mamede[32]:

> Não há atividade inventiva na mera descoberta, ou seja, na constatação de algo já existente na natureza (físico, biológico, químico etc.). A invenção deve resultar de uma atividade, de um trabalho. Assim, não há atividade inventiva na percepção de meras possibilidades do que já se sabe, ou seja, na mera aplicação óbvia e evidente do estado da técnica, segundo a avaliação de um técnico no assunto.

Dessa forma, para ser patenteável, não basta ser algo que não conste do estado técnica; faz-se necessário que não decorra de modo evidente dele, sob o olhar de um perito no assunto. É o que se extrai da leitura dos art. 13, da Lei nº 9.279/96:

> Art. 13. A invenção é dotada de atividade inventiva sempre que, para um técnico no assunto, não decorra de maneira evidente ou óbvia do estado da técnica.

---

[31] COELHO, Fabio Ulhoa. *Curso de direito comercial, volume 1: direito de empresa*. 20 ed. São Paulo: Editora Revista dos Tribunais, 2016. p. 182.

[32] MAMEDE, Gladston. *Direito empresarial brasileiro: empresa e atuação empresarial, volume 1*. 9 ed. São Paulo: Editora Atlas, 2016. p. 218.

c) Aplicação industrial

A invenção é dotada de **aplicação industrial** quando possa ser **utilizada ou produzida em qualquer tipo de indústria**[33]. Desse modo, é preciso que a invenção seja dotada de alguma **aplicabilidade prática ou econômica**, sendo possível de ser **replicada em série**. A aplicação industrial se refere, portanto, à **possibilidade de utilização da invenção em qualquer atividade produtiva** e, não somente, na atividade industrial *stricto sensu*.

3.2 Patente de modelo de utilidade

Para a *patente de modelo de utilidade*, tem-se como requisitos[34]:
a) a *novidade*;
b) o *ato inventivo*; e
c) a *aplicação industrial*.

A novidade e a aplicação industrial se dará nos mesmos moldes em que ocorre a patente de invenção. Dir-se-á, porém, que um **modelo de utilidade** é dotado de **ato inventivo sempre** que, para um técnico no assunto, **não** decorra de **maneira comum ou vulgar** do estado da técnica[35].

3.3 Exclusões, proibições e impedimentos

Examinados os requisitos para a obtenção da patente de invenção ou de modelo de utilidade, deve-se destacar duas situações peculiares, quais sejam, **a exclusão do conceito de invenção ou de modelo de utilidade** – objetos que *decorrem da criatividade humana*, mas estão *fora da incidência do conceito* de invenção ou de modelo de utilidade, e **as proibições ou impedimentos** – elementos que se enquadram, em tese, na noção de invenção ou de modelo de utilidade, mas que a *lei veda a possibilidade de serem patenteados*.

São **casos de exclusão** do conceito de invenção ou de modelo de utilidade[36]:
a) descobertas, teorias científicas e métodos matemáticos;
b) concepções puramente abstratas;

---

[33] Nos termos do art. 15, da Lei nº 9.279/96.
[34] Nos termos do art. 9º, da Lei nº 9.279/96.
[35] De acordo com o art. 14, da Lei nº 9.279/96.
[36] Previstos no art. 10, da Lei nº 9.279/96.

c) esquemas, planos, princípios ou métodos comerciais, contábeis, financeiros, educativos, publicitários, de sorteio e de fiscalização;

d) as obras literárias, arquitetônicas, artísticas e científicas ou qualquer criação estética;

e) programas de computador em si;

f) apresentação de informações;

g) regras de jogo;

h) técnicas e métodos operatórios ou cirúrgicos, bem como métodos terapêuticos ou de diagnóstico, para aplicação no corpo humano ou animal; e

i) o todo ou parte de seres vivos naturais e materiais biológicos encontrados na natureza, ou ainda que dela isolados, inclusive o genoma ou germoplasma de qualquer ser vivo natural e os processos biológicos naturais.

São **casos de proibição** de concessão de patentes de invenção ou de modelo de utilidade[37]:

a) o que for contrário à moral, aos bons costumes e à segurança, à ordem e à saúde públicas;

b) as substâncias, matérias, misturas, elementos ou produtos de qualquer espécie, bem como a modificação de suas propriedades físico-químicas e os respectivos processos de obtenção ou modificação, quando resultantes de transformação do núcleo atômico; e

c) o todo ou parte dos seres vivos, exceto os micro-organismos transgênicos que atendam aos três requisitos de patenteabilidade – novidade, atividade inventiva e aplicação industrial – previstos no art. 8º e que não sejam mera descoberta.

Consideram-se **micro-organismos transgênicos** os organismos, exceto o todo ou parte de plantas ou de animais, que expressem, mediante **intervenção humana direta** em sua composição genética, uma **característica normalmente não alcançável** pela espécie em **condições naturais**[38].

3.4 A proteção aos programas de computador

Viu-se que os **programas de computador** em si **não são considerados invenção ou modelo de utilidade**[39]. Apesar disso, são **registráveis perante o INPI**[40]. Entretanto, o **regime de proteção** aos programas de computador é o da **propriedade autoral**[41]. Dessa forma, a sua proteção **independe de registro**[42], sendo assegurada a tutela por **50 anos**, contados a partir de 1º de janeiro do ano subsequente ao da sua publicação ou, na ausência desta, da sua criação.

---

[37] Previstos no art. 18, da Lei nº 9.279/96.

[38] De acordo com o art. 18, parágrafo único, da Lei nº 9.279/96.

[39] Nos termos do art. 10, V, da Lei nº 9.279/96.

[40] Nos termos do art. 1º, do Decreto nº 2.556/98.

[41] De acordo com o art. 2º, da Lei nº 9.609/98.

[42] De acordo com o art. 2º, § 3º, da Lei nº 9.609/98.

Caso o titular **pretenda registrar um programa de computador** perante o INPI, ele deverá apresentar **pedido** que deverá trazer, *no mínimo*, as **seguintes informações**:

a) os dados referentes ao **autor do programa** de computador e ao **titular**, se distinto do autor, sejam pessoas **físicas ou jurídicas**;

b) a **identificação** e **descrição funcional** do programa de computador; e

c) os **trechos do programa** e outros dados que se considerar **suficientes para identificá-lo** e caracterizar sua **originalidade**, ressalvando-se os direitos de terceiros e a responsabilidade do Governo (informação de **caráter sigiloso**, só podendo ser **reveladas** por **ordem judicial** ou a **requerimento do titular**).

Não constituem ofensa aos direitos do titular de programa de computador[43]:

a) a reprodução, em **um só exemplar**, de cópia **legitimamente adquirida**, desde que se destine à **cópia de salvaguarda ou armazenamento eletrônico**, hipótese em que o exemplar original servirá de salvaguarda;

b) a **citação parcial do programa**, *para fins didáticos*, desde que **identificados o programa e o titular** dos direitos respectivos;

c) a **ocorrência de semelhança** de programa a outro, **preexistente**, quando se der por força das **características funcionais** de sua aplicação, da observância de **preceitos normativos e técnicos**, ou de **limitação de forma alternativa** para a sua expressão; e

d) a **integração** de um programa, mantendo-se suas características essenciais, a um **sistema aplicativo ou operacional**, tecnicamente **indispensável às necessidades do usuário**, desde que para **uso exclusivo** de quem a promoveu.

É preciso que, de algum modo, seja **esclarecido ao usuário** de programa de computador o **prazo de validade técnica** da versão comercializada[44]. Dentro desse prazo, quem comercializar programa de computador fica obrigado a assegurar aos respectivos usuários a **prestação de serviços técnicos complementares** relativos ao adequado funcionamento do programa, consideradas suas especificações[45]. Esta obrigação **persiste no caso de retirada de circulação comercial** do programa de computador durante o prazo de validade[46].

4. DA PROTEÇÃO CONFERIDA

A patente confere ao seu titular **o direito de impedir terceiro, sem o seu consentimento, de produzir, usar, colocar à venda, vender ou importar com estes propósitos** o produto objeto de patente, processo ou produto obtido di-

---

[43] Nos termos do art. 6º, da Lei nº 9.609/98.

[44] Nos termos do art. 7º, da Lei nº 9.609/98.

[45] Nos termos do art. 8º, da Lei nº 9.609/98.

[46] Nos termos do art. 8º, parágrafo único, da Lei nº 9.609/98.

retamente por processo patenteado[47]. **Ocorrerá violação de direito de patente de processo quando o possuidor ou proprietário não comprovar, mediante determinação judicial específica, que o seu produto foi obtido por processo de fabricação diverso daquele protegido pela patente**[48]. É válido ainda mencionar que ao titular da patente é assegurado ainda **o direito de impedir que terceiros contribuam para que outros pratiquem os atos anteriormente mencionados.**

Segundo Marlon Tomazette[49], a princípio **compete ao titular da patente provar a violação de seus direitos de exploração exclusiva da patente**. Todavia, *no caso de patentes de processos, há uma inversão do ônus da prova*, cabendo ao acusado, novo usuário, provar que o produto não é obtido pelo mesmo processo.

Seja como for, importa considerar que **o direito de exclusividade garantido ao titular da patente não pode ser exercido de maneira abusiva**. Em razão disso, o art. 43, da Lei nº 9.279/96 elenca uma série de atos aos quais *o titular da patente não tem o direito de impedir a sua ocorrência*, quais sejam:

a) os atos praticados por terceiros não autorizados, **em caráter privado e sem finalidade comercial**, desde que **não acarretem prejuízo** ao interesse econômico do titular da patente;

b) os atos praticados por terceiros não autorizados, com **finalidade experimental**, relacionados a **estudos ou pesquisas científicas ou tecnológicas**;

c) a **preparação de medicamento** de acordo com prescrição médica para **casos individuais**, executada por **profissional habilitado**, bem como ao **medicamento assim preparado**;

d) a produto fabricado de acordo **com patente de processo ou de produto que tiver sido colocado no mercado interno** diretamente pelo **titular da patente** ou com **seu consentimento**;

e) a terceiros que, no caso de **patentes relacionadas com matéria viva**, utilizem, **sem finalidade econômica**, o produto patenteado como **fonte inicial de variação ou propagação** para obter outros produtos;

f) a terceiros que, no caso de **patentes relacionadas com matéria viva**, utilizem, **ponham em circulação ou comercializem** um produto patenteado que haja sido **introduzido licitamente no comércio pelo detentor** da patente ou por detentor de licença, desde que o **produto patenteado não seja utilizado para multiplicação** ou **propagação comercial da matéria viva em causa**; e

g) os atos praticados por terceiros não autorizados, relacionados à **invenção protegida por patente**, destinados exclusivamente à **produção de informações, dados e resultados de testes**, visando à **obtenção do registro de comercialização**, no Brasil ou em outro país, para a *exploração e comercialização do produto objeto da patente*, após a **expiração do prazo** de vigência da patente.

---

[47] Nos termos do art. 42, da Lei nº 9.279/96.

[48] Nos termos do art. 42, § 2º, da Lei nº 9.279/96.

[49] TOMAZETTE. Marlon. *Curso de direito empresarial*: teoria geral e direito societário. 3 ed. São Paulo: Atlas, 2011. v. 1.

Situação importante a ser mencionada é a do **usuário anterior**[50], vale dizer, da pessoa que explorava o objeto de patente de outrem antes da data do depósito ou da prioridade. Com efeito, **o usuário anterior tem o direito de continuar explorando a invenção**, sem o pagamento de *royalties*, **nos mesmos termos dos direitos conferidos ao titular da patente**. Tal direito só poderá ser cedido juntamente com o negócio ou empresa, ou parte desta que tenha direta relação com a exploração do objeto da patente, por alienação ou arrendamento. É cabível perceber que **aludido direito não será garantido a pessoa que tenha tido conhecimento do objeto da patente através de divulgação**[51], desde que o pedido tenha sido depositado no prazo de 1 (um) ano, contado da divulgação.

5. VIGÊNCIA DA PATENTE

Como já se viu, a proteção conferida pelas patentes é temporária. Há um **prazo legal de vigência**, dentro do qual somente o titular da patente é quem poderá explorar economicamente o seu objeto, incidindo em crime aquele que venha a explorá-la dentro deste prazo, sem licença[52]. A **patente de invenção** vigorará pelo prazo de **vinte anos**, contados da **data do depósito**. Nos mesmos moldes, **o prazo para a patente de modelo de utilidade é de 15 anos**[53].

6. DAS LICENÇAS

A **licença é a autorização necessária para que terceira pessoa venha a explorar uma patente**. Assim, tanto o titular, em razão do direito que tem, quanto um terceiro, em razão da concessão de uma licença, poderão, no caso concreto, explorar uma patente anteriormente concedida pelo INPI. É cabível ressaltar a **diferença que há entre licença e cessão**. **Na cessão de patentes**, *ocorrerá a transferência da titularidade de patentes entre as partes contratantes*, ou seja, modifica-se o proprietário, o titular da patente. Já **na licença** *haverá a mera autorização para que terceiro explore a patente*, não havendo modificação na titularidade da patente.

---

[50] Nos termos do art. 45, da Lei nº 9.279/96.

[51] Nos termos do art. 12, da Lei nº 9.279/96

[52] Nos termos do art. 183, da Lei nº 9.279/96.

[53] Nos termos do art. 40, da Lei nº 9.279/96. A Lei nº 14.195/21 revogou o parágrafo único, que trazia um prazo extra, considerado "soldado de reserva", para atribuir o maior prazo possível de utilização exclusiva ao inventor.

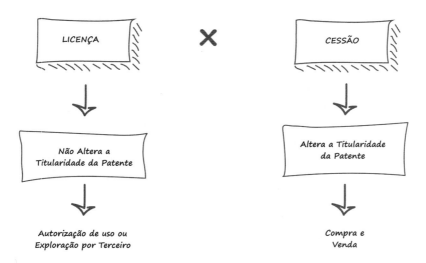

No caso concreto, **as licenças podem ser**: (i) *voluntária* ou (ii) *compulsórias*, em razão de: a) *o uso abusivo ou do abuso do poder econômico*; b) *a não comercialização ou mesmo a não exploração do produto*; e c) *a emergência nacional ou interesse público declarados pelo Poder Executivo Federal*. Cabe, portanto, fazer o exame de cada uma das modalidades mencionadas.

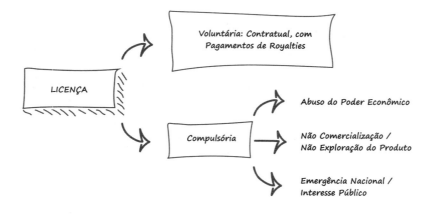

6.1 Licença voluntária

A **licença voluntária** é aquela decorrente do **acordo de vontades** havido entre o **titular do patente e terceiro** interessado em explorá-la[54]. Nesta situação, ambos firmam um contrato a partir do qual o **titular da patente** autoriza a sua **exploração por terceiro** à vista do **pagamento de** *royalties*. Em vista de que a natureza jurídica dos bens de propriedade industrial ser a de bens móveis, para todos os efeitos da lei[55], a doutrina apregoa que deve ser aplicada subsidiariamente à licença as regras relativas à locação de coisa móvel[56].

De todo modo, é imprescindível mencionar que **o contrato de licença deverá ser averbado no INPI para que produza efeitos em relação a terceiros**, a partir da data de sua publicação[57]. Para efeito de validade de prova de uso, o contrato de licença não precisará estar averbado no INPI. A averbação, assim, assegura a eficácia do contrato de licença, surtindo efeitos entre titular e licenciado, no entanto, a partir da sua assinatura. Vale ressaltar que *a licença pode ser concedida com ou sem exclusividade*.

Não se pode deixar de perceber que é possível que o titular solicite ao INPI para que coloque a patente em oferta[58]. No caso de **oferta de licença**, o INPI promoverá a publicação da oferta, a partir do que nenhum contrato de licença voluntária de caráter exclusivo. Vale dizer, ***patente sob licença voluntária, com caráter de exclusividade, não poderá ser objeto de oferta***.

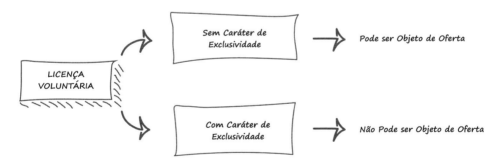

---

[54] De acordo com o art. 61, da Lei nº 9.279/96.

[55] Nos termos do art. 5º, da Lei nº 9.279/96.

[56] Nos termos dos arts. 565 a 578, do Código Civil.

[57] Nos termos do art. 62, da Lei nº 9.279/96.

[58] Nos termos do art. 64, da Lei nº 9.279/96.

Questão importante se refere ao *quantum* da remuneração, ou seja, do valor dos *royalties*. Prevalece, à primeira vista, a autonomia da vontade das partes. Na falta de acordo entre o titular e o licenciado, as partes poderão requerer ao INPI o arbitramento da remuneração, em caso de oferta de patente, podendo ser revista anualmente[59].

A patente em oferta terá sua anuidade reduzida à metade no período compreendido entre o oferecimento e a concessão da primeira licença, a qualquer título[60]. O titular da patente poderá requerer o cancelamento da licença se o licenciado não der início à exploração efetiva dentro de 1 (um) ano da concessão, interromper a exploração por prazo superior a 1 (um) ano, ou, ainda, se não forem obedecidas as condições para a exploração[61].

6.2 Licença compulsória

Além do acordo de vontades (*licença voluntária*), a Lei nº 9.279/96 regulamenta algumas hipóteses de **licença compulsória**. Trata-se de situações relacionadas ora *ao exercício abusivo dos direitos decorrentes da patente*, ora *a interesses considerados pela lei mais relevantes que o interesse individual do titular da patente*.

A primeira hipótese de licença compulsória está relacionada ao **uso abusivo da patente**[62]. Nesta situação, o titular ficará sujeito a ter a patente licenciada compulsoriamente *se exercer os direitos dela decorrentes de forma abusiva, ou por meio dela praticar abuso de poder econômico, comprovado nos termos da lei, por decisão administrativa ou judicial*.

Ensejam, igualmente, **licença compulsória**:

a) *a não exploração do objeto da patente no território brasileiro por falta de fabricação ou fabricação incompleta do produto, ou, ainda, a falta de uso integral do processo patenteado, ressalvados os casos de inviabilidade econômica, quando será admitida a importação*; ou

b) *a comercialização que não satisfizer às necessidades do mercado*.

A licença compulsória será ainda concedida quando, **cumulativamente**, se verificarem as seguintes hipóteses[63]:

---

[59] Nos termos do art. 65, da Lei nº 9.279/96.
[60] É o que dispõe o art. 66, da Lei nº 9.279/96.
[61] É o que dispõe o art. 67, da Lei nº 9.279/96.
[62] Nos termos do art. 68, da Lei nº 9.279/96.
[63] Nos termos do art. 70, da Lei nº 9.279/96.

a) ficar caracterizada *situação de dependência* de uma patente em relação a outra;

b) o objeto da patente dependente constituir *substancial progresso técnico* em relação à patente anterior; e

c) *o titular não realizar acordo com o titular da patente dependente* para exploração da patente anterior.

Ressalte-se, a propósito, que se considera **patente dependente**[64] aquela cuja exploração **depende obrigatoriamente da utilização do objeto de patente anterior** e que uma **patente de processo poderá ser considerada dependente de patente do produto** respectivo, bem como uma **patente de produto poderá ser dependente de patente de processo**. Seja como for, o titular da patente licenciada, nos termos do art. 70, terá direito a **licença compulsória cruzada da patente dependente**.

Há, ainda, a hipótese de licença compulsória[65], decorrente de **casos de emergência nacional ou internacional ou interesse público**. Nos casos de emergência nacional ou interesse público, **declarados em lei ou em ato do Poder Executivo Federal, ou de reconhecimento de estado de calamidade pública de âmbito nacional pelo Congresso Nacional**, desde que o titular da patente ou seu licenciado **não atenda a essa necessidade**, poderá ser *concedida, de ofício*, licença compulsória, **temporária e não exclusiva**, para a exploração da patente, sem prejuízo dos direitos do respectivo titular. Nesta hipótese, **o ato de concessão da licença estabelecerá seu prazo de vigência e a possibilidade de prorrogação**[66]. É cabível constatar que, de maneira geral, *as licenças compulsórias são sempre concedidas sem exclusividade, vedado, porém, o sublicenciamento*. A Lei 14.200/21 admitiu, por razões humanitárias e de acordo com tratados internacionais em que o Brasil é signatário, a licença compulsória de patentes de produtos destinados à exportação a países com insuficiente ou nenhuma capacidade de fabricação no setor farmacêutico para atendimento de sua população[67].

7. PROCEDIMENTO PARA A OBTENÇÃO DA PATENTE

Deixando de lado a patente de interesse da defesa nacional que tem seu procedimento especial regulamentado no art. 75 da Lei 9.279/96, o procedi-

---

[64] De acordo com o art. 70, § 1º, da Lei nº 9.279/96.

[65] Nos termos do art. 71, da Lei nº 9.279/96.

[66] Nos termos do art. 71, § 1º, da Lei nº 9.279/96, renumerado pela Lei nº 14.200/21.

[67] É o que dispõe o art. 71-A, da Lei nº 9.279/96, incluído pela Lei nº 14.200/21.

mento para a obtenção de patentes, regra geral, encontra-se definido entre os arts. 30 e 38.

Com efeito, tudo começa com o requerimento ou o **depósito de patente**. Realizado o depósito, o pedido de patente será mantido em **sigilo** pelo prazo de **18 meses**[68]. Havendo prioridade, tal prazo deverá ser contado da data da prioridade e não da data do depósito. É o prazo que a lei entende necessário para que o autor desenvolva a sua criação.

Seja como for, *é possível que o autor dispense aludido prazo, antecipando sua publicação pelo INPI*[69]. Em 60 dias após a publicação, começará o **exame do pedido**[70]. Neste mesmo período, quando for o caso, *poderão ser apresentadas objeções por terceiros*. Passado tal prazo, deve ser requerido o **exame técnico da patente** que deve ser requerido no **prazo de 36 meses do depósito**, *sob pena de arquivamento do pedido*[71]. Concluído o exame, será proferida decisão, deferindo ou indeferindo o pedido de patente[72], que **será concedida depois** do deferimento e da comprovação do pagamento da retribuição correspondente, com a expedição da respectiva carta-patente[73].

Vale, por oportuno, ressaltar que o **pagamento da retribuição** e respectiva **comprovação** deverão ser efetuados no **prazo de 60 (sessenta) dias** contados do **deferimento**[74]. Excepcionalmente, a retribuição **poderá ainda ser paga e comprovada** dentro de **30 (trinta) dias após** o prazo definido[75], **independentemente** de notificação, mediante **pagamento de retribuição específica**, sob pena de **arquivamento definitivo** do pedido.

O **procedimento de patente de interesse da defesa nacional** será processado em **caráter sigiloso**, não ocorrendo as publicações do procedimento comum previstas na Lei nº 9.279/96. Para tanto, o INPI encaminhará o pedido, de imediato, ao **órgão competente** do Poder Executivo para, no prazo de **sessenta**

---

[68] Nos termos do art. 30, da Lei nº 9.279/96.

[69] Nos termos do art. 30, § 1º, da Lei nº 9.279/96.

[70] Nos termos do art. 31, da Lei nº 9.279/96.

[71] Nos termos do art. 32, da Lei nº 9.279/96.

[72] Nos termos do art. 37, da Lei nº 9.279/96.

[73] Nos termos do art. 38, da Lei nº 9,279/96.

[74] Nos termos do art. 38, § 1º, da Lei nº 9.279/96.

[75] Nos termos do art. 38, § 2º, da Lei nº 9.279/96.

dias, *manifestar-se sobre o caráter sigiloso*. Decorrido o prazo **sem a manifestação** do órgão competente, o pedido será **processado normalmente**[76].

Não se pode deixar de notar que é **vedado o depósito no exterior** de pedido de patente cujo objeto tenha sido considerado de interesse da defesa nacional, bem como **qualquer divulgação** do mesmo, salvo **expressa autorização do órgão competente**[77]. Ademais, a **exploração** e a **cessão** do pedido ou da patente de interesse da defesa nacional estão condicionadas à **prévia autorização do órgão** competente, assegurada **indenização** sempre que houver **restrição dos direitos do depositante** ou do titular[78].

---

[76] Nos termos do art. 75, da Lei nº 9.279/96.

[77] É o que dispõe o art. 75, § 2º, da Lei nº 9.279/96.

[78] É o que dispõe o art. 75, § 3º, da Lei nº 9.279/96.

18

PROPRIEDADE INDUSTRIAL: REGISTRO DE DESENHO INDUSTRIAL E DE MARCA

No capítulo anterior, estudou-se a proteção à propriedade industrial na perspectiva das patentes. Neste capítulo, continua-se o estudo relacionado ao Direito da Propriedade Industrial; porém, o foco agora passa a ser a proteção decorrente do registro. Nesse ínterim, será feito o estudo sobre os principais tópicos dos regimes jurídicos para o registro de desenho industrial e para o registro de marcas, finalizando com o exame da extinção e das nulidades relacionadas à matéria de "marcas & patentes".

1. DESENHO INDUSTRIAL

O **desenho industrial** pode ser conceituado como sendo *a forma plástica ornamental de um objeto ou o conjunto ornamental de linhas e cores que possa ser aplicado a um produto, proporcionando resultado visual* **novo** *e* **original** *na sua configuração externa e que possa servir de tipo de* **fabricação industrial**[1]. Segundo, Marlon Tomazette[2], trata-se de uma *criação meramente de forma, sem efeitos funcionais, podendo ser bidimensional ou tridimensional*. Podem-se citar, em nível, de exemplos, os desenhos de veículos, de móveis ou, mesmo, de eletrodomésticos.

Neste particular, é válido apresentar a **diferença existente entre o modelo de utilidade e o desenho industrial**. Enquanto o **desenho industrial**, como o

---

[1] De acordo com o art. 95, da Lei nº 9.279/96.

[2] TOMAZETTE. Marlon. *Curso de direito empresarial*: teoria geral e direito societário. 3 ed. São Paulo: Atlas, 2011. v. 1.

nome sugere, é apenas **uma nova forma para um produto**, *não indo além de um desenho*, o **modelo de utilidade** representa um **melhoramento de invenção anterior**. Vale dizer, o **modelo de utilidade** implementa uma **melhoria funcional** a uma invenção patenteada anteriormente, ao contrário do que ocorre com o **desenho industrial** que **não tem qualquer efeito funcional**, constituindo-se, apenas, no desenho de um objeto.

1.1 Requisitos

São **requisitos para o registro do desenho industrial**:
a) *a novidade*;
b) *a originalidade*;
c) *a industriabilidade*; e
d) *o desimpedimento*.

O desenho industrial é considerado novo quando não compreendido no estado da técnica[3]. *O estado da técnica é constituído por tudo aquilo tornado acessível ao público antes da data de depósito do pedido, no Brasil ou no exterior, por uso ou qualquer outro meio*[4]. **Não será considerado** como incluído no **estado da técnica** o desenho industrial cuja **divulgação tenha ocorrido durante os 180 (cento e oitenta) dias** que precederem a data do depósito ou a da prioridade reivindicada, se promovida nas situações previstas nos incisos I a III do art. 12 (dispositivo que trata das patentes, aplicável neste particular, também, ao desenho industrial)[5]. Para **aferição unicamente da novidade**, o conteúdo completo de pedido de registro depositado no Brasil, e ainda **não publicado**, será considerado como **incluído no estado da técnica** a partir da data de depósito, ou da prioridade reivindicada, desde que venha a ser publicado, mesmo que subsequentemente[6].

O desenho industrial é considerado original quando dele resulte uma configuração visual distintiva, em relação a outros objetos anteriores[7]. O **resultado visual original** poderá ser decorrente da **combinação de elementos**

---

[3] Nos termos do art. 96, da Lei nº 9.279/96.
[4] De acordo com o art. 96, § 1º, da Lei nº 9.279/96.
[5] De acordo com o art. 96, § 3º, da Lei nº 9.279/96.
[6] De acordo com o art. 96, § 2º, da Lei nº 9.279/96.
[7] Nos termos do art. 97, da Lei nº 9.279/96.

conhecidos[8]. Não se considera desenho industrial qualquer **obra de caráter puramente artístico**. A **originalidade** se refere ao fato de os consumidores serem capazes de **perceber a diferença** em relação a outros objetos anteriores.

O terceiro requisito é o da **industriabilidade** e está relacionado ao fato de o desenho industrial para ser registrado deve ter aplicação industrial, ou seja, **deve ser produzido em larga escala**. Bem por isso, as concepções puramente artísticas são protegidas pelas normas relativas ao direito autoral e não pelo direito industrial[9].

O quarto requisito é o **desimpedimento**. Para ser objeto de registro industrial, faz-se necessária que a forma ou o desenho não venham a incidir em uma das proibições previstas em lei.

Não é **registrável** como desenho industrial[10]:

a) o que for **contrário à moral** e aos **bons costumes** ou que **ofenda a honra** ou **imagem de pessoas**, ou atente contra **liberdade de consciência**, crença, culto religioso ou ideia e **sentimentos dignos de respeito e veneração**;

b) a **forma necessária comum** ou **vulgar** do objeto ou, ainda, aquela determinada essencialmente por **considerações técnicas ou funcionais**.

1.2 Procedimento para o registro de desenho industrial

Faz-se necessária a apresentação de um **pedido de registro** junto ao INPI[11]. Apresentado o pedido, será realizado um **exame formal preliminar** para verificar se o pedido está devidamente instruído. Em sendo o caso, será protocolizado, **considerada a data de depósito a da apresentação**[12]. Não se pode deixar de notar que os documentos que integram o pedido devem estar em **língua portuguesa**[13].

O **pedido de registro** de desenho industrial terá que se referir a um **único objeto**, permitida uma **pluralidade de variações**, desde que se destinem ao **mesmo propósito** e guardem entre si a **mesma característica distintiva** preponderante, limitado cada pedido ao **máximo de 20 (vinte) variações**[14]. O desenho

---

[8] De acordo com o art. 97, parágrafo único, da Lei nº 9.279/96.

[9] De acordo com o que determina o art. 98, da Lei nº 9.279/96.

[10] Nos termos do art. 100, da Lei nº 9.279/96.

[11] Nos termos do art. 101, da Lei nº 9.279/96.

[12] De acordo com o art. 102, da Lei nº 9.279/96.

[13] Nos termos do art. 101, parágrafo único, da Lei nº 9.279/96.

[14] Nos termos do art. 104, da Lei nº 9.279/96.

deverá representar **clara e suficientemente** o objeto e suas variações, se houver, de modo a **possibilitar sua reprodução** por técnico no assunto.

Depositado o pedido de registro industrial e verificado o atendimento aos requisitos previstos na lei (não se tratar de objeto não registrável, apresentar toda a documentação exigida e se trata de apenas um único objeto), será automaticamente **publicado** e *simultaneamente* **concedido o registro**, expedindo-se o respectivo certificado. A requerimento do depositante, por ocasião do depósito, *poderá ser mantido em sigilo* o pedido, pelo prazo de **180 (cento e oitenta) dias** contados da **data do depósito**, após o que será processado. Se o depositante se beneficiar de **prioridade**, aguardar-se-á a **apresentação do documento de prioridade** para o processamento do pedido. Caso o objeto seja **não registrável**, o pedido de registro deve ser **indeferido**. Entretanto, tratando-se de **problemas relativos à documentação** ou à configuração, será formulada exigência que deve ser atendida em **60 dias**, sob pena de arquivamento definitivo[15].

1.3 Vigência

O registro vigorará pelo prazo de **dez anos** contados da data do depósito, **prorrogável** por **três períodos sucessivos de cinco anos** cada[16]. O pedido de prorrogação deverá ser formulado durante o **último ano de vigência do registro**, instruído com o comprovante **do pagamento da respectiva retribuição**. Se o pedido de prorrogação não tiver sido formulado até o termo final da vigência do registro, o titular poderá fazê-lo nos **180 (cento e oitenta) dias subsequentes**, mediante o pagamento de **retribuição adicional**.

1.4 Aplicação subsidiária (ou semelhante) à patente

As normas relativas à **proteção conferida pelo registro** de desenho industrial, a **sua nulidade** – *tanto administrativa quanto judicial* –, bem como as **hipóteses de extinção** – ressalvadas a caducidade que é específica para as patentes e a retribuição que, no caso do desenho industrial é quinquenal – e as normas relativas à criação de desenho industrial **por empregado ou prestador de serviços**, são as mesmas, seja em razão de aplicação subsidiária, por **expressa remissão**[17], seja em razão da semelhança, em face da existência de **dispositivos redigidos de maneira idêntica**.

---

[15] Em conformidade com o art. 106, da Lei nº 9.279/96.

[16] De acordo com o art. 108, da Lei nº 9.279/96.

[17] Nos termos do art. 109, parágrafo único, da Lei nº 9.279/96.

2. MARCAS

A **marca** é um dos **elementos de identificação do empresário** mais relevantes no mercado. Vale dizer, antigamente, consumia-se em razão da pessoa do comerciante; atualmente, a motivação de consumo é baseada na marca. Trata-se do bem da propriedade industrial que serve para **identificar produtos ou serviços**.

A marca é um sinal visual distintivo de produto ou de serviço. A legislação marcária[18] prevê que *são suscetíveis de registro como marca os sinais distintivos visualmente perceptíveis, não compreendidos nas proibições legais*. Ou seja, **não se admite, no Brasil, o registro de marcas auditivas, olfativas ou mesmo gustativas**. Somente pela visão se reconhece uma marca.

É importante destacar que marca **não precisa** ser uma **palavra conhecida** na língua portuguesa. Pode ser um **conjunto de letras, de números, de letras e números ou mesmo um desenho** que atenda à função de **nomear produtos ou serviços** para distingui-los de outros, concorrentes ou não.

A proteção às marcas obedece a **dois princípios**:
a) *o princípio da anterioridade*; e
b) *o princípio da especificidade*.

O **princípio da anterioridade** ou da precedência de registro determina que o titular da marca **não será necessariamente o criador da marca**, mas aquele **primeiro a conseguir o registro** perante o INPI. Pelo **princípio da especificidade**, a proteção da marca, por regra, é assegurada em **determinado segmento de mercado**, em determinado **ramo de atividade econômica**.

Existem exceções, porém, à anterioridade e à especificidade. São elas:
a) *marca de alto renome* – exceção ao princípio da especificidade;
b) *marca notoriamente conhecida* – exceção ao princípio da anterioridade.

A **marca de alto renome** pode ser definida como *a marca registrada no Brasil, com proteção em todos os ramos de atividade*[19]. Marca de alto renome é conhecida universalmente. Trata-se de questão de fato, a ser provada. A proteção em todos os ramos ocorre pelo fato de o consumidor inconscientemente transferir a qualidade da marca para todos os ramos. A **qualificação** da marca de alto renome **pode decorrer de pedido**, regulamentado pela Resolução INPI nº 107/13.

---

[18] Nos termos do art. 120, da Lei nº 9.279/96.
[19] De acordo com o art. 125, da Lei nº 9.279/96.

A outra marca já devidamente absorvida pelo mercado é a **marca notoriamente reconhecida** que pode ser definida como *a marca não registrada no Brasil, mas tem proteção no ramo de atividade em que atua*[20]. **A diferença da marca notória para a de alto renome se encontra no registro.** A de alto renome, registrada no Brasil, está protegida em todos os ramos de atividade. A notoriamente conhecida, não registrada no Brasil, está protegida no ramo específico de atividade.

2.1 Requisitos

De acordo com o que se infere da Lei nº 9.279/96, tem-se o estabelecimento de certos **requisitos** que precisam ser atendidos a fim de que o INPI venha a efetivar o **registro de uma marca**. São eles:

a) *capacidade distintiva*;

b) *novidade*;

c) *não colidência com marca notoriamente conhecida*; e

d) *desimpedimento*.

a) Capacidade distintiva

A **capacidade distintiva das marcas** se refere ao fato de que é essencial que o signo utilizado seja capaz de diferenciar o produto ou o serviço marcado de outro, semelhante ou afim, de origem diversa[21]. *Não há necessidade de ser novo, de nunca ter sido utilizado, bastando que diferencie um produto ou um serviço de outro.*

b) Novidade

A **novidade**, enquanto requisito para as marcas, **deve ser relativa**. Não há necessidade de que o empresário tenha criado o símbolo para identificar o produto ou o serviço. Relembre-se que **a marca é informada pelo princípio da especificidade**, segundo o qual a proteção às marcas se da de acordo com a **classe de produtos ou serviços** que identificará. Desse modo, *tem-se que a marca, regra geral, estará protegida em determinado ramo de atuação, não havendo impedimento a que se registre a expressão enquanto marca em outro segmento de mercado, vale dizer, em outra classe de produtos ou de serviços.*

Um dos **propósitos da tutela marcária** se refere à **proteção do consumidor**, de determinado produto ou serviço, que **não pode ser minimamente confun-**

---

[20] De acordo com o art. 126, da Lei nº 9.279/96.

[21] É o que se percebe no art. 123, I, da Lei nº 9.279/96.

dido com outro produto, de marca igual e semelhante. Sobre este ponto, cogita Fábio Ulhoa Coelho[22]:

> Destaco que duas marcas iguais ou semelhantes até podem ser registradas na mesma classe, desde que não se verifique a possibilidade de confusão entre os produtos ou serviços a que se referem. (...) Afastada essa possibilidade, será indiferente se as marcas em questão estão registradas na mesma classe ou em classes diferentes.

A **doutrina majoritária**[23], porém, entende como inafastável a **exclusividade do uso** do nome para o produto ou serviço dentro de **determinado segmento de mercado**:

> Diante dessa novidade, não se pode registrar marca idêntica a outra marca já protegida para aquele ramo de atuação. Não se admite sequer marca similar que possa gerar confusão com marcas já protegidas. Neste momento, protege-se a concorrência, evitando condutas desleais no mercado, isto é, evitando que um empresário se aproveite da boa fama dos produtos de outro empresário.

c) Não colidência com marca notoriamente conhecida

Como já visto, **marca notoriamente conhecida** é aquela marca de conhecimento universal que, apesar de **não registrada no Brasil**, goza de **proteção específica**, ou seja, está protegida dentro de seu ramo de atividade, independentemente de registro[24]. O INPI poderá indeferir de ofício pedido de registro de marca que reproduza ou imite, no todo ou em parte, marca notoriamente conhecida[25].

d) Desimpedimento

Não basta, para que uma marca seja registrável, que ela tenha capacidade distintiva, que ela não já tenha sido utilizada em determinado segmento de mercado e que não venha a colidir, vale dizer, não venha a reproduzir ou

---

[22] COELHO, Fabio Ulhoa. *Curso de direito comercial, volume 1: direito de empresa*. 20 ed. São Paulo: Editora Revista dos Tribunais, 2016. p. 188-189.

[23] Por todos: TOMAZETTE, Marlon. *Curso de direito empresarial: teoria geral e direito societário – volume 1*. 9 ed. São Paulo: Saraiva Educação, 2018. p. 177.

[24] Nos termos do art. 126, da Lei nº 9.279/96

[25] De acordo com o art. 126, § 2º, da Lei nº 9.279/96.

imitar, no todo ou em parte, marca notoriamente conhecida. Nesse particular, **é necessário que o signo utilizado para identificar determinado produto ou serviço não pode estar previsto numa das proibições mencionadas no art. 124, da Lei nº 9.279/96.**

2.2 Espécies de marca

A Lei nº 9.279/96 regulamenta **três espécies** de marca[26]:

a) **marca de produto ou serviço**[27] – aquela *usada para distinguir* produto ou serviço de outro idêntico, semelhante ou afim, de origem diversa;

b) **marca de certificação**[28] – aquela usada para *atestar a conformidade* de um produto ou serviço com determinadas *normas ou especificações técnicas*, notadamente quanto à qualidade, natureza, material utilizado e metodologia empregada (Selo ISO, por exemplo); e

c) **marca coletiva**[29] – aquela usada para identificar produtos ou serviços provindos de *membros de uma determinada entidade* (grupos econômicos, por exemplo, costumam ter essa espécie de marca para indicar que determinado produto é oriundo de alguma das empresas do grupo).

O pedido de registro de marca coletiva **conterá regulamento de utilização**, dispondo sobre **condições e proibições de uso da marca**[30]. O pedido de registro da marca de certificação **conterá as características do produto ou serviço** objeto de certificação e as **medidas de controle que serão adotadas** pelo titular[31].

Não se pode esquecer, como já visto, das marcas de alto renome, bem como das marcas notoriamente conhecidas. Em termos práticos, porém, é bom que se diga que a **marca de alto renome**, em verdade, será uma daquelas três que **se tornou conhecida do público em geral**, ao ponto de o consumidor, mesmo sem querer, ligar a qualidade da marca a todos os segmentos de mercado. De outro lado, *toda vez que uma marca notoriamente conhecida consegue o seu registro no Brasil, a tendência é que ela se torne uma marca de alto renome.*

---

[26] Conforme estabelecido pelo art. 129.

[27] De acordo com o art. 123, I, da Lei nº 9.279/96.

[28] De acordo com o art. 123, II, da Lei nº 9.279/96.

[29] De acordo com o art. 123, III, da Lei nº 9.279/96.

[30] Nos termos do art. 147, da Lei nº 9.279/96.

[31] Nos termos do art. 148, da Lei nº 9.279/96.

- De Produto ou Serviço (Art. 123, I): Dá Nome a Produto/Serviço, Distinguindo-os
- De Certificação (Art. 123, II): Atesta Conformidade com Normas ou Especificações Técnicas
- Coletiva (Art. 123, III): Identifica Membros de Determinada Entidade
- De Alto Renome (Art. 125): Registro no Brasil + Proteção Exclusiva
- Notoriamente Conhecida (Art. 126): Sem Registro no Brasil + Proteção Específica

2.3 Tipos de marca

A doutrina[32] aponta, ainda, que as marcas podem ser de **três tipos** distintas:

a) *marcas nominativas*;
b) *marcas figurativas*; e
c) *marcas mistas*.

Marcas nominativas são aquelas baseadas em ***letras e/ou números***, não sendo necessária ser uma palavra inteligível para a língua portuguesa. **Marcas figurativas**, por sua vez, são aquelas baseadas em ***figuras e/ou símbolos***. Por final, **marcas mistas** representam uma ***combinação das duas espécies anteriores***.

Pode-se falar, ainda, em **marcas tridimensionais**[33] que se caracterizam por dar uma configuração física, distintiva, a determinado produto. Nesse sentido, há **determinados recipientes**, como garrafas de refrigerante ou até mesmo vidros de perfume que podem ser vistos como exemplos mais comuns.

- Nominativas: Letras e/ou Números
- Figurativas: Figuras e/ou Símbolos
- Mistas: Letras e/ou Números Combinados com Figuras e/ou Símbolos
- Tridimensionais: Recipientes que dão Configuração Distintiva a Determinado Produto

---

[32] Para aprofundamento, dentre outros: COELHO, Fábio Ulhoa. *Curso de direito comercial, volume 1: direito de empresa*. 20 ed. São Paulo: Editora Revista dos Tribunais, 2016; MAMEDE, Gladston. *Direito empresarial brasileiro, volume 1*. 9 ed. São Paulo: Atlas, 2016; TOMAZETTE, Marlon. *Curso de direito empresarial: teoria geral e direito societário – volume 1*. 9 ed. São Paulo: Saraiva Educação, 2018; VERÇOSA, Haroldo Malheiros Duclerc. *Direito comercial: teoria geral*. 4 ed. São Paulo: Editora Revista dos Tribunais, 2014.

[33] Caracterizadas através de interpretação *a contrario sensu* do art. 124, XXII, da Lei nº 9.279/96.

2.4 Direitos sobre a marca

Em virtude do **inegável valor econômico** que as marcas têm, é de fundamental importância compreender como ocorre a **aquisição de direitos relativos à marca**, bem como o modo pelo qual tal bem incorpóreo[34] é protegido.

2.4.1 Aquisição

Nos termos do art. 129, da Lei nº 9.279/96, **a propriedade da marca adquire-se pelo registro validamente expedido**, conforme as disposições desta Lei, sendo assegurado ao titular seu **uso exclusivo em todo o território nacional**. No que se refere às *marcas coletivas*, o pedido de registro **conterá regulamento de utilização**, dispondo sobre condições e proibições de uso da marca.

No que se refere às *marcas de certificação*, o pedido de registro **deve conter**:
a) as características do produto ou serviço objeto de certificação; e
b) as medidas de controle que serão adotadas pelo titular.

A propriedade da marca adquire-se pelo registro validamente expedido, conforme as disposições desta Lei[35], sendo assegurado ao titular seu **uso exclusivo** *em todo o território nacional*. **No que se refere às marcas coletivas**, o pedido de registro conterá *regulamento de utilização, dispondo sobre condições e proibições de uso da marca*[36].

No que se refere às marcas de certificação, o pedido de registro deve conter[37]:
a) as características do produto ou serviço objeto de certificação; e
b) as medidas de controle que serão adotadas pelo titular.

Nestes casos, quando tais conteúdos **não acompanharem o pedido**, deverão ser **protocolizados no prazo de 60 (sessenta) dias**, sob pena de arquivamento definitivo do pedido. Os conceitos de marca coletiva e de marca de certificação serão apresentados mais à frente, quando do estudo dos tipos de marca.

Percebe-se, portanto, que **a proteção às marcas, regra geral, decorre do registro**. Diz-se regra geral pelo fato de que as **marcas notoriamente conhecidas** recebem proteção **independentemente de registro**. Além disso, toda pessoa

---

[34] Apesar de incorpóreo, trata-se de bem móvel, de acordo com o art. 5º, da Lei nº 9.279/96.
[35] Previstas no art. 129, da Lei nº 9.279/96.
[36] Conforme dispõe o art. 147, da Lei nº 9.279/96.
[37] É o que se extrai do art. 148, da Lei nº 9.279/96.

que, de **boa-fé**, na data da prioridade ou depósito, **usava no País**, *há pelo menos 6 (seis) meses*, **marca idêntica ou semelhante**, para distinguir ou certificar produto ou serviço idêntico, semelhante ou afim, terá **direito de precedência ao registro**[38]. O direito de precedência **somente** poderá ser cedido **juntamente com o negócio da empresa**, *ou parte deste*, que tenha direta relação com o uso da marca, por alienação ou arrendamento[39].

Veja-se, a propósito, que as **marcas de fato**, apesar de não registradas, são protegidas por **normas que vedam a concorrência desleal**, constituindo-se no crime previsto no art. 195, da Lei nº 9.279/96. Com efeito, é válido ressaltar: **o direito não tolera o desvio ilícito de clientela e, por isso, reprime os atos de concorrência desleal**. Tudo no intuito de fazer com que o **consumidor não seja levado a erro**, querendo consumir de um empresário, acabe, enganadamente, por consumir de outrem.

2.4.2 Da proteção conferida

O titular da marca é assegurado o **direito de usar a expressão** registrada como marca em todo o **território nacional**[40]. Ao titular da marca ou ao depositante é ainda assegurado o direito de[41]: (i) **ceder seu registro** ou pedido de registro; (ii) **licenciar seu uso**; (iii) **zelar pela sua integridade** material ou reputação. *A proteção conferida pelo registro abrange o uso da marca em papéis, impressos, propaganda e documentos relativos à atividade do titular*[42].

Entretanto, o direito sobre a marca **não é absoluto**, *não podendo, portanto, ser exercido de maneira abusiva*.

Desse modo, tem-se que **o titular da marca não poderá**[43]:

a) **impedir** que comerciantes ou distribuidores **utilizem sinais distintivos** que lhes são próprios, **juntamente com a marca** do produto, na sua promoção e comercialização;

b) **impedir** que fabricantes de acessórios **utilizem a marca** para indicar a **destinação do produto**, desde que obedecidas as práticas leais de concorrência;

c) **impedir a livre circulação de produto** colocado no mercado interno, por si ou por outrem com seu consentimento, ressalvado o caso de licença compulsória de patentes em razão de

---

[38] Nos termos do art. 129, § 1º, da Lei nº 9.279/96.

[39] Nos termos do art. 129, § 2º, da Lei nº 9.279/96.

[40] Nos termos do art. 129, da Lei nº 9.279/96.

[41] Nos termos do art. 130, da Lei nº 9.279/96.

[42] Nos termos do art. 131, da Lei nº 9.279/96.

[43] Nos termos do art. 132, da Lei nº 9.279/96.

abuso do poder econômico ou no caso de importação para exploração de patente ou de importação do objeto da licença compulsória mencionada; e

d) **impedir a citação da marca** em discurso, obra científica ou literária ou qualquer outra publicação, desde que **sem conotação comercial e sem prejuízo** para seu caráter distintivo.

2.4.3 Vigência

O **registro da marca vigorará pelo prazo de 10 (dez) anos**, contados da **data da concessão** do registro, **prorrogável por períodos iguais e sucessivos**[44]. O pedido de prorrogação deverá ser formulado durante o último ano de vigência do registro, instruído com o comprovante do pagamento da respectiva retribuição[45]. Se o pedido de prorrogação não tiver sido efetuado até o termo final da vigência do registro, o titular poderá fazê-lo nos 6 (seis) meses subsequentes, mediante o pagamento de retribuição adicional[46].

A **prorrogação não será concedida** quando o requerente da prorrogação não tiver ou deixar de atender a algum dos requisitos que o legitimou a requerer o registro inicial da marca[47]. **Podem requerer registro de marca as pessoas físicas ou jurídicas de direito público ou de direito privado**[48]. As pessoas de direito privado só podem requerer registros de marca relativos às atividades que exerçam efetiva e licitamente, de modo direto ou através de empresas que controlem direta ou indiretamente, declarando, no próprio requerimento, esta condição, sob as penas da lei. **O registro de marca coletiva só poderá ser requerido por pessoa jurídica representativa de coletividade**[49], a qual poderá exercer atividade distinta da de seus membros. **O registro da marca de certificação só poderá ser requerido por pessoa sem interesse comercial ou industrial direto no produto ou serviço atestado**. Mesmo diante de reivindicação de prioridade, faz-se necessária o atendimento a tais requisitos.

2.5 Procedimento para o registro de marca

O procedimento para o registro de marca começa com o seu **depósito** perante o INPI[50]. O requerimento e qualquer documento que o acompanhe

---

[44] Nos termos do art. 133, da Lei nº 9.279/96.

[45] Nos termos do art. 133, § 1º, da Lei nº 9.279/96.

[46] Nos termos do art. 133, § 2º, da Lei nº 9.279/96.

[47] Nos termos do art. 133, § 3º, da Lei nº 9.279/96.

[48] De acordo com o art. 128, da Lei nº 9.279/96.

[49] Nos termos do art. 128, § 2º, da Lei nº 9.279/96.

[50] De acordo com o art. 155, da Lei nº 9.279/96.

deverão ser apresentados em **língua portuguesa** e, quando houver *documento em língua estrangeira*, sua **tradução simples** deverá ser apresentada no **ato do depósito** ou **dentro dos 60 (sessenta)** dias subsequentes, sob pena de não ser considerado o documento[51]. Apresentado o pedido, será ele submetido a **exame formal preliminar** e, se devidamente instruído, será **protocolizado**, *considerada a data de depósito a da sua apresentação*[52].

Protocolizado, o pedido será publicado para **apresentação de oposição** no prazo de **60 (sessenta) dias**. O **depositante** será *intimado da oposição*, podendo se manifestar no **prazo de 60 (sessenta) dias**[53]. **Decorrido o prazo de oposição** ou, se interposta esta, findo o prazo de manifestação, será feito o exame, durante o qual poderão ser formuladas **exigências**, que deverão ser respondidas no **prazo de 60 (sessenta) dias**[54]. **Não respondida** a exigência, o pedido será **definitivamente arquivado**. **Respondida** a exigência, ainda que não cumprida, ou contestada a sua formulação, dar-se-á **prosseguimento ao exame**. Concluído o exame, será proferida decisão, deferindo ou indeferindo o pedido de registro[55].

O certificado de registro será concedido depois de deferido o pedido e comprovado o pagamento das retribuições correspondentes[56]. O **pagamento das retribuições**, e sua comprovação, relativas à expedição do certificado de registro e ao primeiro decênio de sua vigência, deverão ser **efetuados no prazo de 60 (sessenta) dias** contados do deferimento. A retribuição **poderá ainda ser paga** e comprovada dentro de **30 (trinta) dias após o prazo** inicial previsto, **independentemente de notificação**, mediante o pagamento de **retribuição específica**, sob pena de **arquivamento definitivo do pedido**[57]. Reputa-se **concedido** o certificado de registro na **data da publicação** do respectivo ato[58].

Do certificado **deverão constar**[59]:

a) a marca;

b) o número e data do registro;

---

[51] Nos termos do art. 155, parágrafo único, da Lei nº 9.279/96.

[52] É o que define o art. 156, da Lei nº 9,279/96.

[53] De acordo com o art. 158, da Lei nº 9,279/96.

[54] De acordo com o art. 159, da Lei nº 9.279/96.

[55] De acordo com o art. 160, da Lei nº 9.279/96.

[56] Nos termos do art. 161, da Lei nº 9.279/96.

[57] Nos termos do art. 162, da Lei nº 9.279/96.

[58] De acordo com o art. 163, da Lei nº 9.279/96.

[59] Em conformidade com o art. 164, da Lei nº 9.279/96.

c) nome, nacionalidade e domicílio do titular;
d) os produtos ou serviços;
e) as características do registro; e
f) a prioridade estrangeira.

2.6 Da cessão e da licença

Assim como ocorre no âmbito das patentes, a **diferença entre cessão e licença** também existe, em face do registro de marcas. Tanto o **registro de marca** quanto o **pedido de registro de marca** podem ser objeto de cessão[60]. Com efeito, **na cessão, tem-se a alienação da marca**, havendo, por assim dizer, a substituição da titularidade da marca. Ou seja, na cessão, a marca deixa de ser, digamos, de um empresário e passar a ser de outrem. É imprescindível notar que cabe ao INPI realizar as anotações relativas à cessão[61].

Já, **no âmbito das licenças, tem-se, apenas, uma autorização dada a terceiro para que este utilize a marca** para especificar seus produtos ou serviços. Nesta hipótese, **não há**, portanto, **alteração na titularidade** da marca que continua a ter o mesmo proprietário, sendo **usada, porém, por terceiro**. O titular de registro ou o depositante de pedido de registro poderá celebrar contrato de licença para uso da marca, **sem prejuízo** de seu direito de **exercer controle efetivo** sobre as especificações, natureza e qualidade dos respectivos produtos ou serviços[62]. O **licenciado** poderá ser investido pelo titular de **todos os poderes** para agir em **defesa da marca**, sem prejuízo dos seus próprios direitos.

O **contrato de licença deverá ser averbado no INPI para que produza efeitos em relação a terceiros**[63]. A averbação produzirá **efeitos em relação a terceiros** a partir da data de sua **publicação**. Para **efeito de validade de prova de uso**, o contrato de licença **não precisará** estar averbado no INPI[64]. *Da decisão que indeferir a averbação do contrato de licença cabe recurso*. É imprescindível notar que a licença do uso de marca pode ser **gratuita ou onerosa**, quando o terceiro deverá pagar *royalties* ao titular. Seja como for, é válido dizer que **só existe licença voluntária de marcas**; vale dizer, não há possibilidade jurídica e nem interesse de fato em se fazer licença compulsória de marcas.

---

[60] De acordo com o art. 134, da Lei nº 9.279/96.
[61] Em conformidade com o art. 136, I, da Lei nº 9.279/96.
[62] Nos termos do art. 139, da Lei nº 9.279/96.
[63] Nos termos do art. 140, da Lei nº 9.279/96.
[64] Os temas dependentes de anotações pelo INPI estão previstos no art. 136, da Lei nº 9.279/96.

3. DA EXTINÇÃO DA PROPRIEDADE INDUSTRIAL

Os direitos relativos à propriedade industrial podem ser extintos em razão de causas gerais, além de causas especiais para as marcas coletivas e de certificação. Há fatos jurídicos que têm o condão de provocar a perda dos direitos relativos à propriedade industrial.

 São **causas gerais** para a **extinção da propriedade industrial**[65]:

a) *pela expiração do prazo de vigência;*

b) *pela renúncia de seu titular, ressalvado direito de terceiros;*

c) *pela caducidade;*

d) *pela falta de pagamento das retribuições, no prazo legal;* e

e) *pela inexistência de procurador devidamente qualificado e domiciliado no país, quando o titular residir no exterior.*

No que se refere à **expiração do prazo de vigência**, é oportuno destacar que findo o prazo de proteção, **o objeto cairá em domínio público**[66], entrando no denominado **estado da técnica**. A partir deste momento, **qualquer pessoa poderá se utilizar** daquele objeto até então de uso exclusivo por quem detinha a propriedade industrial.

A **renúncia** se refere ao **ato formal** que o titular pratica perante o INPI, no sentido de abrir mão do direito que lhe foi assegurado, ora por patente, ora por registro. É imperativo ressaltar que **a renúncia não pode prejudicar direito de terceiros**[67]. Em se tratando de **marcas**, a renúncia pode ser **total ou parcial** em relação aos produtos ou serviços assinalados pela marca[68].

Não se pode confundir renúncia com caducidade. Enquanto para a **renúncia** se exige a **prática de um ato do titular** de uma patente ou de um registro perante o INPI, a **caducidade** pode ser entendida simplesmente como **a não utilização de determinado bem** da propriedade industrial. Com efeito, **o registro de desenho industrial não se extingue por caducidade**[69], sendo certo que tal modalidade se aplica às patentes[70] e ao registro de marca[71].

---

[65] Previstas para as patentes, no art. 78; para o registro de desenho industrial, no art. 119; e, para as marcas, no art. 142. Todos os dispositivos mencionados são da Lei nº 9.279/96.

[66] Nos termos do art. 78, parágrafo único, da Lei nº 9.279/96.

[67] Nos termos do art. 79, da Lei nº 9.279/96.

[68] Nos termos do art. 142, II, da Lei nº 9.279/96.

[69] A causas de extinção da propriedade industrial para o registro industrial estão previstas no **rol taxativo** previsto no art. 119, da Lei nº 9.279/96.

[70] De acordo com o art. 78, III, da Lei nº 9.279/96.

[71] De acordo com o art. 142, III, da Lei nº 9.279/96.

Para as patentes, a caducidade ocorrerá, de ofício ou a requerimento de qualquer pessoa com legítimo interesse, decorridos **dois anos da primeira licença compulsória**, desde que tal prazo **não tenha sido suficiente** para prevenir ou sanar o abuso ou desuso. A patente caducará quando, na **data do requerimento da caducidade** ou da instauração de ofício do respectivo processo, **não tiver sido iniciada a exploração**[72].

Para as marcas, a caducidade do registro ocorrerá, de ofício ou a requerimento de qualquer pessoa com legítimo interesse, **depois de cinco anos da data da concessão**. Frise-se, por oportuno, **não ocorrerá caducidade** caso o **desuso tenha razões legítimas**[73].

Ocorre caducidade de marca nas seguintes situações:
a) o uso da marca **não tiver sido iniciado** no Brasil;
b) o uso da marca **tiver sido interrompido** por mais de **cinco anos consecutivos**; ou
c) **no mesmo prazo**, a marca tiver sido **usada com modificação** que implique alteração de seu **caráter distintivo original**, nos termos do certificado de registro.

Quanto às **retribuições** a serem pagas, para as **patentes** são denominadas **anuênio**, na medida em que deve ser paga **anualmente a partir do terceiro ano** da data do depósito[74], devendo ocorrer nos **três primeiros meses** de cada ano, ou nos **seis meses seguintes**, mediante **retribuição adicional**.

Para o **registro de desenho industrial**, a remuneração é denominada **quinquênio**. A nomenclatura se refere ao fato de o pagamento ser feito a **cada cinco anos, a partir do segundo quinquênio** da data do depósito[75]. O pagamento do segundo quinquênio deve ocorrer no **quinto ano de vigência do registro**. Portanto, o **pedido de prorrogação** deve ocorrer sempre no **último ano de vigência**, com o pagamento do **quinquênio**, ou nos **seis meses seguintes**, mediante **retribuição adicional**.

Por sua vez, para o **registro de marcas**, a remuneração é denominada **decênio**. Tal pagamento deverá ocorrer **primeiramente na concessão** do registro. O **pedido de prorrogação** deverá ser formulado durante o **último ano de vigência** do registro, instruído com o **comprovante de pagamento** da respectiva retribuição[76]. Se o pedido de prorrogação **não tiver sido efetuado até o termo**

---

[72] Nos termos do art. 80, § 1º, da Lei nº 9.279/96.
[73] É o que se infere do art. 143, da Lei nº 9.279/96.
[74] Nos termos do art. 84, da Lei nº 9.279/96.
[75] Nos termos do art. 120, da Lei nº 9.279/96.
[76] De acordo com o art. 133, da Lei nº 9.279/96.

final da vigência do registro, o titular poderá fazê-lo nos **seis meses seguintes**, mediante o pagamento de **retribuição adicional**.

Não se pode deixar de notar que a **pessoa domiciliada** no exterior deve constituir e manter **procurador no País**, para representá-la, **administrativa e judicialmente**, com poderes especiais para **receber citação**[77]. Frise-se, por oportuno: *esta exigência não é para o estrangeiro, mas sim para quem reside no exterior, sendo ou não brasileiro*. Estrangeiro no País não precisa de procurador; brasileiro no exterior vai precisar. O descumprimento deste mandamento legal é mais um caso de extinção da propriedade industrial.

Por final, vale a pena mencionar que, no caso das **marcas coletivas e de certificação** existem **causas específicas de extinção do registro**, para além do que pode ser utilizado comumente para os demais tipos de marca.

As causas específicas de extinção de registro das marcas coletiva ou de certificação[78] são:

a) a entidade **deixar de existir**; ou

b) a marca for utilizada em **condições não previstas** no regulamento de utilização.

4. DAS NULIDADES DA PROPRIEDADE INDUSTRIAL

Há **normas específicas de nulidade** para as **patentes** de invenção ou de modelo de utilidade, e para o **registro de marcas**. É o que se estudará na sequência. As nulidades relacionadas ao registro de desenho industrial serão tratadas, por disposição expressa de lei[79], de acordo com as normas a respeito da nulidade de patentes.

4.1 Para patentes

A **declaração de nulidade** de uma patente pode se dar tanto **administrativa**, quanto **judicialmente**. Seja como for, sempre que se estiver diante de uma patente concedida **em desacordo com a Lei nº 9.279/96**, tal patente deverá ser declarada nula[80]. A nulidade poderá **total ou parcial**, quando as reivindicações subsistentes, **por si só, constituírem objeto de patente**[81]. É cabível observar,

---

[77] Obrigação materializada pelo art. 217, da Lei nº 9.279/96.

[78] Nos termos do art. 151, da Lei nº 9.279/96.

[79] Nos termos dos arts. 113 e 118, da Lei nº 9.279/96.

[80] Nos termos do art. 46, da Lei nº 9.279/96.

[81] De acordo com o art. 47, da Lei nº 9.279/96.

ainda, que, a **declaração de nulidade** tem **efeitos *ex tunc***, em vista de que são **retroativos** à data do depósito do pedido[82].

Quanto ao **procedimento administrativo de nulidade**, não se pode olvidar que deve ser instaurado **de ofício ou mediante requerimento** de terceiro interessado, no prazo de **6 meses, contados da concessão** da patente[83]. O **titular** será intimado para se **manifestar em 60 dias**[84]. Passado tal prazo, o **INPI emitirá parecer**, sendo intimados o titular da patente e o requerente da nulidade **para se manifestarem no prazo comum de 60 dias**, sendo **decidida a nulidade pelo presidente do INPI**, encerrando-se a instância administrativa[85]. Cabe considerar que **o processo de nulidade prosseguirá ainda que extinta a patente**.

No âmbito do **procedimento judicial de nulidade**, tem-se que a ação judicial poderá ser **proposta a qualquer tempo, enquanto vigente a patente**[86]. O **autor** desta ação poderá ser tanto **INPI** quanto **terceiro interessado**. Esta ação tem por foro competente a **Justiça Federal**, devendo ser promovida seja no Rio de Janeiro, seja no domicílio do requerente, e o **INPI deve intervir no feito**, sempre, sendo o **prazo de contestação de 60 dias**[87]. A nulidade, também, poderá ser **arguida**, a qualquer tempo, como **matéria de defesa**[88].

4.2 Para marcas

É **nulo o registro** que for concedido em **desacordo com as disposições da Lei nº 9.279/96**[89]. A nulidade do registro poderá ser **total ou parcial**, sendo **condição para a nulidade parcial** o fato de a **parte subsistente** poder ser considerada **registrável**[90]. A **declaração de nulidade** produzirá **efeitos** a partir da **data do depósito** do pedido (efeito *ex tunc*)[91]. É cabível perceber

---

[82] De acordo com o art. 48, da Lei nº 9.279/96.

[83] Nos termos do art. 51, da Lei nº 9.279/96.

[84] Nos termos do art. 52, da Lei nº 9.279/96.

[85] De acordo com o art. 54, da Lei nº 9.279/96.

[86] De acordo com o art. 56, da Lei nº 9.279/96.

[87] Nos termos do art. 57, da Lei nº 9.279/96.

[88] Nos termos do art. 56, § 1º, da Lei nº 9.279/96.

[89] De acordo com o art. 165, da Lei nº 9.279/96.

[90] De acordo com o art. 165, parágrafo único, da Lei nº 9.279/96.

[91] Nos termos do art. 167, da Lei nº 9.279/96.

que a **declaração de nulidade** pode se dar tanto de maneira **administrativa**[92] quanto **judicial**[93].

A nulidade do registro será **declarada administrativamente** quando tiver sido concedida com infringência do disposto na Lei nº 9.279/96. O processo de nulidade poderá ser instaurado de **ofício ou mediante requerimento** de qualquer pessoa com legítimo interesse, no prazo de **180 (cento e oitenta) dias** contados da **data da expedição do certificado** de registro[94]. O titular será intimado para se **manifestar no prazo de 60 (sessenta) dias**[95]. Decorrido tal prazo, mesmo que não apresentada a manifestação, o processo será **decidido pelo Presidente do INPI**, encerrando-se a instância administrativa[96]. **O processo de nulidade prosseguirá ainda que extinto o registro**[97].

A **ação de nulidade** poderá ser proposta pelo **INPI** ou por qualquer **pessoa com legítimo interesse**. O juiz poderá, **nos autos da ação de nulidade**, determinar liminarmente a **suspensão dos efeitos do registro e do uso da marca**, atendidos os requisitos processuais próprios[98]. Prescreve em **5 (cinco) anos** a ação para **declarar a nulidade** do registro, contados da **data da sua concessão**[99]. A **ação de nulidade** do registro será ajuizada no **foro da justiça federal** e o **INPI, quando não for autor, intervirá no feito**. O prazo para **resposta do réu** titular do registro será de **60 (sessenta) dias. Transitada em julgado** a decisão da ação de nulidade, **o INPI publicará anotação**, para ciência de terceiros[100].

4.3 Da adjudicação da propriedade industrial

Não se pode confundir nulidade com adjudicação da propriedade industrial. Trata-se de medidas judiciais com **fundamentos** e **causa de pedir distintas**. Para a **Ação de Nulidade**, haverá de ter sido **concedida** uma patente ou um registro, **violando-se as prescrições da Lei de Propriedade Industrial**; das duas, uma: ou se tratava de **algo não patenteável ou não registrável**, ou a obtenção

---

[92] A partir do art. 168, da Lei nº 9.279/96.
[93] A partir do art. 173, da Lei nº 9.279/96.
[94] De acordo com o art. 169, da Lei nº 9.279/96.
[95] De acordo com o art. 170, da Lei nº 9.279/96.
[96] De acordo com o art. 171, da Lei nº 9.279/96.
[97] De acordo com o art. 172, da Lei nº 9.279/96.
[98] Nos termos do art. 173, parágrafo único, da Lei nº 9.279/96.
[99] Nos termos do art. 174, da Lei nº 9.279/96.
[100] Nos termos do art. 175, da Lei nº 9.279/96.

da patente ou do registro **não cumpriu os normativos** legais. Já na **Ação de Adjudicação**, o objeto poderia ser **patenteável ou registrável**, tendo seguido os trâmites necessários para a sua obtenção; porém, o **autor do pedido** de patente ou de registro **não tem a titularidade do objeto** em questão.

Vale dizer, para esta medida judicial, **alguém teve a seu favor** concedida uma patente ou registrada uma marca; porém, **não se tratava da pessoa legitimada** a obter tal direito, em face das prescrições da Lei nº 9.279/96. Daí a finalidade desta ação: *adjudicar o bem da propriedade industrial em questão para o seu legítimo titular*.

Para a **Ação de Adjudicação de Patente**, o fundamento legal é o art. 49, da Lei nº 9.279/96. Não se pode esquecer, ainda, do art. 6º e dos arts. 88 a 92, da mesma lei. Para a **Ação de Adjudicação de Registro de Marca**, o fundamento legal se encontra no art. 166, da Lei de Propriedade Industrial.

O **caso clássico para a adjudicação de patentes** é o do químico que, contratado por um laboratório farmacêutico, inventa a fórmula de um medicamento para combater determinada enfermidade, requer, em seu próprio nome a patente, quando, na verdade, o legitimado seria o laboratório farmacêutico. O **caso para a adjudicação de marcas** é o de determinado empresário titular de marca já registrada no exterior e que, ao vir, atuar no Brasil, defronta-se com aquela marca já tendo sido registrada aqui por outro empresário.

Nestes casos, não se poderia falar em ação de nulidade porque **tornando nula uma patente, ela cai em domínio público**, podendo, a partir de então, qualquer pessoa se utilizar daquele conhecimento, já inserido no estado da técnica e, em sendo marca, faltaria o requisito da novidade para que se pudesse pleitear novo registro. Não custa nada lembrar que os **direitos relativos à propriedade industrial servem para proteger, também, o consumidor que não pode ser levado a erro**, passando a consumir de um empresário, achando que está consumindo de outrem.

Não se pode deixar de notar, para estas ações de adjudicações que:

a) o INPI, quando não for autor deve intervir no feito;

b) o prazo de citação do réu é de 60 dias;

c) deve-se fazer o pedido de intimação do INPI do trânsito em julgado da ação para que seja publicada anotação, para ciência de terceiros;

d) o prazo de prescrição para as ações de nulidade e de adjudicação de marcas é de cinco anos, contados da sua concessão (no caso das patentes, a ação poderá ser proposta a qualquer tempo de sua vigência); e

e) existe a possibilidade de tais ações serem cumuladas com pedidos de indenização[101].

---

[101] Nos termos dos arts. 44 e 209 da Lei nº 9.279/96.

19

CONTRATOS EMPRESARIAIS

De um ponto de vista histórico, com o advento do *Código Civil, de 2002, no Brasil*, deu-se **a unificação formal do direito de obrigações e de contratos**, à imagem e semelhança do que ocorrera em 1942, na Itália. A partir de então, não se faz mais necessária a *divisão entre contratos civis e contratos comerciais* (ou empresariais) que passaram, assim, a se submeterem a um mesmo regime jurídico[1].

Entretanto, é de se perceber, exatamente *em face da autonomia do Direito Empresarial*, que **ainda se pode falar em contrato civil e contrato empresarial**, a depender das circunstâncias peculiares que cercam o contrato. A esse respeito, Marcelo M. Bertoldi e Marcia Carla Pereira Ribeiro[2] ressalta como **características particulares dos contratos mercantis**:

> a) o caráter dinâmico da propriedade no direito comercial, em contraposição à característica estática com que ela é vista no direito civil, impondo assim um tratamento diverso e específico.
>
> b) a informalidade característica dos contratos mercantis, provinda da necessidade de dar maior velocidade aos negócios que são realizados nesse âmbito, fato esse que traz especial relevo ao tratamento que se dá à aparência e à boa-fé dos contratantes.

---

[1] Esta é a opinião da doutrina dominante.

[2] BERTOLDI, Marcelo M.; RIBEIRO, Marcia Carla Pereira. *Curso avançado do direito comercial*. 4 ed. São Paulo: Editora Revista dos Tribunais, 2008. p. 731.

c) a uniformização de procedimentos e normas atinentes à atividade mercantil, de forma a facilitar as operações empresariais, tanto no âmbito nacional quanto no internacional.

Nos contratos empresariais, **o dirigismo contratual deve ser mitigado**, tendo em vista a simetria natural das relações interempresariais[3]. A revisão do contrato por onerosidade excessiva fundada no Código Civil deve levar em conta a natureza do objeto do contrato. *Nas relações empresariais*, deve--se **presumir a sofisticação dos contratantes e observar a alocação de riscos por eles acordada**[4].

Não é à toa, portanto, que a Lei nº 13.874/19 – intitulada Lei de Liberdade Econômica – estabeleceu o **princípio da presunção de simetria das partes contratantes**[5], assegurando, também, que:

a) as partes negociantes poderão estabelecer parâmetros objetivos para a interpretação das cláusulas negociais e de seus pressupostos de revisão ou de resolução;

b) a alocação dos riscos definida pelas partes deve ser observada; e

c) a revisão contratual somente ocorrerá de maneira excepcional e limitada.

Antes do atual Código Civil, havia o *Direito Comercial*, tendo por sua ideia justificadora **a teoria dos atos de comércio**, pela qual se dividia: *de um lado, atos, obrigações e contratos civis; e do outro, atos, obrigações e contratos comerciais*. Com a evolução sofrida pelo direito privado brasileiro, todos os **contratos regulados no Código Civil** passam a interessar, respectivamente, aos **direitos civil e empresarial**.

Note-se que o elemento que dará o caráter empresarial a uma atividade econômica é a organização. Com efeito, viu-se que *o empresário exerce profissionalmente uma atividade econômica organizada*[6]. Acontece que para organizar a sua atividade econômica, **o empresário celebra cotidianamente diversos contratos empresariais**. Os contratos empresariais representam, assim, *o centro nervoso da atividade empresarial*[7]. Daí a relevância do seu estudo.

---

[3] Enunciado nº 20, das Jornadas de Direito Comercial, do CJF.

[4] Enunciado nº 25, das Jornadas de Direito Comercial, do CJF.

[5] De acordo com o art. 421-A, do Código Civil.

[6] Nos termos do art. 966, do Código Civil.

[7] CHAGAS, Edilson Enedino das. *Direito empresarial esquematizado*. São Paulo: Saraiva, 2014. p. 445.

Apesar disso, como se viu, notam-se algumas *diferenças entre os contratos meramente civis daqueles contratos empresariais propriamente ditos*. Com efeito, percebe-se uma maior autonomia da vontade nos contratos empresariais, ou seja, o **dirigismo contratual**, cada vez mais comum na ordem jurídica brasileira, é **mitigado,** *não sendo aplicado o CDC* nas relações entre empresários[8].

Para os fins do presente trabalho, serão examinados *os principais aspectos dos contratos empresariais mais comuns* à realidade jurídica empresarial e festejados pela doutrina. Serão apresentadas, também, *algumas considerações importantes em matéria contratual,* pensando exatamente naquilo que costuma ser exigido, no plano do Exame da OAB e dos Concursos Públicos, em geral.

1. A COMPRA E VENDA

Muito comum, no desenvolvimento dos vários segmentos de mercado, ou seja, dos vários ramos da atividade econômica, que sejam realizados contratos de compra e venda entre os empresários. É a partir de sucessivos contratos de compra e venda que se estruturam tais segmentos de mercado, tais ramos da atividade econômica.

Trata-se, assim, do **contrato mais comum** e, portanto, *mais usual,* **no âmbito da atividade empresarial**. Como se viu anteriormente, por exemplo, é do contrato de compra e venda mercantil que poderá decorrer em favor do vendedor a emissão de uma duplicata para legitimar a cobrança do seu crédito.

Nesse ínterim, é importante definir o **caráter de mercantilidade** ou **de empresarialidade** da compra e venda. Com efeito, é perceptível a evolução desta noção na ordem jurídica brasileira.

No âmbito do *"Direito Comercial Brasileiro",* **a mercantilidade decorria de três elementos**[9]:

a) **elemento subjetivo:** *vendedor* **ou** *comprador* **comerciante,** no exercício profissional;

b) **elemento objetivo:** *bens móveis ou semoventes,* enquadrados como **mercadoria**;

c) **elemento finalístico:** *compra* para *posterior revenda* ou *locação*, **escoando mercadoria**.

Com o advento do Código Civil de 2002, o critério evoluiu. Atualmente, afere-se a **empresarialidade da compra e venda**, apenas, através do **elemento subjetivo** (*vendedor* e *comprador* **empresário**). Os elementos objetivo (mercadoria) e finalístico (circulação) decorrem do elemento subjetivo.

---

[8] Nos termos do Enunciado nº 20, das Jornadas de Direito Comercial, do CJF.

[9] De acordo com o art. 191, do Código Comercial Brasileiro, de 1850.

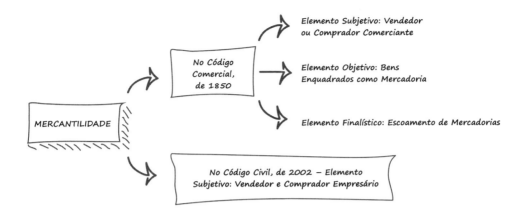

1.1 Considerações gerais

Trata-se de contrato pelo qual **uma das partes** – o vendedor – se **obriga a transferir o domínio** de coisa certa a **outra parte** – comprador – que, por sua vez, compromete-se a **pagar o preço** acertado *em dinheiro*[10]. Desde o momento em que vendedor e comprador se acertarem no tocante à coisa e ao preço, o contrato de compra e venda será considerado perfeito e obrigatório[11].

Percebe-se, desse modo, que em um contrato de compra e venda:

a) **a obrigação do vendedor é a de entregar a coisa**; e

b) **a obrigação do comprador é a de pagar o preço**.

Conforme **orientação doutrinária**, é oportuno ressaltar que o contrato de compra e venda pode ser qualificado como *consensual, bilateral, sinalagmático e oneroso*[12]. É consensual, na medida em que **se aperfeiçoa com o mero consentimento entre as partes**, não havendo formalidades para a sua efetivação. Da consensualidade, decorre a bilateralidade, vale dizer, **há duas partes distintas**: o vendedor e o comprador. Diz-se sinalagmático pelo fato de que há uma **relação de reciprocidade**, proporcional, entre as **prestações devidas por cada**

---

[10] Nos termos do art. 481, do Código Civil.

[11] Nos termos do art. 482, do Código Civil.

[12] Para um aprofundamento sobre a classificação doutrinária do contrato de compra e venda: FRANCO, Vera Helena de Mello. *Contratos: direito civil e empresarial*. 5 ed. São Paulo: Editora Revista dos Tribunais, 2014.

uma das partes, e oneroso, por estabelecer **ônus para ambas as partes** (para o vendedor, o ônus é a transferência da propriedade da coisa vendida; para o comprador, o ônus é o pagamento do preço acertado).

1.2 Elementos da compra e venda mercantil

São **elementos** da compra e venda mercantil:
a) *a coisa*; e
b) *o preço*.

A **coisa** deve se enquadrar como **mercadoria**. Trata-se do *elemento objetivo* examinado anteriormente, sejam **bens móveis ou semoventes**. *Excluem-se*, desta compreensão, portanto, os **bens imóveis**. Pode-se, também, afirmar como mercantil a compra e venda cujo *objeto seja de interesse do Direito Empresarial*: quotas ou ações, trespasse, propriedade industrial etc.

A **coisa** precisa ser **presente** ou **futura**. *Coisa presente* é aquela que **já é de titularidade do vendedor** quando da negociação para fechamento do contrato. Diz-se *"mercadoria em prateleira"*, conforme o jargão de mercado. Fala-se em *coisa futura* quando, apesar de **ainda não ser de titularidade do vendedor**, existe a *possibilidade de aquisição da coisa no futuro*, ou seja, após o fechamento do contrato.

Quanto ao preço, é importante notar a existência do **princípio da liberdade na composição do preço**. Vale dizer, *as partes são inteiramente livres* para determinarem o preço do contrato[13], **não sendo atribuição exclusiva** do comprador nem tão pouco do vendedor – nestas hipóteses, haveria *nulidade contratual*. Ainda que seja possível a **fixação do preço por arbitragem**[14] ou através de cotação em bolsa[15], são as partes que vão fixar o preço do contrato. O *princípio da liberdade na composição do preço foi realçado pela Lei de Liberdade Econômica*, ao estabelecer como direito essencial, para o desenvolvimento e o crescimento econômico do País, o de "definir livremente, em mercados não regulados, o preço de produtos e de serviços como consequência de alterações da oferta e da demanda"[16].

---

[13] De acordo com o art. 487, do Código Civil.

[14] De acordo com o art. 485, do Código Civil.

[15] De acordo com o art. 486, do Código Civil.

[16] Nos termos do art. 3º, III, da Lei nº 13.874/19.

Apesar do princípio da liberdade na composição do preço, a doutrina registra situações de **controles de preço pelo Estado**. Trata-se de verdadeiros *fatos do príncipe*[17], ou seja, de intervenção do Estado na economia. *O controle de preços pelo Estado pode se dar de duas formas*:

a) na **via direta** – o Estado define ou registra o preço; e

b) na **via indireta** – o Estado incentiva ou influencia a composição do preço.

São **controles de preço na via direta**:

a) *congelamento* (bloqueio de elevação de preços);

b) *tabelamento* (fixação de preço máximo ao consumidor);

c) *autorização ou homologação* (licença administrativa para aumento de preços); e

d) *monitoramento* (comunicação de aumento para a autoridade administrativa).

São **controles de preço na via indireta**:

a) *benefícios fiscais*;

b) *ampliação ou restrição de crédito*;

c) *manutenção e administração de estoques regionais*.

O **pagamento do preço** poderá ser *à vista* ou *a prazo*. **À vista é o pagamento realizado no ato do fechamento do contrato**, ou seja, no exato instante em que as partes acordaram sobre o objeto e o preço. **A prazo é o pagamento realizado de maneira diferida no tempo**, ou seja, em data posterior à do fechamento do contrato, podendo ocorrer:

a) por *contraentrega* – pagamento realizado na data da entrega da coisa ao comprador;

b) por *prazo fixo* – pagamento realizado em "tantos dias" da data do fechamento do contrato ou da entrega da coisa; e

c) por *parcelas periódicas* – pagamento realizado em prestações, em regra, mensais, iguais e sucessivas.

Dadas as características *da bilateralidade, da onerosidade e do sinalagma*, viu-se consistir em **obrigação do vendedor entregar a coisa**[18], e em **obrigação do comprador pagar o preço**[19]. A *não transferência do domínio* da coisa implica

---

[17] Expressão colhida no Direito Administrativo consistente na intervenção da Administração Pública na esfera privada do particular.

[18] De acordo com o art. 493, do Código Civil.

[19] De acordo com o art. 491, do Código Civil.

a **possibilidade de resolução do contrato, por inadimplemento**, caso o comprador não queira exigir o cumprimento forçado, cabendo em qualquer hipótese, perdas e danos[20]. De outro lado, *se o preço não for pago* conforme o ajustado, será cabível a sua **cobrança pelo meio judicial pertinente**. Mas não é só.

É, ainda, *obrigação do vendedor* **responder por vícios**[21]. Ocorrendo vícios ou defeitos ocultos, **o contrato poderá ser redibido**, *rejeitando a coisa*, ou ser pleiteado *abatimento do preço*[22] – a denominada ação *quanti minoris*. **Não se tratando de relação de consumo, não seria possível exigir a substituição da coisa**[23]. Sendo mercadoria bens móveis, semoventes ou equiparados, o *prazo decadencial* para obter a redibição ou abatimento do contrato é de **30 dias contados da entrega efetiva**[24]; sendo o *vício oculto*, tal prazo será contado da **data da descoberta do defeito**, respeitado o *prazo máximo de 180 dias*[25].

Por final, existem ainda, como *obrigações do vendedor*, a **responsabilidade pela evicção**[26] e **pelo custeio da tradição da mercadoria**[27]. Desta forma, se o comprador sofrer os efeitos da evicção, *caberá ao vendedor restituir* integralmente o preço que recebeu pela coisa[28] ou, em acordo com o comprador, entregar-lhe objeto equivalente. De outro lado, nada tendo sido convencionado a respeito entre as partes, *caberá ao vendedor arcar* com os custos referentes ao transporte da mercadoria.

Já, no *plano obrigacional do comprador*, existem, ainda, **responsabilidades** por:

a) receber a coisa adquirida no tempo, lugar e modo contratados[29];

b) realizar o aceite na duplicata, se emitida pelo vendedor[30]; e

c) arcar com as despesas decorrentes do registro[31].

---

[20] Nos termos do art. 475, do Código Civil.

[21] De acordo com o art. 441, do Código Civil.

[22] De acordo com o art. 442, do Código Civil.

[23] Conforme a previsão do art. 18, § 1º, I, do Código de Defesa do Consumidor.

[24] Nos termos do art. 445, do Código Civil.

[25] Nos termos do art. 445, § 1º, do Código Civil.

[26] De acordo com o art. 447, do Código Civil.

[27] De acordo com o art. 490, do Código Civil.

[28] Nos termos do art. 450, do Código Civil.

[29] De acordo com os arts. 491 a 494, do Código Civil.

[30] De acordo com os arts. 8º e 15, II, da Lei nº 5.474/68.

[31] Nos termos do art. 490, do Código Civil.

1.3 Classificação quanto ao cumprimento do contrato

Tema importante é o do **momento de cumprimento ou de execução do contrato**. Nesse ínterim, pode-se falar em:

a) contrato **à vista**;
b) contrato **a prazo**;
c) contrato **a termo**;
d) contrato **futuro**;
e) contrato **de hedge**; e
f) contrato **de fornecimento**.

a) Contrato à vista

O contrato de compra e venda é considerado à vista toda vez que, **no mesmo ato, o vendedor entrega a coisa e o comprador paga o preço acertado**. Vera Helena de Mello Franco, por sua vez, considera o contrato de compra e venda como sendo à vista quando *"se tem o pagamento no ato da celebração do contrato ou com o recebimento da mercadoria"*[32].

Vê-se, assim, que na compra e venda à vista, **no mesmo instante em que o contrato se aperfeiçoa ele é executado**. Nesse sentido determina o art. 491, do Código Civil: "Não sendo a venda a crédito, o vendedor não é obrigado a entregar a coisa antes de receber o preço". Desse modo, para o contrato de compra e venda ser considerado à vista, faz-se necessário **o pagamento do preço por ocasião da celebração do contrato ou do recebimento da coisa**.

b) Contrato a prazo

Pode, entretanto, o contrato de compra e venda **ocorrer a prazo (ou a crédito)**.

De *duas formas*, falar-se-á no **contrato a prazo**:

a) quando é definido como data de pagamento, total ou em parcelas, uma data ou datas após a entrega da coisa; ou

b) quando é definido como o momento para entrega da coisa uma data posterior à do pagamento do preço.

Nesse sentido, explica Carlos Alberto Bitar[33] "a pessoa paga o preço da mercadoria pretendida em parcelas mensais, recebendo-a apenas a final, mas

---

[32] FRANCO, Vera Helena de Mello. *Contratos: direito civil e empresarial*. 5 ed. São Paulo: Editora Revista dos Tribunais, 2014.

[33] BITAR, Carlos Alberto. *Contratos comerciais*. 3 ed. São Paulo: Forense, 2003. p. 29.

podendo, conforme o caso, ganhar prêmios, ou ter antecipada a entrega, em sorteio realizado periodicamente". Exemplo muito comum de contrato de compra e venda a prazo é o que acontece no **consórcio para aquisição de bens**.

c) Contrato a termo

Não se pode confundir o contrato de compra e **venda a prazo** com o contrato de compra e **venda a termo**. Neste caso, trata-se de modalidade de *contrato a ser negociado no mercado de bolsa*. Representa **a compra ou a venda de determinado ativo em um momento determinado no futuro por um preço fixado quando do fechamento do contrato**[34].

Trata-se de contrato, regra geral, *firmado entre instituições financeiras*, podendo ser negociado em bolsa ou no mercado de balcão. **Quando negociado em bolsa**, o vencimento poderá ser acertado **a partir de cinco dias**, contados da data do acordo[35].

O contrato a termo pode ser:

a) *em pontos* – representando a compra e venda de certa quantidade de ações a um preço fixado, para liquidação em prazo determinado;

b) *em dólar* – quando o preço tem por referência a taxa de câmbio de reais para dólar; e

c) *flexível* – quando o comprador pode substituir as ações objeto do contrato, vendendo à vista as ações adquiridas a termo.

d) Contrato futuro

Sobre esta modalidade de compra e venda, ensina Vera Helena de Mello Franco[36]: "(...) no que diz respeito ao prazo, fixa-se *ab initio* o preço do ativo negociado, o qual terá vencimento numa data futura, previamente especificada, dentre aquelas autorizadas pela Bolsa".

O contrato futuro, desse modo, é um **contrato para execução em data futura**, previamente determinada, que ocorre no âmbito do mercado de bolsa, em que, *diferente do que ocorre no mercado a termo*, **é possível a saída antecipada** tanto da posição comprada quanto da posição vendida.

---

[34] FRANCO, Vera Helena de Mello. *Contratos: direito civil e empresarial*. 5 ed. São Paulo: Editora Revista dos Tribunais, 2014. p. 43.

[35] FRANCO, Vera Helena de Mello. *Contratos: direito civil e empresarial*. 5 ed. São Paulo: Editora Revista dos Tribunais, 2014. p. 43.

[36] FRANCO, Vera Helena de Mello. *Contratos: direito civil e empresarial*. 5 ed. São Paulo: Editora Revista dos Tribunais, 2014. p. 45.

e) Contrato de hedge

O contrato de hedge representa uma **modalidade de operação no mercado futuro**, significando uma *espécie de barreira* ou *de proteção contra as flutuações naturais do mercado de bolsa* (de ações ou de mercadorias). O hedge tem o objetivo de **proteger uma posição ativa** (investimentos) **ou passiva** (dívidas) **contra possíveis variações**. Exemplo de hedge é *uma empresa com dívida em dólar pode comprar contratos futuros em dólar*, protegendo-se das perdas a serem causadas devido ao aumento de cotação.

Exemplifica esta modalidade Ricardo Negrão[37]:

> o produtor rural que, pretendendo colher sua safra em outubro e calculando um custo de sessenta reais a saca, vende em fevereiro do mesmo ano contratos futuros (a termo) de sua produção para a data da colheita, pelo preço de cem reais a saca. Esse valor lhe é garantido qualquer que seja a variação do preço de seu produto na data da colheita (podendo variar para mais ou para menos nessa data). Imaginando que ele tenha vendido sua produção (mil sacas), seu resultado no resultado futuro é cem mil reais, para um custo de sessenta mil reais. Em agosto, ao verificar que o preço de mercado de seu produto é de sessenta reais a saca, obteria o resultado de sessenta mil reais, empatando com os custos da produção.

"Assim, uma estratégia possível para o produtor será a projeção de um lucro mínimo, incluindo-se em tal cálculo o custo da sua produção. Sopesará o custo e, em perspectiva, o quanto poderia lucrar quando da colheita da safra. **Vende sua produção antes da colheita e antecipa o lucro esperado, protegendo-se de eventual prejuízo** se eventualmente o preço de negociação da safra quando da colheita for inferior ao custo da produção. Percebem-se compras e vendas mercantis sucessivas sobre o mesmo objeto, a safra futura. O produtor-vendedor, **ao se precaver de eventual prejuízo, é denominado *hedger***"[38].

f) Contrato de fornecimento

Como já se viu, o empresário tem a necessidade de se organizar para exercer a sua atividade econômica. Esta organização é implementada, na prática, a partir

---

[37] NEGRÃO, Ricardo. *Manual de direito comercial e empresarial*. São Paulo: Saraiva, 2010. p. 284.

[38] CHAGAS, Edilson Enedino das. *Direito empresarial esquematizado*. São Paulo: Saraiva, 2014. p. 482.

de contratos firmados com outros agentes econômicas. Aliás, em economia, **a empresa é um feixe de contratos coordenados pelo empresário**[39].

É dentro desse contexto que se pode falar em **contrato de fornecimento**. Trata-se de uma **modalidade especial** de contrato de compra e venda porque terá **execução periódica ou contínua**, vale dizer, "seu objetivo é garantir o suprimento de insumos (para o comprador) e o mínimo de demanda de produtos (para o vendedor)"[40]. Tem-se, assim, uma sucessão de contratos de compra e venda mercantil que garantirá ao comprador seu estoque e ao vendedor uma meta de produção.

1.4 Cláusulas especiais

Seja como for, no contrato de compra e venda, podem ser inseridas **cláusulas especiais** a *afetarem o regime jurídico tradicional* da compra e venda. É importante, assim, conhecer tais cláusulas.

a) Retrovenda

A retrovenda é uma **cláusula especial** que pode ser inserida em **compra e venda de bens imóveis**. Trata-se, em essência, do direito que o vendedor se reserva de **recomprar o imóvel vendido** ao comprador anteriormente, a ser exercido no **prazo decadencial de três anos**. Para tanto, **deve o vendedor restituir o preço recebido e reembolsar as despesas do comprador**, inclusive as que se efetuaram com a *sua autorização escrita*, ou para a **realização de benfeitorias necessárias**[41].

Se o comprador se recusar a receber as quantias a que faz jus, o vendedor, para exercer o **direito de resgate**, as *depositará judicialmente*. Caso o depósito judicial seja insuficiente, não será restituído o domínio da coisa ao vendedor. Frise-se, por oportuno, que **a restituição do bem só deverá ocorrer após o pagamento integral** do comprador[42].

O **direito de retrato** – direito oriundo da cláusula de retrovenda, que é cessível e transmissível a herdeiros e legatários, **poderá ser exercido contra o terceiro adquirente**[43]. Se **duas ou mais pessoas** detiverem o **direito de retrato**

---

[39] COASE, Ronald Harry. *A firma, o mercado e o direito*. 2 ed. São Paulo: Forense Universitária, 2017.

[40] COELHO, Fábio Ulhoa. *Curso de direito comercial, volume 3: direito de empresa*. 15 ed. São Paulo: Saraiva, 2014. p. 88.

[41] Nos termos do art. 505, do Código Civil.

[42] Nos termos do art. 506, do Código Civil.

[43] Nos termos do art. 507, do Código Civil.

sobre o mesmo imóvel, e só uma delas exercê-lo, o comprador poderá intimar as outras para concordarem com a retrovenda exercida, **prevalecendo o pacto em favor de quem tenha feito o depósito integral**[44]. Como a retrovenda só alcança bens imóveis, esta cláusula não repercute no âmbito dos contratos empresariais.

b) *Venda sob condição suspensiva*

É possível que um contrato de compra e venda seja **celebrado com condição suspensiva**. Neste caso, o contrato só se aperfeiçoa **depois de implementada a condição**. Assim, *só a partir de a condição ter ocorrido na prática que se poderá considerar a execução ou o cumprimento do aludido contrato.*

O Código Civil regulamenta **duas modalidades**:
a) *a venda a contento*[45]; e
b) *a venda sujeita a prova*[46].

Nestes casos, **as obrigações do comprador**, que recebeu, sob condição suspensiva, a coisa comprada, **são as de mero comodatário, enquanto não manifeste aceitá-la**[47]. **Caso não haja prazo** para o comprador se manifestar, **o vendedor terá o direito de intimá-lo** para que faça em determinado prazo improrrogável[48].

A **venda feita a contento** do comprador só se reputará perfeita assim que o adquirente manifestar o seu agrado. Ainda que haja a entrega da coisa objeto da compra e venda, é somente com a aprovação do comprador que se implementará a obrigação de cumprir os termos da avença realizada. Na **venda sujeita a prova**, faz-se necessário que a coisa tenha as qualidades asseguradas pelo vendedor e seja idônea para o fim a que se destina.

c) *Preempção*

A preempção significa **direito de preferência**. Com efeito, pela preempção, o comprador assume a obrigação de oferecer ao vendedor a coisa que lhe foi vendida anteriormente ou que venha a dar em pagamento a outrem, para que o vendedor use **o direito de prelação na compra**, *pagando tanto por tanto*[49].

---

[44] Nos termos do art. 508, do Código Civil.

[45] Nos termos do art. 509, do Código Civil.

[46] Nos termos do art. 510, do Código Civil.

[47] Nos termos do art. 511, do Código Civil.

[48] Nos termos do art. 512, do Código Civil.

[49] Nos termos do art. 513, do Código Civil.

Tratando-se de mercadoria ou qualquer bem móvel, a preferência deve ser exercida em cento e oitenta dias[50].

Desse modo, tendo havido uma **compra e venda com cláusula de preempção**, no dia em que *o comprador tiver o interesse de revender aquele objeto*, deverá **oferecer prioritariamente ao vendedor**. Assim, para exercer a preempção, o titular será obrigado a pagar, nas mesmas condições, o preço acertado[51].

Por final, **não se pode confundir a retrovenda com a preempção**. Na *retrovenda*, que só ocorre em face de bem **imóvel**, o vendedor tem o direito de reaver o imóvel com quem quer que esteja. Na *preempção*, o vendedor tem o direito de lhe ver oferecida a coisa – **móvel ou imóvel** – quando o comprador tiver o interesse de revender tal bem.

d) Venda com reserva de domínio

A **venda com reserva de domínio** pode acontecer em face de **bem móvel**. Com efeito, sabe-se que *a propriedade das coisas móveis é transferida pela tradição*[52]. Entretanto, muitas vezes, em face de uma compra e venda, *o comprador não tem disponível o valor integral do preço ajustado*. Assim, acaso o vendedor entregue a coisa, esta passaria ao domínio do comprador, ficando o vendedor, apenas, com o direito de cobrar o valor acertado, não podendo, portanto, resgatar o bem.

É para **proteger o vendedor da perca da coisa** por conta da entrega que se pode estipular a reserva de domínio. Assim, na venda de coisa móvel, pode *o vendedor reservar para si a propriedade*, até que o **preço esteja integralmente pago**[53]. A cláusula de reserva de domínio deverá ser **prevista expressamente** e **registrada no domicílio do comprador** para *fins de validade perante terceiros*[54].

e) Venda sobre documentos

Na **venda sobre documentos**, a tradição da coisa é substituída pela **entrega do seu título representativo e dos outros documentos exigidos pelo contrato** ou, no silêncio deste, pelos usos. Achando-se a *documentação em ordem*, **não pode o comprador recusar o pagamento**, a pretexto de *defeito de qualidade* ou do *estado da coisa vendida*, salvo se o defeito já houver sido comprovado[55].

---

[50] Nos termos do art. 513, parágrafo único, do Código Civil.

[51] Nos termos do art. 515, do Código Civil.

[52] De acordo com o art. 1.267, do Código Civil.

[53] Nos termos do art. 521, do Código Civil.

[54] Nos termos do art. 522, do Código Civil.

[55] Nos termos do art. 529, do Código Civil.

Modalidade comum de venda sobre documentos é o denominado **crédito documentário**, operação pela qual **uma instituição financeira assume a obrigação de pagar a terceiro, mediante a apresentação de documentos, nos termos e condições estipulados**. Estipulado o pagamento por intermédio de estabelecimento bancário, caberá a este **efetuá-lo contra a entrega dos documentos**, *sem obrigação de verificar a coisa vendida*, pela qual **não responde**. Nesse caso, *somente após a recusa do estabelecimento bancário a efetuar o pagamento*, poderá o vendedor pretendê-lo, diretamente do comprador[56].

1.5 O contrato estimatório

O **contrato estimatório** é conhecido popularmente por **compra e venda em consignação**.

Vislumbra-se, nesta modalidade[57], **dois intervenientes**:

a) *o consignante* – a pessoa que se obriga a entregar bens móveis para serem vendidos por outrem; e

b) *o consignatário* – a pessoa que recebe os bens para vendê-los, pagando ao consignante o preço contratado ou restituindo os bens consignados não vendidos.

O consignatário **não se exonera da obrigação de pagar o preço**, se *a restituição da coisa consignada se torna impossível*, mesmo que por circunstâncias alheias à sua vontade[58]. Assim, das duas, uma: **ou o consignatário devolve os bens objeto do contrato estimatório, ou paga o preço ajustado**.

A coisa consignada **não pode ser objeto de penhora ou sequestro** pelos credores do consignatário, enquanto **não pago integralmente o preço**[59]. O consignante **não pode dispor da coisa** antes de lhe ser restituída ou de lhe ser comunicada a restituição[60].

1.6 Da troca ou permuta

Historicamente, **o contrato de troca ou permuta precede ao contrato de compra e venda**. Com efeito, **na troca, cada parte disponibiliza a outra um bem**, diferenciando-se da *compra e venda* na medida em que, neste contrato, *o*

---

[56] Nos termos do art. 532, do Código Civil.
[57] De acordo com o art. 534, do Código Civil.
[58] Nos termos do art. 535, do Código Civil.
[59] Nos termos do art. 536, do Código Civil.
[60] Nos termos do art. 537, do Código Civil.

pagamento é sempre em dinheiro. No **contrato de troca ou permuta**, *o pagamento é feito mediante a entrega de um outro bem* que pode ter **valor igual ou diferente**.

Tudo o que se tem como aplicável ao contrato de compra e venda também deve se aplicar ao contrato de troca ou permuta[61], à exceção do seguinte:

a) salvo disposição em contrário, cada um dos contratantes **pagará por metade as despesas** com o instrumento da troca; e

b) é **anulável** a troca de **valores desiguais entre ascendentes e descendentes**, *sem consentimento* dos outros descendentes e do cônjuge do alienante[62].

2. OS CONTRATOS DE COLABORAÇÃO

À margem do contrato de compra e venda mercantil, *é comum aos empresários firmarem contratos com outros empresários*, seja para **garantir o escoamento de sua produção**, seja para **assegurar os insumos necessários para o exercício da sua atividade**. É desse modo que se fala em **contratos de colaboração**, quais sejam os contratos que servem *para implementar na prática as parcerias empresariais*, denominada *joint ventures*.

É imprescindível notar que os **contratos de colaboração** são espécie do gênero **contratos interempresariais**. Com efeito, ambas as partes firmam tais contratos na condição de empresários, no seu exercício profissional. Porém, **não basta somente as partes serem empresárias**.

Adicionalmente, precisar atender a, **pelo menos uma, de três finalidades**:

a) **criar mercados**;

b) **consolidar mercados**; ou

c) **ampliar mercados**.

A *colaboração empresarial* pode ocorrer em razão de **intermediação** ou de **aproximação**. Na colaboração empresarial por intermediação, **o colaborador ocupa um dos elos da cadeia de circulação**, vale dizer, aqui *o colaborador se coloca como um intermediário* entre o empresário detentor de determinado produto e outro empresário componente da cadeia ou o consumidor destinatário final daquele produto. Assim, na colaboração por intermediação, *o colaborador compra o produto do fornecedor para revendê-lo*. Por sua vez, na colaboração por aproximação, a função do colaborador é a de **identificar outros empresários**, *ou*

---

[61] De acordo com o art. 533, I, do Código Civil.

[62] Nos termos do art. 533, II, Código Civil.

mesmo não empresários, **interessados em negociar com o fornecedor**[63]. Assim, na colaboração por aproximação, *o colaborador busca obter pedidos de compra para o fornecedor.*

Bem, por isso, percebe-se, *na colaboração por intermediação*, a **inexistência de efetiva remuneração do colaborador** por parte do fornecedor. Com efeito, nesta modalidade, o colaborador é remunerado através do "lucro" que obterá de suas operações, na medida em que, *enquanto na revenda do colaborador é praticado o preço de mercado, na aquisição do colaborador, pratica-se preço subsidiado.* Já, *na colaboração por aproximação*, o **fornecedor efetivamente remunera o colaborador**, mediante o pagamento de **comissão**. Trata-se de um *percentual incidente sobre os pedidos de compra obtidos.*

No plano da *colaboração por intermediação*, uma das cláusulas de onde decorrem muitos litígios, entre fornecedor e colaborador, é a **cláusula de exclusividade de zona ou de territorialidade**. Por tal cláusula, *é vedado ao fornecedor comercializar o produto objeto do contrato na área de atuação do colaborador.* Diante desta cláusula, surge o fenômeno da *importação paralela* ou *mercado cinza*[64]. No plano da *colaboração por aproximação*, um dos principais motivos de disputas é a **cláusula del credere**. Por meio de tal cláusula[65], *transfere-se a responsabilidade pela inadimplência ou insolvência do fornecedor para o colaborador*, recebendo, por este fato, **comissão mais elevada**[66].

São espécies de **colaboração por intermediação**:

a) *Distribuição-intermediação*; e

b) *Concessão mercantil.*

São espécies de **colaboração por aproximação**:

a) *Mandato mercantil*;

b) *Comissão mercantil*;

c) *Agência e distribuição por aproximação*;

d) *Representação comercial autônoma.*

---

[63] Para um maior aprofundamento sobre esta classificação: COELHO, Fábio Ulhoa. *Curso de direito comercial, volume 3: direito de empresa*. 15 ed. São Paulo: Saraiva, 2014.

[64] Situação na qual produtos que deveriam chegar em determinada zona por intermédio do colaborador, mas que acabam chegando a tal destino, por terceira pessoa, que não mantém relação jurídica direta com o fornecedor.

[65] Nos termos do art. 698, do Código Civil.

[66] A prática de mercado é a de dobrar o percentual da comissão quando contratada a *del credere.*

Para facilitar

No modo facilitado, tem-se o seguinte:

Colaboração por intermediação	Colaboração por aproximação
Partes ocupam elos distintos na cadeia	Partes não realizam compra e venda
Colaborador compra do fornecedor	Interessado compra do fornecedor
Remuneração do colaborador: lucro	Remuneração do colaborador: comissão
Cláusula de exclusividade de zona	Cláusula "del credere"
Espécies contratuais: Distribuição-intermediação e Concessão mercantil	Espécies contratuais: Mandato, Comissão mercantil, Agência, Representação comercial autônoma, Distribuição-aproximação

Para os fins do presente trabalho, limitar-se-ão os estudos aos contratos de colaboração que têm uma maior ocorrência, na prática. **Serão examinados, em sequência:**

a) o **mandato**;
b) a **comissão**;
c) a **representação comercial autônoma**;
d) a **agência** e a **distribuição**; e
e) a **concessão mercantil**.

2.1 O mandato

Opera-se o mandato quando alguém recebe de outrem poderes para, em seu nome, praticar atos ou administrar interesses. A **procuração** é o instrumento do mandato[67].

No *contrato de mandato*, há **duas partes**:

a) o **mandante** – a pessoa que *concede poderes* para quem outrem pratique atos em seu nome; e

b) o **mandatário** – a pessoa que *recebe poderes* para agir em nome de outrem.

---

[67] Nos termos do art. 653, do Código Civil.

Cabe ao *mandatário* **cumprir o mandato** em conformidade com as **orientações recebidas**, respondendo pelos prejuízos que causar ao mandante em virtude de *negligência, imprudência, imperícia ou mesmo da falta da diligência necessária*[68]. O mandatário poderá vir a ser chamado a responder por **excesso de mandato**[69]; desse modo, não pode ir aquém ou além das orientações passadas pelo mandante.

De outro lado, o *mandante* é obrigado a **cumprir todas as prestações assumidas pelo mandatário em seu nome**, quando em conformidade com as instruções a ele passadas. Deve, ainda, **remunerar o mandatário**, bem como **pagar todas as despesas na execução do negócio**, ainda que não surta o efeito desejado[70], além de **adiantar as despesas necessárias** à execução, *sempre que solicitado*[71].

Por final, importa ressaltar a existência de **duas modalidades de mandatos**:

a) **para fins empresariais** – trata-se da procuração com cláusula *ad negocia*, por meio da qual serão realizados *atos empresariais* pelo mandatário em nome do mandante; e

b) **para fins judiciais** – trata-se da procuração com cláusula *ad judicia*, por meio da qual serão praticados *atos judiciais* pelo mandatário, necessariamente advogado, em favor do mandante[72].

2.2 A comissão

O **contrato de comissão** tem por objeto a **aquisição** ou a **venda de bens** pelo comissário, em **seu próprio nome**, à **conta do comitente**[73]. Apesar da semelhança, **não se pode confundir** a comissão com o mandato. À propósito, fala-se em mandato ou comissão mercantil toda vez que o *fornecedor for empresário* e for *estipulada a cláusula "ad negocia"*.

Na comissão, o **comissário atua em nome próprio** e, desse modo, *obriga-se perante as pessoas com quem contratar*, não tendo tais pessoas quaisquer ações contra o comitente. No mandato, o **mandatário administra interesse** do mandante e, desse modo, *quem se obriga perante terceiros é o mandante* e não o mandatário.

---

[68] Nos termos do art. 679, do Código Civil.

[69] Nos termos do art. 665, do Código Civil.

[70] Nos termos do art. 676, do Código Civil.

[71] Nos termos do art. 675, do Código Civil.

[72] O mandato judicial tem seu regulamento estabelecido pelas normas do Código de Processo Civil, sendo utilizadas as normas do Código Civil, em matéria de mandato, de maneira supletiva, conforme determina o art. 692, do Código Civil.

[73] De acordo com o art. 693, do Código Civil.

Outra diferença marcante é que o **objeto da comissão** é *necessariamente a compra e venda* enquanto o **objeto do mandato** pode ser *qualquer outro contrato, inclusive o de compra e venda*. Com efeito, mediante o mandato, o fornecedor passa poderes ao colaborador para praticar atos ou administrar interesses.

Para facilitar

No modo facilitado, tem-se o seguinte:

Mandato	Comissão
Em nome de outrem	Em nome próprio
Por conta de outrem	Por conta de outrem
Terceiro contrata c/ fornecedor	Terceiro contrata c/ colaborador

Importa considerar que é **obrigação do comissário**, portanto, **agir em conformidade com as ordens e instruções do comitente**, no sentido da aquisição ou da venda de bens[74], constituindo-se como **obrigação do comitente** a **remuneração do comissário**[75]. Desse modo, o comissário fecha negócios em seu próprio nome, em favor do comitente, vale dizer, o comissário adquire ou vende bens em favor do comitente, devendo ser remunerado em conformidade com os contratos firmados.

O comissário **não responde pela insolvência** das pessoas com quem tratar, exceto se proceder com culpa ou diante da cláusula *del credere*[76]. Por tal cláusula, o comissário responderá **solidariamente com as pessoas com quem contratar** em nome do comitente, caso em que, por regra, terá direito a **remuneração mais elevada**, para compensar o ônus assumido[77].

2.3 A representação comercial autônoma

Trata-se de contrato típico, **o mais usual, na realidade brasileira**, dentre todos os contratos de colaboração. No que se refere à definição, prevê a sua

---

[74] Nos termos do art. 695, do Código Civil.
[75] Nos termos do art. 701, do Código Civil.
[76] Nos termos do art. 697, do Código Civil.
[77] Nos termos do art. 698, do Código Civil.

legislação de regência: "Exerce a **representação comercial autônoma** a pessoa jurídica ou a pessoa física, **sem relação de emprego**, que desempenha, **em caráter não eventual** por conta de uma ou mais pessoas, a **mediação para a realização de negócios mercantis**, agenciando propostas ou pedidos, para transmiti-los aos representados, praticando ou não atos relacionados com a execução dos negócios"[78]. Desse modo, é válido perceber que no contrato de representação o representante obtém **pedidos de compra e venda de mercadorias ou fabricadas ou comercialização** pelo representado *dentro de uma região delimitada*.

Tal contrato faz surgir, para o **representante**, as seguintes **obrigações**:

a) observar as instruções e as cotas de produtividade fixadas pelo representado[79];

b) prestar contas ao representado, não prejudicar, por dolo ou culpa, os interesses que lhes são confiados, facilitar o exercício da profissão por quem estiver impedido ou proibido de exercê-la, facilitar negócios ilícitos ou que prejudiquem a Fazenda Pública, sempre apresentar a carteira profissional[80];

c) respeitar a cláusula de exclusividade, se existente[81].

Já, para o **representado**, as principais obrigações são as seguintes:

a) pagar a comissão pactuada ao representante[82];

b) respeitar a exclusividade quanto à área delimitada no contrato[83].

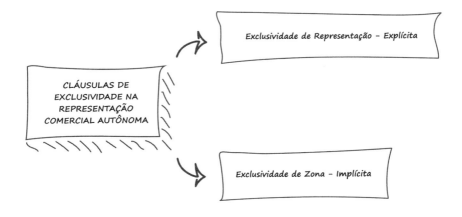

---

[78] Nos termos do art. 1º, da Lei nº 4.886/65.

[79] Nos termos do art. 29, da Lei nº 4.886/65.

[80] Nos termos do art. 19, da Lei nº 4.886/65.

[81] Nos termos do art. 41, da Lei nº 4.886/65.

[82] Nos termos dos arts. 32, e 33, da Lei nº 4.886/65.

[83] Nos termos do art. 31, da Lei nº 4.886/65.

Ponto importante acerca deste contrato se refere à sua **rescisão**. Com efeito, a lei elenca os **motivos justos** para tal rescisão, tanto *por parte do representante*, quanto *por parte do representado*.

Para o **representado**, são **motivos justos** para a rescisão[84]:

a) a desídia do representante no cumprimento das obrigações decorrentes do contrato;

b) a prática de atos que importem em descrédito comercial do representado;

c) a falta de cumprimento de quaisquer obrigações inerentes ao contrato de representação comercial;

d) a condenação definitiva por crime considerado infamante; e

e) força maior.

Deve-se, contudo, ressaltar que **não constitui motivo justo** para rescisão do contrato de representação comercial o **impedimento temporário do representante comercial** que estiver em gozo do **benefício de auxílio-doença** concedido pela previdência social[85].

Para o **representante**, serão considerados **motivos justos** para a rescisão do contrato de representação comercial[86]:

a) a redução de esfera de atividade do representante em desacordo com as cláusulas do contrato;

b) a quebra, direta ou indireta, da exclusividade, se prevista no contrato;

c) a fixação abusiva de preços em relação à zona do representante, com o exclusivo escopo de impossibilitar-lhe ação regular;

d) o não pagamento de sua retribuição na época devida; e

e) força maior.

Em quaisquer destas hipóteses, **caberá indenização ao representante** a ser paga pelo representado. Acaso o contrato tenha **prazo indeterminado**, a indenização será no valor de **1/12 da somatória das comissões recebidas**[87]. Entretanto, se o contrato de representação comercial for de **prazo determinado**, a indenização será o resultado da **multiplicação** da *metade do número de meses contratados, pela média mensal das comissões recebidas*[88].

Acaso ocorra a **denúncia** do contrato por qualquer das partes, **sem causa justificada**, em se tratando de contrato de representação comercial por **prazo**

---

[84] Nos termos do art. 35, da Lei nº 4.886/65.

[85] De acordo com o art. 45, da Lei nº 4.886/65.

[86] Nos termos do art. 36, da Lei nº 4.886/65.

[87] Nos termos do art. 27, j, da Lei nº 4.886/65.

[88] Nos termos do art. 27, § 1º, da Lei nº 4.886/65.

indeterminado, estando em vigor há, no **mínimo, seis meses**, caberá ao representado a concessão de **aviso prévio**[89], no prazo **mínimo de 30 dias**.

O aviso prévio poderá ser cumprido de duas formas:

a) *trabalhado* – o representante terá *direito à remuneração* pelo trabalho desempenhado, no período de aviso; e

b) *indenizado* – o representante terá *direito à indenização* no valor de 1/3 das comissões recebidas nos últimos 3 meses.

Não se pode deixar de notar que é **vedada a inclusão** neste contrato da **cláusula *del credere*** – possível, como visto, no contrato de comissão, segundo a qual o comissário responderá solidariamente com as pessoas com que houver tratado em nome do comitente[90]. Assim **não pode haver**, na representação comercial, cláusula que defina **responsabilidade solidária entre o representante e as pessoas com quem ele fizer negócios, em face do representado**. Além disso, **no caso de falência do representado** as importâncias por ele devidas ao representante comercial, relacionadas com a representação, inclusive comissões vencidas e vincendas, indenização e aviso prévio, serão consideradas **créditos da mesma natureza dos créditos trabalhistas**[91].

Com o advento da Lei nº 14.195/21, a equiparação também ocorre agora nos processos de recuperação judicial. Com efeito, por exemplo, é válido afirmar que será necessário pagar o valor de até 5 salários mínimos para cada representante comercial autônomo levado para a recuperação judicial, em até 30 dias, contados da data da concessão e o referido passivo deverá ser quitado em 1 ano, em regra, ou em 2 anos, atendendo as condicionantes legais. De outro lado, é importante constatar que os créditos devidos ao representante comercial reconhecidos judicialmente, com trânsito em julgado posterior ao deferimento da recuperação judicial, inclusive quanto aos honorários advocatícios, não se sujeitam a ela.

Deve-se, por final, considerar que as **questões decorrentes do contrato de representação comercial** deverão ser levadas a juízo perante a **Justiça Comum**, constituindo-se *foro competente o do domicílio do representante*. Frise-se, por oportuno, que a Lei nº 4.886/65 determina a aplicação do procedimento sumaríssimo[92]. Porém, nos termos do **CPC atual**, entende-se que o *procedimento aplicável é o comum*[93] – bem semelhante ao que era o procedimento sumaríssimo

---

[89] Nos termos do art. 34, da Lei nº 4.886/65.

[90] Nos termos do art. 43, da Lei nº 4.886/65.

[91] Nos termos do art. 44, da Lei nº 4.886/65.

[92] Nos termos do art. 39, da Lei nº 4.886/65.

[93] Nos termos do art. 1.049, parágrafo único, do Código de Processo Civil.

do CPC anterior. As ações para garantir ao representado os direitos previstos na lei **prescrevem em cinco anos**, contados da data em que a retribuição é devida[94].

2.4 A agência e a distribuição

Apesar de **o Código Civil tentar equiparar, no seu art. 710, o contrato de agência ao contrato de representação comercial autônoma**, previsto na Lei nº 4.886/65, uma parcela considerável da doutrina entende que se trata de **contratos distintos**[95]. Com efeito, a *representação comercial autônoma* é realizada por uma *profissão regulamentada*, necessitando, portanto, de *registro para o seu exercício*, a **agência** não tem tal exigência, tendo **objeto mais amplo**, considerando-se como agência o exercício da **intermediação com habitualidade**, de que serve de exemplos o *agente de atletas ou de artistas*[96].

Por sua vez, no **contrato de distribuição**, o agente **tem a sua disposição a coisa a ser negociada**[97], diferentemente do que ocorre na **agência** quanto o agente (ou representante) **simplesmente promove a realização de negócios** entre o consumidor e o agenciado (ou representado). No **contrato de distribuição**, no entanto, **o agente vende diretamente**, não realizando, assim, a aproximação entre o empresário titular e a pessoa que almeja adquirir aquele bem.

2.5 A concessão mercantil

Contrato de **concessão mercantil** é aquele pelo qual o **concessionário** se obriga a **comercializar**, *com ou sem exclusividade*, os **produtos fabricados pelo concedente**. Trata-se de contrato, *regra geral, atípico*, em vista de que só existe **regulamentação para a comercialização de veículos automotores terrestres**: a Lei nº 6.729/79.

É importante destacar que a **concessão mercantil** ao lado do contrato de **distribuição-intermediação** são os *dois exemplos de contratos de colaboração por intermediação*. Existe uma certa **controvérsia na doutrina** a respeito da natureza jurídica de tais operações contratuais, de um lado há aqueles que entendem ser uma **única figura jurídica**[98], consistindo em *dois nomes para um mesmo contrato*.

---

[94] Nos termos do art. 44, parágrafo único, da Lei nº 4.886/65.

[95] Para um maior aprofundamento: FRANCO, Vera Helena de Mello. *Contratos: direito civil e empresarial*. 5 ed. São Paulo: RT, 2014.

[96] RAMOS, André Luiz Santa Cruz. *Direito empresarial esquematizado*. 4 ed. São Paulo: Método, 2014.

[97] Nos termos do art. 710, do Código Civil.

[98] TOMAZETTE, Marlon. *Curso de direito empresarial: teoria geral e direito societário – volume 1*. 9 ed. São Paulo: Saraiva Educação, 2018. p. 119.

De outro lado, existe doutrina entendendo pela **distinção entre a distribuição-intermediação e a concessão mercantil**[99]. Se, em ambas as operações, ocorre a compra para a posterior revenda, *na concessão mercantil*, o concessionário (colaborador) assume a obrigação de **prestar serviços de assistência técnica** aos consumidores dos produtos do concedente (fornecedor). Parece-me o entendimento mais correto.

No âmbito do contrato de *concessão mercantil para a comercialização de veículos automotores*, é **objeto do contrato**[100]:

a) a comercialização de veículos automotores, implementos e componentes fabricados ou fornecidos pelo produtor;

b) a prestação de assistência técnica a esses produtos, inclusive quanto ao seu atendimento ou revisão; e

c) o uso gratuito de marca do concedente, como identificação.

É importante considerar que o concessionário só poderá realizar a **venda de veículos automotores novos** *diretamente a consumidor*[101], **vedada a comercialização para fins de revenda**.

Será, possível, entretanto, **comercialização para fins de revenda nas seguintes situações**:

a) operações entre concessionários da mesma rede de distribuição que, em relação à respectiva quota, não ultrapassem quinze por cento quanto a caminhões e dez por cento quanto aos demais veículos automotores; e

b) vendas que o concessionário destinar ao mercado externo.

A **concessão comercial** entre produtor e distribuidor de veículos automotores será de **prazo indeterminando**, podendo ser **inicialmente ajustado por prazo determinado**, *não inferior a cinco anos*. **Expirado tal prazo**, a concessão se tornará **automaticamente de prazo indeterminado** se nenhuma das partes manifestar à outra a intenção de não prorrogá-lo, *antes de cento e oitenta dias do seu termo final* e mediante notificação por escrito devidamente comprovada[102].

São hipóteses de **resolução do contrato** de concessão para veículos automotores[103]:

a) por acordo das partes ou força maior;

b) pela expiração do prazo determinado, estabelecido no início da concessão, salvo se prorrogado formalmente, conforme visto;

---

[99] COELHO, Fábio Ulhoa. *Curso de direito comercial, volume 3: direito de empresa*. 12 ed. São Paulo: Saraiva, 2011. p. 119.

[100] Nos termos do art. 3º, da Lei nº 6.729/79.

[101] Nos termos do art. 12, da Lei nº 6.729/79

[102] Nos termos do art. 21, da Lei nº 6.729/79.

[103] Nos termos do art. 22, da Lei nº 6.729/79.

c) por iniciativa da parte inocente, em virtude de infração à Lei nº 6.729/79, das convenções ou do próprio contrato, considerada infração também a cessação das atividades do contraente.

É importante considerar que, **acaso o concedente que não prorrogue o contrato** de concessão, ficará **obrigado perante o concessionário** a[104]:

a) readquirir-lhe o estoque de veículos automotores e componentes novos, estes em sua embalagem original, pelo preço de venda à rede de distribuição, vigente na data de reaquisição;

b) comprar-lhe os equipamentos, máquinas, ferramental e instalações à concessão, pelo preço de mercado correspondente ao estado em que se encontrarem e cuja aquisição o concedente determinara ou dela tivera ciência por escrito sem lhe fazer oposição imediata e documentada, excluídos desta obrigação os imóveis do concessionário.

Cabendo ao concessionário a *iniciativa de não prorrogar o contrato*, ficará **desobrigado de qualquer indenização ao concedente**[105]. Se o **concessionário der causa à rescisão do contrato**, pagará ao concedente a indenização correspondente a **cinco por cento do valor total das mercadorias** que dele tiver adquirido nos **últimos quatro meses de contrato**[106]. Seja como for, os **valores devidos nas hipóteses de resolução** do contrato de concessão para veículos automotores deverão ser **pagos dentro de sessenta dias da data da extinção da concessão** e, no caso de mora, ficarão sujeitos a correção monetária e juros legais, a partir do vencimento do débito[107].

3. O CONTRATO DE CORRETAGEM

Pelo contrato de corretagem, uma pessoa **não ligada** a outra em virtude de **mandato**, de **prestação de serviços** ou por qualquer outra **relação de dependência**, *obriga-se a obter para a segunda um ou mais negócios*, conforme as instruções estabelecidas[108]. Apesar de a corretagem vir regulamentada pelo Código Civil, nos arts. 722-729, **tais normas são de pouca valia em matéria empresarial**, na medida em que *cada categoria de corretor é regulamentada em legislação especial*.

Interessam ao direito empresarial, por motivos óbvios, os **corretores de navio, de mercadorias**, além das **sociedades corretoras de valores mobiliários**. Deve-se anotar, contudo, que **os mais famosos são os corretores de imóveis**, *regulamentados fora do âmbito do direito empresarial*, sendo certo que imóvel não se enquadra juridicamente no conceito de mercadoria.

---

[104] Nos termos do art. 23, da Lei nº 6.729/79.

[105] Nos termos do art. 23, parágrafo único, da Lei nº 6.729/79.

[106] Nos termos do art. 26, da Lei nº 6.729/79.

[107] Nos termos do art. 27, da Lei nº 6.729/79.

[108] Nos termos do art. 722, do Código Civil.

No *exercício da sua atividade*, são **deveres do corretor**[109]:
a) diligência;
b) imparcialidade;
c) autonomia;
d) atuar no interesse do cliente;
e) sigilo;
f) garantia do exercício profissional; e
g) registro das operações realizadas.

De outro lado, ele tem **direito a receber uma comissão** em razão de sua atividade, fazendo jus a tal remuneração ainda que o negócio *não se conclua por arrependimento das partes*[110]. **Não estando** a remuneração *fixada em lei* ou convencionada entre as partes, ela será **arbitrada** segundo a *natureza do negócio* e os *usos locais*[111].

4. O SISTEMA DE FRANQUIA EMPRESARIAL

Trata-se do **contrato regulamentado**, atualmente, pela Lei nº 13.966/19[112]. **Apesar da existência de lei** específica, a doutrina como um todo identifica o contrato de franquia como sendo um **contrato atípico**[113], em vista de que a mencionada *legislação não estipula direitos e obrigações* que devem existir entre o franqueador e o franqueado, as partes deste contrato. Frise-se por oportuno: **franqueador** é o *titular da marca e/ou patente* que será objeto de franquia; e **franqueado** é a pessoa que *adquire o direito de explorar marca e/ou patente de outrem*, a partir desta modalidade contratual.

O art. 1º, da Lei nº 13.966/19, consolida o **sistema de franquia empresarial**, trazendo as *finalidades do contrato de franquia* ao prever "o **sistema de franquia empresarial**, pelo qual um franqueador *autoriza por meio de contrato* um franqueado a **usar marcas e outros objetos da propriedade industrial, sempre associados ao direito de produção ou distribuição exclusiva ou não exclusiva de produtos ou serviços** e também ao **direito de uso de métodos**

---

[109] Previstos nos arts. 722 e 723, do Código Civil

[110] Nos termos do art. 725, do Código Civil.

[111] Nos termos do art. 724, do Código Civil.

[112] Esta Lei foi sancionada no dia 26 de dezembro de 2019, publicada no *D.O.U.* de 27 de dezembro de 2019 e entrou em vigor 90 dias após sua publicação oficial, ou seja, de 26 de março de 2020.

[113] A melhor definição seria a de contrato "quase típico", porque tem legislação, mas a lei não regulamenta direitos e obrigações das partes envolvidas na operação.

e sistemas de implantação e administração de negócio ou sistema operacional desenvolvido ou detido pelo franqueador, **mediante remuneração direta ou indireta**, *sem caracterizar relação de consumo ou vínculo empregatício* em relação ao franqueado ou a seus empregados, *ainda que durante o período de treinamento"*.

Com efeito, deste conceito, percebe-se que a franquia é um sistema que envolve, em *um só instrumento de contrato*, **três modalidades de negócios jurídicos**:

a) a licença para uso de marca ou de patente;
b) a distribuição exclusiva ou semi-exclusiva de produtos ou serviços; e
c) a estruturação, a implantação e o auxílio à administração de negócio.

Trata-se de atos que cabe ao franqueador fazer. No que se refere à licença de propriedade industrial, receberá *royalties*, devendo receber, também, remuneração competente para as demais atividades mencionadas. Para *viabilizar o sistema de franquia* empresarial, **o franqueador deverá ser o titular** ou requerente de direitos sobre marcas e outros objetos de propriedade intelectual negociados no âmbito do contrato de franquia ou estar **expressamente autorizado pelo titular**[114].

O **elemento mais importante**, mencionado na Lei como *necessário para a operacionalização e a realização de um contrato de franquia*, é a **Circular de Oferta de Franquia** (COF)[115]. Em comparação com a velha Lei de Franquias – a Lei nº 8.955/94, notam-se **novas exigências**, visando a implantação da franquia:

a) indicação da existência ou não de **regras de transferência ou sucessão** e, caso positivo, quais são elas[116];
b) indicação das situações em que são aplicadas **penalidades, multas ou indenizações** e dos respectivos valores, estabelecidos no contrato de franquia[117];
c) informações sobre **a existência de cotas mínimas de compra** pelo franqueado ao franqueador, ou a terceiros por este designados, e sobre **a possibilidade e as condições para a recusa dos produtos ou serviços exigidos** pelo franqueador[118];

---

[114] De acordo com o art. 1º, § 1º, da Lei nº 13.966/19.
[115] Nos termos do art. 2º, da Lei nº 13.966/19.
[116] De acordo com o art. 2º, XVII, da Lei nº 13.966/19.
[117] Nos termos do art. 2º, XVIII, da Lei nº 13.966/19.
[118] De acordo com o art. 2º, XIX, da Lei nº 13.966/19.

d) indicação da **existência de conselho ou associação dos franqueados**, com as atribuições, os poderes e os mecanismos de representação perante o franqueador, e detalhamento das **competências para gestão e fiscalização da aplicação dos recursos de fundos existentes**[119];

e) indicação das **regras de limitação à concorrência** entre o franqueador e os franqueados, e entre os franqueados, *durante a vigência do contrato de franquia*, e **detalhamento da abrangência territorial**, do prazo de vigência da restrição e das penalidades em caso de descumprimento[120];

f) especificação precisa do **prazo contratual** e das **condições de renovação**, se houver[121].

Tão relevante é a COF para a implantação do sistema de franquia empresarial que a mesma **deverá ser entregue** ao candidato a franqueado **no mínimo 10 dias antes** da assinatura do contrato ou pré-contrato de franquia ou ainda do pagamento de qualquer tipo de taxa pelo franqueado ao franqueador ou a empresa ou pessoa ligada a este[122].

Em caso de **descumprimento do presente prazo**, o franqueado poderá arguir a **anulabilidade ou nulidade do contrato** e exigir **devolução de todas as quantias que já houver pago** ao franqueador ou a terceiros por ele indicados, a título de taxa de filiação e royalties, **devidamente corrigidas**, pela variação da remuneração básica dos depósitos de poupança mais **perdas e danos**[123]. A mesma sanção caberá na hipótese de o franqueador que veicular **informações falsas** na sua circular de oferta de franquia, *sem prejuízo das sanções penais cabíveis*[124].

No que se refere à **formalização da franquia**, deve-se considerar que tal contrato deve ser **sempre escrito**[125] e, assinado na presença de **2 testemunhas**, terá validade **independentemente de ser levado a registro** perante cartório ou órgão público. Assim, visando a obrigar franqueador e franqueado, não há a necessidade de tal contrato vir a ser registrado. Porém, para fins de eficácia, ou seja, para produzirem **efeitos perante terceiros**, será necessário que tal contrato venha a ser **registrado no INPI**[126].

---

[119] Nos termos do art. 2º, XX, da Lei nº 13.966/19.

[120] De acordo com o art. 2º, XXI, da Lei nº 13.966/19.

[121] Nos termos do art. 2º, XXII, da Lei nº 13.966/19.

[122] Nos termos do art. 2º, § 1º, da Lei nº 13.966/19.

[123] Nos termos do art. 2º, § 2º, da Lei nº 13.966/19.

[124] Nos termos do art. 4º, da Lei nº 13.966/19.

[125] De acordo com o art. 7º, da Lei nº 13.966/19.

[126] Nos termos do art. 211, da Lei nº 9.279/96.

Ponto que merece destaque é o da **abrangência territorial** do sistema de franquia empresarial. Com efeito, pode-se falar em:

a) **contrato de franquia nacional** – os que produzirem *efeitos exclusivamente em território nacional*, sendo **escritos em língua portuguesa e regidos pela legislação brasileira**[127];

b) **contrato de franquia internacional** – os que tiverem liames com *mais de um sistema jurídico*, em razão dos atos concernentes à sua **conclusão ou execução**, à situação das partes quanto à **nacionalidade ou domicílio**, ou à **localização de seu objeto**[128], sendo *escritos originalmente em língua portuguesa ou terão tradução certificada custeada pelo franqueador*, caso em que os contratantes poderão **optar, no contrato, pelo foro** de um de seus países de domicílio[129].

Independente da abrangência territorial, resta clara, atualmente, a possibilidade de **eleição a justiça arbitral** para a *solução de controvérsias* relacionadas ao contrato de franquia[130]. Caso **expresso o foro de opção** no contrato internacional de franquia, as partes deverão *constituir e manter representante legal ou procurador devidamente qualificado e domiciliado no país* do foro definido, com **poderes para representá-las administrativa e judicialmente, inclusive para receber citações**[131].

Por final, é válido mencionar que no **sistema de franquias**, além do *franqueador*, podem aparecer, no caso concreto, o **franqueado master** e o **franqueado simples**. A diferença entre tais fraqueados reside no fato de que **o franqueado master pode realizar subfranquia**, direito que lhe é assegurado por contrato, ao contrário do que ocorre com o franqueado simples.

Seja como for, **franqueador** e **franqueado** podem ser tanto **pessoas físicas**, quanto **pessoas jurídicas**. Frise-se, por oportuno: *as disposições referentes ao franqueador e ao franqueado aplicam-se, no que couber, ao subfranqueador e ao subfranqueado, respectivamente*[132].

5. CONTRATOS BANCÁRIOS

Uma outra categoria importante dos chamados contratos empresariais são os **contratos bancários**.

---

[127] Nos termos do art. 7º, I, da Lei nº 13.966/19.

[128] De acordo com o art. 7º, § 2º, da Lei nº 13.966/19.

[129] Nos termos do art. 7º, II, da Lei nº 13.966/19.

[130] De acordo com o art. 7º, § 1º, da Lei nº 13.966/19.

[131] Nos termos do art. 7º, § 3º, da Lei nº 13.966/19.

[132] De acordo com o art. 5º, da Lei nº 13.966/19.

Com efeito, registre-se, logo de entrada, que os *contratos ou operações bancárias* podem ser divididos em **três tipos**:

a) *operações ativas*;

b) *operações passivas*; e

c) *contratos bancários impróprios*.

5.1 Compreensão jurídica

É de se considerar que no mercado atuam **agentes econômicos** que se classificam em razão dos *gastos realizados em face do respectivo orçamento*. Nessa seara, fala-se em três espécies de agentes econômicos[133]:

> a) unidades de dispêndio com orçamento equilibrado, em que os gastos coincidem com os ganhos; b) unidades de dispêndio com superávit, em que os gastos são inferiores aos ganhos; c) unidades de dispêndio com *déficit*, em que são superiores.

Deve-se assentar que no *"mundo do dever-ser"*, diante de uma **economia ideal**, *as instituições financeiras simplesmente inexistiriam*. Nessa linha, todos os agentes econômicos teriam orçamento equilibrado, onde os gastos de cada agente seriam feitos à imagem e semelhança dos ganhos deste. Ocorre, porém, que *quem, de fato, simplesmente inexiste* é o *"mundo do dever-ser"* ou a economia ideal. **No mundo real**, mais do que agentes com orçamento equilibrados, encontram-se, de um lado agentes deficitários, necessitando de recursos extra para cobrirem os seus gastos, e, de outro, agentes superavitários que, estando com recursos sobrando, podem disponibilizá-los desde que, por óbvio, aufiram alguma remuneração.

É nesse contexto que surgem os **bancos**, cabendo a eles o papel de **intermediador financeiro**. Com efeito, *os bancos buscam os agentes econômicos superavitários para receberem deles, via depósito, os recursos financeiros excedentes. Após, os bancos passam a disponibilizar, via empréstimo, os recursos financeiros captados aos agentes econômicos deficitários.*

Nesse ínterim, é mister mencionar que é da *essência dos contratos bancários* a **presença de um banco ou instituição financeira**. São, assim, contratos celebrados com um banco. *Porém, não basta que um banco seja um dos contratantes* para se ter um contrato bancário. Um contrato de locação, por exemplo, não passa ser contrato bancário pelo fato de uma instituição figurar como parte. De

---

[133] COELHO, Fábio Ulhoa. *Curso de direito comercial, volume 3: direito de empresa*. 12 ed. São Paulo: Saraiva, 2011. p. 145.

acordo com Fábio Ulhoa Coelho[134], "O contrato é bancário se ninguém mais, a não ser sociedade empresária autorizada a operar a atividade de intermediação de recursos monetários, pode oferecê-lo ao mercado".

5.2 Operações bancárias: típicas e atípicas

Preliminarmente, deve-se mencionar que os **contratos ou operações bancárias** são definidas como **típicas** (*exclusivas*) ou **atípicas** (*acessórias*). As **operações bancárias típicas ou exclusivas** são as atividades que dizem respeito à **atividade bancária**[135], ou seja, é operação bancária típica *a coleta, intermediação ou aplicação de recursos financeiros próprios ou de terceiros e a custódia de valor de propriedade de terceiros*. **Atípicas ou acessórias** dizem respeito às **operações bancárias correlatas** à atividade bancária típica.

Mencionada distinção é relevante, pois, as **operações bancárias típicas só podem ser realizadas pelos bancos**, enquanto as **atividades acessórias podem ser realizadas por qualquer sociedade**, simples ou empresária. São **operações acessórias**: *o aluguel de cofres de segurança, o serviço de cobrança e aceitação de títulos, as convenções de correspondência e o fornecimento de informações*. A aludida distinção também é relevante do **ponto de vista tributário**, sendo certo que as *atividades bancárias típicas sujeitam-se à tributação federal* (IOF) e as *atividades atípicas submetem-se à tributação municipal* (ISS).

As **operações bancárias típicas** são classificadas a depender da *posição que o banco ocupa* em mencionados contratos em: *ativas* ou *passivas*. **Operações bancárias ativas** são aquelas em que o *banco ocupa a posição de credor*, tendo relação com a **disponibilização de recursos monetários**, sendo fornecidos a quem deles precisar. De outro lado, tem-se *operações bancárias passivas* quando os *bancos aparecem na condição de devedor*, realizando atos inerentes à **captação de recursos**. As operações bancárias são ainda classificadas em *próprias* ou *impróprias*, na medida em que se adequem ou não inteiramente à noção de atividade bancária.

Como operações bancárias típicas **ativas**, têm-se o **mútuo bancário**, nas modalidades de *financiamento* e de *abertura de crédito*; e o **desconto bancário**. O **depósito bancário**, os **fundos de investimento**, o **crédito documentário** e as operações de ***vendor/compror finance*** são genuinamente operações bancárias **passivas**.

---

[134] COELHO, Fábio Ulhoa. *Curso de direito comercial, volume 3: direito de empresa*. 12 ed. São Paulo: Saraiva, 2011. p. 147.

[135] Nos termos do art. 17, da Lei nº 4.595/64.

Por fim, são **contratos bancários impróprios**:
a) arrendamento mercantil (*leasing*);
b) alienação fiduciária em garantia; e
c) contrato de faturização (*factoring*).

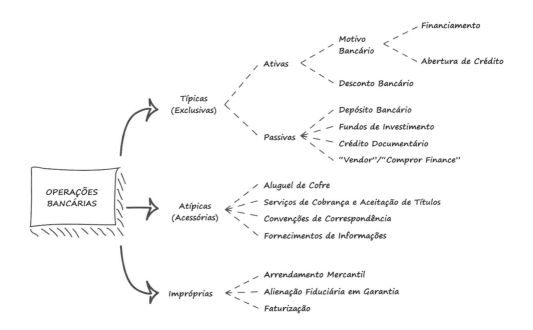

5.3 Operações bancárias ativas

Na sequência do que se propõe apresentar, passa-se a examinar as chamadas **operações bancárias típicas ativas**. Fala-se em *operações bancárias*, em razão de se estar diante de operações de **intermediação de recursos financeiros**. Tais operações são tidas por *típicas* pelo fato de que **apenas os bancos** e instituições financeiras a eles legalmente equiparadas podem praticar. Mencionadas operações são definidas como *ativas*, em face de o banco, em tais negócios jurídicos, **figurar na condição de credor**.

Cabe ressaltar, nessa seara, *os bancos vão disponibilizar, a quem deles necessitar, os recursos captados das unidades de dispêndio superavitárias*. Assim, pode-se definir as *operações bancárias típicas ativas* como sendo aqueles **contratos firmados com bancos ou instituições financeiras a eles assemelhadas, visando a intermediação de recursos financeiros, cuja intermediação somente pode ser feita pelas instituições mencionadas pelas quais os bancos disponibilizam os recursos creditícios captados**.

5.3.1 Mútuo bancário

O **mútuo bancário** é o negócio jurídico pelo qual o banco disponibiliza **certa quantidade de dinheiro** ao contratante, que se obriga a **pagá-la, com os acréscimos remuneratórios**, na forma do estipulado. Mencionado contrato **tem base no mútuo civil**, dele derivando em razão da *presença de instituição financeira como parte do contrato*. A base referente ao mútuo civil é encontrada nos arts. 586 e 587 do Código Civil:

> Art. 586. O mútuo é o empréstimo de coisas fungíveis. O mutuário é obrigado a restituir ao mutuante o que dele recebeu em coisa do mesmo gênero, qualidade e quantidade.
>
> Art. 587. Este empréstimo transfere o domínio da coisa emprestada ao mutuário, por cuja conta correm todos os riscos dela desde a tradição.

É preciso esclarecer, de entrada, que **no mútuo bancário se aplicam todas as regras pertinentes ao mútuo civil**. O mútuo é um negócio jurídico com características claras. É um contrato **real, unilateral, gratuito** (*em tese*) e **não solene**. A circunstância de o mútuo ser um **contrato real** se refere ao fato de que **para se aperfeiçoar é necessária a entrega da coisa objeto do contrato**, não bastando o mero acordo de vontades.

O mútuo é um **contrato unilateral** na medida em que **só cria obrigações para uma das partes**. Segundo Silvio Rodrigues[136], "A circunstância de o contrato apenas se aperfeiçoar com a entrega da coisa explica o caráter unilateral do negócio. Com efeito, do contrato só resultam obrigações para o mutuário". Destaque-se que o dever ou obrigação que caberia ao mutuante é o que dá ensejo ao contrato, o que só reforça, portanto, a unilateralidade como característica do contrato de mútuo.

Por fim, verifica-se, também, que o contrato de mútuo é **não solene**, haja vista o fato de **a lei não mencionar forma prescrita**, ou seja, a lei não estipula forma obrigatória para a instrumentalização do contrato de mútuo. Disso resulta, portanto, que *a forma é livre*. Deverá ser, porém, **escrita** quando houver a **necessidade de registro do contrato**, como por exemplo, se houver sido estipulada garantia real.

O **contrato de mútuo** em geral tem **dois efeitos**:

a) a transferência da propriedade do objeto do mútuo para o mutuário; e

b) a obrigação de devolução do objeto pelo mutuário.

---

[136] RODRIGUES, Silvio. *Direito civil: dos contratos, das declarações unilaterais de vontade*. 31 ed. São Paulo: Saraiva, 2003. p. 264.

5.3.1.1 O regime de juros aplicável aos contratos de mútuo

Apesar de assemelhados, o mútuo bancário e o mútuo civil, algumas questões incidentais relativas ao mútuo bancário não podem deixar de ser mencionadas. A primeira delas diz respeito ao **regime de juros aplicável**. Com efeito, viu-se que *é da natureza do contrato de mútuo a gratuidade*. Esta é, inclusive, uma das características do aludido contrato, na forma como foi idealizado, regra geral, pelo legislador.

Do exposto, resulta que se os *juros moratórios* no **contrato de mútuo civil** não estiver taxa estipulada, considerar-se-á, conforme o STJ, a partir de 1º de janeiro de 1996, a **taxa Selic**[137]; antes desta data era de 1% ao mês[138]. Entretanto, na forma da **Lei de Usura**[139], é válida a fixação de juros no **dobro da taxa legal**[140].

O **mútuo bancário**, entretanto, **não sofre qualquer limitação**. O STF, inclusive, tem entendimento sumulado já de longa data a respeito. A súmula nº 596 do STF prevê:

> Súmula nº 596/STF: "as disposições do Decreto nº 22.626/33 não se aplicam às taxas de juros e aos outros encargos cobrados nas operações realizadas por instituições financeiras públicas ou privadas, que integram o Sistema Financeiro Nacional".

Desse modo, resulta clara a **diferença existente entre o mútuo civil e o mútuo bancário**. Com efeito, o **mútuo civil** tem, para efeito de regime de juros, **base legal**. Os juros legais são representados atualmente pela taxa Selic, podendo haver a pactuação de juros até o dobro da taxa legal. De outro lado, **inexiste base legal** para o regime de juros do **mútuo bancário**. A Lei nº 4.595/64, contudo, autoriza a que o CMN venha a *limitar as taxas de juros*. Não realizada tal competência, mesmo porque não faz nenhum sentido efetivá-la, os juros passam a ser, e devem continuar sendo, fixados "pelo mercado".

---

[137] Entendimento do STJ, em sede de recurso repetitivo. Por todos, veja o REsp nº 1.111.189/SP, Rel. Ministro Teori Albino Zavascki, 1ª Seção, julgado em 13/05/2009, *DJe* 25/05/2009, onde se lê: "(...) os juros de 1% ao mês incidem sobre os valores reconhecidos em sentenças cujo trânsito em julgado ocorreu em data anterior a 1º.01.1996, porque, a partir de então, passou a ser aplicável apenas a taxa SELIC, instituída pela Lei 9.250/95, desde cada recolhimento indevido."

[138] Nos termos do art. 161, § 1º, do Código Tributário Nacional.

[139] A "lei da usura", na verdade, é um decreto: o Decreto nº 22.626/33.

[140] Nos termos do art. 1º, do Decreto nº 22.626/33.

5.3.1.2 A antecipação do pagamento do mútuo com redução proporcional de juros

Outra questão controvertida diz respeito à **antecipação do pagamento de mútuo contratado**, com **direito à redução proporcional dos juros**. Com efeito, antes de mais nada, deve-se verificar o **prazo** que deve ter o contrato de mútuo. Em regra, por óbvio, *o contrato de mútuo tem sua vigência estipulada expressamente no instrumento contratual*. Vale destacar que **é da essência do contrato de mútuo a temporariedade**. Exatamente pelo fato de se tratar de *modalidade de empréstimo e não de compra e venda*, **o mútuo deve ter prazo certo e determinado**.

Sobre a aludida questão, ensina Fabio Ulhoa Coelho[141] (2008, p. 133):

> O mutuário empresário não tem o direito de antecipar o pagamento do dinheiro com redução proporcional de juros e encargos, a menos que expressamente previsto no instrumento contratual ou caso se aplique o CDC ao contrato.

Como se vê, **dependerá do caso concreto** para se saber se o mutuário terá direito à antecipação de pagamento com redução de juros. Deve-se ressaltar *a importância do aspecto temporal para os bancos*. A partir do **mútuo formalizado**, a instituição financeira tem a **expectativa do recebimento dos juros e demais remunerações** previstas no contrato. Realizar a aludida antecipação, reduzindo-se proporcionalmente os juros, significa frustrar a expectativa do banco-mutuante.

Desse modo, sendo mutuário alguém que não se enquadre na noção de consumidor, apenas se houver **previsão contratual expressa**[142] é que poderá haver a redução proporcional dos juros, em face do pagamento antecipado. De outro lado, **enquadrando-se na noção de consumidor**, o mutuário passa a ter o direito de liquidação antecipada do débito, total ou parcialmente, mediante redução proporcional de juros e demais acréscimos, independentemente de cláusula contratual expressa nesse sentido[143]. O mecanismo judicial cabível, em caso de inexistência de consenso, é a **ação de consignação em pagamento**[144].

---

[141] COELHO, Fábio Ulhoa. *Curso de direito comercial*, volume 3: direito de empresa. 12 ed. São Paulo: Saraiva, 2011. p. 153.

[142] Reflexo do princípio *pacta sunt servanda*.

[143] Nos termos do art. 52, § 2º, do Código de Defesa do Consumidor.

[144] Prevista nos arts. 539 e seguintes, do Código de Processo Civil.

O **mútuo** se refere à *principal aplicação dos recursos captados* pelas instituições financeiras. Esta aplicação pode se dar de **duas formas distintas**:

a) a **abertura de crédito** (*simples* ou *em conta corrente*); e
b) o **financiamento**.

O financiamento das atividades econômicas, em geral, materializa-se com a emissão das cédulas e notas de crédito, das quais se destacam atualmente as cédulas de crédito bancário. Tais títulos já foram detalhados nesta obra[145], sendo redundante contextualizá-los novamente. Por ora, resta evidenciar as diferenças existentes entre tais espécies de mútuo:

Abertura de Crédito	Financiamento
O mutuário define a forma de utilização de crédito	Obrigação do mutuário em investir em determinado fim
Não há necessidade de fiscalizar a aplicação do crédito	Direito do mutuante em proceder vistorias, fiscalizações quanto ao crédito

5.3.1.3 Contrato de abertura de crédito

O **contrato de abertura de crédito** é o contrato pelo qual o banqueiro se obriga a disponibilizar **determinada quantia de dinheiro** que *pode, ou não ser utilizado pelo cliente*. Comumente conhecido por **contrato de cheque especial**, pode ser definido como *o contrato pelo qual o banqueiro se obriga perante o cliente a manter disponível uma linha de crédito para que este a utilize conforme as suas necessidades*.

A lógica do contrato de abertura de crédito é específica, em face do fato de normalmente mencionado contrato trazer **as mais altas taxas de juros** praticadas no mercado. Muitas vezes uma pessoa tem uma dívida que se vence em determinada data em que mencionada pessoa **não tem disponibilidade** de recursos para pagá-la **pontualmente**. Fazendo-se o pagamento em dia posterior, o valor será **acrescido de multas e juros** que encareçam enormemente o valor da dívida.

Nessa situação específica, a pessoa pega o **cheque especial** para pagar aludida dívida, sabendo-se que, em um *momento seguinte próximo*, haverá **disponibilidade financeira suficiente para pagar o valor utilizado**. A utilização deve ocorrer **esporadicamente**, em face dos altos juros praticados nesse tipo de contrato, para adimplir obrigações nesse contexto.

---

[145] No Capítulo 12 – Títulos de Crédito: a tipicidade cambiária em espécie.

O *contrato de abertura de crédito* costuma ser classificado **quanto à movimentação contábil** em *abertura de crédito simples* e *abertura de crédito em conta corrente*. Na **abertura de crédito simples**, o *cliente pode retirar o crédito a ele aberto, uma ou diversas vezes*. Porém, nesta hipótese, **não há a obrigatoriedade de fazer qualquer cobertura ou reposição**. O creditado simplesmente vai utilizando o crédito e, *no fim do contrato, efetiva o reembolso do crédito acrescido dos juros e demais remunerações eventualmente pactuadas*.

Na **abertura de crédito em conta-corrente**, entretanto, o cliente creditado *pode ir reduzindo os débitos referentes à abertura de crédito, sempre que considerar oportuno*. Nesta hipótese, o cliente pode fazer as **retiradas que julgar necessárias**, fazendo-se **quando for conveniente as reposições**, a fim de lhe ser conferida novamente tal disponibilidade de crédito. Possivelmente o melhor contrato bancário para os bancos e instituições financeiras ganharem dinheiro é o contrato de abertura de crédito em conta-corrente, sendo certo notar que **inexiste custo operacional para a cobrança do aludido crédito**. De praxe, o banqueiro simplesmente programa os computadores do banco para irem debitando da conta do cliente os juros e demais taxas, pelo período da utilização do crédito disponibilizado.

Nelson Abrão[146] apresenta as hipóteses em que pode ocorrer a **extinção do contrato de abertura de crédito**:

I – se celebrado por tempo determinado, pela superveniência do termo;

II – se por tempo indeterminado, mediante notificação de qualquer das partes, revelando seu intento;

III – pela insolvência ou falência do creditado, que acarretam o vencimento antecipado da dívida e sua exigibilidade (Lei de falências nº 11.101/05, art. 77);

IV – pela morte ou incapacidade superveniente do creditado, dado o caráter *intuitu personae* do contrato;

V – pela ocorrência do *factum principis*, isto é, quando o banco não possa, por causa objetiva a ele estranha, cumprir a prestação, como, por exemplo, no caso de proibição do Banco Central;

VI – pela falta de pagamento de juros e comissões, pelo creditado, nas ocasiões previstas;

VII – pela exaustão do crédito causada pelo uso total que o creditado dele fez;

VIII – pela falta de efetivação da garantia prometida, ou pelo perecimento da ofertada.

---

[146] ABRÃO, Nelson. *Direito bancário*. 12 ed. São Paulo: Saraiva, 2009. p. 167.

5.3.1.3.1   A cobrança judicial do cheque especial

Como se percebe, *no contrato de abertura de crédito em conta corrente, sempre que o correntista se utilizar do crédito disponibilizado, pagará, pelo período que utilizar, os juros contratados na operação em questão*. Assim, utilizando-se do crédito disponibilizado pelo banco, a instituição financeira irá **debitar diariamente a taxa de juros** e eventuais remunerações contratadas. *O debitamento dos juros na conta corrente do cliente ocorrerá até o momento em que o cliente vier a reembolsar o banco do crédito utilizado*. Diante de tal contexto, é que se percebe o porquê de se considerar o cheque especial (contrato de abertura de crédito em conta corrente), o produto que proporciona ao banco o melhor retorno financeiro possível, haja vista a ausência de custo operacional para a cobrança.

O **problema** surge quando o cliente vem a utilizar todo o crédito a ele disponibilizado, vale dizer, quando **não há mais saldo possível** de ser debitado na conta do cliente. Nesse caso, dever-se-á realizar a **cobrança judicial** da dívida em questão. É preciso que se diga que nenhum contrato conta com mais repugnância por parte da jurisprudência do que o contrato de cheque especial. Entretanto, vale ressaltar que, por contrário que seja, **os bancos sempre quiseram tornar executável o contrato de cheque especial**. A ideia sempre foi tornar a dívida do cheque especial um título executivo. Para isso, envidaram-se todos os esforços racionais possíveis.

A **evolução histórica** da mencionada cobrança divide-se em **quatro grandes períodos. Num primeiro momento**, imaginou-se a utilização do previsto no art. 8º, da Lei Uniforme de Genebra (o Anexo I do Decreto nº 57.663/66). Tal dispositivo autoriza que **seja contraída obrigação mediante mandato**, cujo instrumento é a procuração. *É lícita, portanto, a assunção de obrigações cambiais por mandatário, desde que tenha poderes específicos para tanto*.

Nesse contexto, imaginou-se a **inserção no contrato de cheque especial da chamada cláusula mandato**. *Cláusula mandato* é aquela pelo qual uma pessoa autoriza a outrem a emissão de título de crédito em seu favor, na hipótese de descumprimento de contrato. Tal cláusula nomeava o banco, ou instituição a ele ligada, procurador do cliente. Ou seja, quando se assinava o contrato de cheque especial, o cliente constituía o próprio credor para, em nome do cliente, e em favor do próprio banco, emitir um título relativo à dívida do cheque especial. Frise-se que os títulos de crédito são títulos executivos extrajudiciais, como se percebe no art. 784, I do CPC.

Não podem restar dúvidas de que **a cláusula mandato é lícita**. Porém, vale ressaltar que todo mandato tem um **pressuposto subjetivo**: *a fidúcia ou a confiança existente entre o mandante e o mandatário*. Falta, portanto, a necessária confiança ou fidúcia entre o cliente e o banco para realizarem entre si mandatos, visando a emissão de título de crédito para se pagar ao próprio banco. Havendo execuções de tais títulos, chegou-se ao STJ que sumulou o seguinte entendimento:

> Súmula nº 60/STJ: "É nula a obrigação cambial assumida por procurador do mutuário vinculado ao mutuante, no exclusivo interesse deste".

Uma **segunda tentativa** para a execução da dívida do contrato de cheque especial foi a utilização do previsto, no art. 784, III do CPC. Tal dispositivo prevê ser título executivo extrajudicial, dentre outros, o documento particular assinado pelo devedor e por duas testemunhas. Tentou-se, então, executar o contrato de cheque especial diretamente, na forma do aludido dispositivo.

Ocorre que para poder executar o devedor **não basta, apenas, a existência do título executivo**. Faz-se necessário, também, o inadimplemento do devedor que se configura quando ele não satisfaz **obrigação certa, líquida e exigível**[147]. No que diz respeito ao *contrato de cheque especial*, há o **problema da liquidez** do mencionado contrato. Isto porque as taxas de juros aplicadas ao cheque especial variam de banco para banco, de agência para agência, de cliente para cliente, o que impede a liquidez do título. Assim, para se calcular o *quantum debeatur* é necessária perícia contábil. Segundo o STJ, contudo, só **não se descaracteriza a liquidez de um título no caso de operações aritméticas elementares** (somar, diminuir, multiplicar ou dividir)[148]. Chegando ao STJ a execução dos contratos em si, sumulou-se o presente entendimento:

> Súmula nº 233/STJ: "O contrato de abertura de crédito, ainda que acompanhado de extrato da conta corrente, não é título executivo".

A **terceira tentativa** foi articulada com base na **jurisprudência sumulada**. Nesse sentido lembrou-se de uma súmula antiga e ainda vigente do Supremo Tribunal Federal, repetida, inclusive, como regra legal, em diversas legislações cambiárias. Trata-se da Súmula nº 387, do STF:

---

[147] Nos termos do art. 783, do Código de Processo Civil.

[148] Veja, por exemplo: "PROCESSUAL CIVIL. EXECUÇÃO DE SENTENÇA. PRÉVIA LIQUIDAÇÃO DE SENTENÇA. MEROS CÁLCULOS ARITMÉTICOS. NÃO APLICAÇÃO.
1. O acórdão recorrido está em consonância com a jurisprudência do STJ no sentido de que, desde a alteração do CPC/1973 pela Lei 8.898/1994, cabe ao credor propor a execução com a memória discriminada e atualizada do cálculo se a determinação do valor da condenação depender de meros cálculos aritméticos.
2. Recurso Especial não provido.
(REsp 1694632/PE, Rel. Ministro Herman Benjamim, 2ª Turma, julgado em 21/11/2017, DJe 19/12/2017)".

Súmula nº 387/STF: "A cambial emitida ou aceita com omissões, ou em branco, pode ser completada pelo credor de boa-fé antes da cobrança ou do protesto".

O devedor que assina um título de crédito em branco ou com omissões acaba por nomear o credor procurador, não para assinar, mas para **preencher o título de boa-fé**. O credor estará de boa-fé sempre que preencher ou completar a cambial *de acordo com a relação jurídica fundamental*. Em tese, haveria aí a possibilidade de se preencher o título com todos os consectários previstos no contrato.

Uma vez preenchido o título de crédito, até o seu pagamento demanda algum tempo, cabendo ressaltar que, regra geral, é **vedada a estipulação de juros** em notas promissórias, duplicatas, cheques e letra de câmbio **diversa do dobro do juro legal**[149] (taxa Selic, segundo a jurisprudência dominante conforme apresentada anteriormente). Tal juro, obviamente, *não interessa aos bancos, na medida em que não se submetem à Lei da Usura*. Por isso, lembrou-se de uma súmula do STJ:

Súmula nº 26/STJ: "O avalista do título de crédito vinculado a contrato de mútuo também responde pelas obrigações pactuadas, quando no contrato figurar como devedor solidário".

Desse modo, *diante de um contrato de mútuo em que a ele se vincula uma nota promissória*, o **avalista da nota promissória**, sendo *codevedor no contrato*, **responderá por todos os juros e consectários contratados no mútuo**. Em razão do princípio da literalidade, *tudo o que se escreve num título de crédito a ele se incorpora e contra ele pode ser oposto e discutido em eventual demanda judicial*. Assim, escrevendo no verso da nota promissória a relação jurídica que lhe deu origem, havendo problema na relação jurídica fundamental, durante a execução da nota promissória, poder-se-á trazer à lume mencionado problema. Ocorre aí o **desvirtuamento do título de crédito** que deixa de ser abstrato, por ficar vinculado ao negócio jurídico subjacente.

Diante, portanto, da Súmula nº 387, do STF, e da Súmula nº 26, do STJ, chamaram-se os clientes que estavam com o limite de cheque especial estourado para fazer **renegociação de dívidas**, emprestando-se dinheiro para tal fim, com *juros "modicamente reduzidos"*. Em compensação, o cliente deveria emitir uma **nota promissória em branco**. A partir de então, o banco vincula a nota promissória ao contrato de cheque especial. Normalmente, a nota promissória é emitida junto do contrato de cheque especial, inserindo-se uma etiqueta em

---

[149] Nos termos do art. 1º, do Decreto nº 22.626/33.

tal título, evidenciando o **vínculo da nota promissória ao contrato de cheque especial**. O efeito de tal vínculo seria a transcrição de todas as cláusulas e condições do contrato de cheque especial na nota promissória para se cobrar os juros do contrato de cheque especial. Ocorre que *o contrato de abertura de crédito é ilíquido, razão pela qual passava a nota promissória também a sê-la*. É o que dispõe, inclusive, a súmula nº 258 do STJ:

> Súmula nº 258/STJ: "A nota promissória vinculada a contrato de abertura de crédito não goza de autonomia, em razão da iliquidez do título que a originou".

Verificando-se as mencionadas derrotas perante o Judiciário, as instituições financeiras foram ao Poder Executivo Federal e, mediante *lobby*, conseguiram uma medida provisória[150], convertida na Lei nº 10.931/04, criando um **novo título de crédito** no país: a **cédula de crédito bancário** – CCB.

Este título é *muito semelhante à nota promissória*. Perceba-se que a CCB se trata de promessa de pagamento[151]. Apesar disso **existem quatro diferenças** entre a CCB e a Nota Promissória:

> I – a **nota promissória é um título abstrato**, podendo ter qualquer tipo de contrato enquanto negócio jurídico subjacente; a **CCB é um título causal**, sendo certo afirmar que a lei enumera as causas de emissão da CCB[152]: *operação de crédito, de qualquer modalidade*.
>
> II – é **vedada a estipulação de juros**, superior ao dobro da taxa Selic, em *nota promissória*; na *CCB*, é **facultada a estipulação de juros**, inclusive, com *anatocismo*[153].
>
> III – a *nota promissória* pode ter por beneficiário qualquer **pessoa natural ou jurídica**; a *CCB* tem como beneficiário, **exclusivamente, instituição financeira** ou entidade a esta equiparada (cooperativa de crédito, por exemplo)[154].
>
> IV – a *nota promissória* tem **cláusula à ordem presumida**. A nota promissória presumivelmente é um título endossável; **a CCB pode ou não ter**

---

[150] A Medida Provisória nº 1.925-15/00.

[151] Nos termos do art. 26, da Lei nº 10.931/04.

[152] De acordo com o art. 26, da Lei nº 10.931/04.

[153] Nos termos do art. 28, § 1º, I, da Lei nº 10.931/04.

[154] De acordo com o art. 26, da Lei nº 10.931/04.

cláusula à ordem[155]. Vale ressaltar ademais que a lei autoriza o endosso de CCB a qualquer pessoa, mesmo que não seja instituição financeira o endossatário que poderá cobrar os juros como se banco fosse[156].

Durante muito tempo a CCB não foi utilizada, porque baseada inicialmente em medida provisória, como visto anteriormente, gerando-se uma incerteza muito grande no sistema financeiro, razão da continuação dos litígios. Os bancos passaram a emprestar dinheiro (mútuo bancário) para se pagar o débito referente à dívida do cheque especial, assinando-se uma **confissão de dívida**, com a **dívida já liquidada**, com **duas testemunhas**. Chegando-se ao STJ, sumulou-se o entendimento de nº 300:

> Súmula nº 300/STJ: "O instrumento de confissão de dívida, ainda que originário de contrato de abertura de crédito, constitui título executivo extrajudicial".

Desse modo, *acaso o correntista creditado venha a assinar um contrato de confissão de dívida, o banco poderá, então, executá-lo*. Porém, vale ressaltar que **é inoperante a cláusula de novação constante dos contratos de confissão de dívida**. *Ainda que se dê quitação a todos os contratos anteriores* que deram causa ao contrato de confissão de dívida, **sempre poderá se discutir mencionadas obrigações**. Isso também é sumulado pelo STJ:

> Súmula nº 286/STJ: "A renegociação de contrato bancário ou a confissão de dívida não impede a possibilidade de discussão de eventuais ilegalidades dos contratos anteriores".

Sempre se vai, portanto, poder discutir o passado. Normalmente, o ilícito que ocorre nos contratos de cheque especial é o chamado **anatocismo**, nome técnico dados aos juros capitalizados; são os *juros sobre juros*. O anatocismo é vedado pela súmula 121, do STF:

> Súmula nº 121/STF: "É vedada a capitalização de juros, ainda que expressamente convencionada".

Esse foi o contexto, o *lobby*, que fez surgir uma medida provisória que dissesse que o anatocismo é proibido nos contratos, exceto bancários. Foi o

---

[155] Nos termos do art. 29, IV, da Lei nº 10.931/04.

[156] De acordo com o art. 29, § 1º, da Lei nº 10.931/04.

que trazia a MP nº 1.963-17, que previu ser **lícita a capitalização mensal de juros nos contratos bancários** celebrados a partir de 31.03.2000[157]. Atualmente se discute, no Judiciário, *o período em que se pode fazer capitalização de juros*. É que o Código Civil é lei posterior que derroga lei anterior. Nessa linha, a permissão a partir do **Código Civil de 2002** é a da **capitalização anual de juros**[158].

Outra questão que surge é a do **modo de cobrança da dívida do cheque especial**, quando da *inexistência de CCB ou de confissão de dívida*. Para tal situação o STJ sumulou o seguinte entendimento:

> Súmula nº 247/STJ: "O contrato de abertura de crédito em conta corrente acompanhado do demonstrativo de débito, constitui documento hábil para o ajuizamento de ação monitória".

Seja como for, atualmente, como visto a cobrança judicial do contrato de abertura de crédito pode ser feita da seguinte forma:

a) via **ação de execução,** diante da existência de *cédula de crédito bancário* ou de *confissão de dívida assinada pelo devedor*, no caso o correntista-creditado, e por duas testemunhas; ou

b) via **ação monitória,** diante do *contrato de abertura de crédito acompanhado do demonstrativo de débito.*

5.3.2 Desconto bancário

O **desconto bancário** é o negócio jurídico pelo qual o banco, na condição de *descontador*, vem a **antecipar** ao cliente, conhecido como *descontário*, o **valor de determinado crédito, ainda não vencido,** que este tem perante terceiro, *tornando-se o proprietário do título que documenta tal crédito*. No vencimento, o banco vai realizar a cobrança do título perante o devedor do mesmo. Cabível ressaltar que **o banco não antecipa o valor por inteiro**, mas com *deduções referentes às despesas e aos juros* correspondentes entre a data da antecipação e a do efetivo vencimento. André Luiz Santa Cruz Ramos[159], ensina:

> O desconto bancário também é uma modalidade contratual muito usada na prática. Consiste, basicamente, na antecipação de pagamen-

---

[157] Atualmente, tal previsão normativa se encontra no art. 5º, da Medida Provisória nº 2.170-36/01.

[158] De acordo com o art. 591, do Código Civil.

[159] RAMOS, André Luiz Santa Cruz. *Direito empresarial esquematizado*. 4 ed. São Paulo: Método, 2014.

to ao cliente, que em troca cedo ao banco um determinado crédito, ainda que não vencido, contra ele mesmo ou contra terceiro. Esse crédito cedido geralmente é documentado num título de crédito, por exemplo, e o cliente assume perante o banco a responsabilidade pelo seu pagamento. Em síntese: "o desconto (...) caracteriza-se pelo adiantamento de soma em dinheiro mediante a transferência de título de crédito não vencido".

A partir da sua definição jurídica, Nelson Abrão[160] elenca os **elementos do contrato de desconto bancário**:

I – trata-se de contrato que tem por objeto o adiantamento de quantia em dinheiro pelo banco ao cliente, contra um título representativo de crédito, ainda não vencido, para com terceiro; II – perfaz-se com a entrega do dinheiro ao cliente ou com o lançamento a crédito deste; III – o cliente endossa o título (cambiário ou cambiariforme) ao banco, sem, contudo, exonerar-se, o que se coaduna com a própria natureza do endosso.

O **contrato de desconto bancário** tem como **características**:
a) a realidade;
b) a bilateralidade; e
c) a onerosidade.

O *contrato de desconto bancário é real* na medida em que **se aperfeiçoa com a entrega da importância** a que faz jus o cliente descontário. A *bilateralidade* se refere ao fato de existir **ônus para ambas as partes** (o cliente paga o título, na hipótese de não o fazer o devedor cedido; o banco se obriga a diligenciar a cobrança do título junto ao devedor, para poder, na hipótese de inadimplemento, voltar-se contra o descontário). A *onerosidade* diz respeito ao **proveito econômico trazido para ambas as partes**. Com o desconto bancário, *o cliente passa a ter disponibilidade financeira, ainda que de modo parcial, relativas a créditos não vencidos*. Por sua vez, *o banco tem um ganho referente aos juros e comissões que passa a fazer jus*.

Atrelada à figura do desconto bancário, existe o chamado *redesconto*. O **redesconto** é a operação pela qual o **banco descontador** vem a **renegociar um título** que lhe foi *entregue pelo cliente descontário*, **com outro banco**, visando

---

[160] ABRÃO, Nelson. *Direito bancário*. 12 ed. São Paulo: Saraiva, 2009. p. 146.

recompor a sua disponibilidade financeira. Trata-se do "*desconto bancário do desconto bancário*", ou seja, é uma operação de desconto bancário oriunda de um outro desconto bancário anterior. Sendo realizável, **apenas entre instituições financeiras**, e submetido a *juros e comissões menores*, **compete privativamente ao Banco Central** realizar operações de redesconto[161].

Por fim, deve-se ressaltar a **diferença** existente entre a operação de **desconto bancário** e o **contrato de faturização** (*factoring*). Sobre as operações de fomento mercantil se falará à frente. Entretanto, deve-se, desde já, esmiuçar aludida diferença. Com efeito, em ambos os negócios jurídicos, **apresentam-se títulos de crédito para efeito de antecipação com deságio do seu valor**, tornando-se seja o banco, seja a empresa de *factoring*, titular do respectivo crédito. *Do ponto de vista econômico, realizam a mesma função*.

A **diferença** entre ambos se refere à possibilidade de se buscar a **responsabilização do cliente pelo crédito cedido, na hipótese de inadimplemento do devedor**. No *desconto bancário*, **existe tal possibilidade**, na medida em que o banco recebe o título via endosso, constituindo-se característica essencial do endosso a responsabilidade do endossante pelo pagamento do crédito. No *factoring*, o título é recebido mediante cessão civil e o cedente não responde perante o cessionário pelo pagamento do crédito.

5.4 Operações bancárias passivas

Nas **operações bancárias passivas**, o banco assume a *condição de devedor*. Com efeito, estar-se-á diante de negócio jurídico por meio do qual o banco vem a captar recursos das unidades de dispêndio superavitárias. O banco, portanto, ao receber determinada quantia de dinheiro, assume a obrigação de devolvê-la.

5.4.1 Depósito bancário

Segundo André Luiz Santa Cruz Ramos[162]:

> No depósito bancário, uma pessoa (depositante) entrega ao banco (depositário) uma determinada quantia em dinheiro, cabendo ao banco restituí-la, na mesma espécie, em data pré-determinada ou quando o depositante solicitar. No linguajar comum, chamamos esse contrato de *conta*.

---

[161] De acordo com o art. 10, IV, da Lei nº 4.595/64.

[162] RAMOS, André Luiz Santa Cruz. *Direito empresarial esquematizado*. 4 ed. São Paulo: Método, 2014.

Atualmente, quase todos têm conta banco. Nesse ínterim, pode-se dizer que tais pessoas firmaram **contrato de depósito bancário**, visando *manter recursos monetários excedentes e sacá-los quando necessário*. O saque pode ser feito de **diversas maneiras**, das quais dá-se como exemplos: a *utilização de cheques*, a *realização de transferências eletrônicas* (conhecidas por DOC/TED) e o *uso de cartões de débito*.

O **contrato de depósito bancário** tem fundamentalmente **duas características**:

a) **contrato real**: a relação jurídica somente se aperfeiçoa com a efetiva entrega do dinheiro ou seu equivalente ao banco; e

b) **contrato unilateral**: a relação jurídica gera obrigações para apenas uma das partes do contrato: o depositário. Neste contrato, existe obrigação apenas para o banco que tem a obrigação de restituição ao depositante da quantia depositada.

Ressalta-se, ainda, uma **característica adicional**. O depósito bancário pode ser **gratuito ou oneroso**, caso a *obrigação de restituição seja cumulada ou não com o pagamento de juros e outras remunerações* ao depositante.

Discute-se a respeito da **natureza jurídica** do contrato em questão. Com efeito, existem pelo menos **três teorias**:

a) a do depósito irregular;

b) a do mútuo; e

c) a do contrato inominado original ou *sui generis*.

A respeito das mencionadas teorias, apresenta Fabio Ulhoa Coelho, o entendimento majoritário da doutrina[163] (2008, p. 129):

> O depósito bancário é contrato autônomo, *sui generis*. Apresenta alguma proximidade com o depósito irregular e com o mútuo, mas não pode ser entendido como espécie de nenhum desses contratos não bancários.
> (...)
> [...] o banco titulariza a *propriedade* dos valores depositados. Ele não é simples detentor de custódia destes, como ocorre com o depositário no depósito irregular. A relação entre os contratantes do depósito bancário é fiduciária, ou seja, o banco pode usar o dinheiro de seus clientes para pagar as próprias despesas (salário de pessoal, aluguel de agência,

---

[163] COELHO, Fábio Ulhoa. *Curso de direito comercial, volume 3: direito de empresa*. 12 ed. São Paulo: Saraiva, 2011. p. 149.

serviços de terceiros etc.) ou emprestar a outros clientes. Note-se que o depositário, no depósito irregular, não tem o mesmo direito.

Quanto ao objetivo, **deposito bancário pode ser**: *à vista* ou *a prazo* (fixo ou a pré-aviso). **No depósito à vista**, o depositante pode sacar o valor depositado imediatamente, à vista, **a qualquer momento** que lhe seja conveniente. O **depósito a prazo** é o que só pode ocorrer a partir de determinada data, seja ela *prevista contratualmente* (trata-se do **depósito a prazo fixo**), seja estabelecida pelo depositante *a partir de uma notificação* ao banco (trata-se do **depósito a pré-aviso**) que pode ser de 30 a 120 dias.

Na modalidade de depósito a pré-aviso, a devolução ocorrerá no prazo fixado entre as partes. Caracterizam-se por terem **data de resgate previamente definida**. *Não têm livre movimentação*, sendo remunerado. A **remuneração** do depósito pode ser conhecida no momento em que ele é feito (**prefixado**) ou somente no futuro (**pós-fixado**).

Os depósitos a pré-aviso podem ser contratados com emissão de certificado – **Certificado de Depósito Bancário** (CDB) e sem emissão, ou de maneira escritural[164]. Cabe ao Conselho Monetário Nacional regulamentar, entre outros pontos, as condições, os limites e os prazos para a emissão de CDB[165]. Aplica-se ao CDB, *no que couber, as normas legais relativas às notas promissórias*[166], sendo certo que o **endossante responde, apenas, pela existência do crédito**[167], não se tornando, portanto, um devedor indireto ou obrigado secundário. Por final, é importante destacar que **não podem ser prorrogados**, mas é **possível a sua renovação**, de comum acordo[168].

Os *depósitos em caderneta de poupança*, considerados **depósito a prazo fixo**, foram criados para fortalecimento da poupança popular. Tais depósitos estão vinculados ao crédito habitacional. **A movimentação é livre**, mas há **perda de remuneração** caso o *saque seja feito antes de 1 mês do depósito* do recurso – daí a nomenclatura de "prazo fixo". Os **depósitos efetuados em cheque**, se *honrados na primeira compensação* e independente do prazo necessário para tal, devem ser considerados a partir do **dia do depósito**.

---

[164] Nos termos do art. 33, da Lei nº 13.986/20.

[165] Nos termos do art. 40, I, da Lei nº 13.986/20.

[166] Nos termos do art. 39, da Lei nº 13.986/20.

[167] Nos termos do art. 34, §2º, da Lei nº 13.986/20.

[168] Nos termos do art. 38, parágrafo único, da Lei nº 13.986/20.

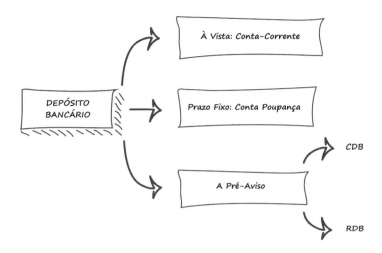

5.4.2 Fundos de investimento

Outra operação bancária passiva, em que o banco assume a posição de devedor, são as aplicações financeiras, organizadas nos chamados *fundos de investimento*. As unidades de dispêndio superavitárias têm uma **alternativa à caderneta de poupança** para alocarem seus recursos financeiros excedentes, retirando-se desta alocação algum proveito econômico. Vale ressaltar que *o cliente bancário realiza uma aplicação financeira, por meio da qual o banco a direciona a um fundo, de acordo com a rentabilidade e o risco inerentes*. Sobre tal contexto, ensina Fábio Ulhoa Coelho[169]:

> A aplicação financeira é o contrato pelo qual o depositante autoriza o banco a empregar, no todo ou em parte, o dinheiro mantido em conta de depósito, num investimento (ações, títulos da dívida pública, *commodities* etc.). Organizam-se as aplicações financeiras em *fundos*, estruturados pelos bancos com o objetivo de oferecer ao mercado alternativas diversificadas de investimento. Cada fundo atende a regramento próprio – aprovado pela CVM – e apresenta perfil mais ou menos arriscado, tendo em vista as ações, títulos e demais lastros que compõem a respectiva carteira.

Um **Fundo de Investimento** é uma forma de **aplicação financeira**, formada pela **união de vários investidores** que se juntam para a realização de um

---

[169] COELHO, Fábio Ulhoa. *Curso de direito comercial, volume 3: direito de empresa*. 12 ed. São Paulo: Saraiva, 2011. p. 155.

investimento financeiro, organizada sob a forma de **condomínio de natureza especial**, visando um determinado objetivo ou retorno esperado, dividindo as receitas geradas e as despesas necessárias para o empreendimento[170].

Todo o dinheiro aplicado nos fundos é **convertido em cotas**, que são *distribuídas entre os aplicadores* ou cotistas, que passam a ser **proprietários de partes da carteira**, proporcionais ao capital investido. O valor da cota é *atualizado diariamente* e o cálculo do saldo do cotista é feito multiplicando o número de cotas adquiridas pelo valor da cota no dia. O dinheiro aplicado nos fundos é utilizado para a compra de títulos diversos como por exemplo ações, títulos públicos, certificados de depósitos bancários (CDB), etc., conforme a política de investimento de cada fundo.

A Instrução Normativa nº 555/14, da CVM, dispõe sobre *a constituição, a administração, o funcionamento e a divulgação de informações dos fundos de investimento*. Os arts. 108 e seguintes trazem a classificação dos fundos. Conforme a **composição patrimonial do fundo**, o mesmo pode ser classificado em: *fundo de renda fixa*; *fundo de ações*; *fundo cambial*; e *fundo multimercado*.

O **Código Civil**, também, a partir da Lei de Liberdade Econômica, incorporou o **regime jurídico geral** para os tais fundos[171]. Mesmo que *constituído por lei específica e regulamentado pela CVM*, o fundo de investimento deve **obedecer aos preceitos estabelecidos no Código Civil**, a partir do que dispôs a Lei nº 13.874/19[172].

Questão interessante, por fim, diz respeito à **responsabilidade da instituição financeira** pelos eventuais **prejuízos causados ao investidor** que pode vir a perder o dinheiro utilizado em aplicação financeira. É de se ressaltar que *as aplicações financeiras em fundos se traduzem em maior rentabilidade para o investidor*, do que o mero depósito bancário em caderneta de poupança, por exemplo. Porém, quanto maior a possibilidade de ganhos, maior tenderá a ser, também, a possibilidade de perdas.

Assim, **maior rentabilidade significa maior risco**. Em tese, *o risco da aplicação financeira é do próprio cliente investidor*. Desse modo, o cliente não pode querer responsabilizar a instituição financeira, pela mera perda de parcela, ou mesmo da totalidade, do dinheiro investido, a menos que o banco, via cláusula contratual, tenha garantido a integridade do capital investido.

---

[170] Nos termos do art. 1.368-C, do Código Civil.
[171] Nos termos dos arts. 1.368-C a 1.368-F, do Código Civil.
[172] Nos termos do art. 1.368-F, do Código Civil.

Outro ponto diz respeito aos **regulamentos dos fundos de investimento**. Eles devem ser **registrados perante a CVM**, sendo *condição suficiente* para garantir a sua publicidade e a oponibilidade de efeitos em relação a terceiros[173].

O regulamento do fundo de investimento **poderá estabelecer**[174]:

a) a limitação da responsabilidade de cada investidor ao valor de suas quotas;

b) a limitação da responsabilidade, bem como parâmetros de sua aferição, dos prestadores de serviços do fundo de investimento, perante o condomínio e entre si, ao cumprimento dos deveres particulares de cada um, sem solidariedade; e

c) classes de cotas com direitos e obrigações distintos, com possibilidade de constituir patrimônio segregado para cada classe.

A **adoção da responsabilidade limitada** por fundo de investimento *constituído sem a limitação de responsabilidade* somente **abrangerá fatos ocorridos após a respectiva mudança** em seu regulamento[175]. A **avaliação de responsabilidade** dos prestadores de serviço deverá levar sempre em consideração os *riscos inerentes às aplicações nos mercados de atuação do fundo de investimento* e *a natureza de obrigação de meio* de seus serviços[176]. O patrimônio segregado eventualmente constituído **só responderá por obrigações vinculadas à classe respectiva**, nos termos do regulamento[177].

Os *fundos de investimento* **respondem diretamente pelas obrigações legais e contratuais** por eles assumidas, e os *prestadores de serviço* **não respondem por essas obrigações**, mas **respondem pelos prejuízos** que causarem *quando procederem com dolo ou má-fé*[178]. Se o fundo de investimento com limitação de responsabilidade **não possuir patrimônio suficiente** para responder por suas dívidas, *será declarada a sua insolvência*[179], na forma do Código Civil. Os fundos de investimento, portanto, não se submetem à falência ou à recuperação de empresas. A **insolvência pode ser requerida** judicialmente por *credores*, por *deliberação própria dos cotistas do fundo de investimento*, nos termos de seu regulamento, ou pela *CVM*[180].

---

[173] Nos termos do art. 1.368-C, § 3º, do Código Civil.

[174] Nos termos do art. 1.368-D, do Código Civil.

[175] Nos termos do art. 1.368-D, § 1º, do Código Civil.

[176] Nos termos do art. 1.368-D, § 2º, do Código Civil.

[177] Nos termos do art. 1.368-D, § 3º, do Código Civil.

[178] Nos termos do art. 1.368-E, do Código Civil.

[179] Nos termos do art. 955, do Código Civil.

[180] Nos termos do art. 1.368-E, § 2º, do Código Civil.

5.4.3 Crédito documentário

O **crédito documentário** é uma operação que resulta de uma **relação jurídica entre o cliente do banco e terceira pessoa**. Por meio de tal relação, *o cliente adquire uma mercadoria de terceiro, cujo pagamento deve ocorrer no futuro*. A **instituição financeira** entra em tal relação, mediante o contrato ora analisado, **obrigando-se ao pagamento**, desde que comprovado o cumprimento das obrigações pactuadas, **mediante a apresentação de documentos**.

Segundo o texto das Normas e Usos Uniformes relativos aos Créditos Documentários, elaborado em Congresso realizado no México, em 1962, e revisto em 1970 e 1974, entende-se pela expressão *"crédito documentário"* qualquer estipulação pela qual um **banco** (emitente), operando a pedido e em conformidade com as **instruções de um cliente** (ordenante), é incumbido de **pagar a um terceiro** (beneficiário) ou à sua ordem, ou de *aceitar ou negociar letras de câmbio sacadas pelo beneficiário*, ou de *autorizar outro banco a fazer tais pagamentos*, ou a *pagar, aceitar ou negociar tais saques*, contra documentos convencionados e conforme termos e condições estipulados.

Fábio Ulhoa Coelho[181] define o crédito documentário da seguinte forma:

> Crédito documentário é o contrato bancário em razão do qual o banco (emissor) assume, perante o seu cliente (ordenante), a obrigação de proceder a pagamento em favor de terceiro (beneficiário), contra a apresentação de documentos relacionados a negócio jurídico realizado pelos dois últimos. (...) Com o crédito documentário, o empresário importador (comprador) contrata a instituição financeira para que ela realize pagamento, de acordo com as suas instruções, em favor do exportador (vendedor), quando este lhe exibir determinados documentos comprobatórios do cumprimento das obrigações assumidas na compra e venda internacional (prova do embarque das mercadorias transacionadas, laudo de certificação de qualidade etc.).

Apesar da possibilidade de utilizar no comércio interno, deve-se ressaltar que o contrato ora analisado tem **grande utilização no comércio internacional**. As operações de crédito documentário podem ocorrer de *modalidades diversas*. Fala-se em crédito documentário **revogável** e **irrevogável**. O crédito documentário *irrevogável*, por sua vez, é classificado em **confirmado** e **não confirmado**.

---

[181] COELHO, Fábio Ulhoa. *Curso de direito comercial, volume 3: direito de empresa*. 12 ed. São Paulo: Saraiva, 2011. p. 157.

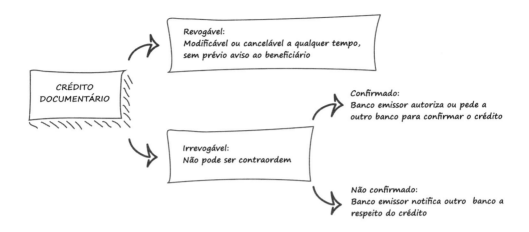

A *operação de crédito documentário* é um **contrato autônomo**, formado a partir da *sucessão de diversos contratos*, desenvolvendo-se basicamente em **três fases**. Quando da conclusão da venda, *o vendedor exige e o comprador promete a intervenção de um banco* (a convenção entre o comprador e o vendedor). Na execução desta convenção, o *comprador dá a ordem de pagamento a seu banco para abrir um crédito documentário a benefício do vendedor*. O banco emite, então, uma **carta de crédito**, na conformidade da ordem emitida, tendo por beneficiário o vendedor exportador. Esta carta de crédito *condiciona o pagamento à apresentação das documentações solicitadas pelo comprador*. Depois de remetidos os produtos vendidos, o exportador organiza a documentação solicitada e remete-a ao banco que, depois de verificada, pagará ao vendedor.

Vale registrar, por fim, que **inexiste qualquer responsabilidade da instituição financeira** em razão da *relação contratual entre o ordenante-importador e o beneficiário-exportador*. Deve-se, nesse contexto, trazer à colação o previsto no art. 532, do Código Civil:

> Art. 532. Estipulado o pagamento por intermédio de estabelecimento bancário, caberá a este efetuá-lo contra a entrega dos documentos, sem a obrigação de verificar a coisa vendida, pela qual não responde.
>
> Parágrafo único. Nesse caso, somente após a recusa do estabelecimento bancário a efetuar o pagamento, poderá o vendedor pretendê-lo, diretamente do comprador.

Desse modo, *realizada a operação de crédito documentário*, **o vendedor irá receber o pagamento do estabelecimento bancário emissor**. Somente *se inexistir pagamento pelo estabelecimento bancário*, por ter sido revogado, por exemplo, é que **o vendedor poderá realizar a cobrança do comprador**.

5.5 Vendor × compror finance

Outra operação bancária passiva comumente utilizada é o **contrato de vendor finance**, ou simplesmente *vendor*. Com efeito, o contrato de *vendor* tem lugar quando se estiver diante de uma *relação de colaboração empresarial*. Através de contratos como o de **distribuição** ou de **concessão mercantil**, entabulam-se relações jurídicas entre dois empresários. É a chamada *colaboração por intermediação* em que um empresário se obriga perante outro de vender bens produzidos, comercializados ou importados por aquele empresário.

Tem-se, assim, o **empresário fornecedor**, que é *proprietário de determinado produto*, e o **empresário fornecido ou colaborador** que *adquire produtos do fornecedor para revenda*. É natural que tais **compras sejam feitas a prazo**, concedendo-se ao colaborador condições diferenciadas de pagamento. Em outros termos, **o empresário fornecedor financia as aquisições do empresário colaborador**.

Pelo contrato de vendor, *resta transferida, via contrato, para uma instituição financeira, a função de financiar as compras* anteriormente descritas. O *vendor* é, assim, um contrato feito com determinado banco para **financiar as dívidas de determinado cliente** (empresário colaborador). Deste modo, o *cliente pode pagar suas dívidas em prestações*, enquanto o *empresário fornecedor recebe o valor total do banco*.

Os **juros e comissões** cobrados do cliente normalmente são **reduzidos** em face de o empresário fornecedor, em geral, prestar **garantia ao contrato**. Tal ocorre em razão da *função econômica que a relação de colaboração* tem para o empresário fornecedor: a criação, a ampliação ou a consolidação de mercado para os seus produtos.

Fábio Ulhoa Coelho[182] define o contrato de *vendor*:

> Vendor é o contrato pelo qual o banco paga ao distribuído o preço à vista das mercadorias vendidas ao distribuidor e cobra deste a prazo. Trata-se de opção mais barata de financiamento para o distribuidor, porque é menor a taxa de risco embutida nos juros, em razão do fato de serem as garantias (aval ou fiança) conferidas pelo distribuído.

O *vendor* é instrumentalizado a partir de uma **sucessão de contratos**. Entre *o empresário fornecedor e o banco*, existe uma **operação de desconto**, com uma prestação de fiança ou de aval. Entre o *empresário colaborador e a instituição financeira* é firmado um **contrato de mútuo** ou de abertura de crédito. Essa

---

[182] COELHO, Fábio Ulhoa. *Curso de direito comercial, volume 3: direito de empresa*. 12 ed. São Paulo: Saraiva, 2011. p. 160.

relação triangular existe em razão da **compra e venda** existente entre os *empresários fornecedor e colaborador*. Perceba-se que *a instituição financeira não tem qualquer relação com o contrato entabulado entre o empresário fornecedor e o empresário colaborador*. Assim, eles devem resolver entre si os eventuais problemas existentes, em nada interferindo no crédito do banco.

Além do *vendor*, existe a sua operação inversa: o *compror finance*. *Compror* é uma **operação de financiamento de compras** com base na cessão de crédito, permitindo que *uma empresa compre o seu produto a prazo e o vendedor receba o pagamento à vista*. Nessa linha, o *vendor* consistiria numa **operação de financiamento de vendas** com base na cessão de crédito, permitindo que *uma empresa venda seu produto a prazo e receba o pagamento à vista*. Do *ponto de vista operacional*, a **diferença** reside no fato de que o **fornecedor** é **fiador** no *vendor* e **devedor** no *compror*.

6. CONTRATOS BANCÁRIOS IMPRÓPRIOS

Adota-se aqui o conceito de Fábio Ulhoa Coelho[183] que denomina *contratos bancários impróprios* as operações que, envolvem, de algum modo, **relação creditícia**, mas cuja *natureza bancária é discutível*. São contratos que **não necessitam ter obrigatoriamente uma instituição financeira como parte**, na medida em *o seu objeto não se insere na noção de atividade bancária* anteriormente descrita.

Nessa linha, têm-se como **contratos bancários impróprios**:

a) o contrato de arrendamento mercantil (*leasing*);

b) a alienação fiduciária em garantia; e

c) o contrato de faturização (*factoring*).

6.1 O arrendamento mercantil (*leasing*)

O **contrato de arrendamento mercantil**, também chamando de contrato de *leasing*, é uma espécie de **contrato típico**, com previsão normativa na Lei nº 6.099/74, tendo sido regulamentado pela Resolução nº 2.309/96, do Banco Central. Em verdade, *a Lei nº 6.099/74 dispõe sobre o tratamento tributário* das operações de arrendamento mercantil. Dessa forma, o *regramento desta operação bancária imprópria* está previsto mesmo na aludida *Resolução Bacen nº 2.309/96*.

Trata-se de contrato bancário impróprio, na medida em que, apesar de **dependerem de autorização do Bacen** para a sua constituição e funciona-

---

[183] COELHO, Fábio Ulhoa. *Curso de direito comercial, volume 3: direito de empresa*. 12 ed. São Paulo: Saraiva, 2011. p. 162.

mento[184], as sociedades de arrendamento mercantil **não se enquadram como instituição financeira**[185].

Pode-se entender o *leasing* como a modalidade contratual **destinada à aquisição de bens** em que o arrendatário adquire a **possibilidade de uso de bem móvel ou imóvel** de propriedade do arrendador, que pode ou não ser instituição financeira[186]. Em síntese, *o arrendador adquire o bem e disponibiliza o seu uso ao arrendatário*, nos termos do contrato, *dando-lhe a oportunidade de adquirir o bem*, após findo o contrato.

O **prazo de duração** deste contrato será de, **no mínimo, 2 anos** quando a *vida útil do bem for igual ou superior a 5 anos*; para os **demais produtos**, o prazo mínimo de contrato será de **3 anos**[187]. Tais prazos são aplicáveis ao *arrendamento mercantil financeiro*. No caso de *arrendamento mercantil operacional*, o **prazo mínimo é de 90 dias**.

Ao final dos referidos prazos, o arrendatário terá a seu dispor as seguintes opções:

a) adquirir o bem, pagando o valor residual de garantia – VRG;

b) devolver o bem objeto de arrendamento; e

c) renovar o contrato de arrendamento.

No que se refere ao VRG, a Resolução do Banco Central estabelece que o seu pagamento antecipado não caracteriza a opção de compra[188]. Bem por isso, o STJ sumulou o seguinte entendimento:

> Súmula nº 293/STJ: "A cobrança antecipada do valor residual garantido (VRG) não descaracteriza o contrato de arrendamento mercantil".

Além disso, definiu aquela corte:

> Súmula nº 369/STJ: "No contrato de arrendamento mercantil (*leasing*), ainda que haja cláusula resolutiva expressa, é necessária a notificação prévia do arrendatário para constituí-lo em mora".

---

[184] Nos termos do art. 3º, da Resolução Bacen nº 2.309/96.

[185] Nos termos do art. 17, da Lei nº 4.595/64.

[186] Nos termos do art. 13, da Resolução Bacen nº 2.309/96. Além das sociedades de arrendamento mercantil, podem operar o *leasing*, os bancos múltiplos com carteira de investimento, de desenvolvimento e/ou de crédito imobiliário, os bancos de desenvolvimento, as caixas econômicas, e as sociedades de crédito imobiliário.

[187] De acordo com o art. 8º, I, da Resolução Bacen nº 2.309/96.

[188] Nos termos do art. 10, da Resolução Bacen nº 2.309/96.

Existem *modalidades diversas de arrendamento mercantil*, a depender do caso concreto. Fala-se no **leasing financeiro** quando a **instituição financeira vem a adquirir o bem** objeto do arrendamento mercantil, a partir das informações concedidas pelo arrendatário, **repassando-lhe o bem** por contrato à contraposição do **pagamento de retribuição mensal**. Será considerado *arrendamento mercantil financeiro* qualquer **modalidade não enquadrada** como arrendamento mercantil operacional[189].

Fala-se, também, no **leasing operacional** quando o arrendador, *além de autorizar o uso do bem ao arrendatário*, estará obrigado a **realizar serviços de manutenção do bem** objeto do *leasing*, sendo certo notar que, nesta modalidade, o arrendador **deve ser** banco múltiplo com carteira de arrendamento mercantil e sociedade de arrendamento mercantil[190].

São **características** do *arrendamento mercantil operacional*[191]:

a) as contraprestações a serem pagas pela arrendatária contemplem o custo de arrendamento do bem e os serviços inerentes a sua colocação à disposição da arrendatária, não podendo o valor presente dos pagamentos ultrapassar 90% (noventa por cento) do "custo do bem";

b) o prazo efetivo do arrendamento mercantil seja inferior a 75% (setenta e cinco por cento) do prazo de vida útil econômica do bem;

c) o preço para o exercício da opção de compra seja o valor de mercado do bem arrendado;

d) não haja previsão de pagamento de valor residual garantido;

e) o bem arrendado seja suficientemente genérico, de modo a possibilitar seu arrendamento subsequente a outra arrendatária sem modificações significativas; e

f) as perdas decorrentes do cancelamento do contrato após o período de cancelamento improvável não sejam suportadas substancialmente pela arrendatária.

Existe, ademais, o **leasing back**, também denominado *leasing de retorno*, pelo qual o **proprietário do bem** efetua a sua alienação ao arrendador, mas *permanece na posse do bem*, na condição de arrendatário[192]; nesta hipótese, o proprietário do bem obtém uma **quantia em dinheiro, em razão da venda** do mesmo para a instituição financeira, readquirindo-o novamente para pagamento futuro, mediante arrendamento mercantil.

Além das modalidades anteriormente citadas, que são as mais comuns operações de arrendamento mercantil, existem **outras operações de *leasing***. Neste

---

[189] Nos termos do art. 5º, da Resolução Bacen nº 2.309/96, com a redação determinada pela Resolução Bacen nº 4.696/18.

[190] Nos termos do art. 6º, § 1º, da Resolução Bacen nº 2.309/96.

[191] Nos termos do art. 6º, da Resolução Bacen nº 2.309/96.

[192] De acordo com o art. 9º, da Lei nº 6.099/74.

diapasão, pode se falar no *self leasing* que se trata de arrendamento mercantil realizado por *empresas coligadas ou pertencentes ao mesmo grupo econômico* – tal modalidade é permitida, apenas, se contratada na condição de *leasing* financeiro[193]. Frise-se, por oportuno: o *self leasing* **não receberá tratamento tributário** comumente aplicável às operações de arrendamento mercantil[194].

Há, ainda, o ***dummy corporation*** que é o negócio jurídico em que há a **criação de um *truste* que vai emitir debêntures no mercado financeiro**[195], sendo certo que *os valores arrecadados em virtude desses títulos serão utilizados para o financiamento de produtos* objetos de *leasing*. Por final, registre-se, ainda, a possibilidade do ***leasing purchase*, normalmente utilizado na atividade aeroviária ou ferroviária**, pela qual o *trustee* vai emitir certificados, semelhante às debêntures, por meios dos quais adquire numerário suficiente para a aquisição do bem a ser arrendado. **A locatária se tornará proprietária do bem quando houver resgatado todos os certificados.**

Não se pode deixar de notar, por fim, que o **contrato de *leasing* será considerado extinto** em razão dos seguintes fatos:

a) a expiração do prazo contratual;

b) o distrato;

c) a resolução unilateral, desde que motivada;

d) o não pagamento dos valores a título de utilização do bem, o que motivará o ajuizamento da ação de reintegração de posse, por parte do arrendador;

e) a falência do arrendante; e

f) caso fortuito ou força maior.

6.2 A alienação fiduciária em garantia

Pode-se definir o contrato de alienação fiduciária em garantia como aquele pelo qual alguém vem a **adquirir determinado bem** e, **não tendo condições financeiras** para o pagamento total do bem, recorre ao financiador, dando **o objeto da aquisição como garantia para o financiamento**. Tal modalidade contratual se encontra regulamentada, quando o objeto é **bem móvel**, pela Lei nº 4.728/65, tendo sido alterado pelo Decreto-Lei nº 911/69 e mais recentemente pela Lei nº 10.931/04, incluindo os **títulos de crédito** como objeto. Para a alienação fiduciária em garantia de **bens imóveis**, tem-se a Lei nº 9.514/97.

---

[193] Nos termos do art. 13, da Resolução Bacen nº 2.309/96.

[194] De acordo com o art. 2º, da Lei nº 6.099/74.

[195] Nos termos do art. 19, IV, da Resolução Bacen nº 2.309/96.

São **partes integrantes** desta modalidade contratual:

a) de um lado, o *credor-fiduciário* – normalmente, uma *instituição financeira*; e

b) de outro lado, o *devedor-fiduciante* – que pode ser tanto *pessoa física ou jurídica*.

Vale destacar que se o objeto da alienação fiduciária em garantia for **bens imóveis, o credor-fiduciário poderá ser pessoa física ou jurídica**, não constituindo-se em ato privativo de instituição integrante do sistema financeiro imobiliário[196]. É por isso que a alienação fiduciária em garantia é considerada um contrato bancário impróprio.

Pode ser **objeto** da alienação fiduciária em garantia *tanto bens móveis, quanto imóveis e títulos de crédito*. Por tal contrato, **o devedor-fiduciante manterá a posse direta do bem**[197], sendo, por consequência, *nomeado depositário* deste, e **o credor-fiduciário terá a posse indireta e a propriedade do objeto do contrato**. Na hipótese de cumprimento do contrato pelo devedor-fiduciante, tendo sido pagas todas as parcelas do financiamento, o credor-fiduciário terá a obrigação de transferir o bem ao fiduciante.

O contrato de alienação fiduciária em garantia é **provado mediante instrumento escrito**, público ou particular, e, para a sua validade e eficácia, deverá ser registrado, em regra, no **Registro de Títulos e Documentos** do *domicílio do credor*, ou perante o **Detran**, em se tratando de *veículos automotores*[198]. Caso o objeto da alienação fiduciária seja *bem imóvel*, o registro do contrato deve ocorrer perante o **Registro de Imóveis**[199]. No caso do objeto da alienação fiduciária for veículo automotor, tal fato deverá constar do certificado de registro[200].

No contrato de alienação fiduciária **deve constar**[201]:

a) o valor total da dívida, ou sua estimativa;

b) o local e a data do pagamento;

c) a taxa de juros, as comissões cuja cobrança for permitida e, eventualmente, a cláusula penal e a estipulação de correção monetária, com indicação dos índices oficiais; e

d) a descrição do bem objeto da alienação fiduciária e os elementos indispensáveis à sua identificação.

---

[196] Nos termos do art. 22, § 1º, da Lei nº 9.514/97.

[197] De acordo com o art. 1.361, § 2º, do Código Civil.

[198] De acordo com o art. 1.361, § 1º, do Código Civil.

[199] Nos termos do art. 23, da Lei nº 9.514/97.

[200] Nos termos do art. 1.361, § 1º, parte final, do Código Civil.

[201] De acordo com o art. 1.362, do Código Civil.

É importante ressaltar que o **não pagamento de uma das prestações** devidas pelo devedor-fiduciante implica o **vencimento antecipado de todas as obrigações** previstas no contrato, *independentemente de aviso ou notificação*[202]. Ocorrerá aqui a **consolidação da propriedade** em favor do *credor-fiduciário*. Em face de **inadimplência**, portanto, poderá o credor promover a **venda da coisa a terceiros**, *independentemente de leilão, hasta pública, avaliação prévia ou qualquer outra medida judicial ou extrajudicial*, salvo disposição expressa em contrário prevista no contrato, devendo **aplicar o preço da venda no pagamento de seu crédito e das despesas decorrentes** e entregar ao devedor o saldo apurado, se houver[203].

No caso da *alienação fiduciária em garantia de bens móveis*, admite-se **ação executiva** proposta pelo credor-fiduciário para o recebimento do **pagamento da dívida remanescente** pelo devedor-fiduciante[204]. Além da ação de execução, é possível, também, que o credor-fiduciário promova **ação de busca e apreensão**, visando obter do Poder Judiciário a concessão de **liminar para localizar e apreender o bem** objeto da alienação[205]. Trata-se de um **processo autônomo e independente**, normalmente relacionado ao bem móvel[206]. Acaso haja a **concessão de liminar**, é possível o devedor-fiduciante ver o bem restituído, caso venha a **purgar a mora** no prazo de **cinco dias**, após executada a liminar[207]. *O mesmo tratamento será dado ao arrendamento mercantil*[208] *e à ação de reintegração de posse*[209].

Como se viu, se o banco quiser cobrar a dívida, terá a seu favor a via executiva; se for o caso de resgatar o bem, o caminho processual será a da busca e apreensão que, novamente, será convertida em ação executiva, caso o bem não seja encontrado ou não esteja na posse do devedor[210]. Com a restituição do bem, na medida em que **é nulo o pacto comissório** diante da alienação fiduciária em garantia[211], caberá ao credor ou proprietário fiduciário realizar o **leilão extrajudicial** do objeto, visando pagar o crédito e as despesas decorrentes, *entregando ao devedor o saldo apurado remanescente*, se o produto da realização

---

[202] Nos termos do art. 2º, § 3º, do Decreto-lei nº 911/69.

[203] Nos termos do art. 2º, do Decreto-lei nº 911/69.

[204] Nos termos do art. 5º, do Decreto-lei nº 911/69.

[205] Nos termos do art. 3º, do Decreto-lei nº 911/69.

[206] Nos termos do art. 3º, § 8º, do Decreto-lei nº 911/69.

[207] Nos termos do art. 3º, § 2º, do Decreto-lei nº 911/69.

[208] De acordo com o art. 2º, § 4º, do Decreto-lei nº 911/69.

[209] De acordo com o art. 3º, § 15, do Decreto-lei nº 911/69.

[210] Nos termos do art. 4º, do Decreto nº 911/69.

[211] Nos termos do art. 1.365, do Código Civil.

do leilão for superior ao valor do crédito[212]. Porém, se mesmo após o leilão, ainda houver *saldo a receber pelo credor fiduciário*, **qual a medida judicial** para efetuar tal cobrança? O STJ responde a este questionamento:

> Súmula nº 384, do STJ: "Cabe ação monitória para haver saldo remanescente oriundo da venda extrajudicial de bem alienado fiduciariamente em garantia".

No caso de **alienação de bens imóveis**, com a consolidação da propriedade, o **credor** fiduciário deverá **promover leilão público** para a *alienação do imóvel*. Se **no primeiro leilão, o maior valor for inferior ao do valor do imóvel**, deverá ocorrer **o segundo leilão**, em que será *aceito o maior lance oferecido*, desde que **igual ou superior ao valor da dívida, das despesas, dos prêmios de seguro, dos encargos legais, inclusive tributos, e das contribuições condominiais**. Caso o maior valor oferecido seja igual ou inferior ao valor da dívida, considerar-se--á extinta tal dívida, devendo o credor-fiduciário dar quitação da dívida, em termo próprio[213].

6.3 O contrato de faturização (*factoring*)

Trata-se de modalidade de *contrato atípico*. Vale dizer, **não há legislação no Brasil regulamentando o contrato de *factoring***, estabelecendo direitos e obrigações entre o faturizador e o faturizado. O regime jurídico do contrato de *factoring* é definido, portanto, pela autonomia da vontade das partes, existindo, no entanto, entendimentos doutrinários e jurisprudenciais importantes a respeito.

O **contrato de faturização (*factoring*)** é o negócio jurídico pelo qual o faturizado transfere ao faturizador valores relativos ao seu faturamento, a fim de que este administre a carteira de créditos, com ou sem adiantamento de valores. **Faturizado** é o empresário que busca uma empresa de *factoring* para realizar a operação de faturização. **Faturizador**, por sua vez, é a empresa de *factoring*.

A doutrina[214] costuma identificar duas modalidades de *factoring*:

a) o *conventional factoring*; e

b) o *maturity factoring*.

---

[212] Nos termos do art. 2º, do Decreto-lei nº 911/69.

[213] Nos termos do art. 27, § 6º, da Lei nº 9.514/97.

[214] Para um maior aprofundamento, consultar, dentre outros: FRANCO, Vera Helena de Mello. *Contratos: direito civil e empresarial*. 5 ed. São Paulo: RT, 2014. COELHO, Fábio Ulhoa. *Curso de direito comercial, volume 3: direito de empresa*. 15 ed. São Paulo: Saraiva, 2014. RAMOS, André Luiz Santa Cruz. *Direito empresarial esquematizado*. 4 ed. São Paulo: Método, 2014.

A **diferença entre estas modalidades** reside na possibilidade, ou não, de ser realizado **adiantamento de valores** como forma de pagamento ao faturizado. O **conventional** *factoring* é a modalidade de *factoring* em que o faturizador realiza adiantamento dos valores relativos aos créditos admitidos na operação de faturização. O faturizador realiza pagamento à vista ao faturizado, sendo realizado descontos no valor do título em vista do risco assumido pelo faturizador. Por sua vez, o ***maturity factoring*** é a modalidade de *factoring* em que o faturizador não realiza adiantamento de valores, pagando o crédito ao faturizado, somente após o seu recebimento.

Frise-se, por oportuno, que **não se pode confundir** *factoring* com o desconto bancário. Desconto bancário é **operação privativa de banco** em que é cedido à instituição financeira títulos de crédito, sem risco para o banco, podendo o título ser devolvido. *Factoring* é **operação não privativa de banco** em que se cede o próprio faturamento, podendo o faturizador escolher os títulos que irá faturizar, sem possibilidade de devolução, assumindo o risco da operação.

Nos termos da jurisprudência consolidada do STJ, "*Ainda que a transferência dos títulos de crédito seja formalizada por endosso, a aquisição de crédito por faturizadora caracteriza a realização de cessão de crédito, de modo a se afastar o direito de regresso contra o cedente na hipótese de inadimplemento*". (REsp 1167120/RS)

7. ARBITRAGEM

É fato público e notório a **demora na tramitação das ações judiciais**, nos tribunais em geral e, mesmo, em 1ª instância. Essa demora, por óbvio, *implica custos*, representando externalidades que podem, quando não inviabilizar de vez, *dificultar o andamento da atividade empresarial*. Foi também vendo esse tipo de problema que o legislador brasileiro regulamentou, pela Lei nº 9.307/96, a **arbitragem**, com o objetivo de dirimir litígios relativos a **direitos patrimoniais disponíveis**[215].

Em razão das modificações trazidas pela Lei nº 13.129/2015, não se pode deixar de notar que a **administração pública, direta ou indireta**, também passa a poder fazer uso, nos mesmos termos anteriormente expostos, da arbitragem[216]. Cabe, ainda, ressaltar: a **autoridade competente** para celebrar a convenção de arbitragem é a mesma para a *realização de acordos e transações*[217]. Frise-se, por

---

[215] De acordo com o art. 1º, da Lei nº 9.307/96.

[216] Nos termos do art. 1º, § 1º, da Lei nº 9.307/96.

[217] De acordo com o art. 1º, § 2º, da Lei nº 9.307/96.

oportuno: apesar de a arbitragem poder ser **de direito ou de equidade**, a critério das partes[218], *no caso da administração pública*, **a arbitragem sempre será de direito**, respeitando-se o princípio da publicidade[219].

Havendo o **interesse das partes**, é possível ser **pactuada a convenção de arbitragem**, tanto em razão de **cláusula prevista em contrato** (a *cláusula compromissória*)[220] ou mediante **convenção pela qual as partes se comprometem a levar um litígio para a arbitragem** (o *compromisso arbitral*)[221]. Nessa toada, é importante constatar o entendimento sumulado pelo STJ, em matéria de arbitragem:

> Súmula nº 485/STJ: "A lei de arbitragem aplica-se aos contratos que contenham cláusula arbitral, ainda que celebrados antes de sua edição".

A Lei nº 13.129/15, além de estabelecer a possibilidade de a Administração Pública vir a se submeter aos procedimentos de arbitragem, trouxe **inovações no plano processual**. Com efeito, é possível, visando assegurar o resultado útil do processo arbitral, as partes procurarem o *Judiciário* para a **concessão de tutela provisória de urgência, de natureza cautelar, em caráter antecedente**[222], ou seja, antes de instituído o procedimento arbitral. Instituída a arbitragem, **caberá aos árbitros manter, modificar ou revogar a medida** cautelar mencionada[223]. *Em caráter incidental*, já depois de iniciado o procedimento arbitral, as medidas cautelares serão **requeridas diretamente aos árbitros**[224].

Destacam-se pelo menos duas grandes vantagens da arbitragem em comparação com os processos judiciais tradicionais. A primeira delas é que **da sentença arbitral não cabe recurso**, ou seja, só há uma única instância no processo arbitral e se constitui em título executivo judicial[225]. A segunda é que a **sentença arbitral deve sair no prazo estipulado** pelas partes, sob pena de

---

[218] Nos termos do art. 2º, da Lei nº 9.307/96.

[219] De acordo com o art. 2º, § 3º, da Lei nº 9.307/96.

[220] Nos termos do art. 4º, da Lei nº 9.307/96.

[221] De acordo com o art. 6º, da Lei nº 9.307/96.

[222] Nos termos do art. 22-A, da Lei nº 9.307/96.

[223] De acordo com o art. 22-B, da Lei nº 9.307/96.

[224] Nos termos do art. 22-B, parágrafo único, da Lei nº 9.307/96.

[225] De acordo com o art. 31, da Lei nº 9.307/96 em interpretação conjugada com o art. 515, VII, do CPC.

responsabilidade do tribunal arbitral ou do árbitro. *Caso as partes não tenham estipulado prazo*, ele será de **seis meses**, contados da instituição da arbitragem ou da substituição do árbitro[226].

8. CONTRATO DE TRANSPORTE

O **contrato de transporte** é aquele segundo o qual o contratado, denominado transportadora, obriga-se a, *mediante remuneração*, **transferir pessoa ou coisa**, *de um local para outro*[227]. O Código Civil estabelece *duas modalidades* de contrato de transporte:

a) **transporte de pessoas**[228]; e
b) **transporte de coisas**[229].

Tem-se, no *transporte de pessoas*, uma verdadeira *relação de consumo*. Dessa forma, seria ultrapassado os limites desta obra acaso se fosse tratar desta modalidade. De outro lado, no *plano empresarial*, o **transporte de coisas** é conhecido como **transporte de cargas**. É importante frisar a existência de *normas jurídicas específicas* para o transporte de cargas.

Por exemplo, na *via marítima*, existem normas no Código Comercial Brasileiro, de 1850[230], além de tratados internacionais como as Regras de Haia e as Regras de York-Antuérpia, e, na *via aérea*, constam regras no Código Brasileiro de Aeronáutica[231]. Seja como for, **as normas previstas, no Código Civil, têm o caráter de regras supletivas**[232].

Inicialmente, **classifica-se** o contrato de transporte em: *unimodal* ou *plurimodal*. Denomina-se **unimodal** o transporte realizado por *um único veículo*. Por sua vez, **plurimodal** é aquele transporte que será realizado por *dois ou mais veículos* para que a carga chegue ao seu destino. O *transporte plurimodal* se distingue em **quatro espécies:**

---

[226] Nos termos do art. 23, da Lei nº 9.307/96.

[227] De acordo com o art. 730, do Código Civil.

[228] Nos termos dos arts. 734 e seguintes, do Código Civil.

[229] De acordo com os arts. 743 e seguintes, do Código Civil.

[230] É o que se tem nos arts. 566 a 628, daquele Código.

[231] Conforme os arts. 235 a 245, da Lei nº 7.565/86.

[232] De acordo com o art. 732, do Código Civil.

a) *multimodal*;
b) *intermodal*;
c) *combinado*; e
d) *cumulativo, segmentado ou sucessivo*.

Tanto na **multimodalidade**, quanto na **intermodalidade**, *a carga será transportada por duas ou mais modalidades de veículos entre os pontos de origem e de destino*. É a situação em que a carga começa a sua viagem em um determinado meio de transporte e, no percurso para o destino, ocorrerá a troca do meio de transporte.

A diferença reside no fato de que, **no transporte multimodal**, existe apenas *um único documento de transporte*, cobrindo o total do trajeto, ou seja, a carca transita sob a responsabilidade de *um único Operador de Transporte Multimodal – OTM* e com *um único contrato de transporte*. Por sua vez, **no transporte intermodal**, a carga será transportada por *duas ou mais empresas*, tendo, cada transportador, responsabilidade pelo trecho em que transportar a carga.

Por sua vez, **transporte combinado** é aquele em que *o veículo utilizado para o transporte da carga é, também, transportado*. Imagine o exemplo de um caminhão transportando mercadorias cujo destino é uma ilha e que não há acesso para veículos automotores, de modo que o caminhão precisaria ser transportado por um *ferry boat* para se chegar à ilha de destino.

Fala-se, ainda, em **transporte cumulativo, segmentado ou sucessivo**, como *uma derivação do transporte intermodal*. A diferença reside no fato de, **no transporte intermodal**[233], todas as empresas de transporte já são *contratadas desde o início*, de modo que cada transportadora *responde de maneira individual e limitada*, enquanto, **no cumulativo, segmentado ou sucessivo**, a *contratação das empresas de transporte ocorre separadamente*, existindo, entre elas, *responsabilidade solidária*[234] perante o remetente.

A lei estabelece a **responsabilidade do transportador pelos danos causados** às pessoas transportadas e suas bagagens[235], bem como ao remetente pelas cargas transportadas[236], de modo que **é nula cláusula contratual**

---

[233] De acordo com o art. 733, do Código Civil.

[234] Nos termos do art. 756, do Código Civil.

[235] De acordo com o art. 734, do Código Civil.

[236] Nos termos do art. 753, do Código Civil.

excludente de responsabilidade. A este respeito, aliás, de longa data, já se pronunciou o STF:

Súmula nº 161/STF: "Em contrato de transporte, é inoperante a cláusula de não indenizar".

Por final, é cabível, conforme a doutrina[237], constatar as **obrigações gerais da transportadora:**

a) receber as mercadorias objeto de contrato no local e data estabelecidos de comum acordo com o tomador dos serviços;

b) entregá-las no local e data também fixados de comum acordo com o contratante;

c) zelar pela integridade dos bens transportados, desde o recebimento até a entrega, realizados nos locais e datas ajustados[238], respondendo pelas perdas e avarias ocorridas durante o período, provada culpa ou dolo[239];

d) observar o itinerário contratado, se houver; e

e) emitir o conhecimento de frete, conhecimento de carga, conhecimento de transporte ou conhecimento de embarque, contendo as informações pertinentes às obrigações, com identificação, dentre outros, das mercadorias e dos respectivos valores[240].

---

[237] COELHO, Fábio Ulhoa. *Curso de direito comercial, volume 3: direito de empresa*. 12 ed. São Paulo: Saraiva, 2011. p. 188.

[238] De acordo com o art. 749, do Código Civil.

[239] Nos termos do art. 750, do Código Civil.

[240] De acordo com o art. 744, do Código Civil.

BIBLIOGRAFIA

ABRÃO, Nelson. *Direito bancário*. 12 ed. São Paulo: Saraiva, 2009.

ALMEIDA, Amador Paes de. *Curso de falência e recuperação de empresas*. 25 ed. São Paulo: Saraiva, 2009.

ASCARELLI, Tullio. O desenvolvimento histórico do direito comercial e o significado da unificação do direito privado. *Revista de Direito Mercantil*, São Paulo, v. 37, n. 114, p. 237-252, 1999.

_____. O empresário. *Revista de Direito Mercantil*, São Paulo, v. 36, n. 109, p. 182-189, 1998.

_____. *Problemas das sociedades anônimas e direito comparado*. 2 ed. São Paulo: 1969.

ASQUINI, Alberto. Perfis da empresa. *Revista de Direito Mercantil*, São Paulo, v. 35, n. 104, p. 109-126, 1996.

BARRETO FILHO, Oscar. *Teoria do estabelecimento comercial*. São Paulo: Max Limonad, 1969.

BASSO, Maristela. *Joint ventures: manual prático de associações empresariais*. 3 ed. Porto Alegre: Livraria do Advogado, 2002.

BASTIAT, Frédéric. *O que se vê e o que não se vê*. São Paulo: Instituto Mises Brasil, 2010.

BERTOLDI, Marcelo M.; RIBEIRO, Marcia Carla Pereira. *Curso avançado de direito comercial*. 10 ed. São Paulo: Revista dos Tribunais, 2016.

_____. *Curso avançado do direito comercial*. 4 ed. São Paulo: Editora Revista dos Tribunais, 2008.

BEZERRA FILHO, Manoel Justino. *Lei de recuperação de empresas e falência – Lei 11.101/05: comentada artigo por artigo*. 10 ed. São Paulo: Editora Revista dos Tribunais, 2014.

BITAR, Carlos Alberto. *Contratos comerciais*. 3 ed. São Paulo: Forense, 2003.

BORBA, José Edwaldo Tavares. *Direito societário*. 3 ed. Rio de Janeiro: Freitas Bastos, 1997.

BORGES, João Eunápio. *Curso de direito comercial terrestre*. 2 ed. Rio de Janeiro: Forense, 1964.

_____. *Títulos de crédito*. São Paulo: Editora Forense, 1972.

BRUSCATO, Wilges Ariana. *Manual de direito empresarial brasileiro*. São Paulo: Saraiva, 2011.

CAMINHA, Uinie. *A securitização: função econômica e regime jurídico*. Tese de Doutorado, São Paulo, USP, 2004.

CAMPINHO, Sérgio. *O direito de empresa à luz do Código Civil*. 12 ed. Rio de Janeiro: Renovar, 2011.

CARVALHO DE MENDONÇA, José Xavier. *Tratado de direito comercial brasileiro*. 5 ed. Rio de Janeiro: Freitas Bastos, 1953. v. 1.

_____. *Tratado de direito comercial brasileiro*. Atualizado por Ruymar de Lima Nucci. Campinas: Bookseller, 2001. v. 2. Tomo 2.

CARVALHOSA, Modesto. *Comentários à lei de sociedades anônimas*. São Paulo: Saraiva. v. 4. tomo II.

CAVALLI, Cássio Machado. *Direito comercial: passado, presente e futuro*. Rio de Janeiro: Elsevier/FGV, 2012.

CHAGAS, Edilson Enedino das. *Direito empresarial esquematizado*. 5 ed. São Paulo: Saraiva, 2018.

_____. *Direito empresarial esquematizado*. São Paulo: Saraiva, 2014.

COASE, Ronald Harry. *A firma, o mercado e o Direito*. 2 ed. São Paulo: Forense Universitária, 2017.

COELHO, Fábio Ulhoa. *Curso de direito comercial, volume 1: direito de empresa*. 20 ed. São Paulo: Editora Revista dos Tribunais, 2016.

_____. *Curso de direito comercial, volume 1: direito de empresa*. 17 ed. São Paulo: Saraiva, 2013.

_____. *Manual de direito comercial: direito de empresa*. 24 ed. São Paulo: Saraiva, 2012.

_____. *Curso de Direito Comercial, volume 2: direito de empresa*. 20 ed. São Paulo: Editora Revista dos Tribunais, 2016.

_____. *Curso de direito comercial, volume 3: direito de empresa*. 12 ed. São Paulo: Saraiva, 2011.

_____. *Curso de direito comercial, volume 3: direito de empresa*. 15 ed. São Paulo: Saraiva, 2014.

CRUZ, Gisela Sampaio da; LGOW, Carla Wainer Chalréo. Notas sobre a administração das sociedades limitadas. in: PERES, Tatiane Bonatti. *Temas relevantes de direito empresarial*. Rio de Janeiro: Editora Lumen Juris, 2014.

FACHIN, Luiz Edson. *Estatuto jurídico do patrimônio mínimo*. 2 ed. Rio de Janeiro: Renovar, 2016.

FORGIONI, Paula Andrea. *A evolução do direito comercial brasileiro: da mercancia ao mercado*. São Paulo: Revista dos Tribunais, 2009.

FRANCO, Vera Helena de Mello; SZTAJN, Rachel. *Direito empresarial II: sociedade anônima, mercado de valores mobiliários*. 2 ed. São Paulo: Editora Revista dos Tribunais, 2009.

FRANCO, Vera Helena de Mello. *Contratos: direito civil e empresarial*. 5 ed. São Paulo: Editora Revista dos Tribunais, 2014.

FRIEDMAN, Milton. *Capitalismo e liberdade*. 3 ed. São Paulo: Nova Cultural, 1988.

GARRIGUES, Joaquín. *Curso de derecho mercantil*. 7 ed. Bogotá: Temis, 1987. v. 2.

GONTIJO, Vinicius José Marques. O empresário no Código Civil brasileiro. *Revista de Direito Mercantil*, São Paulo, v. 43, n. 135, p. 76-88, 2004.

_____. A compensação na falência: subclasse no quadro-geral de credores. *Revista dos Tribunais*, São Paulo, ano 89, v. 883, p. 54, 2009.

HENTZ, Luiz Antônio Soares. *Direito de empresa no Código Civil de 2002*. 2 ed. São Paulo: Juarez de Oliveira, 2003.

IRTI, Natalino. A ordem jurídica do mercado. *Revista de Direito Mercantil*, São Paulo, v. 46, n. 145, p. 44-49, 2007.

JESUS, Damásio Evangelista de. *Direito penal: 1º volume – parte geral*. 21 ed. São Paulo: Saraiva, 1998.

LÉO, Gomez. *Cheque de pago diferido*. Buenos Aires: Depalma, 1997.

LOBO, Jorge. *Direito concursal*. 2 ed. Rio de Janeiro: Forense, 1998.

LUCCA, Newton de. *A cambial-extrato*. São Paulo: Editora Revista dos Tribunais, 1985.

MAGALHÃES, Giovani. In: ROCHA, Marcelo Hugo da (coord.). *Manual de dicas: defensoria pública estadual e federal*. São Paulo: Saraiva, 2013.

MAGALHÃES, Giovani; ROCHA, Marcelo Hugo da. *Passe na OAB 2ª fase – teorias & modelos: empresarial*. São Paulo: Saraiva, 2013.

_____; ROCHA, Marcelo Hugo da. *Passe na OAB: 2ª fase FGV: completaço: prática empresarial*. 2 ed. São Paulo: Saraiva Educação, 2018.

MAMEDE, Gladston; MAMEDE, Eduarda Cotta. Holding *Familiar e suas vantagens: planejamento jurídico e econômico do patrimônio e da sucessão familiar*. 3 ed. São Paulo: Atlas, 2012.

_____; _____. *Separação, Divórcio e Fraude na Partilha de Bens: simulações empresariais e societárias*. São Paulo: Atlas, 2010.

MAMEDE, Gladston. *Direito empresarial brasileiro: empresa e atuação empresarial, volume 1*. 9 ed. São Paulo: Editora Atlas, 2016.

_____. *Direito empresarial brasileiro: títulos de crédito*. 10 ed. São Paulo: Atlas, 2018.

_____. *Direito empresarial brasileiro: falências e recuperação de empresas*. 9 ed. São Paulo: Atlas, 2018.

_____. *Direito empresarial brasileiro, volume 4: falência e recuperação de empresas*. São Paulo: Atlas, 2006

MARTINS, Fran. *Curso de direito comercial*. 34 ed. Rio de Janeiro: Forense, 2011.

_____. *Curso de direito comercial: empresa, empresário e sociedades – volume 1*. 42 ed. São Paulo: Forense, 2019.

MEIRELLES, Hely Lopes. *Direito administrativo brasileiro*. 28 ed. São Paulo: Malheiros, 2003

MELLO, Celso Antônio Bandeira de. *Curso de direito administrativo*. 11 ed. São Paulo: Malheiros, 1999.

MIGLIARI JÚNIOR, Arthur. *Curso de direito empresarial: volume I*. São Paulo: Malheiros, 2018.

NEGRÃO, Ricardo. *Curso de direito comercial e de empresa, volume 1: teoria geral da empresa e direito societário*. 13 ed. São Paulo: Saraiva, 2017.

_____. *Manual de direito comercial e de empresa*. 4 ed. São Paulo: Saraiva, 2009. v. 3.

_____. *Manual de direito comercial e empresarial*. São Paulo: Saraiva, 2010.

NUSDEO, Ana Maria de Oliveira. *Defesa da Concorrência e Globalização Econômica – o controle dos atos de concentração de empresas*. São Paulo: Malheiros, 2002.

NUSDEO, Fábio. *Curso de economia: introdução ao direito econômico*. 5 ed. São Paulo: Editora Revista dos Tribunais, 2008.

PACHECO, José da Silva. *Processo de falência e concordata: comentários à lei de falência – doutrina, prática e jurisprudência*. 13 ed. Rio de Janeiro: Forense, 2004.

PEREIRA, Caio Mário da Silva. *Instituições de direito civil*. 19 ed. Rio de Janeiro: Forense, 2000. v. 1.

PERIN JÚNIOR, Écio. *Curso de direito falimentar e recuperação de empresas*. 3 ed. São Paulo: Método, 2006.

PINHEIRO, Armando Castelar; SADDI, Jairo. *Direito, economia e mercados*. São Paulo: Editora Campus, 2005.

PONTES DE MIRANDA, Francisco Cavalcanti. *Tratado de direito cambiário*. Campinas: Editora Bookseller, 2000. v. 1.

_____. *Tratado de direito cambiário*. Campinas: Bookseller, 2000. v. 2.

_____. *Tratado de direito cambiário*. Campinas: Editora Bookseller, 2000. v. 4.

_____. *Tratado de direito privado*. 3 ed. São Paulo: RT, 1984. Tomo XXX.

PORTO, Éderson Garin. *Manual jurídico da startup: como desenvolver projetos inovadores com segurança*. 2 ed. Porto Alegre: Livraria do Advogado, 2020.

RAMOS, André Luiz Santa Cruz. *Direito Empresarial*. 9 ed. São Paulo: Editora Método, 2019.

_____. *Direito empresarial esquematizado*. 4 ed. São Paulo: Método, 2014.

REQUIÃO, Rubens. *Curso de direito comercial*. 27 ed. São Paulo: Saraiva, 2007. v.1.

_____. *Curso de direito comercial*. 31 ed. São Paulo: Saraiva, 2012, v. 1.

_____. *Curso de direito comercial*. 32 ed. São Paulo: Saraiva, 2015. v.2.

_____. *Curso de direito comercial, volume 1*. 25 ed. São Paulo: Saraiva, 2003.

_____. *Curso de direito falimentar, volume 1*. 17 ed. São Paulo: Saraiva, 1998.

RESTIFFE NETO, Paulo; RESTIFFE, Paulo. *Lei do cheque*. 4 ed. São Paulo: Editora Revista dos Tribunais, 2000.

ROCCO, Alfredo. *Princípios de direito comercial*. São Paulo: Saraiva, 1934.

ROCHA, Marcelo Hugo da. *Direito empresarial sintetizado*. São Paulo: Método, 2017.

RODRIGUES, Silvio. *Direito civil: dos contratos, das declarações unilaterais de vontade*. 31 ed. São Paulo: Saraiva, 2003.

ROSA JUNIOR, Luiz Emygdio da. *Títulos de crédito*. 4 ed. Rio de Janeiro: Renovar, 2016.

SALLES, Marcos Paulo de Almeida. *O contrato futuro*. São Paulo: Cultura Editores Associados, 2000.

SALOMÃO FILHO, Calixto. *O novo direito societário: eficácia e sustentabilidade*. 5 ed. São Paulo: Saraiva Educação, 2019.

SANCHEZ, Alessandro *Direito empresarial sistematizado*. São Paulo: Método, 2018.

SCALZILLI, João Pedro; SPINELLI, Luis Felipe; TELLECHEA, Rodrigo. *Recuperação de empresas e falência: teoria e prática na Lei 11.101/05*. 3 ed. São Paulo: Almedina, 2018.

SHAKESPEARE, William. *Romeu e Julieta, obra completa I*. Trad. Oscar Mendes. Rio de Janeiro: Aguilar, 1969. p. 289-352.

SZTAJN, Rachel. *Teoria jurídica da empresa: atividades empresárias e mercados*. São Paulo: Atlas, 2004.

_____. *Contrato de Sociedade e Formas Societárias*. São Paulo: Saraiva, 1989.

TAKAHATA, Paula Yumi. Investimento anjo. In: TEIXEIRA, Tarcísio; LOPES, Alan Moreira; TAKADA, Thales. *Manual jurídico da inovação e das startups*. Salvador: Editora Juspodivm, 2019.

Titãs. Comida. *Jesus não tem dentes no país dos banguelas*. Rio de Janeiro, WEA, 1987.

TOMAZETTE, Marlon. *Curso de direito empresarial: teoria geral e direito societário – volume 1*. 9 ed. São Paulo: Saraiva Educação, 2018.

_____. *Curso de direito empresarial: títulos de crédito – volume 2*. 9 ed. São Paulo: Saraiva Educação, 2018.

_____. *Curso de direito empresarial: falência e recuperação de empresas – volume 3*. 6 ed. São Paulo: Saraiva Educação, 2018.

_____. *Direito societário*. São Paulo: Juarez de Oliveira, 2003.

_____. *Curso de direito empresarial: teoria geral e direito societário, volume 1*. São Paulo: Atlas, 2008.

_____. *Curso de Direito Empresarial, volume 3: falência e recuperação de empresas*. 2 ed. São Paulo: Atlas, 2012.

_____. *Curso de direito empresarial: teoria geral e direito societário, volume 1*. 3 ed. São Paulo: Atlas, 2011.

TZIRULNIK, Luiz. *Direito falimentar*. 7 ed. São Paulo: Editora Revista dos Tribunais, 2005.

VALVERDE, Trajano de Miranda. *Comentários à lei de falências: decreto-lei n. 7.661, de 21 de junho de 1945*. 4 ed. Rio de Janeiro: Revista Forense, 2000.

VERÇOSA, Haroldo Malheiros Duclerc. *Direito comercial: teoria geral*. 4 ed. São Paulo: Editora Revista dos Tribunais, 2014.

_____. *Direito Comercial*. 3 ed. São Paulo: Editora Revista dos Tribunais, 2014. v. 2.

_____. *Direito comercial: sociedade por ações*. 3 ed. São Paulo: Editora Revista dos Tribunais, 2014.

VIVANTE, Cesare. *Trattato di diritto commerciale*. 5 ed. Milano: Casa Editrice Dottore Francesco Vallardi, 1922. v. 1.